A/Bi 1

34,-

Johann Ludwig Christ

Pfarrer, Naturforscher, Ökonom, Bienenzüchter und Pomologe
1739–1813

Mit Kapiteln über seine Freunde und Kritiker:
August Friedrich Adrian Diel
Christian Freiherr Truchseß von Wetzhausen
Johann Isaak von Gerning

Helmut Bode

Im Verlag Waldemar Kramer
Frankfurt am Main

Alle Rechte vorbehalten!
© 1984 Dr. Waldemar Kramer, Frankfurt am Main
ISBN 3-7829-0291-2
Einbandzeichnung von Joachim Romann, Kronberg im Taunus
Druck von W. Kramer & Co. Druckerei GmbH,
Frankfurt am Main

Meiner Vaterstadt

Kronberg im Taunus

die mich 1980 in die Reihe ihrer Ehrenbürger aufgenommen hat, widme ich als Dank diese erste, umfassende, an Hand der Quellen und Schriften erarbeitete Darstellung von Leben und Werk Johann Ludwig Christs. Mitgezeichnet wurden als notwendiger Hintergrund die seit dem Dreißigjährigen Krieg schwersten und bisher kaum erhellten Jahre unserer Stadtgeschichte von der Französischen Revolution über die Revolutionskriege bis zu den Freiheitskriegen. Dabei konnte umfangreiches, noch nicht ausgewertetes Archivmaterial zugrunde gelegt werden. Ich hoffe daher, mit dem umfangreichen Band einen bleibenden Beitrag zur Geschichte Kronbergs geliefert zu haben.

Kronberg, im Herbst 1984   Helmut Bode

Inhalt

Vorwort 9

I. Das Leben Johann Ludwig Christs

Herkunft und Jugend 11
In Bergen und Berkersheim, 1764—1767 13
In Rüdigheim, 1767—1776 16
In Rodheim vor der Höhe, 1776—1786 17
Zwei Feldberg-Wanderungen, 1782 27
Freundschaft mit Elias Neuhof. Ende des Hanauischen Magazins, 1785 ... 36
In Kronberg, 1786—1813 43
Vorspiel 43
Die Kronberger von 1786 51
Oberpfarrer und Kaplan, Kirchenconvent und Kirchenprotokoll,
die Schule 76
Christs erste Kronberger Prosa 97
Das Jahr des »harten Widerstandes«, 1787 101
Die Kriegerische Ehescheidung — ein Kapitel aus der Kronberger
Sittengeschichte 140
Die letzten Jahre vor den Kriegsstürmen, 1788—1791 149
Obstmißwachs und erste Kriegsnöte, 1792/93 170
Undank für Christ und neue Kriegsheimsuchungen, 1794/95 .. 181
Der Landmesser Weigand und das Ende des Traums vom alten
Reichslehen Kronberg, 1796 206
Neue Werke Christs und neue Kriegsdrangsale, 1797 218
Hochzeit und Hauskauf für Tochter und Schwiegersohn, 1798 . 225
Das letzte Jahr des 18. Jahrhunderts, 1799 230
Vom Mainzer Rad zum Nassauer Löwen, 1800—1802 237
Kirchen-Kommission und Kirchen-Renovation, 1803 258
Von Bleichenbach zu Thurn oder vom Regen in die Traufe, 1804 287
Der Oberpfarrer und sein Verleumder, 1805 298
Nassau im Rheinbund, 1806 317
Thurn geht, Lang kommt. Der letzte Kronberger Oberamtmann, 1807 ... 323
Ehrenmitglied der Wetterauischen Gesellschaft für die gesamte
Naturkunde, 1808 328

Der Streit um den »Zehnten in der Brach«, 1809 334
Der Marburger Doktorhut und die Jahre 1810/1811 339
Die beiden letzten Jahre, 1812/13 349
Ausklang 361

II. Das Werk Johann Ludwig Christs

Bibliographie 367
Werkbeschreibung 376
Naturerforschung und Naturdeutung 376
Die Bienenbücher 379
Landwirtschaft und Weinbau 384
Obstbau und Obstlehre 390
Die Gartenschriften 405

III. Freunde und Kritiker

August Friedrich Adrian Diel 411
Christian Freiherr Truchseß von Wetzhausen zu Bettenburg 417
Johann Isaak von Gerning 426
Quellen und Literatur 441
Verzeichnis der Bildtafeln 446
Bild- und Foto-Nachweis 447

Vorwort

Dieses Buch, die Frucht langjähriger Studien und Forschungen, will eine dreifache Dankesschuld abtragen, eine allgemein deutsche, eine wetterauische und nicht zuletzt eine kronbergische. Johann Ludwig Christ, Hohenlohe-Franke aus Öhringen, gehört zu jenen vorwiegend protestantischen Geistlichen, die sich im 18. und 19. Jahrhundert nicht mit der Verwaltung ihres geistlichen Amtes begnügten, sondern in Schrift, Buch und praktischem Beispiel versuchten, dem »gemeinen Mann«, wie er seit dem Mittelalter hieß, also dem Bauern auf dem Dorf, dem Ackerbürger und Handwerker in den Kleinstädten, zu zeigen, wie er sein Dasein sichern und verbessern könnte. Diese Männer, Pfarrer, aber auch vereinzelt Lehrer, wurden damit zu Volkserziehern, und unter ihnen ist Christ mit seinen zahlreichen Schriften und Büchern einer der bedeutendsten. Freilich: die Literaturgeschichte kennt ihn nicht. Unsere Literaturgeschichtsschreiber beschränken sich auf die literarisch-schöngeistige und die wissenschaftliche Literatur. Das sogenannte Fach- und Sachschrifttum lassen sie beiseite, vernachlässigen, vergessen es, obwohl es auch da vorzügliche Prosaisten, darunter Christ, gibt.

Noch dazu sind Christs Bücher im wörtlichen Sinne in Bauern- und Bürgerstuben verbraucht und damit selten geworden. Ein großer Teil von ihnen ist trotz mehrerer Auflagen und unberechtigter Nachdrucke im Laufe der Zeit untergegangen, hat sich nur noch in Bibliotheken erhalten, und was frei, für den Handel verfügbar, geblieben ist, wird im Antiquariat entsprechend hoch bezahlt.

Und weiter: Christ hat nach Jugend- und Studienjahren, über die wir leider nur wenig wissen, zunächst in drei wetterauischen Dörfern, Bergen, Rüdigheim und Rodheim, als lutherischer Pfarrer amtiert. Als Schriftsteller hat er in Rodheim begonnen. Der größte Teil seines literarischen Werks ist in seinen 28 Kronberger Jahren entstanden, in jener Zeit, die mit dem Vorabend der Französischen Revolution beginnt und in die Freiheitskriege einmündet. Diese gut zweieinhalb Jahrzehnte waren für die kleine Stadt Kronberg, die bei seiner Ankunft 1786 knapp 1100 Seelen zählte, die schwersten seit dem Dreißigjährigen Krieg. Truppendurchzüge und Besetzung durch Franzosen, Preußen, Österreicher, Russen und Kosaken bestimmten oftmals das Stadtbild und führten zu Not und schwerer Verschuldung. Das alles ist seither nur sehr lückenhaft dargestellt oder sogar beschönigt worden, mußte also als Hintergrund des Christ'schen Lebens und Schaffens mit geschildert werden. Hinzu kam noch, daß Christ zunächst ein unwillkommener und ungeliebter Pfarrer war, der sich in harter Auseinandersetzung mit seinem zweiten Pfarrer, einem gebürtigen Kronberger, wie mit seinen Kirchenvorstehern behaupten mußte. Auch das durfte nicht ausgespart werden. Endlich erschien es noch sinnvoll, auch drei seiner Freunde und Kritiker kurz zu würdigen, stellvertretend für viele andere, die wir nicht mehr kennen, weil seine gesamte Korrespondenz in einem Backofen verheizt wurde: Friedrich August Adrian Diel, Christian Freiherr Truchseß von Wetzhausen zu Bettenburg und Johann Isaak von Gerning.

Wer ein solches Buch erarbeitet, hat am Ende vielen Dank zu sagen. Ich nenne zuerst das Hessische Hauptstaatsarchiv in Wiesbaden und das Hessische Staatsarchiv in Darmstadt, sodann das Stadtarchiv Kronberg und das Archiv der evangelischen Gemeinde St. Johann in Kronberg. Herr Pfarrer Karl Grabowski hat mich in den sechziger Jahren zuerst auf das im Kirchenarchiv vorhandene Material hingewiesen. Herr Pfarrer K. H. Hünten hat mir dessen Auswertung freundlichst gestattet.

Weiter danke ich: Herrn Adolf Christ vom noch blühenden Zweig der Christ-Familie für familiengeschichtliche Informationen, desgleichen Herrn Pfarrer Esenwein, beide Öhringen, Herrn Regierungsoberinspektor Friedrich Elsässer, Rüdigheim, Herrn Archivdirektor a. D. Dr. Friedrich Knöpp, Darmstadt, der Familie Freiherr Truchseß von Wetzhausen, Bundorf, Herrn Uwe Opper, Kronberg, der mir den kostbarsten Christ-Band leihweise überließ, und Herrn Hellmuth Wollenberg, Frankfurt-Berkersheim, der mir Kopien über Christs Kirchenbau aus dem dortigen Kirchenarchiv beschaffte. Nicht vergessen darf ich Herrn Konrektor a. D. Werner Henschke und Herrn Pfarrer Fritz Dahmen, die Christ für Bergen und Rodheim »wiederentdeckt« haben.

Mein Dank gebührt weiter folgenden Bibliotheken: Hessische Landesbibliothek, Wiesbaden, Stadt- und Universitätsbibliothek, Senckenbergische Bibliothek, Hessischer Zentralkatalog, Bibliothek des Freien Deutschen Hochstifts, Bibliothek des Börsenvereins des Deutschen Buchhandels, alle in Frankfurt am Main, Hauptbibliothek der Forschungsanstalt für Weinbau, Gartenbau, Getränketechnologie und Landespflege, Geisenheim am Rhein, Universitätsbibliothek, Tübingen. Ich hoffe, daß es mir gelungen ist, mit Heranziehung der eigenen Christ-Sammlung eine einigermaßen vollständige Bibliographie zu erstellen. Verschiedene Lücken bleiben allerdings, da die Titel auch in den Bibliotheken fehlen.

Schließlich ist noch zu sagen, daß das Erscheinen des umfangreichen Buches, das, wie schon bemerkt, ein gut Teil fast unbekannter Stadtgeschichte mit umfaßt, nur dank der finanziellen Absicherung durch die städtischen Gremien möglich geworden ist. Mit meinem Dank dafür verbinde ich den Dank für die zweifache Auszeichnung, die mir im Jubiläumsjahr 1980 für meine Bemühungen um die Stadtgeschichte zuteil geworden ist. Am 25. April dieses Jahres erhielt ich die Ehrenplakette der Stadt, und am 20. Oktober, dem Vorabend meines 70. Geburtstags, wurde ich ihr Ehrenbürger. So mag es mir erlaubt sein, dieses Buch über den bedeutendsten Mann in der Geschichte des bürgerlichen Kronberg meiner Vaterstadt zu widmen. Mögen ihre heutigen Bürger aus der Darstellung seines Lebens und Schaffens erfahren, wer Christ wirklich war und was unser Gemeinwesen seiner rastlosen Tätigkeit zu verdanken hat! H. B.

I
Das Leben Johann Ludwig Christs

Herkunft und Jugend

Als Friedrich Wilhelm Strieder 1781 sein biographisches Lexikon »Grundlage zu einer Hessischen Gelehrten und Schriftsteller Geschichte seit der Reformation bis auf gegenwärtige Zeiten« begann, das es, von Ludwig Wachler, Karl Wilhelm Justi und Otto Gerland fortgesetzt, bis 1868 auf 21 Bände brachte, da ließ er sich von den lebenden Autoren die notwendigen Angaben machen. So auch von Johann Ludwig Christ, von dem es nach dessen »eigenhändigen Nachrichten« heißt:

»Christ (Johann Ludwig). Gegenwärtig Evang. Luther. Prediger zu Rodheim vor der Höh im Hanauischen. Ist geboren zu Oehringen am 18. Oktober 1739. Sein Vatter war Johann Georg Christ, Fürstl. Hohenlohischer Kammerschreiber zu Oehringen, darauf Rechnungsprobator bey dem Kanton Ottenwald zu Heilbronn und nachheriger Staabsamtmann zu Thalheim bey Heilbronn: seine Mutter Marie Sophie, eine Tochter des verstorbenen F. Onolzbachischen Predigers Johann Fridrich Kern zu Solnhofen. Er frequentirte das Gymnasium zu Heilbronn, bezog 1758 die Universität Tübingen, setzte nach zwei Jahren seine Studien in Erlangen und Altorf fort, und ertheilte darauf etliche Jahre Information bey adelicher und anderer Jugend, wobey er sich in seinen Nebenstunden in verschiedenen mathematischen Wissenschaften, besonders in der Civilbaukunst, Geometrie, Optik und im Zeichnen übte. 1764 wurde er als Prediger nach Bergen im Hess. Hanauischen, von da 1767 nach Rüdigheim bey Hanau und 1776 nach Rodheim vor der Höh berufen.

1767 verheyrathete er sich mit Marie Regine, des verstorbenen Herz. Würtemb. Kammerfouriers in Stuttgart Philipp Fridr. Prinz T. womit er gegenwärtig 2 Söhne und eine Tochter gezeuget.«

Christ war also kein gebürtiger Hesse. Sein Geburtsort Öhringen hatte im 18. Jahrhundert zwischen 3000 und 4000 Einwohner, lag an der Handels- und Poststraße von Nürnberg nach Heilbronn und gehörte zur Grafschaft Hohenlohe. Diese alte, von Franken besiedelte und zum fränkischen Reichskreis gehörende Grafschaft war unveräußerlicher Besitz des Gesamthauses Hohenlohe, aber innerhalb des Hauses unbeschränkt teilbar. Im 18. Jahrhundert bestanden sechs Linien. Das Ganze umfaßte mit seinen sechs nicht zusammenhängenden Teilen etwa 32 Quadratmeilen mit etwa

100.000 Einwohnern, die in etwa 250 Dörfern, 7 Marktflecken und 17 Städtchen lebten.

Das Land war der Reformation zugefallen. Die katholischen Grafen wurden 1744, die evangelischen 1764 in den Fürstenstand erhoben. In Öhringen regierte 1765—1805 Fürst Ludwig Friedrich Karl, und er hatte den Ehrgeiz, es den größeren deutschen Höfen gleichzutun. Wolfram Fischer schreibt in seinem Buch »Das Fürstentum Hohenlohe im Zeitalter der Aufklärung«: »Der Hofstaat des Fürsten von Öhringen war so stattlich und farbenprächtig, daß er die Bewunderung selbst des verwöhnten Herzogs Karl Eugen von Württemberg erregte.«

Daß der Kammerschreiber Johann Georg Christ, der anderwärts auch »Kastenverwalter und Amts-Gegenschreiber« genannt wird, in dieser kleinen Residenz nur eine bescheidene Rolle spielte, liegt auf der Hand. Doch woher kam er überhaupt, aus welcher sozialen Schicht ging er hervor? Daß wir es wissen, verdanken wir einem leider nicht gezeichneten Aufsatz, der 1950 in der »Hohenloher Zeitung« erschien. Der in der Familienforschung offenbar geübte Autor* hat darin aufgezeichnet, was er über Johann Ludwig Christ und die Christ-Sippe in Erfahrung bringen konnte. Der älteste Christ, auf den er stieß, gehörte noch dem 16. Jahrhundert an und stammte aus dem Dorfe Hüffenhardt, das westlich des Neckars, etwa auf der Höhe von Gundelsheim, liegt. Er hieß Hans Christ. Sein Sohn, Marx Christ, heiratete 1622 die Tochter eines Öhringer Schreiners, Maria Heintzmann. Er war Haubenschneider, und der Sohn, Marx Jakob genannt, erlernte den Beruf des Vaters. Er ehelichte 1646 die Krämerstochter Anna Catharina Haas, und von den beiden Söhnen dieses Paares gehen zwei Linien aus. Die eine führt vom Sohn Johann Eberhard Christ, der Schulmeister in Kupferzell war, bis in die Gegenwart: In Öhringen lebt als betagter, aber noch rüstiger Rentner Adolf Christ, dessen drei Söhne sowie neun Enkel und Urenkel die Linie fortsetzen.

Die zweite Linie geht vom andern Sohn aus, der wie sein Vater Marx Jakob hieß, Bortenwirker und Posamentierer war und in dritter Ehe die um dreißig Jahre jüngere Pfarrerstochter Anna Rosina Wünschenmeyer zur Gattin hatte. Sie überlebte ihren Mann um fast 24 Jahre und war seit 1726 in Öhringen als Hebamme tätig.

Der Sohn aus dieser etwas seltsamen Ehe, Johann Georg Christ, 1704 geboren, nahm dann, wie bei Strieder berichtet, wieder eine Pfarrerstochter, Marie Sophie Kern, zur Frau, die aus Solnhofen stammte, das zur Markgrafschaft Onolzbach, heute allgemein Ansbach genannt, gehörte. Als erstes Kind kam 1737 eine Tochter, Christina Maria Franziska, zur Welt. Dann folgte 1739 Johann Ludwig. Dieser nennt in einem späteren Taufeintrag zwei weitere Schwestern, die ihn in Berkersheim besuchten: Sophia Jacobina und Friederike Christina.

Warum Johann Georg Christ den hohenloheschen Dienst quittierte, Öhringen verließ und Rechnungsprobator beim ritterschaftlichen Kanton Ottenwald in Heilbronn

---

* Nach Auskunft von Herrn Rau, Hohenlohische Buchhandlung, Öhringen, handelt es sich sehr wahrscheinlich um den aus Ostpreußen stammenden, inzwischen verstorbenen Genealogen Egon Oertel, der um diese Zeit eifrig Familienforschung betrieben hat.

wurde, wissen wir nicht. Hatte er die kleine Residenz mit ihren vielen, bei Wolfram Fischer aufgezählten Hofschranzen satt? — Jedenfalls ging es bei der reichsunmittelbaren freien Reichsritterschaft wesentlich bescheidener zu. Diese gab es damals nur noch in Franken, Schwaben, am Rhein und in der Wetterau. In allen andern deutschen Gebieten waren die Ritter »landsässig« geworden, das heißt: den größeren Territorialherren unterworfen. Seit dem 16. Jahrhundert hatten die »Reichsunmittelbaren« sich organisiert, drei Ritterkreise, den fränkischen, schwäbischen und rheinischen, gebildet. Diese Kreise waren wieder in »Kantone« untergliedert. Der Kanton Ottenwald = Odenwald erstreckte sich von Würzburg bis Heilbronn, vom Main bis zur Tauber und gehörte zum fränkischen Ritterkreis. Allzu lange sollte diese Ritterherrlichkeit freilich nicht mehr dauern. Am Ende des alten Reiches wurden sowohl die ritterschaftlichen Besitzungen als auch das Fürstentum Hohenlohe mediatisiert. Hohenlohe kam zu Württemberg.

Wäre Johann Georg Christ in Öhringen geblieben, hätte sein Sohn das dortige Gymnasium besuchen können. So kam er auf das der Reichsstadt Heilbronn, das im ehemaligen Minoritenkloster untergebracht war. Im selben Gebäude befand sich auch der »Büchersaal«, die Stadtbibliothek, und wir können annehmen, daß der Gymnasiast Johann Ludwig Christ dort sein erstes »Paradies« fand.

Seine Mutter verlor er, als er noch nicht vierzehnjährig war, 1753, und auch dem Vater, der zuletzt Stabsamtmann in Talheim bei Heilbronn gewesen war, hatte das Schicksal kein langes Leben beschieden. Er starb 1759, mit 51 Jahren an der »Auszehrung«. Vermutlich hat der jüngere Bruder des Vaters, Johann Michael Christ, der ebenfalls in Talheim tätig war, als ganerbischer Amts- und Gerichtsschreiber fungierte, sich des Sohnes und der Töchter des Älteren angenommen. Wie es mit Johann Ludwig weiterging, wissen wir schon durch Strieder. Vermutlich hat das Wort des einen Taufpaten bei der Wahl des künftigen Berufs eine Rolle gespielt, denn im Taufeintrag vom 19. Oktober 1739 wird neben dem Kanzleiregistrator Johann Nikolaus Wihn und dem »Scribenten« Johann Ludwig Jan an erster Stelle Herr Johann Michael Heinle, Pfarrer zu Orendelsall (bei Öhringen), genannt. Überdies gab es ja durch zwei Pfarrerstöchter, Mutter und Großmutter, schon sozusagen eine »geistliche« Tradition, die sich offenbar gut mit dem Handwerkertum von Großvater, Urgroßvater und Ururgroßvater vertrug. Da der Ahn Hans Christ aus einem Dorf kam, vielleicht ein jüngerer Bauernsohn war, kommt Johann Ludwig Christ am Ende aus bäuerlicher Wurzel, was, wie wir noch sehen werden, gut zu seinem Wesen und Leben paßt.

In Bergen und Berkersheim, 1764—1767

Wir wüßten gern mehr vom jungen Christ, von seinen Studienjahren in Tübingen, Erlangen und Altorf. Auch wo er »etliche Jahre Information bey adelicher und anderer Jugend ertheilte«, möchten wir gern erfahren. Doch da kann uns nur ein glücklicher

Zufall einmal Auskunft geben. Solch ein Hauslehrer oder »Hofmeister« hatte nicht immer ein leichtes Leben, in adeligen Kreisen wurde er oft zu den »Domestiken« gerechnet und entsprechend behandelt. Wenn er sich in seinen »Nebenstunden«, also seiner Freizeit, mit der Mathematik, der Zivilbaukunst, Geometrie und Optik beschäftigte und das Zeichnen betrieb, so läßt das wohl erkennen, daß er vielleicht gern einen anderen Beruf als den des Theologen ergriffen hätte, wenn nicht des Vaters Tod dazwischen gekommen wäre.

Vermutlich ist er schon in diesen Wanderjahren ins Rhein-Main-Gebiet und in die Wetterau gekommen, wo er seine zweite Heimat gefunden hat. Sein Interesse an norddeutschen Angelegenheiten, über das noch zu sprechen sein wird, läßt jedoch vermuten, daß er sich auch in Niedersachsen und Schleswig-Holstein umgesehen hat. Doch wir wissen darüber nichts Genaues. Jedenfalls trat er 1764, mit 25 Jahren, sein erstes geistliches Amt als lutherischer Pfarrer in dem hanauischen Dorf Bergen an, das heute als Bergen-Enkheim einen Stadtteil von Frankfurt bildet. Wie er eigenhändig ins Kirchenbuch eingetragen hat, wurde er von der Landgräfin Maria zu Hessen als Regentin der Grafschaft Hanau in diese Pfarrei mit dem »Vicariat Berkersheim« eingesetzt.

Eine »fette Pfründe« hatte er damit keineswegs erhalten. Bergen, so schreibt Werner Henschke, war »eine Parochie, die für einen Prediger zum Leben zu wenig, aber zum Sterben noch ein klein wenig zuviel ausgeben konnte«, und er fügt erläuternd hinzu: »Als J. L. Christ die Pfarrstelle in Bergen antrat, war er bereits der zwölfte lutherische Prediger in den 52 Jahren, die seit der Entstehung der lutherischen Minderheitsgemeinde im reformierten Bergen verstrichen waren. Jeder Pfarrer vor ihm hatte es also im Durchschnitt nur vier Jahre in Bergen ausgehalten.« — Der Neuankömmling unterbot diesen Durchschnitt noch, er blieb nur für drei Jahre und sieben Monate, vom 21. März 1764 bis zum 15. Oktober 1767. Fünf Jahre früher hatte hier bei Bergen im Siebenjährigen Krieg ein blutiges Treffen zwischen den Hannoveranern und ihren Bundesgenossen unter Herzog Ferdinand von Braunschweig und den Franzosen unter dem Herzog von Broglie stattgefunden, und der junge Pfarrer wird öfter über das Schlachtfeld an der Berger Warte gewandert sein, denn auch an historischen Dingen war er stark interessiert, wie wir noch erfahren werden.

Gottesdienst konnte Christ nicht in der Berger Pfarrkirche halten, denn die gehörte den Reformierten. Er sah sich auf die Nikolaus-Kapelle angewiesen, die einst dem Kloster Haina gehört hatte. Sie steht heute noch, ist aber seit 1818 zur Scheune degradiert, obwohl sie als kleines Juwel gelten kann: ein spätgotisches Bauwerk, das 1524, also schon zur Blütezeit der Renaissance, entstanden ist.

Obwohl die wirtschaftlichen Verhältnisse des jungen Pfarrers in der kleinen Minderheitsgemeinde bestimmt nicht gut waren, wagte Christ den Sprung in die Ehe. Er heiratete am 14. Januar 1767, wie schon bei Strieder berichtet, Marie Regine Prinz aus Stuttgart. Wann und wo sich die beiden jungen Leute kennengelernt haben, wissen wir nicht. Der verstorbene Vater der Marie Regine soll, wie der Öhringer Familienforscher mitteilt, der Enkel eines um seines Glaubens willen vertriebenen Adeligen, Robert Le Prince de Courtenbusch, gewesen sein. Noch in Bergen wurde dem Paar der erste Sohn geboren, der die Namen Ernst Friedrich Georg erhielt. Mit ihm zogen sie im gleichen Herbst 1767 nach Rüdigheim, ins neue Amt.

Doch ehe Christ ins neue Amt kam, konnte er zeigen, was er in der Mathematik und Zivilbaukunst gelernt hatte. Im Kirchenbuch von Berkersheim hat er eine ausführliche »Nachricht von dem neuen Kirchen-Bau zu Berckersheim, welcher Anno 1766 mit Gott angefangen worden ist«, hinterlassen. Er beginnt mit der Vorgeschichte:

»Da die alte Evangel. Lutherische Kirche zu Berckersheim, welche nebst der ehmaligen Pfarr-Wohnung, so derselben angehängt gewesen, im Jahr Christi 1691 und 1692 von schlechtem Holtz gebauet war, so baufällig geworden, daß sie schon vor 4 Jahren unterstützet werden müßen; so wurde von einem Hochfürstl. Evangel. Lutherischen Consistorio zu Hanau den 29ten October 1765 resolviret, daß eine neue Kirche nebst einem Thurm von Grund auf von Steinen solle erbauet und in die Mitte des Kirchplatzes, welcher der Pfarr-Garten ist, ohnfern der alten Kirche gestellet werden. Zugleich wurde von ersagtem Hochfürstl. Consistorio der von dem Herrn Regierungs-Rath und praeside Consistorii von Hugo angegebene und von mir Johann Ludwig Christ, als damaligen Pfarrers zu Bergen und vicario zu Berckersheim verfertigte Grund- und Aufriß von Kirch und Thurn genehmiget und mir anbey per decretum del. 18ten October 1765 die Aufsicht über das Bauwesen aufgetragen.«

Am 16. April 1766 wurde der erste Stein zur Kirche gesetzt, und am 8. Mai, dem Himmelfahrtstag, erfolgte »unter Beywohnung derer Herren Beamten des Amtes Bornheimer Berg und anderer Personen in großer Anzahl« die Grundsteinlegung. In den Grundstein kam ein gläsernes Kästchen mit einer langen Inschrift von Christs Hand auf Pergament sowie einem 1766 »neu geprägten Hanauischen Guldenstück, einem dergleichen Kopfstück, einem halben und viertels ditto und einem neuen Hanauischen Kreutzer«.

Aus der von Christ zitierten Grundstein-Handschrift erfahren wir, daß »die Evangel. Lutherische Gemeinde der Kirche zu Berckersheim und deren dazugehörigen Filialen aus zweyhundert Seelen bestund, als zu Berckersheim 71 Seelen, zu Preunigsheim 48 Seelen, zu Eckenheim 60 Seelen und zu Maßenheim 21 Seelen«.

Am 24. September konnte das Dach aufgeschlagen werden, was man wiederum »mit gewöhnlichen Solemnitäten beging«. »Den 8. December 1766 wurde auch der Thurm aufgeschlagen und mense July 1767 wurde der Steindecker fertig und der Knopf und Hahn mit gewöhnlicher Feyerlichkeit gestecket.«

Der heute noch stehende Bau, ein Stück »Bauernbarock«, wurde in unseren Tagen von einem Handwerksbetrieb aus Christs späterer Wirkungsstätte, von der Firma Julius Hembus in Kronberg, schön und stilvoll restauriert.

In Rüdigheim, 1767—1776

Auch Rüdigheim gehörte zur Grafschaft Hanau, und die war unter den Grafen von Hanau-Münzenberg reformiert geworden. Doch als diese Linie ausstarb und die von Hanau-Lichtenberg die Herrschaft antraten, wurde im Jahre 1670 eine lutherische Gemeinde gegründet. Nachdem es dann 1683 zur endgültigen Trennung von Reformierten und Lutherischen gekommen war, wurde eine lutherische Kirche errichtet, ein stattlicher Barockbau mit zwei Glocken und einer Orgel. Doch diese Kirche steht nicht mehr. Nachdem sich 1818 in der »Hanauer Union« die beiden Konfessionen wieder zusammengefunden hatten, wurde sie 1833 auf Abbruch verkauft.

Während Christ in Bergen nur Berkersheim mit zu versorgen hatte, mußte er nun öfter über Land wandern, denn wie Friedrich Elsässer berichtet, waren »die kleinen lutherischen Gemeinden Marköbel, Oberissigheim, Niederrodenbach und Hainchen mit Rüdigheim verbunden«.

Überrascht wird Christ gewesen sein, als er in Rüdigheim seinem Familiennamen begegnete. Eine jetzt im Vorraum der frühgotischen Kirche aufgestellte »christliche Ehrensäule« wurde von Johann Jost Christ, Schaffner des Johanniterordens, der in diesem alten Dorf eine Kommende hatte, zu Ehren seiner 1691 verstorbenen Gattin Anna Regina geb. Grimm errichtet. Eine Verwandtschaft erscheint jedoch unwahrscheinlich. Der Name Christ ist in Hessen häufig.

In seinen Rüdigheimer Jahren muß Christ sich schon intensiv mit Landwirtschaft und Bienenzucht beschäftigt haben. Dazumal waren die Pfarrer ja nicht nur Verwalter eines geistlichen Amtes, sie hatten auch das zugehörige Pfarrgut zu verwalten und zu bestellen, das einen Teil ihrer Besoldung bildete, waren also im Nebenberuf sozusagen auch Landwirte und wurden von den Bauern je nach ihrem Können eingeschätzt. Doch darüber soll im folgenden Kapitel mehr gesagt werden. Ob Christ damals schon über diese Themen geschrieben hat, weiß man nicht. Jedenfalls ist er als Schriftsteller noch nicht hervorgetreten.

Seine Familie vermehrte sich. Ein zweiter Sohn, Johann Karl, wurde am 30. September 1769 geboren, ein dritter, Johann Heinrich, am 29. Mai 1771. Es folgte am 13. Dezember 1772 eine Tochter, Wilhelmine Friederike Sabine, und am 27. März 1775 erschien wieder ein Sohn, Ludwig Philipp Christoph. Frau Maria Regina war also voll ausgelastet, bis ein schwerer Schlag die Familie traf. Innerhalb von fünf Wochen starben die drei ältesten Söhne, neun, sieben und fünf Jahre alt, zwei im Januar, der dritte Anfang Februar 1776. Damals war die Kindersterblichkeit hoch. Vermutlich grassierte im Dorf eine Krankheit, der die damalige Medizin nicht beizukommen wußte.

Der Schmerz der Mutter bedarf keiner Beschreibung. Der Vater aber schrieb ganz schlicht ins Kirchenbuch, er habe die Kinder »dem Heiland in seine Wunden gelegt«. Man wird Respekt vor dieser menschlichen Tapferkeit und stillen Gläubigkeit haben. Religionsgeschichtlich gesehen aber sagt dieser Eintrag auch noch etwas: Johann Ludwig Christ muß mit dem Pietismus in Berührung gekommen sein.

Der Pietismus, der sich schon im 16. Jahrhundert zu bilden begann, als Gegenbewegung zur starr gewordenen lutherischen Orthodoxie, nahm Elemente der mittelalterlichen Mystik, aber auch solche aus dem Zeitalter der katholischen Gegenreformation auf. Zu seinen frühen Vertretern zählen der Görlitzer Schuster Jakob Böhme, der sächsische Pfarrer Valentin Weigel und schließlich Johannes Arndt (1555—1621), der als Generalsuperintendent in Celle gestorben ist. Er hat Kirchenlieder gedichtet, vor allem aber zwei weitverbreitete, immer wieder neu gedruckte Werke, die »Sechs Bücher vom wahren Christentum« (1605) und das »Paradiesgärtlein« (1612), verfaßt. Seine gesammelten Werke kamen 1734—1736 in drei Bänden heraus. Man kann vermuten, daß Christ Arndts Werke gekannt hat, daß sie in seiner Bücherei standen, denn man lese im »Paradiesgärtlein« den Schluß des 18. Gebets, überschrieben: »Ein Trostgebetlein von den Wunden unseres Herrn Jesu Christi.« Er lautet:

»Laß mich auch, o mein Herr Jesu, in deinen Wunden meine Ruhe haben, wenn meine Seele sonst nirgends ruhen kann, wie das Täublein Noä, welches in der Sündflut nirgends Ruhe fand, und kam wieder, und Noa streckte seine Hand aus und nahms wieder in den Kasten zu sich. Also, wenn meine Seele in dem Wasser großer Trübsal nirgend ruhen kann, so laß sie in deinen Wunden ruhen... Ach, mein Herr Jesu Christe, wenn ich weder vor geistlicher Not noch vor leiblicher Angst und Krankheit ruhen und schlafen kann, so gib mir, daß ich in deinen Wunden ruhe, wie ein Kind.« — Auch die Herrnhuter übten diese Blut- und Wunden-Mystik, aber sie mußten schon nach 1750 die Wetterau wieder verlassen. Christ wird daher kaum mit ihnen zu tun gehabt haben.

Die Frage, warum Christ Rüdigheim verlassen und nach Rodheim vor der Höhe weitergezogen ist, läßt sich heute nicht mehr präzis beantworten. Vielleicht hat er es um seiner Frau willen getan: ein von fünf Kindern belebtes Haus wirkt ein wenig leer, wenn drei davon auf dem Friedhof liegen. Auch bot Rodheim ein größeres Wirkungsfeld.

In Rodheim vor der Höhe, 1776—1786

In Rodheim betrat Johann Ludwig Christ den Boden des ältesten Christentums in der Wetterau. Hier stand eine der alten, von iro-schottischen Mönchen errichteten »Schottenkirchen«. Die Rodheimer Kirche geht daher, nicht als Bau, aber als Institution, bis in die Merowingerzeit zurück. Rodheim selbst war im Mittelalter eine befestigte Stadt, 1368 mit Stadtrechten ausgestattet. Noch 1789 heißt es in Hübners realem »Staats=Zeitungs= und Conversations=Lexicon«: »Rodheim, gräfl. hanauisches Amtsstädtgen in der Wetterau, 3 Stunden von Friedberg, und eben so viel von Frankfurt am Mayn.«

Zumindest ein Andenken an die früheste Zeit hat sich erhalten: wo die Flurstücke »Seelhof« heißen, soll einst das iro-schottische Kirchengut gelegen haben. Um 1860, als der Darmstädter Philipp Heber sein Buch über die Mainzer und Wetterauer Schottenkirchen schrieb, sollen auf dem Seelhof vor dem Obertor Obstbäume gestanden haben. Vielleicht hat Christ sie gepflanzt oder ihre Anpflanzung bewirkt?

Ursprünglich hatte Rodheim sechs Filialdörfer. Als Christ kam, gab es nur noch eines: Holzhausen, heute Burgholzhausen genannt, ein altes Reichsdorf und der Ursprung des Frankfurter Patriziergeschlechts von Holzhausen.

Wie in Rüdigheim waren auch in Rodheim die Reformierten in der Mehrzahl und bildeten die wohlhabende Gemeinde. Christ war also wiederum nicht auf Rosen gebettet. Es gab auch die üblichen Reibereien und Streitigkeiten, auf die hier nicht eingegangen werden soll. Der gegenwärtige evangelische Pfarrer in Rodheim, Fritz Dahmen, hat in einer Broschüre »Die Lutherische Gemeinde in Rodheim und ihre Kirchenbauten« die Ereignisse vor der Zeit Christs geschildert. Sie erschien 1982, zur Erinnerung an die Grundsteinlegung der neuen lutherischen Kirche vor 250 Jahren, am 27. April 1732. In dieser Kirche, die von dem bekannten hanauischen Baumeister Christian Ludwig Hermann entworfen wurde, hat Christ von Weihnachten 1776 bis März 1786 sein geistliches Amt versehen. Allerdings ist sie 1901 bis auf die Außenmauern abgebrannt. 1904 wieder aufgebaut, wurde sie im Innern mit einer barock-historisierenden Ausstattung versehen.

Die Grafschaft Hanau befand sich schon seit 1736 im Besitz der Landgrafen von Hessen-Kassel, blieb aber das ganze Jahrhundert hindurch und weiter bis 1821 souverän unter dem hessischen Erbprinzen Wilhelm. Wie sah es nun in dieser Grafschaft, in der Wetterau überhaupt damals aus? Hier können wir uns einem Gewährsmann anvertrauen, der zwar hundert Jahre früher lebte und schrieb, aber in diesen hundert Jahren hat sich das Gesamtbild kaum verändert. Erst mit der Französischen Revolution begann auch hier allmählich eine neue Epoche.

Im Jahre 1674 veröffentlichte Ägidius Henning, Pfarrer zu Eichen, unter dem Pseudonym »Florentinus Wahrmund aus Quercetana« (quercus = lateinisch die Eiche) vermutlich in Frankfurt eine »Nagelneue Bauernanatomie«. Der Hanauer Studienrat Dr. Heinrich Brodt hat diese lange verloren geglaubte, auch von Gustav Freytag in seinen »Bildern aus der deutschen Vergangenheit« zitierte Schrift 1929 in der Berliner Staatsbibliothek ausfindig gemacht und im zweiten »Hanauischen Magazin« über sie berichtet. Fassen wir das Wesentliche aus diesem Aufsatz zusammen.

Da Rodheim ein »Amtsstädtgen« war, residierte hier ein Amtmann, den das kleinere Eichen nicht aufzuweisen hatte. Bei ihm beginnt die weltliche Hierarchie daher mit dem Schultheißen, der ein Herrschaftsbeamter ist und als der vornehmste Mann im Dorfe gilt. Die beiden Bürgermeister hingegen sind Gemeindebeamte. »Sie betrügen alle drei die Herrschaft sowohl wie die Gemeinde, sie schleppen ganze Waldungen in die Stadt, den Erlös versaufen sie beim kühlen firnen Wein.« Wenn sie in eigenen Geschäften in die Stadt gehen, nehmen sie doch den gemeinen Beutel mit. Kein Wunder, daß sie »schöne Häuser und große Scheuern aufgebaut« haben. Während der Schultheiß von Abgaben befreit ist, müssen die Bauern »Geld und Kontribution erlegen«. Daneben gibt es noch die Landscheider oder Geschworenen, denen die Aufgabe gestellt ist, »daß sie bei ihrem Gewissen einem jeden das Seine zuerkennen sollen, daß sie alles recht erkennen und den Leuten zu richtiger Besitzung des Ihren helfen sollen«.

Nun kommt der Pfarrer: »Je fleißiger er sein Amt ausfüllt, desto gehässiger und aufsässiger werden sie ihm«, schreibt Brodt eingangs und liefert uns dann eine Reihe von Zitaten aus der »Bauernanatomie«, so etwa: »Viel schwerer ist es, ein Dorfpfarrer als ein Stadtprediger zu seyn.«. »Die Bauern halten mehr auf ihre Küh, Schaaf, Pferde und Säu als ihre Seelsorger.« »Jene Bauern meinten, sie könnten der Hirten nicht entbehren, sie müßten dieselbige haben. Daraus schließe ich, daß sie ehender den Seelen- als den Säuhirten hätten fahren lassen.« »Was ein Bauer seinem Seelsorger tut, wehnet er, müsse er umbsonst oder um Gottes Willen tun: daher kompt es, daß ein redlicher Prediger schier vor sein Geld keine Fahrt bekommen kann. Gleichwohl pflegen sie allerlei Entschuldigungen vorzubringen, als die Ochsen, Pferde usw. seyen lahm, der Wagen zerbrochen, sonst wollten sie gern helfen.« »Laß dich's nicht befremden, wenn sie dir dasjenige, was du unter ihnen zeugest, stehlen, das Kraut abhauen, und sonst allerlei Schimpf- und Verdrießlichkeiten anthun. Einsmals dachte ich großen Rath und Nutzen mit Capaunen zu schaffen, ich gestehe, so lange die Capaunen geringe, hatte ich sie in meinem Hauß, da sie aber recht gut und abzuthun waren, und ich sie zu Geld machen wollte, wurden mir die besten Stücke von etlichen schlimmen Gesellen außgeführet. Biß auf diesen Tag muß ich mein Holz in einer verschlossenen Scheuer haben, sonst würde ich wenig behalten.« ... »Da Gott mein Hauß auff die 15 Wochen lang hart geschlagen, ist nicht ein einziger Eltester kommen, mich in meinem Hauskreutz aufzurichten. Über das ist es nichts Neues, daß die Bauern der schuldigen Ehrerbietung gegen ihren Pfarrer vergessen. Ich glaube die Hüde seynd denen alten und jungen Pengeln auf die Köpfe gepicht oder genagelt.« Sie verdrehen ihm »das Wort, so er auff der Kanzel oder sonst geredet« im Munde. »Wenn er die im vollen Schwange gehende Laster, als Fluchen, Schwören, Entheiligung des Sabbattages, Übervorteilen der Herrschaft, geistlichen und anderer ehrlichen Leute, Füllerey, Diebstahl und dergl. mit Worten ernstlich strafet und zur Buße und Besserung des Lebens vermahnet, sagen sie: Er habe geschmähet. Etliche bleiben wohl gar 4,5,6 Wochen, ja ½ Jahr zu Hauß und auß der Kirchen. Andere machens noch ärger, sie enthalten sich gar vom Gottes Tisch.« »Ein eifriger Pfarrer ist bei den Bauern verhasset ... Im Backhause von den naseweisen Weibern wird der Pfarrer durch die Hechel gezogen, desgl. im Wirtshause von denen bezechten Gästen, auff dem Wege nach der Stadt von Jungen und Alten.«

Hat Ägidius Henning übertrieben? — Gewiß, denn er hat ja eine Satire geschrieben, aber manches Körnchen Wahrheit steckt doch darin, und Johann Ludwig Christ wird manche ähnlichen Erfahrungen gemacht haben. Im Anschluß an den Pfarrer behandelt Henning den Dorfschulmeister, die Kirchenältesten, das Kirchen-Baumeisteramt, die Almosenpfleger und das Kirchenrügeramt. Die Kirchenrüger sollen »Sonntags und Bettags im Flecken umbgehen« und für Ordnung sorgen, damit der Sabbat geheiligt werden möge.

Wirtshaus und Bäckerei sind Gemeindeunternehmen. Beide werden verpachtet. Der Büttel muß Briefe wegtragen, die Leute zusammenrufen, wenn Frondienste für die

Herrschaft zu leisten sind. »An manchen Orten geht das Amt reihum, so daß jeder Bauer einmal ein Jahr lang Büttel sein muß.« »Wenn Schultheiß und Bürgermeister im Wirtshaus sitzen oder wenn ein ehrbar Gericht beisammen zechen, muß ihm der Büttel aufwarten.« Am Ende der Hierarchie stehen die Dorfschützen, die »Zehender«, die über die richtige Abgabe der Zehnten wachen sollen, und die Hirten, die meistens auch Gemeindenachtwächter sind. Die Schäferei wird von der Gemeinde betrieben, oder die »Nachbarn« tun sich zu einer Genossenschaft zusammen.

Eigentum der Gemeinde sind Rathaus, Schulhaus, Backhaus, Kuh- und Schweinehirtenhaus, das Schäferhaus und das Wirtshaus. »Während die Bauern aber Kirche, Schule, Pfarrhaus und Rathaus, das sich in des Schultheißen Haus befindet, mit allem Fleiß verfallen lassen, wenden sie ihre ganze Aufmerksamkeit den Hirtenhäusern und dem Wirtshause zu. Bei jenen leitet sie die Absicht, den Hirten gute Laune zu machen, auf das Vieh, das ihnen am meisten ans Herz gewachsen ist, gut zu achten, bei diesem fürchten sie, es möchte ihnen, wenn es gar zu schlimm ist, ›in das Maul regnen, wenn sie den guten Wein trinken‹.«

Über Lebensweise und Charakter der Wetterauer Bauern weiß Henning viel zu berichten. Wir greifen nur einiges heraus. Die Bauern »haben die Pfeifen ständig im Maul und gehen damit in Stall und Scheuern. Wie leicht könnte dabei ein ganzes Dorf in Flammen aufgehen, und die Erfahrung hat es leider mehr als zu viel bezeuget«. Es wird fleißig gestohlen: »Butter, Käs, Fleisch, Speck, die Würste aus dem Schornstein, Obst, Holz, Geld, Früchte, Wagen, Ketten, Pflug im Felde, das weiße Zeug auf der Bleich«, alles wird entwendet. »Die Bauern seynd abgesagte Feinde der Gerechtigkeit, obwohl sie sie immer im Munde führen.«

»Der Sonntag ist der Bauern Bestelltag, denn da gehen sie in die Stadt oder andere Flecken zu den Wagnern, Schmieden, Schneidern und Leinewebern. Wollen Gevatter Kunz und Els ihren Schwäher besuchen, am besten Zeit haben sie am Sonntag. Der Sonntag ist der Bauern Spaziertag, Schieß- und Sauftag und ihrer Weiber Flicktag. Gleichfalls ist der Sonntag der rechte Tanz- und Kirbtag. Mit einem Wort: die Bauern sind die größten Sabbatschänder.«

Treffend geschildert hat Ägidius Henning den geizigen und den reichen Wetterauer Bauern. Vom geizigen Bauern heißt es: »Ob sie schon geizen und scharren, Tag und Nacht arbeiten, tun sie doch ihrem Leib nicht das Geringste zu gut. Hast du jemals gesehen, daß ein geiziger Bauer ein rechtschaffen Kleid getragen? Wo, daß er einen guten Bissen gegessen? Wo, daß er sein Herz mit einem erlabenden Trank gestärket? Gott ist also gütig, daß er dem Menschen den Tag zur Arbeit und die Nacht zur Ruhe gegeben: ein Bauer aber arbeitet den ganzen Tag, ja wohl gar bis in die Mitternacht hinein, und des Morgens siehet man ihn mit dem frühesten wieder an die Arbeit gehen.«

Vom reichen Bauern aber sagt der Eichener Pfarrer: »Je reicher ein Bauer seye, je ärmer und unvermöglicher sie sich stellen.« Nur wenn sie sich beim Wein die Nase tüchtig begossen haben, sagt mancher: »Ich habe alles genug, Korn, Geld, Wein, Haus und Hof, Vieh, liegend Gut genug, ich bin niemand schuldig, was ich habe, ist alles mein. Im übrigen, wann diese Gesellen nüchtern sind und merken, daß sie sich mit Reden verschnappet haben, widerrufen sie alles.« Weiter sagt Henning dann: »Wenn die Früchte unwert und eine wohlfeile Zeit ist, können sie den Stadtleuten artig zu Kreuz kriechen; wenn aber Teuerung sich einstellt und die lieben Früchte aufschlagen, also daß man die Bauern um das Ihre flehen muß, seynd sie bei weitem nicht so freundlich und demütig, sondern sperren sich ärger als eine Katze im Sack.«

Brautwerbung, Hochzeit und »Kirb« (Kirchweih) werden von Henning ausführlich beschrieben. Weiter stellt er fest, daß die Bauern erst in der äußersten Not einen Arzt herbeiholen. Lieber gehen sie zu »weisen Leuten«, Zigeunern und Spielleuten. Von den Zigeunern lassen sie sich weissagen und »spendieren dann den Teufelsleuten Heu und Stroh, Speck, Eier und andere Viktualien«.

Das Sonntagsmahl der Bauern besteht aus Hirsebrei, Sauerkraut und Speck. Eine Kindtaufe wird bei »fettem Sauerkraut, Pfeffer und Schweinebraten« gefeiert; auch die Kindbetterin erhält dergleichen.

Nur am Sonntag tragen die Bauern »wüllene Büchsen«, an den Werktagen haben sie leinene oder zwilchene an. Die Bäuerinnen haben »leinene oder bachnene Kittel«. Der Schultheiß geht mit einem Mantel bekleidet zu und von dem Rathaus. In die Stadt geht er mit einem Stock und »hatt eine Fischerplaute an der Seite«. Er wird durch Hutabziehen gegrüßt, während man den Bürgermeistern eine solche Ehre nicht antut.

Was Gottesdienst und Abendmahl angeht, so schreibt Henning, daß das Fehlen in der Kirche von der Herrschaft mit Strafen gerügt wurde. Beim Abendmahl, das viermal jährlich gehalten wurde, wechselten die Alten und die Jungen sich ab. »Wer jetzt geht, darf auf ein ander Mal nicht gehen.« Die Jungen gingen zu Ostern und Michaelis, die Alten zu Pfingsten und Weihnachten. »Nicht zu vergessen ist, daß wann die Bauern zum hl. Abendmahl gehen, sie vorher sich kasteien und fasten.«

Sehen wir nun die bäuerliche Welt, in die Christ sich hineingestellt sah, deutlicher vor uns? Mag der Satiriker Henning auch hier und da die Farben etwas zu dick aufgetragen haben, selbst sein Interpret Heinrich Brodt bescheinigt ihm die »scharfe Beobachtungsgabe, mit der einzelne Charakterzüge der Bauern, die man auch heute noch beobachten kann, geschaut und dargestellt sind«. — Und dies, obwohl Brodt dem Ägidius Henning »Gesinnungsroheit« und »kalte Herzlosigkeit« vorwirft, was er mit den beiden Zitaten belegt: »Mich gemahnet der Bauern als der Stockfische: Dieselben sind am besten, wann sie weich geschlagen und fein geklopfet« und: »Es gibt unter Himmel und Erde keine Leute, die fast weniger von göttlichen Dingen verstehen als die meisten Bauern und auch nicht sich bemühen, ihrer Unwissenheit abzuhelfen.«

Daß Christ sich als Pfarrer bemüht hat, zu helfen und zu bessern, versteht sich, und wir können es an einem Beispiel belegen, am »Freischulfonds«, den er im Filialdorf Holzhausen ins Leben rief. Dieser Fonds wurde aus freiwilligen Legaten und Beiträgen gebildet sowie den bei Trauungen, Kindtaufen, Abendmahlsfeiern und Trauergottesdiensten erhobenen Kollekten, und er diente zunächst dazu, die ärmeren Dorfbewohner vom Schul- und Holzgeld zu befreien. Später wurden die Erträge zur Aufbesserung des

Gehalts der evangelischen Lehrer verwendet. 1873 betrug der Fonds immerhin 4600 Gulden.

Wichtiger für uns Heutige aber ist, daß Johann Ludwig Christ neben seinen geistlichen Amtspflichten noch die Zeit fand, sich zum Schriftsteller zu entwickeln. In seiner Rodheimer Zeit entstanden neun Buchveröffentlichungen und dazu noch die Beiträge zum »Hanauischen Magazin«. Da wir die Broschüren und Bücher im zweiten Teil unseres Buches besprechen wollen, können wir uns hier auf die Nennung der Titel beschränken. Im Jahre 1780 erschienen die »Anweisung zur nützlichsten und angenehmsten Bienenzucht für alle Gegenden« und die »Patriotische Nachricht und für jeden Landmann deutliche Anweisung zu dem einträglichen Tabaksbau und zwar des sogenannten asiatischen Tabaks«. Im Jahr darauf, 1781, folgte der fast 700 Seiten starke Band: »Unterricht von der Landwirthschaft und Verbesserung des Feldbaues, insonderheit von der Benutzung der Brache mit verschiedenen Bepflanzungen, sowol mit den besten Futterkräutern, als auch etlichen sehr einträglichen Industrie- und Manufakturgewächsen, als Tabak, Crapp etc. und Oelgewächsen nebst einem Anhang vom Seidenbau.« Die »Anweisung zur nützlichsten und angenehmsten Bienenzucht« mußte schon 1783 neu aufgelegt werden und wurde um über 60 Seiten erweitert. Im gleichen Jahr kamen heraus die »Beyträge zur Landwirtschaft und Oekonomie. Bekanntmachung einer Traubenmühle, einer Malzdarre und einer engländischen eisernen Handmühle zum Malzschroten, nebst verschiedenen Behandlungen der Weine, von dem Weinbau und den Grundsätzen des Bierbrauens«. Schließlich ist für dasselbe Jahr noch das Bändchen zu nennen: »Von der außerordentlichen Witterung des Jahres 1783 in Ansehung des anhaltenden und heftigen Höherauchs; vom Thermometer, von dem natürlichen Barometer unserer Gegend, dem Feldberg oder der Höhe, und von der Beschaffenheit und Entstehung unserer gewöhnlichen Lufterscheinungen, wie auch etwas von den Erdbeben.« 1784 kam wieder der Bienenzüchter Christ zu Wort mit einem »Bienenkatechismus für das Landvolk«, und 1785 brachte der fleißige Rodheimer Pfarrer neben einem Bändchen: »Chemisch-physikalische und praktische Regeln vom Fruchtbrannteweinbrennen: wie auch vom Honigbrannewein aus dem abgängigen Wachswasser: und vom Zwetschenbrannewein, Kirschengeist und Vogelkirschenbrannewein« die »Geschichte unseres Erdkörpers von den ersten Zeiten der Schöpfung des Chaos an: und von den Revolutionen desselben durch Vulkane, Erdbeben und Ueberschwemmungen«.

Den ersten Platz nehmen die Bücher zur Landwirtschaft ein. Dann folgen die beiden Bienen-Bücher und schließlich zwei Werke zur Naturdeutung und Naturbeobachtung, mit denen Christ über das dazumal ziemlich häufige ökonomische Schrifttum hinausreichte. Ab 1783 kann er sich auf den Titelblättern nicht nur »Pfarrer zu Rodheim vor der Höh« sondern auch »der Königl. Churfürstl. Landwirtschaftsgesellschaft zu Zelle Mitglied« nennen. Seine Verleger fand er in Frankfurt. Zählt man die Buchseiten zusammen, dann kommt man nahe an 2000 heran, eine immerhin stattliche Zahl für einen Landpfarrer, der die Schriftstellerei nur im »Nebenberuf« betreiben konnte.

J. L. Christ,

Pfarrern zu Rodheim vor der Höh,
der Königl. Churfürstl. Landwirthschaftsgesellschaft zu Zelle
Mitglied.

Beyträge

zur

Landwirthschaft und Oekonomie.

Bekanntmachung einer Traubenmühle, einer
Malzdarre, und einer engländischen eisernen
Handmühle zum Malzschroten;

nebst

verschiedenen Behandlungen der Weine, von
dem Weinbau und den Grundsätzen
des Bierbrauens.

Mit drey Kupfertafeln.

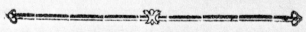

Frankfurt und Leipzig,
verlegts Johann Georg Fleischer
1783.

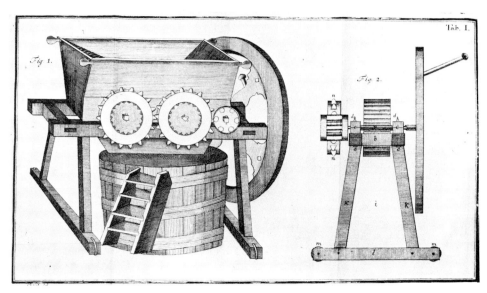

Christs Traubenmühle, auch zur Apfelweinbereitung brauchbar. Aus den »Beyträgen zur Landwirthschaft und Oekonomie«, 1783.

Es traf sich glücklich für Christ, daß der lutherische Superintendent in Hanau, der Doktor Johann Christian Stockhausen, im Jahre 1778 das »Hanauische Magazin« gegründet hatte, das bis 1785 erschien (er starb 1784) und »allen guten Köpfen Hanaus Gelegenheit geben sollte, ihre Gedanken zum allgemeinen Nutzen und Frommen darin zu veröffentlichen«. Das Magazin erschien wöchentlich im Kleinoktavformat im Verlag des lutherischen Waisenhauses. Die 52 »Stücke« eines Jahrgangs kosteten einen Reichstaler. Hier fand der Rodheimer Pfarrer von 1780 an ein neues Arbeitsfeld, in Gesellschaft von Regierungs- und Hofräten, Theologen, Historikern, Landpfarrern usw. Ein Mitarbeiter veröffentlichte schon 1778 anonym ein anmutiges kleines Gedicht, das fast auf ihn gemünzt sein könnte, wenn er damals schon an seinem großen Bienen-Buch arbeitete, was anzunehmen ist:

Der Autor und sein Freund

Freund: Sprich, Freund, warum gekrümmt, so fleißig, einsam, hager,
  Schreibst du noch Mitternachts bey blasser Lampen Schein?
Autor: Als wenn du mich nicht kennst! – Mich wundert so ein Frager,
  Muß denn die Nachwelt nicht durch mich belehrt noch seyn?
Freund: Freund, laß die Nachwelt gehn! Sie wird sich selber retten;
  Schau nur auf deine Welt, und lebe recht für die!
Autor: Die Nachwelt denkt an mich: das hab ich Lust zu wetten –
Freund: Gewiß weit weniger, als du, mein Freund, an sie!

Anweisung
zur nützlichsten und angenehmsten
Bienenzucht
für alle Gegenden;

bei welcher in einem mittelmäßig guten Bienenjahr von 25 guten Bienenstöcken 100 fl. und in einem recht guten Bienenjahr 200 fl. gewonnen werden können, und dennoch ieder Stock in gutem Stande bleibet;

geprüfet,

und zum gemeinen Nutzen und Vergnügen
herausgegeben
von
J. L. Christ,

Evang. Pfarrern in Rodheim vor der Höh, der Königl. Churfürstl. Landwirtschaftsgesellschaft zu Zelle Mitglied.

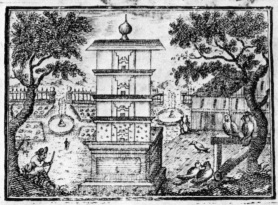

Zweite vermehrte und verbeßerte Auflage.

Mit VI. Kupfertafeln.

Frankfurt und Leipzig,
in der Fleischerischen Buchhandlung
1783.

Bienencatechismus
für das
Landvolk.

Von
J. L. Christ,
Pfarrer zu Rodheim an der Höhe, der Königl. Churfürstl.
Landwirthschaftsgesellschaft zu Zelle Mitglied.

Mit einer Kupfertafel.

Frankfurt und Leipzig,
bey Johann Georg Fleischer.
1784.

Von Christs größeren Aufsätzen im Magazin behandeln vier landwirtschaftliche Themen. Über sie wird im Zusammenhang mit den entsprechenden Büchern etwas zu sagen sein. Der fünfte Aufsatz wurde zu dem Bändchen »Von der außerordentlichen Witterung des Jahres 1783« ausgebaut. Den sechsten und siebten Beitrag bringen wir nachfolgend im Wortlaut. Zuvor sei aber noch auf einige kleinere Texte hingewiesen.

Wir äußerten schon früher die Vermutung, daß Christ in seinen Wanderjahren auch in Norddeutschland gewesen ist. In dieser Vermutung bestärken uns einige von ihm in das Magazin gegebene Nachrichten. So teilt er 1780 im 45. Stück mit, daß am 21. August dieses Jahres in Lüneburg der Superintendent Gerhard Christian Otto Hornbostel im 56. Jahr verstorben sei und widmet ihm einen ausführlichen Nachruf. Im 48. Stück gibt er »Nachricht von dem im Bau begriffenen Schleswig-Hollsteinischen schiffbaren Kanal«, über dessen Weiterbau er im 10. Stück 1782 berichtet. Seine Nachricht stammt »aus einem Briefe von guter Hand unterm 9ten Christm. 1781«. Er hat also Verbindungen zu Niedersachsen und Schleswig-Holstein gehabt, und mit diesen steht vielleicht auch die fortan auf den Titelblättern seiner Bücher erwähnte ehrenvolle Mitgliedschaft in Zusammenhang, von der es im 21. Stück von 1782 heißt: »Herr Pfarrer Christ bei den Ev. Lutherischen Gemeinen zu Rodheim und Holzhausen im Hanauischen, der sich seit einigen Jahren durch verschiedene nützliche oekonomische Schriften bekannt gemacht hat, ist von der Königl. Churfürstlichen Landwirthschafts-Societät zu Zelle zu ihrem Mitglied ernannt und ihm durch ihren Secretair Hrn Claren das gewöhnliche Diplom nebst einer Societäts-Medaille von dem größern silbern Schlage zugefertigt worden.«

Im 34. und 44. Stück des Jahrgangs 1782 erschienen alsbald die beiden Feldberg-Berichte in Briefen an einen Freund, der leider nicht genannt wird, den es aber, wie der zweite Brief zeigt, gegeben haben muß und der ein begüterter Mann war. Da die Briefe zu Christs schönster Prosa zählen und als frühe Beschreibungen der Taunus-Landschaft heute noch anziehend und interessant sind, sollen sie hier unverkürzt stehen:

Zwei Feldberg-Wanderungen, 1782

R. vor der Höh den 1ten Aug. 1782

Mein Freund,

Sie sind ein Kenner des Schönen und folglich auch, wie ich ohnedem weiß, ein Freund der reitzenden Natur. Nie habe ich Sie so oft an meine Seite gewünschet, als vor etlichen Wochen, da ich wieder eine Geniereise auf unser benachbartes Taunusgebürge machte, und auf dem Gipfel des darauf befindlichen höchsten Berges, des sogenannten Feldberges Nacht und Tage in Wonnegefühl über die Pracht der Natur und Größe des Schöpfers zubrachte.

Da mich im vorigen spaten Sommer die bald nach Johannis sich einfindende Nebel am Horizont der entfernten Gebürge belehrt hatten, daß man die Zeit wohl abpassen müsse, seinen Endzweck auf diesem Berge zu erreichen, so verfügte ich mich auf den Johannistag, da wir heiteren Himmel hatten, auf denselben mit einer zwar kleinen, aber zu meiner Absicht ausgesuchten Gesellschaft. Und — besser hätte ich es wohl fast in zehen Jahren nicht treffen können; denn meine so oftmalige Wünsche, unter andern die Pracht der Natur auch in einem majestätischen Donnerwetter von diesem in den Wolken aufgerichteten Observatorium zu beobachten, da ich doch auch dabei recht schönes Wetter haben wollte, trafen über alle meine Erwartung und Hoffnung ein. Weil es längst mein Vorhaben war, die sämtlichen Aussichten von diesem herrlichen Schauplatz der Natur einmal aufzunehmen und in perspectivische Zeichnungen zu bringen, so mußte ich wenigstens ein paar Tage gutes Wetter und heitern Himmel haben: und alles glückte.

Den ersten Nachmittag, an welchem ich auf diesem ehrwürdigen grauen Berge ankam, arbeitete ich nichts, und widmete ihn blos meinen Augen und meinem Herzen. Dieses öffnete sich auch ganz dem innigsten Vergnügen und wahre Wonne durchströmte es bei den herrlichsten und reitzendsten Aussichten in die schönen und abwechslenden Gegenden. Ich war ganz Gefühl für die Natur und die Unterwelt war bei mir vergessen, da doch meine Augen darauf hafteten. Sie können sich unmöglich vorstellen, was für eine erquickende Weide unsern Augen dieser hohe Berg gewähret, der in den schönsten und fruchtbarsten Gegenden Deutschlands liegt. Ich habe zwar seine Höhe noch nicht zu messen Zeit gehabt, allein sie ist gewiß beträchtlich, und wie mich auch mein Freund, Herr Regierungsrath Neuhof versichert, (der schon verschiedene Jahre mit Aufsuchung der römischen Alterthümer auf diesem Gebürge rühmlich beschäftiget und bereits schöne Entdeckungen gemacht hat) so muß er höher seyn, als der berüchtigte Blocksberg oder Brocken auf dem Vorderharze, indem dieser steil aufgeht, jener aber, der Feldberg, auf Gebürgen liegt, deren Füße sich auf verschiedene Meilen Wegs erstrecken, auch vor dem Brocken diesen Vorzug hat, daß er nicht so häufig mit Nebeln bedeckt ist, als der Brocken wegen der nahe am Fuße desselben gelegenen Flüsse.

Es gibt zwar genug höhere Berge als der Feldberg, besonders in der Schweiz: aber bei welchen trifft man leicht solche Aussichten an in Gegenden, die so eben, so fruchtbar, so mit Städten und Ortschaften gleichsam besäet und so abwechslend sind, als die unabsehlichen Lagen um den Feldberg, besonders gegen Morgen und Mittag. Denken Sie sich eine Weite von 40 deutschen Meilen, welche man, wie einige behaupten wollen, übersiehet, denn auf 30 Meilen weit, nemlich bis Strasburg hat mein Perspectiv meinen Blick getragen. Obschon die malerischen Aussichten auf die nahen Abwechslungen von Wäldern und Feldern, von Bergen und Thälern — auf den gegenüberstehenden Berg Altküng und die noch stolzen Ruinen und alten Mauern des Kastel des Drusus an dem Gipfel desselben, und auf die unter die Mitte dieses Bergs hinlaufende gepflasterte ehemalige Heerstraße der Römer nach Hädernheim ihrem gewöhnlichen Winterlager: — auf den nahen Ort Reifenberg und dessen verfallenes Schloß, einen wahren Zug des grauen Alterthums, nebst dessen Graben, der in einen Felsen gehauen ist — und auf tausend andere Gegenstände die Aufmerksamkeit heften, so siehet sich doch das geitzige Auge nicht satt: und etwas entfernter erblickt es die von Reichthümern strömenden

Flüsse des Mains und Rheins, die schönen Städte Maynz, Frankfurt, Darmstadt, Hanau, Aschaffenburg ec. die mit Flecken und Dörfern besäete fruchtbare Wetterau cc. und endlich verliert es sich in unabsehliche Gegenden.

Diesen vergnügenden Blicken überließ ich mich mit meinen Reisegefährten den besagten Nachmittag und wir sahen dem neuen reitzenden Aufzug der bald untergehenden Sonne mit Verlangen entgegen: — Wie ungleich größer aber war die Pracht dieses Flammenmeers und des ganzen Horizonts, da wir auf einem Sandkörnchen höher stunden, und etwas mehr in die Atmosphäre hineinsehen konnten, als wenn man von der Tiefe oder Ebene aus die Sonne untergehen siehet. Wir sahen den Horizont mit den schönsten Regenbogenfarben bemalet. Die ganze Natur wurde uns feierlicher und stimmte unsere entzückte Sinnen zu Beobachtungen und Betrachtungen über die Millionen Welten, die über uns schwammen, daß wir unser Erdpünktchen, das uns des Tages so sehr vergnügt hatte, eine Weile ganz vergaßen, und wir die ganze Nacht hindurch genug zu thun hatten. Wie willkommen war uns dazu der schöne Mond, da wir eben volles Licht hatten, und der uns einen freundlichen Abend zulächelte.

In dem Augenblicke, da die Sonne sich unter unsern Horizont neigte, trat gegenüber dieser den Weltbau durchstreifende Globe ganz majestätisch herauf und uns so besonders feierlich, daß neue Wonne unsere Herzen durchströmete. »Unbegreiflich großer Schöpfer«, rief ich aus, »wie unermeßlich ist dein Arm der Gottheit, den du über den hochfunkelnden Lichtbogen des Firmaments, über die Millionen Welten ausstreckest, die du als in deiner Hand wägest? Wie helle glänzen die ätherischen Gefilde von deinen Fußtritten? aber wie ganz unerreichbar sind deine Höhen, ob du gleich uns kleine Erdenwürmchen bis an die erstaunlichsten Wunder deiner Macht und Weisheit sich einigermaßen erheben lässest.«

So heiß indessen den Tag über die Sonne auf uns drückte, so wurde doch der Wind, der auf dem Gipfel dieses Berges streichet, sehr rauh und kalt, so bald sich die Sonne neigte. Wir machten daher ein starkes Feuer an, und unterhielten solches, da wir uns entschlossen hatten, die Nacht auf diesem Gipfel zuzubringen, und dem Himmel näher zu schlafen, um auch die prächtige Scene der aufgehenden Sonne anzuschauen. Zu dem Ende hatten wir uns eine Hütte von grünen Reisern und Aesten verfertigt, und solche zum einigen Schutz vor dem Winde an dem Felsenstück aufgerichtet, welches auf der einen Ecke der Fläche des Gipfels stehet, die gegen 100 Morgen Feldes im Gehalt hat, aber kahl und ohne Gesträuch, nur mit starkem Moos und Preuselbeeren, auch hin und wieder mit wahrem Buchsbaum, den man sonst nirgends wild findet, bewachsen ist. Dieser malerische Felß, auf welchen man bequem klettern und darauf gegen 15 Schuh höher als der Gipfel des Feldbergs ist, stehen kann ist nicht ganz unmerkwürdig. Er heißt der Brunehildestein[*], nach einer Urkunde bei Gudenus vom Jahr 1221 und aus einer andern bei Johannis in Vol. rer. Mogunt., vom Jahr 1034 Lectulus Brunihildis,

---

[*] Brunechildis lebte um das Jahr 620. Sie war die Gemalin eines austrasischen Königs, der zu Worms soll residirt haben, kam aber elendiglich um ihr Leben, indem sie einem Pferd an den Schweif gebunden und zu todte geschleift worden, weil sie von der Armee beschuldigt wurde, ihren Prinzen schlecht erzogen zu haben.

welcher Name aber in der dasigen Gegend in Hildegard verwandelt ist, da sich die gemeinen Leute mit der Legende tragen, die h. Hildegard habe einmal in diesem Felsen geschlafen und zum Wunder habe sie ihr Haupt in den Felsen eingedrückt. Diese kopfförmige Höhlung habe ich zwar im vorigen Jahre noch gesehen, aber diesen Sommer fand ich solche durch den Muthwillen zerstöret, und dieses heilige Stück Stein zersprenget, welches ich doch, so abgeschmackt die Fabel ist, bedauerte.

In diesem geheiligten Platz des Felsen ließen wir uns ein bequemes und weiches Bette machen. Anstatt der Federn erwählten wir freilich nur das starke Moos, worauf ganz gut zu liegen war, und dazu des Jakobs Kopfküssen, als er die Himmelsleiter sahe: der Stein muß sich aber doch in der freien Luft seit der Hildegard Zeiten sehr verhärtet haben, denn von unsern Köpfen drückte sich keine Höhlung ein. Doch wir waren auch keine Heiligen und ein solches Wunder zu erzwingen, waren uns unsere Köpfe zu lieb.

Ehe wir uns dann zur Ruhe gelegt hatten, unterhielten wir uns unter dem Blasen des sehr rauhen und kalten Windes beim Feuer und einer Pfeife Taback mit dem wärmsten Gespräch über unsere erhabene Gegenstände bis 11 Uhr. Wir legten uns sodann auf unser Lager, davon mich kein Mensch hätte bereden können, daß der große Mogul ein prächtigeres und erhabeneres Bette haben könnte, als ich. Unsere Nachtlampe konnte kein Wind auslöschen, sie machte so helle, als je eine in der Welt vermag. Ich glaube nicht, in meinem Leben das volle silberne Gesicht in einem so schönen Schimmer gesehen zu haben. Noch auf unserem Paradebette stritten wir mit Mutmaßungen, warum wohl diese sonderbare Weltkugel niemals ihre andere Hälfte unserem Erdball zeige, da doch gewiß die unsrige günstiger gegen jene ist. Besonders vergnügte uns bei unsern philosophischen Betrachtungen, die sanfte Lichtbahn beobachtet zu haben, welche die Sonne in den längsten Tagen die Nacht hindurch bei heiterm Himmel von Abend gegen Morgen merken und erblicken läßt, so, daß der Punkt anzugeben war, wo die Sonne den folgenden Tag hervorkommen werde; jener merkwürdige Beweiß, daß unser Erdball nicht kugel- noch eirund, sondern an seinen Polen etwas platt gedruckt sey, und eine pomeranzenförmige Gestalt habe.

Indessen wurde es bei uns stille. Ich that noch einen Blick auf den gerade vor mir über liegenden Berg Altküng und dessen Alterthümer und Mauerreste, welche der gegenüberstehende Mond helle beleuchtete. Ich schlummerte darüber ein, und es ging ganz natürlich zu, daß meine Phantasie bald einen Römerhelden auf den Ruinen des Drusischen Kastels erblickte, bald ein rüstiger Katte mir begegnete, bald ein ganzer Heerzug an dem Pfalgraben unter uns schantzte. Allein die philosophischen Träume hatten bald ein Ende. Weder unsere Hütte, noch unsere Federn, noch unsere heilige Kopfküssen schützten uns genug vor der Kälte. Wir mußten um 1 Uhr aufstehen und uns zum Feuer setzen, und um solches hinlänglich wirksam zu machen, waren wir genöthiget, unsere ganze Hütte mit Bett und Bettladen dem Feuer aufzuopfern, daß es bald haushoch geflammet. Hier hätte ich gewünscht, mein Freund! Sie hätten uns ohngefehr um das Feuer sitzen sehen, in Bettüchern und was wir hatten, verhüllet, mit weißen Kappen über die Ohren gezogen und die Pfeife im Mund; ich wette, Sie hätten Gespenster glauben lernen und darauf geschworen, von Charon zurückgelassene Römerseelen gesehen

»Der Brunehildis-Stein auf dem Feldberg«. Gezeichnet von Chr. Georg Schütz dem Jüngern, »Vetter« genannt. Gestochen von I. R. Hoeßel. Aus der großen, bebilderten Quartausgabe von Joh. Isaak von Gernings »Heilquellen am Taunus«, 1814.

zu haben, oder hätten wir das nöthigste gehabt, gute Pelze, so würden Sie geglaubt haben, es säßen hier alte kriegerische Deutsche.

Nach Verlauf von anderthalb Stunden, als wir uns wohl erwärmet hatten, legten wir uns doch noch eine Stunde lang auf das Ohr, aber nun unter Gottes freiem Himmel, bis uns die anmuthige Lerche, die man allein auf dem Feldberg höret, und zwar nur gegen den nahen Reifenberg hin, den Anbruch der Morgendämmerung verkündigte. Dieses trefflichen Vogels frühe Morgenlieder waren mir so angenehm und erwecklich, daß ich demselben von Stund an den Vorzug vor der Nachtigall bei mir einräumte. — Wir stunden so bald vergnügt auf, machten uns zum Feuer, kochten unsern Kaffee, rauchten eine Pfeife und erwarteten mit heiterer Miene, unter angenehmen Gesprächen und dem muntern Gesang der Lerchen den Aufgang der Sonne.

Die erfreuliche Morgenröthe verkündigte uns diesen herrlichen Auftritt, wir kletterten auf den Felsen, und hätten gern noch einen bestiegen, wenn er nur darauf gestanden wäre, die Königin des Tages in ihrem glänzenden Triumphwagen heraufprangen zu sehen. Kaum sahen wir auf jener Seite den vollen Mond sich unter unsern Horizont neigen, so stieg auf dieser die prächtige Sonne, wie verjüngt, aus dem Schoos der unabsehlichen Himmelssphäre hervor. Hierbei möchte ich Poet sein, Ihnen diese wonnevollen Augenblicke nach Herzenslust zu schildern. — Der Himmel und die ganze Natur lachte, kurz es war so schön, majestätisch und prächtig, als man nur je etwas sehen kann.

Ich machte sogleich einige Instrumente zurecht und arbeitete den ganzen Tag unermüdet mit Aufnehmen der Prospecte unter beständigem Sonnenschein, der mich in drei Tagen bald so schwarzbraun machte, als die Römer nach einem Feldzuge mögen ausgesehen haben. Doch mangelte es uns nicht gänzlich an Erfrischung. Nicht nur auf dem Berge eine starke Viertelstunde von dem Gipfel hinunter sind zwei Wasserquellen mit sehr gutem gesunden Wasser, sondern man kann auch von dem nahen Reifenberg, der nur eine halbe Stunde von der Spitze des Berges abliegt, einen guten rothen Wein und sonstige Nothwendigkeiten herbei schaffen.

Inzwischen hielten wir des Abends es nicht für rathsam, nochmals im kalten Winde zu übernachten, sondern wir wollten wieder in ein Federbett; wir versteckten daher unsere Geräthschaften und Instrumente in den Wald, und verfügten uns in das Absteigquartier, welches anderthalb Stundwegs von der Spitze des Berges war. Des andern Tags, der uns wieder heiter anlachete, verfügten wir uns nochmals in aller Frühe auf unsern Posten, um mein Geschäfte, wo möglich zu endigen. Es glückte auch vortrefflich. Gegen Abend wurde ich fertig, und kaum legte ich das Bleistift nieder, so hieß es: »am Rhein steige ein Gewitter auf.« Wer war vergnügter als ich, froher als wenn Beute sollte ausgetheilt werden. Wir packten in aller Eile alle Geräthschaften zusammen, schickten sie nach Hause und kleideten uns völlig an, machten uns ein gutes Pfeifchen, lagerten uns auf das Moos und sahen getrost und begierig zu. Aber habe ich je eine Naturbegebenheit gesehen, die so herrlich, majestätisch und groß, die uns allen gleichsam so neu gewesen, und uns Vergnügen und Erstaunen gemacht, so war es diese. Ich konnte nun meinem Freund und Reisegefährten völligen Glauben zustellen, da er mich öfters zuvor versichert hatte, daß vor etlichen Jahren ein reisender Engländer, den er auf diesen Berg begleitet hatte, vor Freuden ganz außer sich gewesen, als er das Glück gehabt, einem solchen Gewitter unter seinen Füßen zuzusehen.

Wir beobachteten zuförderst den Gang des Gewitters. Am Rhein zog es in einem Nebel auf und bewegte sich gegen den Main hin und uns nahe. Hier brach es unter unsern Füßen aus. Bald und häufig fuhren die Blitze von der Erde in die Oberluft, bald von oben herunter; der Donner rollte unter uns majestätisch dahin, während alles dessen uns auf dem Gipfel des Berges die Sonne beschien. Hierbei eräugnete sich noch ein bezaubernder Anblick, der uns aufs neue einnahm; von den Gewitterwolken drängeten sich die Lichtstrahlen der Sonne auf die entgegen stehende Seite und die Atmosphäre unter uns herum wurde so gereiniget, daß unsern Blicken jene Gegenden so hell und deutlich wurden, und dabei wegen der weiten Entfernung so unabsehlich, daß wir durch unser Perspectiv den Münsterthurn von Strasburg sehen konnten. Gewiß, Freund! Sie können sich nichts schöners vorstellen als diese Abwechslung.

Bald darauf, da es ganz Abend geworden, zog ein neues Gewitter, von Kölln herauf, und machte Miene, gerade auf unsern Berg zu kommen. Und das erfolgte auch wirklich. Jedoch hielten wir getrost und standhaft aus, bis wir abzuziehen genöthigt wur-

Tafel I: Johann Ludwig Christ. Stich von C. Müller.

Tafel II: Georg Melchior Kraus: Cronberg, 1803. Kolorierte Radierung. Goethe-Museum, Düsseldorf.

den, und ich war nicht eher fortzubringen, als bis sich der Wind zum völligen Ausbruch des Gewitters erhob. Einen triftigen Regen auszuhalten hatte ich mich zwar entschlossen, das Licht des Monds wurde verfinstert und unser Weg war anderthalb Stunden lang. Wir gaben indessen Fersegeld; eine halbe Stunde lang gieng es gut: der Regen zauderte, die Blitze beleuchteten uns den Weg und der rasselnde Donner ließ uns nicht einschlafen. Allein eine Stunde lang hatten wir einen ganz erschrecklichen Regen auszuhalten: Donner und Blitz machten sehr wenige Pausen und es gieng Schlag auf Schlag, daß der Wiederschall in der Tiefe des Gebürges und der Waldungen majestätisch und fürchterlich schön war. Jedoch wandelten wir unter dem Schutz dessen, der die Winde in seiner Hand hat und die Blitze leitet, getrost, und in Wahrheit zu sagen, ein komischer Aufzug eines unserer Freunde und Reisegefährten drang uns öfters ein Lachen aus. Dieser hatte aus Bequemlichkeit wegen der Hitze des Tages seine Stiefeln in dem Hause unseres beherbergenden Freundes zurückgelassen und war diesesmal in Pantoffeln auf den Feldberg gestiegen. Hätten Sie nicht lachen müssen, wenn Sie gesehen hätten, wie uns das Regenwasser in engen Wegen bisweilen an den halben Fuß geschossen, und jener bald seine Pantoffeln unter die Arme nehmen, bald ihnen nachlaufen mußte, wann sie das Wasser fortschwemmte. Anbei war mir wohl bewußt, daß wir vor dem Einschlagen des Blitzes keine Gefahr hatten. Die ältesten Leute in diesem Gebirge können sich nicht entsinnen, daß es darinnen je einmal eingeschlagen hätte, weder in Bäume noch in Gebäude: sobald das Gewitter über den hohen Berg gedrungen, davor es öfters lange hält, so hat es dann Raum sich auszubreiten. — Indessen kamen wir obgleich naß, doch glücklich und vergnügt in unserm A. an, und ich erinnere mich nicht, daß ich je erquickender geruhet und geschlafen hätte als diese Nacht.

Sehen Sie, mein Freund! so angenehm lief dieser unser Feldzug ab, und ich weiß, Sie hätten gerne unsern Gewitterregen mit ausgehalten, wenn Sie zuvor Ihre Augen und Herz an allen diesen prächtigen Gegenständen der schönen Natur hätten weiden können. In etwas hoffe ich Sie zu entschädigen, vielleicht schicke ich Ihnen auf die nächste Ostermesse die perspectivischen Vorstellungen der reitzenden Aussichten auf alle Gegenden, von diesem Feldberg aus, in XII. Kupfertafeln zu, mit Benennung der sichtbaren Städte und Oerter, damit Sie alsdenn wenn Sie dieses Taunische Gebürge vielleicht auf den Sommer bereisen, sich sogleich in alle Gegenden und Oerter finden können. Ich habe es versuchet, und etliche Tafeln in Farben gebracht; allein außerdem, daß dieses Heft den Liebhabern viel zu theuer würde zu stehen kommen, so übersteigt es meine Kräfte und meine Muße, denn an meinen höhern Berufsgeschäften darf nichts Wesentliches dadurch versäumet werden. Ich will sie schwarz zeichnen und stechen lassen, wer sie gemalt haben will, mag sie malen lassen. — Schenket der Himmel Leben und Gesundheit, so will ich auf den künftigen Sommer den Altkünigberg besteigen und sowol da als in der Saalburg, einer römischen Schanze, und andern merkwürdigen Orten dieses Gebürges die römischen Alterthümer in näheren Augenschein nehmen. Dann reisen Sie mit, so werden Ihnen diese Vergnügungen und kleine Ermüdungen von etlichen Tagen besser bekommen, als drei Wochen kalte und öde Brunnenkur.

Noch eins, bester Freund! Wissen Sie nicht einen oder mehrere reiche Liebhaber von Beförderung guter und schöner Sachen, die nur hundert Thaler zusammenlegten, um ein steinernes Häuschen auf dem Gipfel des Feldbergs ohne Thüren und Fenster zu erbauen? Wie bequem wäre es für die vielen Liebhaber der schönen Natur, die so häufig diesen berühmten Berg besteigen, und mit wie manchem Ehrenwort würde eines solchen Menschenfreunds darauf gedacht werden, wenn sie durch eine solche Begünstigung vor Regen, Wind, Kälte und Sonnenhitze beschützet seyn, und ihre kalte oder warme Küche in Bequemlichkeit darauf verzehren könnten . . . Die Steine liegen keine 50 Schritte davon, und der Kalch wäre auch bequem herbei zu bringen. Ich habe starke Hoffnung, in zwei Jahren eins da stehen zu sehen, und Ihren Namen unter andern darinn eingehauen. Leben Sie wohl. C.

Nachlese vom Feldberg:

R. vor der Höh den 8. Oct. 1782

Mein Freund!

Daß Ihnen mein letzteres Schreiben über verschiedene Gegenstände der Natur, welche mich diesen Sommer auf unserm benachbarten Feldberg bezaubert hatten, nicht unangenehm gewesen, davon hat mich unter andern Ihre so baldige und unerwartete Sorgfalt überzeugt, dadurch ich in den Stand gesetzt worden, den Liebhabern der schönen Natur zum Besten und zur Bequemlichkeit auf nächstkünftigen Sommer ein geräumiges steinernes Häuschen mit Kamin und Küche auf dieser höchsten Spitze des Taunischen Gebirges bauen zu lassen, wofür Ihnen manche Gesellschaft viel Danks wissen wird. Ein kleiner Nachtrag von Bemerkungen, welche ich in diesem Herbst daselbst gemacht habe, wird Ihnen nun auch nicht verdrießlich seyn.

Dieser Tagen, da ich mich früh auf dem Felde befand, warf ich ungefähr einen Blick auf dieses merkwürdige Gebirge, und da ich sahe, wie die Wolken auf dem Feldberg zu ruhen schienen, so wandelte mich die Lust an, in die Wolken zu steigen, und zu versuchen, ob ich nicht auch dabei einige Nahrung für meine Neugierde finden mögte. Ich entschloß mich kurz, und machte noch diesen Sprung von 5 Stunden, nahm unterwegs einen Freund mit, und kam gegen 11 Uhr auf dem Gipfel an. Je höher ich auf dem Berge stieg, je veränderter zeigte sich die Farbe der Blätter, und zuoberst hatte das meiste Gesträuch sein schönes Sommergewand schon ausgezogen. Es umhüllete mich zwei Stunden lang ein feierliches Dunkel, welches wie ein undurchdringlicher Vorhang allen Reitz der sonst so prächtigen Aussichten meinen Blicken verbarg. Die Wolken wirbelten sich um uns, und waren öfters so dicht, daß man sie bald greifen zu können glaubte. Bisweilen wurde es so dunkel, daß wir uns nicht 10 Schritte von einander entfernen durften, um uns nicht zu verlieren. Plötzlich wurde es wieder etwas heller, wenn die Sonnenstrahlen die Wolken und den Nebel etwas zertheilten und unsern Häuptern näher kamen. Bisweilen verließ uns eine dicke Wolke gänzlich und schnell, daß wir den hellesten Sonnenschein hatten, welches aber öfters kaum eine Minute dauerte, da eine andere Wolke, die nur hundert Schritte uns auf der Seite entfernet war, uns schon wieder ins Dunkle verhüllete. So lang uns die Wolken umgaben, war die Kälte sehr mäßig und unbedeutend; sobald aber eine Wolke hinwegflog, und uns auf etliche Augenblicke die Sonne beschien, so überfiel uns die bitterste Kälte, welcher nur die streichende Luft steuerte, daß nicht alles zusammen fror.

Wir mußten uns allemal, so oft eine Wolke uns verließ, unter das Felsenstück, den Ihnen letzthin beschriebenen Brunehildenstein flüchten, um uns vor dem schneidend kalten Wind zu schützen. Das erstemal, als wir dahin eilten, trafen wir einen Steinadler daselbst sitzend an, von der Größe einer Ganß, der uns aber gleich Platz machte, und zur Sonne sich zu erheben schien. — Gegen 1 Uhr verließen uns alle Wolken, welche theils wie Säulen in die Höhe stiegen, theils in großem Umfang nach der Wetterau und gegen Morgen sich rollten. Ihr Flug war oft sehr schnell, und uns deuchte, sie wären in einer Zeit von 5 Minuten bei 15 Meilen weit über dem darunter befindlichen Nebel hingerückt. Das ganze Schauspiel war sehr abwechselnd, und mir in Wahrheit überaus feierlich, angenehm und reizend, so daß mich mein kleiner Spatziergang nicht gereuete. Bald sahen wir eine Gegend von der Sonne beleuchtet, und bis an den entferntesten Horizont die Spitzberge bei Kölln sich sehr deutlich erheben: bald stunden wir wieder im Dunklen, daß wir nicht 10 Schritte weit sehen konnten. Bald sahen wir gegen Morgen die Gegenden und Städte mit Nebel bedeckt und über demselben die Sonne scheinen: bald auf einer andern Seite die Wolken in den entferntesten Gegenden sich drängen, und ihre Farbe in ein dunkles Schwarzgrau verwandeln. — Wie groß — Freund! Wie majestätisch ist doch der Herr der Natur — in allen seinen Werken, in der ganzen Schöpfung, vom Bau des Himmels bis zum Sonnenstäubchen, vom Seraph bis zum Infusionsthierchen, deren Tausende in einem Tropfen Wasser ihre Welt umschwimmen!

Haben Sie Lust, mein Freund! auf den bevorstehenden Winter einen Spatziergang auf diesen Riesenberg zu machen, so erbiete ich mich zum Gefährten. Ich mögte wohl einen Tag daran wagen, und einige Beobachtungen mit dem Thermometer darauf machen. Sie wissen, wenn ich an etwas komme, so mögte ichs gern bis auf das Würzelchen auskundschaften, und da ist mir keine Arbeit zu viel, und keine Unbequemlichkeit unüberwindlich. Vor Zittern und Zahnklappen müssen Sie sich freilich nicht fürchten. Aber glauben Sie sicher, daß auch im Winter, in dieser sonst traurig geschilderten Jahreszeit, die Natur ihre Reize hier nicht gänzlich verbergen, und uns manches Schöne und Prächtige sehen lassen wird, das sie im Sommer nicht gewähren kann. Allein es muß bei trockenem Frost und nicht tief im Winter geschehen, wenigstens darf kein Schnee auf dem Feldberg liegen, sonst ist es unmöglich hinauf zu kommen, da an vielen Orten desselben, besonders gegen oben an dem überhin ziehenden Pfalgraben, bald der Schnee von den Windwehen über zwei Mann hoch zu liegen kommt. Bisweilen liegt weit und breit Schnee, und auf dem Feldberg keiner; das wäre sicher der erwünschteste Zeitpunkt. Wenn ich solches hier in der Wetterau (wozu wir noch gehören) wahrnehme, so sollen Sie einen Expressen geschickt bekommen.

Sie verlangen in Ihrem Schreiben, zu wissen, was für besondere Gewächse auf diesem Berge anzutreffen sind? — Ich überschicke Ihnen hierbei einen Straus Buchsbaum mit seinen Früchten, und schönen runden Scharlachbeeren, die er sonst in Gärten selten trägt, und die ich in dieser Herbstzeit in ihrer Reife sehr häufig bis auf der Spitze des Berges gefunden habe. Die andern Zweige mit den rothen länglichten Beeren, welche den Weißdornbeeren völlig gleichen, nur etwas größer sind, heißen Meelbeeren, welches ein Baum ist, der nur in nördlichen Gegenden wächst, und bisweilen die Dicke der stärksten Buche bekommt; auf dem Gipfel des Feldbergs aber, wo er am häufigsten stehet und seinen Kranz bildet, ist er nur Gesträuch. Dieser Baum ist überaus dienlich, allerlei Sorten von Birnen darauf zu pfropfen und zu okuliren, wie auch Quitten, Mispeln ec. welche letztere sonst auf Weißdorn gepfropft werden. Er zieht einen sehr fruchtbaren Baum. Die untere weiße Seite der blaßgrünen Blätter dieses Meelbeerenbaums blinket in der Sonne, und giebt bei der beständigen Bewegung des Windes dem Auge einen sehr artigen Anblick. — Die Heidelbeere ist Ihnen bekannt, welche besonders auf diesem Berge so häufig wächst, daß die benachbarte Ortschaften jährlich wenigstens für ein halbtausend Gulden in die umliegende Städte davon verkaufen.

Ein merkwürdiges botanisches Kraut, welches auf diesem Berge häufig zu finden, ist das sogenannte heidnische Wundkraut, welches sonst gerne an den Felsen und steinigten Gegenden wächst. Es trägt ein kleines gelbes Blümchen, welches zu Thee zu gebrauchen, und seine längliche spitzige Blätter sind zu Heilung der Wunden sehr dienlich. Die alten Römer und Deutschen sollen sich dieses Krauts zu Heilung ihrer Wunden nach Schlachten vorzüglich bedient haben, daher es noch den Namen des heidnischen Wundkrauts trägt. — Nebst den übrigen bekannten Waldbäumen und Gesträuchen wächst auch häufig der Ahornbaum hier.   Ich bin ec.   Ch.

Freundschaft mit Elias Neuhof.
Ende des Hanauischen Magazins, 1785

Christs Plan, auf dem Feldberg ein steinernes Häuschen zu errichten, hat sich wohl zerschlagen. Wenigstens ist uns von einem so frühen festen Bauwerk auf dem höchsten Taunusgipfel nichts überliefert. Seine beiden Feldberg-Briefe haben jedoch offenbar eine große Resonanz gehabt. Ein Ergebnis war ihm unerwünscht und ärgerlich. Im 43. Stück des »Hanauischen Magazins« von 1782 lesen wir: »Frankfurt am Main. Der Buchhändler Weber hat die neulich in unserm Magazin zuerst gegebene Beschreibung des Hrn Christs vom Feldberg bei Homburg vor der Höhe Wort zu Wort unter einem Titel nachdrucken lassen, den ihm doch der Verfasser besser gesagt haben würde, wenn er ihn, wie billig, zu Rathe gezogen hätte. Solche eigenmächtige Unternehmungen glücken gemeiniglich im Kleinen so wenig als im Großen. Denn dieser Nachdruck wird gewiß keinen sonderlichen Abgang finden, da Herr Cr. nächstens eine vollständigere und mit vielen interessanten Anmerkungen vermehrte Beschreibung herausgeben wird.« Zu dieser größeren Beschreibung ist es leider nicht gekommen, und auch die »perspectivischen Zeichnungen«, die Christ so fleißig auf dem Berge angefertigt hat und herausgeben wollte, sind wohl verloren.

Ein anderer Widerhall wird ihm hingegen Freude bereitet haben. Im 45. Stück des Magazins von 1782 erschien, vom »23. Herbstm.« datiert, ein »Schreiben an Herrn Pfarrer Christ zu Rodheim«, dem sich am 27. November ein zweites Schreiben anschloß, beide mit »E. Neuhof« unterzeichnet. Wer war das? Nun, kein geringer Mann als der fürstlich hessen-homburgische Regierungs-Rath Elias Neuhof, der schon 1777 in Hanau ein Büchlein veröffentlicht hatte, das den Titel trug: »Nachricht von den Alterthümern in der Gegend auf dem Gebürge bey Homburg vor der Höhe.« Eine zweite Auflage folgte 1780, »zu finden in der Andraeischen Buchhandlung in Frankfurt am Mayn«. Neuhof war jedoch nicht nur Regierungs-Rath, er war auch, wie weiter auf dem Titelblatt verzeichnet ist, »der königl. schwedischen patriotischen Gesellschaft zu Stockholm, der kurfürstlich bayrischen Gesellschaft sittlich- und landwirtschaftl. Wissenschaften und der fürstlich hessen-casselischen Gesellschaft der Alterthümer Ehren-Mitglied; wie auch der fürstlich hessen-homburgischen patriotischen Gesellschaft Vice-Directore«.

Wie der Rodheimer Pfarrer und der hessen-homburgische Regierungsrat sich kennengelernt haben, wissen wir leider nicht. Die Anrede »Freund« läßt auf eine schon längere Bekanntschaft schließen. Neuhof, der den Feldberg auch als »Anwaldt des Obristen Herrn und Waldpottens Hochfürstl. Durchlaucht über die beyden, der Hohen und Seulberger Mark« bestiegen und studiert hatte, beginnt sein erstes Schreiben mit den Sätzen: »Indem ich in Absicht, einen Beitrag zur Erläuterung der ältesten Geschichte unserer Gegend zu liefern, die Grundmauern von Gebäuden, Schanzen und Gräbern der alten Völker in unserem Gebirge durchsuchen lasse, beschreiben Sie die Schönheiten der Natur von außen, die uns das Gebirge gewähret. Mich freut es, einen Freund in der Nähe zu wissen, der mitarbeitet, um unsere Gegend, die wie sie allerdings verdient, mehr bekannt zu machen.« Dann gibt er, seine »Nachricht« von 1777/1780 fortsetzend, einen Bericht über neue Grabungen und Funde in der Saalburg, »die mit dickem Gesträuche sehr stark bewachsen ist«, und in deren Umgebung. Im zweiten Schreiben schildert er die Aufdeckung eines »römischen Schweisbades«, etwa 340 Schritte von der Saalburg entfernt. Er schließt »in der Hoffnung, Sie bald wieder mit meinen Entdeckungen unterhalten zu können«. Gewiß ist Christ einmal zur Saalburg hinüber gewandert, um die Ausgrabungen Neuhofs zu sehen, den die Leute, wie er in seinem Büchlein schreibt, »bald für einen Schatzgräber, bald aber für einen Teufelsbanner« hielten.

Daß der Rodheimer lutherische Pfarrer nicht nur in Homburg sondern auch in Frankfurt und Hanau Freunde und Bekannte hatte, versteht sich. In Frankfurt saßen die Buchhändler und Verleger seiner Bücher, die Johann Georg Fleischerische Buchhandlung, Varrentrapp und Sohn und Wenner, die Hermannische und die Jaegersche Buchhandlung. Die beiden Feldberg-Briefe könnten auch an einen Frankfurter gerichtet sein. In dem Vorbericht zu den »Beiträgen zur Landwirtschaft und Oekonomie« sagt er, daß seine Kenntnis von der Traubenmühle und der Malzdarre von »einem einsichtsvollen Oekonomen in Frankfurt am Mayn« herrühre. Johann Christian Senckenberg war am 15. November 1772 verstorben. Ob Christ ihn noch gekannt hat? Mitglied der Senckenbergischen Naturforschenden Gesellschaft ist er nicht gewesen.

Christs Hanauer Kreis war wohl weitgehend identisch mit dem Mitarbeiterkreis des »Hanauischen Magazins«. Zu diesem Kreis gehörte aber auch die in Hanau wie in Frankfurt beheimatete Familie Souchay, in deren Garten ein kleines Naturwunder gewachsen war. Im 47. Stück des Magazins von 1780 berichtet er: »Hr. Souchay der ältere allhier, hat das Vergnügen gehabt, diesen Herbst eine Canaansmäßige Traube in seinem Garten wachsen zu sehen, die ein seltsames Beispiel von einem außerordentlichen Naturtriebe am Weinstocke in hiesiger Gegenwart. Sie wog 4¾ Pfund, und gehörte zu der blauen Sorte. Die Beeren waren dick, aber nicht alle gleich reif, welches theils von ihrer sehr dichten Anreihung, theils von dem Platze herrühren mogte, wo sie wuchs, denn der Stock stand in einer Ecke des Gartens, wo nicht so viel Sonnenschein als anderwärts hintraf. Die ganze Traube hatte gleichsam drei, doch wenig merkliche Abtheilungen nebeneinander, die aber alle oben an einem einzigen Stengel festsaßen, der eines großen Daumens breit war. Der Besitzer verwahrte sie lange Zeit in einer weiten Flasche am Stocke, schnitt sie endlich vor 14 Tagen ab, und machte damit ein Geschenk an die Durchl. Prinzessin Friederike. Die Traube ist sehr wohlschmeckend befunden worden, und Herr Souchay hat sie als eine Merkwürdigkeit der Natur von dem hiesigen Maler Hrn Ziesenis abmalen lassen, der ihre Gestalt, der Natur sehr getreu, nachgebildet hat.« — Ziesenis gehörte zu den bedeutendsten Bildnismalern jener Zeit. Ob das Bild der »Wundertraube« noch irgendwo hängt?

Christ hat vermutlich sein Pfarrgut selbst bestellt, mit Hilfe eines Knechts etwa. Im zweiten Feldberg-Brief schreibt er, daß er sich »früh auf dem Felde« befand. Was alles er angebaut hat, wissen wir nicht. In einem Brief an das Magazin (9. Stück 1780) berichtet er, daß er »letztverwichenes Jahr« einen halben Morgen Acker mit »asiatischem Tabak« bepflanzt hat. Von der Rodheimer Gegend heißt es, daß es »ziemlich viel Wiesen und viele Baumstücke« gibt, »und werden viele Wicken hier gezogen ... es wird kein Maagsamen, kein Hanf, keine Sommersaat oder Tölpel (Rübsen), sehr wenig Wintersaat oder Reps gebaut«. Die Kartoffel muß damals schon sehr weit verbreitet gewesen sein, denn 1782 erließ die »Fürstlich Hessische Gesellschaft des Ackerbaues und der Künste« eine Preisfrage: »Ob der Vorwurf gegründet sei, daß der übermäßige Kartoffelanbau den Verfall des Ackerbaues und den Ruin der Mühlen nach sich ziehe. Der Preis von 10 Louisd'ors wurde, wie im Magazin berichtet, zwischen einem Rent-Secretair in Merseburg und dem Pfarrer Varnhagen zu Wetterburg im Waldeckschen geteilt.

Wir sagten schon, daß das »Hanauische Magazin« mit dem Jahresende 1785 eingestellt wurde. Im vorletzten, 51. Stück findet sich noch einmal ein drei Seiten umfassender Beitrag Christs, in dem er gewissermaßen das Fazit seiner Jahre in Bergen, Rüdigheim und Rodheim zieht und einen bemerkenswerten Vorschlag zur Diskussion stellt. Er hat diesen Aufsatz »Von der Verbesserung des Bauernstandes, eine patriotische Phantasie« überschrieben und nur mit dem herkömmlichen X (für Christ) gezeichnet, das er später auch in seinen Besprechungen für die »Jenaische Allgemeine Literaturzeitung« wieder verwendet hat. Darin heißt es eingangs:

»Dieser Stand, der uns alle trägt, der den Segen der Natur aus der ersten Hand empfängt, und der Stand der ersten glücklichen Weltbewohner war, verdiente mit mehr Achtung geschätzt, unterstützt und verbessert zu werden, als gemeiniglich geschiehet. In China ehren ihn die Kaiser durch das jährliche große Ackerfest, welches sie nach einem Reichsgesetz so bedeutungsvoll feiern, und in einigen Ländern von Europa fängt man an, durch aufgerichtete Ackerbauschulen und ökonomische Societäten wenigstens zu erkennen zu geben, daß man diesen Stand für wichtig und würdig genug halte, sich seiner durch tiefere Erforschungen anzunehmen, und ihm durch gutgemeinte, oft gutgedachte Verbesserungen aufzuhelfen.

Wenn man sieht, wie sehr der Bauer bei seiner Arbeit sich selbst überlassen bleibt, wie mechanisch und wie unter manchen fortgeerbten Vorurtheilen er alles behandelt, er, der es in so manchen Stücken besser haben könnte, und fast mit jedem Jahr das Bedürfnis dieser Besserung stärker fühlt: — welchem aufgeklärten Menschenfreunde sollte nicht bei dem Anblick des kümmerlichen Lebens, das die meisten führen, ein feuriger Wunsch aufsteigen, etwas zur Vervollkommnung dieser guten Leute mitwirken zu helfen.«

Nachdem er den »Oekonomieverbesserern und neuer Methoden Fabrikanten« eine Absage erteilt hat, weil sie mit ihren »richtigsten Methoden oft um 50 Jahr zu früh oder zu spät kommen«, fährt er fort: »Ich verkenne die edlen Bemühungen der erfahrnen Sachkundigen nicht, die nicht mit dem Troß der unberufenen Ackerbaulehrer zu verwirren sind. Sie verdienen alles Lob. Aber wie weit, wie allgemein erreichen sie wohl ihre Absichten durch die schönsten Theorien und besten praktischen Vorschläge? Der Bauer nimmt Besserungen an; aber er will sie erst mit Augen sehen. Setzt nur einen oder zween in einem Dorfe, die etwas nach einer ungewöhnlichen Methode zwei bis dreimal gut und viel besser machen, als es war: und ihr könnet gewiß sein, die andern werden ohne Zwang erst in der Stille, und dann bald öffentlich nachahmen. Bauern können am ersten und sichersten durch Bauern gebessert werden.«

Daher schlägt Christ vor, nach dem Muster der städtischen Handwerker- und Kaufleute-Zünfte und -Innungen auch Bauern- und Weingärtner-Innungen ins Leben zu rufen:

»Jedes Dorf könnte eine Ackerbauschule, und jedes Amt eine oekonomische Societät im Kleinen werden. Niemand sollte als Bauer, der Land unterm Pfluge hat, aufgenommen werden, der nicht vor den Aldermännern des Orts, die als die besten Ackerleute erkannt und dazu bevollmächtigt sind, seine hinlängliche Wissenschaft im Feldbau bewiesen hätte. Die jungen Leute, die sich dem Bauernstande gewidmet haben, sollten ordentlicher Weise durch dazu erfahrene Männer in allen Arten der Feldbauwissenschaft unterwiesen und praktisch angeführt, auch darinn von Zeit zu Zeit durch andere examinirt werden, nicht eben aus einem oekonomischen Katechismus in der Schule, wovon oft der Schulmeister selbst nichts versteht, sondern aus gründlichen praktischen Anweisungen, die dem Klima und den Lokalumständen Ortes angemessen sind. Die

Ackerbauzunft müßte ihre Lehrlinge, Gesellen und Meister haben. Keine unanständige Gebräuche und drückende Unkosten dabei im Aufdingen und Lossprechen! Dagegen aber jährlich etwa ein Fest für die ganze Dorfschaft, an welchem die besten Feldarbeiter untersucht und bestimmt, nützliche Entdeckungen bemerkt, die Fleißigsten hervorgezogen, und gute Thaten belohnt und zur Nacheiferung für andere durch ausgetheilte Preise unterstützt würden; das wäre besser als der gewöhnliche Kürmeslärm.«

Wie sehr Christ die Verbesserung der Landwirtschaft und die Hebung des Bauernstandes am Herzen lag, zeigen andere Beiträge im »Hanauischen Magazin«, die in der Werkbeschreibung erwähnt werden sollen.

Schon einige Wochen ehe Christ seinen letzten Beitrag zum »Hanauischen Magazin« schrieb, war er entschlossen, sich um eine neue Stelle zu bewerben, und hatte die Dinge ins Laufen gebracht. Drüben in Kronberg, am Südhang des Gebirges, waren im September beide Pfarrer kurz nacheinander verstorben, am 6. der zweite Pfarrer oder Diakon Johann Sebastian Mühl und am 13. der erste Pfarrer, Andreas Justi. Zwar gehörte Kronberg seit dem Aussterben seiner Burgherren im Jahre 1704 einem katholischen Staatswesen an, und es hatte in den letzten Jahrzehnten harte Auseinandersetzungen zwischen den evangelischen Einwohnern und der Mainzer Regierung gegeben, aber das war wohl jetzt vorbei, und außerdem hatte er, Christ, ja schon vorzügliche Verbindungen zu dem Mann an der Spitze des Kurstaates, und die zu nutzen, war er entschlossen.

Woher wir das wissen? Nun, es steht schwarz auf weiß in der Vorrede zur 2. Ausgabe der »Anweisung zur nützlichsten und angenehmsten Bienenzucht« von 1783. Da berichtet Christ nämlich von »verschiedenen fürstlichen Bienenständen, welche ich mit dem besten Erfolg eingerichtet habe und deren Nutzen von nicht geringem Betracht ist und noch mehr wird«. Danach fährt er fort: »Unter diesen sind vorzüglich die ansehnlichen Bienenstände, welche in dem Schönbusch bei Aschaffenburg für S. Churfürstlichen Gnaden zu Mainz, diesem auf alle Theile der Landwirtschaft und Oekonomie aufmerksamen, thätigen und verehrungswürdigen Fürsten im Großen errichtet sind.«

Das gab es also: daß ein lutherischer Landpfarrer einem katholischen Kirchenfürsten Bienenstände einrichtete. Wer war dieser Kirchenfürst? Friedrich Carl von Erthal, der von 1774 bis zum Ende des Mainzer Kurstaates, 1802, regierte, wird von den Historikern als beredt, klug, den Künsten und der Wissenschaft zugetan geschildert. Er war frei von Lastern und auffallenden Schwächen (außer einer für das schöne Geschlecht), wahrte peinlich genau die äußeren Formen der Frömmigkeit und war stets auf Würde bedacht, in Regierungsgeschäften erfahren und am Wiener Hof beliebt. Selbstgefällig, eitel und prunkliebend, hatte er die Mainzer Universität neu organisiert, das Mainzer Lustschloß, die Favorita, samt ihren Gartenanlagen vergrößert, dazu bei Aschaffenburg, der zweiten Mainzer Residenz, Schloß und Park Schönbusch seit 1776 anlegen lassen. Christs Bienenstände standen im »Dörfchen«, dem Symbol des einfachen Lebens, das neben dem »Freundschaftstempel« und dem »Philosophenhaus« hinter dem anmutigen Schlößchen liegt.

Die Kirche von Harreshausen. Erbaut 1784 nach Entwurf von Johann Ludwig Christ.

Nun sollten also die Schönbuscher Bienen dem Rodheimer Pfarrer zu einem neuen Wirkungskreis in Kronberg verhelfen. Doch woher kannte Christ Kronberg überhaupt? Wir können vermuten, daß er als rüstiger Wanderer sich das Städtchen und seine Umgebung angesehen hat. Vielleicht geschah das noch zu Lebzeiten Andreas Justis, dem die Kronberger nachsagten, daß er sich besser auf die Jagd als auf die Bibel verstände. Zudem war 1783, im Jahr der zweiten Auflage seines Bienenbuchs, in Zürich ein zweibändiges anonymes Werk erschienen, das großes Aufsehen erregte und in fünf Sprachen übersetzt wurde, die »Briefe eines reisenden Franzosen über Deutschland an seinen Bruder zu Paris«. Diese Briefe sind wahrscheinlich auch Christ bekannt geworden. Der Autor war keineswegs ein Franzose, sondern ein gebürtiger Höchster, Johann Kaspar Riesbeck, den wir seit Dr. Rudolf Schäfers Studie über sein Leben, seine Zeit und sein Werk genauer kennen. In den »Briefen« heißt es: »Das kleine Städtchen Kronberg, welches ungefähr zwey Stunden von der Landstraße (Mainz–Frankfurt) entlegen ist, und welches man längs eines großen Striches Weges hin auf seiner Anhöhe thronen sieht, verkauft jährlich für ungefähr 8000 Gulden Obst, Obstwein, Obstessig und Kastanien, von denen es wirklich einen ganzen Wald hat, und die schiffsweise nach Holland geführt werden.« Weiter schreibt Riesbeck dann: »Alle Dörfer dieser Gegend liegen in einem Walde von Obstbäumen und beherrschen außer demselben ungeheure Getreidefelder.«

Daß ein solches »Paradies« einen Mann wie Christ locken mußte, ist nur zu verständlich. Wenn Pfarrer Justi oder Kronberger Bürger ihm vom großen Kirchenstreit erzählt hatten, dann wußte er freilich, daß es in diesem Paradies nicht immer so friedlich zuging wie im biblischen, und er konnte sich auch auf künftige Streitigkeiten gefaßt machen. Doch er bewarb sich dennoch, nicht zuletzt im Vertrauen auf Friedrich Carl von Erthal.

Vielleicht hat man es in Hanau gar nicht gern gesehen, daß er nun aus der Grafschaft gehen wollte, denn in seiner letzten Rodheimer Zeit hatte man sich seiner nochmals als »Baumeister« bedient: er hatte die Kirche von Harreshausen entworfen — einem Dorf, das heute zur Stadt Babenhausen gehört: »ein schlichter Saalbau mit dreiseitigem Schluß und Turmaufsatz«, wie es im Dehio heißt. Der Bau wurde 1784/85 errichtet, steht also nun zweihundert Jahre.

In Kronberg, 1786—1813

Vorspiel

Wie aus mancherlei kleinen Fingerzeigen in seinen Schriften und Briefen hervorgeht, hat Johann Ludwig Christ zumindest eine bescheidene Bibliothek gehabt, und zu dieser gehörte vermutlich auch einige Literatur, die sich mit seiner neuen, zweiten Heimat, der Wetterau, beschäftigte, so etwa des Hanauers Johann Adam Bernhard »Antiquitates Wetteraviae oder Alterthümer der Wetterau«, 1745 erschienen, und der zwei Jahre später auf den Frankfurter Buchmarkt gekommene »Wetterauische Geographus. Das ist: Kurtze und vollständige Beschreibung aller derer in und an der Wetterau liegender Herrschaften, Städte, Schlösser, Flecken, Dörfer usw. in alphabetischer Ordnung zusammen getragen und nun zum erstenmal ans Licht gestellet von dem Liebhaber in Historischen Dingen.« Über den Ort, den Christ zu seiner neuen Wirkungsstätte ausersehen hatte, heißt in dem zweiten Buch:

»Kronenburg / Cronberg, ein artig wohlgebautes Städtgen und Schloß, vier starke Stunden von Frankfurt, zwey von Höchst, an dem Berg, die Höhe oder der Feldberg genannt, in einer schönen und fruchtbaren Gegend. Mitten auf dem gedachten Berge liegt das Schloß gleichen Namens, so mit sehr starcken und dicken Mauren versehen ist, vor kurtzen Jahren aber von den Catholischen Einwohnern größtentheils abgebrochen, und die Steine zu ihrem neuen Kirchenbau verwendet worden, welche Kirche aber, weil sie der Evangelisch-Lutherischen Kirche zu nahe gesetzt worden, nach einem geführten schweren Proces, annoch unausgebauet ist. Das Städtgen ist mit doppelten Mauren umgeben, auf welchen viele Thürme stehen. Diejenige, so die deutschen Städte gern von den Römern herführen, wollen, daß dieser Ort von dem Kaiser Trajano erbauet und solchen nach ihm Trajaniburg gennenet habe, aus welchem Namen die Nachkommen endlich Kronenburg gemacht. Nebst dem mancherley Obst, das hieherum wächset, giebet es allda auch eine große Mänge Castanien. Es gehöret gewissermaßen in die Burg nach Friedberg.«

Das Bild, das der »Liebhaber in Historischen Dingen«, der kein gelehrter Mann war, aufgrund von Martin Zeillers Text zur Merian'schen Topographie von Hessen entworfen hatte, war 1785/86 noch gültig. Nach dem Aussterben der Herren von Cronberg hatte Kurmainz die Nachfolge angetreten. Der »schwere Proces«, den Kronberg, eine lutherische Insel inmitten des Mainzer Kurstaates, hatte führen müssen, war 1768 durch den Kurfürsten Emmerich Joseph von Breidbach-Bürresheim beendet worden. Die »Streitkirche«, unmittelbar neben der alten gotischen Stadtkirche errichtet, wurde zum »Cameral- und Civilgebäude« gemacht, die katholische Minderheit erhielt einige Sitze in Rat und Gericht. Was das evangelische Kirchenwesen betraf, so bestimmte »Eminentissimus«: »Soviel die Wiederbesetzung denen mit der Zeit erledigt werdenden Kirchen Diener Stellen, nemlich des zeitlichen Pfarrherrs und Caplans Augsb. Confession angehet, behalten Ihro Kurfürstl. Gnaden derenselben Auswahl und Ernennung

43

gleichwie von Ihro in Gott ruhende Herrn Vorfahren auch von denen Inhabern der Herrschaft Kronberg vormal ohne den geringsten Widerspruch allezeit geschehen, sich ferner bevor, erklären gleichwolen gnädigst, daß auf jedesmalige Erledigung einer oder anderer dieser Kirchenstellen alle sich darum meldende Supplicanten mittelst eines eigenen Ersuchungsschreibens an eines deren benachbarten Consistorien A. C. ad Examen unterliegen und demnächst aus denenselben nur derjenige erwählet und ernennet werden solle, welchem nach erfolgter Prüfung das beste und kräftigste Zeugniß seiner besitzenden Fähigkeit beigelegt werden wird.«

Diese Bestimmung bedeutete, daß auch Christ, obwohl er schon seit 1764, also seit gut zwei Jahrzehnten, ein geistliches Amt verwaltete, sich erneut examinieren lassen mußte. Doch er war seiner Sache sicher und bewarb sich umgehend beim kurfürstlichen Amt in Kronberg.

An der Spitze dieses Amtes, das außer Kronberg noch die beiden Dörfer Eschborn und Niederhöchstadt umfaßte, stand der Amtskeller Anselm Brückner, von dem wir in der Folge noch manches hören und lesen werden. Er war katholisch und ein tüchtiger Verwaltungsbeamter. Es gab zwar außer ihm noch einen Oberamtmann, den Herrn von Knebel, aber der trat wohl höchstens in jüngeren Jahren einmal hervor, wenn er persönlich die Jagd ausübte; sonst residierte er in der Hauptstadt Mainz.

Brückner nun schrieb über zwei der Anwärter auf die Kronberger evangelischen Pfarrerstellen Amtsberichte, die auf der Sitzung der Mainzer Hofkammer am 24. Oktober 1785 zur Verlesung kamen und auch für uns recht aufschlußreich sind. Der erste Bericht betrifft das »Gesuch des lutherischen Pfarrers Christ zu Rodheim um die erledigte erstere Pfarrerstelle zu Kronberg« und lautet:

»Soviel empfehlende Eigenschaften der Pfarrer Christ besitzet und so wenig hiesigem Amte etwas bekannt ist, welches denselben in seinem unterthänigen Gesuch um die hiesige erste Predigerstelle entgegenstünde, so auffallend ist die allgemeine Abneigung der ganzen lutherischen Gemeinde dahier gegen seine Person. Ein Beweiß hiervon liefert die gleich nach der ersten Nachricht von seiner Bewerbung um jene Stelle an das K. Amt abgesendete Gemeinde Deputation, welche den Wunsch äußerte, daß gedachter Christ von der eröffneten Pfarrei entfernt und statt seiner lieber jeder andere hierzu benennet werden mögte. Als Bewegursache dieses Benehmens führt man an, daß Pfarrer Christ mit allen Gemeinheiten, denen er als Prediger vorgestanden, Verdrüßlichkeiten gehabt, daß er das Bücherschreiben zu seinem Hauptgeschäft mache, dieserwegen wochenlang sich bei seinen Druckern und Verlegern aufhalte und seine Heerde dadurch vernachlässige, daß er mit seinem Eheweibe in einer ärgerlichen Uneinigkeit lebe, und daß, wenn er Verdienste hätte, er bereits im Hanauischen, wo man solche zu schätzen wisse, besser als zu seiner dermaligen sehr geringen Pfarrei würde befördert worden seyn. Den unbedeutenden Umstand seines ehelichen Unfriedens abgezogen, so sind die übrige Einwendungen von sehr geringem Gewichte. Die eingezogenen Erkundigungen kommen grosentheils darin überein, daß er zu den vorgeworfenen Verdrüßlichkeiten mit seinen Pfarrkindern seiner Seits keine Veranlassung gegeben, daß er bei seinem geringen Einkommen nothwendig auf einen Nebengewinn habe denken müssen und der nur selten deßfalls vermeldete Mißbrauch bei einer ergiebigeren Bedienung von selbst wegfalle und daß nicht Mangel an Verdiensten sondern die Seltenheit guter lutherischer Pfarreyen im Hanauischen, wo die besten Pfarr Einkünften in den Händen der Reformierten sich befinden, dessen jetzige geringe Versorgung zum Grunde habe.

Es scheinen demnach die Einstreuungen der Gemeinde vor viel zu geringfältig zu seyn, als daß sie dem Supplizierenden Christ zum Nachtheil gereichen könnten. Vielmehr dörfte dieser Mann, der so manche gute Kenntnisse in seinen Schriften dargelegt hat, und durch seine oekonomische obgleich nicht immer mit einem guten Erfolg in der Ausübung begleitete Vorschläge Nutzen stiften kann, eine vorzügliche Rücksicht zu verdienen, vorausgesetzt, daß er bei der anzustellenden Prüfung, der er sich seines schon 20 Jahre hindurch geführten Amtes ungeachtet, nach den Worten der bekannten Reversalies § 5 unterwerfen muß, das beste Zeugnis erhalte. Ein Gegenstand, der bei dessen allenfalsiger Benennung um so mehr zum Augenmerk zu nehmen seyn mögte, je gewisser die unzufriedene Gemeinde sich hiervor bei dem prüfenden Consistorium zu überzeugen suchen und bei dem geringsten Zweifel mit der angewöhnten Eifersucht auf die ihr zugestandene Gerechtsamen die geringste Abweichung zur öffentlichen Beschwerde machen wird.«

Wie man sieht, kannte Brückner, obwohl er erst 1784 ins Kronberger Amt gekommen war, bereits die besondere Mentalität und Empfindlichkeit der lutherischen Untertanen, wie sie sich in der Zeit des großen Kirchenstreites herausgebildet hatte.

Noch deutlicher tritt dies im zweiten Bericht, »das Ansuchen des Kandidat Bleichenbach um die erledigte Kaplan- und Pfarrerstelle betr.« hervor. Darin heißt es:

»In zurückgehenden Bittschriften suchet der aus Kronberg gebürtige Kandidat Joh. Balzer Bleichenbach unterthänigst an, ihm entweder die dermalige erledigte erste dasige Predigerstelle oder das ebenfalls eröffnete Diakonat gnädigst zu übertragen. Derselbe gibt als Bewegursache zu der gnädigsten Willfahrung nicht nur an, daß er die zu dem Predigerstande erforderliche Eigenschaften durch eine lange Übung im Predigen und dem Unterricht der Jugend sich erworben habe, sondern behauptet für anderen Kompetenten um deß willen einen Vorzug zu verdienen, weil er ein Landeskind, ein gebohrener Kronberger sey.

Soviel das Wissenschaftliche des Supplikanten angehet, so wird sich dieses zwar durch die in den bekannten Reversales vom 20ten Mai 1768 § 5 festgesetzte Prüfung zu Tage legen, womit sich solches verstände, doch kann man aus dem Urtheil seiner Zuhörer schließen, daß es ihm an einem guten Kanzelvortrage, welcher einer der wichtigsten Gegenstände des protestantischen Gottesdienstes ausmacht, allerdings ermangle.

Angehend den aus dem Geburtsort genommenen Vorzug, so ist derselbe dem Supplicanten im vorliegenden Fall viel mehr schädlich, als er ihm zu einer Empfehlung dienen sollte. Aus der Erfahrung und zum Theil aus den älteren Akten ist bekannt, daß die vormalige Religions Unruhen hauptsächlich durch die zahlreiche Anverwandtschaft des vorherigen Kaplans Diels entstanden und unterhalten worden sind, da letzterer, aus Liebe zu den Seinigen, nicht nur gemeinschaftliche Sache mit ihnen machte, sondern auch ihre Absichten auf alle ihm mögliche Weise beförderte und unterstützte. Gleiches läßt sich bei dem ähnlichen Verhältnis in Ansehung des Supplicanten um so mehr erwarten, weil die Namen seiner Ältern, Großältern und sonstigen Familienfreunden bei jeder Gelegenheit, wenn es auf Beschwerden bei dem Corpore Evangelicorum oder auf die Verflechtung benachbarter Stände in das hiesige Religionswesen ankam, oben an stehen und er selbst diejenige Verträglichkeit nicht besitzet, welche bei Einwohnern von vermischtem Glaubensbekenntnis heilsam ist; wenigstens können zum Beweise des letzteren mit den intollerantesten Ausdrücken angefüllte Briefe des Supplicanten vom Jahr 1780 vorgelegt werden, so er an den verstorbenen gutgesinnten Kaplan Mühl erlassen hat und welche durch diesen dem K. Amt vorgekommen sind. Diese Umstände verbunden mit der großen Abneigung aller übrigen Gemeindemitglieder so keine Verwandten des Supplicierenden Bleichenbachs sind, gegen seine Person dörften hoffentlich das unvorgreifliche amtliche Gutachten rechtfertigen, daß derselbe bei weitem die Verdienste nicht besitze um auf eine der beiden erledigten Predigerstellen einigen Anspruch machen zu können.

Da indessen vermög dem hier einschlagenden und Kürze halber abschriftlich beigebogenen 5. § der schon erwähnten Reversales derjenige ernennet werden soll, dem von dem auswärtigen Consistorium das beste Zeugnis beigeleget wird, die Prüfung aber zeither bei dem lutherischen Ministerium zu Frankfurt vorgenommen worden ist, so hat sich Supplikant nach sicheren Nachrichten bereits dahin gewendet, um die dasige Consistorialglieder auf eine oder andere Art zur Ausstellung eines guten Zeugnisses zu vermögen und durch diesen Schleichweg seine Absicht zu erreichen. Man stellet daher dem erleuchteten Ermessen K.G.L.R. (Kurfürstl. gnädigster Landesregierung) unterthänig anheim, ob nicht im gegenwärtigen Fall ein anderes benachbartes Consistorium zur Prüfung der Competenten ersucht werden wolle, welches sich noch nicht, wie von jenem zu Frankfurt alltäglich geschieht, in das Kronberger Kirchenwesen eingemischt hat und von dem mehrere Unpartheylichkeit zu vermuten ist.«

Kaum war die Nachricht von Christs Bewerbung durch das Amt den Kirchenältesten bekanntgemacht worden, da erging schon an die »Hochpreißliche Hohe Landesregierung« zu Mainz eine »allerunterthänigste Vorstellung unßerer des Evangelischen Kirchenraths, minder nicht Gerichts und Raths Glieder der Evangelischen Bürgerschaft zu Kronberg in Betreff der Evangelischen Pfarr Stellen dahier zu Kronberg«, und darin wurde nun schriftlich formuliert, was die Deputation dem Amtskeller schon mündlich vorgetragen hatte:

»Daß E. Kurfürstl. Hochpreißliche Hohe Landes Regierung auch unßer der A. C. Verwandten dahier zu Kronberg Geistl. Wohlfahrt zu fördern sich äußerst angelegen sein läßet, hat seine unwandelbare Richtigkeit.

Da nun unßer Gemeinde, nach der Lauffbahn des Kurfürstl. Rescripts von Anno 1768 der ordination zweyer durch ein benachbahrtes Evangelisches Consistorium Examinis geprüft und bewährten, rechtschaffenen Lehrer ehestens entgegen siehet, können wir, da wir wißen, daß auch der in dem Hanauischen Orte Rodtheim stehende Pfarrer nahmens Christ sich auch um die Oberpfarr dahier bestrebet: (Wir wißen nicht ob wir dießem Gerüchte sollen Glauben beymeßen) als: daß er geneigt seye, mehr Weltl. Dingen als dem Geistl. Lehr Amte obzuliegen, und er aller Orten, wo solcher nur im Amt gestanden, unter ihm und der Gemeinde Schwierigkeiten entstanden, gleichwohlen unßere daher rührende Schüchternheit nicht bergen, förchtend daß auch bey uns ohne Verdrießlich und Mißhelligkeit nicht ablauffen würde.

Siegel der evangelisch-lutherischen Gemeinde zu Kronberg (vergrößert).

Eine Kurfürstl. Hochpreißl. Hohe Landes Regierung wird aber nicht in Ungnaden bemerken, wenn wir, da unßerseits kein Beruff und Praesentation stattfindet, uns dennoch erkühnen, unßere Liebe und Neigung zu nachstehenden Subjecten in Unterthänigkeit eröffnen zu dörffen. Das 1. ist der in dem Sollms Rödelheimischen Orte Einartshaußen stehende Pfarrer nahmens Jos. Adam Strauch, von welchem die Gemeinde das Vergnügen gehabt (wir nehmen es aus Vorsehung Gottes) denselben, ohne Beruff auf den Lehrstuhl unßerer Kirche, dahier zu sehen, und die Erklärung über das Evangelium am 21ten Sontag nach Trinitatis, von des Königischen Krancken Sohn mit grosem Nachdruck, erbaulich sehr Lehr und Trostreich zu lehsen, dardurch sich solcher die Herzen aller Zuhörer zugezogen und gleichsam gewonnen.

Das 2te ist das eintzige Landes und Einheimische Kindt, und wohl gerathene Theolog dahier, oder der in dem Land-Gräffl. Hanau stehende Kandidat, Nahmens Balthasar Bleichenbach, seiner Studien halber sehr berühmt, und sehr offt und viel hier geprediget hat, und deßen Geistreiche Eigenschafften und Lehrart minder nicht lobenswürdig ist, und von deßen Abstammung, ehrl. Eltern, so noch im Leben, viel Friedliches zu hoffen wäre.

Von welchen beyden berührten Subjecten die Gemeinde zu Gottes Ehren und der Menschen Heil sich das ersprießlichste versprechen könten.

Wir wünscheten solcher von Gott und E. Kurfürstl. Hochpreißl. hohen Regierung erbitten zu können, und mit solchen zu unßern Lehrer begnädiget zu werden, in welcher Zuversicht wir mit devotem Respect verharren . . .«

Das Gesuch trägt siebzehn Namen: Joh. Jacob Henrich, Joh. Philipp Vogt, Balthasar Zubrodt, Joh. Zubrod, Reymund Weydmann, Leonhard Jäger, Jacob Koch, Joh. Adam Bleichenbach, Joh. Nicolaus Bleichenbach, Joh. Philipp Jäger, Jos. Remy Kuntz, Leonhart Kuntz, Joh. Jacob Bleichenbach, Joh. Daniel Lang, Marthin Weidman, Joh. Philipps Weidmann, Friedrich Schwalbach.

Mainz nahm die Eingabe stillschweigend zu den Akten. Doch dieser so unerwünschte Rodheimer Bewerber meldete sich nicht nur brieflich, er erschien sogar ganz dreist an Ort und Stelle, und die drei Kirchenältesten Jacob Koch, Joh. Adam Bleichenbach und Joh. Nicolaus Bleichenbach teilten dies unterm 14. November »tieff gebeugt, unterthänigst« der Mainzer Regierung mit. Obwohl sie sich eingangs als »schüchterne Schaaffe« bezeichnen, machen sie aus ihrer Entrüstung über Christs Auftreten keinen Hehl:

»Kaum, das von dem Hanau Rodtheimischen Pfarrer Nahmens Christ verbreitteten Gerüchte eines unruhigen und mehr nach dem Zeitlich strebenden als dem Geistl. Lehr Amt obliegenden Lehrers unterm 3. November a. c. unterthänigst Anzeige gethan und unßere niedergeschlagene Gemüther in Rücksicht deßen Ruff zu erkennen geben, so traff solcher zu gleicher Zeit allhier in dem Gasthaus zum schwartzen Adler ein, presentirte sich gegen uns Kirchen Ältesten mit blosen Worten Ausdruck, er seye unser Ober Pfarrer, nahm die Kirche und Pfarrwohnung in Augenschein, bey welchem Letzteren er Anstandt gemacht und gesagt, hier seye keine Gelegenheit vor seine Bienen Banck, liese sich die zur Pfarrey gehörige Feld Güther zeigen, legte sofort den 13ten dieses eine Predigt auf Papier vor sich liegend, mit schlechtem Beyfall unserer Gemeinde ab. Ließ sich nach diesem gegen uns vernehmen, um, daß er nicht aus den Schrancken des Kurfürstl. Rescripts trette, wolle er sich in dieser Woche zu Franckfurth examiniren lassen: Da doch unßeres Erachtens von E. Kurfürstl. hohen Landes Regierung das Evangelische Consistorium zur Prüfung bestimbt benennet und fordersambst geschehen solle. Über welche Äußerung nicht unbillig bestürtzt und unsere Gemüther niedergeschlagen worden. Doch da er Pfarrer Christ uns unßeren Huldreichen Landes Vatters gnädigsten Will schrifftlich zu zeigen vorenthalten zweiffeln wir noch sehr, ob deßen Aussage gegründet seye, ob deßen Urgrunde wir als neu Belebte nochmahlen uns ueberwinden, E. Kurfürstl. Hohe Landes Regierung tief gebeugt und unterthänigst anzuflehen, der

Tafel III: Anton Radl, Taunuslandschaft mit Kronberg. Hessisches Landesmuseum, Darmstadt.

Tafel IV: Friedrich Carl von Erthal, Erzbischof und Kurfürst von Mainz. Zeitgenössischer Stich.

submissesten Bitte uns mit dießem als unruhig und nach dem Zeitlichen begierig strebenden beschrieenen Pfarrer Christ (so sich bestättiget, da solcher die Anmeldung um unßerer erledigter Pfarrstelle so lange nicht hat anstehen laßen biß unser letzt verstorbener Pfarrer Justi beerdigt gewesen) in hohen Gnaden nicht zu belästigen, statt deßen aber uns mit den bereits schon eingebrachten Subjecten (zu welchen wir uns alles Liebe und Gute versehen) als dem in dem Sollms Rödelheimischen Orte Einnartshaußen, nahmens Johann Adam Strauch, so dann mit dem Landes und Einheimischen Kindt und Kandidat Bleichenbach zu unßern Seelsorgern zu begnadigen, die wir in tiefster Ehrfurcht allstets erharren . . .«

Unterzeichnet haben dieses Dokument Jacob Koch, Johann Adam und Johann Nicolaus Bleichenbach. — Waren sie wirklich »schüchterne Schaaffe« oder etwa Wölfe in Schafspelzen? Wir werden sehen.

Die Mainzer Regierung legte den Brief gelassen zu seinen Vorgängern und veranlaßte das kurfürstliche Amt Kronberg am 12. Dezember 1785, von den dreizehn Kandidaten, die sich ursprünglich gemeldet hatten, acht zur Prüfung beim Consistorium in Hanau anzumelden. Es waren dies: Dominicus Keil, Kasten Hospital Prediger zu Frankfurt, Johann Heinrich Weiß, zweiter Pfarrer zu Münzenberg, der uns schon bekannte Johann Adam Strauch in Einardshausen, Daniel Stumpf, Pfarrer in Assenheim, L. Vitriarius, Pfarrer des gräflich elzischen Orts Vendersheim, Georg Andreas Frey, Stadtpräzeptor zu Darmstadt, dazu Johann Ludwig Christ und Balthasar Bleichenbach, die beide am 21. Dezember ihre Aufforderung erhielten und bestätigten.

Die Prüfung in Hanau fand am 9. und 10. Januar 1786 statt. Hier sind die Ergebnisse, so weit sie uns interessieren:

»Hw. Johann Ludwig Christ, Pfarrer in Rodheim wurde den 9. d. M. in der Theologie, Philosophie und Kirchengeschichte geprüft. Er zeigte durch seine Antworten, daß es ihm nicht an der nöthigen Erkenntniß in der Theologischen Wissenschaft fehle, wie er denn auch die ihm vorgelegte Schriftstellen des N. Testamentes richtig zu übersetzen und zu erklären wußte. Eben so wenig fanden wir ihn in der Philosophie unwissend. Die hebräische Sprache und Kirchengeschichte schien er etwas mehr vernachlässigt zu haben. Zuletzt wurden ihm 2 Waisenknaben vorgestellt, um eine Probe seiner Geschicklichkeit im Katechisiren abzulegen. Auch darinnen haben wir ihn nicht schlecht gefunden. Wir können ihm also das Zeugniß nicht versagen, daß er im Ganzen genommen unter allen am besten bestanden.«

Damit hatte Christ die Erwartungen erfüllt, die »Eminentissimus« in ihn gesetzt hatte. Er war in zwei Jahrzehnten dörflichen Lebens nicht »verbauert«. Doch weiter:

»Der Candidatus Theologiae Balthasar Bleichenbach von Kronberg bürtig, mit welchem an eben diesem Tage eine Prüfung vorgenommen wurde, hat auch die ihm vorgelegte Fragen aus der Theologie und Philosophie meistens gut beantwortet, ob wir gleich jenen noch besser als diesen gefunden. In der Kirchengeschichte zeigte er mehr Belesenheit als der vorige, so wie er auch durch seine Sprachekenntniß im Hebräischen jenen übertraf. Nach seiner abgelegten Probe im Katechisiren läßt sich von ihm hoffen, daß er sich durch Fleiß und Übung zu einem guten Katecheten bilden könne.«

Und der Favorit der Kronberger Kirchenältesten? »Hw. Johann Adam Strauch Pfarrer zu Einardshausen wurde den 10. d. M. examinirt. In Beantwortung der ihm vorgelegten Fragen hat er wenig Bekanntschaft mit der Theologie und Philosophie gezeigt. In der Kirchengeschichte schien er ein Fremdling zu seyn, und die hebräische Sprache hatte er ganz vernachlässiget. In der Griechischen Sprache zeigte er sich besser und konnte die ihm vorgelegte Stellen des N. Testamentes noch ziemlich gut übersetzen. Im Katechisiren fand man ihn mittelmäßig. Unter allen haben wir diesen am schlechtesten gefunden.«

Mit diesen Prüfungsergebnissen war praktisch entschieden, wer die beiden Pfarrstellen in Kronberg erhalten würde. Dennoch setzte Jacob Koch sich am 17. Januar hin und schrieb in seiner besten Zierschrift einen Brief an die »Kurfürstliche Hohe Landes-Regierung«, der in seiner kriecherischen und heuchlerischen Diktion den ganzen Mann charakterisiert, weshalb wir ihn hier nicht auslassen wollen:

»Wir Kirchen Aelteste und getreue Unterthanen der A. C. Verpflichtete zu Cronberg werfen Höchst Denselben uns wehmütigst zu Füßen, der inständigsten Bitte in Ansehung unserer erledigten Pfarrstellen gnädigst und gerechte Rücksicht zu nehmen, und uns unserer flehentlicher Bitte gnädigst gewähren.

Das Examine der gnädigst bestimmten Prediger ist nunmehr dem Vernehmen nach in Hanau geschehen, und wir sehen sehr bekümmert jetzo der Ordination zweyer Liebenswürdiger rechtschaffener Lehrer entgegen, weshalb wir auch Gott unßer Verlangen zu erfüllen zuversichtlich anrufen. Da aber auch der Pfarrer Christ von Rodheim sich bey der Prüffung eingefunden, als von welchem das allgemeine Gerüchte ergehet, daß er im geistlichen Amte hinlässig und außer deme sein ganzes Betragen, dichten und trachten nur auf irdische Dinge pflege zu richten, am allerwenigsten aber um das Seelen-Heil der Gemeinde sich bekümmere, über dieses auch uns vor einiger Zeit, mit der einem Lehrer unanständigen Unwahrheit hintergangen, daß er wircklich unser beruffener Pfarrer seye, daher dann auch die ganze Gemeinde nicht die mindeste Liebes-Neigung und Zutrauen zu ihm heget.

Wir stellen E. Kurfürstl. Hohen Landes Regierung unterthänigst anheim, gnädigst zu überlegen, welche Seelen gefährliche Zerrüttung entstehen würde, wann wir den Pfarrer Christ, zu welchem alle Lieb und Neigung der Gemeinde völlig erkaltet, zu unserem Seelen-Sorger annehmen müßten. Wir flehen und bitten E. Kurfürstl. Hohe Landes Regierung Hoch Dieselbe geruhen unser unterthänigstes Gesuch und Bitte gnädigst zu willfahren und uns nur mit dem Pfarrer Christ zu unserem Seelen Hirten verschonen. Es bedenken Höchst Dieselbe ferner, wie inbrünstige Gebeter unserer Gemeinde durch die Wolken dringen werden, vor die Beförderung Dero hohen Wohlfahrt und dauerhafte Glückseligkeit; auch wie verantwortlich vor Gott es seyn würde, wann durch einen dergleichen der Gemeinde gehäßigten Lehrer Seelen verlohren gehen sollten. Wir leben der unterthänigsten Hoffnung, Gott werde die edle Hertzen E. Kurfürstl. hohen Landes Regierung lenken, so daß wir mit Willfahrung unserer Bitte begnadiget und erfreuet werden, in welcher Zuversicht wir mit devotem Respect verharren . . .«

Als Kirchenälteste haben diesen Brief mit unterzeichnet die beiden Bleichenbach, Nicolaus und Johann Adam, sowie Jos. Remy Kuntz, von dem noch die Rede sein wird.

Doch Gott, »Eminentissimus« und die Mainzer Landesregierung waren anderer Meinung als der dreiundsiebzigjährige Kirchenälteste und Schuster Koch im Kronberger Tal. Am 22. Februar 1786 ging das folgende Dekret von der Mainzer Hofkanzlei nach Rodheim:

»Nachdem der Hochwürdigste Fürst, und Herr, Herr Friderich Carl Joseph, des heiligen Stuhls zu Mayntz Erzbischoff, des heiligen römischen Reichs durch Germanien Erzkanzler u. Kurfürst, auch Bischoff zu Worms, Unser gnädigster Herr, Sich mildest zu entschließen geruhet haben, die erledigte erste Pfarrer-Stelle A. C. zu Kronberg dem darum unterthänigst bittlich eingekommenen zeitherigen Pfarrer zu Rodheim Johann Ludwig Christ in gnädigstem Betrachte dessen geprüften und bethätigten vorzüglichen Fähigkeiten mit den in der Anlage verzeichneten jährlichen Pfarrutilitäten huldreichst zu konferiren: Als wird ihm ersten Pfarrer Christ zu seiner des Endes erforderlichen Legitimation, gegenwärtiges von Sr. Kuhrfürstlichen Gnaden höchsteigenhändig unterfertigtes, und mit dem kurfürstlichen geheimen Hofkanzley-Insiegel bedrucktes gnädigste Dekret hiermit erteilt.
Mainz den 22ten Hornung 1786.   Friedrich Carl. J. Churfürst

Dekret zur ersten Pfarrersstelle A. C. zu Kronberg für Johann Ludwig Christ.

Die Kronberger von 1786

In seiner 1842 angefangenen »Cronberger Evangelisch-christlichen Pfarrchronik« hat der damalige Geistliche Wilhelm Dörr drei Sätze aus dem Familienbuch des Bürgers Johann Peter Henrich zitiert: »1786 den 6. April ist der hoch- und wohlgelehrte Herr Pfarrer Christ, der zu Rodheim gestanden, zum Oberpfarrer hier eingesetzt worden, und zugleich ist auch eingesetzt worden Balthasar Bleichenbach. Die zwei Geistlichen sind wieder zugleich eingesetzt worden, Bleichenbach zum Unterpfarrer. Gott wolle sie mit dem Geist Elias erfüllen, daß sie sein Wort rein und lauter predigen und ohne Ansehen der Menschen. Amen!«

Christ muß jedoch schon im März in Kronberg gewesen sein, denn das Kirchen-Protokoll-Buch ist am 21. März von ihm angefangen worden. Der Unterschied mag daher rühren, daß Bleichenbach zunächst von ihm ordiniert werden mußte. Im Städtchen wird der Einzug der Christ-Familie einiges Aufsehen erregt haben, bestand der von Rodheim kommende Zug doch aus drei Fahrzeugen, einer »Equipage« und zwei weiteren Wagen. In der »Equipage«, die wohl auch nur eine der gewöhnlichen Postkutschen war, saßen die kranke Pfarrerin und die Christ-Kinder, während die beiden anderen Wagen mit dem Mobiliar und sonstigen Habseligkeiten beladen waren, darunter auch einer Hobelbank sowie allem, was zur Imkerei gehörte, einschließlich der wohlverwahrten Bienen selbst.

Durch das Frankfurter Tor ging der kleine Zug hinauf zur Schirn mit dem Brunnen und dem zur Kameralscheuer gemachten barocken Kirchenbau und weiter bis zur Stadtkirche. Dann ging es die Doppesgasse hinauf bis zum Pfarrhaus, in dem Frau Marie Regine jedoch nicht lange schalten und walten durfte. Schon knapp vier Monate später mußte ihr Gatte ins Kirchenbuch eintragen: »Den 24. Juli abends 6 Uhr starb dahier nach anderthalbjähriger Krankheit Maria Regina Christin, meine, Joh. Ludwig Christ, d. Z. Ersteren Pfarrers dahier, Ehefrau, im 48. Jahr ihres Alters. Sie wurde nach ihrem Verlangen früh in der Stille begraben, den 27. Juli. Gott versammle uns dorten alle vor seinem Throne in verklärter Herrlichkeit.« Die »Christin« bleibt für uns eine schattenhafte Gestalt. Wir wissen im Grunde nur, wessen Tochter sie war, daß sie ihrem Eheherrn sechs Kinder schenkte, von denen drei im Kindesalter starben, und daß von den drei überlebenden Kindern ein Sohn geistesschwach war, »blödsinnig«, wie Christ in einem Brief unverblümt schrieb. Daß die Christs in »ehelichem Unfrieden« lebten, ist wahrscheinlich eine Übertreibung der Kronberger Kirchenältesten. Die Rodheimer werden deren »Kundschaftern« vermutlich erzählt haben, daß die Pfarrfrau auf ihre schwäbische Art kräftig schalt, wenn ihr Mann seine Experimente, etwa mit dem aus Amerika eingeschleppten Erbsenkäfer, in ihrer Küche oder Wohnstube betrieb. An welcher Krankheit sie starb, wissen wir nicht.

Auch die zweite Frau, die Johann Ludwig Christ danach nahm, wohl um der Kinder willen, starb nach wenigen Jahren. Schon 1791 meldet das Kirchenbuch: »Den 1. November nachts um halb 11 Uhr entschlief sanft und selig in ihrem Erlöser Katharina Luisa Christin, meine, Joh. Ludwig Christ, Ersterem Pfarrer dahier, zweite Ehefrau, eine geborene Müllerin von Gronau bei Hanau, alt 53 Jahr 1 Tag, an der Wassersucht. Sie wurde den 4. früh in der Stille beerdigt.«

So lagen über Christs ersten Kronberger Jahren die Schatten von Krankheit und Tod. Doch Leistungsenergie und Schaffensdrang waren stärker als diese Schatten. So legte er bald nach dem Kirchenprotokollbuch und nach Maria Reginas Tod für sich, zum Hausgebrauch, ein Verzeichnis seiner »Gemeine« an und notierte im Anhang auch die Kronberger Katholiken. Das nachfolgend erstmals veröffentlichte Verzeichnis, im evangelischen Kirchenarchiv, ist ein wichtiges Dokument zur Stadtgeschichte, zeigt es uns doch die soziale Zusammensetzung der Kronberger Bevölkerung drei Jahre vor dem Ausbruch der Französischen Revolution und deren Umwälzungen. Christ, der bisher in der bäuerlichen Welt der Wetterau gewirkt hatte, erkannte offenbar klar, daß er in ein ganz neues Gemeinwesen eingetreten war, mit einer anderen Tradition und sozialen Struktur, und er sah wohl auch, daß es nicht einfach sein würde, mit den Gliedern dieses Gemeinwesens zusammen zu leben. Doch offenbar hat gerade dies ihn gelockt oder herausgefordert.

Hier nun das Verzeichnis, das wir anschließend kurz kommentieren wollen. Es trägt die Aufschrift: »Verzeichnis der sämtlichen evangelischen Gemeinsglieder von Kronberg 1786« und beginnt:

1.) Pf. Johann Ludwig **Christ**
   1. Fa. Wilhelmine Frid. Sabina nat.* d. 13. Dec. 1772 aet. 13½ J.
   2. Fs. Ludwig Christoph Phil. nat. d. 27. Merz 1775 — 11 J.
   3. Fs. J. Heinrich nat. d. 14. Febr. 1777 — 9 J.
2.) HE. Pf. J. Balth. **Bleichenbach**

A

3.) HE. Cantor J. Gotfr. **Anthes**, aet. 44 J.
   I. ux. Maria Luisa geb. Ottin von Furt.
      1. Fs. Adam Frid. Konrad, nat. d. 14. Jul. 1779 — 7 J.
      2. Fa. Elisabeta, nat. d. 1. Dec. 1780 — 6 J.
      3. Fs. J. Kaspar, nat. d. 21. Jul. 1783 — 3 J.
   II. uxor Marg. Elis. geb. Henrichin
      1. Fa. Marg. nat. d.   1787
4.) J. Nikl. **Anthes**, aet. 46 J. Schumachermstr., w. in der Doppesgaß
   uxor Susanna geb. Hirschvogelin, des Glökners Tochter
   1. T. Sara aet. 11 J.
5.) Peter **Anthes** aet. 44 J., hinter der Mauer Schumachermstr.
   ux. Maria Marg. geb. Ronin
   1. T. Elisa aet. 3 J.
   2. T. Marg. Veronika aet. ½ J.
6.) Ph. Jak. **Anthes**, Schumachermstr., hinter der Mauer, aet. 44
   ux. Sara geb. Frizin
   1. Susanna Kath. aet. 24 J.
   2. Kaspar, ein Schumacher, aet. 20 J.
   3. Christian, lernt auch die Prof., aet. 17 J.
7.) Kaspar **Anthes**, ein Schumacher, noch ledig, aet. 42 J. (in d. Hintergaß) ist des verstorbenen alten Ludwig Anthes Sohn, ist nebst seiner Schwester Sus. Kath. im Haus.
8.) Kaspar **Aul**, Bierbrauer (in der Pferdsgaß) aet. 40 J.
   uxor ref.   geb.   aus dem Ober Eschbach Hanau w. ohne Kinder
142.) Balthas. **Aul**, Bierbrauer

---

* Von Christ gebrauchte lateinische Abkürzungen: aet. = alt, def. = verstorben, filia (fa) = Tochter, filius (fs) = Sohn, nat. = geboren, vid. seq. = siehe nachfolgend, vid. sup. = siehe oben, uxor (ux.) = Ehefrau.

B

9.) J. Jakob **Baier**, in der Hintergaß, ein Schlosser, aet. 40 J. (st. sch.)
uxor von Kreuznach
   1. Joh. Jak. 10 J.
   2. T. 2 J.

10.) J. Peter **Baier**, ein Schmid, in der Eichengaß, aet. 58 J.
ein Witwer, seine Frau war eine geb. Glokin
   1. T. aet. 26 dient im Hag.
   2. A. Marg. aet. 24 J.
   3. Katarina aet. 22 J.
   4. Adam Philipp 20 J. das Schmidhandwerk

11.) Jost **Beker**, in der Doppesgaß, ein Schlosser, aet. 36 J.
uxor A. Marg. geb. Schaubin
   1. A. Marg. aet. 4 J.
   2. Sophia — 6 Tag (Gestrichen, also verstorben)

12.) J. Phil. **Beker**, aet. 36 und zwei ledige Brüder,
Georg **Beker**, aet. 34 Müller in der Talmül.

13.) J. Phil. **Beileider**, im Tal, ein Maurer, aet. 48 J.
uxor geb. Holzemern
   1. J. Phil. aet. 20 J. ein Maurer
   2. T. Mar. Marg. aet. 13 J.
   3. T. 11 J.
   4. T. 10 J.

14.) J. Henrich **Benak**, Schu im Tal: Schumacher u. Stadtdiener, aet. 38 J.
uxor A. Marg. geb. Weidmännin (des Schlossers Schwester)
   1. J. Philipp — 12 J.
   2. Susanna Katarina — 10 J.
   3. Andr. Frid. — 7 J.

15.) J. Phil. **Best**, hinter der Mauer, ein Sekler, von Sulzbach, aet. 36 J.
uxor: A. Marg. geb. Brostin v. hier (eine Schwester v. d. Brostin bey Werheimin)
   1 T. Marg. 1 J.

16.) J. Wilh. **Börner**, in der Hintergaß, ein Brenner und Bierbrauer, aet. 38 J., hat Joh. Adam Henrichs, gewesenen Neubauwirts, Wittib geheuratet. (st. g.)
uxor Marg. Elis. geb. Justin, und sind von diesem ihrem zweiten Mann keine Kinder da, aber von dem ersten folgende
   1. Katarina Henrichin, ist in Wisbaden verheurat
   2. Andreas Henrich, jetziger Neubauwirt
   3. Marg. Elis. HE. Cantors Frau
   4. Marg. Veronika aet. 18 J.me Magd
   5. Joh. Adam Henrich — 14.

17.) HE. J. Adam **Bleichenbach**, auf der Schirn, im Adler, Kirch Senior aet. 58 J.
 I. uxor Reinhardis Wittib geb. Jägerin, davon 1 Tochter
   1. A. Marg. aet. 18
 II. uxor Katarina geb. Pflugin von der Neuen Herberg bei Niederwoellstadt, 36 J.
   2. Elisabeth — 17 J.
   3. Susana Maria — 16 J. in Furt.
   4. Adam Philipp — 12 J.
   5. Katarina — 9 J.
   6. Juliana — 2 J.

18.) HE. J. Jakob **Bleichenbach**, im Tal, Spitalmeister und Schlosser, aet. 60 J.
uxor Susanna Maria geb. Gaufin
   1. Ursula — 24 J.
   2. A. Marg. — 19 J.
   3. Joh. Adam — 18 J. ein Schlosser
   4. Joh. Philipp — 14 J.
   5. Susanna Maria — 11 J.
   6. T. 7
   7. T. 5
   8. T.

19.) HE. Joh. Niklaus **Bleichenbach**, im Tal, Schlosser und Kirch Senior, aet. 64 J.
uxor Sara geb. Stephanin
   1. Joh. Phil., Schlosser, ein Witwer, aet. 40 J. vid. seq.
   2. HE. Pf. Balthasar, aet. 31 J.

20.) Joh. Phil. **Bleichenbach**, im Tal, Schlossermstr. aet. 40 J.
uxor def. Juliana, war eine geb. Hillin v. Eschborn
   1. Barbara — 14 J.
   2. Nikolaus — 9 J.

21.) Frid. Wilh. **Braun**, in der Eichengasse, ein Bender, aet. 34
uxor Sus. Magdal. e. geb. Kriegerin, 40 J.

22.) Paul **Breitert**, in der Doppesgaß, ein Schmid, aet. 45 J. (r. m.)
uxor Kath. Veron. geb. Hirschvogelin, des Glökners T.
   1. Joh. Georg — 16 J.
   2. Andreas — 11 J.
   3. Nikl. — 9 J.
   4. Joh. Phil. — 6 J.

C

D

23.) Franz **Diefenbach**, im Tal, ein Bend. u. Bierbr., aet. 38 J.
uxor A. Xstina geb. Schukin
   1. Gotfrid — 1 J.

E

24.) Peter **Eil**, in der Eichengaß, ein Zimmermann, aet. 46 (er lebt v. sr. Prof.)
uxor Kath. eine geb. Fuchsin, des Schulm. Tochter
   1. Joh. Nik. — 14 J.
   2. Sus. Maria — 11 J.
   3. Judit — 8 J.
   4. Kaspar — 7 J.
   5. T. — 5 J.

F

25.) J. **Fischer**, in der Pferdsgaß, Schumacher u. Furmann aet.
uxor geb. Schneiderin v. Homburg

26.) Lenh. Balth. **Friz**, in der Pferdsgaß, ein Schmid, aet. 36 J.
ux. Magdal. geb. Schukin
   1. T.
   2. T.
   3. S. — aet. 4 J.

27.) Moriz **Friz**, im Tal, ein Beker, aet. 40 J.
ux. Susanna geb. Eilblin v. hier
   1. T. — 22 J.
   2. Franz — 13 J.

28.) Frid. **Fuchs**, in der Doppesgaß, auf dem Grab., ein Taglöner, aet. 46 a.
ux. Kath. geb. Schraidin aus Ginnheim ref. rel.
   1 T. Philippina 16 J.
   2 Phil. Daniel — 10 J.

29.) † Joh. **Fuchs**, in der Eichengaß, ein Mezger, aet. 56 J. (hat den Krebs)
ux. Barbara geb. von hier
   1 Phil. Daniel, der Mezger, aet. 22

30.) Phil. Daniel **Fuchs**, der Mezger, aet. 22, wont im Haus d. V.
ux. geb. Neuhofin v. Bonamös

31.) Joh. **Fuchs**, in der Steingaß, ein Zimmermann, aet. 50 J., Witwer
ux. def. war eine geborene Jägerin
   1 Nikl. — 21 J.
   2 T. — 17 J.
   3 T. — 15 J.
   4 Leonhard — 12 J.
   5 T. — 8 J.
ux. II

32.) Franz Martin **Fuchs**, hinter dem Danzhaus, Barbier, Wd., aet. 38 J.
ux. Judit geb. Anthesin (darüber geschrieben »Zubrodin«)
   1 Luise Dorote — 9 J.
   2 A. Maria — 5 J.

33.) Joh. Nikl. **Fuchs**, in der Eichgaß, ein Gerber, W. aet. 34 J.
ux. A. Marg. geb. Weidmännin

34.) † Joh. Nikl. **Fuchs**, in der Eichgaß, d. Schulmstr., aet. 78, ein Witwer
ux. † geb. von hier
   1 Eliß wont in Buzbach
   2 Johann der Zimmermann, in der Steingaß, vid. supr.
   3 Kath. hat den Peter Eil vid. supr.
   4 Joh. Nikl. Schulmstr. in Schierstein

G

35.) J. Phil. **Geisel**, in der Steingaß, ein Bend., aet. 50 J.
ux. Elis. Marg. geb.
   1 Joh. Phil. 20 J.

36.) Christian **Gerlach**, in der Hintergaß, ein Schreiner, aet. 56 J.
ux. Ursula geb. Weinigin
   1 Joh. Michel verheurat vid. seq.

37.) Joh. Michel **Gerlach**, fil. wont in ds V. Haus, fc. ein Schreiner, aet. 32 J.
ux. von Sulzbach

38.) HE. Nikl. **Gerlach**, in der Doppesgaß, Schlosser u. Ratsh., aet. 59 J. vermögend
ux. A. Marg. geb. Weinigin
   1 Johann Daniel, ein Schlosser, Thur fecit
   2 Joh. Nikl. — 32 J. arbeitet b. V.
   3 A. Maria — 27 J.
   4 A. Marg. — 24 J. dient in Ffurt
   5 Sophia — 17 J.

39.) Joh. Daniel **Gerlach**, in d. Doppesgaß, fil. ein Schlosser 34 J.
ux. geb. von Niederursel
   1 T. — 2 J.

40.) J. Jak. **Glok**, in der Doppesgaß, ein Akermann, aet. 56 J. m.
ux. A. Marg. geb. Eichhornin v. Niederhofheim
   1 Joh. Daniel, Schreinersgesel in Ffurt — 29 J.
   2 Kath. — 24 J. dient in Ffurt
   3 A. Klara — 22 J. dient auch in Ffurt
   4 Joh. Phil. — 18 J. Schneidersgesel in Ffurt

5 A. Marg. — 16 J.
　　　6 Gotfrid — 8 J.
41.) Joh. **Glok**, auf d. Schirn, ein Beker, 46 J. (steht gut)
　　ux. A. Marg. geb.　　　　　　von hier
　　　1 Marg. — 17 J.
　　　2 Phil. Nik. — 15 J.
　　　3 Charl. Marg. — 5 J.
　　　4. T. 3 J.
42.) J. Nikl. **Glok**, im Tal, ein Furmann, aet. 38 J.
　　ux. A. Marg., eine geb. Müllerin
　　　2 T. 3 J.
　　　2 S. ½ J.
43.) J. Wendel **Glok**, in der Hintergaß, ein Furmann, gelernter Büchsenmacher, aet. 46 J.
　　ux. Mar. Elis. geb. Reulin
　　　1 T 26 J. dient in Ffurt
　　　2 T 29 J.
　　　3 Joh. Jakob — 18 J. wird ein Schumacher

H

141.) Phil. **Heist**, in der Pferdsgaß, ein Schneider, aet. 26 J.
　　ux. Antonetta Elis. geb. Kunzin, Balth. Kunzens Tochter
　　　1.
44.) Wendel **Hennemann**, in der Doppesgaß, ein Schneider, handelt viel mit Bäumen, 45 J. m.
　　I. uxor def. Kath. war eine geb. Schwalbachin v. Reichenbach über der Höh, d. V. war von hier
　　　1. A. Marg. — 13 J.
　　　2. J. Phil. — 10 J.
　　　3. J. Adam — 6 J.
　　　4. T. — 1½ J.
　　II. ux. A. Maria geb. Weidmännin
45.) Andr. **Henrich** Sen. in der Hintergaß, ein Akermann, aet. 44 J.
　　I. ux. † geb. Reulin
　　　1. T. Philippina 13 J.
　　　2. T. 12 J.
　　　3. Joh. Jak. 6 J.
　　　4. T. 2 J.
　　II. uxor Margaret v. Neuenhain ref. rel.
46.) HE Andreas **Henrich**, auf dem Doppes, des Gerichts, ein Akkermann, aet. 60 J. m.
　　ux. Kath. geb. Glokin
　　　1 S. Jakob, ein Schreiner in Darmstadt
　　　2 Urs. des Schwalbach Frau 32 J.

　　　3 S. Philipp ein Barbierer in d. Wetterau, in Dauernheim
　　　4 Sophia des Beker Kunz Frau in der Eichgaß
　　　5. Andreas, der Mezger vid. seq.
47.) Andreas **Henrich**, fil. wont im Haus, ein Mezger, aet. 28 J.
　　ux. Marg. geb. Müllerin v. Eschborn
48.) † HE. Johann **Henrich**, in der Hintergaß, des Raths, ein Schlosser (d. Präsenzmstr. V.), aet. 72 J. (st. g.)
　　ux. Christina ge. Schukin
　　　1 J. Jak. Henrich d. Schlosser vid. seq.
　　　2 J. Henrich d. Schreiner seq.
　　　3 Kath. des Präsenz. M. Vogt uxor
　　　4 Joh. Phil. d. Schlosser seq.
49.) J. Phil. **Henrich**, fil., in eben dem Haus, ein Schlosser, aet. 39 J.
　　ux. A. Magdal. geb. Anthesin
　　　1 Xstina — 16 J.
　　　2 T. — 12 J.
　　　3. S. — 3 J.
50.) J. Jak. **Henrich**, fil., in der Hintergaß, ein Schlosser, aet. 52 J.
　　ux. war eine Wittib geb. Dikhautin v. Epstein
　　　— hatte den Schmid Gauf zum Mann
　　　1 T. 20 J.
　　　2 Elisab. 16 J.
51.) Joh. **Henrich**, fil in der Höllgaß, ein Schreiner aet. 45 (stet so so)
　　ux. Marg. geb. Glokin
　　　1. Luisa — 15 J.
　　　2. Kathar. — 14 J.
　　　3. Joh. — 11 J.
　　　4. Joh. Phil. — 9 J.
　　　5. Joh. Jak. — 7 J.
　　　6. Xstina Elis. — 5 J.
　　　7. A. Elis. — 3 J.
　　　8. S. Phil. Nikl. — ½ J.
52.) J. Jak. **Henrich**, in d. Hintergaß, ein Schlosser u. Witwer aet. Brud. v. Nr. 48
　　I. uxor † geb. Zubrodin
　　　1. T. Elisa. ist in Homburg verheurat
　　　2. T. Elis. Marg. wohnt in Rödelheim
　　II. uxor † Philippine geb. Handlin v. hier
　　　1 T. 18 J.
　　　2 S. 17 J.
53.) J. Jak. **Henrich**, in der Höllgaß, Bend. u. Bierbr. u. Furmann, m. aet. 44 J.
　　ux. Kath. Elis. geb. Glokin
　　　1 T. 12 i. d. Schul.
　　　2 S. Andr. — 7 J.

54.) J. Georg **Henrich**, im Tal, ein Schlosser, aet. 65, auch ein Brud. v. Nr. 48
   I. ux. † geb. Anthesin, davon sd. d. 3 Kind. gestorb.
   II. ux. A. Maria geb. Schottin act. 46
55.) J. Peter **Henrich**, in der Pferdgaß, ein Schreiner aet. 46
   ux. geb. Börnerin v. Eschborn
   1 Joh. Wilh. — 14 J.
56.) J. Phil. **Henrich**, in d. Eichgaß, Hirschwirt aet. 34 J. m.
   I. ux. † war geb. Ziemerin
   1 Judit — 12 J.
   2 Elis. — 9 J.
   3 T — 8 J.
   4 Jakob — 7 J.
   II. uxor Kath. geb. Anthesin
57.) J. Phil. **Henrich**, in der Eichengaß, ein Mezger, lebt bloß v. der Prof. aet. 28
   ux. Marg. v. Obernhain aus dem Usingischen
58.) Andreas **Henrich**, hinter d. Mauer, der Neubauwirt Bierbr., 25 J.
   u. A. Ottilia geb. Ziemern
   1 filia nat. d. 1787

J

59.) Lenhard **Jäger**, in der Pferdgaß, ein Büchsenmacher, aet. 38 J.
   ux. Susanna geb. Gaufin
   1 Joh. Phil. — 14 J.
   2 Sophia — 12 J.
   3 Joh. Adam — 8 J.
   4 T — 4 J.
60.) HE. J. Phil. **Jäger**, im Tal, des Gerichtsschöff, ein Büchsenmacher, aet. 44 J.
   ux. Salome, geb. Bleichenbachin, 36 J.
   1. Joh. Adam — 20 J. ein Gerber in d. Fremd †
   2 Sara — 17 J.
   3 T — 16 J.
   4 Juliana — 14 J.
61.) J. Jak. **Jörg**, hinter d. Mauer, ein Leinweber 48 J. a.
   ux. A. Maria geb. Anthesin, HE. Cant. Schwester
   1 Philippina — 12 J.
   2 A. Marg. — 11 J.
   3 Kath. — 8 J.
   4 Peter — 4 J.
62.) J. Adam **Jung**, auf dem Ramerberg, ein Leineweb., 50 J.
   I. ux. †
   1 T. 17 J.
   II. ux. A. Maria geb. Weidmännin
   2 J. Remig. — 11 J.
   3 Andreas — 6 J.
   4 A. Marg. — 4 J.
63.) J. Jakob **Jungblut**, in d. Höllgaß, ein Schmid von Erbenheim im Usingischen, aet. 36
   ux. Barbara geb. Wolfin von hier
   1 S. 1½ J.
   Bei ihm ist seine Schwiegermutter, Wittib Wolfin, und sein Schwager J. Kaspar Wolf, (d. schlecht ist am Verstand)

K

64.) Michel **Keitel**, in d. Eichengaß, ein Strumpfweber, treibts aber nicht, aet. 60 a.
   ux. Kath. Veron. geb. Glokin
   1. Kath. Urs. 38 J. (ist schon lange versprochen mit Abr. Beker, Schlosser)
   2. J. Daniel, ein Schumacher arbeit. beim V. J.
   3. Kath. Veron. 28 J. dient zu Ff. (Michel Kriegers ux.)
   4. Sus. Maria — 22 J. dient zu Ff.
   5. Mar. Marg. — 20 J.
65.) HE. Jakob **Koch**, im Tal, Kirchenältester (Schumacher), ein Witwer, aet. 73 J.
   ux. † Phil. Juliana geb. v † nach ref. rel.
   1. Esther wont in Ff. hat Schumacher Henchen (?) — 44 J.
   2. Sophia 36 J. Weinigs uxor
66.) Georg **Kohr**, im Tal, ein Leineweber, anspachisch geb., im 39 J.
   ux. Salome geb. Weidmännin
   1 Henrich Jakob — 87 J.
   2 Jakob — 5
67.) Joh. Adam **Krieger**, in d. Höllgaß, Schlossermstr 36 J. (Ist gut)
   ux. Luisa geb. Glokin
   1 S. 4 J.
   2. T. 6 J.
68.) J. Jak. **Krieger** Sen., hinter d. Mauer, ein Schumacher 60 J. a.
   I. ux. † geb. Hirschin
   1 Elise 17 J.
   II. ux. geb. Hasselbachin v. Rodt gew. Wittib
69.) J. Jak. **Krieger**, iun. im Tal, Akermann aet. 38 J.
   ux. A. Marg. geb. Geistin
70.) Joh. Christoph **Krieger**, in der Eichengaß, ein Melhändler, aet. 18 J. st. g.
   ux. Marg. geb. Henrichin

71.) Joh. Konrad **Krieger**, im Tal, ein Akermann, 70 J., Witwer des Braun Schwiegervatt.
    ux. †
    1. Joh. Jakob — 38 ist Nr. 69
    2. Sus. Magdal. — 40 Wilhelm Braunen uxor

72.) Konrad **Krieger**, in der Hintergaß, ein Schumacher, z. Ochsenhut aet.
    ux. Judit geb. Wilhelmin
    1 Joh. Adam — 12 J.
    2 Sohn — 10 J.

73.) J. Michel **Krieger**, hinter d. Mauer, ein Maurer — aet. 38 J. a.
    ux. Veronika geb. Keitlin
    (Nb. Diese Eheleut hab. sich getrennt u. sind o. Kind, der Mann hat seine Mutter bei sich).

74.) Joh. **Kuhl**, in der Eichgaß, ein Maurer aet. 50 J.
    uxor A. Maria geb. Weidmännin
    1 Judith — 16 J.
    2. Joh. Nikl. — 14 J.
    3 Tochter — 8 J.

75.) Joh. Nikl. **Kuhl**, in der Steingaß, ein Maurer, aet. 38 J.
    ux. aus dem Darmst.
    1 2 J.

76.) Christian **Kurz**, hinter dem Danzhaus, ein Leineweber u. Vorsinger aet. 52 hat n. viel zum Besitz
    ux. Antonetta geb. Kunzin
    1 Judith — 22 J.
    2 A. Marg. — 18 J.
    3 Konrad — 14 J.
    4 Christian — 11 J.
    5 Adam Philipp — 3 J.

77.) Balthasar **Kunz**, hinter dem Tanzhaus, Schlosser, v. d. Präsenzmstr., 55 J.
    ux. geb. Schottin
    1. T. dient in Ff.
    2. T.
    3. Balth. ein Schlosser in d. Fremde
    4. Jörg Xstian, Schlossergesell
    5. Leonhard — 11 J.
    6. T. — 9 J.

78.) Leonhard **Kunz**, in d. Eichgaß, ein Beker, Wittwer, 58 J. (steht gut)
    ux. † war eine geb. Wolfin
    1. Joh. Jakob — 32 J. treibt das Bekerhandwerk vid. seq.
    2. Joh. Remig. — 24 J. ist in Holland
    3. Kathar. — 20

79.) Joh. Jakob **Kunz**, fil., beim V. ein Beker, aet. 32 J.
    ux. Sophia ein. geb. Henrichin, des Mezgers in d. Nachbarsch. Schwester

80.) HE. Remig. **Kunz**, auf der Schirn, Kirchenvorsteher u. Beker, treibt aber das Handwerk n. aet. 56 J. (st. g.)
    ux. A. Marg. geb. Henrichin
    1 A. Marg. — 14 J.

L

81.) Daniel **Lang**, in der Eichgaß, ein Melhändler, Witwer — 45 J. r.
    I. ux. † eine geb. Hillin v. Eschborn, war vr. Witwe namens Kriegerin und hat von irem ersten Mann
    1 den Melhändler J. Xstoph Krieger — no. 70
    2 A. Marg. — 13 J.
    II. ux. Luisa geb. Justin

82.) Leonhard **Lang**, in d. Eichengaß, ein Beker, aet. 39 (so so)
    ux. Mar. Elis. geb. Reulin
    1 T. — 15 J.
    2 Katharina — 12 J.
    3 J. Daniel — 9 J.

83.) J. Phil. **Lang**, in d. Eichgaß, ein Schumach., obig. Bruder — 30 J.
    ux. Philippina geb. Henrichin, des Löwenwirts Schwester
    1 Joh. Philipp — 2 J.

84.) J. Nik. **Lenz**, in d. Hintergaß, ein Leineweber, aet.
    I. ux. † geb. Anthesin
    1 Balthasar, ein Leineweber aet. 20 J.
    2 Joh. Nikl. — 18 J. auch ein Leineweber
    II. ux. v. Falkenstein
    3 T. 14 J.
    4. Joh. Peter — 5 J.

M

85.) Christian **Merz**, im Tal, Schlossergesell, aet.
    ux. geb. Reulin
    1 Joh. Peter — 11 J.
    2 Sohn — 5 J.

86.) Joh. Georg **Merz**, in der Hintergaß, Maurer aet. 58 (s. g.)
    ux. A. Maria geb. Kunzin
    1 Joh. Remig d. Maurer seq.
    2 T. wont zu Isenburg
    3 Leonhard, Schreiner in Ffurt
    4 ein Sekler, in der Fremde
    5 T. 22 J.

87.) Remigius **Merz**, fil., hinter der Mauer, ein Maurer, aet. 34 (st. g.)
ux. Kath. geb. Geistin (hat ihre Mutter Kath. Geistin bei sich)
  1 T.   4 J.
  2 T.   2 J.

88.) Daniel **Müller**, in der Eichengaß, ein Leineweber, aet. 50 J. (arm, sucht Kräuter)
ux.   geb. Sparwasserin v. hier
  1. A. Marg. — 13 J.
  2 Daniel — 6 J.

89.) Georg Jakob **Müller**, in der Pferdsgaß, ein Zimmermann, aet.   J.
ux. †
  1 T.
  2
  3

N

90.) Andr. Hartm. **Nikolai**, ein gew. Krämer u. erster Mädchenschulmstr., am Eichtor, aet. 54
ux.
  1 Joh. Xstoph — 17 J.
  2 Marg.   — 15 J.

P

91.) Frid. **Pfeifer**, in d. Steingaß, ein Akermann, aet. 30 (v. Liederbach)
ux. geb. Weidmännin (des Leonh. Weidmann T.)
  1 Leonhard   2 J.

R

92.) Andreas **Reul**, Schlossergesell bei HE. Nik. Bleichenbach, aet. 46 J.
ux. A. Maria geb. Fuchsin
  1 Sara   24
  2 Konrad —
  3 T.   10 J.
  4. T.   5 J.

93.) J. Jakob **Reul**, in der Hintergaß
  I. ux. † war die Mutter von der ersten Frau des Akermanns Andr. Henrich
  II. ux. Elis. geb. Wißnerin v. hier

94.) Leonhard **Rohn**, im Tal, ein Leineweber, aet. 30
ux. Karol. Polyxena getaufte Jüdin aus Wiesbaden

95.) Joh. Phil. **Rohn**, am Eichentor, ein Witwer, 64 J., lebt bei sr. Tochter, des Schumachers Peter Anthes ux.

S

96.) Thomas **Schall**, hinter dem Tanzhaus, ein Schreiner, 34 J., von Nied gebürtig (st. ziernl. gut)
ux. Marg. geb. Gerlachin
  1 T.   8 J.
  2   J.

97.) J. Phil. **Scheurer**, in d. Eichengaß, ein Taglöner, 45 J.
ux. Franziska geb. Jägerin
hat keine Kinder weiter als einen unehel. Sohn unt. d. Kaiserl. 24 J.

98.) Joh. **Schott**, hinter der Mauer, ein Schlosser, 38 J. a.
ux. geb. Kriegerin, v. Maurer Michel Krieger
  1 T   3 J.

99.) August **Schneider**, in d. Pferdsgaß, ein Weisbind. — 54 J.
  I. uxor †   geb. Reulin
    1 T.
    2 T.
    3. Henrich Dominikus, Weisbind. Gesell in Ff.
  II. ux.
    1 T.
    2 Franz   — 6 J.
    3 Joh. Jörg — 3 J.

100.) J. Jak. **Schrod**, auf dem Ramerberg, ein Wingertsmann, 46 J.
ux. Elis. geb. Müllerin
  1 T   17 J.
  2 Peter   — 15 J.
  3 Andreas 10 J.
  4 Mar. Elis. 4 J.

101.) Joh. **Schrod**, in der Höllgaß, ein Taglöner, 30 J.
ux. Mar. Marg. geb. Kunzin v. Remy Kunz
  1 Andreas — 2 J.

102.) Peter **Schrod**, in der Eichengaß, ein Taglöner, 44 J.
ux. geb. Hökin von Holzh.
  1 T.   10 J.
  2 Kaspar 4 J.

103.) J. Jak. **Schuk**, im Graben, ein Schlosser, Witwer   J.
ux. † v. Liederbach
  1 Balthasar in Dresden verheurat
  2 Magd. 40 des Frizen ux.
  3 A. Marg. dient in Ff.
  4 A. Xstina 32
  5 & 6 Zwillinge a) J. Frid., b) Kath. 30 J.

104.) Andreas **Schwalbach**, im Tal, ein Leineweber, 40 J.

ux. A. Marg. geb. Hasselbachin von Falkenstein

105.) Frid. **Schwalbach**, in der Doppesgaß, ein Schneider, 38 J. a.
ux. Kath. Ursula geb. Henrichen
1 Sophia 9 J.
2 Andr. Frid. 7 J. †
3 Joh. Philipp 4 J.
4. Susann Maria 1½ J.
Bei Frid. Schwalbach wohnt A. Maria Glokin, eine unverheuratete Weibsperson, vidim. pre.

106.) J. Nikl. **Schwalbach**, hinter d. Mauer, ein Schlosser, 34 J. a.
I. ux. geb. aus dem Darmst.
1 Frid. 11 J.
2 T. 9 J.
II. ux. geb. v. Weilmünster
3 T. 2 J.

107.) Joh. Wendel **Stemmler**, am Eichentor, ein Büchsenmacher, aet. 50 J.
ux. geb. Kulin
1 T. 20 J.
Nb. Von Elisabeta Stemmlern, einer gew. ledigen Weibsperson, die nebst ihrer Schwester vergangenen Winter verstorben, ist eine unehel. Tochter Elisab. Stemmler aet. 13 J. an Himmelfahrt confirmirt worden. War eine Verwandtin von ihm, des V. Bruders T.

V

108.) HE. Joh. Phil. **Vogt**, auf der Schirn, Präsenzmeister u. Beker, aet. 44 J. (Wechsel)
ux. Kathar. geb. Henrichin
1 Philipp — 22 J. Beker, gegenw. in Ff. auf der Wanderschaft
2 Tochter 17 J.
3 Kath. 16 J.
4 T. Marg. 12 J.
5 Xstiana Elis. 10 J.
6 Judith 9 J.
7 Luisa 7 J.

W

109.) Andreas **Wehrheim**, in der Eichgaß, ein Glaser, aet. 50 J. (st. g.)
ux. Sophia geb. Gerlachin
ohne Kinder

110.) Joh. **Wehrheim**, im Tal, ein Glaser, aet. 46 J.
ux. Veronika geb. Diefenbachin
1 T. 12 J.
2 Franz 10 J.
3 J. Adam 8 J.
4
5

111.) Lorenz **Wehrheim**, im Tal, ein Leineweber, Witwer, aet. 50 J.
ux. † war eine Tochter v. des Ziemers Frau
1 T. 11 J.

112.) Joh. Nikl. **Wehrheim**, Sen., in der Steingaß, ein Glaser, aet. 53 J. (war in Regensburg v. d. R.)
ux. geb. Schrodin
1 Joh. Nikl. der Glaser seq.
2 S. ein Glaser verheurat bei Straßburg
3 Andreas, ein Leineweber in der Fremd
4 T. 16 J.

113.) J. Nikl. **Wehrheim** iun., fil., in der Eichengaß, ein Glaser aet. 32, ein Witwer (st. g.)
ux. † geb. Brostin
1 Joh. Nikl. — 4 J.
2 S. — 2 J.
3 Andreas — 1 J.

114.) J. Adam **Weidmann**, in der Steingaß, ein Furmann, aet. 38 J. ein Witwer
ux. † geb. Reulin
1 T. 13 J.
2 Moriz 11 J.
3. T. 10 J.

115.) Andreas **Weidmann**, in d. Pferdsgaß, ein Schlosser, aet. 70 J.
I. ux. † geb. Kriegern
II. ux. † Susanna Maria geb. Streugin v. hier
1 Kaspar, ein Glaser in Ff. wonhaft
III. ux. geb. Kerein v. Soden
2 Frid. Phil. — 28 J.
3 Andreas — 20 J. ein Brenner
4 Joh. Adam — 18 J. ein Schlosser
5 A. Marg. — 10 J.
6 Ernst — 4 J.

116.) übersprungen

117.) Balth. **Weidmann**, im Tal, ein Maurer, aet. 46 J.
ux. geb. Werheimin
1 Henrich Christian — 18 J.
2 T. — 16 J.
3 Joh. Georg — 14 J.

118.) Henrich **Weidmann**, im Tal, ein Maurer (Handlung)
ux. geb. v. Falkenstein
1 T. 18 J.

119.) † Henrich **Weidmanns** Kinder, war ein Maurer in der Steingaß, ein Witwer, hatte 3 Weiber

ux. † geb. Kämmerer v. hier
1 Elisab. — 34 J. (hat ein unehel. Kind v. HE. v. Buchenröder in Eschborn, Franz — 11 J.)
2 Joh. Philipp, 24, ein Maurer

120.) Joh. **Weidmann**, im Tal, ein Maurer (vulgo des Blauers Sohn) aet. 28 J.
ux. geb. Brozin v. hier 27 J.
1 S. 4 J.
2 S. 2 J.

121.) Leonh. **Weidmann**, in der Steingaß, ein Furmann — 54 J.
ux. geb. v. Eschborn
1 T. verheurat an Frid. Pfeifer vid. supr.

122.) Martin **Weidmann**, in der Höllgaß, ein Wagner, aet. 46 J.
I. ux. † geb. Zubrodin
1 Joh. Jakob d. lernt des V. Handwerk
2 Joh. Peter lernt in Niederrod
3 T. 13 J.
4 T. geht in die Schul
II. ux. geb. Weidmännin Wittib J.

123.) HE. Philipp **Weidmann**, in der Doppesgaß, des Raths u. Schlossermeister, aet. 51 J. r.
I. ux. † Kath. Elis. geb. Schwalbachin
1 Ernst 17 J. Schlossergesell beim V.
2 T. 15 J.
3 T. 13 J.
4 S. 10 J.
5. Niklaus 8 J.
II. ux. geb. Gerlachin

124.) Frid. Phil. **Weidmann**, in der Hintergaß, ein Schlosser, aet.
ux. Susanna Maria geb. v. hier
1 Andreas Frid. J. in der Fremd
2 Jörg Phil. 20 J.

125.) Joh. Phil. **Weidmann**, in der Hintergaß, ein Maurer (Maulwurfsfänger, vulgo d. Blind) aet.
ux. geb. Kulin
1 Marg. Elis. Leineweber Braubachs v. Hausen Witt.
2 Joh. Weidmann der Maurer Nr. 120

126.) Joh. Phil. **Weidmann**, in der Steingaß, ein Zimmermann, 38 J.
uxor Christina, ein Schwester d. Kulin aus dem Darmst.
1 S. 5 J.
2 S. 3 J.
3 S. 2 J.

127.) HE. Reimund **Weidmann**, hinter dem Danzhaus, des Gerichts u. Schlosser, aet. 60 J. (st. g.)
ux. Ursul. geb. Glokin
1 Marg. Veron. ist an Leineweber Weigand verheurat u. wont im Haus
2 Joh. Phil. Schlossermstr., noch ledig

128.) J. Adam **Weigand**, hinter der Mauer, d. Feldmesser, aet. 48 (st. sch.)
ux. Kath. geb. Hirschin
1 Johann Martin — 18 J.
2 Xstian — 15 J.
3 Jakob — 12 J.

129.) J. Adam **Weigand**, hinterm Tanzhs, ein Leineweber, wont beim Schwieg. V. aet. 36 (st. sch.)
ux. Marg. Veron. geb. Weidmännin
1 Marg. Veron. — 11 J.
2 Urs. — 9 J.
3. Phil. Henrich — 6 J.
4. T. — 3 J.

130.) Andr. **Weigand**, auf dem Ramerberg, ein Leineweber — 46 J.
ux. A. Marg. geb. Wilhelmin
1. Susanna — 18 J.
2. Andreas — 17 J.

131.) Balth. **Weigand**, in der Hintergaß, ein Leineweber, aet. J.
ux. A. Marg. geb. Schallin
1. Kath. — 40 J. in Ff. verheur.
2. Mar. Elis. 38 auch in Ff. verheur.
3. Frid., ein Büchsenmacher, auch in Ff. wonhaft
4. Johann, ein Schmid, in Ff. wonhaft
5. Joh. Adam, d. Leineweber, Nr. 129
6. J. Henrich, ein Glaser, in Ff.
7. T. dient in Ff.
8. A. Marg. — 22.

132.) Joh. Georg **Weigand**, vom Thaltor, ein Akermann, aet. 54
ux. geb. v. Nied. Ursel
1. Niklaus — 24 J. ist in Mainz Soldat
2. T. in Nied. Ursel verheurat.
3. T. 18 J.
4. Phil. Jak. — 16

133.) Joh. Henrich **Weigand**, im Thal, ein Leineweber, aet. 78 J.
ux. v. geb. Kochin, HE. Kochs Schwester
1. A. Maria — 48, verheur. an gewes. Cantor Cullmann, gegw. in Weilburg, d. Mädg. Schulmstr.
2. J. Adam, 46, d. Feldmesser, Nr. 128
3. Philippina, in Homburg an Schumacher Dopp verheur.
4. Michel, in Preuß. Kriegsdienst
5. Joh. Martin, Barbier in Weilmünster

134.) J. Daniel **Weinig**, in der Pferdsgaß, ein Schumacher, aet.
    ux.   geb. Fuchsin
    1. Balth.   — 28 J., ein Leineweber in d. Fremd
    2. S.   25 J. Metzger in Hanau
    3. A. Klara   — 24 J.
    4. Joh. Phil., Leineweber in d. Fremd
    5. Joh. Adam — 16 J.
    6. Joh. Daniel — 13 J.
    7. A. Marg.   — 11 J.

135.) J. Georg **Weinig**, im Tal, Kochs Tochtermann, ein Händler, aet. 38 J.
    ux. Sophia geb. Kochin
    1. Jakob   — 11 J.
    2. A. Maria — 9 J.
    3. Daniel   — 4 J.
    4. S.   — 1 J.

136.) J. Jak. **Weinig**, in d. Hintergaß, ein Schumacher,
    I. ux. †   geb.
    1. Joh. Georg, des Kochs Tochtermann, Nr. 135
    II. ux. Xstina, geb. Schwarzin
    2. Joh. Jak. 24 J., ein Furmann
    3. T.   22 J.

Z

137.) Reinhard **Ziemer**, auf der Doppesgaß, ein Akersmann, v. Eschborn 55 J. (vermög.)
    I. ux. †
    1. Sauers uxor
    2. Ottilia Neubauwirts ux.
    3. Sohn   in Eschborn
    II. ux. Judita, eine geb. Schallin. Nb. diese Judita Schallin hat vorher 2 Männer gehabt
    a)   Henrich, davon sind Kinder
    4. Frid. Henrich, Bierbrauer in Hanau
    5. Phil. Henrich, Hirschwirt dahier. Nb. Dieser Phil. Henrich hatte eine leibl. Tochter vom Ziemer, so gestorb.
    6. Jakob Henrich, Bierbrauer in Wezlar
    7. Phil., ein verlorener Son
    8. Peter, ein Bierbr. in Hanau
    b) Joh. Adam Hard, v. Sulzbach, davon ist
    9. A. Marg. Hardin   — 20 J.

138.) Balthas. **Zubrod**, in der Eichgaß, ein Sekler 34 J. (s. s.)
    ux.   geb. Eichhornin v. Oberliederbach
    1. S.   2 J.
    2. Joh. Adam   5 J.

139.) J. Jakob **Zubrod**, in d. Höllgaß, ein Furmann, 46 J. (s. s.)
    ux. A. Marg. geb. Glokin
    1. A. Marg. — 15 J.
    2. Elis.   — 12 J.
    3. Wilhelm — 9 J.
    4.   3 J.

140.) HE. Joh. **Zubrod**, hinter dem Tanzhs, Büchsenmacher u. Kirchenältester — 40 J. r.
    ux. Kathar. geb. Fuchsin
    1. Balth.   — 11 J.
    2. Henrich — 9 J.
    3. S.   — 2 J.

Witweiber

A

1.) Phil. Christian **Anthesen**, gewes. Schumachers Wittib
    geb.   in der Höllgaß, aet. 36 J.
    1. Joh. Adam   J. lernt bei HE. Spitalmstr. d. Schlosser Handwerk
    2. T.   J.

2.) HE. Adam **Anthesen** gew. Spitalmstrs Wittib
    A. Marg. geb. Vogtin, in der Pferdsgaß, aet.   J.
    1. Kathar. des Hirschwirts uxor
    2. Judit Franz Fuchsens ux.
    3. Elisab.   — 38 J., ledig
    4. A. Maria — 28 J.
    5. Sus. Maria — 18 J.

B

3.) G. Fr. **Beileiters** gew. Maurermstrs Wittib
    geb.   auf dem Doppes, 50 J. a.
    1. Joh. Frid. — 26 J., Soldat unter den Kaiserlichen
    2. Julius   — 21 J. unter den Holländern
Bei dieser ist ihre Schwägerin Philippina Beileiterin, led., 50 J. bettelt u. ist schwach am Verstand, hat eine Pfründe.

4.) Kasimir **Brauns** gewes. Bierbr. Wittib
    Kath. geb. Kämmerern von hier,
    in d. Pferdsgaß   —   J.
    1. Sara — 4 J.

F

5.) J. Kaspar **Fuchsen** gew. Bierbrauers Witt.
    geb.   v. Sulzbach, hinter dem Tanzhaus — 48 J. (st. g.)
    1. A. Marg. — 17 J.
    2. Sophia   — 12 J.

H

6.) J. Ludwig **Handels**, gew. Schmidts Witt.
   Ursula geb. Bleichenb. in d. Eichengaß
   — 56 J.
   (HE. Bleichenbachs im Adler Schwester.
   Ohne Kind)

7.) Stephan **Hennemanns**, gew. Maurers Witt.
   geb. Reichardin auf d. Schirn, 54 J.
   1. Tochter   18 J.
   2. J. Wendel 16 J., ein Maurer
   3. J. Remig. 15 J., wird auch ein Maurer
   4. Sara   12 J.
   5. Leonhard   8 J.

8.) Phil. **Henrichs**, gew. Löwenwirts Wittib
   A. Christina geb. Eichhornin v. Oberlieder-
   bach in der Eichengaß, 50 J.
   1. T.   Schumacher Lang ux.
   2. Joh. Adam — 20 J. (mein Bierbrauer)
   3. Joh. Jakob u.
   4. Fridrich   — 16 J. lernt d. Schmid-
                    handwerk bei
                    Schwalbach
                    Zwillinge
   5. Elisab.   — 12

9.) Balthas. **Herschen** gewes. Schlossers Wittib
   geb.   in der Höllgaß, 56 J.
   1. Leonhard —   J. d. Schlossersgesell
   2. Remig.   —   J. auch Schloßer
   3. Joh. Phil. — J. geht in die Schule
   4. T.   erwachsen

J

10.) HE. Phil. Jak. **Jägers**, gew. Kirchenältesten
   Wittib A. Margareta   d. ist im Adler
   bei HE. Bleichenbach u. se. Schwiegermutt.
   v. d. ersten Frau
   1. Joh. Phil. Jäger im Tal, des Gerichts
      u. Büchsenmacher v. Sup.
   2. A. Maria, des Pachters Zubrod auf
      dem Schafhof ux.
   3. S.   in Eschborn †
   4. Fridrich, Schumacher in Ff.
   5. Gotfried, auch Schumacher in Ff.
      wonhaft

11.) Phil. Xstian **Krausers** gew. Schneiders
   Wittib
   Marg., geb.   in der Doppesgaß, 56 J. r.
   1. Joh. Phil. — 32 J., ist von einem Kast.
      Baum gefallen und seit 4 Jarn kontract
   2. A. Marg. in Homburg wonhaft, hat
      Schumacher Werber
   3. Maria Marg. — 26 J.
   4. Andreas — 22. J. d. Student

14.) Joh. Phil. **Kämmerers** gew. Schloßers u.
   Ratsherrn Witt.
   A. Maria geb.   (wont bei Franz
   Fuchs), ist Kindfrau — 55 J.
   1. Elis. verheur. auf dem Hof Rebstok bei
      Ff.
   2. J. Daniel, Schlosser — 35 J.,
      in Holländ. Dienst
   3. J. Phil., Schlosser — 32 J. ebenfalls in
      Holland
   4. Frid., Barb. 22 J. auch ebda

L

12.) Philipp **Lichten**, gew. Taglöners Wittib
   ge. Fuchsin, am Eichentor — 38 J. a.
   1. A. Maria — 13 J.
   2.   10 J.
   Hat auch ihre Mutter,   Fuchsin,
   eine arme Frau, bei sich.

R

13.) Joh. Georg **Reinemers** gewes. Bekers Wittib
   Susanna, geb.   am Ffurter Tor   J.
   1. Veronika, Schillings Wittib v. seq.
   2. Judit   — 17 J.
   3. T.   dient bei Mezger Henrich
   4. Joh. Adam — 16 J.
   5. Andreas   — 13 J.
   6. T.
   7. T.

S

14.) **Schillings** gewes. Weisbinders Witt.
   Veronika geb. Reinemern, bei ihrer Mutter
   am Ffurter Tor
   wonhaft,   J. a.
   1.   Posthum

15.) Andreas **Schauben**, gewes. Schumachers
   Witt.
   Christina ge. Sparwassern, im Tal, 44 J. a.
   1. Remigius — 16 J.
   2. Andreas — 12 J.
   3. J. Martin — 10 J.
   4. Xstina   — 4 J.

16.) Ulrich **Schwalbachs** gewes. Jägers Wit.
   Maria Veronik. geb. Jägerin,
   auf der Schirn,   J.
   ohne Kind, u. hat etliche Kind des Zimmermanns Fuchsen bei sich, der mit ihr
   verwandt ist.

W

17.) Philipp **Wachsmanns**, gewes. Schumachers Witt.
Anna Maria geb. Weidmännin im Tal,   J.
1. Andreas   J., ein Schmid in d. Fremd
2.   24 J., ein Schlosser
18.) Andreas **Weidmanns**, gew. Furmanns Witt.
geb.   hinter d. Mauer
ohne Kind
19.) Joh. Jörgen **Wolfen**, gew. Bierbrauers Wittib
geb. Fuchs   J. bei ihrem Schwiegerson Jungblut im Hs. nebst ihrem Sohn J. Kaspar Wolf.

Z

20.) Konrad **Zechers**, gew. Leineweber Wittib
A. Maria geb. Kurzin, hinter dem Tanzhs. aet. 55 J. hat das Haus mit dem Kurz
1. Joh. Phil.   — 22 J., ein Leineweber
2. T. Kath. Marg. — 20 J. dient in Ff.
3. Xstiana Elis. — 18 J.
4. Joh. Adam   — 16 J.
21.) Raimund **Zubrods**, gew. Büchsenmachers Witt.
A. Maria geb. Kriegerin, bei ihrem Sohn, dem Sekler Balth. Zubrod im Haus, 65 J.
1. A. Marg. — 22 J. hat die Epilepsie
22.) HE. Joh. Nikl. **Zubrods**, gew. Ratsherrn u. Schumachers W.
Elis. Marg. geb.   v. Massenheim, in d. Hintergaß,   J.
ohne Kind
23.) HE. Chirurg J. Philipp **Zubrods** Wittib
Elisab. geb. Fuchsin   J. in der Hint. Gaß
1. Maria Elis. — 11 J.

Einzelne Evang. Weibspersonen

1.) A. Maria **Glokin**, wont bei Frid. Schwalbach, hat ein uneheliches Mädchen von Joh. Phil. Diefenbach, unter den Holländern, hat keine Aeltern mehr, iedoch Vermög.
1 T   J.

Evang. Weiber, so katholische Männer haben

1.) **Saurern**, Jakob Sauers, Wagners, in der Doppesgaß
ux.   geb. Ziemern, v.   J.
1. T.
2. T.
3. S.
Die Mädchen werden evang. u. die Söhne katol.
2.) Seifensieders uxor.
A. Elis. geb. Baierern
ohne Kind

Auf der letzten Seite seines Verzeichnisses hat Johann Ludwig Christ die Mitglieder der »katholischen Gemeine« Kronbergs aufgezeichnet, die Familien mit den Namen der Familienväter nach Straßen, unter Verzicht auf die bei den evangelischen Kronbergern genannten Namen der Ehefrauen und Kinder. Die »Witweiber« stehen wieder für sich. Er wollte sich also einen Überblick über das ganze Kronberg verschaffen. Hier ist diese Liste:

Katholische Gemeine

Doppesgaß
1.) HE. Amtskeller Brükner
2.) HE. Pfarrer Ihl, seine Mutter u. Schwesterkind
3.) Wilhelm (vulgo Brodnager) 1 Fr. 1 S. 1 T.
4.) Steindeker Müller, 1 Fr. 1 S. 4 T.
5.) HE. Hahn, 1 Fr. 3 S. 1 T. u. zugebrachte Kinder v. d. Frau
1) HE. Phildius, Barb.
2) 1 Tochter
6.) Wagner Bommersheim, 1 Fr. 2 S. 1 T. im roten Hof
7.) Daniel Hekenmüller, ein Taglöner, 1 Fr. 2 S. 2 T.
8.) Magnus Müller, ein Schneider, 1 Fr. 3 Kind.
9.) Hofmann, ein Färber, 1 Fr. 2 S. 2 T.
10.) † Gehin, hinterl. K. 1 S. 4 T. erwachsen
am Schloß
11.) Peter Phildius, ein Brenner, 1 Fr. 3 S. 1 T.
12.) Grillin unverheur. hat 1 T. v. e.m Jud. (auf dem Pförtchen)
13.) HE Rector Erhard, 1 Fr. 1 S. 1 T.
Höllgaß
14.) Steindeker Buchsbaum, 1 Fr. 5 K. u. Buchsbaums Wittib
15.) Gabriel, Botengänger, 1 Fr., 3 K.
16.) Beker Gotschalk, 1 Fr. u. 1 K. (Na. die ilbenst. kommen)
17.) Jakob Reichard, Schlosser, 1 Fr. 3 K.
18.) Maurer (d. Stigenfrau Mann), 1 Fr. 1 S. d. ein Witwer ist

	19.) Burgermstr. Xstoph Hauswald, 1 Fr. 6 K.	Hintergaß	48.) Grill, Frankf. Torpförtner, 1 Fr.
	20.) Peter Liebig, ein Furmann, 1 Fr. 2 S. (der HE. Pf. I. die Bäum umgeh.)		49.) Jak. Phildius, Büchsenmacher, 1 Fr. 3 S.
			50.) Frid. Brosius, Brenner, 1 Fr. 2 K.
	21.) Franz Krämer, ein Schmid, 1 Fr. 2 K.		51.) Phil. Brosius, Furmann, 1 Fr. 3 K. nebst d. Mutt. wonen beisammen
	22.) HE. Oberschuldheiß Phildius, 1 Fr. 2 K.		52.) Mezger Leopold Phildius, 1 Fr. 4 T.
Eichengaß	23.) Schlosser Berg, 1 Fr. 1 T. 3 S.		53.) Mondrian, Schmid u. Melhändler, 1 Fr. 3 K.
	24.) Paul Kleb, ein Schneid. u. Krämer, 1 Fr.		54.) Mitter Jörg Geist, 1 Fr. 2 K.
	25.) Weisbinder Reichert, 1 Fr. 1 S.		55.) Schumacher Henninger, 1 Fr. 4 K. u. se. Mutt.
	26.) Joh. Uhl, Maurer, ein Witw. 3 T.		56.) HE. Stadtschr. Phildius, 1 Fr. 6 S. 1 T.
	27.) Phil. Volk, Mezger, 1 Fr. 2 K.	Pferdsgaß	57.) Ulrich Gotschalk, Schumacher, 1. Fr. 2 S. 2 T. (d. Sohn heurat. 1 luth. Mädchen a. dem Darmst.)
	28.) Hutmacher 1 Fr. 1 T.		
	29.) Schumacher Kieser, 1 Fr.		
	30.) Maurer (vulgo Schwerdfeg.), 1 Fr. 1 Stiefk.		
	31.) Eichentorpförtner Isidor Kieser, Schloßer, 1 Fr. 4 K.		58.) Schneider Klaus, 1 Fr.
			59.) Schmid Bommersheim, sein Tochtermann, 1 Fr., 1 K.
	32.) Maurer d. Stigfraumanns Bruder), 1 Fr. 4 K.		60.) Michel Gotschalk, ein Schumacher, ledig
	33.) Jakob Kuhhirt, 1 Fr. 1 K.		61.) Jakob Hauswald, Bierbr., 1 Fr.
Hinter der Mauer	34.) Weber Maus, 1 Fr. 4 K.		62.) Philipp Mayer, Krämer, 1 Fr.
	35.) Geishirt (vulgo Humpel) hat 1 Schwester bei sich.	Auf dem Graben	63.) Bernhard Beständig, get. Jud, 1 Fr. 2 K.
	36.) Nagelschmid (vulgo d. Reifenberger), 1 Fr. 3 K.		64.) Peter Schüz, Schumacher, 1 Fr. 1 T.
	37.) J. Konrad Grill, der Musikant, 1 Fr. 3 T. 4 S.		65.) Isidor Gotschalk, Mezger, 1 Fr. 3 K.
	38.) Ölmansberger, ein Weber, 1 Fr. 1 S. u. 3 K. v. d. zw. Fr.	An der Juden Pfort	66.) Franz Gundlach, 1 Fr. 4 K. Akermann
			67.) Anton Gundlach
			68.) Joh. Gundlach
	39.) Michel Reutzel, 1 Fr. 4 K. bei dem ist dessen Schwiegermutter v. Koßlar dort) hat d. 2 Stummen Söne.		69.) Gundlach
		im Tal	70.) Schlosser Kieser, 1 Fr. 2 K.
			71.) Joachim Westenberger, 1 Fr.
Auf der Schirn	40.) Mezger Hembes, 1 Fr.		72.) Westenberger, 1 Fr.
	41.) Balth. Hembes, fil., 1 Fr., 5 K.		73.) Maurer Koch (vulgo Pfundapfel), 1 Fr. 3 K.
	42.) Joh. Ring, Schumacher, 1 Fr. 2 K.		
	43.) HE. Kaufmann Koenig, 1 Fr. 3 K.		74.) Henrich Grill, Witwer
			75.) Schumacher Hildmann, 1 Fr. 4 K.
	44.) Schumacher Moos, arm, 1 Fr.		76.) Weber , 1 Fr. 2 K.
Hinterm Danzhs.	45.) d. Seifensieder, 1 Fr. luth.		77.) Amtsbot , 1 Fr. 3 K.
	46.) Nagelschmidt 1 Fr. 2 K. und seine Schwiegermutter Rosenthalin, der Tocht. bei HE. Weigand Magd war.		78.) Franz Hekenmüller, Furmann, 1 Fr. 3 K.
			79.) Strumpfweber Meister, 1 Fr. 4 K.
Auf der Schirn	47.) Jakob Hauswald, Förster		80.) Maurer Jäger, 1 Fr. 1 K.

81.) Bommersheim, Akermann, 1 Fr. 2 K.
82.) Melhändler Weingärtner, 1 Fr.
83.) Schornsteinfeger Gehin, 1 Fr.

Witweiber

1.) Geisten Wittib, hinterm Danzhaus 1 T.
2.) Westenbergers Wit., im Tal, 3 S.
3.) Gundlachs Wit., auf dem Graben
4.) Kniplern Wit., auf dem Graben 1 S. 1 T.
5.) Groschen Wit., Glaser, 6 K. in der Hint. Gaß
6.) Gotschalken Wit., Beker, neben HE Vogt, 3. S.
7.) Die Häfnern, hinterm Danzhaus
8.) Simon Schützen Wit., 1 S. 2 T., hinter d. Mauer
9.) Scherern Wit. 1 S. 3 T., in der Eichgaß
10.) Maurer Wit. in d. Eichgaß 2 K.
11.) Joh. Röders Wit. 2 S., in der Eichgaß
12.) Thürmern, Agnes Münzin
13.) Bonnin Wit., am Schloß, 1 S. 2 T.
14.) Wittib Ungeheuer, im Schloß, 2 T.
15.) Jörg Schützen Wittib, in der Doppesgaß, 4 K.

Fam. 100
Seelen: 300

Schon eine erste Durchsicht des Verzeichnisses zeigt: das Kronberg von 1786 mit seinen 1025 »Seelen«, zu denen noch vierzehn nicht aufgegliederte jüdische Familien und drei jüdische Witweiber hinzuzurechnen sind, war keine Bauern-, sondern eine Handwerkerstadt. Lassen wir die Juden und die christlichen Witwen beiseite, so haben wir 141 evangelische und 83 katholische Haushaltungen. Von den Haushaltungsvorständen oder »Hausvätern« sind nur 10 »Ackermänner«, also reine Bauern. Dem Handelsstand gehören an 3 Krämer, 1 Händler, 4 Mehlhändler und 1 Kaufmann. Hingegen zählen wir 24 Schlosser und bei Meistern arbeitende Schlossergesellen, 19 Schuhmacher, 16 Maurer, 13 Leineweber, 10 Fuhrleute, 8 Metzger, je 7 Brenner und Bierbrauer, Bäcker, Schmiede, je 6 Büchsenmacher und Schneider, 5 Schreiner, je 4 Zimmerleute und Glaser, 3 Weber und je 2 Nagelschmiede, Müller, Sekler, Bender, Strumpfweber, Weißbinder, Wagner und Steindecker. Die 4 Taglöhner und den Wingertsmann können wir der Landwirtschaft zurechnen. Nur je einmal sind vertreten: Feldmesser, Gerber, Barbier, Färber, Hutmacher, Musikant, Seifensieder und Botengänger. Da nur 3 Wirte verzeichnet sind, können wir annehmen, daß die Bierbrauer auch eine Straußwirtschaft betrieben, und in der Tat wird eine solche nicht viel später erwähnt.

Ein Beruf, dessen Bezeichnung uns zunächst ein Rätsel aufgibt, ist der »Mitter«. Das Wort erscheint in Lexers »Mittelhochdeutschem Handwörterbuch« und ist u. a. für Straßburg mit dem »Salzmitter« nachgewiesen. Kurmainz hatte das Salzmonopol inne. Der Mitter war also der Salzmesser, ein Gegenstück zum Fruchtmesser. Er gehörte schon zum Amt, das außer der Stadt Kronberg die beiden Dörfer Eschborn und Niederhöchstadt umfaßte. Es wird repräsentiert durch den Amtskeller, den Amtsschreiber, den Oberschultheiß, den Förster und den Amtsboten.

Die Stadtverwaltung besteht aus dem Bürgermeister, dem Stadtschreiber, dem Stadtdiener, den Torpförtnern, dem Schornsteinfeger, dem Kuh- und dem Geißhirten.

Zu den Kirchen und Schulen gehören die zwei evangelischen und der katholische Pfarrer, der evangelische Cantor und Lehrer, der katholische Rektor, der evangelische Mädchenschulmeister, der Präsenz- und der Hospitalmeister.

Wer ein bedeutendes Amt hat, dem Rat und Gericht angehört (was ebenfalls vermerkt ist) oder sonstwie ein besonderes Ansehen genießt, erhält von Christ ein HE. = Hochehren vor dem Namen. Bemerkenswert ist, daß als einziger Student der Sohn einer Schneiderswitwe erscheint. Was mag aus ihm geworden sein?

Hier und da hat Christ kleine Notizen hinzugesetzt, etwa st. g. = steht gut oder st. s. = steht schlecht oder s. s. = so so. Auch ein »vermögend« findet sich sowie ein »hat nicht viel zum Besitz«. Leider hat Christ die fehlenden Namen und Daten nicht mehr nachgetragen, wie er es wohl vorhatte.

Daß so zahlreich vertretene Berufe wie etwa die Schlosser, Schuhmacher und Leineweber ihre Kundschaft nicht allein in der kleinen Stadt finden konnten, versteht sich von selbst. Von den Schlossern und Büchsenmachern ist überliefert, daß ihre Arbeit über das Rhein-Main-Gebiet hinaus geschätzt und begehrt war. Die Leineweber hatten

Oben: Der Cronberger Bauhandwercks Sigillus 1694. Hess. Hauptstaatsarchiv, Wiesbaden. – Links: Cronberger Zunftsiegel der Bierbrauer, Bäcker, Metzger und Küfer, 1800. Hess. Hauptstaatsarchiv, Wiesbaden. – Rechts: S(iegel) d(es) l(öblichen) H(andwerks) d(er) Leineweber in Cronenburg. Hess. Hauptstaatsarchiv, Wiesbaden.

wohl im Frankfurter Handel ihre Abnehmer. Auch die Schuhmacher holen sich zusätzliche Arbeit in der Reichsstadt. Hier ist die hübsche Anekdote vom wackeren Schuster überliefert, der nach Einbruch der Dunkelheit, mit neuer Arbeit beladen, aus Frankfurt heimkehrte und auf dem Friedhof ein Gespenst erblickte, das sich hin und her bewegte, worauf er schleunigst hinter die schützenden Mauern floh. Andertags stellte sich dann freilich heraus, daß das Gespenst nur eine Geiß mit hellem Fell gewesen war, die auf dem Friedhof geweidet und die man heimzuholen vergessen hatte.

Die meisten Handwerker waren auch freilich, wie man heute sagt, »Nebenerwerbslandwirte«. Sie bestellten nach Feierabend ihre Äcker und Gärten, wobei an die Stelle des Weinbaus schon vor Christs Ankunft die Baumzucht getreten war und eine wichtige Rolle spielte. Der Amtskeller Brückner hat dies in einer Eingabe nach Mainz, auf die wir später noch einmal zu sprechen kommen, sehr hübsch ausgedrückt: »Mit wahrem Vergnügen sieht man diese Handwerks Leute ihre Erholungszeit in den Baumschulen zubringen, wo sie bei Verrichtung der im Durchschnitt leichten Arbeiten, so letztere erfordern, von ihren Haupt Nahrungsgeschäften ausruhen.«

Unter den Gesellen auf Wanderschaft sind Schlosser, Sekler, Bäcker und Leineweber. Von den Handwerkersöhnen arbeiten manche in Frankfurt, Hanau, Darmstadt, Weilmünster und Dresden; einer ist »bei Straßburg« hängen geblieben. Bemerkenswert ist die Verbindung zu Holland. Zwei Kronberger dienen bei den Kaiserlichen, einer ist in preußischen Kriegsdiensten, ein anderer in Mainz Soldat.

Von den Töchtern dienen sechs in Frankfurt. Andere sind in Frankfurt, Wiesbaden, Butzbach, Homburg, Rödelheim, Isenburg, Niederursel und Weilburg verheiratet. Eine Tochter dient sogar im Ha(a)g!

Wie von jeher üblich, heiratet man gern innerhalb der Familien, damit »die Sach« beieinander bleibt, doch haben sich nicht wenige Kronberger auch ihre Frauen von außerhalb geholt, aus Obereschbach, Kreuznach, Niederwöllstadt, Eschborn, Homburg, Ginnheim, Bonames, Reichenbach, Neuenhain, Eppstein, Obernhain, Falkenstein, Wiesbaden, Holzhausen, Liederbach, Weilmünster, Soden, Niederursel, Massenheim und dem »Darmstädtischen«. Ein Leineweber hat sogar eine getaufte Jüdin aus Wiesbaden geehelicht.

Von den Familiennamen reicht eine ganze Reihe bis in unser Jahrhundert hinein, und nicht wenige bestehen heute noch, wie Becker, Berg, Best, Buchsbaum, Fuchs, Geisel, Gerlach, Gottschalk, Heist, Hembus, Hennemann, Henrich, Hirsch, Jäger, Jung, Krieger, Kunz, Lang, Lenz, Liebig, Merz, Müller, Pfeifer, Reul, Sauer, Schrod, Schütz, Schwalbach, Stemmler, Wehrheim, Weidmann, Weigand, Weinig, Westenberger und Zubrod.

Bei den männlichen Vornamen erfreuen sich besonderer Vorliebe der Andreas (25), Johann (18), Leonhard und Philipp (je 11), Friedrich (10), Franz und Peter (je 9), Christian (6). Daneben gibt es zahlreiche Doppelnamen. An der Spitze steht der Johann, verbunden mit dem Philipp (37), dem Adam (21), dem Nikolaus (17), dem Jakob (24), dem Georg und Daniel (je 8). Selten, nur ein- oder zweimal vertreten sind Anton, August, Bernhard, Christoph, Ernst, Gabriel, Isidor, Joachim, Jörg, Julius,

Kasimir, Konrad, Lorenz, Ludwig, Martin, Magnus, Moritz, Paul, Reimund, Reinhard, Simon, Stephan, Thomas, Wendel und Wilhelm.

So läßt sich durch gründliches Studium der Christ'schen Liste ein aufschlußreiches und buntes Bild des damaligen Kronberger Lebens gewinnen. Daß der neue Oberpfarrer gerade in den ersten Jahren zuweilen nur schwer mit den Kronbergern zurechtkam, hat verschiedene Gründe, denen wir nun nachgehen wollen. Beginnen wir, ehe wir uns seinem eigentlichen Aufgabengebiet, der Kirche und Schule, zuwenden, mit der sehr materiellen Frage: wovon lebte Christ mit seiner Familie eigentlich? Für den heutigen Pfarrer gibt es da kaum Probleme. Er bezieht wie ein Beamter sein monatliches Gehalt und erhält, wenn er in den Ruhestand tritt, eine laufende Pension. Ganz anders sah das 1786 für einen Kronberger Pfarrer aus. Die Kronberger lutherische Kirche war ganz auf sich gestellt. Sie hatte zwei Fonds: das Kirchenvermögen, die sogenannte Präsenz, und den Hospitalfonds. Hinzu kamen fromme Stiftungen, unter denen die des wohlhabenden Kronberger Bürgers Philipp Jacob Reinhardi, über die später noch zu sprechen sein wird, die bedeutendste war. Christ hat am Schluß seines Kirchenprotokollbuchs die »Besoldungen der Kirchendiener« und den »Status der Präsenz und Hospital« für das Jahr 1786 genau aufgezeichnet, ohne Zweifel auf Grund der vorhandenen Unterlagen seiner Vorgänger. Er hat gut daran getan, und so von vornherein klare Verhältnisse geschaffen. Wir geben das Wichtigste wieder, schon weil der Aufbau des Kirchen- und Schulwesens in der kleinen Stadt daraus deutlich wird. Hier zunächst die

Erstere Pfarrbesoldung

		Gulden	Kreuzer	Pfennige
A. An Geld				
1. Von der Kirche		9		
an Legaten wegen Sindlingen und Eschborn		7	40	
von den Reinhardischen Legatengeldern		35		
	Sa.	51	40	
so die Präsenz zalt.				
2. An Zinsen zu Kronberg		9	25	
An Zinsen zu Sulzbach und Soden		2	35	
Von Steinbach anstatt 2/9 groß und kleine Zenden		55		
	Sa.	118	40	
An Zinsen von Schwalbach		1		3
	Sa.	119	40	3

B. An Zehnden

Der allgemeine groß und kleine Zenden in der Kronberger Terminei. Dieser begreift: Korn, Weizen, Gerste, Haber, Erbsen, Linsen, Winter- u. Sommertölpel*, so aber wenig gezogen wird, wie auch Flachs, Hanf, Heu, Klee, Wikfutter, Gras, Kartoffeln (die Brachrüben zenden nicht), Kraut, Blaukol, Rangen*, Obst, als nemlich Äpfel- und Winterbirn, von folgenden Namen: Kappesbirn, Süßbirn, Kelterbirn, Petergesbirn, Mariesbirn, französische Birn, Zapfenbirn.

---

* Christ braucht gern die ihm geläufigen Wetterauer Ausdrücke. Der Tölpel (wetterauisch »Delbel«) ist eine Ölpflanze. Die Rangen, ebenfalls wetterauisch, sind die Runkelrüben.

Nb.
1. Der Windfall beim Obst zendet nicht eher, als mit Anfang der Michaeliswoche
2. Die Besitzer müssen gebrochen Obst geben, so viel sie brechen.
3. Das grüne Futter zendet, wo die Rute hinfällt. Dabei muß es hier bleiben.
4. Die Heuwiesen zenden ein Jar unten, das andere oben, mit Schritten; wäre auch kein präjudicirliches Recht, sondern müßte auch sein, wo die Rute hinfällt, weil es aber zu viel Mühe macht, so habe ich es bei dem alten gelassen. Sollen auch auf Ma(h)den gezendet werden.
5. Wenn eine Wiese ekig und ungleich ist, so müssen die Besizer das Heu auf Haufen machen und den 10. Haufen geben.
6. Von den Sichlingen* und Garben der Früchte wird, wenn nicht von einem Akker auf den andern kann fortgezält werden, auch von der einen übrigbleibenden die 1ote Handvoll gegeben werden: zende aber jedoch 3. nicht, aber 4. weil sie könnte in 5 eingeteilt und ein halber abgegeben werden.
7. Im Kugelberg sind 7 halbe Morgen, die ehemalige Pfarräkker gewesen und in Pacht ausgegeben worden, welche daher den Dritten und den Zenden geben. Die gegenwärtige Besizer sind a) Niklaus Fuchs, b) Michel Gottschalk, c) Philipp Jak. Anthes, d) Leonhard Friz, e) Adolph Labers Wittib, f) Phil. Labers Wittib, g) Adam Jung.
8. In einigen Stükken Landes hat die Pfarrei den **Zenden mit andern zu teilen**; als

   a) mit dem Präsenzmeister den Heuzenden in der **Winkelbach**, und hat solcher den Zenden in grader Jarzal, die Pfarrei in ungrader Jarzal. Ferner mit demselben den Fruchtzenden in den Burgerländern hinterm Hain.

   b) das **unterste Minnholz** zur Hälfte mit der Schönberger Kirch oder dem HE. Pf. zu Oberhöchstadt. Sind übereinkommen, das grüne Futter soll die Pfarrei zu Kronberg in grader Jarzal eintun, die Oberhöchstädter in ungrader. Früchte und Obst aber wird geteilt.

   c) im **Eichen** vorne sind 10 Äkker, die mit HE. von Bettendorf zenden, so gegenwärtig Peter Aul gepachtet, und im **obersten Eichen** sind 6 Äkker, so zu ½ amtmännlich zenden.

   In Ansehung des Fruchtzehendens ist der järliche Ertrag wegen der Verschiedenheit der Größe der Felder sehr ungleich. ao. 1786 hatte das **Eichen** und die Kreuzäker Korn und das Minnholz Sommerfrüchte,

   ertrug a) 5 Fuder Korn
   b) Gerste —
   c) Haber —
   d) Erbsen —

C. an trocken Früchten

Von Sieglingen (Sichlingen)   8 Malter Korn

D. an Feldgütern

Ein Garten am Kirchhof, im untern Minnholz hält ohngefer	1 Vtl. (Viertel)
Ein Garten am Pfingstborn, der Hopfengarten hält	1 Vtl. (Viertel)
Ein Garten und Mirabellenstük im Erbesstück	1½ Vtl. (Viertel)
Ein Kestenstück, Baum u. Grasgarten im Talerschlag, den Talgarten	1 Morgen
Ein Acker und Baumstük im Neuenberg ongefer ½n Mg.	wird mit 1 Sgl. Korn besät.
Ein Aker und Baumstük im Kugelberg	½ Morgen
Ein Burgerland, Aker im Galgenfeld am Frankfurter Weg, zendet 1½ Morg., hat getragen	1¼ Fud. Gerste
Weinberg 3 Vtl. 20 Ruth. im Pfaffenstück.	

Nb.   Ist 1786 von den herrschaftl. Weinbergen, die nebst dem daranstoßenden Grasstük 10 Mg. halten und an die Bürgerschaft verkauft worden sind, von der Hofkammer zu Mainz der Pfarrei anstatt des Wein Zenden zugeteilt worden.
Eine Wiese in den 9 Morgen, das Pfarrviertel.

---

* Sichling: so viel die Sichel auf einmal faßt.

Wurde auch der Pfarrei anstatt des Zenden alda in alten Zeiten zugeteilt.
Eine Wiese in der Winkelbach beim Pfingstborn am großen Rosenthal — 1 Morg.
Wurde auch ehedem an stat des dasigen Zenden der Pfarrei von der Herrschaft zugeteilt.
Eine Wiese am Sauerborn — ongefer 3 Vtl. (ist aber schlecht)
Eine zendbare Wiese in den Gänßwiesen — 1 Mg.

E. an Holz.

Aus der Kronberger Mark — 12 Klafter Buchenholz.
Weil aber seit etlichen Jaren die Mark zugetan ist, muß die Präsenz 6 Klafter Buchenholz geben, was es kostet.

F. an ständigen Accidenzien.

Bei Abhör der Präsenz und Spitalrechnung — 2 Gulden
Bei jedesmaligem Abendmalhalten 1 Kanne Wein ad 1 Ms.
zu End des Jars die übriggebliebenen Wachslichter zur Hälft mit dem 2. Pfarrer.

G. an unständigen Accidenzien.

Von der Confirmation eines Kindes		30 Kreuzer
Von einer Copulation in der Kirche	1 Gulden	30 Kreuzer
Von der Proklamation		30 Kreuzer
Von einer Copulation im Haus des Bräutigams oder der Braut	5 Gulden	
Von einer Copulation im Pfarrhaus	2 Gulden	45 Kreuzer
Von einer Haustaufe (wenn das Kind nicht krank ist)	1 Gulden	30 Kreuzer
Von einer Kindsleiche	1 Gulden	
Von der Leiche eines confirmierten und erwachsenen	1 Gulden	30 Kreuzer
Von einem Schein		30 Kreuzer

Nb. Die Copulationen und die Tauf und anderer Scheinausstellung, Proclamationen sind der ersten Pfarrei privative.
Die Confirmationen hat die erste Pfarrei 2 Jaar nacheinander, und die Caplanei das 3te Jar.
Mit den Leichen aber wechselt es um, wie sie fallen, Kinder oder erwachsene Leichen.
Bei Armen wird das Begräbnis aus dem Hospital bezalt.
Die Taufen in der Kirche sind ganz frei.
Regulativ der Amtsgeschäften pp. zwischen dem ersten Pfarrer und dem zweiten, der auch den Titel als Pfarrer hat, aber an sich im Wesen des ehemaligen Kaplans, oder Pastoris diaconi geblieben.

Da Christ als »Decimator« den Zehnten meist an Ort und Stelle in natura erfassen und einsammeln und dabei aufpassen mußte, daß er von seinen lieben Kronbergern nicht »übers Ohr gehauen« wurde, war er praktisch vom ersten Reifen im Frühjahr und Frühsommer bis zum Spätherbst auf den Beinen, und es gab mancherlei Auseinandersetzungen, deren schriftlicher Niederschlag in Gestalt von Eingaben und Beschwerden sich zum Teil erhalten hat. Da ihm die Kronberger Fluren zunächst ja völlig fremd waren, legte er kleine Kärtchen von den der Pfarrei ganz oder teilweise zehntbaren Flurstücken an, kolorierte und beschriftete diese und vereinigte sie zu einem Bändchen, das er in die Tasche stecken und bei seinen Zehntgängen mitführen konnte. Das im Kronberger Stadtarchiv erhaltene Kartenwerkchen enthält die Pläne: »Aekker im Eichen«, »Eichenhaid«, »Kreuzenäkker«, »Klingelwiesenäkker und Viehtrieb«, »Burgerländer hinterm Hain«, »Pfingstgärten, Winkelbach und Gugau«, »Sauwasem Feld«, »Oberes Minnholz«, »Unteres Minnholz«, »Das Bellersheim«, »Der Münch und Kugelberg«, »Das Erbsenstück, der Gillemer und Krembser«, »Der Neueberg«, »Baumfreie Äkker im Geiersberg«, »Die XI Morgen« und »Der obere Geiersberg«. Jedes oft nur »handtuchschmale« Acker- oder Wiesenstück ist mit dem Namen des Eigentümers oder Pächters versehen. Hier kam Christ zugute, was er in den »Nebenstunden« seiner jungen Jahre getrieben und gelernt hatte.

Wer die heutige Kronberger Gemarkungskarte zur Hand nimmt, der sieht, daß der »Decimator« Christ viele Wege gehen oder auf seinem Gäulchen reiten mußte, um zu dem Seinigen zu kommen, denn die einzelnen Flurstücke liegen weit zerstreut in so ziemlich allen Himmelsrichtungen.

Die Bezüge des zweiten Pfarrers, Bleichenbachs, erscheinen auf den ersten Blick etwas günstiger, denn er erhielt mehr bares Geld und brauchte den Zehnten nicht nachzulaufen, was ihm als geborenem Kronberger leichter gefallen wäre als Christ, doch auch sie bleiben bescheiden. Hier sind sie:

Besoldung der zweiten Pfarrei

A. An Geld.

		Gulden	Kreuzer
1. aus der Kirche		45	54
2. an Legatengeld wegen Eschborn		5	
wegen Sindlingen		1	
3. von den Reinhardischen Legaten für die Opferpfennige		35	
4. Zulage von 1786		50	
	aus der Präsenz	136	54
5. Wieder Zulage von 1808 aus der Präsenz		50	
		186	

B. an Früchten.

Aus der Präsenz in Frankfurter Maas an Korn	31 Malter

C. an Feldgütern.

Eine Wiese, onfern des Sauerborns, so zendbar, soll halten	2 Morgen	
Ein Baumstück im Nachtschatten, auch zendbar	1 Morgen	
Zwei der hiesigen Präsenz zendbare Acker, Burgerländer	1½ Morgen	
Einen zendfreien mit Bäumen besetzten Grasgarten am Pfingstborn	1 Vtl.	
Ein Kestenstük am Eichborn	1 Vtl.	
Nb. Die Wies hat järlich in die Präsenz Zinß zu entrichten	2 Gulden	24 Kreuzer
Ein Gärtchen von einigen Ruthen bei der Kirch		

D. an Holz.

12 Klafter Buchenholz aus der Mark; da aber solche zugetan, so wird aus der Kirche 6 Klafter zalt.

E. an ständigen Accidenzien.

bei Abhör der Präsenz und Hospitalrechnung	2 Gulden

F. an unständigen Accidenzien.

Von einer Kindsleich	1 Gulden	
Von eines confirmierten u. Erwachsenen	1 Gulden	30 Kreuzer
Wechselt ab mit der erstern Pfarrei.		
Das dritte Jar die Confirmation der Kinder, vom Kind		30 Kreuzer
Zur zweiten Pfarrei ist nun seit 1786 gekommen das quasi filial Falkenstein, davon erhält dieselbe von der Nassauischen Herrschaft an Besoldung	30 Gulden	
Järl. Ertrag	391 Gulden	24 Kreuzer

Nach Äußerungen Bleichenbachs hätte Christ diese zusätzlichen 30 Falkensteiner Gulden gern für sich gehabt. Nachdem droben der Versuch gescheitert war, die Kirche simultan, also für beide Konfessionen zugänglich, zu machen, mußten die Falkensteiner zum Gottesdienst nach Kronberg kommen. Ärger bekam Bleichenbach, wie wir noch hören werden, als er für Falkensteiner Ohren bestimmte nassauische Verordnungen von der Kronberger Kanzel ablas.

Doch die lutherische Kirche Kronbergs beschränkte sich ja nicht auf die beiden Pfarrer. Es gehörte noch mehr dazu, vor allem der Cantor und erste Schulmeister und der zweite oder Mädchenschulmeister. Der Cantor erhielt an Geld 116 Gulden, an Früchten: als Schulmeister 8 Malter, »für Information in der Musik« 3 Malter, »für die erste Vocalstimm« 1 Malter und als Organist 11 Malter, insgesamt also 23 Malter Korn. Als Accidenzien bekam er von einer Hochzeit wie von einer Leiche je 20 Kreuzer, und wenn die Orgel verlangt wurde, waren es jeweils 10 Kreuzer mehr. Für die Heizung der Schulstube hatten die Kinder bisher täglich Holzscheiter mitbringen müssen. Das änderte man nun: von jedem Kind wurden 30 Kreuzer erhoben und von dem so gesammelten Geld 4 Klafter Buchenholz von der Präsenz erkauft.

Der Glöckner brachte es insgesamt auf 16 Gulden 48 Kreuzer, wovon ihm 2 Gulden 42 Kreuzer für das Stellen der Uhr am Kirchturm zukamen. Das Bereiten des Taufsteins für eine Taufe wurde mit 12 Kreuzern honoriert. Für das Läuten zu Hochzeit oder Begräbnis erhielt er 30 Kreuzer. Verschiedene kleine Entgelte, wie der »Glockenschilling«, kamen noch hinzu.

Die »Calcanten«, also die Bälgetreter der Orgel, bekamen je 5 Gulden 24 Kreuzer, für eine Hochzeit und eine Leiche je 10 Kreuzer extra. Der Klingelbeutelträger erhielt im Jahr 2 Gulden. Die Kirchenmusiker, vier an der Zahl, erhielten jeder 1 Malter Korn aus der Präsenz, dazu auf Johanni zu einer Mahlzeit aus der Präsenz und dem Hospital je 1 Gulden und 30 Kreuzer. Zum Kauf neuer Saiten für ihre Instrumente waren 1 Gulden 30 Kreuzer aus dem Almosenkasten bestimmt.

Bleiben zum Schluß noch zwei gewichtige Männer, die ebenso wie die Pfarrer und die Schulmeister von der lutherischen Gemeinde vorgeschlagen, aber von der katholischen Mainzer Regierung bestätigt und ernannt wurden, der Präsenzmeister und der Hospitalmeister. Die Präsenz, das Kirchenvermögen, bestand zum einen aus Kapitalien, die, meist zu 5%, ausgeliehen wurden, und aus Grundstücken, die gegen einen Grundzins oder gegen Naturallieferungen verpachtet waren. Der Präsenzmeister, der ebenso wie der Kollege vom Hospital nebenher einen bürgerlichen Beruf ausübte, erhielt an barem Geld 68 Gulden 31 Kreuzer, dazu 12 Malter Korn und 6 Klafter Holz. Außerdem hatte er die Nutzung zweier Wiesen und den großen und kleinen Zehnten im Thalerfeld und zur Hälfte in der Winkelbach. Das Hospital, eine ritterschaftliche Stiftung aus dem frühen 17. Jahrhundert, in der vorwiegend Pfründnerinnen, arme Witwen, untergebracht wurden, unterstand dem Hospitalmeister, der 31 Gulden und 30 Kreuzer bekam, »wobei vor die Kranken zu warten 1 Gulden 30 Kreuzer«. Dazu hatte er je 2 Malter Mehl und Korn und das notwendige Holz. Für die »Passanten«, die auf Stroh gelegt wurden, konnte er zwei Fuder verrechnen, »für Zerung auf die hohe Festtag jedesmal 35 Kreuzer für Weck und Wein thls. 1 Gulden 45 Kreuzer und 10 Pfund Fleisch von den Armenspeisen (für die Arme jedesmal 7 Gulden 11 Kreuzer)«.

Und wie wohnten die beiden Pfarrer? Im Kirchenarchiv gibt es als Antwort auf diese Frage zwei interessante Dokumente. Das eine, nicht datierte ist das Konzept eines Briefes an das Amt, von Bleichenbach geschrieben, von ihm und Christ unterzeichnet. Darin wird darauf hingewiesen, daß beide geistliche Herren Anspruch auf anständige und geräumige Wohnungen haben, daß ihr Antrag auf Kauf eines zweiten Pfarrhauses aber am Widerspruch zweier Ratsmitglieder zu scheitern droht. Christ hat sich den Nicolaus Fuchs samt seinem Bruder Franz durch einen Zehntenstreit zum Feinde gemacht, Bleichenbach den Andreas Zubrod durch eine Schulsache. Das muß noch 1786 gewesen sein. Die ganze Pfarrhaus-Misere spiegelt sich im zweiten Dokument aus dem August 1791. Diese Eingabe an das Amt, von den beiden Pfarrern, den evangelischen Angehörigen des Rats und Gerichts und den Mitgliedern des Kirchenrats unterzeichnet, ist so aufschlußreich, daß wir sie wörtlich wiedergeben wollen:

Kurfürstlich Hochlöbliches Amt!

Seit ohngefehr 50 Jahren entstund die Klage beider evangel. Geistlichen über ihre allzu eingeschrenkte Wohnungen. Vor diesen Jahren hatte die Gemeinde zwei Pfarrhäuser und der erste Geistliche hatte die iezzige gemeinschaftliche Wohnung allein; der zweite aber wohnte in dem Haus, das iezt der Burger Paul Breiter besitzt. Da dieses baufällig wurde, und eine Reparation die damalige sehr geringe Kirchengüter nicht verstatteten, so wurde die zweite Pfarrwonung veräußert. Einige Zeit hatten verschiedene Kaplane ihre eigenthümliche Behausungen; da aber verschiedene Ausländer sodann berufen worden, die keine Wohnung zu kaufen und nicht wohl Hauszinß zu geben vermögend waren, so suchte man ihnen in einem Theil der ersten Pfarrwohnung zu ihrer Unterkunft einige kleine Stuben mit einem geringen Theil von der Scheuer zur Stallung anzuweisen.

Beide Geistliche wurden nun durch eine solche Abänderung außerordentlich eingeschränkt. Der erste verlor nebst dem halben ohnedem kleinen Hof auch einen Theil von der Scheuer, welcher Verlust ihme um so nachtheiliger ist, da ihme zu seiner Besoldung der Zehnden angewiesen. Er muß daher in den meisten Jahren außerhalb noch eine Scheuer zinßen, und mit vielem Schaden und Kosten seine Früchte und Stroh hinlegen. In der Wohnung selbsten ist er bei 3 kleinen Stuben und einer einzigen Kammer so eingeschränkt, daß er wider allen Wohlstand erwachsene Kinder und Gesinde in einer und eben derselben Kammer muß schlafen lassen, und bei einer starken Familie sie darin gar nicht unterzubringen weiß.

Der zweite Pfarrer bekam an seinem Theil kaum mehr Raum als er für seine einzelne Person nöthig hatte; noch dringender ist die Noth für einen Verheuratheten, da gegenwärtiger nicht vermögend für seine 2 kleine Kinder auch nur 2 Wiegen unterzubringen, sondern muß dem einen an jedem Abend sein Bett auf Stülen zubereiten lassen. — Die Nothwendigkeit war im Haus nicht anzubringen, sondern er muß mit den Seinigen auch zur Nachtzeit in Wind und Wetter in den Hof gehen. — Der geringe Keller, der unter seinem Theil des Hauses angebracht ist, verstattet ihme nicht, den bisweiligen Segen des Obstes darin unterzubringen, sondern muß solches auf dem Feld verkaufen, wenn er solches nicht in einer Kammer, die ihme noch dazu mangelt, will verfrieren und verderben lassen. — Die Stallung ist ein einziger finsterer Verschlag, darin das Vieh fast kein Tageslicht erblikt, und wenn er darin ein Schwein mästen will, so muß er den ausgeschlagenen auf dem Speicher befindlichen Stall in dem finstern Kuhstall aufschlagen. Das grüne Futter muß auf einer Leiter auf das kleine Heubödchen über dem Stall mit vieler Mühe und Gefar gebracht und wieder von da bei iedesmaligem Füttern heruntergetragen werden.

Was aber der Geistlichen Klage über ihre eingeschränkte Wohnungen noch mehr rechtfertigt, ist der Mangel eines Plazes zum Brennholz, um solches unterzubringen. Der erste muß es an der Kirche im Wetter sizzen lassen und leidet durch nächtlichen Diebstal nicht wenig. Der zweite gebraucht dazu seinen Speicher und muß sich mit der Gefar mit der Nachbarschaft ausgesezt sehen, daß, wenn ein Feuer entstehen sollte, alles ohne Rettung verloren gehe. Aber eben dadurch verliert derselbe diesen so nötigen Aufbehalt für seine Früchte, und muß mehr bei seinen Anverwandten wohnen.

Es wird nicht nöthig sein, Einem Hochlöblichen Amt unsere Noth weiter vorzustellen, da dasselbe schon hinlänglich davon wird unterrichtet sein, und die Nothwendigkeit einsehen, wie gut es wäre, wenn der erste Pfarrer wieder in seinen vorigen Besiz des ganzen Hauses und Hofrait durch Ankaufung einer dienlichen Wonung für die zweite Pfarrei gebracht würde.

Unsere Kirchengüter werden iezt so viel leichter die Ausgabe bestreiten können, als ehemals eine Reparation. In ienen Zeiten betrug sie 6000 Gulden, iezt aber ist der Kapitalstock über 17000 Gulden schon angewachsen und steigt iärlich, auch bei beträchtlichen außerordentlichen Ausgaben, die seit wenigen Jahren zu bestreiten waren. Und da der Hospital im gleichen Verhältnis zunimmt und schon iezt über 10000 Gulden besizt, so könnte er als ein Miteigenthum der Gemeinde ohne Nachtheil die Hälfte zu einem solchen Ankauf erstatten.

Da bisher Ein Hochlöbliches Amt so viele Beweise einer gütigen Fürsorge für das Wohl unserer Gemeinde gegeben hat, so bitten gehorsamst wir Kirchenvorsteher und evangel. Mitglieder eines Gerichts und Raths Namens der ganzen Gemeine, dasselbe wolle einen solchen Ankauf aus den Kirchen und Hospitalgefällen nicht allein begünstigen sondern sich auch mit uns bei Hochpreisl. Landesregierung um gnädige Genemigung unserer Bitte geneigtest verwenden, die wir in vollkommener Hochachtung verharren

Eines Hochlöblichen Amtes

des Gerichts u. Raths	Gehorsamste Glieder des evangel.
Andreas Henrich	Kirchenraths, Gerichts und Raths,
Reymundt Weydtmann	Namens der evangel. Gemeinde
Joh. Phillipps Weidmann	Christ, Erster Pfarrer
Johann Jacob Bleichenbach	Bleichenbach, Zweiter Pfarrer
	Jos. Remy Kuntz
	Joh. Zubrod
	Caspar Anthes
	Philipp Vogt
	Joh. Adam Bleichenbach

Amtskeller Brückner verlangte auf Grund dieses Antrags einen Beweis dafür, daß die lutherische Gemeinde früher tatsächlich zwei Pfarrhäuser besessen hatte, und man verwies auf den Kaufbrief des Paul Breitert. Weiter forderte er eine zehnjährige Übersicht über die Einnahmen und Ausgaben von Präsenz und Hospital und erhielt sie. Schließlich wollte er noch wissen, »auf welche schickliche Weise und binnen welcher Zeit das von beiden Stiftungen zum Ankauf und Einrichtung des neuen Pfarrhauses herausschießende nahmhafte Kapital allenfalls wieder zu ersparen und die Stiftungen in ihren jetzigen Stand herzustellen sein mögten«. Die Antragsteller betonten, daß das zweite Pfarrhaus allein aus dem Überschuß bezahlt werden könnte: »Wollte man nur den Ankauf und Einrichtung eines neuen Pfarrhauses auf 2000 Gulden nehmen, so könnten beide Stiftungen in einem Jahr die Ausgabe ersetzen und der Kapitalstock bliebe unveränderlich.«

Brückner hat den Antrag sicher befürwortet. Diesmal lag die Sache anders als bei seinem Vorgänger Streun. 1777 hatte nämlich die günstige Gelegenheit bestanden, den Garten des Kaplans Diel, direkt neben dem Pfarrhaus gelegen, neun Ruthen groß, zu erwerben. Die Absicht des Kirchenconvents hatte aber den Widerspruch der Gemeinde geweckt: die war der Meinung, der Garten solle nicht aus der Präsenzkasse, sondern aus dem privaten Geldbeutel der Pfarrer bezahlt werden. So hatte Mainz ablehnend reagiert, was ihm nicht zu verübeln war. Daß das zweite Pfarrhaus dann doch nicht gekauft oder gebaut wurde, lag wohl vor allem an den bald beginnenden kriegerischen Ereignissen, über die noch zu berichten sein wird, den Revolutionskriegen.

Im Hinblick auf die Situation von 1786 aber wird man sagen müssen: wieviel an Ärger, Streit und Nervenkraft wäre den beiden Pfarrern erspart geblieben, wenn man damals gleich gehandelt hätte. Doch ohne die Engstirnigkeit zweier Ratsmitglieder gab es dann noch ein unvorherzusehendes Ereignis: Der »rote Hahn« mischte sich ein. Am 24. Oktober 1786 entstand abends gegen halb acht Uhr ein Brand in der Hospitalscheune und würde, wie Brückner berichtete, »in Hinsicht der daselbst befindlichen vielen alten hölzernen Gebäuden und des Abgangs von Wasser in dortiger Gegend ohne Zweifel von sehr üblen Folgen gewesen seyn, wenn nicht zum Glück eine gänzliche Windstille geherrscht und man nicht dieses mit Stroh, Heu und Laub angefüllte Gebäude alsbalden zusammengerissen hätte, sofort dadurch dem weiteren Umgreifen der Flammen zuvorgekommen wäre«.

Die Scheune wurde noch im selben Jahr mit Kosten von 600 Gulden neu aufgebaut, weil man sie dringend brauchte. So wurde der Plan eines zweiten Pfarrhauses zu den Akten gelegt, und 1791 geschah dasselbe noch einmal. Die beiden Pfarrer blieben weiter in einem engen Haus zusammengesperrt.

Oberpfarrer und Kaplan, Kirchenconvent und Kirchenprotokoll, die Schule

Im Kirchenprotokollbuch folgt auf die Zusammenstellung der »Ersteren Pfarrbesoldung« eine Seite, auf der nur eine Überschrift steht: »Regulativ der Amtsgeschäften pp. zwischen dem ersten Pfarrer und dem zweiten, der auch den Titel des Pfarrers hat, aber an sich im Wesen des ehemaligen Kaplans, oder Pastoris diaconi geblieben.« — Da hatte Christ also eine Abgrenzung vornehmen wollen, wie sie in der Tat der Kronberger Tradition seither entsprochen hatte und wie er sie fortzuführen gedachte.

Den Titel »Oberpfarrer« hatte es in der Stadt freilich bisher nicht gegeben, nur den Pfarrherrn und den Diakon als dessen Helfer. Hat Christ den ungewöhnlichen Titel »Oberpfarrer« etwa selbst erfunden? Die Tatsache, daß er ihn gleich bei seiner ersten überraschenden Vorstellung im »Schwarzen Adler« gebraucht hatte, läßt jedoch auch vermuten, daß er ihm vom Kurfürsten eingeräumt worden war. Bleichenbach erhielt dann nach dem Muster der Hanauer Kirche den Titel »Zweiter Pfarrer« als »Trostpflästerchen«. Es ist ja nicht zu bezweifeln, daß Johann Balthasar Bleichenbach der »Erste« hatte werden wollen und sollen. Darauf glaubte er wohl auch als geborener Kronberger aus einer der ersten Bürgerfamilien der Stadt einen Anspruch zu haben. Am 7. Oktober 1755 geboren, mithin 16 Jahre jünger als Christ, war er der Sohn des wohlhabenden Schlossers und Kirchenseniors Johann Nikolaus Bleichenbach, der nun 64 Jahre zählte. Er residierte im Tal. Der zweite Bleichenbach, Johann Adam, der Wirt im »Adler«, war mit ihm verwandt und desgleichen der dritte, Johann Jakob Bleichenbach, der das Spitalmeister-Amt inne hatte. Und endlich gab es noch Johann Balthasar Bleichenbachs Bruder, Johann Philipp, Schlosser wie der Vater, 40 Jahre alt. Und da sollte es nicht gelingen, den Johann Balthasar ins erste geistliche Amt der Stadt zu bringen! Noch dazu hatte Vater Johann Nikolaus an der Ausbildung des zum Stadtpfarrer bestimmten Sohnes nicht gespart. Johann Balthasar hatte fast neun Jahre das Idsteiner Gymnasium besucht, dann zwei Jahre die Universität Halle und ein halbes Jahr die Universität Göttingen. In Göttingen hatte er am 28. Februar 1779 in der St. Nikolai-Kirche seine erste Predigt gehalten und am 16. April des gleichen Jahres zum ersten Mal auf der Kanzel der Kronberger Stadtkirche gestanden. Als Kandidat der Theologie hatte er dann drei Jahre an der Hanauer Hohen Landesschule griechischen Unterricht gegeben. Endlich war er drei weitere Jahre Hauslehrer beim Amtmann Usener in Bergen gewesen. 1789, als zweiter Pfarrer, heiratete er dann Antoinette Katharina Elisabetha von Röthen aus Hanau, und sie schenkte ihm in den Kronberger Jahren 8 Kinder, vier Buben und vier Mädchen. Wo die alle in der Enge des geteilten Pfarrhauses Platz fanden, bleibt ein Rätsel, zumal ja, wie es in der zitierten Eingabe heißt, schon für zwei Wiegen kein Raum vorhanden war.

Man kann sich leicht vorstellen, wie sehr es den Johann Nikolaus Bleichenbach wurmte, als sein schöner Plan von den Mainzern durchkreuzt wurde und an die Stelle seines Sohnes dieser »hergelaufene« Pfarrer Christ aus Rodheim kam und daß noch dazu die nun beginnende Zusammenarbeit ganz im Zeichen der Rivalität stand. Der eine fühlte sich als der von der Mainzer Regierung bestätigte Herr im Haus der Kronberger Kirche, der andere pochte auf Gleichberechtigung und Kollegialität. Das konnte auf die Dauer nicht gut gehen! Hinzu kam, daß der Kirchenconvent alsbald auf die Linie des zweiten Pfarrers einschwenkte. Dieser setzte sich aus beiden Pfarrern, dem Johann Adam und dem Johann Nikolaus Bleichenbach, dem Schuhmacher Johann Jakob Koch und dem Joseph Remigius Kunz zusammen. Remy Kunz, wie ihn die Kronberger nannten, war nach der Christ'schen Liste Bäcker von Beruf, übte aber schon mit 56 Jahren diesen Beruf nicht mehr aus. Nach Christ stand er gut. Da er einmal auf dem Felde ist, hatte er auch Landwirtschaft. Jedenfalls war er, wie wir noch sehen werden, ein Mann, der seinen eigenen Kopf hatte, sehr zum Ärger der beiden nichtgeistlichen Bleichenbachs und auch wohl des Jakob Koch. Der Schuster Koch, 73 Jahre alt, stand als »alter Kämpe« aus der Zeit des Kirchenstreits in besonderem

Ansehen. Er war mit in Regensburg beim Immerwährenden Reichstag und bei dem Corpus Evangelicorum gewesen. Die Planung der Bleichenbachs war einfach: die Mainzer hatten Christ gegen den Willen des Kirchenconvents nach Kronberg gebracht. Ihre, der Kirchensenioren, Aufgabe mußte es nun sein, diesem unerwünschten Eindringling das Leben so sauer zu machen, daß er die Stadt schleunigst wieder verließ. Man hatte diese Methode schon einmal praktiziert: als Mainz ihnen den jungen Idsteiner Georg Michael Cullmann als Cantor und »Knabenpräzeptor« verordnete, da sie doch einen Darmstädter Theologen haben wollten, hatten sie Cullmann mit nicht gerade feinen Mitteln hinausgeekelt, obwohl er sogar eine Kronbergerin zur Frau genommen hatte. Als selbstverständlich nahmen die Bleichenbachs und Koch an, daß Remy Kunz ihr Spiel mitmachen würde. Darin sollten sie sich freilich irren, so wie sie sich in Christ irrten: der war aus härterem Holz geschnitzt als der junge Idsteiner, der später sein bescheidenes Glück in Weilburg fand.

Zunächst beschäftigte man sich mit einer neuen Kirchen- und Schulordnung, die wir vollständig wiedergeben, einmal weil sie einen interessanten Einblick in die Kronberger Kirchen- und Schulgeschichte gewährt, zum andern weil sich in ihr das lutherische Kirchenwesen des ausgehenden 18. Jahrhunderts überhaupt widerspiegelt. Gerade in dieser zweiten Hinsicht dürfte es keine allzu großen Unterschiede zwischen dem kleinen Kronberg und größeren deutschen Städten gegeben haben. Das erste, zweiteilige Konzept: »Mißbräuche beim Gottesdienst« und »Schulordnung« stammt wohl von Bleichenbach, die zweite, umfangreichere Fassung im Kirchenprotokollbuch zeigt nicht nur Christs Handschrift, man hat auch den Eindruck, daß neben Älterem, Kronbergischem darin der Geist der spezifisch Tübingischen Orthodoxie sich manifestiert, die den jungen Christ als Student geprägt hat. Hier ist sie:

Misericord. 1786 ist folgende vom Kirchenrath beschlossene und dem churfürstlichen Amt bestätigte Kirchen und Schulordnung von der Kanzel abgelesen worden.

Da eine Zeither so wol bei unsrem Gottesdienst verschiedene Mißbräuche und Unordnung eingeschlichen sind, als auch in Ansehung des Schulwesens und Schulgehens zum Besten der Gemeind und Aufname unseres Kirchenwesens in besserer Ordnung eingeführt werden solle, so werden unter churfürstlicher Amtsbestätigung den Xten Januar folgende Punkten bekannt gemacht und nachdrucksamst anbefolen:

1. Soll sich künftig niemand auf der Orgel einfinden, der nicht dahin gehöret, in der Kirche aber ein jeder seinen ordentlichen Stand einnehmen und behalten. Keiner auf den Stiegen und unter dem Glockenthurn sich unnöthiger Dingen aufhalten, oder wärendem Gottesdienst allda stehen bleiben. Auch niemand durch Schwätzen und Plaudern oder sonstiges ungeziemendes Betragen, besonders auf der Knechtbühne, einige Störung oder Ärgernis verursachen, bei unausbleiblicher Strafe jeder Übertretung von 8 Kr. Und zwar so werden die dawiderhandelnde Personen sogleich in ein Verzeichnis gebracht u. alle Woche dem churfürstlichen Amt übergeben, so fort aber die bestimmte Strafe alsogleich ohne Nachsicht herausgetrieben werden. U. damit niemand einige Ausflucht und Entschuldigung machen könne, so sollen die Kirchenstände ordentlich numeriert werden, damit ein jedes wisse, wo es seinen Stand einzunehmen habe, ohne dabei diejenige zu beeinträchtigen, welche auf einen gewissen Stand ein besonderes Recht bereits besitzen.
Auch sollen die Söhne, welche confirmiert sind, 2 Jahre lang nach der Confirmation in das Chor gehn, und nicht eher auf der Knechtbühne stehn. Auch daselbst nach ihrem Alter untereinander stehn.
2. Was die Kinderlehren betrifft, welche heute über 8 Tag ihren Anfang wieder nehmen, so haben sich bei denselben so wol die Bursche als Mädchen bis nach erreichtem 18. Jahr einzufinden, ansonsten eine

jede Katechisationsversäumnis mit 6 Kr. unausbleiblicher Straf angesehen werden sollen. Diejenige aber, welche eine gegründete Ursach haben, auszubleiben, sollen solches bei den Geistlichen anzeigen und melden, und zwar die Mädchen bei dem ersten, die Knaben und Bursche aber bei dem zweiten HE. Pfarrer.

3. Es ist in Ansehung der Schule diese Ordnung vestgesetzt, daß diejenige, welche lesen können, es seyn Söhne oder Töchter, zum ersten Schullehrer, dem HE. Cantor, die andern Kinder aber bei dem zweiten Schullehrer zum Unterricht gehören. Diese jüngern Kind kommen des Morgens eine Stund später in die Schule und werden nachmittags um 2 Uhr wieder entlassen.

Jede muthwillige Schulversäumnis wird ohne Nachsicht mit 4 Kreuzer bestraft, und wird desfalls von den Schullehrern ein genaues Verzeichnis der Fehlenden gehalten und alle 4 Wochen dem Kirchenrath vorgelegt, sodann dem churfürstlichen Amt übergeben.

Die Ältern derjenigen Kinder, welche inzuweilen unumgänglich nöthig aus der Schul bleiben müßen, haben solches mit Vermeldung der Ursache ihres Wegbleibens dem Schullehrer anzuzeigen, ansonsten sie in das Register der Schulversäumnisse eingetragen werden müßen.

Auch wird das Essen in der Schule untersagt.

Ferner bringt in Zukunft kein Kind mehr das sonst gewönliche Schulholz, sondern dafür wird von jedem Kind, wie die Winterschule angeht, 30 Kreuzer Holzgeld bezalt, damit das benöthigte Holz zur Schulstube könne angeschafft und besorgt werden.

Den Monat October wird keine Schule gehalten, um sowol den Kindern eine Erholung zu gönnen, als auch solche den Ältern zu ihren Herbstgeschäften zu belassen.

Wenn Kinder das 6. Jahr zurückgelegt haben, müßen solche von den Ältern in die Schule geschickt werden.

Wie nun alles dieses blos zum Besten der Gemeine, zur Erhaltung einer guten, schönen, Gott und Menschen wolgefälligen Ordnung und Erbauung, sowie auch zum fruchtbaren Unterricht der Jugend und Wachsthum in der Erkentniß zur Seligkeit und andern ihnen auch im Zeitlichen nöthigen und dienlichen Wissenschaft abgezweckt ist, so werden auch rechtschaffene christliche Ältern dieser Verordnung gemäß sich von selbst bezeigen und es zu keiner Strafe, an welcher man gewißlich kein Gefallen hat, kommen lassen, sondern ihre Pflichten bedenken, welche ihnen als Christen und gehorsamen Gliedern der Kirche obliegen und so dann auch als christlichen Ältern, die bei dem Segen, den ihnen Gott an ihren Kindern geschenkt, sich stets erinnern, welch eine Rechenschaft der Hochheilige und rechter Vatter über alles, was Kind heißt im Himmel und auf Erden, von ihnen fodern wird, ob sie solche auch in der Zucht und Vermanung zum Herrn auferzogen, sie fleißig zur Kirche und Schule und zum Unterricht in den Lehren ihres ewigen Heils angehalten, das ja ihr einziger Trost ist im Leben, Leid und Sterben und daß sie ihren Kindern nichts Besseres und keinen bleibenderen Segen hinterlassen können als die in sie gepflanzte seligmachende Erkentnis Gottes und ihres Erzhirten Jesus Christus.

Der Hochheilige begleite mit seinem göttlichen Segen das Lehren in Kirche und Schule zu seinem Preis und Verherrlichung seines Namens.

Allgemeine Schulgesetze

worauf künftig die hiesigen Schullehrer zu halten, und welche alle 4 Wochen von den Schülern nach dem Gebet in den Schulen abgelesen werden sollen.

I. Gesetze beim Hingang zur Schule

1. Ein jeder Schüler oder Schülerin muß ohne wichtige Verhinderung **nicht ein einzigesmal** die Schule versäumen, weil eine jede Versäumnis ihm **gewiß** schadet, deswegen auch auf einer jeder muthwilliger Schulversäumnis 4 Kreuzer Strafe gesetzt sind. Sollte aber ein Kind einmal unumgänglich nöthig versäumen müßen, so solle es die Ursach seinem Lehrer anzeigen.

2. Ein Schüler muß dafür sorgen, daß er jedesmal **zur rechten Zeit** auf der Schule sei und bei anscheinender Verspätung die Ältern oder Vorgesetzten bitten, daß sie ihm forthelfen.

3. Er muß keine von denen auf der Schule nöthigen Erfordernissen, als Bücher, Papier, Federn, vergessen, sondern allemal mitbringen.

4. Ein jedes Kind muß an seinem Leibe reinlich, in seinem Anzug ordentlich, Gesicht und Hände müssen gewaschen, die Haare der Knaben ordentlich ausgekämmt oder eingerichtet, auch die Nägel an

den Fingern beschnitten sein. — Der Kopf muß rein gehalten werden, und ein Schüler seine Ältern öfters daran erinnern.

5. Bei dem Hergang zur Schule, sowol als beim Nachhausegehen, ja allezeit muß ein Kind ordentlich, sittsam und still **über die Gassen** gehen; es muß gegen einen jeden aus liebreichem Herzen die Pflichten der Höflichkeit und des Wolstandes auf alle Weise bezeigen.

> Das sind ungesittete, schlecht erzogene und schamlose Kinder, die auf der öffentlichen Straße lermen oder Unanständigkeiten begehen und so manche honette Leute ärgern und betrüben! — Das heißen grobe, unartige Kinder, welche erwachsene, alte, besonders fremde Personen nicht grüßen und den Hut oder die Kappe nicht abziehen. Auch solle alles unanständige Pfeifen auf der Gaße, alles Rufen und Lärmen jederzeit des Tages, zumal Abends oder früh Morgens, da viele Leute noch schlafen, nachdrücklichst verboten seyn.

II. Bei der Einkunft in die Schule

6. Wer schon vor der bestimmten Zeit auf der Schule ist, muß sich aller Unruhe auf derselben gänzlich enthalten; muß sich still an seinen Ort setzen, überdenken warum er hier ist? und sich schon auf seine Lektion vorbereiten.

7. Er muß bei seiner Einkunft in die Schule seinen Lehrer und dann auch seine Mitschüler aufs anständigste und freundlichste begrüßen.

> Wie schändlich, wenn ein Schüler keine Liebe und Hochachtung für seinen treuen Lehrer hätte!

8. Er muß seinen Platz still und ruhig einnehmen, und wenn andere denselben schon eingenommen hätten, solche mit Bescheidenheit und Freundlichkeit ersuchen, ihn zu öffnen.

9. Sollte aber ein Mitschüler so unhöflich sein und nicht weichen wollen, so muß der ankommende um der Liebe und des Friedens willen lieber gerne so lang untersitzen, bis der Lehrer es sieht, oder er Gelegenheit habe, ihm solches bescheiden zu sagen, der ihm dann zuverlässig zu seinem Recht helfen wird.

III. Bei dem Gebät und Lesen der H. Schrift

10. Käme ein Kind erst unter dem Gebät in die Schule, so muß es alsdann nicht — wie unter dem Gesang und Lesen doch geschehen mag — auf seinen Platz gehen, sondern bis zur Endigung des Gebäts bei der Thür stehen bleiben, damit keine Störung in der Andacht geschehe.

11. Unter dem **Gebät und Lesen der H. Schrift** oder anderer erbaulicher Stücke muß es **die allertiefste Stille, die allerinnigste Andacht und Ehrerbietung gegen Gott und alles Gute bezeigen.**

> Welch beklagenswürdige Kinder sind das, die keine Ehrerbietung gegen Gott, und alle gottesdienstliche Pflichten zeigen; denen es nicht um die Gewogenheit und Freundschaft mit Gott zu thun ist! Wie unglücklich ohne Liebe zu Gott, ohne seine Huld und Gunst in der Welt herum zu gehen! — Was will ein solcher Mensch doch für Segen, für Gutes hoffen? —

12. Unter dem Gebät zeugt das **Herumsehen** von weniger Ehrerbietung gegen Gott, von weniger Andacht des Herzens; daher muß solches ganz vermieden werden.

13. Wenn ein Kind zum **Vorlesen** aufgefordert wird, muß es nie anders als mit **lauter vernehmlicher Stimme,** und dabei so **natürlich** und **angenehm** lesen, als nur möglich ist, bei jedem Unterscheidungszeichen etwas absetzen, bei einem Punkt aber und beim Schluß eines Verses oder Periode die Stimme fallen lassen, bei Fragen aber die Stimme erheben. Besonders muß es sich im Lesen an keine unangenehmen Töne gewöhnen, und in einer Zeile nicht bald hoch bald niedrig reden.

IV. Bei dem Singen.

14. Bei dem Singen kommt es mehr darauf an, wie **richtig,** wie **angenehm** u. **harmonisch** als wie **hart** man singe. Alles übermäßige Schreien und Rufen beleidigt das Gehör und ist der Gesundheit gefährlich.

15. Nie muß man im Singen die letzte Silbe oder Ton zu lang anziehen, denn das kommt nur dem **Vorsänger** zu; eben also ists auch mit dem zu frühen Voraussingen — und nie muß man durch Falschsingen andere von der Melodie bringen. Wenn man daher die Melodie nicht auswendig kann, so folgt man denen sanft nach, die sie schon können.

V. Bei dem Rechnen.

16. Aller Betrug, da man dem andern das facit aus seiner Rechentafel stiehlt, und unter seine unrichtige Ausarbeitung schreibt, ist höchst nachtheilig und also durchaus verboten.

17. Nie muß ein Rechenschüler den Unterricht bei einem Mitschüler nehmen, wenn er solchen bei dem Lehrer selbst bekommen kann. Im Fall dieser aber zu stark mit Rechentafeln überhäuft ist, wird er dem Lernenden einen **solchen** Mitschüler anweisen, der ihm für diesmal am besten helfen kann.

VI. In der Schreibstunde

18. Alle Schreibregeln: anständige Stellung des Leibes, gute Fassung der Feder, Lage des Papiers, Sauberbehaltung desselben, regelmäßige Lage der Buchstaben müßen aufs sorgfältigste beobachtet werden.

19. Ein jeder Schreibschüler muß, so oft es die Verfassung der Schule erlaubt, seine Schrift zur Beurtheilung und Korrektion dem Lehrer vorzeigen.

20. Alles Steigen oder Gehen über die Tische besonders zur Zeit des Schreibens ist unanständig, hinderlich und verboten.

21. Alles mit Dinte besudeln des Papiers, des Tisches, der Kleider und Hände, wie auch alles träge Liegen mit dem Ellenbogen über dem Tische, Kratzen des Kopfs u. dergl. ist sehr unanständig u. unerlaubt.

VII. Fernere Gesetze auf allerlei Fälle.

22. Alles Essen und Naschen ist auf der Schule nicht erlaubt. Es ist solches da eben so sehr wider den Wolstand, als wenn man in der Kirche essen wollte!

23. Alle **Faulheit**, alles **Schwätzen** und **Plaudern**, alles **Streiten** u. **Zanken**, wodurch nur immer die edle Zeit verderbet und die Ruhe und gute Ordnung gestört wird, kann unmöglich gelitten werden.

24. Alles **unanständige Gelächter** oder **Lachen, wenn andere etwas Böses sprechen oder thun,** ist zumal verboten.

25. Alles, wodurch ein Mitschüler beleidiget, beschädiget und gekränkt werden kann, ist gänzlich verboten.

> U. in dem Fall, wie es einmal aus Versehen geschieht: wie edel, wenn da gleich nach der That um Vergebung gebeten u. der Fehler mit Liebe und Wolthun wieder gut gemacht würde!

26. Alles, was nur die Gesetze der **Zucht** und **Schamhaftigkeit** verletzen kann, ist schändlich und durchaus verboten.

27. Alles **Widersprechen**, aller **Trotz** und **Frechheit**, — alles **wüste, grobe, unbändige** u. **tölpelhafte Wesen**, — alle **verletzlich, verkehrte, unhöfliche Antworten,** wie man gefragt wird, ist höchst ungeziemend, und kann nicht ungestraft bleiben!

28. Alles **Fluchen** u. **Schwören**, aller **Mißbrauch des heiligen Namens** Gottes und Jesu, ist eine große Sünde und ganz und gar verboten.

> Gott wird den nicht ungestraft lassen, der seinen Namen mißbraucht.

29. Alles **Lügen und Betrügen, heimlicher Diebstal, Handlen und Tauschen** wird durchaus nicht gelitten.

> Der Lügner Theil wird seyn in dem Pful, der mit Feuer und Schwefel brennt.

30. Wenn man etwas von andern Kindern **Verlorenes findet,** muß man sich eine **Freude** daraus machen, es ihnen wieder zu geben; weiß man aber die Eigenthümer nicht, so bringt mans zur näheren Ausforschung dem Lehrer.

31. Alles **unnöthige Anbringen** einer jeden **Kleinigkeit**, ist lieblos und unerlaubt.

32. Alles **wissentliche** Verschweigen und Verhelen einer **bösen That anderer** ist sehr sündlich! Darum soll ein Kind solche dem Lehrer — wenigstens auf dessen Befragen — aufrichtig anzeigen.

> Manche Kinder schweigen da, oft aus Gefälligkeit gegen ihre Mitschüler; sie bedenken aber nicht, daß sie alsdann Gott und ihren Lehrer beleidigen! — und schätzen also eines unartigen Kindes Gewogenheit und Freundschaft höher, als die Freundschaft Gottes und ihres Lehrers.

33. Alles **Verhelen** und **Läugnen** einer **eigenen** strafbaren That macht das Übel ärger und vermehret die Strafe. Ein aufrichtiges, redliches Bekäntnis und Reue ist allemal edel, und vermindert gewiß die Strafe um ein Groses.

Aufrichtigkeit ist Gott und Menschen angenehm. Und wer seine Missethat **bekennt** und **läßt**, dem wird sie vergeben werden.

34. Alles **Verhöhnen** und **Verspotten** seiner Mitschüler, denselben böse oder spöttische **Beinamen** geben, ist eine große Sünde, und kann nicht ungestraft bleiben.

35. Wenn etwa bei Gelegenheit eine ehrwürdige Person in die Schule kommt, so müssen alle Kinder dem Beispiel des Lehrers zufolge, ohne Geräusch **aufstehen** und derselben auf eine anständige Art ihre Ehrerbietung bezeigen.

36. Vor oder nach dem Schlußgesang und Gebät wird alles gebrauchte Geräth, Bücher, Rechentafeln, so man etwa nicht mit nach Hause zu nehmen gedenkt in der Stille und ordentlich in die dazu bestimmte Behälter gethan, oder aufgehängt; und es darf **nichts** auf den Tischen liegen bleiben.

Lernet Ordnung, liebet sie:
Ordnung machet leichter Müh.

37. Nach eben der Ordnung, wie die Kinder in der Schule gesessen haben, gehen sie auch nun von dem obersten Platz bis zum untersten von ihrem Lehrer aufs freundlichste Abschied nehmend, still und friedlich nach Hause.

38. Alles unanständige und lärmende Bezeigen auf den Gaßen, alles **Raufen** und **Schlagen**, alles gefärliche oder schädliche **Werfen mit Steinen** muß nachdrucksamst bestraft, und der zugefügte Schaden ersetzet werden.

39. Wer jemanden im Felde, in Gärten, an Bäumen, Gewächsen Schaden thut, heißet ein Erzbösewicht und muß öffentlich gezüchtiget werden. Kein Schüler solle sich gelüsten lassen, jemanden Obst an den Bäumen abzureisen.

40. Es ist ein Zeichen eines unbarmherzigen, bösen Kindes, das irgend ein Thier quälen, martern, unverschuldeter Weise schlagen und beleidigen kann. Sein Schöpfer, der allein dem geringsten Wurm das Leben gegeben, hat ein Mißfallen daran, und wird dadurch beleidiget.

Morgengebät in den Schulen.

Gelobet seyst du, Gott der Macht,
Gelobt sey Deine Treue!
Daß ich nach einer sanften Nacht
Mich dieses Tags erfreue.

Laß Deinen Segen auf mir ruhn,
mich Deiner Wege wallen
und lehre Du mich selber thun
nach Deinem Wolgefallen.

Nimm meines Lebens gnädig wahr;
Auf Dich hofft meine Seele.
Sei mir ein Retter in Gefahr,
Ein Vater, wenn ich fehle.

Gib mir ein Herz voll Zuversicht,
Erfüllt mit Lieb und Ruhe,
Ein weises Herz, das seine Pflicht
Erkennt und willig thue.

Vater Unser

Herr Jesu! führe mich, so lang ich leb auf Erden,
Laß mich nie ohne dich durch mich geführet werden:
Führ ich mich ohne dich, so bin ich bald verführt,
Wo du mich aber führest, thu ich, was mir gebührt.

Drum führ mein Herz und Sinn, durch deinen Geist dahin,
Daß ich mög alles meiden, was mich und dich kann scheiden,
Und ich an deinem Leib ein Gliedmas ewig bleibe.

Auf dich, mein lieber Gott, ich trau,
ich bitte dich . . .

Ich weiß, Herr! daß ich bis jetzund
In deinem Schutz und Bunde stund:
Nichts ändert an mir dein Erbarmen,
Du trägest mich mit Vaters Armen,
Du führst mich auf bestimmter Bahn,
Nach deinem Rathe selig an;
Und nimmst mich nach vollbrachtem Lauf
Verklärt in deine Freuden auf.

Herr! meinen Geist befel ich dir
Mein Gott! mein . . .
Herr! lehr mich thun nach deinem
Wohlgefallen, denn du bist . . .

Der Herr segne uns und behüte uns . . .

Gebät nach der Morgenschule

Mit frohem Herzen danken wir
für die gehörten Lehren Dir!
Du bist der Weisheit Vater! Du
Du führest uns der Wahrheit zu!

Den uns geschenkten Unterricht
Ach, Herr! laß uns vergessen nicht!
O möchte man uns weiser sehn
So oft wir aus der Schule gehn!

Vergilt dem Lehrer seine Müh!
Sein Wort – vergeblich sei es nie!
O pflanz in unsre zarte Brust
An Wahrheit und an Tugend Lust!   *Amen!*

Vater Unser

Ehre sei Gott unserm Vater, unserm Schöpfer und Berather!
Ehre sei dem ew'gen Sohn, auf dem hocherhabenen Thron!
Ihm, der uns mit Blut erkauft und auf seinen Tod getauft.
Ehre sei dem Geist der Kraft! der uns neugebiert und schafft;
Ehre dem dreieinigen Wesen! durch das wir allein genesen.
Gottes Name, der sein Volk erfreut, sei gelobt und benedeit
Hier mit Lallen in der bangen Zeit; dort mit Macht in der frohen Ewigkeit.

Amen.

Gebät vor der Nachmittagsschule.

Von Dir, o Du Allmächtiger! Von Dir kommt Licht und Weisheit her!
Des Leibes Aug und der Verstand sind Gaben Deiner Vaterhand.

Erleucht uns, Gott! durch Unterricht! Gib uns Erkenntnis unsrer Pflicht.

Der Tugend wollen wir uns weihn, laß uns des Lehrers Freude sein!
Kein Tag des Lebens geh vorbei, daß ich nicht weiser, besser sei!

O Jesu, der du alles hörst! als wenn du sichtbar bei uns wärst:
So still, aufmerksam laß uns sein, uns deiner Gegenwart erfreun.

Amen

Vater Unser

Herr Jesu führe mich . . . (und die übrige Gebätlein wie oben bei der
Morgenschule).

Gebät nach der Nachmittagsschule.

Für alle Güte sei gepreist, Gott Vater, Sohn und Heil'ger Geist!
　　　Ihr bin ich zu geringe.
Vernimm den Dank, den Lobgesang,
　　　den ich dir kindlich singe.

Du nahmst dich meiner herzlich an, hast Groses heute an mir getan,
　　　mir mein Gebät gewähret;
Hast väterlich gelehret mich
　　　beschützet und genähret.

Herr, was ich bin, ist dein Geschenk, der Geist, mit dem ich dein gedenk,
　　　ein ruhiges Gemüthe;
Was ich vermag, bis diesen Tag,
　　　ist alles deine Güte.

Sei auch, nach deiner Lieb und Macht, mein Schutz und Schirm in dieser Nacht;
Vergib mir meine Sünden.
Und kommt mein Tod, Herr Zebaoth!
So laß mich Gnade finden.

Amen.

Vater Unser.

Ehre sei Gott, unserm Vater . . . (Siehe hierüber).

– – – – –

Laß mich dein sein und bleiben, du treuer Gott und Herr!
Von dir laß mich nichts treiben, halt mich bei deiner Lehr!
Ach Herr! laß mich nicht wanken: gib mir Beständigkeit;
dafür will ich dir danken in alle Ewigkeit.

– – – – –

Dich, Jesum, im Herzen, dich will ich nicht lassen,
Ich will dich im Glauben recht brünstig umfassen;
Und wenn man mich einstens im Sterben wird fragen:
Hast Jesum im Herzen? – Ja! will ich drauf sagen.

– – – – –

Herr meinen Geist befehl ich dir, mein Gott . . .

– – – – –

Jesu! erhör meine Bitt! Jesu, verschmäh mein Seufzen nicht!
Jesu! meine Hoffnung steht zu dir: O Jesu, Jesu! hilf du mir.

Der Herr segne uns . . .

Jesus in meinem Herzen, Christus in meinem Sinn!
In Gottes Namen geh ich hin.

Gebät vor dem Essen, so die Kinder auch zu lehren.

Aller Augen warten auf dich, Gott! Furcht und Sorgen mach, o Herr, zu Spott.
Du allein schufst Lieb und Leben, du allein must auch die Speise geben.
Vater! deine milde Hand steht offen. Unser Glaube hat auf dich gut hoffen:
Du machst alles, was da lebt, mit Freuden satt. Selig ist! wer dich, den süßen
Geber hat.
Herr Jesu! segne uns und diese deine Gaben! So wird uns alles süß, was wir zu
essen haben.
Sei selber unser Brod! Sei selber unser Wein!
Durchwandle du uns ganz, mach Herz und Leben rein.

Vater Unser

*Ach Herr! Du nährst uns hier täglich von der Erden:
erinner uns, daß wir zur Erden wieder werden.
Bereit uns jeden Tag, mach uns recht froh und frei!
damit einmal der Tod uns nicht erschrecklich sey.*

Amen!

Gebät nach dem Essen

*Wir sprechen, Herr! Den Lobgesang, und danken dir für Speiß und Trank,
    so du auch jetzt gegeben.
Ach, tränk uns auch mit deinem Blut, gib dadurch Glaubensfreud und Mut,
    Sei unserer Seele Leben.
Stärk uns stets, o du Seelenbrod! Zur Himmelsreiß auch in der Noth,
    Ja selbst in letzten Zügen.
Bis wir nach unsrer Tage Zahl, bei deinem großen Abendmal
    uns ewiglich vergnügen.*

Vater Unser

*Ehre sei Gott unserm Vater, unserm Schöpfer und Berather!
Ehre sei dem ewigen Sohn auf dem hocherhabnen Thron!
Ihm der uns mit Blut erkauft, und auf seinen Tod getauft.
Ehre sei dem Geist der Kraft! der uns neu gebiert und schafft.
Ehre dem dreieinigen Wesen, durch das wir allein genesen.
Gottes Name, der sein Volk erfreut, sei gelobt und benedeit.
Hier mit Lallen in der bangen Zeit; dort mit Macht in der frohen Ewigkeit.*

Amen!

Mit der Vorlesung der beiden Ordnungen von der Kanzel herab hätte nun alles in schönster Harmonie sein können. Die Herren Kirchen-Senioren begannen jedoch, dem neuen ersten Pfarrer zu zeigen, wer ihrer Meinung nach das Sagen hatte, und der neue zweite Pfarrer wurde ihr treuer Bundesgenosse und Mithelfer. Gleich mit der ersten Eintragung ins neue Kirchenprotokollbuch vom 8. April 1786 begann der Streit. Punkt 1 bei diesem Convent betraf das Hospital. Man beschloß, »daß Friedrich Beileiders Wittib, welche seit 1782 die halbe Pfründe im Hospital genossen, sich wegen ihrer gottlosen Aufführung dieser Pfründe verlustig gemacht« und sprach besagte halbe Pfründe der Christian Anthes Wittib zu.

Als Punkt 2 wurde beschlossen, »daß jeden Jahres auf den H. Charfreitag, weil ohnedem die Passionspredigt ist, auch zugleich die Beicht soll gehalten werden, weil die Gemeindsglieder ohnedem Samstags wegen Kuchenbacken und anderen Geschäften viel Zerstreuungen haben. Auf Pfingsten und Weihnachten aber bleibt die Beicht wie sonst auf den Samstag«.

Punkt 3 betraf die »Frühcommunion«, ein besonderes Abendmahl vor dem Gottesdienst in der Kirche, die damals ja ungeheizt und daher zur Winterszeit nicht gerade wohltemperiert war: »Soll wegen dem Mißbrauch der Frühcommunionen an Festtägen, da so viele Leute sich dabei einfinden, die in die Kirche gehen und den ganzen Gottesdienst aushalten können, verkündiget werden, daß künftighin nur alte, schwächliche und dergl. Personen sollen angenommen werden und zwar sollen sie sich besonders im Haus des zweiten Pfarrers melden.« Dann folgte ein Zusatz: ». . . auch wird künftig in dessen Behausung zur Gemächlichkeit der alten und kränklichen Leute u. um Winterszeit die Stube warm machen zu können die Communion vor dem Gottesdienst um 8 Uhr Morgens gehalten werden.« — Hinterher kamen Christ dann doch Bedenken, vor allem wohl wegen der Enge in der Kaplanei. Kurzerhand strich er diesen Passus wieder aus. Bleichenbach, der noch bei seinen Eltern im Tal wohnte, weil die Witwe des Kaplans Mühl bis Himmelfahrt in seiner künftigen Wohnung saß, erhielt ein Billet, die Kirchenältesten benachrichtigte er überhaupt nicht. So war der erste Streitpunkt da, und die Sache wurde weidlich ausgeschlachtet, wie wir noch hören werden.

Punkt 4 galt dem Beginn des Gottesdienstes: ». . . wurde beschlossen, daß die Vormittags-Gottesdienste künftig Winters und Sommerszeit um 9 Uhr anfangen sollen. Jedoch habe mich wieder resolvirt, da die Weiber sich wegen dem Kochen beschwerten, Sommerszeit von Ostern bis Michaelis um halb 9 Uhr angehen zu lassen.«

Ehe wir uns mit der Schule beschäftigen, müssen wir berichten, daß Christ sich noch nachträglich mit dem Schulhausbau befassen mußte, der ja vor seine Zeit fällt: 1782/83 hatten die lutherischen Kronberger auf dem Doppes, oberhalb ihrer Kirche, ein neues Schulhaus geschaffen, das 1500 Gulden kostete. Schon 1779 hatte man es geplant und beschlossen, daß es nichts schaden könnte, wenn man einen Teil der Kosten durch eine Kollekte zu decken versuchte. Amtskeller Brückners Vorgänger Streun hatte die Notwendigkeit einer solchen Kollekte bezweifelt und die Mainzer Regierung darauf hingewiesen, daß die Präsenz allein 14000 Gulden ausgeliehen habe. Ja, er äußerte sogar einen rabenschwarzen Verdacht: »Im Gegentheil scheint mir vielmehr glaublich zu sein, daß man abseiten des hiesigen lutherischen Kirchenraths die Gesinnung heege, unter verstellter Vorspieglung des vorhabenden neuen Schulbaues die Erlaubnis zu Sammlung einer Beisteuer nur in der Absicht zu erwirken, daß man ex parte Protestantium, wie solches bei dem fürgewesenen Kirchen Proceß ebenfalls geschehen, hierab sich die erwünschte Gelegenheit sich zu nuz machen möge, auf den Fall wo in der Zeitfolge von hiesigen Lutheranern neue Proceß Unruhen veranlasset und erwecket werden sollten, zu sothanem Behuf einen ansehnlichen Geldvorrat zu sammeln und in Bereitschaft hinzulegen.«

Daraufhin hatte Mainz für die Kollekte nur einen kurzen Termin festgesetzt und diese überdies auf die benachbarten Ämter beschränkt. Dennoch sammelten die Kronberger, insbesondere der Knabenschulmeister Gottfried Anthes und der Kirchensenior

Philipp Henrich, auch in Frankfurt und im Darmstädtischen, mit gutem Erfolg. Es kamen 460 Gulden und 20½ Kreuzer zusammen. Außerdem aber wurde durch Vermittlung des Hanauer Superintendenten Stockhausen, den wir bereits als Herausgeber des »Hanauischen Magazins« kennen, auch in Holland eine Kollekte veranstaltet, und die von dort zugeflossenen 187 Gulden 15 Kreuzer verschwiegen die Kirchenältesten den Mainzern. Als die Sache herauskam und sie auf dem Amt einem Verhör unterzogen wurden, erklärten sie, diese Summe sei dazu bestimmt gewesen, die Wetterseite der neuen Schule mit Brettern zu verschlagen. Überdies hatten sie — eine gute Tat, aber ebenfalls ohne Wissen der Regierung — 24 Gulden zum Wiederaufbau der abgebrannten lutherischen Stadtkirche zu Creuzburg an der Werra gespendet.

Das Votum der Mainzer Hofkammer vom 25. März 1786 lautete: »Die gedachten Kirchen Ältesten hätten zwar bewandten Umständen nach eine nahmhafte Strafe verdient, allein, da die nämlichen Umstände noch obwalten, warum vormals Se. Churfürstl. Gnaden die Churfürstl. Höchste Milde vordringen lassen, nämlich um nicht zu abermaligen Unruhen und Beschwerden Anlas zu geben: so wäre Referent unmasgeblichen Dafürhaltens, daß dem Amts-Keller zu Kronberg zu rescribiren wer, wie er den erwähnten Kirchen-Vorstehern sothanes ihr Vergehen zu verweisen, übrigens auch die berechnete Ausgaben zu pasieren wären.« Und so geschah es denn auch. Daß Christ später diese Inkorrektheit bei seinen Auseinandersetzungen mit den Kirchenältesten mit ins Spiel brachte, »wieder aufwärmte«, wie Brückner bemerkte, war nicht schön von ihm, aber verständlich! Seine Gegner trieben es auch nicht besser. Gefreut hat ihn wohl, daß die Senioren dem Superintendenten Stockhausen zwei Präsente machten, in Gestalt von Kastanien und schönen Äpfeln. Diese Früchte nahmen sie freilich nicht aus ihren eigenen geernteten Beständen, sondern setzten sie mit 3 Gulden 30 Kr. und 3 Gulden in die Abrechnung.

Auf Grund seiner Hanauer Erfahrungen als Lehrer des Griechischen sollte Johann Balthasar Bleichenbach vor allem das freilich viel bescheidenere lutherische Schulwesen seiner Heimatstadt reformieren. So schrieb er, in seiner besten Schrift, einige Seiten über »Unordnung in der Ev. Luth. Schule zu Kronenburg ingleichen ihre Aufhebung und Verbesserung betr. 1786«. Die erste Seite mit »Mißbräuchen beim Gottesdienst« ist in die Kanzelverkündigung eingegangen, braucht also nicht wiederholt zu werden. Es folgt die

Schulordnung

1) Bey 4 Kreuzer Strafe darf kein Kind ohne Erlaubniß vom Lehrer zu haben aus der Schule bleiben.
2) Die erste Klasse wird in 2 Ordnungen abgetheilt.
3) Die 2te Klasse, die für den jetzigen Mägdlein Schullehrer bestimmt ist, wird in 3 Ordnungen eingetheilt.
4) Das Essen in der Schule wird gänzlich untersagt.
5) Die Kirchen und Schulstrafen werden für arme Kinder angewendet.
6) Der Lehrer muß jeden Tag die Fehlende aufzeichnen und sie nach etwa 4 Wochen dem Kirchenrath vorlegen.
7) Die dritte Ordnung in der 2te Klasse geht erst um 8 Uhr in die Schule und Nachmittags um zwey Uhr wieder nach Hauß.

8) Müßte für eine Zeitung, Geographie und die nöthigen Landkarten gesorgt werden.
9) Auf einen Pult würde das A;B;C, aufgehängt.
10) Dintenfässer von Holtz werden in den Tisch gemacht. Der Lehrer verrechnet die Diente.
11) Wird nach einer Vorschrift geschrieben, die eintzeln auf Pappendeckel gemacht und mit einem Lack überzogen werden.
12) Ein guter Briefsteller muß angeschafft werden.
13) Wird zum nöthigen Unterricht in der Geographie einstweilen angekauft
   1) der Globus 2) Europa 3) Deutschland
14) Werden in die Schul Hübners Staats und Zeitungs Lexikon angekauft.
15) Ein halb Riß Papier wird jährlich für arme Kinder zum Schreiben in die Schule gekauft.
16) Der zweite Schullehrer soll in Zukunft die Schule in dem Neuen Schulhaus halten.
17) Die Mägdchen, die Lesen gehen zum Unterricht bey den ersten Schullehrer.
18) Jedes Kind wird angehalten 30 Kreuzer Holz Geld zu geben. Das dafür gekaufte Holz wird unter die beyde Lehrer in gleiche Theile vertheilt.

Wie man sieht, waren die Reformen sehr bescheiden und sparsam und wurden daher von allen Kirchensenioren gebilligt. Immerhin war auch als Lehrerhandbuch der »Hübner« dabei, ein einbändiges, immer wieder verbessertes und vermehrtes Lexikon.

Und wie stand es nun um die Lehrer? Der Cantor und Knabenschulmeister Gottfried Anthes war nach Christs Einwohnerliste 44 Jahre alt, hatte als erste Frau eine Frankfurterin gehabt, von der ein Sohn und zwei Töchter stammten. Seine »Zweite« war eine geborene »Henrichin«, die ihm 1787 die erste Tochter schenkte. Sparsam, wie die Kronberger nun einmal waren, hatten sie nur eine Dienstwohnung eingeplant und gebaut, und die hatte Anthes inne. Wohl in seiner Wohnstube mußte er auch eine besondere Arbeit erledigen, die Christ ihm aufgetragen hatte: er mußte eine Abschrift des alten Kirchenbuchs anfertigen, das 1645 begonnen worden war.

Daß aus Bleichenbachs schönem Plan zunächst nichts wurde, lag an der fehlenden zweiten Wohnung, aber auch an dem Mädchenschulmeister Johann Nicolaus Fuchs. Der wohnte in der Eichengasse, war 78 Jahre alt und »durch einen 46jährigen onermüdeten Schuldienst fast von allen Kräften« erschöpft. Man lud ihn vor den Kirchenconvent und befragte ihn, »was für ein ius quasitum, die Schule in seinem eigenen Haus und nicht in dem öffentlichen Schulhaus halten zu dürfen, er zu haben vermeine und aus welchen Gründen er dieses anmaßliche Recht behaupten könne«. Er antwortete, »er wüßte von keinem Recht zu sagen, das er vorschützen könne, sondern berufe sich auf sein hohes Alter und verlasse sich auf die Gnade Sr. Churfürstl. Gnaden, bei welcher er bittlich einkommen wollte.«

Im Juni machte er diese Eingabe an den Kurfürsten, übrigens in einer musterhaften Schönschrift, die nichts an Sicherheit verloren hat. Darin legte er dar, daß er seit 1740 im Dienst sei und daß ihm zum Hauszins zehn Gulden Zuschuß zugesagt worden seien, die er aber trotz aller Klagen nie erhalten habe. »Ich habe also von anno 1740 bis 1784 folglich 44 Jahre lang in meiner eigenen Behausung ohne einen Pfennig Zinß Schule halten müssen.« Weiter schildert Fuchs wie »die beide Kirchen Kirchenälteste Jakob Koch und Nicolaus Bleichenbach, zwei boshafte herrschsüchtige Köpfe, so mich schon vor vielen Jahren verfolgt«, darauf bestanden, daß er in der neuen Schule unterrichten sollte. Bei den andern Kirchensenioren, Adam Bleichenbach und Remy Kunz, sowie beim Herrn Amtskeller habe er Verständnis für seine Lage gefunden. »Kaum aber waren unsere beide HochEhren Pfarrer Justi und Mühl gestorben und deren Stellen durch die gegenwärtige HEn. Christ und Bleichenbach wieder besetzt, so muste ich schon sogar von einigen Schulkindern hören, daß ich nun bald in der neuen Schul Wohnung die Kinder unterweisen müßte. Hierauf geschahe es bald, nemlich am 30ten April, daß ich vor den versammelten Kirchenrath vorgefordert wurde. HE.Pf. Christ begegnete mir als einem alten 78jährigen Greisen mit aller Gelassenheit und suchte mich mit Güte zum Unterricht in der neuen Behausung zu überreden. Ich machte dagegen mit aller geziemenden Bescheidenheit meine gegründete Vorstellung. Aber es half nichts. HE. Pf. Bleichenbach kam ganz aus aller Fassung, und unterstüzt von seinem wütenden Vater Nicolaus und dem rachgierigen Koch, behandelte man mich so, wie man eigentlich mit einem jungen pflichtvergessenen und boshaften Schulmeister, der zugleich seine Schuldigkeit nicht thut, umgehen sollte. HE. Pfarrer Christ ware endlich auch auf meiner Widersacher Seite, und ich wußte in dieser vor mich so kränkenden und betrübten Lage mir nicht anders zu rathen, als mich auf Ew. Kurfürstlichen Gnaden durch den Ruf wie schon so oft gepriesenen Menschenliebe und auf Höchst dero Entscheidung in dieser Sache zu berufen.«

Die Eingabe ging von Mainz zurück an den Kronberger Amtskeller und von diesem zum Kirchenrat. In Christs ausführlichem Antwortschreiben, von seinem zweiten Pfarrer und den Kirchenältesten unterzeichnet, wird erklärt, daß man in den Akten nichts von einem Hauszins gefunden habe, und es »sehr zu verwundern sei, daß der Schulmeister so lange Zeit her niemals etwas gefordert, da er doch seinen geringen Gehalt vorgeschützet, als er zu zweienmalen schon vor 30 Jaren dem alten noch lebenden Glöckner Hirschvogel, der seinen Dienst immer treu und redlich getan, nach dem Brode gestrebt und hinterlistigerweise um die Combinirung des Glöcknerdienstes mit seinem Schuldienst eingekommen, als wodurch er zugleich einen nicht sehr edlen Karacter an den Tag geleget«. Außerdem sei die Stube, in der er unterrichte, »aus der Präsenz unterhalten, die Fenster gemacht und andere Reparaturen besorgt worden«. Auch auf die Problematik eines Unterrichts im Privathause allgemein geht Christ ein: »Wir aber sehen zur Genüge ein, daß der halbe Theil der Kinder bei dem Unterricht des Schulmeister Fuchsen in seinem Wohnhaus, auch bei dem gewöhnlichen Schlendrian versäumet wird. Wie viele Störung muß nicht im Lehren und Lernen öfters verursacht werden, wenn in einer Wohnstube, wo eine Familie mit Weib und Kindern zugegen ist, Schule gehalten wird? — Der Schulunterricht fängt nicht zu gehöriger Zeit an, und edle Stunden gehen verloren. — Überdies hält der Schulmeister Fuchs die Schulkinder öfters zu häuslichen Geschäften an und versäumt den Unterricht, welches alles wegfällt, wenn die Schulen unter den geistlichen Augen gehalten werden. Auch selbst die Gesundheit der Kinder leidet darunter, da sie bei dem engen Raum, wie Heringe gepickelt, auf einander sitzen, auch kein Kind kann besonders gesetzet werden, wie bisweilen nöthig ist; und was dergleichen verschiedener Ungemächlichkeiten mehr sind.« Weiter schreibt Christ: »Allein außerdem, daß er noch kein baufälliger Mann ist, und noch Feldarbeiten verrichtet, auch über Feld gehen und reisen kann, und seine Weigerung mehr eine Art Widerspänstigkeit ist, so kann doch, im Fall er Emeritus heißen kann, nicht der ganzen Gemeine und also in gewissem Betracht das Wol des Staats darunter leiden, und müßte in diesem Fall ein anderes Mittel getroffen werden.«

In seinem abschließenden umfangreichen Bericht knüpft Amtskeller Brückner an Christs Stellungnahme an und meint, der Kirchenrat solle einen entsprechenden Vorschlag unterbreiten. Eine Pensionierung gab es ja damals im heutigen Sinne noch nicht. »Vielleicht hebt sich bei dem hohen Alter des Supplicantens nach einem kurzen Zeitverlauf von selbst dieser Gegenstand, welcher an sich zwar von weniger Erheblichkeit ist, wenn er aber zugunsten des Schullehrers erörtert wird, von Seiten des Kirchenraths durch die Aufhezung des zweiten Pfarrers als eine geflissentliche Hindernis in dem Unterrichte der lutherischen Jugend angesehen werden dörfte.« Mainz entschied darauf, »daß von dem Kirchen Rathe allda der nähere Vorschlag zu thun, wie ohne Erkränkung des erlebten Greises etwa mit Anstellung eines anderen tauglichen Subjecti den beyderseitigen Beschwerden abgeholfen werden möge.«

Einen solchen Vorschlag hat der Kirchenrat jedoch nicht gemacht. Die Mädchen gingen weiter zu Fuchs in die Eichengasse, bis dieser zu Anfang des Jahres 1787 starb.

Und wieviel Kronberger Schulkinder gab es damals? Pfarrer Bleichenbach hat ein »Register der Schulkinder in der ersten Klasse« angelegt und notiert, »wie vielmal ein jedes vom 1ten November 1786 bis zu Ende des Monats Jan. 87 ohne Erlaubnis die Schule versäumt haben«. Es sind 37 Knaben und 38 Mägdlein, also insgesamt 75 Kinder. Nimmt man an, daß die zweite Klasse mit den Kleinen etwas stärker war, so kommt man für die ganze Kronberger Schuljugend auf 150 bis 180 Kinder.

Was sie lernten, erfahren wir aus von Bleichenbach ausgearbeiteten Stundenplänen. Der für die Kleinen bestimmte Plan der 2. Klasse ist entsprechend einfach, und wir können uns auf einen Schultag beschränken, während wir für die 1. Klasse den ganzen Wochenplan auf Seite 93 wiedergeben.

Die Kronberger lutherische Schule sah somit ihre Aufgabe darin, den Kindern das Schreiben, Lesen und Rechnen beizubringen und sie so weit zu fördern, daß sie in der Lage waren, Briefe zu schreiben. Lektüre des Alten und Neuen Testaments, Lied und Gebet, Katechismus und Bußpsalmen sollten ihrem ganzen Leben ein festes christliches Fundament geben. In diesem Sinne wurden auch im September 1786 100 Katechismen und 22 »Grundsätze« (des christlichen Glaubens) neu angeschafft. Bemerkenswert erscheint die Zeitungslektüre, verbunden mit der Geographie. Sie ist vermutlich eine Neuerung Bleichenbachs, mit der die evangelische Schule auf das Niveau der offensichtlich besser organisierten katholischen Schule gebracht werden sollte. Der katholische Schulrektor durfte 1791 sogar den Entwurf für die Sonnenuhr zeichnen, die heute noch am Turm der Stadtkirche zu sehen ist! Von deutscher Geschichte und Kunst, von der deutschen Dichtung, deren klassische Blüte sich damals ja gerade entfaltete, erfuhren die jungen Kronberger in ihrer Schule wenig oder nichts.

Da der schwere Zusammenstoß zwischen Christ und Bleichenbach auf dem Gebiete des Schulwesens sich erst im Herbst ereignete, wenden wir uns wieder dem Kirchenconvent zu. Dieser erwies sich zunächst entgegenkommend, bewilligte Christ einen neuen Ofen für seine Studierstube. Auch wurden seine Räume und die der Kaplanei ausgeweißt. Bleichenbach, noch unverheiratet, konnte nach Himmelfahrt in sein bescheidenes Reich einziehen. Sein Vater, Johann Nicolaus Bleichenbach, mußte im Juni auf Drängen der Gemeinde sein Amt als Kirchenältester aufgeben. An seine Stelle trat der den andern genehme Büchsenmacher Johannes Zubrod. Der »Schriftführer« der Bleichenbach-Gruppe war zunächst der Schuhmacher Jakob Koch. Seine Eingaben sind alle nach dem gleichen Schema abgefaßt: vorne devot, schmeichlerisch, frömmlerisch, hinten dagegen voller Gift und Galle. Ein solcher Mensch, noch dazu der Typ des Besserwissers, mußte Christ von vornherein zuwider sein, und er hat denn auch Koch einmal prompt aus seiner Stube gewiesen, als dieser ihn auf seine Art zu »belehren« versuchte. Statt die weiteren Ereignisse des Jahres 1786 zu rekapitulieren, genügt es, wenn wir eine nicht datierte, aus dem Spätsommer oder Herbst stammende Schrift an Brückner wörtlich wiedergeben:

                        Kurfürstlich Hochlöbliches Amt,
  Gott und christliche Obrigkeit ist es wohlgefällig und angenehm, wann sich nicht allein leibliche, sondern auch geistliche Brüder fein friedsam und einträchtig miteinander begehn, im Gegentheil aber höchst misfällig, wann Uneinigkeit und Zwietracht unter selben herschet. Welches Letztere als eine unter unsern Herrn Geistlichen entstandene Schwierigkeit und Uneinigkeit unserer Gemeinde üble Folgen dräuet. Untersuchet man die Umstände derselben, so ist es unseres Herr Pfarrer Christ vor sich allein wiederrechtlich errichteter Bienenstandt. Ob nun wohl jenes Strittige Unternehmen von Kurfürstlichen Hochlöbl. Amt gerechtest entschieden, so hat es doch nicht den geringsten Anschein, daß Herr Pfarrer Christ sein aus Schwachheit beygehendes Unternehmen erkenne, sondern heget gegen seinen Herrn Amts-Bruder einen einem Geistlichen besonders übel anständigen Haß, so, daß sich dessen vorhin gehabtes Gerüchte, so uns vor seiner Hierherkunft sehr schüchtern machte nun in Erfahrung bestättiget. Dan ohngeachtet der unserm Herrn Pfarrer Christ bekannt gemachten Observanz unseres Kirchen Convents gezeiget er doch gegen selbiges solche schlechte Achtung, das Er sich ohnlängst gegen seinen Herrn Amts Bruder in folgenden Ausdrücken vernehmen ließ: Halten Sie sich nur mit Herrn Präsenzmeister. Er ist ein solcher Mann bey dem man vieles ohne den Kirchen Rath erhalten kann, solcher mus nicht um alles wißen.
  Diesen schlechten Vorsatz ins Werck zu setzen, unternimmt Er eigenmächtig ohne Rücksicht der der Präsenz neu zugekommenen schweren Ausgaben, wegen deren Herrn Geistlichen und Präsenzmeisters Brenholtzes und seiner von Rodtheim hierher Transportirten Equipache, so mehrentheils in schwerem Gehöltz der Bienenstände, item Schreiner Hobel Bank und dergleichen Bestanden (welches Letztere der Presentz nicht gleichgültig aufgebürtet werden mag) ganz unnöthiges Bauweesen und reparaturen, entblödet sich nicht als eingefleischter Hochmuth die Pfarr Woohnung mit dem Nahmen einer Strohhütte zu benennen, da doch der verlebte HE.Pfarrer Justi, dessen Familie stärker und damit zufrieden gewesen. Weiter schlieset Er und Herr Präsenzmeister ohne Zuziehung des Kirchen Raths mit Handwerker Accord, so wir vermög unseren Pflichten nicht passirren lassen können.
  Solte nun dem kühnen Unternehmen des Herrn Pfarrer Christ nicht gesteuret werden und einhalt geschehen, so ist nichts gewißeres als daß die Präsenz in kurzer Zeit in den äusersten Ruin gerathen und zerrinnen werde.
  Alls ergehet an Kurfürstlich Hoch Löbliches Amt gegen welches doch Herr Pfarrer Crist gebührende Ehrfurcht bezeigen werde die submiesseste Bitte, daß Selbes geruhe Herrn Pfarrer Crist die Gehäßigkeit gegen seinen Herrn Amts Bruder derbe zu verweisen um Ihn zu bewegen, christlich mit solchem auszusöhnen, Feindschaft Beyseitigen freundschaftlich und brüderlich mit einander zu leben, das in der Gemeinde gute Folgen daraus erwachsen mögten, sofort den Ernst gemeßensten Befehl zu ertheilem, zur Wohlfahrt der Kirche alles unnöthige Bauen zu unterlassen und nichts ohne Zuziehung und Genehmigung der Kirchen Ältesten zu unternehmen und sodann Kurfürstlich Hoch Löblichem Amt zur ratification vorzulegen. Es mögte nicht ohn nuzen sein, die jüngste accord und Überschläg zu untersuchen, ob sich nicht etwas unbenahmtes darinnen verstecket finden mögte. Die wir mit devotem Respect erharren
Einem Kurfürstlich Hoch Löblichem Amt unterthänige
Jacob Koch, Joh. Adam Bleichenbach, Johannes Zubrod.«

Lections Plan der 2te Klasse

	7 — 8	8 — 9	9 — 10	12 — 1	1 — 2	2 — 3
Montags	1) Gebät 2) wird buchstabirt mit der 1ten Ordnung 3) eine halbe Stunde gelesen	1) Die 1te Ordnung sagt den Katechismus 2) wird mit der 2ten Ordnung buchstabirt	1) Die 3te Ordnung hat das A, b, c. 2) Die 1te und 2te Ordnung Schreibt	1) Die 3te Ordnung hat das A, b, c 2) Die 2te und 3te Ordnung Schreibt	1) Die 2te Ordnung buchstabirt 2) Die 3te übt sich im Schreiben	1) Die 3te Ordnung geht nach Hauß. 2) Die 1te ließt

Lections Plan der ersten Klasse

	7 — 8	8 — 9	9 — 10	12 — 1	1 — 2	2 — 3
Montags	1) Der Gesang 2) Das Gebet 3) Das Lesen im Alten Testament	Katechismus aufsagen und aufgeben der Lectionen	1) Rechenstunde mit der ersten Ordnung 2) Schreibstunde mit der 2ten Ordnung	1) Das Gebät 2) Das Lesen im Neuen Testament	Zeitung, verbunden mit der Geographie	1) Rechenstunde mit der 2ten Ordnung 2) Schreibstunde mit der 1ten Ordnung
Dienstag	Ebenso	— —	Schreibstunde für beide Ordnungen	Ebenso	Geographie	Kleiner Katechismus Lutheri, Fest Sprüche, Buß Sprüche und Haupd Tafel
Mittwochs	Ebenso	— —	1) Werden Briefe dictirt 2) Buß Psalmen und Repetition der Lectionen	— —	— —	— —
Donnerstag	Ebenso	— —	Wie Montags	Wie Montags	— —	— —
Freitag	Ebenso	— —	Wie Dienstags	Wie Dienstags	Wie Dienstags	Wie Montags
Samstags	Ebenso	— —	Wie Mittwochs	— —	— —	— —

Es erübrigt sich, diesen Brief ausführlich zu kommentieren. Da hatte Christ neben der anstößigen »Equipache« auch noch eine Hobelbank aus Rodheim mitgebracht und seine Bienenstöcke im gemeinsamen Hof von Pfarrei und Kaplanei aufgestellt. Da hatte der Präsenzmeister dem Pfarrer ohne größere Umstände geholfen, die notwendigen Bauarbeiten und Reparaturen machen zu lassen — und das alles, ohne den Kirchenrat zu befragen und dem sich wichtig nehmenden Schuster Koch Gelegenheit zu geben, seine Macht zu zeigen. Daß der reiche Wirt Bleichenbach und der Büchsenmacher Zubrod da mitspielten, verwundert uns. Eine Unterschrift fehlt freilich: die des Remy Kunz, und wir werden auch sehen, warum.

Doch zunächst noch zu einem weiteren Streitpunkt: Christs Umzugskosten von Rodheim nach Kronberg. Am 19. Oktober 1786 schrieb er an die Mainzer Landesregierung, stellte vor, daß die evangelische Gemeinde Kronberg ihn, seine Familie und seine Effekten auf Kosten der Präsenz in Rodheim hatte abholen lassen, wie es üblich war, und bat, »daß die von der Präsenz ausgelegten Transportkosten in ihrer Gültigkeit bei der Rechnung bleiben mögen, zumalen ich dieses erste Jahr wegen verschiedenen mißratenen Besoldungsstücken und widrigen Zufällen, besonders da mich die Viehseuche sogleich hart betroffen, ein beträchtliches zusezzen muß«.

Die Mainzer Hofkammer war jedoch der Ansicht, daß diese Kosten nicht aus dem Kirchenvermögen zu bestreiten, vielmehr von der gesamten Gemeinde Augsburgischer Konfession zu tragen seien, also umgelegt werden müßten. Darauf bildeten fünfzig evangelische Bürger ein sogenanntes »Syndicat«. So nannte man einen zeitlich begrenzten Zusammenschluß innerhalb der Bürgerschaft zur Erreichung eines bestimmten Zieles; er mußte ausdrücklich vom Amt genehmigt werden.

Nachdem das neue Syndicat genehmigt war, machte man eine Eingabe an das Amt. Darin stellten die fünfzig Kronberger dar, »wie wir in Erfahrung gebracht, daß eine Hochpreißliche Landes Regierung die Kosten, welche durch Herrn Pfarrer Christ Seine Verabhohlung gemacht worden sind, zu bezahlen der Ev. Gemeinde zuerkant, solches aber der Gemeinde unerwardente Dinge sind, indemo die Kirchenvorsteher ohne Rücksicht und Frage an die Burger, es ganz allein vor sich einem auswärtigen Fuhrmann accortiret, auch dem Praesentz Meister anbefohlen aus der Praesentz es zu bezahlen, welches er auch gethan, und nicht mehr daran gedacht wurde, biß daß die Kirchenvorsteher mit dem Herrn Pfarrer Christ in einen Verfall gerathen. So haben die Herrn Kirchenvorsteher sich an ein hochlöbl. Amt gewendet, um diese Kosten dem guthen Herrn Pfarrer Christ auf den Rücken zu werffen willens gewesen. So nun derselbe von sich ablehnte, so siehet sich die Ev. Gemeinde genöthiget, sich desentwegen bei Ihrer Churfürstlichen Gnaden, unserm allertheuersten Landesvatter und dero nachgesetzten hochpreißlichen Regierung sich zu beklagen, um solche Kosten den Kirchenvorstehern zu bezahlen auferlegt werden wolle.«

Die Hofkammer entschied jedoch am 23. Januar 1787 endgültig, daß die Kosten »nach Masgabe der bestehenden Observanz von der dasigen Gemeinde A. C. durch einen Umsatz ohne Ausnahme zu vergüten seien«. Aus guten Gründen ließ Christ diese Entscheidung sogar vom Amtsschreiber J. Phildius ins Kirchenprotokollbuch eintragen. Das Amt fügte von sich aus hinzu, daß der Präsenz der geleistete Vorschuß »nebst den gehörigen Zinsen« zurückzuzahlen sei. Dagegen war kein weiterer Widerspruch möglich, das Syndicat mußte aufgeben.

In den letzten Tagen seines ersten Kronberger Jahres, am 26. Dezember 1786, setzte sich Christ in seine Studierstube, die, wie wir hoffen wollen, vom neuen Ofen behaglich durchwärmt war, und schrieb zwei Briefe nach Mainz, den einen an den Kurfürsten und Erzbischof Friedrich Carl von Erthal, den andern an einen »hochwohlgeborenen Reichsfreiherrn«, in dem wir den Vertrauten Erthals, Gottlieb Augustin Maximilian von Strauß erkennen können, der bis 1789 Regierungsdirektor des Kurstaates war. Der österreichische Gesandte am Mainzer Hof, Graf Metternich, hat Strauß dem österreichischen Staatskanzler Kaunitz gegenüber als einen Mann »von geringen Geistesfähigkeiten«, als zweideutigen Charakter und »wahren Achselträger« geschildert, aber über ihn führte nun einmal der Weg zum Kurfürsten selbst, und Christ mußte sich gut mit ihm stellen, tat das auch, wie wir noch hören werden. Die beiden Briefe decken sich inhaltlich zum Teil. Wir drucken daher den an Erthal vollständig ab und ziehen Partien aus dem an Strauß zur Ergänzung heran:

> Hochwürdigster Erzbischof, gnädigster Churfürst und Herr Herr!
>
> Euer Churfürstlichen Gnaden haben mich zu meiner immerwärenden untertänigsten Dankpflicht zur erstern Pfarrei dahier in Kronberg in höchsten Gnaden befördert, onerachtet der niedrigen Kabalen, welche mir einige Glieder des hiesigen Kirchenvorstandes aus den unlautersten Absichten zu spielen versucht hatten. Ich habe mein vertrautes Amt bisher mit dem erwünschtesten Beifall und Liebe meiner Gemeine gefüret, die mir von Herzen zugetan ist, und werde mich auch jederzeit bis zum lezten Hauch meines Lebens bestreben, meinen Wandel und Amtsfürung zum Wolgefallen meines gnädigsten Landesfürsten einzurichten und vor dem Richterstul meines Gewissens keine Vorwürfe zu fülen. Ich wende auch auserdem alle Sorgfalt darauf, der hiesigen Burgerschaft zeitlichen Wolstand nach Vermögen zu befördern, wovon, einstweilen besonders in Absicht auf ihren Baumhandel, ein Traktat, der in wenigen Wochen im Druck erscheinen wird, Euer Churfürstlichen Gnaden einen nähern Beweiß wird darlegen. Die Eintracht und den Frieden suche ich als ein schäzbares Kleinod um so mehr aus allen Kräften zu erhalten, da seit verschiedenen Jaren sich immer einige unruhige Köpfe dahier eine besondere Angelegenheit daraus gemacht, unter andern auch ihren eigenen Lehrern das Leben sauer zu machen. Allein, mein Mitarbeiter, der Pastor diaconus oder zweite Pfarrer Bleichenbach, der für die geistliche und leibliche Wolfart der anvertrauten Selen mit gleichem Eifer beselt sein sollte, will leider! von keinem Frieden und Eintracht wissen, und leget wenig edle Gesinnungen an den Tag; und ongeachtet er wenig ware Liebe und Beifall bei dem allergrösten Teil der Gemeine hat, so suchet er doch durch seine Verwandtschaft alhier und besonders auch bei dem Kirchenvorstand mich auf alle ersinnliche Weise zu kränken und Feindschaften one den mindesten gegebenen Anlaß wider mich und rotten und Parteien zu erregen, und dadurch die gute Ordnung unseres Kirchenwesens pflichtwidrig zu stören. Teils hat die Eifersucht, daß ich mehr als er Beifall zu haben, das Glück hatte, daran Anteil: teils schreibt er mir aus Argwon einen wolverdienten Verweiß zu, den er onlängst von Kurfürstl. hochpreislicher Hohen Landesregierung bekommen, weil er in der öffentlichen Schule an statt des von unserm Heiland selbst verfaßten Gebäts des Vater Unsers, das Bahrdische einfüren wollen, welches in denen von Reichswegen confiszirten so genannten neuesten Offenbarungen Gottes des berüchtigten socianisch gesinnten und verwiesenen D. Bahrds wörtlich stehet, und welche gefärliche Neuerung der hiesige wachsame Beamte einzuberichten sich verbunden achtete. Hauptsächlich aber gehet seine und seiner Verwandten Absicht dahin, mir das Leben sauer zu machen, und vor der Zeit in die Grube zu stürzen oder mich dahin zu vermögen, eine andere Pfarrei zu suchen, damit er die Oberpfarrei bald erhalten möchte.
>
> Euer Churfürstlichen Gnaden flehe daher untertänigst an, mich gegen diese ungerechte, herrschsüchtige und den Unfrieden liebende Leute in huldreichsten höchsten Schutz zu nemen, und durch gnädigste Merk-

male, daß mich Höchstdieselben bei einem untadelhaften Wandel denselben nicht preis lassen, das Gute, so ich hier noch vor meinem Ende zu stiften hoffe, nicht vereitlen lassen.

In tiefster Unterwürfigkeit und ganz unbegränzter Verehrung ersterbe

Hochwürdigster Erzbischof
Gnädigster Churfürst und Herr Herr
Euer Churfürstlichen Gnaden
untertänigster Diener
Joh. Ludwig Christ
Pfarrer zu Kronberg A. C.

Im zweiten, an den Freiherrn von Strauß gerichteten Brief beklagt Christ sich ebenfalls über den zweiten Pfarrer Bleichenbach, »einen so widerwärtig gesinnten und nidrig denkenden Kollegen, dessen Freundschaft ich durch keine honette Mittel zu erhalten vermag, und der gleichwol durch seinen Einfluß wegen seiner Verwandschaft Parteien, Unordnung und dadurch mir Kränkung zu verursachen Tag und Nacht bemühet ist. Er bedienet sich zu dem Ende hauptsächlich zweier Mitglieder des hiesigen Kirchenvorstandes, welche bei aller seiner pflichtvergessenen Auffürung seine Stüzzen sind, namentlich des Jakob Kochs, eines alten bekannten unruhigen Kopfs, und des Adam Bleichenbachs, der mit ihme nahe verwandt ist, und daher auch von Rechtswegen, wegen der Parteilichkeit bei den Stimmen unfähig wäre, bei dem Kirchenconvent mehr zu bleiben, deswegen auch der Vater des Kaplans auf Andringen der Burgerschaft seine Stelle dabei quittiren mußte. Allein bei dem Adam Bleichenbach getrauen sich noch zur Zeit nicht alle eben so an Laden zu legen, weil er wegen seinem Reichtum viele zu drukken im Stand ist, ob sie gleich über seine bisher ausgeübte Ungerechtigkeiten und eigennüzigen Vervorteilungen der Kirche bei dem Schulhausbau und andern Gelegenheiten äußerst unzufrieden und schwürig sind. Indessen ist wenig Besserung zu hoffen, so lange diese beide unruhige und böse Männer bei dem Kirchenvorstand bleiben. Was zwar den erstern, Jakob Koch, betrifft, so hat gegenwärtig HE. Amtskeller Brückner die schönste Gelegenheit, ihn zu beseitigen, indem er unter einer höchst ungerechten Bedingung, ein ehrliches und gewissenhaftes Mitglied des Kirchenvorstandes abgeschafft zu wissen, seine Stelle schriftlich aufgekündigt, deswegen auch ein anderer Kirchenvorsteher an statt des Kochs bereits bei Amte vorgeschlagen worden. Der andere aber, nemlich Adam Bleichenbach, würde wenigstens einstweilen mit seinem gemachten Anhang, worunter mein Kollege der erste ist, schüchtern gemacht werden, wenn bei Gelegenheit, die sich bald äußern dörfte, bezeuget würde, daß die hochpreisliche Regierung sich meiner als eines treuen Dieners Sr. Kurfürstl. Gnaden, und als eines Lehrers, der seine Pflichten gewissenhaft zu tun, sich bestrebet, hochgeneigtest annehme und wider die Kränkungen und gottlose Absichten der Rottengeister in Schuz näme. Meine Vorfarer, die sie zum Teil zu Todte gekränket, getrauten sich wegen manchen Vorwürfen, so ihnen gemacht werden könnten, nicht, dem Lauf ihrer Ungerechtigkeiten Einhalt zu tun, und liesen alles gehen, das ich aber nach meinen Pflichten und Gewissen nicht vermag, und deswegen zur Zeit harten Widerstand finde, und hohe Unterstüzzung nötig habe, worum auch Euer Exzellenz untertänig bitte.«

Wie man sieht, enthalten die beiden Briefe mancherlei Neues, dem wir nachgehen müssen. Da die Auseinandersetzung zwischen Christ, Bleichenbach und dem Kirchenrat sich über den Jahreswechsel hinauszieht, ja erst im folgenden Jahr 1787 ihren Höhepunkt erreicht, wenden wir uns zunächst jenem Passus im ersten Brief zu, in dem Christ einen »Traktat« ankündigt, der in wenigen Wochen im Druck erscheinen wird, also seiner ersten in Kronberg geschriebenen literarischen Arbeit.

Christs erste Kronberger Prosa

Als Johann Ludwig Christ im Frühjahr 1786 nach Kronberg kam, brachte er ein vielleicht schon abgeschlossenes, vielleicht noch unfertiges Manuskript mit, ein neues Buch, das zur Ostermesse 1787 im Verlag der Hermannischen Buchhandlung in Frankfurt erschien. Er nannte es: »Güldenes A, B, C, für die Bauern; oder das Wesentliche der Landwirthschaft« und widmete es »Seiner Exzellenz dem Hochwohlgeborenen Herrn Gottlieb Augustin Maximilian Freyherrn von Strauß, Kurfürstlich Mainzischen wirklichen geheimen Staatsrath, Regierungsdirektor und Staatsreferendarius der Regierungs-Justiz und anderer innländischen Geschäft ec. dem verehrungswürdigen Beförderer des Wohls des Vaterlandes, aus patriotischem Herzen«.

Die Vorrede beginnt mit dem Bekenntnis: »Ich liebe die Bauren, weil sie diejenigen Menschen sind, ohne welche niemand leben kann und die nüzlichste und nothwendigste Beschäftigung unter allen Menschen treiben.« Doch nicht der Inhalt des eigentlichen Buches soll uns hier beschäftigen; über ihn wird in der Würdigung der Christschen Werke insgesamt zu sprechen sein. Worum es uns im Augenblick geht, das ist der Anhang von 70 Seiten, den der neue Kronberger Oberpfarrer dem Buche beigegeben hat und der den Titel trägt: »Nachricht von iungen Obstbäumen, so wol gewönlicher guter Arten, als auch ausgesuchten französischen Obstes, und andern fruchtbaren Bäumen, welche zu Kronberg an der Höhe teils zwerch, teils hochstämmig in kleinen und großen Lieferungen zu bekommen sind, für Liebhaber der Gärtnerei, Landwirtschaft und Oekonomie.«

Dieser Anhang hat wiederum ein eigenes Vorwort, das es verdient, als erste »nichtamtliche« Prosa, die aus Christs Studierstube auf dem Kronberger Doppes in die Öffentlichkeit trat, vollständig hier zu stehen. Es lautet:

Die Lage und der Boden der hiesigen Landstadt Kronberg an der Höhe ist für die Baumzucht, und besonders der Obstbäume so vorzüglich und fürtrefflich, als ich je weit und breit gefunden habe. Das nahe taunische Gebürge, die so genannte Höhe, besonders der Feldberg und Altking, so uns für den kalten Nordwinden dekken, machet dadurch die hiesige Lage sommerreich, und die Stralen der Sonne sehr kräftig und wirksam, noch mehr da der Abhang unserer Felder gegen Morgen und Mittag sich neiget und die zurückprallenden Sonnenstralen verdoppelt wirken können: so wie im Gegenteil besagtes Gebürge jene darüberhin liegende Gegenden rauh und winterhaft machet. Es zeichnet sich daher hiesiger Ort nicht nur durch seine beträchtliche Kastanienwaldung und deren schmakhafte Früchte aus, sondern auch besonders durch die Menge und Güte des vortrefflichsten, besten und gewürzhaften Obstes, welches nun seit mehr als 80 Jahren nach Umschaffung der Weinberge, die ehemals der hiesige Nahrungszweig waren, angepflanzet worden, und zu einer sehr großen Menge angewachsen ist. Die besondere Industrie der hiesigen Einwohner und Bürger hat daher seit geraumen Jahren den Obsthandel, den Baumhandel und den Essighandel zu seinem vornemsten Nahrungszweig gemacht. Das Obst ist weit und breit als das beste und schmakhafteste berümt, und der Handel mit grünem und gedörrtem Obst von aller Gattung gehet im kleineren und grosen in nahe und entfernte Gegenden, ja sogar bis Petersburg und Moskau. Den beträchtlichen Ueberfluß, den der Segen des Himmels in manchen Jaren schenket, bereiten die Einwoner zu einem vortrefflichen Essig, der vielfältig dem besten Weinessig nahe kommt, und in großer Quantität abgeholet und verfaren, auch von manchen auswärtigen Essighändlern als guter Weinessig untergebracht wird. Sehr vorzüglich und ausgebreitet ist anbey der hiesige Handel mit jungen Obstbäumen, welche in unglaublicher Menge auf die beste und redlichste Weise erzogen und wegen ihren besondern Vorzügen, die sie hier von der Natur und Industrie vor viel tausend Gegenden haben, in nahe und entfernte Gegenden, wie unter andern bis nach Cassel, Sachsen, Brandenburg, Preussen, Holland ec. in starken Partien versendet und gesuchet werden. Unter andern besondern und wesentlichen Vorzügen welche die hiesige junge Bäume haben, und gewißlich auch die Metzer Baumzucht weit übertreffen, ist erstlich dieser: daß sie in allen Arten Erdreich, wo Bäume zu pflanzen sind, gedeihen und gut anschlagen, so wol in gutem als in schlechtem Land. Denn da sie hier nicht zärtlich erzogen werden, sondern in einem etwas rauen, steinigten, mergelartigen Boden aufwachsen müssen, so wachsen sie auch in schlechtem Grund fort, dazu sie schon naturasiret sind, und sind dauerhaft, verpflanzen auch keine erbliche Baumkrankheiten; in gutem Boden aber wachsen sie natürlicherweise noch flötiger auf. Allein das findet bei solchen jungen Bäumen sehr vieler Gegenden nicht statt, welche in gutem Gartenlande erzogen und aufgewachsen sind. Diese sind zärtlich und wenn sie in einen schlechten Boden versetzt werden, so gehen sie zurück, kranken, und gehen wenigstens bald ab. Denn gute Tage lassen sich nach schlechten sicher besser gewonen, als schlechte Tage nach genossenen guten. Zweytens wird die gute Art der Bäume und des Obstes dadurch beibehalten und fortgepflanzt, daß die sämmtlich aus eingesäeten Kernen des besten Obstes fortgepflanzt und darauf die besten Sorten gepropfet und okuliret werden, welches gewißlich viel besseres und schmakhafteres Obst nach sich ziehet, als wenn man auf wilde in Waldungen ec. aufgesuchte Ausschläge und Baumpflanzen okulirt oder propfet.

    Indessen ist mir bey der hiesigen schönen Baumzucht und ausgebreiteten Baumhandel dieses mangelhafte aufgefallen, daß unter den vielen Baumverständigen alhier bisher keiner seine Industrie bis dahin ausgedenet hat, um auch die guten Sorten seines Obstes nach ihren eigentlichen Namen recht nennen und benennen zu lernen, wodurch gewiß ihr Baumhandel einen noch größern Werth erhalten und manchen Gärtnereyen und Liebhabern vieles dadurch wäre gedienet gewesen. Ich muß bekennen, daß ich hier das berühmteste französische Obst angetroffen habe, welches manche mit schweren Kosten aus Frankreich, besonders aus Metz verschreiben, und von hiesigen Bäumen oft noch delikater und schmakhafter ist, als von den Bäumen von dort her. Sie haben daher zwar immer die ausgesuchtesten Obstarten zum Verkauf fortgepflanzt, aber immer unter den Provinzialnamen, oder unter dem Namen dessen, der sie am ersten hier gepropfet, daß man öfters auf 2 Stunden Wegs nicht weiß, was für Arten von Aepfel oder Birn, oder Kirschen ec. darunter zu verstehen seien. Schusterbirn, Schrotbirn, Posthornsbirn ec. bezeichnen zum Theil Arten, welche mancher Liebhaber mit vielen Kosten und Umständen aus Frankreich bringen lässet.

    Da ich nun von Jugend auf ein besonderer Freund und Liebhaber vom Obste bin, und ich dadurch gar leicht ein Kenner desselben worden, auch die Baumgärtnerei mir ein angenehmes Nebengeschäft und Erholung ist, und dahier noch mehr werden wird, da überdas der Obstzenden ein Stück der Oberpfarrei-Besoldung ist, so habe mich teils um das Gute der Sache willen, teils da einem Lehrer auch der leibliche Wolstand seiner Pfarrkinder keinesweges gleichgültig ist, zu Beförderung des Betriebs meiner lieben Gemeine und der hiesigen Burgerschaft um die Auseinandersezzung der Arten ihrer Obstbäume und der eigentlichen Benennung nach der französischen und teutschen Gärtnerei bemühet, und mache den Katalog und Verzeichnis davon alhier bekannt, damit Liebhaber wissen mögen, was für Gattungen von gutem Obst und andern fruchtbaren Bäumen sie alhier in Menge erhalten und der redlichsten Behandlung sich gewärtigen können. — Es ist zwar die Anzal ziemlich beträchtlich, und zwar mehr hochstämmig als zwerch; jedoch solle dafür Sorge getragen werden, daß die Liebhaber noch mehrere der ausgesuchtesten Sorten und des vornemsten Obstes, wie es nur verlanget werden mag, in beträchtlichen Lieferungen und billigst erhalten können.

Christ
ersterer Pfarrer zu Kronberg

Daß Christ gleich in seinem ersten Jahr »Versuchsfelder« für seine Obstbaumzucht erhielt, dafür sorgte die Mainzer Regierung. Sie ließ nämlich die unrentabel gewordenen Kronberger Weinberge verkaufen. Darüber haben wir zwei Eintragungen im Kirchenprotokollbuch. Die vom 5. Juni 1786, dem ersten Pfingstfeiertag, lautet:

»Wurde beschlossen, daß, da die 10 Mg. herschaftliche Weinberge auf höhern Befel unter die Burgerschaft verkauft werden sollen und dadurch, da sie mit Baumschulen sodann allermeist besetzt werden mögen, die Pfarrei in dem Zehnden, den sie in bemeldten Weinbergen hat, große Verluste leiden würde und dadurch die Besoldung geschmälert, der Pfarrer bei Churfürstl. Kammer einkommen soll, daß man der Pfarrei einen Morgen zum Besitz und Genuß zutheilen und die übrigen 9 Mg. sodann zendfrei verkaufen mögte.«

Der Antrag wurde genehmigt, und so erhielt die Pfarrei einen Morgen Land in den heute noch auf der Flurkarte vermerkten »Zehnmorgen«. Den Mainzer Entscheid trug Christ mit ins Protokoll ein.

Eine weitere Eintragung findet sich unter »Sachen, welche Kirche, Pfarr, Schul und dergleichen betreffen und aufzuzeichnen nötig sind«. Da heißt es: »1786 wurden die Pfaffenstück Weinberge, wovon die erste Pfarrei den Zenden gehabt, auf Befehl der Hofkammer zu Mainz unter die Burger an die Meistbietende halbmorgen weiß verkauft. Ich verwendete mich zuvor an die Hofkammer, und da keine Resolution erfolgte, an Emin., daß, weil die Pfarrei durch Anlegung der Weinberge zu Baumschulen von den Käufern um ihren Zenden kommen würde, derselben der 10te Teil der Weinberge anstatt des Zenden zugeteilt werden möchte, um auch das Land wie die Nachbarn benuzen zu können: welches auch bewilligt wurde, und bei dem Verkauf der Pfarrei die 2 ersten Stücke, bestehend in 3 Viertel 20 Ruthen 8 Schu zugeschrieben worden.«

Bei dieser Versteigerung haben die Kronberger offensichtlich einen guten Schnitt gemacht, denn Christ hat hinzugesetzt: »Nota: aus dem Verkauf der 8 Morgen 3 Viertel sind erlöst worden 822 Gulden 20 Kreuzer. Anno 1778 kostete schon der Morgen über 1200 Gulden, betrüge also über 11000 Gulden.«

Daß wir über Christs pomologische Anfänge in Kronberg etwas wissen, verdanken wir dem Amtskeller Brückner. Diesen packte nämlich, wie wir schon aus einem früheren Zitat wissen, mitten im Winter, am 9. Januar 1788, ein merkwürdiger Ehrgeiz. Er setzte sich hin und bat in einer Eingabe seine Landesregierung »um die Überlassung eines Bezirks vor dem Stadtgraben zu Anlegung eines Baumgartens«. Die Nutzung dieses Stückes Land gehörte zur Besoldung des Frankfurter-Tor-Pförtners Jacob Grill, der es jedoch dem Amtskeller für eine Entschädigung von 45 Kreuzern jährlich gern überlassen wollte. Nachdem Brückner ebenso wie Christ eingangs festgestellt hat, »daß die Vollkommenheit der hiesigen Baumschulen noch weit entfernt ist«, schreibt er: »Die von dem protestantischen Pfarrer Christ allhier dem Publikum im offenen Druck gethane Versicherung für die Anpflanzung guter Sorten sorgen zu wollen, läßt sehr wenig erwarten. Der zu sothanem Behuf von K. H. Hofkammer auf amtliches Gutachten ihm überlassene Plaz ist bis jetzt zum Aergernis und Gelächter aller Kenner grade am schlechtesten und unzweckmäsigsten angelegt und überhaupt ist von ihm noch nicht das mindeste in jener Absicht geleistet worden. Auch hat er alles Zutrauen verloren, seitdem er ohne eigene Erfahrung — im ersten Jahr seines Hierseyns 1786 war gänzlicher Obstmißwachs — blos auf die Angabe zweier der unwissendsten Aufkäufer und Feilträger junger Bäume eine höchst unrichtige Beschreibung des hiesigen Obstes öffentlich bekannt zu machen sich getrauet hat. Um diesen Abgang zu ersetzen und den Baumpflanzern ächte gute Sorten in die Hände zu liefern, ist der K. Amtskeller entschlossen, auf seine Kösten eine Anlage von Standbäumen zu machen, die aus dem besten hier noch nicht vorhandenen Obst nach der wahren französischen Benennung bestehen soll. Einige Bekanntschaften in benachbarten herrschaftlichen Gärten, wovon ordentliche Kataloguen über das Obst geführt werden, die keinen Zweifel über Aechtheit, Güte und eigentliche Namen übrig lassen und eine sichere Korrespondenz nach Montreuil setzen ihn in den Stand dieses zu bewerkstelligen. Nach einem kurzen Zeitverlauf würde er den Baumschulbesitzern Pfropf- und Okulirreißer nach Verlangen verabreichen und dadurch die besten Sorten bald allgemein verbreiten. Derselbe hat sich hierzu einen herrschaftlichen Bezirk an der Stadtmauer von etwa $5/4$ Morgen ausersehen, so zwar fast noch ganz öde ist, wegen seiner warmen Lage aber unter allen den Vorzug verdient. Er macht dermalen einen Besoldungs Theil des Pförtners am Frankfurter Thore aus, den gnädigste Herrschaft bestellet und besoldet.« — Daß der Pförtner mit einer Pacht von 45 Kreuzern pro Jahr einverstanden ist, wird gleich auf einem beigefügten Blatt bestätigt. Der Antrag gelangte aus irgendwelchen Gründen nicht bis zur Hofkammer. Hat Strauß ihn zurückgehalten? Erst am 1. März 1790 wurde er positiv entschieden und zwar heißt es, daß seine, Brückners, Bitte um so eher Gehör finden dürfte, als die Kultur eines für Kronberg sehr wesentlichen, durch die bloß schriftstellerischen im mindesten nicht durchgedachten, nicht praktischen Spekulationen des Pfarrer Krist vielleicht herabgesetzten Nahrungszweiges gerade in einem Zeitpunkt wieder erhöhet würde, wo alles wetteifert, die Baumzucht zu veredeln und wo das Amt Kronberg durch Boden und Lage bei einer solchen Behandlung immer eines vorzüglichen Absatzes versichert bleibt.«

Der Amtskeller erhielt also seinen Garten, doch nicht er, sondern Johann Ludwig Christ, dessen Anfänge in einem Obstmißwachsjahr zum »Ärger und Gelächter aller Kenner« wurden, dessen »nicht praktische Spekulationen« man auch in Mainz herabsetzen zu müssen glaubte, trug in den folgenden Jahren den Sieg davon. Der Prophet, der zunächst nichts in seinem neuen Vaterlande galt, setzte sich mit eiserner Energie durch, behauptete sich als Pomologe, als Schriftsteller und — wie wir anschließend sehen werden — auch als lutherischer Pfarrer.

Das Jahr des »harten Widerstandes«, 1787

Kehren wir nun zu den zwei Briefen Christs an den Kurfürsten und den Freiherrn von Strauß vom 26. Dezember 1786 zurück. Darin zeichnen sich bereits die harten Auseinandersetzungen des Jahres 1787 ab oder sie hatten schon im abgelaufenen Jahr 1786 begonnen. Einmal setzte sich der Kampf zwischen Christ und seinem zweiten Pfarrer Bleichenbach fort, zum andern mußte sich Christ gegen den Kirchenvorstand behaupten, und zum dritten gab es eine Auseinandersetzung innerhalb des Kirchenvorstandes, zwischen Jakob Koch und Remy Kunz, durch die zeitweise die ganze Arbeit des Kirchenconvents lahmgelegt wurde.

Beginnen wir mit dem neuen Höhepunkt in der Auseinandersetzung zwischen den beiden Pfarrern. Wie wir schon in Christs Brief an Erthal gelesen haben, wurde der Kaplan Bleichenbach »onlängst«, also im Spätherbst oder Frühwinter des abgelaufenen Jahres, von der Mainzer Regierung mit einem wohlverdienten Verweis bedacht, »weil er in der öffentlichen Schule statt des von unserem Heiland selbst verfaßten Gebäts des Vater Unsers das Bahrdische einführen wollen, welches in denen von Reichswegen confiscirten sogenannten neuesten Offenbarungen Gottes des berüchtigten socianisch gesinnten und verwiesenen D. Bahrds wörtlich stehet und welche gefährliche Neuerung der hiesige wachsame Beamte einzuberichten sich verbunden achtete«. — Was hat es damit auf sich? Joh. Balthasar Bleichenbach hatte, wie wir wissen, in Halle studiert, und Halle war damals mit dem Namen des protestantischen Theologen und Freigeistes Karl Friedrich Bahrdt eng verbunden. 1741 geboren, war Bahrdt unter anderm Professor in Leipzig, Erfurt und Gießen und Generalsuperintendent in Dürkheim an der Hardt. Vom Reichshofrat für unfähig erklärt, ein geistliches Amt zu bekleiden, ließ er sich mit preußischer Erlaubnis in Halle nieder, betrieb zeitweilig mit seiner Dienstmagd eine Gastwirtschaft und starb dort 1792. Seine »Neuesten Offenbarungen Gottes in Briefen und Erzählungen« kamen in vier Teilen 1773—1775 in Riga heraus, als angebliche Übersetzung des Neuen Testaments. Der Reichshofrat konfiszierte das Werk, das Bleichenbach gekannt und wahrscheinlich sogar noch in Kronberg besessen hat, wie wir gleich hören werden. Zuvor noch ein Wort über den Socianismus. Dieser war im 16. Jahrhundert in Italien entstanden, leugnete die Prädestination, die Erbsünde und die Trinität als mit der Heiligen Schrift und der menschlichen Vernunft nicht vereinbar und wurde zu der von den Unitariern aufgenommenen Lehre.

Volkstümlich ausgedrückt, kann man nur fragen: Welcher Teufel ritt den Pfarrer Bleichenbach, daß er ausgerechnet in der lutherischen Schule Kronbergs die verfälschte, blumig-sentimentale Paraphrase des Bahrdt'schen Vaterunsers den Kindern einbläuen wollte? Ging es ihm um die äußerste Herausforderung des Tübinger Lutheraners Christ oder wollte er sich mit seiner Bahrdt-Kenntnis nur interessant machen? Christ reagierte jedenfalls sofort und schroff: er verwies Bleichenbach diese Neuerung sofort und entschieden und zwar in Anwesenheit der Kronberger Kinder, im Schulraum. Die Sache kam vor das Amt, und Brückner berichtete nach Mainz. Auch Mainz reagierte prompt: Bleichenbachs Mißgriff wurde »aufs schärfste geahndet«. Wir erfahren das aus einem

Gutachten des katholischen Kronberger Pfarrers Ihl vom Juli 1787. Er meint aber abmildernd, daß aus der modischen Vaterunser-Einführung »noch nicht sicher zu schließen sei, daß er (Bleichenbach) der socianischen Lehre oder jener des Doctors Barths wirklich ergeben sey. Ich hatte damals, als dieses Vater unser so viel Lärmens dahier machte, die Gelegenheit mit Ihm selber zu sprechen, und er gestand mir sogleich, daß er gefehlt habe, suchte aber damit seinen Fehler zu entschuldigen, daß in einem verworfenen Buche nicht alle Sätze falsch, und folglich auch nicht alle verworfen seyen . . . Gut, sagte ich, aber das Barthische Vaterunser ist wenigstens nicht ächt, indem es den Sinn des Gebets des Herrn nicht ausdrückt, und indem es sehr zweideutige, und eben deswegen verdächtige Sätze enthält, und da ich noch hinzusezte: es ist Ihnen nicht erlaubt, von diesem Buche Gebrauch zu machen, nicht einmal dasselbe zu besitzen, so erwiederte Er nicht ein Wort. Ob Er nun durch das Barthische Vaterunser geflissentlich einen Irrtum hat einführen wollen, oder ob Ihn eine Unwissenheit und Mangel der gehörigen Einsicht entschuldigen solle, kann ich nicht wissen. Dem sey aber wie ihm wolle, und Bleichenbach mag gefehlt haben, wie man will, so ist ja dieser Fehler auf hohen Befehl einer Kurfürstl. hochpreisl. Regierung von hiesigem Kurfürstlichem Amt und zwar im Beiseyn des ersten lutherischen Pfarrers und des ganzen Kirchenvorstandes auf das schärfeste geahndet worden, mit dem Hinzufügen, daß Pfarrer Christ und Kirchen Vorstand seinen Vortrag und Lehre genau beobachten und das Anstößige sogleich anzeigen sollten«. Den folgenden Satz dürfen wir nicht auslassen, denn er zeugt von einer noblen Denkungsart Ihls: »Da nun aber ein solcher Fehler nicht nur bestrafet, sondern auch wirklich gebessert worden ist, indem das Barthische Vaterunser nicht mehr in der Schule gebetet wird, und da man dennoch daraus eine Klage erneuert, sollte man nicht glauben, die Person werde mehr, als ihr Fehler gehaßt, der wirklich nicht mehr existiret.«

Die doppelte Demütigung, einmal durch Christ vor den Schulkindern, zum andern durch Amtskeller Brückner vor Christ und dem gesamten Kirchenvorstand, konnte ein Mann wie Balthasar Bleichenbach nicht so schnell verschmerzen. Man hat den Eindruck, daß sein ganzes Verhalten und Handeln 1787 dadurch bestimmt wurde. Seine erste Reaktion bestand darin, daß er die Schule und die Gottesdienste, bei denen Christ predigte, nicht mehr besuchte, sich auch vom ersten Pfarrer dadurch distanzierte, daß er in einen anderen Kirchenstuhl trat. Dies wurde ihm von der Gemeinde verübelt und dann wohl vom Amt verwiesen. Jedenfalls schrieb er am 16. Januar 1787 an Brückner: »Von nun an werde ich wieder meines Kollegen Vorträge und die Schule besuchen.«

Da Bleichenbach in diesem Schreiben auch einen Brief des Jakob Koch erwähnt, können wir schließen, daß der Streit zwischen Koch und Remy Kunz schon im Gange war, und in der Tat finden wir unterm 26. Januar 1787 folgenden Eintrag Christs im Kirchenprotokollbuch:

»Erschienen die hiesigen Burger Leonhard Kunz, Jakob Henrich, Friedrich Schwalbach und Niklaus Werheim iun. und zeigten an, wie sie gegenwärtig vor Amt gewesen und beschwerend angezeigt, daß die Burgerschaft nicht eher zugeben könnte, daß die Kirchenälteste Jakob Koch und Remy Kunz zum Kirchenconvent zugelassen würden, bis die von Jakob Koch dem Remy Kunz angetane Beschimpfung beigelegt, und überhaupt die dem Jakob Koch schuldgegebene Beschwernisse ausgemacht seien, und benachrichtigten mich desfalls und verlangten von mir ein gleiches, die Sessionen bis zur ausgemachten Sache ohne beide bemeldete Mitglieder zu halten.

Ferner verlangte die Burgerschaft, daß mit der Schule die Veränderung wieder dahin gemacht würde, daß wie zuvor die Mädchen dem zweiten Schulmeister allein zum Unterricht überlassen würden und der Cantor die Knaben sämtlich in der Schule haben solle und drittens, daß die Frühcommunion nicht mehr in der Caplanei, sondern wie von je her in der öffentlichen Kirche gehalten werden solle.

Eodem sollte vom Convent zur Wahl des neuen Mädchenschulmeisters geschritten werden, u. da die Kirchenältesten außer Remy Kunz erschienen, so wurde ihnen die Anzeige der vorbemeldten Deputirten vorgelesen, worauf sie erwiderten, daß sie sich desfalls bei Amt befragen wollten. Solches geschahe sogleich und brachten zur Antwort: daß so lange kein Aufenthalt und Abändern statt fände, bis obbemeldte Deputirte sich durch Unterzeichnung der Burgerschaft schriftl. legitimirt hätten. In so weit habe denn auch die Session gehalten und bewilligt.«

Nehmen wir das Sitzungsprotokoll gleich hinzu:

Actum den 26. Jenner 1787 —
Wurde nach Absterben des Mädchenschulmeister Nikl. Fuchs zur Wal eines neuen Schulmeisters geschritten u. da 3 Subiecta einer hochpreisl. Regierung vorzuschlagen sind, so fiel die Wal auf die drei folgende Bürger: Andreas Nikolai, Nikolaus Antes, Franz Fuchs, und sind solche zum Examen auf die nächste Woche zu bestimmen, und sodann nach ihren Fähigkeiten zum Vorschlag zu bringen.

Ist der Vorschlag der Schulmeistersubiekte ohne vorhergegangenes Examen, das das Amt für unnötig erklärte, den Februar an das Amt geschickt worden und zwar ohne Unterschrift der Kirchenältesten.«

Wir wollen auf die Wahl des Mädchenschulmeisters später zurückkommen. Zunächst liegt uns ein drei Seiten umfassendes Schreiben Balthasar Bleichenbachs vor, in dem dieser zusammen mit Jakob Koch, Johann Adam Bleichenbach und Johannes Zubrod vom Amt die Kassierung des Remy Kunz als Kirchenältester fordert. Begründung: Er habe die neue Schulordnung zunächst gebilligt. »Nun müssen wir sehen, daß er sich zu den konföderirten Gliedern unserer Ev. Gemeinde schlägt, ihrem Rathe beiwohnt, gemeinschaftlich gegen uns handelt.« Ebenso hat er sich in der Frage der Frühkommunion verhalten, die der Kaplan, wie aus dem Kirchenprotokollbuch hervorgeht, immer noch in seiner Behausung abhielt. Schließlich hat er sich nicht gescheut, den Jakob Koch beim Amt zu verklagen, weil dieser ihn einen »Kloz« und »Wetterhahn« genannt hat, und weiter wurde er endlich »so frech, uns alle Spötter zu heißen mit den Worten: »Spötter! Spötter! Weil ich nicht in eure Hörnchen blase, wollt ihr mich nicht mehr haben.« Und: »Bei einer andern Gelegenheit betrug er sich in Gegenwart meiner, Johannes Zubrod, so niederträchtig, daß er seine Seelsorger in die Gesellschaft der Juden setzte und sich folgenden Ausdruck erlaubte: Wer etwas will haben zu schaffen, der häng sich unter Juden und Pfaffen.« — Dieser Kronberger Redensart hat Balthasar Bleichenbach einen Satz hinzugefügt, der bezeichnend für seinen Charakter erscheint: »Da ich, zweiter Pfarrer, mich keines Juden schäme und ihn recht gern als meinen Mitbruder ehre, so ist es mir doch sehr unangenehm, von einem so ungesitteten Mitglied unseres Kirchenraths als eine Person, die nur Verdruß und denen zu schaffen macht, die mit mir umgehen, in eine Klasse des Auswurfs von Israeliten gesetzt zu werden.«

Amtsschreiber Phildius sandte die Klageschrift an Remy Kunz, »um sich hierauf innerhalb 14 Tagen vernehmen zu lassen«. Nebenbei erfahren wir aus ihr noch, daß Christ den Jakob Koch »gern abgedankt wissen wollte« und ihn deswegen auch mehrfach nicht zum Convent hatte rufen lassen.

Remy Kunz antwortete am 9. Februar, aber er antwortete nur indirekt, mit Hilfe eines »Schriftstellers«, wie man damals sagte, und dieser Schriftsteller hieß Johann Ludwig Christ. Die 6 Seiten in Christs schönster Handschrift sprechen denn auch mehr aus, als der einfache Bäcker Kunz hätte sagen können. Neu erfahren wir daraus unter anderm, daß die Kirchenältesten sich in Joh. Adam Bleichenbachs Wirtshaus zusammengesetzt hatten und daß Remy Kunz bei der zweiten Zusammenkunft abgesprungen war. Was man Kunz vorgeworfen hat, wird von Christ mit viel Scharfsinn widerlegt, und er schildert auch, wie es bei einer Sitzung des Kirchenrats zuging: »Ob ich schon nicht ein Mann bin, der zur galanten Welt aufgezogen worden und viele Complimenten machen kann, auch nach meinem Stand und innerlichen Caracter schlecht und recht und gerade aus bin und rede, so verweigere ich doch keinem Höheren den schuldigen Respect. Diesen legte ich nicht einmal damals auf die Seite, als HE. Pf. Bleichenbach sich bei dem öffentlichen Kirchenkonvent besonders gegen den HE. Pf. Christ, wie im Grund gegen das ganze Convent auf das unanständigste betrug, mit der Hand auf den Tisch schlug, in die Hände klatschte und so laut schrie, daß die Leute auf der Straße stehen blieben, da doch HE. Pfarer Christ die damalige Zusammenkunft, wie jeder wol sehen und merken konnte, veranstaltet hatte, um die wegen dem Schoppen entstandenen Mißhelligkeiten aufzuheben und die Hände zum Frieden zu bieten.« — Der »Schoppen« — das war das Bienenhaus. Zum Schluß fordert Kunz durch Christ sowohl Genugtuung wegen der Beschimpfung durch Jakob Koch »als auch den andern Kirchenältesten und dem HE. Pf. Bleichenbach, der ein Prediger der Gerechtigkeit sein solle, den wolverdienten Verweiß zu geben, daß sie sich nicht entblöden, einem hochlöbl. Amte die unerhörte Ungerechtigkeit anzumuten, einen ehrlichen Mann zu cassiren und cum infamia vom Kirchenrath zu beseitigen, der seine Pflichten iederzeit gethan, und dem die ganze Burgerschaft das Zeugnis geben wird, daß er als ein rechtschaffener und gewissenhafter Kirchenvorsteher sich das ware Beste der Kirche immer angelegen sein lassen«.

Kaum hatte Amtskeller Brückner diese Verteidigungsschrift auf dem Schreibtisch, da folgte schon eine Eingabe von Koch, Johann Adam Bleichenbach und Johannes Zubrod, wohl von Koch nach dem uns schon bekannten Muster geschrieben, erst salbungsvoll, dann mit den bekannten Klagen: Bienenstand, Frühkommunion, Abänderung von Kirchen- und Schulgebeten durch den ersten Pfarrer, Revision der erst neu eingeführten Schulordnung. Diesmal nimmt Koch auch Christs Söhne aufs Korn: »Wir hatten uns gefreut, daß einmal in Absicht unserer Kinderzucht durch unseren Geistlichen Unterstützung für unseren Schullehrer zu hoffen hätten. Allein diese Hoffnung ist auf diese Art bald verschwunden. Selbst HE. Christs Kinder geben hierin das am meisten in die Augen fallende Beispiel einer boshaften Ausgelassenheit, sowohl in der Kirche als in der Schule und auf der Straße. In der Kirche halten sie keinen gewissen Stand. Bald sind sie auf der Orgel Bühne, bald in dem Chor bei den übrigen Jungen. Sind sie am Orte, so schauen sie in den Chor herab und speien s. v. die Buben voll. Sind sie im Chor, so verziehen sie ihre Gesichter, verstellen ihre Geberden und geben dadurch den übrigen Schulkindern Anlaß zu allerhand Mutwillen.« — Und der Cantor läßt bei ihnen auch noch Milde walten! — Selbstverständlich will man Pfarrer Christ mit dem Schrieb nicht verklagen, sondern nur die »entstandene Uneinigkeit auf eine gütliche Art beseitigen und sie in ihrer ersten Geburt ersticken«, zumal es nun gilt, einen neuen Mädchenschulmeister zu wählen.

Die Kandidaten für den Nachfolger des verstorbenen Schulmeisters Nikolaus Fuchs kennen wir schon aus dem Kirchenprotokoll. Selbstverständlich wollte die Bleichenbach-Gruppe im Kirchenrat auch hier ihren Favoriten durchbringen, und das war der »hinterm Danzhaus« wohnende Barbier Franz Martin Fuchs. Christ weigerte sich, eine Eingabe zugunsten des Fuchs zu unterzeichnen, mit der Begründung, daß er noch nicht lange genug zu Kronberg im Amt sei und daher noch keine genaue Kenntnis von allen Pfarrkindern habe. So rühmen in ihrem Schreiben vom 18. Februar Balthasar Bleichenbach, Joh. Adam Bleichenbach und Johannes Zubrod den Barbier über den grünen Klee. Sie schreiben, daß er »in Ansehung seiner Fähigkeiten wohl einer höheren Schulstelle würdig wäre. Er ist unter allen Mitgliedern unsrer Gemeinde der fertigste im Rechnen und Schreiben, welches nothwendige Eigenschaften eines Lehrers in Schulen sind. Seine Geistesfähigkeiten, die er auf höhern Schulen ausbildete, welche er 7 Jahr lang besuchte, lassen eben so viel Gutes im Unterricht hoffen... Er ist ein aufrichtiger Verehrer Gottes, ein edeldenkender Christ, ein friedliebender Nachbar und guter Vater seiner Kinder. Er besucht fleißig die Andachtsstunden und zeigt so wie in seinen Reden, so auch in seinem ganzen Betragen reine Glaubens Sätze«, schreibt Balthasar Bleichenbach, doch in einem Begleitbrief ans Amt, den Christ heimlich mitgab, klingt es ganz anders:

»Bei dem Vorschlag der 3 Subiekten zur Mädchenschule kann ich nicht umhin, in Ansehung des Franz Fuchsen mein Gewissen zu erleichtern, und denselben meine Besorgnisse anheim zu stellen, daß derselbe zu einem Schullehrer aus wichtigen Gründen ganz untauglich sein dörfte. Es hat mir nämlich der HE. Pf. Bleichenbach selbsten, ongeachtet er ihm iezo seine Stimme gegeben, schon längst eröfnet, wie bemeldter Franz Fuchs ein Mann ohne Religion seie, und darinnen sehr seichte Prinzipien hege, von Unsterblichkeit der Sele, Auferstehung pp. nichts halte, überdas ein heftiges Temperament habe, das sich also auch gar nicht zu diesem Posten schikken würde. — Daß ich nun solches bei der Wahl des Kirchenkonvents nicht erwänet, geschahe teils, um

HE. Pf. Bleichenbach nicht schamrot zu machen, teils aber auch die Feindschaft und Erbitterung zu vermeiden. Indessen dränget mich meine Pflicht, Euer Wolgeboren solches zu eröfnen, um etwa dero beliebige Masregeln darnach zu nemen und wenigstens mein Gewissen ruhig zu stellen, wenn mit der Zeit traurige Folgen bei unserem Schulwesen daraus entstehen dürften, wenn ein Mann von solchem angegebenen Caracter an den zarten und eindrucksvollen Herzen der Kinder arbeiten sollte. Wobei ich iedoch gehorsamst bitte, meiner zu schonen, und diese Anzeige nicht bekannt werden zu lassen.«

Brückner gab Christs Brief seinem eigenen Gutachten bei und bemerkte überdies, daß sowohl der Vater des Fuchs »bei den vormaligen hiesigen kirchlichen Unruhen jedesmal die Haupttriebfeder gewesen wäre, als auch Franz Fuchs selbst bei einigen neuerlichen dahin einschlagenden Vorfällen der erste Sprecher und Widersager«. Damit stand für die Mainzer Regierung die Entscheidung fest: zum Lehrer der Kronberger »Mädgen« wurde am 7. Mai nicht Fuchs, sondern der Krämer Andreas Nikolai bestimmt, der nach Brückner »in der Fähigkeit gedachtem Franz Fuchs wenig nachgibt und solches durch den Privat Unterricht, welchen er mehreren Kindern zu Zufriedenheit der Eltern zeither gegeben, zur genüge bewiesen hat«.

Eine neue Niederlage für Joh. Balthasar Bleichenbach, dessen Verhältnis zur Wahrheit uns nun doch problematisch erscheint. Hinzu kam, daß am 11. Februar eine Abordnung jener Bürger bei Christ erschien, die der zweite Pfarrer als die »Konföderirten« bezeichnete. Ihr Anliegen trug Christ ins Kirchenprotokollbuch ein und ließ sie eigenhändig unterschreiben:

»Erschienen nachstehende Burger und gaben zu Protokoll, wie sie wegen verschiedenen Beschuldigungen u. bereits bei hochlöbl. Amt angebrachten Klagen wider Jakob Koch solchen in so lange nicht mehr für einen Kirchenältesten erkennen, noch derselbe beim Convent one Anstoß und Nachteil bei der Kirchengemeine sizzen könne; und brachten zugleich von dreien Burgern unterschriebenes und bezeugtes Exhibitum bei, daß bei der Verfolgung des HE. Kaplan Haiers der Niklaus Bleichenbach im Pfarrhaus den Jakob Koch einen offentlichen Dieb geheißen. Er Koch hätte ihm seine Siegel am Collecten Geld erbrochen.«

Unterschrieben haben Joh. Jacob Henrich, Nicolaus Wehrheim Sen., Joh. Daniel Lang, Friederich Schwalbach und Joh. Niclaus Wehrheim jun. Darunter hat Christ vermerkt: »Soll morgen an das hochlöbl. Amt befördert werden.«

Der nächste Protokoll-Eintrag stammt vom 14. Oktober 1787. Es fand also sieben Monate hindurch kein Kirchenkonvent statt. Der Grund ergibt sich aus den folgenden Ereignissen.

Zunächst verfaßte Balthasar Bleichenbach am 6. März eine Stellungnahme zum Kunz/Christschen Brief in nicht weniger als 33 eng beschriebenen Seiten. Er wendet sich darin mehr gegen Christ als gegen Kunz, um zu zeigen, wie wenig ihm, Christ, »um Wahrheit zu tun sey«. Alle strittigen Fragen werden weitläufig und geschwätzig abgehandelt. Neu ist der Vorwurf: »HE. Pfr. Christ wird doch wohl selbst glauben, daß er, wenn er vier oder fünf Tage in der Woche verreißt, das kein seltener Vorfall ist, als denn sein Amt nicht tun kann.« — Da war Christ also wohl in Frankfurt gewesen, um die Drucklegung seines »Güldenen A, B, C« zu überwachen oder den Kronberger Anhang zum Buche zu korrigieren. Neu ist weiter, daß Christ seine Kirchenvorsteher zu einer Kollekte für das lutherische Waisenhaus in Hanau ermuntert hat, »weil es uns so würdige Geistliche gegeben habe und das Sprichwort beifalle: propria laus sordet«, das wir im Deutschen mit: »Eigenlob stinkt« wiedergeben müssen.

Wenige Tage später, am 10. März, wandten sich die »Konföderirten«, die Anhänger, die Christ für sich gewonnen hatte, mit einer fünfzehnseitigen Schrift direkt an den Kurfürsten. Darin wird zunächst ein Loblied auf den ersten Pfarrer Christ angestimmt, »einen so rechtschaffenen, treuen und allgemein geliebten Lehrer und Seelsorger, der unermüdet ist in redlicher Ausrichtung seines theuren Amtes und nicht nur durch seine erbauliche und schöne Predigten, sondern auch durch seinen untadelhaften Wandel und liebreichen Umgang mit seinen Beichtkindern wie auch mit unsern katholischen Mitbrüdern und Mitbürgern. Der anbey auch in seinen Nebenstunden so rühmlich bemühet ist unsern Nahrungsstand zu befördern, unsern Feldbau zu verbessern und uns zeitlich und ewig glückseelig zu wissen«.

Hingegen ist »dero Landesväterliche gnädigste beste Absicht in Besezung der Kaplanei durch den zweiten Pfarrer Balthasar Bleichenbach leider mißlungen, indem sich dieser die gerechtesten Vorwürfe vor dem Richterstul Gottes und seines für die Wolfart der Unterthanen eifrigst besorgten Landesfürsten, anmit die gänzliche Abneigung der Kirchenglieder auf eine unverantwortliche Weiße bereits zugezogen hat«.

Dann folgt das »Sündenregister« des zweiten Pfarrers: er hat das Bahrdt'sche Vaterunser einführen wollen, besucht die Schule nicht mehr, »so wie er auch die Mädchenschule aus unanständigem Privathaß niemalen besucht hat«, achtet in seinen Predigten die Bibel wenig, führt keine Sprüche daraus an, bringt dagegen Familiensachen auf die Kanzel, hält die Frühcommunion trotz Protest weiter in seiner Wohnung ab, verkündigt im Hinblick auf die evangelischen Falkensteiner nassau-usingische Verordnungen in der Kirche, respektiert Christ nicht als Oberpfarrer, spricht sich nicht mit ihm ab, obwohl er doch nur Kaplan ist, äußert ein »mit Haß erfülltes, feindseeliges und unfriedfertiges Gemüth, einen der traurigsten Caracter eines Seelsorgers«, versucht durch »seine wie überhaupt seichte und unfaßliche, als besonders anzügliche Predigten mehr seinen Muth zu kühlen an alle denen, die nicht seiner Freundschaft anhangen«, und will überdies gemeinsam mit den beiden ihm verwandten Kirchenvorstehern Adam Bleichenbach und dem altbekannten unruhigen Jakob Koch »durch allerhand Verfolgungen und Verläumdungen« den ersten Pfarrer kränken, »obwohl ihm dieser auf möglichste Weise die Hände zum Frieden und zur Einigkeit geboten«.

Auch Bleichenbachs Distanzierung von Christ in der Kirche, sein Fernbleiben bei dessen Gottesdiensten wird angeprangert, und schließlich hat man in Abschrift Auszüge von Balthasar Bleichenbachs Briefen an den Kaplan Mühl aus dem Jahre 1780 beigefügt, die wirklich üble Charakterzeugnisse sind. Damals hat er während der Feuersbrunst Streit mit dem Amtskeller Streun bekommen und diesen danach gehaßt.

Zum Schluß wird in diesen Abschriften der Satz zitiert: »Stößet mir einer von den ehrlosen Leuten in Kronberg auf, so bin ich auf etliche Stunden kranck.«

Die Eingabe mündet in die Bitte ein, der evangelischen Gemeinde Kronbergs gegen Balthasar Bleichenbach, »der ein störriges, feindseeliges, unfriedfertiges Gemüth an den Tag leget und Zerrüttung und Trennung in unserm Kirchenwesen durch seine Partheien und bemittelte Verwandte befürchten läßt« mit Rat und Tat beizustehen, trägt 30 Unterschriften und den Zusatz: »Andere Mitbürger stimmen zwar mit ein, aber weil sie durch die Anverwandte des Kaplans Bleichenbach wegen ihren bei ihnen stehenden Capitalschulden sogleich gedruckt werden, so getrauen sie sich nicht zu unterschreiben.« Vermutlich hat Johann Ludwig Christ bei der Abfassung dieses Schriftstücks geholfen.

Am 12. März beantwortete Remy Kunz die »ungeheure« Bleichenbach-Schrift der Kirchenältesten gegen ihn. Wir zitieren daraus: »Denn neun volle Bogen mit gedrängten Worten zu füllen, die zwar viel sagen sollen, aber in der Hauptsache nichts wider mich beweisen, zeuget schon zum voraus, daß unter diesem leergedroschenen Stroh wenig Kern zu finden sein möge. Herr Pfarrer Christ nannte sie eine schamlose, mit den größten Unwahrheiten, Iniurien und elendesten Spöttereien vollgepfropfte Schmähschrift, welche nichts beweißt, als daß HE. Pfarrer Bleichenbach seine ganze Galle wider ihn auszuschütten gesucht habe, die schwärzer ist als die Dinte, womit er seinen Aufsaz, ganz wahrscheinlich durch einen Schulbuben, hat abschreiben lassen, der zwar teutsche Buchstaben machen, aber nicht schreiben kann.«

Einen Tag später, am 13. März, schrieb Christ an den Freiherrn von Strauß nach Mainz. Er ist schon »onlängst« bei diesem gewesen und hatte Gelegenheit zu »mündlicher Erwänung« der Gemeindeangelegenheiten. Nun packt er noch einmal aus, und wir erfahren dabei einiges Neue:

»Hochdemselben ruhet noch von vorigen Zeiten her im Andenken, was für unruhige Köpfe unter dem hiesigen Kirchenvorstand gewesen, davon der Same in dem noch lebenden Jakob Koch und dem reichen Adam Bleichenbach übrig geblieben. Meine Herzensangelegenheit wäre und ist, nebst treuer Fürung meines Amtes, den Frieden, die Einigkeit und das tolerante Benemen unter der ganzen hiesigen Burgerschaft bestmöglichst zu gründen, und auch für das katolische Kirchenwesen dahier mit der Zeit noch viel Gutes zu stiften. Die göttliche Vorsehung bahnte mir auch den erwünschten Weg, da sie mir die Liebe und Zutrauen meiner Gemeinsglieder in einem starken Grad zuwandte, und so ich nur durch rechtschaffenes Betragen suchte. Es ist mir auch schon der Schritt gelungen, sie ganz anders als zuvor gesinnet zu machen, indem sie nun mit der katolischen Gemeine gemeinschaftlich die Mauer des Todtenhofes herstellen wollen und werden, welches schon viele Jare besonders durch widriges Einreden des Jakob Kochs Anstand hatte und unterblieben war.

Allein meine guten Aussichten auf die Zukunft werden verdunkelt, und nichts als Unordnung, Parteien und Rotten stehen zu befürchten und haben bereits angefangen, da der von hier gebürtige Kaplan oder zweite Pfarrer Bleichenbach, ein Mann von dem schlechtesten Herzenscharakter und unverschämtesten Frechheit, sich zu der Kochischen Partie geschlagen und zum Unglück der HE. Amtskeller Brückner, aus Absicht seines Vetters reiche Tochter zu erhalten, ihn mit seiner Partie aufs äußerste protegirt. HE. Amtskeller hätte schon vor geraumen Wochen die schönste Gelegenheit gehabt, den alten Jakob Koch von dem Kirchenvorstand zu entfernen, und dadurch alle Unruhe zu verhüten, diese aufrürerische Rotte zu schwächen und dadurch den Kaplan seiner Stütze zu berauben, da iener nicht nur ein redliches Mitglied des Kirchenvorstandes geschimpft hatte, sondern auch verschiedene Burger bei Amt gerichtlich angezeiget, wie er schon vor etlichen Jaren von einem andern Kirchenältesten öffentlich beim Convent ein Dieb geheisen worden, und der ganzen Gemeine bekannt ist, wie er sich bei dem Kirchenprozeß und bei den Collecten des Schulhaußbaues bereichert, und dabei sein meistes Vermögen zu erwerben gewußt, und auf seine Abschaffung gedrungen. Ich habe selbst HE. Amtskeller inständigst darum gebäten und vorgestellet, wie gut es wäre, wenn dieser bekannte böse Mann, Jakob Koch, beseitigt würde, wie er mir in allen guten Absichten hinderlich wäre, aber es wird leider immer verzögert, und gewinnet kein Anschein dazu; die Erbitterungen wachsen, der Kaplan wird immer troziger und verfertiget mit seinem Anhang die injuriöseste und gewissenloseste Schriften an das Amt wider alle diejenige, die dem Übel gesteuret zu wissen, und Friede und Eintracht wünschen.« Weiter verweist Christ auf die Eingabe der »Konföderirten« an den Kurfürsten und schlägt vor, Bleichenbach persönlich vor die Landesregierung zu laden, denn wenn der Amtskeller wieder Gelegenheit bekommt, ihn zu verteidigen, »so ist die Hoffnung zur Besserung verloren, und das Elend unter andern in unserem Kirchenwesen nimmt mehr zu als ab«.

Während Christ dies schrieb, saß nebenan, wahrscheinlich nur durch eine Wand von ihm getrennt, Bleichenbach und formulierte eine neue Eingabe seiner Gruppe im Kirchenvorstand, die 42 Seiten lang wurde. Vermutlich hat Brückner einen Seufzer oder auch einen leisen Fluch ausgestoßen, als dieses Schriftstück vor ihm auf dem Schreibtisch in der Receptur lag. Bleichenbach hatte nämlich darin wieder ganz von vorn angefangen. Wir erfahren zu Beginn, daß auch er zur Audienz beim Kurfürsten war, im Frühjahr 1786, um sich für die Ernennung zum zweiten Pfarrer zu bedanken. Friedrich Carl von Erthal und der Geheime Rat von Lieb hatten ihn ermahnt, den Geist der Eintracht, des Friedens, der Duldung und brüderlichen Liebe zu pflegen und zu verbreiten. Danach schildert er die Anfänge mit Christ, insbesondere seine Bemühungen um das Schulwesen, und beginnt dann die uns schon bekannte Litanei: alles, was er Christ ankreiden kann, wird mit geradezu genüßlicher Breite zu Papier gebracht und mündet ein in zwölf Klagepunkte. Um den beiden Streithähnen gerecht zu werden, wollen wir diese Punkte zusammen mit Christs späterer Antwort betrachten. Hier sei nur noch angemerkt, daß von dieser Schrift ein »Duplum« vorhanden ist, eine Zweitschrift mit ganz geringen Abweichungen. Hat Bleichenbach dieses Duplum selbst gefertigt oder ein Mainzer Kanzlist? Es läßt sich an der Schrift schwer entscheiden.

Als Kaplan Bleichenbach solcherart beschäftigt war, wußte er noch nicht, daß die »Konföderirten« ihre große Beschwerde schon an den Kurfürsten gesandt hatten. Auch Brückner hatte offenbar nichts davon erfahren. Erst tags darauf hörte Bleichenbach im

Städtchen, daß etwas im Gange war, daß man ein »Syndicat« bilden wollte. Als Brückners neuester »gehorsamster Freund und Diener« teilte er diesem die Namen der Anführer des Unternehmens mit.

Kaum aber hatte er erfahren, daß die Anhänger Christs eine Schrift nach Mainz zum Kurfürsten gesandt hatten, da setzte er sich flugs hin und schrieb an die Mainzer Landesregierung. Weil er es besonders eilig hatte, wurde der Brief nur 19 Seiten lang. Sie liegen uns nicht im Original vor, sondern nur in seiner eigenhändigen korrigierten Abschrift. Diese mußte er sozusagen als »Strafarbeit« anfertigen, denn als Mainz die diversen Schriften im Mai dem Amtskeller Brückner sandte, wurde ausdrücklich vermerkt, daß die in der Originalschrift befindlichen »höchst injuriose und einem Christen noch weniger aber einem Seelsorger anständige Ausdrücke dem darin mit unterzeichneten Pfr. Bleichenbach und übrig mit unterzeichneten ... nachdrücklich zu verweisen und dieselbe vordersamt von den darin enthaltenen Anzüglichkeiten zu reinigen« sei.

Bei der Rückgabe der »gereinigten« Fassung an Brückner schrieb Bleichenbach: »Ich bekenne bei deren nochmaliger Durchlesung meine Überzeugung, nicht nur in einem außerordentlichen Feuer geschrieben und mir mehrere unziemliche Ausdrücke erlaubt, sondern auch ganz unsachdienliche Gegenständen mit eingeschaltet zu haben.« Auch in der neuen Fassung enthält das Schreiben manches, auf das der »feurige« Schreiber besser verzichtet hätte. Doch er kannte ja die Eingabe seiner Gegner nicht und fürchtete wohl, daß Christ ihm schaden könnte. So wurde er, nachdem er sich nach Kräften verteidigt hatte, auf seine Art klein und demütig: »Ich Pfarrer Bleichenbach versichere dabei unterthänig, daß ich den Pfarrer Christ, wenn ich ihn auch unwissend beleidiget haben sollte, herzlich um Verzeihung bitten werde, wie ich ihm dann ebenso herzlich alle Beleidigungen, die er mir angethan, — ongebeten vergebe und nichts inbrünstiger wünsche, als in vollkommener Eintracht mit allen Einwohner, vorzüglich aber mit ihm als meinem Collegen zu leben.«

Amtsschreiber Phildius sandte die große Bleichenbach/Kirchenrats-Schrift vom 13. März am nächsten Tag an Christ mit der Auflage, »sich binnen 3 Wochen hierauf vernehmen zu lassen«. Als Christ dem Amtskeller am 24. März einen Brief schrieb, ging er auf Bleichenbachs Erguß mit keiner Silbe ein. Wir müssen aus diesem Brief jedoch das Wichtigste wiedergeben:

»Wohlgeborner und hochgelehrter, insbesonders hochgeehrtester Herr Amtskeller!

Euer Wohlgeboren haben mir gestern ein Decret zugeschickt, wovon Sie selbst einsehen werden, daß es mir bei treuer Fürung meines Amtes nicht anders als sehr empfindlich fallen muß. Die Kirchenältesten, welche nur darauf aus sind, mich auf alle mögliche Weise zu kränken, weil ich mich nach meinem Amt und Pflichten der Kirchen Bestes wider sie annehme, geben eine ungegründete Klage bei Hochlöbl. Amte ein, als mache ich besonders in dieser Passions und Confirmanden Unterrichtszeit unnötige Lustreisen, die teils blos zu meinem Vergnügen, teils in fremden Geschäften geschehen sollen, erlauben sich dabei nach ihrer Gewonheit anzügliche Redensarten wider ihre Pflicht, die sie verbindet, mit und von ihrem Seelsorger mit Ehrerbietung zu reden, und nennen mich einen freiheitsliebenden Pfarrer. Euer Wohlgeboren nemen die Anklage für wahr an, verweisen mir die vorgegebene Vernachlässigung meines Amtes und bedrohen mich mit Ergreifung misliebiger Maasregeln.

Alleine noch nie, im geringsten Punkt habe ich etwas in meinem Amte zu Schulden kommen lassen, daß mir der geringste Vorwurf könnte gemacht werden. Mein ganzes Verreisen in dieser Confirmandenunterrichtszeit bestunde in 3tägiger Abwesenheit, da ich den 28ten Febr. nach Mainz reißte, den folgenden Tag alda bei Sr. Kurfürstl. Gnaden Audienz hatte, und den folgenden dritten Tag wieder zu Hause ankam. Diese Reise liese sich nicht bis nach Ostern aufschieben. Aber auch damit habe ich nicht das mindeste versäumt, indem ich die Kinder 4 Tage lang hernach, selbst am Sonntag, doppelt zum Unterricht kommen ließ, welches ich iederzeit zu tun gewont bin, wenn ich auch nur einen Tag Amtsgeschäften halben aussezzen muß, indem ich nicht die Stunden blos schulmäßig halte, sondern dahin bedacht bin, daß die Kinder gründlichen Unterricht und die gehörige Erkentnis erlangen, wovon mir meine Amtspflicht und Treue die beste Richtschnur zeiget.

Euer Wohlgeboren ist selbsten bekannt, daß ich wegen meiner lästigen Oekonomie wenig verreisen kann, und den ganzen Sommer und Herbst mit dem Zehnden so viel zu tun habe, daß ich an keine Reise denken darf, und ohne Noth ist das Verreisen meine Sache gar nicht. Dem ongeachtet habe ich von der ersten Stunde meines Hierseins alle meine nötige wenige Abwesenheit von Hause aufgeschrieben, um mich in iedem Fall rechtfertigen zu können, weil mir längst zuvor gesagt worden, weß ich mich zu meinen Kirchenältesten würde zu versehen haben. Was dieselbe fremde Geschäfte nennen, sind gemeinnüzzige Sachen, wozu mich Eminentissimus selbst ermuntern, und womit ich höhere Pflichten keineswegs versäume, noch je versäumet habe, und auch durch meine wenige Nebenstunden der Welt und besonders meiner Gemeine zu nüzzen suche.

Euer Wohlgeboren wollen mir daher nicht ungütig nemen, daß ich mir von denselben nicht nur dieienige Gerechtigkeit erbitte und erwarte, welche Sie sonst als Richter dem geringsten Untertanen angedeihen lassen, und mich nicht, one mich, den andern Teil auch zu hören, schuldig erklären, sondern mich auch als einen Diener des Staats und Sr. Kurfürstl. Gnaden wider solche nur auf Kränkungen und Schikanen bedachte Leute in Schuz nemen, auch das Ansehen meines anvertrauten auch zur Wolfart des gemeinen Wesens abzielenden Amtes in so ferne verteidigen, daß keine Schrift mit anzüglichen Redensarten wider mich angenommen und ich dadurch bei meiner Gemeine herabgewürdigt werde.«

Ein nobler und charaktervoller Brief. Christ war danach keineswegs bereit, vor einem Amtskeller zu kuschen, der plötzlich parteiisch wurde, weil ihm eine Bleichenbach-Tochter begehrenswert erschien. — Wir werden später auf diese Episode im Leben des Anselm Brückner zurückkommen.

Warum Christ die Reise nach Mainz nicht bis nach Ostern aufschieben konnte, läßt sich erraten: er wollte in dieser Audienz dem Kurfürsten und dessen Vertrautem, dem Freiherrn von Strauß, die ersten Exemplare seines gerade fertig gewordenen »Güldenen A, B, C für die Bauern« überreichen. Wie die Audienz beim Kurfürsten verlief — es war ja nicht Christs erste Begegnung mit seinem Landesfürsten — können wir etwa einem

Brief entnehmen, den Georg Forster am 11. April 1788, also ein Jahr später, an seine Frau schrieb, als er nach Mainz kam, um dort die Bibliotheksstelle bei Erthal zu übernehmen:

»Den folgenden Vormittag ging ich in dem kurfürstlichen Garten spazieren bis eilf, wo Müller kam, mich auf den Nachmittag zum Kurfürsten zu bestellen. Ich fand an diesem Herrn einen siebzigjährigen Greis, der noch munter genug aussieht und beständig mit uns im Zimmer auf- und abging. Er hat gute politische Kenntnisse, hauptsächlich was die Verhältnisse der Höfe betrifft; das Uebrige mag oberflächlich sein, doch spricht er gut, deutlich, mit Sammlung, ohne Verlegenheit und sogar freimütig. Wie ich ihm erzählte, welche Religionsbegriffe die Otaheiter hatten (die Bewohner von Tahiti, die Forster auf der Weltreise studirt hatte) fing er an, uns etwas daher zu freigeistern, wozu wir stille schwiegen und uns hernach mächtig darüber wunderten, daß er sich doch so viel — es war allerdings wenig genug — zu sagen getraut hätte. Er hat eine gescheidte Nase, einen ehrlichen Mund und sanfte Augen. Sein Ton ist ernsthaft, aber nicht steif, doch habe ich ihn in einer Stunde ein paarmal lächeln sehen.«

Wir können vermuten, daß Amtskeller Brückner nach dem Empfang des Christ'schen Briefes sich vornahm, diesem selbstbewußten lutherischen Prediger gegenüber, der zum Kurfürsten selbst zur Audienz reiste, künftig etwas vorsichtiger zu begegnen, daß er aber anderseits beschloß, ihm gerade deshalb nichts durchgehen zu lassen.

Im April, als Christ noch nichts von einer Stellungnahme der Mainzer Regierung zu der Eingabe der evangelischen Gemeindemitglieder hörte und fürchtete, Bleichenbach und die Seinen könnten durch Brückner die Sache hintertreiben oder weiter hinauszögern, machte er kurzen Prozeß: am 20. April griff er auf Bleichenbachs große Klageschrift zurück und teilte dem Amt knapp mit: »Da der anberaumte Termin der Vernehmlassung auf HE. Pfarrer Bleichenbachs und der drei Kirchenältesten wider mich an hochlöbl. Amt eingegebene unstatthafte und ehrenrührige Klagschrift verstrichen, so wollte ich einem hochlöbl. Amt gehorsam anzeigen, daß ich solche Vernehmlassung an kurfürstl. hochpreißliche Landesregierung unterthänig eingeschickt und von daher Entscheidung und Genugthuung ausgebäten habe. In vollkommener Hochachtung verharrend gehorsamer J. L. Christ, Past. prim.

Vielleicht hat Anselm Brückner beim Empfang dieses Briefes geschmunzelt und sich dem schreibgewandten Pfarrer ebenbürtig gefühlt, denn auch er hatte am selben Tag ein umfangreiches Gutachten verfaßt.

Doch ehe Christ die Bleichenbach'sche Schrift und seine am 20. April datierte Stellungnahme dazu nach Mainz sandte, wohl mit einem besonderen Boten, schrieb er noch einen zusätzlichen Brief an den Freiherrn von Strauß, in dem es heißt:

»Zu Euer Hochwürden Exzellenz nehme nun meine einzige unterthänigste Zuflucht als meinem hohen Beschützer, da die Verfolgungen und Kränkungen meines Kollegen und seiner 3 anhängenden verwandten unruhigen Kirchenvorstehern auf den höchsten Grad zu steigen beginnen. Unterthänig beigelegte an hochlöbl. Amt wider mich verfaßte Schrift ist von solchen erschröcklichen Schmähungen und tentirten Anschwärzungen angefüllet, daß daraus deutlich erhellet, daß er mir nach Brod und Leben stehet, und mich zu Tode zu kränken sucht. Der Xte Klagpunkt ist ein deutlicher Beweiß davon. Die Protektion, welche er und seine Partie gegenwärtig bei HE. Amtskeller Brückner, wegen dessen Heiraths-Absicht und erhoffenden Verwandschaft mit der Bleichenbachischen Familie, sich versichern kann, machet ihn so dreiste, seinem unruhigen Geiste und boshaften Herzen den vollen Zügel schiesen zu lassen.«

Nachdem der Briefschreiber betont hat, daß er seine Beantwortung der Bleichenbach'schen Schrift »mit größter Mäßigung« ausgefertigt hat, fährt er fort: »Ich durfte mich in meiner Verantwortung, da ich am Schluß sagte, daß ich die Hand auf den Mund legen müße, nicht öffentlich in die nähere Schilderung meines Kollegen und seines aufrührerischen Anhangs einlassen, um der Liebe und des Vertrauens meiner Gemeine gegen mich zu schonen, aber in den vertrauten Schos Euer Hochwürden Exzellenz darf ich es ausschütten und sagen, daß die Bleichenbachische Familie und der Jakob Koch jederzeit die Rädelsfürer aller Unruhe sind, und daß sie andere einfältige und gute Bürger zu beschwäzzen und zu allem zu verleiten wissen, da sie bis daher viele Herrschaft geübet. Aber auch selbst mein Kollege hat sich schon wider seinen eigenen höchstverehrlichen Landesfürsten und hochpreisliche hohe Landesregierung dazu brauchen lassen, da er bereits Kandidat war und ein geistliches Amt suchte (und zwar auch schon auf hierher nach Kronberg; in der Absicht auch seiner Freundschaft, die vorigen Kaplan verfolgt haben, um ihren Sohn und Vetter herzubringen, weil er gleich schöne Gesinnungen wie sie hat). Im Jahre 1781 veranstaltete sein Vater Nikolaus Bleichenbach und Jakob Koch eine Schrift nach Wien, und der Sohn, mein nunmehriger Kollege lies solche in Hanau, da er sich damals aufhielt, durch einen Advokaten verfertigen, und beförderte sie selbst an den Reichs-Hofrath, wo sie aber abgewiesen worden. Gleichwol protegirt ihn nun HE. Amtskeller auf das äuserste um seines Vettern Adam Bleichenbachs willen, dessen reiche Stieftochter er sucht; mich aber hasset und drucket er nun wegen dieser bösen Partie, die selbst geflissentlich und aus bösen Absichten auf die Zukunft alle Feindschaft und Händel in dem evangel. Kirchenwesen angefangen haben. Besonders läßt mich HE. Amtskeller seit 8 Tagen, seit er von Mainz zurückgekommen die bitterste Abneigung und Kränkung fühlen. Ich hatte vorige Woche das Unglück, daß meine ganze Bienenzucht durch einiger Burger Bienen, die Raubbienen worden sind, zu Grunde gerichtet und ein Schaden von 100 Gulden mir verursachet worden. Um nur noch 2 oder 3 meiner Stökke zu retten, bediente ich mich des — nicht nur in meinem Bienenbuch öffentlich bekanntgemachten, sondern auch von andern Bienenlehrern angewiesenen Mittels des mit Nießwurz vermengten Honigs, als eines Mittels, welches nicht wider die christliche Liebe streitet, weil dadurch nur die ankommende Raubbienen, nicht aber der ganze Stock getödet wird, als von welchem nur der dritte Teil ausfliegt. Aber ohngeachtet meines grosen Verlusts setzte er mich in Gegenwart 6 Burgern (darunter aber sein anhoffender Schwiegervater sich befand) so sehr herab, daß er mich wie einen Schulknaben auf das schnödeste anfuhr, mich einen Vergifter der Bienen der Untertanen seines Fürsten gescholten und mir die kränkendste Beweise seiner Abneigung gab, die ich nie verdient habe und seine Freundschaft jederzeit aufs äuserste gesucht. Alles sucht er nun auf, an mich zu kommen. Gestern erfur ich, daß er diejenige Leute zu sich kommen lassen, die ich seit 1 Jar im Haus copulirt habe. Es ist in unserer Kirche einem Pfarrer erlaubt und dahier von jeher gewönlich gewesen, daß, wenn bisweilen ein Ehepaar wegen verschiedener Beweggründen, sonderlich um Ersparnis vieler Kosten willen, verlangt im Haus copulirt zu werden, der Pfarrer willfaret, dafür nun meine Vorfarn 1 Ducaten bekommen. Bei dem ersten Vorfall dahier befragte mich desfalls bei HE. Amtskeller, weil in manchen Ländern von solcher Hauscopulation von dem Ehepaar 1 Gulden an ein Waisenhaus ihrer Kirche oder in das Allmosen muß gegeben werden. Er sagte mir aber, es hätte keinen Anstand, ich könnte im Haus copuliren ... Nun weiß ich nicht, ob er suchen wird, mir in Zukunft dieses Accidenz zu entziehen, das etwa des Jars 1 oder 2 mal fällt, und wobei gnädigste Herrschaft nichts verliert.«

Christ schließt: »Mit Freuden will ich meinen Gegnern vor hochpreißlicher hoher Landesregierung oder Justizsenat erscheinen, wenn es gnädigst befolen wird, um desto mehr, wenn alle bisher gewechselte Schriften und Klagen der Burger wider den Kirchenvorstand zugleich sollen von hiesigem Amt abgefordert und mit abgetan werden, woraus mehreres sichtbar und die Ruhe hergestellt würde. Um eine Commission darf ich nicht bitten, weil meine Vermögensumstände, besonders durch voriges für mich hartes Jar sehr heftig mitgenommen sind.«

Es ist kaum anzunehmen, daß der Freiherr von Strauß sich an eine intensive Lektüre der beiden Klagschriften gemacht hat. Vermutlich hat er sie nur flüchtig überflogen und dann samt dem Begleitbrief dem Hofrat Reuter übergeben, der uns in den Mainzer Akten oft als Sachbearbeiter der Kronberger Angelegenheiten begegnet. Versuchen wir nun, wie es Reuter wohl auch getan hat, die Argumente der Kontrahenten Klagpunkt für Klagepunkt einander gegenüberzustellen! Dabei müssen wir uns freilich auf die Kernpunkte beschränken, und nebenbei werden wir auch das hervorheben, was für die Kulturgeschichte des damaligen Kronberg bemerkenswert ist.

Punkt I:
Bleichenbach: Der erste Pfarrer hat, nach seiner Meinung ein »höchst strafbares Vergehen«, den vom Kirchenconvent einstimmig gefaßten Beschluß, die Frühcommunion fortan in seiner, des zweiten Pfarrers, Wohnung abzuhalten, eigenmächtig im Protokoll gestrichen und Anzeige beim Amt erstattet, als Bleichenbach damit 14 Tage vor Advent begann und bis vor Ostern 1787 dabei blieb.

Christ: Weist den Vorwurf der »Verfälschung« des Protokolls zurück. Er hat seine Einwilligung noch am Tag der Beschlußfassung rückgängig gemacht und dies dem zweiten Pfarrer durch ein Billet mitgeteilt. Dieser hat nichts Gegenteiliges verlauten lassen, »stellte sich an, damit zufrieden zu sein«. Erst »nach seinen im Herbst vorigen Jares angefangenen Feindseligkeiten, dadurch er seine eigenmächtige Neuerungen und Entwürfe mit Gewalt durchzusezzen sich entschlossen hatte, erdreistete er sich, wider den eingewilligten Entschluß und wider die bisherige Observanz zum Ärgernis der Gemeine, die auch zum Theil wider diese unschickliche Neuerung eingekommen, eigenmächtig auf der Kanzel zu verkündigen, daß er künftig die Frühcommunion nicht mehr in der Kirche, sondern in seinem Wonhaus halten werde, das er denn auch bis dieses letztverwichene Ostern thät«. Zum Schluß weist Christ darauf hin, »daß dieses Protokoll nicht als ein gerichtliches Protokoll anzusehen ist, sondern meist nur zu unserer Nachricht der verhandelten Sachen dient.«

Punkt II:

Bleichenbach: Christ trägt eigenmächtig Sachen ins Kirchenprotokoll ein, »die von hochlöbl. Amt nicht als eine Klage angenommen worden. So ist z. B. nach einem eigenmächtigen Schluß, der im Kirchenprotokoll steht:

1. Jakob Koch und Remigius Kunz suspendirt.
2. Die Frühkommunion von neuem abgeändert.
3. Die neue Schulordnung kassirt.«

»Wir sollen für alles Rechenschaft geben, was im Kirchenprotokoll steht, folglich auch die Verwegenheit solcher 4 Burger und HE. Pfr. Christs Unbesonnenheit vertheidigen?«

Christ: »Wenn Kirchenglieder über Beeinträchtigungen und Neuerungen in ihrem Kirchenwesen besonders über den Kaplan zu klagen bemüsiget zu sein glauben: zu wem sollen sie sich näher wenden als zu ihrem Pfarrer, der für ihre Kirchen und Schulangelegenheiten zu wachen hat, zumalen sie ihre weltliche Obrigkeit im nötigen Fall nicht vorbeigegangen? — und wie kann der Präses eines Convents beschuldigt werden, unbesonnen zu handlen, wenn er dasjenige in das Conventsprotokoll einträgt, was er seinem Convent vorzutragen nöthig hat, und darüber berathschlaget werden soll? Würde nicht das Conclusum mangelhaft sein, one die Materie zu berüren, worüber geschlossen worden?«

Und zur Schulordnung: »So verlanget auch die Bürgerschaft keineswegs eine Aufhebung der neuen Schulordnung, sondern wünschet nur, daß diese Aenderung mögte vorgenommen werden, daß die Mädchen wieder wie zuvor allein zu dem Mädchenschulmeister und die Knaben zu dem ersten Schullehrer gethan würden, wozu sie folgende Gründe anführen, die allerdings verdienet hätten, in Erwägung gezogen zu werden: dem ersteren Schullehrer mangle bei der starken Anzal Kinder, wenn er alle Knaben und Mädchen, die lesen können, beisammen habe, die Zeit, in den Lectionen mit allen fertig zu werden, dahingegen der Mädchenschulmeister zu wenig und kaum den vierten Theil habe an solchen, die nur buchstabiren, und daß diese kleinen um so mehr größere bei sich erfordern, weil sie die Gebote, Artikel, Gebäte von diesen durch öfteres Hersagen und Zuhören lernen müßten, andrer Umstände, die diese Trennung erfodern, nicht zu erwähnen...«

Punkt III:

Bleichenbach: Mit der »Kassirung« der neuen Schulordnung ist der »alte weniger lästige Schlendrian« wieder aufgekommen. »Wo ist hier der Schulverbesserer? Wo der Kinderfreund?... Wir haben 2 Schullehrer, der erste muß höhere Schulen besucht haben und mit ein Musikus seyn, 2te ist ein Burger von unserer Gemeinde. Kann man nun

1) von einem Burger das fordern, was man von dem ersten Schullehrer mit Recht und nach Billigkeit fordert. Sollte man nicht suchen, dessen höhere Fähigkeiten zum Besten unßerer Schuljugend brauchbar zu machen? Soll darauf fernerhin bloß Rücksicht genommen werden, daß er desto schöner den Kindern vorschreibe? Soll er bloß deswegen höhere Schulen besucht haben, um den Kindern das Lesen, Buchstabiren und das ABC beizubringen? Ist deswegen von unserem gnädigsten Landes Vater ein Seminarium, wo künftige Schullehrer gebildet werden, errichtet worden? Sollten wir nun nicht nach verschiedenen Fähigkeiten unserer Schullehrer dieselbe auch in einen verschiedenen Wirkungskreiß setzen und dem ersten alle Kinder, die im Lesen fertiger sind, und dem 2ten die übrige unvollkommenere geben?

2) Was hat der vollkommenere Schüler für Vortheile, wenn er das ABC und der unvollkommene Lesen hört?

3) Was für Unruhe in Schulen wird nicht durch die Abtheilung vorgebeugt. Jedes Kind ist munter und lebhaft. Würde man nicht der Natur Gewalt anthun, wenn man dem Kind gebieten wollte, ganz unbeweglich sitzen zu bleiben? So aber werden fast alle Kinder zu gleicher Zeit in Thätigkeit erhalten. Wenn z.B. in der ersten Klasse der erste Schüler ließt, so lesen zu gleicher Zeit alle. Wenn in der 2ten ein Kind buchstabirt, so buchstabiren alle von gleicher Fähigkeit.

4) Wie viel Zeit wird nicht durch diese neue Abtheilung gewonnen? Es ist nicht nöthig, sich länger bei einer Lection zu verweilen, als man sich bei der alten Einrichtung dabei aufhielt. Wenn z.B. der erste Lehrer eine Stunde zum Lesen verwendete, so mußte sie auch der 2te darauf verwenden. Wenn jener eine halbe Stunde buchstabiren ließ, so mußte auch der andere eine halbe Stunde buchstabiren lassen. So braucht man aber nur die einfache Zeit.

5) Wie vortheilhaft können die ersparten Stunden angewendet werden? Woher kommt es, daß wir so viel unwürdige Mitglieder in unserer Gemeinde haben? Woher die gesezwidrige factionen? Woher die Lieblosigkeit gegen einander? Woher daß man sich gar kein Gewissen daraus macht, den Landesherrn zu bestehlen? Daß man die größte Ungerechtigkeiten ausübt, wenn man nur vor den Augen der Welt verborgen bleibt? Woher, daß der Vorschlag von drei tauglichen Subjekten zur Praesenz, Hospital und Schulstellen so schwer ist? Woher anders, als weil man in der Jugend nicht Schreiben, Rechnen und wahres Christentum lernt? In unserer Gemeinde fehlt es wahrlich nicht an traurigen Beispielen. Unter 135 Mitglieder aus der unßern Ev. Gemeinde besteht, sind kaum 2, die einen Aufsatz zu verfertigen und eine Rechnung zu stellen fähig sind. Und diese haben ihre Geschicklichkeit nicht dem öffentlichen Schulunterricht, sondern andrer Unterweisung zu danken. Keine Schreibstunde, keine Rechenstunde wurde nie in unsern Schulen gegeben. Es war auch nicht möglich, da die Zeit dazu fehlte.«

Christ: »Mir ist unbegreiflich wie dreiste mein Kollege Beschuldigungen hinschreiben kann, die sich selbst widerlegen und das Gegentheil männiglich so klar als der Mittag ist. Nicht einen Punkt, nicht ein Jota habe ich von der neuen Schulordnung aufgehoben. In dem Vorwinter hatte der erstere Schullehrer alle Knaben und Mädchen, die lesen können, im Nachwinter starb der Mädchenschulmeister, der die kleine Kinder hatte, welche sodann die übrige Zeit bis daher, weil noch kein zweiter Schulmeister gnädigst bestätiget ist, alle in die erste Schule gethan worden.«

»Ebenso ist ganz wider die Warheit, was er in seinem weitläufigen Eingang zu seinen Klagpunkten sagt: als hätte ich dem Schullehrer verboten, die Schulversäumnisse der Kinder aufzuschreiben und zwar auch zur Winterszeit. Dieser lebet noch und kann davon die Aussage thun. Das erklärte ich gleich anfangs bei Verfertigung des Plans gegen das Kirchenconvent, daß man die Geldstrafen der Schulversäumnisse im Sommer unmöglich könnte statt finden lassen, wegen dem starken Handel und Wandel und Feldgeschäften der Aeltern, darunter viele Arme sind, die ihre Kinder im Sommer nicht immer entbehren könnten.«

Punkt IV:

Bleichenbach: Christ handelt auch eigenmächtig »mit Abänderung der Schul und Kirchengebete«. »HE. Pfarrer Christ ließ sich in seiner Freiheitsliebe durch nichts stöhren.« Viele Gebete beim öffentlichen Gottesdienst wurden durch ihn abgeändert. »Besonders betraf die Veränderung die Taufformel und die Einsegnung der Eheleuten. Auch der Titel unseres gnädigsten Landesvaters hat große Veränderung erlitten.« — »Hat sich HE. Pfr. Christ darinn sträflich vergangen, so bitten wir ihn anzuhalten, ein neu Kirchenbuch auf dessen Kosten wiederabschreiben zu laßen, das dem alten gleichlautend ist. Hat er es aber nach der Freiheit eines Mainzischen Geistlichen gethan, die uns unbekannt ware, so müßte es auf Kösten der Kirche geschehen. Nicht zu gedenken, daß es einem fremden Geistlichen, der hier predigen würde, sehr schwer fiele, darinn zu lesen, so wäre es doch Schande für uns Prediger, wenn fremde Personen auf dem Altar ein solches verschmuztes und durchstrichenes Gebetbuch erblickten. Ihro Kurfürstl. Gnaden Emmerich Joseph höchst seel. Andenkens ließen sich daßelbe zeigen, da Sie mit höchst dero Gegenwart unßere Stadt erfreuten, und unßere Kirche besuchten. Sollten wir von unßerem gnädigsten Landes-Vater dieses Glück erleben, so müßten wir unsere Kirchengebete verbergen.«

Christ: »Solte es wol von einem geistlichen Kollegen zu denken sein, dasienige, worum er den andern selbst ersucht hat, das er gelobt und gebilliget, das untadelhaft und rein ist — nach Verlauf eines Jares zu einer Anklage machen zu wollen. Er bat mich bald anfangs, der Schuliugend ein neues Gebät aufzusezzen, um solches vor und nach der Schule zu bäten. Ich trug daher an statt des alten unpoetischen Reimgebätlein dienlichere orthodoxe Verse von reiner Poesie aus unsern Lehrbüchern und aus dem Gellert zusammen, trug solches in das Kirchenprotokoll ein, lies es ihn durchlesen und sodann dem Schullehrer zum Gebrauch übergeben.

Ebenso ersuchte er mich, das öffentliche Kirchengebet, welches geschrieben ist, zu durchgehen, und die Gebäte von den alten unverständlichen Worten und Redensarten zu reinigen, deren er mir einige zum Voraus sagte, da ihm solche schon etwas bekannt waren. Ich unterzog mich auch dieser Verbesserung, durchstrich sonderheitlich solche

Perioden in den Gebäten, die auf unsere tolerante Zeiten gar nicht passen, und bei einem so gnädigen Landesfürsten und einer gerechten preiswürdigsten Regierung ganz überflüssig, ia sündlich wären.

Er bezeugete darüber sein Wolgefallen, bediente sich bis daher der Veränderungen, die überdies äusterst wenig sind und in Worten oder kleinen Perioden bestehen, so daß es die Gemeine gar nicht bemerkte, vielweniger daran iemand Anstoß nahm, den allerdings ein Seelsorger sorgfältig vermeiden muß. Auch ist das Buch dadurch nicht im geringsten unleserlich geworden, so daß wie der Augenschein zeigen kann, der Anfangsschüler darin lesen könnte; auch ist es übrigens wenig verschmuzt, ob schon es geraume Jare lang von den Kaplanen täglich gebraucht und die Bätstunden daraus gehalten werden.

Besonders berürt mein Kollege bei den Veränderungen in dem Kirchengebätbuch die Taufformel, dabei in der Vorlesung und Gebät ongefehr 6 bis 8 übelklingende alte Worte verändert, und eine Zeile, den Exorcismum betreffend, ausgestrichen habe; 6 andere Zeilen aber waren schon von meinem Vorfaren ausgestrichen. — Was ist nun aber wol daraus zu urteilen, daß dieser mein Kollege mir zu widerholtenmalen angelegen: ich sollte doch die Frankfurter Taufformel, die man gedrukt haben könnte, kommen lassen und solche einfüren. Allein ich weigerte mich unter der Bedenklichkeit, daß es in der Gemeine, die bei diesem Sacrament an ihre alte Formel gewont sei, leicht einen Anstoß geben und als eine Neuerungssucht angesehen werden möchte. — Gott ist bekannt, was er dabei für eine Absicht mag gehabt haben.

Was die vorgegebene große Veränderung in dem Titel unseres gnädigsten Landesfürsten betrift, so bestehet solche darin, daß die Worte ›des H. Stuls zu Mainz Erzbischof, des H. Römischen Reichs durch Germanien Erzkanzler mit dem Zeichen ( ) eingeschlossen sind, und solche der Kürze wegen weggelassen werden können . . .«

Das von meinem Kollegen ingeführt gewesene Bahrdische Vater Unser in der öffentlichen Schule, wodurch er so groses Aergernis gegeben, und sich in einen sehr nachtheiligen Verdacht des Socianismus gesezzet, hätte ich herzlich gerne in der Stille abgeschaft; wenn ich nicht bei der aufgebrachten Gemeine dadurch selbst in den Argwon, den wol schon einige gehabt, zu kommen befürchten mußte, als hätte ich es gewußt und wäre damit einstimmig gewesen. Es verdienet aber diese Abänderung gewiß nicht den Namen einer Mißhandlung, da ich ihme dabei nicht im mindesten schnöde begegnet, sondern ihme erklärte, daß dergleichen Schritte leicht Anlaß geben könnten ein übles Urteil von unserer Orthodoxie zu fällen, und habe auch nicht zu den Kindern gesprochen.

Die Anzeige an das hochlöbl. Amt machte nicht ich, weil das Ärgernis in so weit gehoben, und die Sache abgestellet war, sondern HE. Amtskeller berichtete es für sich ein. Vielweniger rühmte mich dessen gegen Gemeindsglieder. Inzwischen mußte ich bei gegebenem Anlaß desfalls diejenige beruhigen, die dawider aufgebracht waren.

Punkt V:

Bleichenbach: HE. Pfarrer Christ hat seither »wenig Pastoral Klugheit in der Auswahl der Lieder beim öffentlichen Gottesdienst beobachtet. Mag es nun geschehen seyn, um sich und seinen Freunden dadurch eine Freude zu gönnen, die sich auch sehr deutlich jedes mal bei diesen äußerte, oder seine, wie er vielleicht ganz irrig denken mag, Feinde dadurch zu beleidigen. Es ist sehr unanständig, anzüglich singen zu lassen, besonders wenn factionen entstanden sind. Freilich kann man dadurch die Gemüther noch mehr erbittern. Indessen bleibt es des Lehrers Pflicht, dieselbe zu unterdrücken, nicht aber durch gottesdienstliche Handlungen zu befördern. Manches Mitglied der Gemeinde, das auf die Auswahl von solchen anzüglichen Liedern merkt, wird dadurch bewogen, fernerhin den Gottesdienst nicht mehr zu besuchen; wie ich, 2ter Pfarrer wirklich einen Anstand nehme, den Vorträgen meines HE. Kollegen beizuwohnen«.

Christ: Fünftens beschuldigt mich mein Kollege, daß ich bei den Predigten anzügliche Lieder zum Singen erwähle, wovon er sogar im Eingang seiner Klagschrift einige Verse anfürt.

Kaum wird es nöthig sein, daß ich diesen schwachen Gedanken widerlege, womit etwa nur die Zahl von 12 Klagpunkten sollte ausgefüllet werden. Er rechtfertigt mich selbsten, daß ich nicht anzüglich predige, und das thut auch kein gewissenhafter Lehrer, der nicht sich selbsten, sondern Gottes Wort seinen anvertrauten Selen predigen will. Das Gegentheil von Erbauung muß iedesmal bei denselben gewirket werden, wenn ein Prediger in seinem Vortrag Privatsachen, die besonders ihn angehen, auf die Kanzel bringt, und dadurch seiner Rachsucht ein Opfer bringen zu wollen, das Ansehen gibt. Thue ich um dieses nicht, und ist mir die Stätte, wo die Nachfolge der Sanftmut Jesu angepriesen wird, viel zu heilig, mich also zu versündigen, und nicht stets den wahren Zweck der Erbauung vor Augen zu haben: wieviel weniger sollte ich solches durch Lieder thun, oder könnte es thun, da ich solche nicht verfertiget habe, die ich nach dem Text, so viel es die geringe Anzal der Lieder in unserem hiesigen alten Gesangbuch erlaubt erwähle, one gewiß dabei an ihn zu gedenken, als wenn etwa von der Bekehrung und Änderung des Herzens und Wandels darin gehandelt wird. Was er von einigen Versen auf sich mag gezogen haben, muß ihm sein Herz und Gewissen sagen, mit was für Augen er sich und mich ansiehet. Kein Gemeinsglied hat sich ie weder über die Lieder, die ich singen lasse, noch über meine Predigten beschweret, und niemand, auch selbst sein eigener mir aufsäßiger Anhang nicht, versäumet meine Predigten, auser er aus traurigem Haß; aber seine offenbar anzügliche Predigten haben seine Zuhörer angeklagt, und viele bleiben ihm aus der Kirche, weil sie keine Erbauung bei ihm finden, als welche leider bei seinem Betragen ganz wegfallen muß.«

Punkt VI:

Bleichenbach: »HE. Pfarrer Christ bitten wir auch einzuschärfen, daß er nicht Oberpfarrer, sondern nur erster Pfarrer sey, folglich ich 2ter Pfarrer gar nicht unter ihm stehe, und er nicht mein Richter, sondern nur primus inter pares sey. So entstand unter den Purschen, die auf Genehmigung eines hochlöbl. Amts bis nach zurückgelegten 18 Jahren zur Katechismus Lehr angehalten wurden, ein Rangstreit. Zuerst stellten sie sich nach den Jahren, wie sie die Schule verlassen hatten. Einem der Handwerksgeselle gewesen, wurde deswegen bei der Zunft Vorwürfe gemacht, daß er unter Jungen und

Buben stehe: er solle sich in Zukunft zu den Obern stellen, die auch Handwerksgesellen wären. Er veränderte nun seinen Stand, ohne daß Unruhe erfolgte, und ohne daß ich darauf merckte, und von dem Verbott etwas wußte. Bald darauf wurde ein anderer auch Handwerksgesell. Er änderte nun auch seinen Ort; dagegen aber widersezten sich die übrige. Ich bemerckte nichts von der Unruhe, die dieser Rangstreit erregte, weil die Pursche an einem entlegenen Theil der Kirche sich versammeln. Wie ich die Katechisation anfieng, entdeckte mir der erste Schullehrer den Vorfall. Ich erinnerte sie an das Eitle ihres Rangstreits, indem sie Gott ebenso wohlgefällig wären und ebenso mündig dienen könnten, sie möchten oben oder unten stehen. Zulezt fügte ich noch hinzu, da ich hörte, daß in der Katholischen Kirche eben dieselbe Ordnung seie: den Gesellen gehöre der Vorzug: sie möchten stehen bleiben, wie sie jezt stehen. Nach geendigtem Gottesdienst erzehlte ich HE. Pfarrer Christ den Vorfall. Mein Verhalten wurde von ihm gebilligt, und durch folgende Worte bekräftigt: im Hanauischen stehen die Soldaten oben an, und was dort die Soldaten sind, sind hier die Gesellen.

Am folgenden Sontag erfolgte ebendieselbe Unruhe, Mein HE. Kolleg trat nun aus dem Pfarrstuhl und befahl, daß die untenstehende den Oberen rücken sollten. Zwei Väter, die die Klage ihrer Söhne unterstüzten, entschloßen sich deswegen, mich bei meinem HE. Kollegen zu verklagen. Nachdem mir die Sache entdeckt wurde, gab ich davon HE. Pfr. Christ Nachricht, und bat ihn, die Väter mit ihrer Klage abzuweisen, mit der Erinnerung: ihre Söhne besser zu ziehen. HE. Pfr. Christ versprach es zu thun. Nach wenigen Tagen erschienen die Väter klagbar. Sie fanden Gehör und mir wurde anbefohlen, die Gesellen wieder unten und die andern oben stehen zu laßen.

Noch deutlicher entdeckte HE. Pfr. Christ seine sich einbildende Oberherrschaft durch einen andern Vorfall. Im verfloßenen Jahr besuchte mich ein Freund, der schon seit 6 Jahren ein geistliches Amt bekleidete. Er bat mich, ihn für mich predigen zu laßen. Da ich mit demselben von Jugend auf Umgang hatte, zu gleicher Zeit mit ihm die Schule und Universität besuchet, folglich ihn genau kannte, so bewilligte ich ihm ohne alles Bedenken sein Ansuchen. Mein HE. Kolleg wurde dadurch so sehr beleidiget, daß er bei hochlöbl. Amt davon Anzeige machte, und zu fordern schien, als sollte ich ihn zu erst um Erlaubniß bitten, einen andern für mich predigen zu lassen. Hochlöbl. Amt fand wahrscheinlich, nachdem ich bei Gelegenheit von demselben gefragt wurde: wie in diesem Stücke anderswo bei Evang. Geistlichen die Ordnung wäre, die Anzeige so eitel, daß sie keiner weiteren Untersuchung gewürdiget wurde. Wohl 50 mal habe ich als Kandidat hier in meiner Vaterstadt gepredigt. Ich habe nie, wenn ich für HE. Pfr. Mühl predigte, HE. Pfr. Justi um Erlaubniß gebeten, eben so wenig hat auch jener diesem davon Anzeige gethan. Es ist mir kein Ort bekannt, wo ein Evang. Geistlicher über seinen Kollegen eine Oberherrschaft auszuüben sucht. Ich hörte vielmehr von HE. Superintendent Stockhausen und HE. Inspector Blum in Hanau, daß sie nichts anders als primi inter pares seien. Mein HE. Kolleg wird doch nicht mehr als Superintendent oder Inspector seyn wollen?«

Christ: »Im sechsten Klagpunkt beschuldigt er mich eines zur Ungebür mir angemaßten Vorzugs und Oberherrschaft über ihn mit einigen unbedeutenden Beweisen.

Mein Herz ist entfernt von Stolz, und ich bin mit ihm iederzeit amtsbrüderlich umgegangen, und habe keine zu nahe tretende Vorzugsbegierde blikken lassen, ob er schon eigentlich nur Kaplan und ich der Pfarrer bin, er ein Anfänger im Amt und iunger Mensch, ich aber schon in die 24 Jare im Amte gestanden, und solches one mich zu rühmen, nicht one Segen von Gott und Beifall meiner ieweiligen Gemeinden gefüret, auch auser meinen höhern Berufspflichten, wo ich der Welt und meinen Gemeinden nüzlich sein konnte, viel gedienet, und manche Amtserfarungen gesammlet, die er noch lernen muß; gleichwol habe ich mich nie über ihn zur Ungebür erheben gesucht. Wenn inzwischen auf die Ordnung und auf die Stellen, worein uns beide Seine Kurfürstlichen Gnaden und Hochpreisliche Landesregierung gesezet, Rücksicht genommen werden soll, so wird die beizubehaltende gute Verfassung, Ordnung und das Wohl der Kirche und des damit verbundenen Theil des Staats erfodern, daß der Pfarrer mehr zu sagen habe, als der Kaplan, und daß iener auf die herkömmliche innerliche Einrichtung der gottesdienstlichen Gebräuche seiner anvertrauten Kirche besonders wache und halte, daß keine Störung entstehe, und der Kaplan verbunden sei, sich nach ienes rechtmäßigen Entscheidungen, worein die Gemeine williget, zu richten. Bei der hiesigen kirchlichen Verfassung . . . war von ie her ein Pfarrer und ein Kaplan. Die Pfarrei hat iederzeit diesen Vorzug gehabt, daß der Pfarrer allein alle Kirchenakten, Protokolle in seiner Verwarung und Aufsicht, das Kirchensiegel zum Gebrauch, alle Scheine, Ext. Prot. auszufertigen hat: bei dem Kirchenconvent das Präsidium, und one denselben keines statt findet, daß er dabei 2 Vota hat: daß er den Kaplan ordinirt, die Kirchenvorsteher und andere Diener der Kirche verpflichtet, die Almosen verschreibt und dergleichen. Hat die Gemeine eine Angelegenheit in ihren Kirchengebräuchen und dahin einschlagenden Dingen, so wendet sie sich zuerst an den Pfarrer und erwartet von ihm die weitere Besorgung: Sind Streitigkeiten in Ehesachen, die für das geistliche Amt gehören, so hat darinnen, nach Bewandnis der Pfarrer zu schlichten, oder nach Erfordernis auch den Kirchenvorstand zuzuziehen. — Ob nun schon bey unserer beiderseitigen gnädigsten Annahme alle die Einrichtung und kirchliche Verfassung geblieben, und weder eine hochpreisliche Landesregierung sie aufgehoben, noch die Kirchengemeine darum nachgesucht oder eine andere Einrichtung verlangt hat, so waget doch mein Kollege, der mit seinem Posten nicht zufrieden ist, allerlei Angriffe auf die Gerechtsame der Pfarrei, wie er denn unter anderm vor 2 Monaten sich beigehen lassen, daß er mir durch den Kirchendiener das Kirchenconventsprotokoll zu wiederholten malen mit Ungestüm abfodern lassen wollte.

Hat er schon in seinem gnädigsten Annahmdecret zur Kaplanei den Titel als zweiter Pfarrer bekommen (wovon mir unbekannt ist, ob es aus besonderer Gnade unseres gnädigsten Landesfürsten, oder etwa aus Versehen in der Kanzlei geschehen ist, weil der vorige Kaplan gewönlich Pfarrer genennet worden, indem er zuvor verschiedene Jare Pfarrer im Hanauischen gewesen, sich aber dennoch nicht anders als Pastor diaconus unterschrieben) so ist er doch nur eigentlich Kaplan und hat alle die Kaplansfunctionen fort zu verrichten wie es die vorigen gehabt, nur daß ich ihme die dritte

Woche der Bätstunden abgenommen, weil er sonst das ganze Jar zu lästig wäre gebunden gewesen . . .«

»Er erzälet bei diesem sechsten Klagpunkt weitläufig einen Rangstreit, der unter den iungen Purschen in der Kinderlehre entstanden, welcher ihme selbst zum Tadel gereichet, weil er selbst die Veranlassung dazu gegeben und zu Gunsten des Sohnes seines Vettern, des Hospitalmeisters Jakob Bleichenbach eine Rangordnung einführen wollte, und auch diese Neuerung unternommen, one mir zuvor etwas davon zu sagen . . .«

»Daß ich ferner zu wissen wünsche, wenn und was für einen Studenten oder Kandidaten der Kaplan meine Kanzel betreten lassen wolle, ist so wol der Ordnung gemäß, als notwendig. Bei Consistorien unserer Kirche ist der Befel an die Pfarrer, daß sie keinen unexaminirten Kandidaten oder der nicht wenigstens vom Superintendenten als erstem Geistlichen des Landes tentiert worden, dürfen predigen lassen . . .«

Punkt VII:
Bleichenbach: Da unser Opferkasten mit 4 Schlösser versehen ist, theils um guter Verwahrung willen, theils deswegen, damit kein Mitglied für sich allein denselben eröffnen kann, und sich wohl dadurch der Untreue verdächtig machte, so sind diese 4 Schlüssel den 4 ältesten Mitgliedern vom Kirchenrath stets ausgetheilt gewesen. HE. Pfr. Christ hat aber allein diese 4 Schlüssel. Wir ließen ihn schon durch den Glöckner erinnern, daß es ganz wider die Ordnung sey. Allein HE. Pfr. Christ scheint es nicht zu wissen oder wissen zu wollen . . .«

Christ: »Was siebendens die in meiner Verwahrung one mein Wissen befindliche Schlüssel zum Opferstock, worinn die Heller sich befinden, betrift, so rechtfertiget mich mein Kollege selbst auf der 17ten Seite seiner Schrift, da er sagt: ich hätte alenthalben um die Schlüssel zum Opferkasten, der geöffnet werden sollte, herumgeschikt; sie hätten mir aber sagen lassen, daß ihre 2. Schlüssel bei den meinigen hängen. Ich wußte also nicht einmal, daß ich diese Schlüssel habe, so gut sie auch bei mir in der Verwarung gewesen: Bei dieser Gelegenheit wurde mir erst in Erinnerung gebracht, wie die Kirchenvorsteher vor dreiviertel Jaren, da der Opferkasten geöfnet worden, one mein Wissen oder Daraufachthaben ihre Schlüssel zu dem meinigen gehänget haben, in Gegenwart des Kaplans mit den Worten: Wir sind wegen unsern Feldgeschäften und Handel nicht immer zu haben, wenn der Opferstock öfters geöffnet werden muß, und der Hospitalmeister Heller nötig hat: sie sind ia im Pfarrhaus wol aufgehoben. — Nun machen sie es zu einem Klagpunkt. — Fast scheint es, sie hätten deswegen ihre Schlüssel an den meinigen gehänget.«

Punkt VIII:
Bleichenbach: »Da die Ein- und Ausfahrt im Pfarrhof gemeinschaftlich ist, mithin HE. Pfr. Christ sich darin gegen mich zweiten Pfarrer zu verhalten verbunden ist, was jeder Nachbar gegen den andern, die eine gemeinschaftliche Ein- und Ausfahrt haben, beobachtet, indem nie derselbe einseitig versperrt wird, so bitten wir gehorsamst, HE. Pfr. Christ zu befehlen, die Einfahrt in Pfarrhof nie mehr ohne Einwilligung des 2ten Pfarrers zu versperren. Auf diese Art würde ich sein Kolleg in Zukunft vor einem zwei-

deutigen Kompliment gesichert seyn, das mir durch den Glöckner Hirschvogel, indem mein Bruder, hießiger bürgerlicher Einwohner ohne mein Wißen Holz unter die Einfahrt legte, da dieselbe versperrt war, und durch die Nacht verhindert wurde, es auf mein Antheil vom Hof zu legen.«

Christ: »Was der achte Klagpunkt sagen will, sehe ich nicht ein, da mein Kollege selbsten spricht: sein Bruder hätte mir hinter mein Hofthor einen Wagen voll Holz gelegt, und mir die Einfahrt in meine Scheuer und Hof versperrt, welches auch von ihme ohne mein Wissen geschehen und ich mich daher bei meinem Kollegen erkundigen lassen mußte, ob das Holz ihme gehöre? Meine Anfrage war nicht zweideutig, ob er aber zweideutig gedacht, daß er mir das Holz hinlegen ließ, will ich nicht untersuchen. Wenigstens klagt er hier, was ich klagen könnte, mir das Hofthor nicht zu versperren.«

Punkt IX:

Bleichenbach: »So fordern wir Kirchenältesten von HE. Pfr. Christ Genugthuung, da er uns Ungerechtigkeiten vorwarf, ohne dieselbe uns dargethan zu haben. Wir suchten nach unsern Pflichten jederzeit das Beste der Kirche zu befördern, als auch darinn, wenn wir durch hochlöbl. Amt seinem unnöthigen Bauen Einhalt zu thun uns bestrebten. Wir hoffen, hochlöbl. Amt wird uns gegen solche Vorwürfe schützen und uns Satisfaction zukommen zu lassen, indem wir sonst befürchten müßten, HE. Pfar. Christ möchte diese mehrmals zu erneuern sich belieben lassen.«

Christ: »Neuntens fodern die Kirchenältesten Beweiß und Genugthuung ich hätte ihnen Ungerechtigkeit vorgeworfen.

Von ihrer sämtlichen moralischen Ungerechtigkeit zeuget sowol diese Klagschrift, die sie unterschrieben, als ihr ganzes Betragen. Ist es gerecht und ihren Pflichten nicht schnurstraks zuwider, Unordnung im Kirchenwesen anzufangen, zu unterhalten und aufs äuserste zu treiben, ihrem vorgesezten Pfarrer alle Folgleistung aufzukündigen, bei keinem Kirchenconvent mehr zu erscheinen und alles durcheinander mengen zu wollen? Ist es gerecht, ihren Pfarrer, der so redlich mit ihnen umgegangen, der sie mit keinem Blick und Wort beleidigt, zu verfolgen, zu kränken, ihn bei seiner eigenen Gemeine, die ihn liebt, und deren Zutrauen sie vermehren sollten, zu verlästern und zu verläumden? und was gar viele dergleichen schnöde Ungerechtigkeiten mehr sind.

Andere Ungerechtigkeit überlasse ihrer Verantwortung und dem Ausspruch des weltlichen Richteramts, da Adam Bleichenbach wegen einem für die Schule gekauften, aber nachher in seinen Nuzzen genommenen Kastanienstüks und Jakob Koch über dem von seinem eigenen gewesenen Mitältesten gemachten Vorwurfs und Benennung eines Diebs, der das Siegel an den Kollectengeldern erbrochen, von einem Theil der Burger bei hochlöbl. Amte angeklaget worden.«

Punkt X:

Bleichenbach: »So können auch wir unterschriebene Mitglieder vom Kirchenrath unser Misfallen nicht verbergen, daß HE. Pfr. Christ beim Kollekten Verschreiben in unsern erleuchteten Tagen noch auf Katholisch und Lutherisch Rücksicht nimmt, mithin den Geist der Intoleranz ernährt und wohl gar befördert. Unser ganzes Kirchen Konvent sieht sich beschimpft, wenn HE. Pfr. Christ einem katholischen Kollektanten, der mit einem Patent von hoher Landes Regierung ausgeschickt wird, um für einen Kirchenbau einzusammeln, aus der Praesenz 20 Kreuzer und aus dem Hospital 10 Kreuzer verschreibt, da er HE. Pfr. Christ einem Kollektanten aus Sachsen ohne Mainzisches Patent 1 Gulden 12 Kreuzer aus der Praesenz, und aus dem Hospital 40 Kreuzer anwies. Wer erkennt nicht hieraus den Geist der Intoleranz? Ist zu unsern Tagen ein Lehrer würdig, den Lehrstuhl zu betretten, sey er auch von einer Kirche von welcher er wolle, die davon belebt wird? ... Um also auch darinn vor ähnlichen unangenehmen Fällen gesichert zu seyn, so bitten wir gehorsamst ein hochlöbl. Amt, eine gewisse Summe zu bestimmen, die jedem Kollektant mit einem Patent von hoher Landesregierung gegeben werden soll, z.B. aus der Praesenz 1 Gulden 30 Kreuzer und aus dem Hospital 1 Gulden.«

Christ: »Mit dem zehnten Klagpunkt sucht mir mein Kollege und seine 3 Anhänger einen höchst schändlichen Fleck anzuhängen und ein Laster anzudichten, von welchem ich himmelweit entfernt bin, und sich zugleich ergeben wird, daß es selbsten ihr eigen Herz besessen, nemlich die Intolleranz und eine unedle Eifersucht über die Religion des Landes. — Zum Beweis fürt er an, weil ich voriges Jahr zu einer Kollecte für eine katholische Kirche nicht mehr als 30 Kreuzer verschrieben hätte.«

Der betreffende Kollektant hatte weder ein »Patent«, also eine Sammelgenehmigung der Mainzer Regierung, noch wußte er zu sagen, für welche Kirche an welchem Ort er sammelte. — Ein obskurer Fall also. Christ fährt dann fort:

»Mein ganzes Verhalten gegen andere Religionsverwandte in meiner Amtsfürung, ia in meinem ganzen Leben muß desfalls von einer unparteiischen redlichen Liebe gegen ieden zeugen. Meine Bekantschaft, Briefwechsel, Freundschaft weiß von keinem Unterschied der Religion. Mein Gesinde, so ich hier gehabt und noch habe, waren lauter Katholiken, die ich so fleißig zu ihrer Kirche angehalten, als ob sie meine Beichtkinder gewesen. Der katholische Geistliche dahier, Herr Pfarrer Ihl, mein guter Freund, kennt mich auch nicht anders auf dieser Seite, ia die ganze katholische Gemeine wird mir kein anderes Zeugnis geben, und will, um nicht ruhmrathig zu scheinen, keine specielle Beweise anfüren. Gott aber dem Herzenskündiger ist es am besten bekannt, wie redlich und one alle Verstellung ich desfalls gesinnt bin.

Aber auch mein Kollege weiß hinlänglich aus klaren Beweisen und Unterredungen, wie untadelhaft meine Gesinnung und herzliche Zuneigung gegen die Katholiken ist. Gleichwol aber erkläret mich mein eigener Kollege wider sein besser Wissen und Gewissen für einen intoleranten Lehrer, der nicht würdig seie, die Kanzel zu betreten: — ein Mann, der im Jar 1780, da er schon um den Lehrstul sich bewarb, und ein geistliches Amt suchte, sein Gespötte mit der heiligen Mutter Gottes trieb, die uns das Heil der Welt geboren hat, und für welche ieder rechtschaffene Christ die gröste Verehrung heget. Wider diese geheiligte Person gebrauchte er in seinem Schreiben hierher nach Kronberg an seinen Freund, Pfarrer Mühl unterm 19. Mai 1780 diese hämische Worte: ›und wenn auch die heilige Maria mit all ihrer Macht wäre angezogen gekommen, so würde ihr zu gefallen kein Mensch seine angewiesene Stelle um ein Haar verändert haben.‹ Ja er hat Beispiele gegeben, daß er noch iezo nicht besser gegen die katholische Religion gesinnet seie, indem er vor nicht gar langen Monaten in einer Gesellschaft selbst in Gegenwart eines katholischen Geistlichen gegen die Päbste losgezogen, und besonders über den Ablaß, so daß er sogar den Wolstand im gesellschaftlichen Leben auf das schnödeste aus den Augen gesezzet.«

Anschließend erinnert Christ daran, daß »ein Fürst von der katholischen Religion« Bleichenbach seinen »Lehrstuhl« anvertraut hat, »ein Fürst unter dessen Schuz, in dessen Land und Stadt seine Aeltern ihr Vermögen gesammlet«.

Zu den letzten beiden Punkten hat J. L. Christ nicht besonders Stellung bezogen, da sie weniger eine Anklage bilden, als Vorschläge enthalten. Wir geben diese Punkte hier wieder und fügen dann das Wichtigste aus Christs Verteidigung an.

Punkt XI:

Bleichenbach: »Ebenso werden auch unsere Allmosen von HE. Pfarrer Christ ganz gegen das Landesgesez verschrieben, nach dem einem Kollektanten ohne Patent von hoher Landesregierung oder herum ziehenden Bettler nichts geben soll, und welches überhaupt jede Gemeinde verpflichtet, ihre Armen zu unterhalten. Es ist zwar dieses wohlthätige Landesgesez nie von unsern vorigen Geistlichen beobachtet worden, und wir wollen auch keinen Klagpunkt gegen HE. Pfr. Christ daher nehmen, sondern nur hochlöbl. Amt gehorsamst bitten, ihm den Befehl zu ertheilen nie mehr einem Kollectanten ohne Patent von hoher Landes Regierung oder sonst einem Bettler gegen das Landesgesez Allmosen zu verschreiben.«

Punkt XII:

Bleichenbach: »Um aber auch HE. Pfr. Christ vor unangenehmen Nachreden zu bewahren, die gewöhnlich mit dem Allmosen austheilen verbunden sind, und ihn zu niderlegen, als hätte er allein das Recht Allmosen zu verschreiben, so wünschen wir und suchen darum bei hochlöbl. Amt gehorsamst an, daß in Zukunft beim Kirchenconvent mit Einwilligung sämtlicher Mitglieder nach den Bedürfnissen und der Würdigkeit unsrer Hausarmen denselben Allmosen gegeben werden. Jeder Hausarme bekäme demnach vom Kirchenrath eine Anweisung auf eine gewisse Summe, die er jeden Monat beim Verrechner der Allmosen zu empfangen hätte. Diese Anweisung wäre so lang giltig, ohne daß sie jeden Monat erneuert würde, so lange sich nicht der Hausarme durch unwürdiges Betragen der Allmosen verlustig machte. Wir bitten daher hochlöbl. Amt HE. Pfr. Christ zu befehlen, fernerhin nach diesem Plan und nie mehr eigenmächtige Allmosen zu verschreiben.«

Christ: Eben so ehrenrührig ist seine erschrökliche Schmähung über mich, da er kurz vor Anfang der nummerirten Klagpunkte mich sogar zu einem Beförderer von Conspirationen und Aufruhr machen will, weil einmal diesen Winter des Abends Burger bei mir gewesen und ich bisweilen meine Gemeinsglieder besuche. Zugleich lässet er sein Blut in voller Wallung reden, so ruhig ich bei Lesung seiner schnöden Schmähungen bin, weil ich himmelweit von solchen abscheulichen Gesinnungen entfernt und mich auf die gnädigste und gerechteste Genugthuung Einer Hochpreißlichen Landesregierung zuversichtlich verlasse.

Geruhen Hochdieselben einzusehen, mit was für Gründen hier eine der schwärzesten Beschuldigung von der Welt unterstüzzet ist: wie kränkend gleichwol, und Herz und Sele durchschneidend dergleichen Schmähungen einem treuen Lehrer sein müssen. — Wie erfreut muß er sein, wenn seine Gemeinsglieder Liebe und Vertrauen zu ihm haben, und ihn besuchen, wie schöne Gelegenheit findet er, ihnen gute Gesinnungen einzuflösen, manches Wort an das Herz zu legen, wozu er nicht immer Gelegenheit und Anlaß auf der Kanzel hat: sich mit ihnen von ihrem Narungsstand, Feldbau und dergleichen zu unterhalten, und auch darin manches Gute in seiner Gemeine zu stiften! und auch dieses ist mir von meinem verehrungswürdigsten Landesfürsten eingeschärft. — Ist es nicht ferner der Klugheit des geistlichen Amtes gemäß, meine Gemeinsglieder bisweilen selbst in ihrem Hause zu besuchen, das ich one Unterschied thue, und hiebei nichts von Unterschied zwischen Freund und Feind weiß. Nicht nur die Gewinnung und Erhaltung der Liebe und des Vertrauens, one welche unser Predigen one Kraft, ist der Endzweck, sondern auch die nähere Kentnis ihrer Lebensart, die Gelegenheit, ein gutes Wort zu ihrer wahren Wolfart und drum auch zur Verbesserung ihres Narungsstandes zu reden. Und dieses mein treues Bestreben soll auf solche Weise angeschwärzet werden, da ich mich äußerst dahin befleisige, meine Zuhörer zum unverrückten Gehorsam gegen ihre hohe Obrigkit, zu liebreichen und friedfertigen Gesinnungen gegen alle ihre Mitburger zu ermuntern, keinen bösen Rathgebern ie wieder zu folgen, welches sie auch, so lange ich hie lebe, und mich meine übelgesinnte Gegenparthie nicht unterdrukken darf, gewiß nicht thun werde. Jakob Koch hat sich von ie her als ein unruhiger Kopf ausgezeichnet und wie sein Vetter, mein Kollege, gesinnet seie, das ist dem Allwissenden bekannt. Ich muß aber hier die Hand auf den Mund legen . . .

Ich bitte um der Wolfart der Gemeine untertänig um die Entfernung vom Kirchenvorstand der unruhliebenden Kirchenältesten und Verfolger ihres Geistlichen, des Jakob Kochs, Adam Bleichenbachs und Joh. Zubrods, damit der Kirchenvorstand mit ruhigen, gutgesinnten Leuten besezt werden könne. Alles, was mir der Drang meines Herzens in dieser meiner Verantwortung aus der Feder fliesen lassen, ist als vor dem Allwissenden in reinster Wahrheit geredet.«

Es fällt nicht schwer, sich anhand der ausgewählten Stücke aus den beiden Klagschriften eine Vorstellung vom Charakter der beiden streitenden Pfarrer zu machen, aber man lernt gleichzeitig auch einiges vom alten Kronberger Kirchenwesen und seinen Besonderheiten kennen. Was die Charaktere angeht, so wollen wir dazu die Meinung des Amtskellers Brückner hören. Zum Kirchenwesen aber gibt es noch eine interessante Ergänzung. Da ist die Rede vom »alten Gesangbuch«, aus dem Christ »anzügliche« Lieder singen ließ. Bei Bleichenbach erfahren wir, daß es sich um das alte »Marburger Gesangbuch« handelte, das erstmals 1549 erschien, vermutlich alsbald auch in Kronberg eingeführt wurde und — wie wir noch hören werden — erst im frühen 19. Jahrhundert durch das nassau-usingische Gesangbuch abgelöst wurde.

Johann Ludwig Christ hatte einen Humor von jener Sorte, die auch leicht in bissigen Spott umschlägt. Das ging so weit, daß er beim Streit um die Offenhaltung der Hofeinfahrt seinem zweiten Pfarrer erklärte, ihm stehe kein Teil vom Hof zu, und wenn er Vieh halten wollte, so könnte dieses ja durch das Haus gehen, und Futter und Dünger müsse er ebenfalls durch dieses tragen lassen. Als es um das erste Bienenhaus ging, das den Gang neben dem Misthaufen versperrte und auf amtlichen Befehl wieder abgerissen werden mußte, spöttelte er in Anwesenheit Brückners, Bleichenbach könne seinen Weg ja über den Dünger nehmen und seine Magd »würde wohl auch keinen Reifrock tragen, daß sie ihn dadurch beschmutzen möchte«.

Doch dürfen wir daraus folgern, daß er beim Gottesdienst tatsächlich »anzügliche« Lieder singen ließ, also solche, die auf Bleichenbach zielten, oder hat dieser in seiner Sensibilität die alten, kräftigen Texte einfach auf sich bezogen, nach dem Sprichwort: »Der getroffene Hund bellt«? Hören wir uns seine Klagen an:

»Zwar enthielt er sich anzüglicher Vorträge, beobachtete dagegen desto weniger Klugheit in der Auswahl der Lieder beim öffentlichen Gottesdienst. So ließ er z. B. singen nach der niederträchtigen Behandlung in der Schule, wozu die Uibersetzung vom Vater Unser Gelegenheit gab, das 212te Lied nach dem Marburger Gesangbuch, wovon der 6te Vers also lautet:

Den stolzen Geistern wehre doch,
die sich mit Gewalt erheben hoch,
und bringen stets was neues her,
zu fälschen deine rechte Lehr.

Bei anderen Vorfällen das 166te Lied, wovon der 8te Vers also lautet:

Aber seines Feindes Freude
wird er untergehen sehn.
Er, der Feind, für grosem Neide
wird zerbeißen seine Zähn.

Er wird knirschen und mit Grimm
solches Glück misgönnen ihm
und doch damit gar nichts wehren,
sondern sich nur selbst verzehren.

und das 219te Lied, wovon der 5te bis zum 8ten Vers einschließlich folgendermaßen lauten:

Troz dem Teufel, troz dem Drachen,
ich kann ihre Macht verlachen,
troz des schweren Kreutzes Joch,
Gott mein Vater lebet noch.

Troz des bittern Todes Zähnen,
troz der Welt und alle denen,
die mir sind ohn Ursach feind,
Gott im Himmel ist mein Freund.

Laß die Welt nur immer neiden,
will sie mich nicht länger leiden,
ey, so frag ich nichts danach.
Gott ist Richter meiner Sach.

Will sie mich gleich von sich treiben,
muß mir doch der Himmel bleiben.
Wann ich nur den Himmel krieg,
hab ich alles zur Genüg.

»Kurz! Lieder die mit dem Thema in gar keiner Verbindung standen«, bemerkt Bleichenbach abschließend.

Doch nun zum »Kronberger Amtsbericht, die Unruhen unter den Lutherischen Gemeindsgliedern daselbst, insbesondere die angesonnene Entfernung des Remi Kunz vom Lutherischen Kirchen Convent betreffend«, den Anselm Brückner am 20. April schrieb, als er, der korrekte Beamte, es auf die neunzehnjährige Anna Margarete Bleichenbach abgesehen hatte, die Tochter Adam Bleichenbachs mit seiner ersten Ehefrau, der Reinhardi Witwe, geborene Jägerin. Es ist leicht zu verfolgen, wie er, der mit der Bleichenbach'schen »Parthie« sympathisierte, doch um ein sachliches, unparteiisches Urteil bemüht blieb, obwohl er kleine Seitenhiebe gegen Christ mit einfließen ließ. Da heißt es:

»Das zeitherige Betragen der beiden hiesigen Lutherischen Pfarrer Christ und Bleichenbach haben die Besorgnisse vollkommen gerechtfertigt, welche die protestantische Gemeindsglieder bei ihrer vorjährigen Anstellung über ihre Denkungsart und ihr künftiges Benehmen zum Theil in schriftlichen Vorstellungen an Kurfürstl. Hohe Landes Regierung an den Tag legten. Beide leben nicht nur gegeneinander in der auffallendsten und ärgerlichsten Zwietracht, sondern sie haben auch Unruhe und Uneinigkeit unter die Glieder ihrer Gemeinde verbreitet, indem jeder von ihnen zu Erreichung seiner Absichten sich einen Anhang unter der Lutherischen Burgerschaft zu verschaffen bemühet. Der Grund zu diesem Unwesen liegt eines Theils in dem Stolz und dem eigenmächtigen Benehmen des Pfarrer Christs, andern Theils aber in dem gleich starken Hochmuth des Pfarrer Bleichenbach und in der gehäsigen Art, womit sich dieser den Anmasungen des ersteren widersetzet. Die Beiziehung der Kirchenältesten zu den Schul- und Kirchenangelegenheiten, die doch in dem Herkommen, in der Churfürstl. Höchsten Kirchen Declaration vom Jahr 1768 und selbst in der allgemeinen protestantischen Kirchen Verfassung sich gründet, will sich mit dem Eigendünkel des Pfarrer Christ nicht vertragen, weil dabei die Mehrheit der Stimmen Plaz findet und er zuweilen mit seinen Anträgen nicht durchdringen kann; eben so anstößig ist demselben in der Person des zweiten Pfarrers einen Mitgehülfen oder Collegen zu haben, da er ihn doch nicht anders als seinen Kaplan und Untergebenen, obschon gleichfalls gegen das Herkommen, behandeln zu können vermeinet. Die Sache der Kirchenältesten und die mit seiner eigenen Stelle verbundenen Befugnisse vertheidiget hingegen Pfarrer Bleichenbach auf eine Weise, wie sich solches von seinem bösen Gemüths Charakter und der Unterstützung vermuthen läßt, die er hierunter von den sowohl in Hinsicht der Anzal als auch des Vermögens sehr ansehnlichen Gemeindsgliederen zu geniesen hat, indem dessen Anhang, es seye aus Verwandschaft oder anderen Ursachen, weit beträchtlicher ist als jener des Pfarrer Christ, so sehr sich auch dieser hat angelegen sein lassen, selbst durch niedrige Schleichwege, durch nächtliche Zusammenkünfte, durch heimliche Unterzeichnungen, ja sogar durch in den Wirtshäusern ausgestreute übertriebene Nachrichten von den ihme von Eminentissimus bewiesenen besonderen Gnaden Bezeugungen seine Parthie in der Maaß zu verstärken, daß sie allenfalls nach den Gesäzen die ganze Gemeinde vorstellen könnte. Einige Gegenstände, welche beide Prediger der christlichen Demuth, Liebe und Versöhnung ergriffen haben, um sich an einander zu reiben sind in vorliegenden Acten enthalten . . .«

Anschließend kommt Brückner auf die uns bekannten Vorwürfe gegen Remy Kunz zu sprechen und meint weiter: »Zur anderen Zeit bei weniger erhizten Gemüthern würde dieses Klagwesen zumal unter gemeinen Handwerckern bei dem ersten Trinckgelag gegeneinander aufgehoben worden seyn, allein da auf jeder Seite einer deren Pfarrern an der Spitze stehet, und Haß und Rache anfachet: so ist es nicht nur zu einer Quelle mehrerer Familien Feindseeligkeit geworden, sondern es hat auch veranlaßt, daß alle vorhin gemeinschaftlich behandlete Kirchengeschäfte vernachlässiget werden, weil der erste Pfarrer das Kirchen Convent bis zum Austrag der Sache nicht zusammen rufet und Kläger vor der Beseitigung des Beklagten daselbst nicht zu erscheinen gesonnen sind.

Indessen bedarf es wohl keiner Ausführung, daß hierunter von beiden Theilen zu weit gegangen, und daß das auf die Entsetzung des Remig. Kunz gestellte Begehren nicht statthaben könne, besonders da die Veränderung der Meinung nach schon durch die Mehrheit festgesetzten Entschlüssen von keiner Wirkung mehr ist. Vielmehr scheinet sowohl einer der Kläger, Jakob Koch, als auch der Beklagte wegen ihrer hin und her gebrauchten anzüglichen Ausdrücken billig einen Verweiß zu verdienen, wie dann ferner der erste Pfarrer anzuweisen seyn möge, vor wie nach bei Vorkommenheiten das Kirchen Convent zusammen zu berufen, die Kläger aber solchem unter der Verwarnung beizuwohnen, daß im widrigen Fall sie sich die Schlüsse, welche die erschienene nach der Mehrheit der Stimmen abfassen würden, ohne Widerrede gefallen lassen müßten. Übrigens ist man des unterthänigen Dafürhaltens, daß bei dieser Gelegenheit zugleich den beiden Pfarrern das gerechteste Mißfallen über ihre so ausfallende und anstößige Mißhelligkeiten von Churfürstl. Hoher Landes Regierung zu erkennen zu geben und beiden allenfalls aufzulegen seyn dörfte, ihre gegenseitige Beschwerden mit Bescheidenheit und ohne dadurch das mindeste Aufsehen bei der ihnen anvertrauten Gemeinde zu erregen, bei Churfürstlichem Amte dahier vorzubringen und demnächst hierüber die Entscheidung Churfürstl. hoher Landes Regierung zu gewärtigen. Eine Verfügung, die um so nöthiger erscheinet, da alle amtliche Versuche durch Vorstellungen, Warnungen, Drohungen beide Männer zur gütlichen Abkunft zu vermögen fruchtlos gewesen sind und Aergernis, Partheisucht und Unruhen bei längerem Verzug sich von Tag zu Tag vermehren.«

Auf Brückners Bericht in Sachen Remy Kunz äußerte sich Mainz zunächst nicht. Dort lagen ja nun auch die großen Klagschriften Bleichenbach/Kirchenälteste und Christ vor. Am 8. und 9. Mai schrieb Christ zwei Briefe, einen an die Landesregierung, den andern an Amtskeller Brückner. In beiden ging es um die »Hauscopulationen«. — »Die Beweggründe, warum bisweilen ein neuverlobtes Ehepaar des öffentlichen Kirchgangs entübriget sein will, sind theils die Ersparung vieler Unkosten und Aufwands, welche die Einladung vieler Verwandten zur Hochzeit verursacht (durch welche Ersparnis dem Staat onstreitig Nuzzen zuwächset und daher in vielen Ländern dergleichen oft sehr überflüssigem Aufwand bei Hochzeiten durch Policeigesezze Schranken gesezzet sind), theils geschiehet es von dem Brautpaar zur Vermeidung manches Verdrusses und Feindschaft unter den Verwandten, da es bald dieses bald ienes verdrießt, wenn es nicht auch zum Kirchgang und zur Hochzeit eingeladen wird oder es hat auch wol bisweilen die Braut ein uneheliches Kind gehabt und wünscht daher privatim copuliret zu werden«, heißt es im ersten Brief.

Christ wollte sich ohne Zweifel mit den beiden Briefen absichern, denn er hatte Wind davon bekommen, daß die Gegner ihm auch hier etwas am Zeug flicken wollten. Die erste Haustrauung hatte er schon 1786 vorgenommen und zwar bei dem Andreas Henrich im »Neuen Bau«. Weitere waren hinzugekommen. Vor der ersten derartigen Trauung hatte er sich beim Amt erkundigt, und Brückner hatte ihm erklärt, daß die Landesregierung »bis dahero in diesen Fällen alhier conniviret hätte und könnte ich nur einstweilen die Hauscopulationen verrichten.« Hatte Mainz seither »ein Auge zugedrückt« (was der lateinische Ausdruck besagt), so wollte Christ nun, im Hinblick auf erwartete Angriffe seiner Gegner, Klarheit haben, zumal bei solchen Haustrauungen auch etwas für ihn heraussprang. Im Schreiben an das Amt heißt es zum Schluß: »Was die besondere Hauscopulationsgebür des Pfarrers betrifft, so haben meine Vorfarer von solcher 1 Dukaten erhalten, one die Jura stolae, welche von der Copulation für sich 1 Gulden 30 Kreuzer und für die Proclamation 30 Kreuzer betragen. Ich habe es aber iedennoch bei 5 Gulden bewenden lassen, bisweilen auch nach den Umständen der Brautleute weniger genommen, den einigen Fall ausgenommen bei dem Zimmermann Johannes Fuchs, der es abverdienet hat, mich aber in seiner Arbeit so ungewönlich hoch und sündlich übernommen, daß ich deswegen nach der Hand das ganze Accidenz anrechnen mußte.« — Damit hatte Christ sich völlig korrekt verhalten. Brückner hingegen war, wie wir noch hören werden, später ganz anderer Meinung.

Zunächst empfing der Kronberger Amtskeller einen am 23. Mai verfaßten Brief des Amtmanns Usener in Bergen, bei dem Balthasar Bleichenbach als Hauslehrer tätig gewesen war. Zu seinen Zöglingen, denen er auch schon das Bahrdt'sche Vaterunser beigebracht hatte, gehörte übrigens der 1773 geborene Friedrich Philipp Usener, der später Frankfurter Bürger, Senator und Syndikus wurde und in seinen Mußestunden die Bergschlösser und andere historische Bauten in und um Frankfurt, in der Wetterau, an der Bergstraße und im Taunus in Tusche und Sepia, Aquarell und Öl wunderbar genau abbildete, uns, der Nachwelt, zur Freude. Erst 1867 ist er in hohem Alter verstorben. Sein Vater, der Amtmann Usener, schrieb an Brückner: »Ich habe sehr beklagt,

Euer Hochedelgeboren am Sontag zu Hauß nicht angetroffen zu haben, um so mehr, da ich dieselben wegen der Pfarr Strittigkeiten gar gerne hätte sprechen mögen. Ich fürchte mein Freund Bleichenbach hat sich fest gefahren — oder vielmehr geschrieben. Der Mann ist zu hitzig und verdirbt dadurch seine gute Sache. Wie ich die Sache anshe, wird er übel wegkommen. Es ist ein Unglück für ihn, daß er erlittene Beleidigungen nicht erzählen kann, ohne wieder zu beleidigen. Sein Herz ist gut, allein die so nötige prudentia pastoralis, Menschen und Welt Klugheit fehlen ihm gar sehr. Können und dörfen sich Euer Hochedelgeboren mit der Sache in soweit befassen; so bitte gehorsamst, ihn zur Sanftmuth und Gelassenheit zu ermahnen.«

Etliche Tage darauf, Ende Mai, erhielt der viel geplagte Brückner dann aus Mainz die umfangreichen Eingaben der beiden evangelischen Kronberger Parteien zugestellt, »um seine pflichtmäßigen Bericht, jedoch ohne die gegeneinander ziemlich aufgebrachten Theile in ferneren Schriftwechsel zu verleiten, zu erstatten«. Vermutlich hat er sich entschlossen, diese heikle Sache ein wenig auf die lange Bank zu schieben, zumal man es in Mainz auch nicht besonders eilig damit zu haben schien.

Die Mainzer Landesregierung ihrerseits forderte vom Erzbischöflichen Generalvikariat am 28. Juni eine Abschrift »des wegen dem zweiten lutherischen Pfarrer Bleichenbach zu Kronberg von dem dortigen katholischen Seelsorger eingekommenen Berichtes«. Wir haben aus diesem Bericht, der Punkt für Punkt auf die Schrift der dreißig evangelischen Bürger Kronbergs vom 10. März eingeht, schon Ihls Urteil im Hinblick auf Bleichenbachs Einführung des Bahrdt'schen Vaterunsers zitiert. Man wollte Ihls Gutachten vermutlich bei den Regierungsakten haben, weil man ihn als einen vernünftigen, besonnenen Mann schätzte und weil es überhaupt nicht unwichtig erschien, zu wissen, wie sich der Streit der Kronberger Lutherischen in den Augen der katholischen Geistlichkeit ausnahm. Es zeigt sich da, daß Ihl, den Christ sogar einmal als seinen Freund bezeichnete, dem ersten evangelischen Pfarrer doch recht kritisch gegenüberstand. Gleich eingangs schreibt Ihl, daß Christ die Klagschrift »durch Aufhetzung einiger Bürger veranstaltet, wo nicht gar verfaßt habe«. Ihl vermutet das, weil es Christ »ganz eigen seye, auf eben die Art, wie es im Eingang dieser Schrift geschieht, sich selber das Lob zu sprechen, indem er schon so dreist gewesen, und bei hiesigem Kurfürstlichen Amt ein Zeugniß seiner Rechtschaffenheit mit den schönsten Elogen vorzuzeigen, welches er eigenhändig geschrieben, und nur von einem andern hatte unterschreiben lassen«. Und weiter: »Wenn nun aber Pfarrer Christ diese Klagschrift verfaßt haben sollte, so siehet man hieraus deutlich, daß die Liebe zur Eintracht und Frieden, die man so sehr von ihm preiset, keinen Theil seines Karakters ausmache, wie wohl man Ihm hierin in Ansehung der Katholischen nichts zur Last legen kann.«

Zu dem für Bleichenbach so demütigenden Auftritt in der Schule meint Ihl: Er, Christ, »ergriff, wie es scheinet, diese Handlung als eine erwünschte Gelegenheit, seinen Feind recht zu demütigen und sich an ihm zu rächen, und dadurch hat er eigentlich den Grund gelegt, zu den erfolgten größten Verbitterungen und schändlichste Auftritte, die für die Gemeinde ein wahres Ärgerniß sind. Bei alle dem aber war doch Bleichenbach niemal berechtigt, eine Pflicht seines Amtes, wie die Besuchung der

Schule ist, zu unterlaßen, vielmehr sollte Er sein herabgesetzes Ansehen, wo zu doch seine eigene Schuld auch mit beigetragen hat, durch neue Thätigkeit wieder zu erwerben suchen«.

Im Hinblick auf die Predigten Bleichenbachs schreibt Ihl: »Was seine Predigten angehet, so bin ich außer Stand, dieselbe zu beurtheilen, indem ich sie ohne Aufsehen und Aergerniß der Katolischen Gemeinde nicht hören kann. Doch ist dieses offenkündig, daß er einmal eine Predigt wie Cicero pro domo gehalten, daß Er laut in derselben wegen seiner Verfolgungen geweinet und wirckliche Thränen vergossen habe. Er hat es auch sehr bedauert, daß er seinem ehemaligen Berufe nach Stetten, einem Homburgischen Orte, nicht gefolgt habe. Uiberhaupt soll der ganze Innhalt dieser Predigt allerdings unschicklich, und dem Orte und Umständen gar nicht angemessen gewesen seyn, welches ihm auch seine eigene Freunde und Anverwandte gar nicht gut aufgenommen haben.«

Beim Streit wegen der Frühcommunion lag die Schuld nach Ihls Meinung eindeutig bei Christ. Anderseits war die Verkündung nassauischer Kirchenverordnungen von der Kronberger Kanzel ein »frecher Schritt« Bleichenbachs, der »scharfe Ahndung« zur Folge hatte. Weiter schreibt Ihl, daß die Behauptung, durch seine Friedfertigkeit besitze Christ die Gemüter seiner Pfarrkinder, »höchst übertrieben« sei. »Wahr ist es, daß Bleichenbach aus Haß gegen den Krist eine zeitlang nicht zu ihm in den Pfarrstuhl getretten. Wahr ist es ferner, daß Er die Predigten desselben nicht besuchte, aber Christ besuchte auch die seinigen nicht. Beide haben also hierinn, wenn es ein Fehler ist, im gleichen Grade gefehlet.«

Abschließend heißt es im Gutachten des katholischen Pfarrherrn: »Uiberhaupt läßt sich aus dem Betragen dieser beiden Pfarrer, so viel es mir bekannt ist, nicht leicht schliesen, wer in Ansehung der Zwietracht, und der dadurch gegebenen öffentlichen Ärgerniß am meisten gefehlt hat, und noch wirklich zu fehlen fortfährt, wenn Bleichenbach hitzig und vielleicht stolz auf die Unterstützung seiner bemittelten Freunde ist, so ist Christ eben so hitzig und stolz, auf höchste und hohe Gnaden, deren er sich rühmet, und die er dadurch auf eine unerlaubte Arth mißbraucht. Nur diesen Vorzug wird man dem Pfarrer Christ gestatten können, daß er etwa in seinen schriftlichen Ausdrücken bescheidener und mit seiner Feder mehr Meister über seine Hitze ist.«

Am 12. Juli erinnerte Christ in einem Brief an die Mainzer Regierung und einem Begleitbrief an den Freiherrn von Strauß daran, daß seine Klagschrift vom 20. April noch unerledigt sei, und bat, »diese Angelegenheit huldreichst zu beschleunigen, weilen die Unordnung in unserem Kirchenwesen immer mehr einreißt und diese unfriedliche Partie allerhand Ränke gebracht, die gute Sache zu unterdrücken, mich und viele redliche Gemeinsglieder zu kränken und die Gährung und Unwillen der Gemeine ungescheut zu vergrößern«.

Dennoch lieferte Amtskeller Brückner seinen »Kronberger Amtsbericht, die wechselseitigen Beschuldigungen der beiden dasigen lutherischen Geistlichen betreffend« erst am 28. September ab. Er ist in Reinschrift und im Konzept erhalten und umfaßt in der

Reinschrift über 33, allerdings nicht voll beschriebene Seiten. Hofrat Reuter hat danach am 15. Oktober, bei der dienstägigen Sitzung vorgetragen.

Die einzelnen Klagpunkte und die verschiedenen Standpunkte sind uns hinreichend bekannt. Wir können uns daher auf das beschränken, was in Brückners Schrift neu für uns ist oder aber aus seiner Sicht anders aussieht als bei den beiden Parteien. Wir müssen jedoch immer im Auge behalten, daß er wegen seiner Heiratsabsichten die Bleichenbach-Partei möglichst schonend behandeln wollte. Es ist jedoch beinahe amüsant zu beobachten, wie seine Objektivität immer wieder durchbricht. Im Grund, so meint man, waren ihm beide Pfarrer nicht sonderlich sympathisch, wegen der Unruhe, die sie in sein kleines Reich brachten, und der vielen Schreibarbeit, die sie ihm verursachten. Er beginnt mit einer allgemeinen Schilderung der Hauptakteure und der wichtigsten Begebenheiten:

»Die wechselseitigen Beschuldigungen und Beschwerden der beiden hiesigen Pfarrer A. C. sind fast durchaus so geartet, wie es von zwei gegeneinander aufgebrachten Männern zu vermuthen ist, die jede Gelegenheit eifrig ergreifen, mit Hintansetzung des allgemeinen Wohlstandes und ohne Schonung der anvertrauten Gemeinde, folglich mit Übertrettung ihrer Amtspflichten, sich ihrem gleich starken Hasse, Stolze und Partheisicht zu überlassen. Schon bey ihrer Anstellung von der dasigen Kirche liese sich dieser höchst ärgerliche Zwiespalt von Seiten des zweiten Pfarrers, dessen Gemüths Charakter man bereits hinlänglich kannte, mit vieler Wahrscheinlichkeit, von dem Ersten Praedikanten aber aus dem sich verbreiteten Gerüchte seines Ehrgeizes und Eigensinns nur entfernt vermuthen. Diejenige Burger und Kirchenälteste, welche bei Churfürstl. Hoher Landesregierung öffentlich um die Entfernung des Pfarrers Christ vor seiner Benennung angestanden hatten, machen jetzt den Anhang des Pfarrers Bleichenbach aus, und indem er ihr Schriftsteller und Rathgeber ist, so bedienet er sich ihrer zugleich zur Beförderung seiner geheimen Absicht, den ersten Pfarrer durch Anzettlung einer Kette von Verdrüßlichkeiten entweder zu einer freywilligen oder nothwendigen Verlassung seiner Stelle zu bringen, um sich auf dessen Plaz schwingen zu können. Erwünschlich für den zweiten Prediger rechtfertigte Pfarrer Christ jenen seiner hiesigen Anstellung vorgegangenen Ruf, ohngeachtet der leeren Versicherung seiner Liebe zum Frieden und seiner dreisten Berufung auf das Zeugnis der ganzen Burgerschaft nur all zu sehr durch mancherlei Thathandlungen. Statt sich aber durch gründliche Erfüllung seiner Amtes Obliegenheiten gegen die Ausführbarkeit des ihm unverborgenen Bleichenbachischen Entwurfs zu beruhigen, konnte er sich nicht überwinden, sein offenbarer Feind zu werden, und statt durch Mäßigung, Verträglichkeit und vernünftige Geduld die ihm schon vor seinem Dienstantritt abgeneigte Gemüther zu gewinnen, dachte er nur auf Rache. Kein Mittel sich ihnen furchtbar zu zeigen, liese er unversucht. Auf der einen Seite triebe er den Stolz und die Vermessenheit so weit, daß er sich den herablassendsten und an Vertraulichkeit gränzenden Gnaden Bezeigungen von Sr. Churfürstl. Gnaden Theils selbst, Theils durch andere in den Wirtshäusern berühmte, und auf der andern Seite war er kriegend genug, um mittels nächtlicher

Zusammenkünften und allerlei Vorspiegelungen eine Gegenparthey unter den Burgern aufzubringen.

Dieselbe bestande zwar nur aus wenigen Gliedern von dem Hefen der Gemeinde, sie truge aber sehr vieles bei, die Verbitterung und Unruhe zu vermehren. Beide stiegen noch weiter, als Pfarrer Christ sich förmlich gegen die Kirchenältesten Jakob Koch, Adam Bleichenbach, Johann Zubrod, die Häupter der ansehnlichsten protestantischen Familien dahier erklärte, als er ihnen Unterschleife bei dem 1783 mithin vor seiner Anstellung vorgewesenen Schulhausbau vorwarfe, worüber doch ordentliche Rechnung dem Churfürstl. Amt und Churfürstl. Oberrechnungsrevision zu Mainz abgeleget worden, als er die holländische Collecten Sache, die von Ch. H. L. unterm 10. April 1786 schon entschieden wieder aufwärmete, als er eben wegen diesem Gegenstand auf die entehrende Beseitigung des Jakob Kochs vom Kirchen Vorstande antrage — eines Mannes, der so unruhig er von jeher ist, als Gemeinds Deputirter am Corpore Evangelicorum selbst von Ch. H. L. R. bei dem vormaligen Religionswesen mit Vorsicht behandelt wurde und dessen übler Denkungsart seine kurze Lebenzeit über schicklicher nachgegeben wird, als daß zumal in geringfügigen Dingen eine Gährung der ganzen Gemeinde veranlaßt werden sollte — als er den Adam Bleichenbach mit einer nichtigen ungerechten Klage von 8 Gulden zum Besten der Kirchenstiftung in Anspruch nahm, während daß er selbst durch Bauen und auf andere Art dieser Stiftung verschiedene Unkosten von mehreren hundert Gulden aufzuhalsen suchte — als er endlich den Hospitalmeister Bleichenbach wegen dem jährlich für arme Passanten verrechneten und sowohl von Churfürstl. Amt als Churfürstl. Oberrechungsrevision jedesmal gut geheisenen Geströh verdächtig machte.

Nachdem er also dem Anhang des Pfarrer Bleichenbach die Fehde angekündiget, brache er nun auch gegen Letzteren selbst los. So bekannt ihm seyn mußte, daß in einem gemeinschaftlichen Hofe ohne Bewilligung des Mitberechtigten kein neuer Bau geführt werden könne, so unternahm er doch solchen einseitig in dem mit seinem Collegen gemeinschaftlichen Hofplaz durch Errichtung eines neuen Bienenstandes. Er entfernte sich bei Aufschlagung desselben, und da ihm dieserwegen keine mündliche Vorstellung gemacht werden konnte, so wurde amtliche Inhibition ausgewürckt und eine Besichtigung unpartheyischer Sachverständigen erkannt, welche Pfarrer Christ wirklich abwartete, bald darauf aber im Zweifel eines günstigen Ausspruchs den Bienenstand unschädlich abänderte. Er machte jedoch persönlich seinem Collegen desfalls beisende Vorwürfe, die dieser übel denkende Mensch nicht unbeantwortet liese, und beide vergaßen hierauf nicht nur die allgemeine Reglen des öffentlichen Wohlstandes, sondern sie richteten auch ihre Kanzel Vorträge, die Auswahl der Kirchenlieder nach ihren Leidenschaften ein, und der zweite Pfarrer entfernte sich sogar eine zeitlang von dem Gottesdienste, welchen sein College hielte, alles zur größten Ärgernis der ihnen anvertrauten Gemeinde, ohne daß man bei der Menge derlei anstößigen Auftritten ohne förmliche Untersuchung bestimmen kann, welcher von beiden Arbeitern im Weinberge des Herrn hiervon die meiste Schuld trage.«

Anschließend geht Brückner auf die einzelnen Klagpunkte ein, wobei er zum Beispiel die von Christ abgeänderten Gebetformeln ganz genau wiedergibt und lobend vermerkt, daß dieser unter anderm auch den hier und da vorkommenden Ausdruck: ›Erhalte deine kleine Heerde, das trostlose Häuflein, welches oft bedrängt wird, das verlassene trostlose elende Häuflein, welches jetzo allenthalben bedrängt wird‹ vermutlich »in der rühmlichen Absicht ausgemerzt« hat, »um die lutherische Gemeinde nicht an die Zeiten der hiesigen Religionsunruhen zu erinnern, wo sie nach ihrer Meinung unter einem Religionsdrucke sich befanden«.

Zum Thema »Oberherrschaft« bemerkt Brückner: »Daß Christ den Titul Oberpfarrer sich beizulegen gesonnen gewesen, beweiset seine desfallsige Anfrage bei dem Churfürstl. Amt, ob er solches für sich thun könne oder höheren Orts einkommen müsse. Dieses verglichen mit den eigenen Äußerungen des Pfarrer Christs lassen sehr vermuthen, daß sein Herz nicht so entfernt von Stolze seye, als er vorgibt, und daß er wirklich nach einiger Herrschaft über den zweiten Prediger strebe. Indessen ist diese nirgendwo, am wenigsten dahier hergebracht, wo alle Pfarr Angelegenheiten mittels gemeinschaftlicher Berathung zwischen den beiden Geistlichen von jeher besorget wurden, und wo so wenig an einen besonderen Vorzug gedacht wurde, daß vielmehr dem vormaligen Kaplan oder zweiten Pfarrer Diel vom ersten aber jünger angestellten Pfarrer Justi die rechte Hand bei jeder Gelegenheit ehedem zugestanden worden ist. Auch würde eine Neuerung zu gunsten des im Durchschnitt nicht geliebten Pfarrer Christs nicht geringe Wiedersprüche finden und unnöthige Weitwendigkeiten verursachen.«

In seinen Anmerkungen zu den Fragen Intoleranz und Almosenvergabe prägt Brückner den bemerkenswerten Satz: »Überhaupt fällt die beiderseitige Versicherung der Verträglichkeit sehr ins Lächerliche, und man ist hiesigen Orts überzeugt, daß, wenn die Partheyen von einer protestantischen Regierung den Ausspruch über ihr Zwistigkeiten erwarteten, sie ihr Verdienst gerade in Behauptung des Gegentheils suchen würden.«

Im Anschluß an seine Kommentierung der verschiedenen Klagpunkte meint der Amtskeller: »Die Zeit hat die erhizten Gemüther noch nicht besänftiget, fast täglich geben neue Auftritte hiervon den Beweiß. Nur vor kurzem feyerte der erste Pfarrer den wegen einem vormaligen großen Brand hier gewöhnlichen Bettag, auf diesen der zweite Pfarrer aber auf einen anderen Sonntag. Statt den Sommer über alle Sonntäge die Christenlehre zu halten, geschahe es dieses Jahr überhaupt nur zehn mal. Kein Kirchen Convent wird mehr gehalten, und alles dahin einschlagende vernachlässiget. Den bei mehreren anderen Gelegenheiten getriebenen Unfug für jezt nicht zu erwähnen. Indessen sehen beide Theile ihre Beschwerden als äußerst wichtig an: sogar spricht Pfarrer Bleichenbach, stolz auf sein Vermögen und seinen grosen Anhang, von Versendung der Acten an eine auswärtige theologische oder juristische Facultät, woran derselbe vermutlich nicht gedacht haben würde, wenn nicht der unbesonnene Pfarrer Christ durch die übertriebene Berühmung der Churfürstl. höchsten Zuneigung eine Art von Mistrauen gegen die Churfürstl. hohe Behörde seinen Gegnern beigebracht hätte.«

Die unmittelbar an den Kurfürsten gegangene Denkschrift vom 10. März mit den Unterschriften von 30 evangelischen Bürgern hat Brückner nicht zu Gesicht bekommen. Er berichtet jedoch, daß 5 Bürger bei seinem Amt um die Streichung ihrer Namen gebeten hätten, da bei der Vorlage der Schrift gesagt worden sei, es handele sich um die Umzugskosten des Pfarrers Christ. Wenn dies zutreffe, so meint Brückner, dann würde das einen »auffallenden Beweiß« dafür liefern, »daß Pfarrer Christ, der so oft seine Rechtschaffenheit und Redlichkeit anpreißet, auch nicht allzu rühmliche Nebenwege einzuschlagen weiß«.

Obwohl Brückner die Denkschrift nicht gesehen hat, ist er erstaunlich gut über sie informiert und geht auf ihre einzelnen Punkte gründlich ein. Wer hat ihn informiert? — Beschränken wir uns auf einige seiner Anmerkungen. Zum Thema »Predigten« heißt es da etwa:

»Nach dem Ausspruch des hiesigen lutherischen Publikums ist dieser Vorwurf (daß Bleichenbach schlechte Kanzelvorträge halte) nicht ganz ungegründet, weil Bleichenbach hauptsächlich durch einen ungemein weinerlichen Ton, und oft durch Vergießung häufiger gleißnerischen Thränen die Herzen seiner Zuhörer zu rühren sucht, welches jedoch der größte Theil derselben für abgeschmackt und kindisch hält, folglich sich hieran mehr ärgert als erbaut. Auf der andern Seite findet die Gemeinde an den Vorträgen des ersten Pfarrers wegen seiner üblen Aussprache und weil er die Predigten ganz öffentlich abließt ebenso wenig Geschmack.«

Zur Frage etwaiger »Irrlehren« des zweiten Pfarrers merkt Brückner an: »So wenig sich von einem Schüler und Anhänger des D. Semler zu Halle viel Heilsames versprechen läßt, so macht doch solches zu jenem allgemeinen Vorwurf keinen hinlänglichen Grund, und es müßten allenfalls besondere Facta beigebracht werden, von denen wenigstens dem Churfürstl. Amt nichts bekannt ist.« — Man staunt: der Amtskeller kannte sich sogar unter den evangelischen Theologen der Universität Halle aus! Johann Salomo Semler (1725—1791), bei dem Bleichenbach gehört hat, lehrte seit 1752 in Halle und gilt als der Begründer der historisch-biblischen Kritik und Hauptvertreter des Rationalismus, war jedoch ein Gegner Bahrdts. Er hat über 150 Schriften und Bücher veröffentlicht, darunter auch eine zweibändige Autobiographie.

Ausgesprochen giftig wird Brückner im Falle der Hauskopulationen. Wir erinnern uns, daß Christ hier in Briefen an das Amt und die Landesregierung klare Verhältnisse schaffen wollte. Hat der Amtskeller in diesem Falle etwas versäumt oder warum wird er, der sonst so korrekte Beamte, plötzlich ausfallend und ungerecht? Jedenfalls schreibt er: »Aus folgendem wird Ch. H. L. R. gnädig entnehmen, wie verfänglich Pfarrer Christ hierbey zu Werke gegangen seye, und mit welcher unglaublichen Dreistigkeit derselbe ortskundige Unwahrheiten hierbei geltend zu machen suche.

Im August 1786 Nachmittags kurz vor 2 Uhr, als der gewöhnlichen Stunde der Copulationen bei der protestantischen Gemeinde meldete sich Pfarrer Christ mit der mündlichen Bitte, die Haus Copulation des Bürgers Andreas Henrich zu gestatten. Er erhielte die mündliche Antwort, daß die Anfrage früher und schriftlich hätte geschehen sollen, daß man jedoch, da alles zur Copulation veranstaltet, auch kein besonderes

Bedenken vorwalte, für diesmal solche zugeben wolle. Sie wurde auch hierauf vollzogen, allein da Pfarrer Christ nachher verschiedene dergleiche ohne Bewürkung der herkömmlichen Erlaubnis verrichtete, und desfalls zur Verantwortung gezogen ward, beruft er sich schalkhafter Weise auf jene spezielle amtliche Bewilligung, mit dem Vorgeben, dieselbe seye ihm auf alle zukünftige Fälle ertheilet worden. Er gehet noch weiter und behauptet, der Pfarrer seye vermög Herkommen verbunden, auf Begehren die Haus Copulationen zu verrichten, da doch von jeher alles auf die amtliche Erkenntnis ankame, und der Pfarrer sich schlechterdings hiernach zu benehmen hatte. Gen. bezieht sich auf das Herkommen, zufolge dessen ihm von jeder Hauscopulation nebst der gewöhnlichen Gebühr ad 2 Gulden 1 Ducaten, mithin 7 Gulden gehören, und suchet dadurch die bei solchen Fällen abgenommene jura zu rechtfertigen. Allein dieses Herkommen ist nichts als eine grobe und unverschämte Unwahrheit. Mehrere Fälle bestätigen das Gegentheil, von denen nur einer angeführt zu werden verdient, daß der reichste hiesige Einwohner bei seiner 2maligen häuslichen Trauung dem verstorbenen Pfarrer keinen Kreuzer weiter, als was bei Copulationen in der Kirche üblich, entrichtet habe. Auch in den benachbarten lutherischen Landen findet desfalls kein erhöheter accidenz statt, wohl aber muß zu einer frommen Stiftung etwas bezahlet werden, z. B. im Nassauischen 3 Gulden zum Waisenhaus, im Hanauischen 3 Gulden zur Landschule ... Nach dem amtlichen unvorgreiflichen Dafürhalten mögte daher Pfarrer Christ allerdings dahin anzuweisen seyn, daß er jede vorhabende Haus-Copulation in Zeiten dem Churfürstl. Amt schriftlich berichte, und hierauf nach befundenen Umständen abschlägliche Antwort oder die nöthige Erlaubnis gewärtige, sodann daß er nicht mehr als die gewöhnliche in seiner Bestallungs Note ihm ausgeworfene Jura ad 2 Gulden desfalls abnehme, auch dasjenige, was er sich zeither von gedachten — zum Theil sehr bedürftigen Bürgern mehr hat bezahlen lassen, zurück erstatten solle.«

Weiter schlägt Brückner vor, »ob nicht nach dem Beispiel anderer protestantischen Ländern zu Einschränkung der nicht sowol aus Ersparnis als aus einem gewissen Stolz und zur Bemäntelung der Praeventionsfällen in Schwang kommenden Haus Copulationen die Entrichtung eines Stückgeldes entweder zur Churfürstl. Landnothdurfts Casse oder zum Armen Institut oder zum Hospital dahier oder zum Unterricht armer lutherischer Schulkinder auch hier gnädig festgesetzt werden wolle.«

Noch vor der Beratung des Brücknerschen Berichts war schon wieder ein neuer Antrag aus Kronberg eingegangen: Johann Balthasar Bleichenbach bat die Regierung, ihm einen Wiesenzins von 2 Gulden 24 Kreuzern zu erlassen. Die Wiese, deren Nutznießung er inne hatte, gehörte jedoch zur Präsenz, also zum Kirchenvermögen. Brückner erstattete einen vier Seiten langen Amtsbericht, in dem er bis ins Jahr 1738 zurückgriff und nachwies, daß damals schon vom Kaplan der Zins gezahlt werden mußte. Inzwischen hatte es nur eine Unterbrechung gegeben. Da die Kaplan-Besoldung jedoch nun um 50 Gulden erhöht worden war und Bleichenbach überdies aus Falkenstein weitere 35 Gulden bezog, plädierte Brückner für die Abschlagung des Gesuchs: »Vielleicht ist diese Verfügung ein Mittel, den jezigen übeldenkenden und aufgeblasenen zweiten Pfarrer einigermaßen im Zaum zu halten, da er von Zeit zu Zeit befahren muß, daß die Wiese ihm ganz entzogen, und er dadurch eine jährliche Revenue von 18 bis 20 Gulden verlieren werde.« — Die Regierung schloß sich Brückner an, das Gesuch wurde abgelehnt, und Bleichenbach brauchte nicht lange nach jemandem zu suchen, an dem er seinen Zorn und Ärger abreagieren konnte.

Am 14. Oktober fand nämlich nach monatelanger Pause wieder eine Sitzung des Kirchenconvents statt, zu der außer dem zweiten Pfarrer Adam Bleichenbach, Johannes Zubrod und Remy Kunz erschienen. Christ hatte für die Besprechung acht Punkte notiert. Neben dem Holzgeld der Schulkinder, der Versicherung des Schulhauses, das mit 1500 Gulden bei der Mainzer Brandkasse eingetragen werden sollte, sowie Legaten und Pfründen ging es um Christs Vorschlag: »Sollen die Inventaria von Kirche, Pfarr-, Schulhaus und Spital verfertigt und zwar von jedem Besizzer, so dann vom Kirchenrath revidirt werden.« Das war ohne Zweifel eine gute und notwendige Sache. Doch Bleichenbach hatte sofort seinen Grund: »Weigert HE. Pfarrer Bleichenbach so lange, bis desfalls Befehl vom Amt ergangen.«

Alsbald erging wieder ein Schreiben der Bleichenbach-Gruppe, Balthasar und Adam Bleichenbach, Jakob Koch und Johannes Zubrod ans Amt, mit dem alten Tenor: Christ trägt Gegenstände ins Protokoll ein, von denen sie nichts wissen, er »decretirt eigenmächtig« (Inventar) und will bei der Legaten-Verteilung eine neue Methode einführen: »Hat derselbe wenig Stimmen für die Personen, die sich auf gewisse Weise dessen Gunst erwerben und für die er sich interessiert, so sollen die Nahmen der Dürftigen in einen Hut gelegt, dann aber das Los gezogen werden, um nicht partheiisch zu votieren.« Darob Empörung der Herren, die selbstverständlich jene bedenken wollten, die ihnen genehm waren.

In zwei Schreiben an das Amt hat Christ seinem Herzen Luft gemacht. In dem vom 5. November heißt es: »Ohngeachtet ich zu Wiederherstellung der Ordnung in unserem Kirchenwesen, die Anfangs dieses Jahres von HE. Pfarrer Bleichenbach und dessen anhängenden 3 Verwandten Kirchenältesten, Koch, Bleichenbach und Zubrod geäuserte Widersezlichkeit und geweigerte Zusammenkunft zum Kirchenrath und vieles andere zur Verwirrung und Mißhelligkeit gereichende Bezeigen auf die Seite gesezzet, und abermal die Convente angestellt habe, so fahren sie doch fort, bei denselben meine billigste Vorschläge zu verwerfen und alles nach ihren zuvorgemachten Planen wider meine uneigennüzzige Unpartheilichkeit und Liebe zum Recht und Billigkeit durchzusezzen.« Danach schildert er seinen Vorschlag, unter fünf armen Wittweibern, die sich für eine Pfründe gemeldet hatten, das Los entscheiden zu lassen, berichtet über den Präsenzmeister Vogt, der die Verwaltung der Legatengelder nicht mehr übernehmen will, über seinen Inventarisierungsvorschlag und endlich über einen Fall, der ihm besonders am Herzen liegt: »Der armen Wittib Kunzin im Hospital gab ich verwichenen Sommer eine Anweisung an den Spitalmeister, ihr bei ihrer dringenden Armut ein Par neuer Schue verfertigen zu lassen, da sie seit 2 Jaren keine aus dem Spitalgefällen bekommen, und womit sie ihr Brod für den Thüren suchen muß. Aus Einfalt und Unwissenheit ginge das Weib zu einem Schumacher, welcher auch, ohne zuvor mit dem Spitalmeister zu accordiren, ihr ein Par Schue verfertigte. Seit dieser Zeit ängstigen sie nun, da der Spitalmeister die Zalung weigert, das arme Weib, schikken sie von einem Kirchenältesten zum andern unter allerhand schnöden und anzüglichen Reden herum, und will ihr nun der Spitalmeister dieses Geld an ihrer Pfründe abziehen, so daß sie nun in Himmel schreiet, und das Ort ausweint, wodurch sich diese Leute in der That versündigen, da doch ihre Pflicht wäre, die Armen zu trösten und zu unterstüzzen.«

Im zweiten Brief vom 26. November schildert Christ neue Zusammenstöße. Johannes Zubrod begann, ihm »mit auffahrenden Gebärden und Stimme die schnödesten Worte und sich angemaßte Verweise zu geben, ›warum ich auch mein Amt so schlecht verstünde und wider mein Gewissen und Pflicht handle, daß ich vorige Woche eine so lüderliche Person zur Hebamme einem hochlöbl. Amt vorgeschlagen, und weil es so zuginge, und alle Gerechtigkeit vergeben würde, so wolle er hiermit abdanken und von nun an seine Pflichten als Kirchenvorsteher los sein‹.« — Die Anna Maria Glockin wurde dennoch nach Mainz in die Hebammenschule geschickt, und Johannes Zubrod behielt trotz Abdankung weiter seinen Posten.

Noch übler verhielt sich Balthasar Bleichenbach. Als Christ bemerkte, es wäre nicht nötig gewesen, wegen der Inventarisierung das Amt zu behelligen und das Geld für die Genehmigung (es waren 12 Kreuzer) hätte man der Kirche ersparen können, fiel Bleichenbach über ihn her: »Auf diese mit allem Anstand von mir gemachte und bestgegründete Einwendung entblödete sich HE. Pf. Bleichenbach nach seinen gewönlichen plumpen Ausdrücken nicht, mich in das Gesicht grob zu schelten, und wäre er nicht hier, Grobheiten anzuhören. — Ich erwiederte, daß ich gar nicht einsehen könnte, wie aus meinen Worten die geringste Grobheit herfürleuchte, deren ich gar nicht gewont wäre iemand zu erweisen; wenn er wider meine Einwendung etwas hätte sagen wollen, so stünde ihm nicht mehr zu, als den Ungrund derselben zu beweisen, und mich davon zu überzeugen. Anstatt aber, daß er es dabei hätte können und sollen bewenden lassen, tat er solche Ausfälle mit schaudernden Worten, welche mich scheue, zu Papier zu legen, weilen sie schon einem in der christlichen Religion nur wenig unterrichteten gemeinen Menschen höchst sündlich, vielmehr einem Lehrer und Prediger derselben ganz unverzeilich sind, und von einem gar seichten Unterricht in der waren Theologie, ia von einem äußerst erbitterten Gemüt zeuget, das seines Nächsten (und — Gott und unbefangenen Menschen ist es bekannt! — noch dazu im Grund ganz unschuldigen ia nach seiner eigenen innerlichen Überzeugung und Bewußtsein seines Gewissens — unschuldigen Nächsten) zeitlich und ewigen Untergang wünschet und suchet.« — Der treue Remy Kunz hat als getreuer Kirchenältester mit unterzeichnet.

Dennoch geschah im Dezember etwas Erstaunliches, das manchem damaligen Kronberger wie ein kleines Weihnachtswunder vorgekommen sein mag. Im Kirchenprotokollbuch lesen wir:

»Den 21. Dec. 1787 haben wir beide Geistliche wegen den bisherigen Mißhelligkeiten aus eigenem Antrieb und durch Vermittlung unseres gemeinschaftlichen Freundes Herrn Pfarrer Herrmanns von Gonzenheim uns miteinander ausgesönt, und das Vergangene in ewige Vergessenheit gestellt.

Den 23. Dec. wurde das Kirchenconvent berufen, die Aussönung bekannt gemacht und auch mit den Gliedern desselben der Friede erneuert.«

Anschließend teilte man den Armen »auf die Feiertage« kleine Beträge aus dem Dielischen Legat und aus dem Opferstock zu.

Noch vor dem Jahreswechsel schrieb Christ an den Hofrat Reuter: »Es hat sich gefüget, daß durch einen dritten auswärtigen gemeinschaftlichen Freund eine herzliche Aussönung zwischen uns beiden Geistlichen zu algemeiner Erbauung und Zufriedenheit bewerkstelligt worden, und diese Feiertage wurden ein rechtes Friedensfest in unserm ganzen Kirchenzirkel. Es hat dies unvermutete Eräugnis wirklich fast mehr Gutes und Erbauung besonders bei zweckmäßiger Berührung in unsern Predigten gestiftet als zuvor Aergernis entstanden war. Die wiederhergestellte Harmonie in unserem Kirchenconvent war sogleich die Folge davon, und es wird niemalen wieder so weit kommen, als wozu wir uns auch sämtlich untereinander verpflichtet haben, zumalen das Jugendfeuer meines HE. Kollegen in Zukunft besser zu richten sein wird.«

Reuter dankte schon am 2. Januar aus Mainz, wünschte herzlich Glück zur wiederhergestellten Harmonie »und daß dieselbe ewig dauerhaft seyn möge«.

Es ist nicht daran zu zweifeln, daß Johann Ludwig Christ meinte, nun sei alles »in ewige Vergessenheit gestellt«. Daß dem nicht so war, sollte sich schon bald im neuen Jahr 1788 erweisen. Vor allem aber gab es noch eine Sache, die wir bisher nicht erwähnt haben und die sich bis ins Frühjahr hineinzog. Wir wollen ihr ein besonderes kleines Kapitel widmen.

Die Kriegerische Ehescheidung —
ein Kapitel aus der Kronberger Sittengeschichte

Am 14. Februar 1787 schrieb Dr. Johann Justus Lehr, Frankfurter Jurist und Procurator, dem Kronberger Amtskeller einen Brief folgenden Inhalts:

»Ew. Hoch Edelgeborenen habe ich die Ehre hierdurch zu benachrichtigen, daß die dahier sich aufhaltende Ehefrau des zu Cronenburg wohnhaften Maurers, Michael Krieger, schon mehrmalen bei mir gewesen und mich wegen des wiederholt an sie ergangenen Amts-Befels, sich wieder zurück zu ihrem Ehemann zu begeben, sehr dringend und angelegentlichst gebeten habe, Ew. Hoch Edelgeborenen in ihrem Namen geziemend vorzustellen, wie sie sich ohnmöglich entschliesen könne, gedachtem Befele, so sehr sie solchen auch sonsten respektire, die schuldige Folge zu leisten. Ihr Mann seye, wie sie mich versichert und ich auch noch von mehreren Leuten in sichere Erfahrung gebracht habe, allen möglichen Ausschweifungen, insonderheitlich aber dem Trunke so sehr ergeben, daß er darüber alles vernachlässigte und sich um sie und die Haushaltung ganz und gar nicht bekümmerte. Sie habe während der kurzen Zeit, als sie mit diesem ihrem bösartigen Manne in der Ehe gelebet, so viele Drangsalen und Mishandlungen von ihm erleiden müssen, daß ihr, um sich und ihre Gesundheit nicht völlig aufzuopfern, zulezt nichts anders übrig geblieben wäre, als sich von ihm zu entfernen und zu ihren hiesigen Verwandten ihre Zuflucht zu nehmen, welches zu thun sie um so weniger Überwindung gekostet hätte, als er selbst sie mehrmalen bedroht habe, sie von sich wegzuiagen. Kurz, sie seye fest entschlossen, nicht fernerhin mehr mit einem Manne in der Ehe zu leben, dessen Lebensart so äusserst tadelhaft und verderblich und dessen Gesinnungen grade das Gegenteil von den ihrigen seyen. Sie sähe sich vielmehr im Falle ihr Mann darauf bestchen sollte, sie, um ihre Rückkehr zu bewirken, noch ferner vorladen zu lassen, in die Notwendigkeit gesezt, auf eine gänzliche Ehescheidung zwischen ihr und ihm anzutragen, und wolle ihre übrige Lebenszeit lieber im Dienst, als in einer so unglücklichen Ehe zubringen.

Dies ist, was ich Namens der in der That unglücklichen Kriegerischen Ehe Ew. Hoch Edelgebornen zu melden für nötig erachtet habe, der ich übrigens mit der vollkommensten Hochachtung beharre

Ew. Hoch Edelgeborenen
ergebener Diener.«

Wie die Geschichte weiterging, erfahren wir aus einem Brief Christs vom 23. Oktober des gleichen Jahres: »Ein hiesiger Bürger, der vor 3 Jaren unglücklich geheuratet, und dessen Eheweib, als eine eigensinnige böse Person nach einer kurzen Zeit seiner Trauung von ihm gelaufen, und sich nach Frankfurt als Magd verdinget hat, liefe schon den ganzen Sommer das kurfürstl. Amt hier an, sie, weil ihre Aeltern dahier wohnen, dahin anzuhalten, daß sie wieder zu ihm ziehen und seine Haushaltung führen möchte. HE. Amtskeller aber verwiese ihn immer an mich, weil sie sich nicht dahier aufhielte. Da ich aber nach meinem geistlichen Amte nichts weiter thun konnte, als sie durch Zureden und Vermahnen dahin zu bewegen, sich wieder zu ihme zu begeben, so ließ es daran schriftlich und mündlich nicht ermangln, wodurch sie aber durchaus nicht zu bewegen war, und die bitterste Abneigung gegen ihren Mann bezeugte, daß er auch endlich sich entschloß, sie nicht mehr zu reclamiren, sondern zufrieden zu sein, daß ein iedes für sich lebe; nur verlangte er von ihr eine Bescheinigung, daß sie bei einer beharrlichen Verlassung keinen Anspruch an seine Verlassenschaft nach seinem Tode machen wolle, noch auf seine Versorgung, wenn sie alt und kränklich würde, als wozu sie sich auch bereitwillig erfinden ließ, jedoch eine gleiche Bescheinigung in Absicht seines Verzichts auf ihre einstige Verlassenschaft verlangte. Um nun blos beide zur Ruhe zu stellen, da besonders der Mann ganz desparat allerlei Unglück über seiner Frau Aeltern drohete, so fertigte ihnen diesen Schein, den ich abschriftlich zur gnädigen Einsicht hier untertänig beigeleget, aus, welcher weiter nichts besagen soll, als daß jeder Theil Verzicht auf des andern Verlassenschaft thue, das onedem, weil sie keine Kinder haben, in seiner Richtigkeit wäre.

Diesen Schein nun will mein Kollege mit seinem Anhang der drei ihm verwandten Kirchenvorsteher für eine Ehescheidung ausdrehen und deshalben bei Hochpreislicher Hoher Landesregierung mich belangen, und wie mir HE. Amtskeller Brückner eröffnete, so wäre solche Anklage bereits dahin abgeschickt.

Da nun aber kein Gedanke von Ehescheidung darin befindlich, noch mir in Sinn gekommen, und ich wol weiß, daß solches nur dem höchsten Collegio zukommt, und ich dabei gar nichts zu thun habe, noch ie die Grenzen meines Amtes zu überschreiten verlange, auch hiebei keinen Theil favorisirt und nicht verlanget noch bekommen, als was ich für einen ieden ausgefertigten Schein nemlich 30 Kreuzer erhalte; so wollte Euer Hochwürden Exzellenz unterthänig bitten, sich bei Hochpreißl. Hoher Landesregierung dahin gnädigst zu verwenden, daß meine feindselige Gegner mit ihrer unbefugten Klage, die nichts als Bitterkeit zum Grunde hat, abgewiesen, und ihnen das Herz nicht dadurch gelabet werde, daß ich etwa einen Verweiß erhielte.«

Der Freiherr von Strauß, an den der Brief gerichtet ist, wird diesen und den beigefügten Schein wohl mit einigem Kopfschütteln gelesen und gemurmelt haben: »Diesmal ist er doch ein wenig zu weit gegangen und wird kaum ohne Verweis und Strafe davonkommen.«

Hier ist der von Christ geschriebene Schein; er ist gleich in drei Ausfertigungen erhalten:

»Wir bederseits unterschriebene Eheleute, ich Michael Krieger, Burger und Maurer dahier und ich Katharina Veronika eine geborene Keitlin von hier, bezeugen hiermit und in Kraft dieses in Gegenwart und Beisein unseres Seelsorgers und ersteren Pfarrers dahier, Johann Ludwig Christ, der sich seit Jahr und Tagen alle Mühe gegeben hat unsere getrennte Herzen zu ehelicher Liebe wieder zu vereinigen, wir bederseits aber wohl einsehen und überzeugt sind, daß wir bei nie zu verschaffender Harmonie unserer Gemüther das unglücklichste Leben beieinander führen müßten, und wir für uns bede, da wir zumal keine Kinder haben, noch niemals miteinander erzeuget, besser und rathsamer erkennen, daß ein jedes für sich bleibe, und durch fleisige Arbeit unter Anrufung Gottes und unter seiner Gnadenleitung sich ehrlich zu ernähren suche, wir auch solches zu thun wohlbedacht entschlossen sind, und bereit gegen zwei Jahre voneinander getrennt leben.

Damit aber bei Ermanglung förmlicher und gerichtlicher Ehescheidungsursachen ieder Theil versichert sein möge, daß er über daß Seinige ehrlich und redlich erworbene oder ererbte Gut alleinig zu disponiren habe, und solches ihme und seinen Verwandten nach seinem Tode zustehe, so bezeugen wir hiemit durch eigenhändige Unterschrift und sagen zu, daß ich, Michael Krieger auf meines Eheweibs Habseligkeit, Erbschaft oder wie es Namen haben mag, führohin keinen Anspruch machen will, so wie auch ich, Katharina Veronika geborne Keitlin hiemit Verzicht thue auf das Eigenthum meines Mannes Michael Kriegers und niemalen mehr einigen Anspruch auf ihn oder das Seinige machen will. Alles getreulich und one Gefehrde.

Zu mehrerer Bekräftigung ist gegenwärtig ausgestelltes von iedem Theil eigenhändig unterschrieben, mit dem hiesigen Kirchensiegel bekräftiget und iedem Theil ein gleichlautend Exemplar zugestellet worden. So geschehen Kronberg den 3t. Oct. 1787
    Michall Krieger +++ Handzeigen
    Catharina Veronica
    geborne Keitelin.«

Daß dies sozusagen für Balthasar Bleichenbach und seine drei verbündeten Kirchenältesten ein »gefundenes Fressen« war, versteht sich. Der zweite Pfarrer hat die Anklage geschrieben, im Brustton moralischer Entrüstung über diesen »besonders straffälligen Vorgang«. Er hat auch nicht versäumt, hinzuzufügen, daß Christ »sich einbildet, Oberpfarrer zu sein«, und es fehlt nicht die abschließende Klage: »Unsere Kirchen- und Schulordnung ist durch gedachten Herrn Pfarrer Christ aufgehoben; die sonst so gemeinnützige Kinderlehre wird vernachlässiget; kein Kirchenrath mehr gehalten; Austheilungen von wohlthätigen Stiftungen geschehen einseitig ohne Rücksicht auf Dürftigkeit und Würdigkeit; Komplote werden erregt; Ehe nach Willkür um 2 Gulden getrennt und dergleichen.« Schließlich kommt Bleichenbach mit dem eigentlichen Zweck seiner Anklage heraus: »Hochlöbl. Amt wolle gerechtest entscheiden oder zur Entscheidung einer hohen Landesregierung vorlegen, ob ein solcher Geistlicher, der in Evangelischen Ländern ohne Zweifel ab officio würde removirt werden, fernerhin würdig ist, bei unserer Gemeinde den Lehrstuhl zu betreten.« — Der zweite Pfarrer hatte also die Hoffnung noch nicht aufgegeben, Christ aus seinem Amt und aus Kronberg zu verdrängen. Doch so weit ging Mainz keineswegs.

Immerhin nahm man dort die Sache ernst, wie aus dem am 28. Dezember 1787 in der Amtsstube der Receptur vorgenommenen Verhör zu ersehen:

»Nachdem ohnlängst von den Michel Kriegerischen Eheleuthen A. C. dahier eine auf eine Ehetrennung abzielende Übereinkunft getroffen, und dieselbe von dem ersten hiesigen evangelisch lutherischen Pfarrer HE. Christ begünstiget und authorisirt worden, sofort Churfürstl. Hohe Landes Regierung auf den desfalls erstatteten amtlichen Bericht gnädig anhero rescribiret hat, benannten HE. Pfarrer vordersamst über sothanen Vorgang ad protocollum zu vernehmen, und alsdann dessen Vernehmlassung unter Erstattung eines gutachtlichen Berichts an jene hohe Stelle gehorsamst einzusenden; so hat man zu solchem Ende ermeldeten HE. Pfarrer anheute vorberufen lassen und folgendermaßen constituirt:

1

Ob ihm die Ehezwistigkeiten der Michel Kriegerischen Eheleuthen noch erinnerlich seyen?

Responsio: allerdings

2

Ob er sie vermög seines Amtes durch Zureden und geistliche Ermahnungen wiederum zu vereinigen gesucht?

R. mehrere mals mit Anführung aller erdenklichen Beweggründe, allein jederzeit ohne erwünschten Erfolg.

3

Ob er zu dieser Handlung den zweiten Pfarrer und die Kirchenältesten zugezogen.

R. nein.

4

Warum er solches nicht gethan, da es doch die hier bestehende Gewohnheit mit sich bringe?

R. Es seyen bekanntlich damals solche Zwistigkeiten zwischen ihm und dem größern Theil der Kir-

143

chenältesten vorgewaltet, daß Letztere auf seine Zusammenrufung gar nicht erschienen wären. Über dies stehe er in der Meinung, daß derlei Ehesachen viel schicklicher durch den Seelsorger allein als durch das ganze Kirchenconvent vorgenommen werden.

5
Was die solcher gestalt verursachte gute gefruchtet?

R. Der Kriegerische Ehemann hätte sich zwar auf sein Einreden bereitwillig finden lassen, mit seinem Eheweibe sich wieder zu vereinigen, und hätte solche dringend zurückbegehrt, allein diese habe sich äußerst hartnäckig hiebei betragen, und sogar den Ausdruck gebraucht, sie wolle sich lieber todtschießen, als wieder zu ihrem Mann zurückkehren.

6
Wie er in dieser Sache weiter verfahren?

R. Auf das anhaltende Verweigern seiner Ehefrau habe Krieger von derselben schriftlich verlangt, daß sie sich aller Ansprüche auf sein Vermögen, und im Fall sie erkranken sollte, auf ihre Verpflegung begeben wollte, ohne daß von einer oder der andern Seite von einer Trennung oder Ehescheidung Erwähnung geschehen seye, wornächst er die bei den Acten befindliche Urkunde auf Verlangen in duplo ausgefertigt habe.

7
Ob er nicht wisse, daß eine Separation oder Trennung von der privat Willkühr der Eheleuthen nicht abhange, sondern wichtige durch richterlichen Spruch dafür erkannte Ursachen voraussetze?

R. Dieses seye ihm wohl bekannt, und schlage hier gar nicht ein, inmaßen in jener Urkunde, wie schon berührt, von der Trennung keine Meldung geschehen, sondern solche lediglich das jezige und zukünftige Vermögen der beiden Eheleuthen zum Gegenstand habe.

8
Es werde ihm aber nicht unbekannt sein, daß die Aufhebung der Erbrechte zwischen den Ehegatten und die Zurückerstattung des Heiratsguts, und des vom Mann in die Ehe gebrachten Vermögens eine Ehetrennung unterstelle, und ohne obrigkeitliches Vorwissen nicht Plaz haben könne.

R. Nach seiner Meinung benehme der Inhalt oftberührter Urkunde der Obrigkeit nicht das mindeste und habe er hiebei nicht den entferntesten Gedanken gehabt, hierunter der Obrigkeit vorzugreifen, wie er dann sich selbst sehr wohl bescheide, daß er hierzu ganz und gar keine Macht habe.

9
Eben so wenig könne ihm unverborgen seyn, daß die Kriegerische Eheleuthe als ortskundig arme Taglöhner kein Vermögen weder in die Ehe gebracht, noch zeither was erworben haben; wie also vorgegeben werden könne, daß es hier blos auf das beiderseitige Vermögen angekommen, besonders da sich solches durch den in dem Aufsaz befindlichen Verzicht des Kriegerischen Weibes auf die Person ihres Mannes widerlege?

R. Im Grunde seyen zwar beide Eheleuthe sehr arm, das wenige, was sie aber besäßen, werde von ihnen dennoch als etwas Wichtiges betrachtet, und in so fern habe auch dasjenige was er vorgegeben, seinen guten Grund. Der Ausdruck aus dem einen Verzicht des Weibes auf die Person ihres Mannes gefolgert werden wolle, wolle durchaus nichts anderes sagen, als die Begebung seiner Versorgung, wann sie bei einer beharrlichen Verlassung alt, känk- und baufällig werden sollten, wie sich dann solches hieraus sattsam ergebe, daß derselbe nicht wechselseitig von dem Ehemann vorkomme.

10

Ob er nicht selbst einsehe, daß die von ihm solcher gestalt begünstigte Übereinkunft eine Zerrütung in den Sitten und dem bürgerlichen Leben nach sich ziehe?

R. Da von keiner Ehetrennung die Rede seye, so falle dieses alles von selbsten hinweg, zumalen beide Eheleuthe ausdrücklich versprochen, sich from und ehrlich zu betragen, auch werde er Amts halber Sorge tragen, nicht nur jede Ärgernis, so durch sie entstehen möge, zu beseitigen, sondern auch sie selbst so bald als möglich zu einem Gott wohl gefälligen ehelichen Leben wieder zu vermögen.

11

Wie er demnach die hauptsächlich durch seine Mitwirkung geschlossene Kriegerische Übereinkunft als eine nach den gemeinen Rechten verbottene Sache zu entschuldigen vermöge?

R. Er könne nicht absehen, hierunter etwas Verbottenes begangen zu haben, wenigstens seye es ganz und gar seine Meinung nicht gewesen.

12

Wie er insbesondere den hierunter vorgenommenen Eingriff in die Churfürstliche höchste Kirchen Declaration vom Jahre 1768 § 9 rechtfertigen könne?

R. Da er als neu angestellt die hiesig kirchliche Verfassung noch nicht genau gekennet, so hoffe er, daß ihm hierbei nichts zur Last falle, inmaßen seine Absicht lediglich dahin gegangen, den Kriegerischen Ehemann, der wirklich schon verschiedene Merkmahle einer Verzweiflung von sich gegeben, zu beruhigen und gröseres Übel zu verhüten. Da er nunmehr einsehe, daß derlei Vorgänge hoch aufgenommen und zu Weitläufigkeiten Anlaß geben, so werde er sich von allem, was dahin einen Bezug habe, sorgfältig enthalten, und dadurch sattsam beweisen, daß er auch in gegenwärtigem Falle keinen Eingriff in die bestehende Verfassung zu wagen gesonnen gewesen.

13

Ob er den Kriegerischen Eheleuthen eine Bezahlung angesonnen, und von ihnen angenommen habe, auch worin sie bestanden?

R. Er habe von ihnen sich nicht mehr als die gewöhnliche Gebühr eines Scheins nämlich 30 Kreuzer von jedem Theil bezahlen lassen, und wenn von einem mehreren Erwähnung geschehen, so seye dieses ein Mißverständnis.

14

Was er etwa sonst zu seinem Behuf in gegenwärtiger Sache noch vorzubringen habe?

R. Er wiederhole noch einmal, daß er schlechterdings hierbei keine üble Absicht geheget, und daß er sich diesen Vorfall zur Warnung werde dienen lassen, fürohin bei ähnlichen Vorkommenheiten mit gröserer Behutsamkeit zu Werke zu gehen.

Resolutum

Solle gegenwärtige Vernehmlassung an Churfürstl. hohe Landesregierung nebst gutachtlichen Bericht unterthänig eingesendet werden.

in fidem
J. Phildius Amtsschreiber«

Der Fall kam diesmal nicht in die Hände des Freiherrn von Strauß, sondern in die des energischen Freiherrn von Frankenstein. Dieser ersah daraus, »wie ungebührlich der dasige erste Pfarrer A. C. Dr. Ludwig Christ sich habe beigehen lassen, zwischen den dasigen Kriegerischen Eheleuthen eine anmaßliche Ehescheidung eigenmächtig vorzunehmen«, und er dekretierte: »Unser Befehl ist, der Kurfürstl. Amtskeller hätte diese Ehescheidung, mit Kassirung der darüber ausgefertigten Urkunden, nicht allein für null und nichtig zu erklären, sondern auch dem erwehnten Pfarrer sein anmaßliches Benehmen ernstlich zu verweisen, fort denselben in eine herrschaftliche Strafe von 4 Reichsthalern zu erklären, und zur Zurückgabe der den Kriegerischen Eheleuthen zur Ungebühr abgenommenen Sportulen anzuhalten.

Mainz, den 1ten Februar 1788.«

Dieser Ukas wurde erst am 22. Februar nach Kronberg expediert. Am 8. März schrieb Christ nach Mainz, erklärte, daß er sich nur »durch allzugroßes Mitleid« zu den Schritten in der Kriegerischen Ehesache habe bewegen lassen und »daß nicht die mindeste Absicht auf irgend eine Art von Ehescheidung dabei obgewaltet«. Daher bitte er »untertänig und gehorsamst um die gnädig und hochgeneigte Erlassung der angesetzten 4 Thaler Strafe, da ich in meinem Leben bei meiner 25iärigen Amtsfürung nicht gestrafet worden, und bei diesem Versehen wenigstens meine Absicht nicht böse gewesen, auch mir bei meiner sauer zu sammelnden Besoldung, Kindern und mannigfaltigen Unkosten schwer fället«.

Ob das Gesuch Erfolg hatte, geht aus den Akten nicht hervor. Wir wollen annehmen, daß »Eminentissimus« zugunsten Christs eingegriffen hat. Die Anregung dazu ging, was der erste Pfarrer selbstverständlich nicht wußte, von Brückner aus. Der hatte in seinem Amtsbericht vom 31. Dezember, der das Vernehmungsprotokoll begleitete, geschrieben: »Nach dem amtlichen unvorgreiflichen Dafürhalten hat sich demnach derselbe die Ahndung Kurfürstl. hoher Landesregierung allerdings zugezogen, welche bei dessen bekannten zerrütteten oekonomischen Umständen am wirksamsten in einer mäsigen Geldstrafe bestünde, da weder blose Warnung noch Verweiß für derlei ähnliche nachtheilige Versuche sichern mögten.«

Obwohl die Fortsetzung des Kriegerschen Eheromans ins Jahr 1789 hineinführt, wollen wir sie hier anschließen. Aus einem Brief Christs geht hervor, daß Michael Krieger bei seiner Schwester wohnte, nachdem seine Ehefrau ihn verlassen hatte. Ob diese ihn nun drängte oder ob er wieder einen eigenen Hausstand wünschte, den die Entlaufene ihm führen sollte, mag dahingestellt bleiben. Jedenfalls ging er, da vom ersten Pfarrer keine neuen Schritte mehr zu erwarten waren, wieder aufs Amt, und Brückner schickte ihn zum jüngeren Bürgermeister von Frankfurt, dem Doktor Schlosser. Dieser wiederum verwies ihn an das Frankfurter Konsistorium. Das lud die bei dem Metzgermeister Ehmann in der Bendergasse als Magd dienende entlaufene Ehefrau vor, und da sie auf keinen Fall zu ihrem Mann zurück wollte und die endgültige Ehescheidung ins Auge gefaßt hatte, packte sie vor den geistlichen Herren aus, gab — was ihr sicher nicht leicht gefallen ist — auch das Intime ganz offen preis. Das Protokoll ging zusammen mit einem Begleitschreiben, das ein Herr von Glauburg im Namen des Direktors und der Räte des Konsistoriums unterzeichnet hat, an den Kronberger Amtskeller. Es trägt das Datum des 18. März 1789 und lautet:

»Erschiene des Kronberger Burgers und Maurergesellen Michael Kriegers Ehefrau, Katharina Veronica, eine gebohrne Keitelin, eben daher, dermalige Dienstmagd bei dem hiesigen Burger und Mezgermeister Ehmann, und erklärte sich in Gemäsheit Protocolli Deputationis Conßistorialis de 29. Jan. anni curr.: auf das Kronberger Amts-Protocoll und die darinnen enthaltene ungereimte Klage ihres Ehemannes kürzlich folgendergestalt.

1.) Seie die Hauptursache, warum sie sich von ihrem schändlichen Ehemann getrennet habe, weil er ihr die eheliche Pflicht nicht wie es rechtschaffenen und christlichen Eheleuten gebühre, geleistet habe, sondern vielmehr, da er keine Kinder haben wolle, bei jeder fleischlichen Vermischung sein männliches Glied vor Ergiesung des Saamens wieder abgezogen und den Saamen auf diese Weise verschüttet, mithin sich des Criminis onaniae an ihr schuldig gemacht habe.

Sie habe ihm zwar dagegen mehrmalen Vorstellungen gethan und ihn für einem solchen schändlichen Vergehen, das so ganz wider den von Gott eingesezten gesegneten Stand der Ehe und derselben Hauptzweck, nemlich die Erzeugung und Erziehung der Kinder seie, gewarnet, allein es seie umsonst gewesen. Sie habe sich daher gleich Anfangs ihrer Ehe, da sie solche Unreinlich- und Unsauberkeiten nicht mehr habe erdulten können, von ihrem schmutzigen Ehemann, so wie sie nur gekonnt, zu entledigen gesucht. Bisher habe sie zwar eines Theils ihre Schamhaftigkeit, andern Theils weil ihr Mann diese Zeit über die Separation selbst mit befördert habe und damit völlig zufrieden gewesen, daran verhindert, jemanden etwas davon zu sagen, da er sie aber nunmehr nach einer über drei Jahre angedauerten Separation dennoch darzu auffordere und gleichsam anreitze, so könne sie es, so hart es ihr auch eingienge anjetzo um ihrer selbst willen, nicht mehr länger mit Stillschweigen übergehen. Comparentin verhoffe demnächst nicht, daß ihr Ehemann das eben von ihr vorgebrachte gewissenlos ins Leugnen stellen würde. Auf den Fall hingegen, daß er es doch thue, wolle sie ihm, jedoch mit dem Erbieten zu förderst selbst das iuramentum malitiae abzuschwören, hiermit den Eid deferiret haben.

Überdieses habe er

2.) nie etwas arbeiten wollen, sondern statt daß er Comparentin hätte ernähren sollen: so habe er lieber seine Zeit mit Faulenzen und in anhaltender Unthätigkeit zugebracht, auch sich von ihr ernähren lassen, wobei er sie gleichwohl zur Dankbarkeit auf das schändlichste mishandelt; so daß sie in der beständigsten Disharmonie mit ihm zu leben gezwungen gewesen, welches in ganz Kronberg in der Notorietaet beruhe.

3.) Sei er ferner noch der Vollerei so starck ergeben, daß er sogar noch ohngefähr für einem Viertel Jahre, auf einen Sonntag sich so starck berauschet gehabt, daß er in diesem Taumel der Trunckenheit in die Kirche gelaufen und dem damahls predigenden Herrn Pfarrer Bleichenbach auf die Kanzel die unanständigste und gröbste Unverschämtheiten hinauf gerufen, mithin dadurch der ganzen versammelten christlichen Gemeinde ein öffentliches unerhörtes Ärgernis gegeben, worauf er nachher da er die Kirche verlassen wollen, beinahe der Treppe herunter den Hals abgestürzet hätte. Ja er seie auch desfalls eine Zeitlang in den Thurm zu Kronberg gestecket worden, welcher Vorfall ebenwohl dergestalt in der Notorietaet beruhe, daß es in ganz Kronberg keinem Kinde könne unbekannt geblieben seyn.

Diesem allem nach verhoffe Comparentin, daß man sie nicht zwingen werde, einen solchen abscheulichen Mann wieder anzunehmen, und sie dadurch neuen Unglücksfällen auszusezen, da derselbe ja zudem über drei Jahre die Separation von ihr vollkommen zufrieden gewesen . . .

Comparentin bäte daher sie von der Bande dieser höchst unglücklichen Ehe mit einem solchen Unmenschen bei dem ganz und gar keine Beßerung zu hoffen, gänzlich zu befreyen und solche quod vinoculum aufzuheben.«

Danach kam es nur noch zu einem Schriftwechsel zwischen dem Kronberger Amt und dem Frankfurter Konsistorium, das der auf Ehescheidung klagenden Katharina Veronika Kronberg als Gerichtsstand anwies, da »wir Uns in andere Jurisdiction niemahls zu mischen geneigt sind«.

Der Schluß des kleinen Kronberger Eheromans mag offen bleiben. Im Kirchenarchiv liegt er nicht, vielleicht findet man ihn eines Tages unter den auswärts liegenden Stapeln von kurmainzischen Akten. Derartige Fälle scheinen in Kronberg nicht gerade selten gewesen zu sein, denn bei dem Konvolut »Ehescheidung« im Kirchenarchiv liegt, irrtümlich hinzugefügt, ein neuer Akt Krieger: 14. November 1789 erscheint auf dem Amt Adam Kriegers Ehefrau Katharina Luisa geborene Glockin und erklärt, es sei sowohl dem Amt als auch dem Stadtgericht bekannt, daß sie vor drei bis vier Jahren von ihrem Ehemann wegen um der geringfügigsten Ursachen willen oft mißhandelt und sogar blutrünstig geschlagen worden. Der Oberschultheiß habe sie zwar von Zeit zu Zeit wieder mit ihrem Mann ausgesöhnt und sie habe den Ehestand fortgesetzt, allein derselbe fange nun erneut an, sie so zu mißhandeln, daß sie nicht länger mit ihm leben könne. Der Grund: sie hatten Frucht nach Falkenstein zur Mühle gebracht. Sie war dreimal dort gewesen und hatte vergeblich das Mahlgut angemahnt. Nun verlangte Adam Krieger, seine Frau solle den Müller beim Falkensteiner Schultheißen verklagen. Als sie antwortete, das sei Mannssache, so hatte der Zorn ihn »dergestalt übernommen, daß er sie auf eine grausame Art wider die Mauer gestoßen, ihr mehrere Schläge versezet und sie auf den Boden geworfen hatte«. Zum Glück war der Bruder ihres Mannes zugegen gewesen. Der hatte zu ihren Gunsten gesprochen und ihr die Haustür geöffnet, »wodurch sie Gelegenheit erhalten, ferneren größeren Mißhandlungen zu entgehen, wie dann ihr Mann nach ihrer Entweichung ihr gedrohet habe, sie, wann er sie bekommen könnte, noch tot zu schlagen«. Auch mit Vergiftung hatte er ihr gedroht und sie während einer Schwangerschaft so behandelt, »daß die Mähler an ihrer Leibesfrucht nachher zu ersehen gewesen«. Nun verlangte sie die Scheidung und die Herausgabe des ihm zugebrachten Vermögens sowie den Unterhalt für sich und die zwei Kinder. Adam Krieger versuchte, sich herauszureden, doch die mißhandelte Frau nannte Zeugen, darunter Hebamme und Chirurgus. So wurde verfügt, daß Krieger bis zum Austrag der Sache seinem Eheweib wöchentlich vierzig Kreuzer zum Unterhalt zahlen und außerdem ihr die unentbehrliche Kleidung verabfolgen müsse.

Damit beenden wir unseren kleinen Ausflug in die Kronberger Sittengeschichte. Er hat uns gelehrt, daß es auch damals in der kleinen Stadt schon »Eheprobleme« gab, und wir können annehmen, daß Christ sich vor manches weitere Ehe- und Familienproblem gestellt sah, das nicht »aktenkundig« geworden ist. Diese Probleme sollten sich in den kommenden Kriegsjahren noch mehren. Doch kehren wir zunächst wieder ins Jahr 1788 zurück.

Die letzten Jahre vor den Kriegsstürmen, 1788—1791

Der weihnachtliche Friedensschluß zwischen den beiden evangelischen Pfarrern in Kronberg, wie ihn Christ nach Mainz gemeldet hatte, erschien den dortigen Regierungsbeamten auch ein wenig unglaubhaft, weshalb sie bei Brückner zurückfragten. Er schrieb am 29. Februar 1788: »Es seye zwar gegründet, daß die dahiesigen beiden Pfarrer und die Kirchenältesten A. C. auf heftiges Andringen des Pfarrer Christs und in Hinsicht der von ihm bezeigten ganz auffallenden Nachgiebigkeit sich wieder miteinander versöhnet haben, und daß desfalls zeither bestandene grose Aergernis gehoben seye, allein Pfarrer Bleichenbach habe nebst den ihm anhängenden Kirchenältesten bald darauf die Anzeige bei Churfürstl. Amt eingeleget, daß jene Übereinkunft weiter nichts als blos ihre Privatgenugthuung, die sie sich einander erlassen zum Gegenstand hätte, hingegen wollten sie die in ihren bei Churfürstl. Hoher Landesregierung eingereichten Streitschriften enthaltenen Klagpunkten, welche auf ihre kirchliche Verfassung und auf ihr Schulwesen sich beziehen, inglerichen die etwa gegen ein oder den andern Theil eintrettende öffentliche Satisfaction vor wie nach dem Ermessen und der Entscheidung Ch. H. L. R. anheim geben, indem sie ohnedies hierüber sich nicht hätten vergleichen können. Dieses Verhalten diene zum Beweiß, daß die vorgewesene Versöhnung nicht ernstlich gemeinet, und die Sache beinahe noch in der nämlichen Lage seye, worin sie sich vorher befunden.«

Wenige Tage später, am 3. März, fand das Schulexamen statt, zu dem man Brückner eingeladen hatte, wohl zum ersten Mal, denn wie er in einem früheren Bericht erwähnte, hatten die lutherischen Kronberger früher dabei die Anwesenheit eines kurfürstlichen Beamten nicht geduldet. Die Aufstellung über den traditionellen Schmaus, der dem Examen folgte, ist erhalten:

Berechnung der Auslagen über 7 Gulden 20 Kreuzer
aus dem Bürgermeisteramt
bei dem Schulexamen am   3.   März   1788

	Guld.	Kreuzer
für 12 Pfd. Rindfleisch, zu 8½ Kreuzer das Pfd.	1	42
Meerrettig	—	6
Wirsigkraut	—	6
3 Pf. Bratwürste	—	36
2 Kalbsbraten zu 7 ko, p. Pfd. 5 Kreuzer	1	40
Salat	—	12
Wek in die Suppe	—	6
eine Muskatnuß	—	8
Baumöl	—	7
2 Laib Brod	—	16
1 Pfd. Kaffe	—	32
1½ Pfd. Zukker	—	36
Milch	—	10
etwas für Butter	—	17
Botenlohn nach Frankfurt	—	12
Sa.	7 fl.	20 Kr.

Für Holz ist nichts gerechnet

      Christ
      p.pr.

Der Mädchenschulmeister Nikolai war schon etliche Tage vor dem Examen um eine Zulage »bei seiner geringen Besoldung und vielen Arbeit« eingekommen, und es wurden ihm »ohne Consequenz« für dieses Jahr 6 Gulden aus der Hospitalstiftung und 1 Malter Korn aus der Präsenz bewilligt.

Wie schon berichtet, war Christ am 8. und 9. März bei der Mainzer Regierung und beim Freiherrn von Strauß vorstellig geworden und hatte um Erlaß der 4 Reichstaler Strafe wegen der Kriegerischen Ehescheidungs-Sache gebeten. Im Brief an Strauß heißt es: »Mit meinem Kollegen, der mir so viel Leid zugefügt hatte, habe mich vor einem Viertel Jahr von Herzen (wenigstens von meiner Seits) ausgesöhnt, um dem Aergernis ein Ende zu machen, welches notwendig durch die lange Mißhelligkeit bei der Gemeinde entstehen mußte, obschon außer meiner Schuld, welche Aussöhnung zugleich das gute Vernehmen mit den Kirchenvorstehern und überhaupt die Ruhe und Einigkeit einschloß und wiederherstellte. Wie ich indessen von HE. Amtskeller gestern vernommen, so habe sich ohnlängst mein Kollege gegen ihn erklärt, daß sich unsere Versöhnung nur auf unsere beiderseitige persönliche Freundschaft erstrekke, übrigens aber wolle er die bei hoher Landesregierung eingebrachte Klagpunkte wieder betreiben. Es scheinet ihm demnach die Zeit des Friedens schon zu lange zu dauern, denn er siehet wohl, daß dadurch das gute Vernehmen allenthalben wieder aufgehoben würde.

Ob nun schon auf solche Weise seine Versönung aus einem sehr verstellten Herzen gegangen, so wünsche ich doch auf meiner Seite in Frieden zu leben und kann auch sonsten das Gute, so ich hier noch zu stiften hoffe, nicht zu stande bringen. Ich will mich daher in nichts mischen, leiden, was möglich zu leiden ist, und den Stein, den ich nicht heben kann, liegen lassen, denn es werden mir tausend Fallen gestellt. Ich rathe daher stets zum Frieden und suche alle Feindschaft und Erbitterung zu seinem eigenen und unseres Amtes Besten allenthalben vorzubeugen.«

Zum Schluß heißt es im Hinblick auf Bleichenbach: »Auf welcher äußerst schwarzen Seite würde er sich auch nun zeigen, wenn er iez one allen Anlaß nach solenner Aussöhnung, die wir auf der Kanzel verkündiget, die ich nach Mainz unter andern an Herrn Hofrat Reuter berichtet habe, — anfangen wollte, das Alte aufzuwärmen, die größte Unruhe und Erbitterung zu stiften, und doch äußerlich den Schein haben wollte, Freundschaft zu halten; und würde er nicht alles Vertrauen bei der Gemeine verlieren, das geistliche Amt aber äusers heruntersezzen.«

Immerhin war es Christ gelungen, im Februar einmal den gesamten Kirchenrat sowie die Mitglieder von Gericht und Rat unter einen Hut zu bringen. Es ging um eine Sache, die ihm offensichtlich sehr am Herzen lag, zumal sie auch ihn, seine Besoldung, mit betraf. Er wollte die Incorporierung des Reinhardi'schen Vermächtnisses in die Kirchenpräsenz erreichen. Seine Eingabe an die Regierung, von insgesamt von 12 Männern unterschrieben (außer den zwei Pfarrern und den Kirchenältesten sind es: Andreas Henrich, Philipp Jäger, Reymundt Weydtmann, Joh. Jacob Bleichenbach, Nicolaus Gerlach und Joh. Philipps Weidmann), legt dar, »wie vor 25 Jaren ein christlich gesinnter reicher Bürger dahier, Namens Reinhardi, sich um das hiesige evangelische Kirchenwesen so wol, als auch dadurch um die evangelische Burgerschaft rühmlichst verdient zu machen gesucht, und zum Besten derselben ein Vermächtnis hinterlassen, womit er die Pfarreien, Schulen und arme Waisenkinder in Rücksicht folgender Posten bedacht hat:

Erstlich legte er in die Präsenz 1000 Gulden Kapital nieder, zu 5 p. Cent, deren iärlicher Ertrag mit 50 Gulden entweder für einen armen Knaben zur Erlernung eines Handwerks angewendet oder einer armen Tochter bei ihrer Verheuratung zum Brautbette gegeben werden sollte. Die Zinsen dieses Kapitals waren auf Martini ieden Jares fällig gerichtet, die Präsenz aber zalte iederzeit auf Anweisung des Kirchenkonvents ie nachdeme Zeit und Umstände die Unterstüzzung der Waisenkinder erforderten.

Zweitens stiftete der milde Erblasser eine Freischule, teils zur Beförderung des Unterrichts, teils zum Besten der Burgerschaft. Zuvor mußte ein iedes Kind für seinen genossenen Schulunterricht järlich 1 Gulden geben. Arme Aeltern suchten diese Ausgabe zu ersparen, und schickten ihre Kinder nicht in die Schule. Diesem schädlichen Uebel zu steuren, bestimmte er ein Kapital von 1600 Gulden, deren Interesse zu 5 p. C. beide Schuldiener und zwar ieder mit 10 Gulden anstatt eines Schulgeldes von 1 Gulden von iedem Kind iärlich beziehen, die Burgerschaft aber frei ausgehen sollte. Gleichwie nun aber das Schulgeld der Kinder quartaliter mit 15 Kreuzern erhoben worden, so zalte auch der Präsenzmeister bisher iedem Schuldiener quartaliter gedachtes Besoldungsstük, wie solches überhaupt bei fixen Besoldungen gewöhnlich und nötig ist.

Drittens empfingen beide Geistliche von ie her als ein Besoldungsstück eine gewisse Geldgabe von iedem Kommunikanten vor dem Abendmalstage, wie solches noch in sehr vielen Ländern üblich ist. Diese Gewohnheit mißfiel dem Reinhardi, unterredete sich mit den Geistlichen, und um diese Gewohnheit abzustellen vermachte er 1400 Gulden, deren Interesse zu 5 p. C. die Geistlichen als ein Besoldungstück von 35 Gulden ieder, dagegen geniesen sollten, welches ebenfalls der Präsenzmeister quartaliter auszalte, obschon die Interessen erst gegen Ende des Jares fällig waren.«

Eben das hatte das Amt, also Brückner, im Vorjahr beanstandet und angeordnet, »daß in Zukunft die rückständigen Interessen von den Kapitalien der mehrbemeldeten Reinhardischen Legaten nicht mehr von der Präsenz sollten vorgeschossen werden, indem durch solche Ausgabe und durch die ruhig liegende abgetragene Legatenkapitalien der Kapitalstock der Kirche geschwächet würde«.

Dagegen richtete sich der Kronberger Antrag: Die Präsenz sei so gestellt, daß sie den geringen Verlust leicht tragen könne, meinte man. Daher wollte man »nicht nur die Interessen von den 4000 Gulden Reinhardischer Legatenkapitalien fernerhin quartaliter vorschießen«, sondern auch »diese in den Kapitalstock der Präsenz« selbst aufnehmen. Der Präsenzmeister könne dieselben dann einfach mit verwalten.

Brückner, der seinem Amtsbericht vom 21. Februar eine Abschrift des Reinhardischen Stiftungsbriefes und einen Auszug aus dessen Testament beifügte, wandte sich energisch gegen diesen Plan. Er, der katholische Beamte, verteidigte den lutherischen Kirchenfonds und trat für eine strikte Trennung dieses Fonds und der Reinhardischen Legate im Sinne ihres Stifters ein. Mainz ließ sich mit dieser Sache Zeit. Erst am 1. Dezember teilte man Brückner mit, daß man mit seiner »vollkommen erschöpfenden« Darlegung »durchgängig einverstanden« sei. Damit war der Antrag der evangelischen Kronberger abgelehnt.

Ob Christ sich über diese Ablehnung sehr gegrämt hat, wissen wir nicht. Er war ja inzwischen an Nackenschläge gewöhnt. Vielleicht hat er auch in einem Gespräch mit Brückner dessen Argumente wenn nicht anerkannt so doch verstanden.

Der Scheinfriede zwischen Christ und seinen Gegnern ging dann bald wieder zu Ende. Man stritt um den Kornzehnten und das Schulholzgeld und warf Christ Unregelmäßigkeiten vor. Als die Kirchenältesten nicht zu den Sitzungen kamen, schaltete der erste Pfarrer das Amt ein, und dieses drohte den Widerspenstigen eine Geldstrafe an. Am Rand des kurzen Protokolls vom 19. Oktober ist vermerkt: »HE. Pf. Bleichenbach lief weg aus Verdruß mit HE. Bleichenbach und Jakob Koch gieng weg und kündigte mit Gelassenheit und Ernst sein Kirchenvorsteher Amt auf. Zum Schulholzgeld heißt es: »Es sollte bei dem gemachten Ausschlag zu 38 Kreuzer für das Kind bleiben ...«

Am 8. Dezember heißt es im Protokoll: »Da der Kirchenvorsteher Koch unterm 19. Oktober ordnungsmäßig vor dem gesamten Convent abgedankt hat, so wurde zur Wahl eines neuen Kirchenvorstehers geschritten.« Der Pfarrer Bleichenbach, der einen so guten Bundesgenossen keinesfalls entbehren wollte, protestierte gegen die Wahl, »weil der Koch seinen Abschied noch nicht vom Amt geholt habe (das doch bisher nie gewöhnlich gewesen)«. Neu gewählt wurde Philipp Henrich, doch siehe da: am Sonntag Laetare 1789 gehört Koch wieder zu den Unterzeichnern des Protokolls.

Ansonsten scheint 1788 das erste halbwegs ruhige Jahr gewesen zu sein, das Christ in Kronberg verbrachte. Er hat es ohne Zweifel genutzt, hat seine Baumschulen auf- und ausgebaut, über die Brückner zuerst gespöttelt hatte, hat seinen Zehnten mühsam auf den Feldern eingesammelt und noch dazu ein neues Werk geschrieben, das im folgenden Jahr erschien.

Doch zunächst geschah etwas, auf das vor allem die Bleichenbachische Partei seit langem gewartet hatte. Am 16. Februar 1789 referierte Hofrat Reuter vor der Mainzer Hofkammer über die Kronberger Streitigkeiten, wobei er zu den einzelnen Beschwerdepunkten jeweils die Kontrahenten Bleichenbach und Christ, dazu den Amtskeller Brückner und Pfarrer Ihl zitierte. Das Protokoll der Sitzung ist erhalten, und die Voten zu den einzelnen Punkten sind eingefügt. Auf Grund dieses Protokolls hat Reuter dann einen Erlaß ausgearbeitet, der am 5. März vom Freiherrn von Frankenstein unterzeichnet und dann zu Brückner nach Kronberg gesandt wurde. Wir können uns vorstellen, wie Brückner die beiden Pfarrer in die Receptur bestellte und ihnen das Schriftstück mit strenger Amtsmiene vorlas, auch die darin enthaltenen Verweise gleich aussprach. Wir geben den Text nachfolgend vollständig wieder:

Kurfürstl. Mainzische Landes Regierung

Mit besonderem Mißfallen haben wir uns diejenigen Streitigkeiten referiren lassen, welche die dasigen beiden lutherischen Geistlichen oder Pfarrer, Christ und Bleichenbach zum öffentlichen Aergerniß ihrer Gemeinde bisher entzweit haben. Was nun die von denselben gegeneinander wechselseitig aufgestellten Beschwerden betrifft und zwar

1.) die Privat Communion betreffend, wird vordersamt dem Pfarrer Christ sein eigenmächtiges Verfahren bey Ausstreichung des mit gemeinsamer Einwilligung des Kirchenkonvents in das Kirchenprotokoll eingetragenen Schlusses hiermit verwiesen, der Kirchenkonvent aber anzuweisen, wie es künftig mit der Früh-Communion, besonders in Ansehung alter und schwacher Leute zu halten sey, gemeinsam zu berathen und den darüber abzufassenden Schluß dem kurfürstl. Amte vorzulegen und durch dieses die Ratification kurfürstl. Regierung zu gewärtigen.

2.) die eigenmächtige Ausschließung des Jakob Koch aus dem Kirchen-Convent wird abermal dem Pfarrer Christ hierunter gebrauchtes eigenmächtiges Benehmen sowohl als den beiden Remigius Kunz und Jacob Koch die wechselseitig gegeneinander gebrauchten Anzüglichkeiten hiermit verwiesen. Ersterer sofort hiermit angewiesen, den Kirchen-Convent bei vorkommenden Fällen nach wie vor zusammen zu berufen, dem die Kläger unter der Verwarnung sämtlich beizuwohnen hätten, daß in widrigem Falle die abwesenden sich die von den dabei gegenwärtigen abgefaßten Schlüsse gefallen zu lassen hätten, allenfalls auch statt den ausbleibenden andere Mitglieder aufgestellt werden sollen.

ad 3) wird Pfarrer Christ seine bey Abänderung der neuen Schulordnung eingehaltene unlöbliche Absicht ebenfalls verwiesen, sofort dieselbe fürs künftige um so mehr beizubehalten anbefohlen, als dieselbe von k. Amte bereits gutbefunden und bestättiget worden ist.

ad 4) läßt man es zwar bey den in dem Kirchenbuche vorgenommenen Abänderungen, was angeht das Gebet für Kurfürstl. Regierung, und für die Gemeinde allda, jedoch dergestalten bewenden, daß es in Ansehung des Gebets für Se. Kurfürstl. Gnaden unseren allerseits gnädigsten Herrn bei dem alten formular seines ganzen Inhalts künftighin lediglich zu belassen sey.

ad 5) wird beyden Pfarrern das durch die Anstimmung solcher Lieder und Kanzel-Reden, welche mehr ihre private Leydenschaften gegeneinander, als das Wort Gottes bey dem öffentlichen Gottes-Dienste selbst verkündeten, gegebene Aergerniß höchst nachdrücklich verwiesen und derselben Gewissen anheimgegeben, wie sie sothane böse Beispiele durch Ausübung untadelhafter und ihrem Amte anständigen Sitten und Handlungen wieder gut zu machen sich befleißigen werden.

ad 6) Ist unser Befehl, daß der dasige erste Pfarrer in keiner Weise eine Oberherrschaft sich anzumaßen, sondern von demselben der zweite Pfarrer als sein Amts-Collega anzusehen, welche mit gemeinsamer

Berathung nach der bestehenden Kirchen-Ordnung, kurfürstl. höchsten Declarats und ergangenen mehrfachen kurfürstl. Regierungs-Verordnungen bey vorkommenden Fällen sich miteinander zu benehmen hätten. Es verstehet sich hierbei gleichwohle von selbsten, daß von dem ersteren Pfarrer das Directorium in Kirchensachen und anderen dahin gehörenden Vorfällen, jedoch dergestalten auszuüben, daß er bei einer allenfalsigen neuen Einrichtung immer mit dem zweyten, seinem Kollegen vorher Communication pflege, im Falle spänniger Meinungen aber, wo keine Gefahr auf dem Verzug hafftet, bey dem kurfürstl. Amt anfrage.

ad 7) wären die 4 Schlüssel zum Opferkasten fürs künftige wieder von 4 besonderen dazu vom Kirchen Rathe zu bestellenden Personen zu bewahren.

ad 8) Wechselseitige Beschwerden wegen gemeinschaftlicher Einfahrt und dergleichen betreffend, werden beyde Pfarrer angewiesen, sich nach dem Herkommen und gewöhnlichen Nachbar-Rechten zu bemessen; allenfalls aber den Ausspruch Rechtens bey dem kurfürstl. Amte zu gewärtigen.

ad 9) Die vom Pfarrer Christ gegen die Kirchenälteste gebrauchten Ausdrücke betreffend, wird derselbe fürs künftige zu mehrerer seinem tragenden Charakter angemeßenen Bescheidenheit gegen seine Pfarrgenossen angewiesen.

ad 10) et 11) finden wir zwar Bedenken, für auswärtige sowohl katholische, als protestantische Collecten eine gewisse einem jeden zu verabreichende Summe zu bestimmen, welche vielmehr nach Zeit und Umständen abzumessen seyn wird. Jedoch ist unser wiederholter Befehl, daß niemand, er sey, woher er wolle, ein Beitrag weder aus der Gemeinds- noch Kirchen- oder Präsenz-Kasse zu gestatten, es sey denn, daß sothaner Collectant mit einem, von kurfürstl. Regierung besiegelten und bey Amte producirten Patent versehen sey.

ad 12) Wären die eingehenden Allmosen von den beiden Pfarrern, wie von jeher üblich gewesen, unter die Dürfftige allda zu vertheilen, von welchen jedoch allenfalls auch die Kirchen-Älteste, denen die Umstände der Gemeinds-Glieder öfters am besten bekannt sind, zu Rathe zu ziehen wären.

ad 13) Die Haus-Copulation betreffend, wollen wir dieselbe hiermit als Misbrauch verbotten haben: allenfalls aber, dafern sich der Fall ereignete, wo um Dispensation aus erheblichen Gründen angestanden werden wollte, solches nicht allein in Zeiten bey Amte im voraus anzuzeigen, und darauf der Bescheid zu gewärtigen, sondern für eine jede dergleichen Dispensation zum Unterricht armer lutherischer Schulkinder 5 Gulden zu entrichten, für die Copulation aber an Pfarrgebühren mehr nicht als gewöhnlich 2 Gulden zu bezalen wäre. Wir verweisen daher dem Pfarrer Christ seine hierunter abermal gebrauchte Eigenmacht, mit der Weißung, dasjenige was er über die in seiner Bestallungs-Note gebilligten Copulations-Gebühren allenfalls ein oder dem anderen Paar abgenommen, denselben, dafern sie es verlangen, zurückzustellen.

Schließlich hätte kurfürstl. Amtskeller die beiden dasigen lutherischen Pfarrer fürs künftige zur Beobachtung mehrerer Ruhe und Einverständniß nochmal ernstlich anzuweisen, mit dem Anhang, daß Eminentissimus ansonsten den strafbaren Urheber solcher für das Publicum höchst ärgerlichen Mishelligkeiten nachdrücklichst und empfindlichst, allenfalls auch mit Versezung auf eine andere geringere Stelle zu ahnden sich bewogen finden würden. Mainz den 5ten März 1789

Freiherr v. Frankenstein

Alles in allem kommt Johann Ludwig Christ in diesem Schriftstück nicht gerade gut weg. Er wird viel öfter mit Verweisen bedacht als sein Gegner Bleichenbach, der eigentliche Verursacher allen Streites. Es wird dem stolzen Öhringer nicht leicht gefallen sein, bei der Verlesung still und stumm zu bleiben. Zwei Gedanken mögen ihn getröstet haben: daß Eminentissimus diesen Erlaß sicher nicht gesehen hatte, und daß man in Kürze in Mainz und Kronberg sehen würde, was er wollte und konnte.

Pünktlich zur Ostermesse lag nämlich in Frankfurt sein neues Opus vor, das Buch, das er im Vorjahr geschrieben hatte:

»Von Pflanzung und Wartung der nüzlichsten Obstbäume und ihrer besonders in Kronberg gezogenen Arten und Sorten nebst räthlichster Benuzzung ihrer Früchte in Aufbewahrung derselben, Troknung der verschiedenen Arten Obstes, und unter andern einen vorzüglichen Obstwein und Essig zu bereiten ec. für Landleute, Oekonomen und Liebhaber der Obstgärtnerei, von J. L. Christ, Erstern Pfarrer zu Kronenberg an der Höhe, der königl. kurfürstl. Landwirtschaftsgesellschaft zu Zelle Mitglied. Erster Theil.« Mit 2 Kupfern.

Über den Inhalt wird in der Werkbeschreibung gesprochen. Gegenwärtig soll es uns nur auf den »Vorbericht« ankommen. Wir zitieren daraus:

»Ehe ich diese Abhandlung gänzlich entwarf, so hatte ich bei der großen Baumzucht und dem ausgebreiteten starken Obstbaumhandel hiesigen Orts hauptsächlich zur Absicht, der ansehnlichen Anzahl der hiesigen Baumpflanzer etwas in die Hände zu liefern, wodurch sowol manches Vorurteil aus der Baumschule ausgereutet, ihre Beschäftigung erleichtert und verfeinert, sie auf ein und anderes aufmerksamer gemacht, und somit ihr Hauptnahrungszweig verbessert, als auch die gute Sache für die Landwirtschaft und Oekonomie überhaupt befördert werden möchte, als welcher gewiß nicht wenig daran gelegen ist, daß die Gärten und Felder mit guten und dauerhaften Obstbäumen, welche sowol für die Haushaltung als für den Handel ein fürtreffliches und wirthschaftliches Obst und zwar im frühen Alter der gepflanzten Bäume liefern, besezzet werden können. Allein auf verschiedene Veranlassung habe ich dieses kleine Werk für manche Liebhaber und Anfänger der Obstgärtnerei und sodann auch für die Oekonomie und Landwirtschaft in Rücksicht auf diesen wichtigen Artikel gemeinnüzziger einrichten wollen und sollen.

Wer die hiesige ausserordentlich beträchtliche und fürtreffliche Baumzucht mit Kennersaugen zu betrachten Gelegenheit hat, und dabey die gute Lage und das angemessene Erdreich in Erwägung zieht, der wird einsehen, daß die weise Vorsicht des großen Hausvaters der hiesigen Nachbarschaft und vielen Gegenden weit und breit, welche seit langer Zeit mit hiesigen Bäumen besezt, und mit deren Produkten erquikt worden, eine Wolthat erwiesen habe, daß der vor 80 bis 100 Jahren hier gewönlich gewesene Weinbau in den fürtrefflichsten Obstbau umgeschaffen worden.

Seit dieser Zeit besonders haben die hiesigen Einwohner nicht nur ihre eigene Felder und alle, auch die ödeste und steinigste Pläzchen, (öfters nicht one ungeheure Arbeit und Fleiß) mit einer unzäligen Menge der besten Obstbäume aller Arten besezt, sondern auch von je her mit ihrer glücklichen Baumzucht der Nachbarschaft gedienet, und diesem nüzlichen und angenehmen Geschäft mit solchem Hang und Industrie obgelegen, daß noch jezo bisweilen Kinder von 7-9 Jahren sich mit Pfropfen, Okuliren ec. vergnügen und unterhalten.

Ich will der vielen kleinen Baumschulen, die allhier befindlich, nicht gedenken, und nur zwei der großen Baumschulen erwänen, dergleichen sich vielleicht in ganz Deutschland nicht finden. Die eine enthält eine Anzahl von ongefähr 40 Morgen Landes, da ein junger Baum am andern stehet und ihre Anzal schwerlich unter 400000 verkäuflicher Bäume sich belauft; die andere bestehet aus 10 Morgen, die erst seit ein paar Jahren neu angelegt ist, und worinnen gleichwol schon über 30000 junge Stämme stehen, und worunter solche schon erwachsene okulirte Zwergbäume sind, davon schon vorigen

Herbst in Obstgärten konnten abgeliefert und versezzet werden, und die also vom Kern an nicht älter als 3 Jahre gewesen.

Der Baumpflanzer sind 40 bis 50 Hausväter allhier. — Die vorzügliche Güte und Dauerhaftigkeit der hiesigen jungen Bäume ist weit und breit bekannt und bewärt, davon auch die starke järliche Versendungen zur Genüge zeugen. Man hat hier nicht nöthig, die junge Bäumchen durch Viehdünger zu verzärteln, und zu übertreiben, da der hiesige mergelartige Boden natürliche Fruchtbarkeit genug hat und die schönsten Wurzeln ziehet, jedoch dabei so beschaffen ist, daß die Bäume auch durch diese Fruchtbarkeit nicht, wie in schwarzer Gartenerde geschiehet, weichlich werden, sondern das Land ist bei aller seiner den Bäumen angemessenen Fruchtbarkeit etwas rauh, öfters steinig und lattig, daß also die hier erzogene und keine Krankheit oder Schwächlichkeit erbende Bäume in allem Land, wohin sie verpflanzt werden, gut thun und dauren, in schlechtem Land nicht zurückgehen, und in gutem Boden desto freudiger wachsen. Ihre Gesundheit von Jugend auf befördert ihre freie und offene Lage, an einem Abhang gegen Mittag und Abend, und ihre Dauer gegen Strenge der Witterung und kalten Winde unsere hohe Lage, da sie der Züge der Winde von der frühesten Jugend an gewont und dadurch ihre Holzfasern und Saftrören so eingerichtet werden, daß sie nicht leicht erfrieren, welches hier bei den strengsten Wintern etwas seltenes ist.

Die fernere wesentliche Güte der hiesigen Bäume wird durch die Industrie der hiesigen Baumpflanzer dadurch erreicht, daß sie nicht nur die besten Sorten von delikatem Obst aufsuchen und fortpflanzen, und bereits schon lange die wirttschaftlichsten Bäume besizzen, und zu ihrem Obsthandel, Weinhandel und Essighandel anwenden, sondern auch, daß sie solche auf lauter Kernstämme von zamen edlen Sorten okuliren und pfropfen, wodurch gewiß das Obst besser und schmakhafter und der Baum gesunder, schöner und fruchtbarer wird, als wenn man nur auf wildes Obst oder auf Wurzelausschläge veredelt.«

Anschließend kommt Christ auf das dem »Güldenen A,B,C« angehängte Verzeichnis der Kronberger Obstsorten zu sprechen und schreibt weiter: »Ich habe daher vor ein paar Jahren Gelegenheit genommen, einem kleinen landwirtschaftlichen Traktat ein Verzeichnis und Katalog der hiesigen Obstsorten anzuhängen, und solche noch bekannter zu machen, um sowol diesen Nahrungszweig des Orts patriotisch zu befördern, als auch in diesem Teil der Landwirtschaft und Oekonomie den Liebhabern gefällig zu seyn. Es zeigte sich auch in diesen Jahren ein noch vermehrterer Abgang an jungen Bäumen. Ich wurde selbst von Freunden und Liebhabern zu Besorgung ihrer desfalsigen Angelegenheiten ersucht, und mit Vergnügen diene ich gern beden Teilen, zumal sich die hiesigen Baumpflanzer immer mehr bequemen, ihre Obstsorten und Bäumchen zu bezeichnen und ein ordentliches Register über ihre Baumschule zu führen. Auch nimmt die Auswal der vortrefflichsten Obstsorten merklich zu, wie aus dem in der Abhandlung befindlichen Obstregister bey jeder Art besonders, ersichtlich sein wird, welches Verzeichnis aber ich nicht trokken hingesezt, sondern durch Beschreibung der Kennzeichen der Bäume, ihrer Eigenschaften und Eigenheiten, ihrer gemäßen Art sie fortzupflanzen, zu veredeln und sie zu behandeln, von jeder Gattung des Obstes zuträglichsten Nuzzens und Gebrauchs nebst der Zeit ihrer Reife ec. auch für einen jeden Liebhaber der Obstgärtnerei brauchbar und unterhaltend einzurichten gesucht habe.«

Beigebunden ist ein neuer »Sorten- und Preiskatalog der Kronenberger Obstbäume«, der wohl auch einzeln an die Baumpflanzer abgegeben worden ist und — da mit Preisspalten versehen — ihnen Angebot und Arbeit wesentlich erleichterte. Mit diesem Band hat Johann Ludwig Christ sich wohl in Kronberg endgültig durchgesetzt. Eine so intensive Werbung für Kronberger Obstbäume und Obst hatte es nie zuvor gegeben. Wer den Vorbericht liest, wird aber zugleich auch einen anderen Schluß daraus ziehen: Christ war nun endgültig Kronberger geworden, hatte wie die jungen Obstbäumchen kräftige Wurzeln geschlagen — trotz aller Bemühungen, ihn aus seinem geistlichen Amt und aus der Stadt zu verdrängen.

Haben das die lieben Kronberger rasch erkannt? Jedenfalls wurden sogar laut Protokollbuch am 5. Juli die Baumängel in Pfarrhaus und Stallung besichtigt, nachdem man Christ zuvor seine unnötige Bauerei vorgeworfen hatte.

In der zweiten Julihälfte kamen dann aus Frankfurt und Mainz Nachrichten über Frankreich, die man zuerst kaum glauben wollte. In Paris hatte das Volk am 14. Juli 1789 die Bastille gestürmt, in der man ein Symbol der Tyrannei des Königtums sah, und am nächsten Tag hatte man unter allgemeinem Jubel mit der Zerstörung der Feste begonnen. War schon Anfang Mai von der Gründung einer Nationalversammlung und vom Ballhaus-Schwur die Rede gewesen, so begriff man nun, daß der Bastille-Sturm ein Fanal war, dem, wie erwartet, weitere unerhörte Begebenheiten folgten: die Abschaffung der Vorrechte des Adels, der Zug zum Versailler Schloß mit der erzwungenen Umsiedlung des Königs und der Nationalversammlung nach Paris, die Beratung einer Verfassung, die endgültige Abschaffung des Adels und die Neueinteilung Frankreichs nach geographischen Gesichtspunkten in 83 Départements.

Zumindest bei zwei Männern in Kronberg können wir sicher sein, daß sie diese Ereignisse mit großer Aufmerksamkeit verfolgten: Amtskeller Brückner hatte seine direkten Verbindungen zu Mainz, und Christ war öfter in Frankfurt, wo er nicht nur Verbindung zu seinem Verleger und Drucker hatte, wie wir seit den Feldberg-Briefen wissen.

Mit dem Zehnten, der einen großen Teil seiner Besoldung ausmachte, hatte Christ schon seit seinem Antrittsjahr 1786 manchen Ärger. Daß es auch 1789 nicht besser darum stand, zeigt das nachfolgende

Decretum
Evang. Lutherischen Pfarrers zu Kronberg Obstzehnden betreffend

Communicatur die von HE. Pfarrer Christ eingereichte Vorstellungen Kurfürstl. Oberschuldheißen und Gericht dahier mit der Weisung ohne Verzug bey versammelter Burgerschaft bekannt zu machen, daß derjenige Zehendpflichtige, welcher, nachdem er einen Theil seines Obstes hat verzehnden lassen, ohne solchen zuvor hinweg zu schaffen, von neuem mit dem Obstbrechen anfängt, oder damit fortfährt, als ein Zehendbetrüger angesehen, und unnachsichtlich mit 5 Gulden herrschaftlicher Strafe gerüget, auch dagegen der Einwand, daß er das neugebrochene Obst von dem bereits verzehnten abgesondert und zur künftigen Verzehndung unangetastet habe liegen lassen, nicht angenommen werden solle; sodann sind die

übrigen Beschwerden des HE. Pfarrer Christ förmlich ad protocollum auf Kosten des unterliegenden Theils zu untersuchen und hierüber salva appellatione das rechtliche zu erkennen, die wegen Unterschleif so wohl als Injurien straffällig befundenen aber wären zum Civil Bußsatz aufzuzeichnen, und die deßfalls abgehaltene Gerichtsprotocollen vor dem Strafen-Ansatze Kurfürstl. Amte vorzulegen.
  Kronberg, den 15. Oct. 1789

Aus dem Oktober scheint auch eine »gehorsamste Anzeige und Bitte« zu stammen, mit der die drei alten Bundesgenossen Koch, Adam Bleichenbach und Johannes Zubrod den Pfarrer Christ wieder einmal anzuschwärzen versuchten. »Wir danken Gott und unserem theuersten Kurfürsten fir die dermalige freie ungestörte Ausübung unßerer Religionsgebräuchen. Mit dem wärmsten dankbarsten Gefühl unßerer Herzen erkennen wir Höchst Dero sanfte landesväterliche Gesinnungen. Wie betrübt wäre es also für uns, wenn wir derselben durch solche unnöthige Unbesonnenheiten und zwar one unser Verschulden verlustig gemacht würden. Und wie schändlich wäre es von uns, dieses mit Stillschweigen zu übergehen.« — Der Grund dieser Kriecherei: Christ hatte am 4. Oktober wieder ein Lied aus dem alten Marburger Gesangbuch singen lassen, das während des Kirchenstreits untersagt, dann aber wieder erlaubt worden war: »O Herre Gott, dein geistlich Wort/Ist lang verdunkelt blieben«, dessen vierte Strophe lautet:

Allein, Herr, Du mußt solches thun,
Doch gar aus lauter Gnaden.
Wer sich des tröst,
Der ist erlöst
Und kann ihm niemand schaden.
Ob wollten gleich
Pabst, Kaiser, Reich
Sie und Dein Wort vertreiben,
Ist doch ihr Macht
Gegen Dir nichts geacht,
Sie werdens wohl lassen bleiben.

Die gegen Papst, Kaiser und Reich gerichteten Zeilen haben die Denunzianten unterstrichen. Vermutlich hat Brückner, der ja ein guter Katholik war, die Anzeige kopfschüttelnd gelesen und sich seine Gedanken über den Charakter des lutherischen Kirchenältesten und Schusters Jakob Koch gemacht. Dann hat er die Anzeige wohl stillschweigend zu den Akten gelegt.

Wenn Johann Ludwig Christ am Ende des Jahres 1789 Bilanz gemacht, Gewinn und Verlust abgewogen hat, dann wird für ihn, trotz des vom Freiherrn von Frankenstein unterzeichneten Ukas mit seinen Verweisen, der Gewinn überwogen haben. Eines freilich mußte für die Zukunft bedacht werden: der Mann, zu dessen »Protégés« man auch ihn gezählt, über den er so leicht das Ohr des Kurfürsten hatte erreichen können, war von der Mainzer Staatsbühne abgetreten. Nikolaus Müller schreibt in seinem Buch »Die sieben letzten Kurfürsten von Mainz«, das in seinem 76. Lebensjahr erschien: »Geheimer Staatsrath Augustin Maximilian von Strauß, Direktor und Reichsreferendar der Regierungs-Justiz und der inländischen Geschäfte war der unermüdliche Lastträger seiner (Erthals) dienstlichen Würde und Bürde. Sein bester Lohn war sein Einfluß auf Versorgung seiner Protégés. Der Fürst mutete ihm zuletzt Arbeiten zu, die sich mit seinen Begriffen von Ehrlichkeit und Pflicht nicht vereinigen ließen, er widersprach und unterließ sie. Er verlor die Gnade des Fürsten und wurde entfernt.«

Im folgenden Jahr 1790 wurde man nachdrücklich daran erinnert, daß es Kaiser und Reich noch gab. Kaiser Joseph II. war gestorben, und Mainz ordnete an, daß sechs Wochen hindurch, täglich von 6 bis 7 Uhr, die Glocken ein Trauergeläut anzustimmen hätten. Das ging vom Todestag, dem 20. Februar, bis Anfang April, war für die Katholiken Pflicht. Die Evangelischen sollten sich jedoch nicht ausschließen. So wurden auch die Kronberger sechs Wochen lang durch das Geläut vom Turm der lutherischen Stadtkirche geweckt.

Für Christ brachte das neue Jahr einige ärgerliche Rechtshändel. Der Fuhrmann Dornauf forderte einen rückständigen Lohn. Er hatte Kelteräpfel zum Frankfurter Löwenwirt gefahren, und Christ hatte offenbar vergessen, ihn zu bezahlen. Das wurde bereinigt. Schlimmer war die Auseinandersetzung mit Friedrich Schwalbach, der zu seinen frühen Anhängern gezählt hatte. Der forderte 29 Gulden 58 Kreuzer für Taglohn und Gänge, und Christ war der Meinung, ihn bezahlt zu haben. Der Streit lief bis ins Jahr 1791 und führte bis zum Eid.

Am 23. März wurde in der Kirche »über die Versezzung der Knechtbüne deliberirt, und beschlossen, daß solche auf die rechte Seite der Länge nach von der Männerbüne an bis zu der Orgelbüne solle gefüret, die 3 Bilder und Epitaphien weggemacht, das untere Fenster versenkt u. im Fall, daß Luft und Hellung durch die neue Büne gehemmt würde, auf der gegenüberstehenden Seite Dachfenster gemacht werden, u. fordert der Zimmermann Sauer für seine Arbeit u. das Holz zu stellen, ausgenommen der Schreinerarbeit, 45 Gulden und wäre desfalls dem kurfürstl. Amt vorzustellen.«

In Mainz hatte man nichts dagegen, daß Christ und seine Kirchenältesten nach Belieben mit der mittelalterlichen Kirche verfuhren. Dort hatte man derzeit ganz andere Sorgen. Man beobachtete die Vorgänge in Frankreich mit großer Aufmerksamkeit und fürchtete vor allem das Einsickern revolutionärer Elemente. Am 9. Juli heißt es im Amtsprotokoll: »Es wäre den k. Amtsorts Vorgesetzten und übrigem Polizei Personale ernstlich aufzugeben, auf alle Unruhe bezweckende Schriften genaues Augenmerk zu richten und im Falle sie dergleichen antreffen sollten, sogleich die Anzeige davon zu machen, auch hätten sie schärfstens darauf zu halten, daß keinem fremden nicht hinreichend bekannten und unverdächtigen Menschen, am wenigsten aber mit französischen Cocarden und Uniformen versehenen Aufenthalt verstattet, sondern denselben sogleich ausgeboten und von dem Vorfall an das kurfürstl. Amt berichtet werde.«

Die traditionelle Kronberger »Kerb« war auch untersagt worden. Im Amtsprotokoll vom 14. Juni ist zu lesen: ». . . wurde in Gemäßheit hohen Regierungs Conclusi vom 11. d. M. den um Wiedereinführung des Kirchweihfestes zu Kronberg auf die vormalige Feierungszeit supplizierenden Wirthen Joh. Adam Bleichenbach und Consorten bekannt gemacht, daß ihr Gesuch abgeschlagen und es bei der ergangenen General Verordnung sein Verbleiben habe.«

Doch diesmal wurde der mächtige Adler-Wirt von zwei anderen überrundet. Am 3. Juli heißt es: »Überreichen Jacob Grill als Musikbeständer der Amtsorten eine in seinem und Löwenwirt Adam Henrichs Namen bei Eminentissimus wegen dem Musikantenhalten auf morgigen Sonntag übergebene Bittschrift cum inscript. vom 2. d. M.« und siehe da: das »Resolutum« lautete:

»1. Es wäre den Inscripti rat. vom 2ten d. M. Supplicanten bekannt zu machen, daß ihnen die gebettene Erlaubniß auf morgigen Sonntag Musikanten zu halten gegen Erlegung des bestimmten Tanzdispensationsgeldes gnädigst gestattet worden sei.«

Der Amtskeller erkannte jedoch die Schlitzohrigkeit des amtlich bestätigten Musikmachers Grill und des Löwenwirtes und fügte hinzu:

»2. Da jedoch in der von Supplicanten eingereichten Bittschrift der wesentliche Umstand, daß am morgigen Tag vormals das Kirchweihfest gehalten, auf welchem vermög K. H. R. alle Lustbarkeiten untersagt sind, bedächtiglich verschwiegen, somit jene gnädigste Erlaubnis erschlichen worden zu seyn scheint, so wäre zu künftiger Bemessung dieses Verhältnis K. H. L. gehorsamst anzuberichten und um Verhaltungsbefehl bei dergleichen noch mehr zu vermuthenden Vorkommenheiten anzutragen.«

Im August war die Arbeit in der Kirche beendet, und das Kirchenprotokoll berichtet:
»Da die alte sogenannte Knechtbüne versezzet und an die Männer und Orgelbüne angefüget worden, so wird beschlossen daß

1.) auf die neue Emporbüne nur lediglich Burgerssöne, Handwerksbursche und überhaupt ledige Leute stehen sollen, für die Männer aber auf der Männerbüne Stände genug vorhanden.

2.) Sollen die Burgerssöne und Handwerksbursche nach ihren Alter ihre Stände nach ihrer Wilkühr betreten, u. zwar die fördere Reihe, die jüngern aber auf die zweite und dritte.

3.) Solle die vielmal bekant gemachte nochmals aufs nachdrüklichste erneuert sein, daß fürohin niemand weder iung noch alt sich beigehen lasse, auf der Bünentreppe zu stehen, um so mehr, da nun kein Mangel an Ständen ist, widrigenfalls solche Unordnung mit unnachsichtlicher Strafe von 15 Kreuzern wird angesehen werden, wonach sich iedermann zu achten und bleibt zugleich das Stehen auf der Orgel solchen, die nicht zur Musik gehören, nach wie vor untersagt.

4.) Versicht man sich zu den Burgersönen und Handwerksgesellen, daß sie sich in ihren neuen Ständen still, ruhig und friedlich nach christgeziemender Ordnung bei iedesmaligem Gottesdienst betragen werden. Sollte indessen dawider gehandelt werden, so wird derienige, so sich ungeziemend betragen mögte, plaudern oder sonstigen Unfug verüben, in der Stille aufgezeichnet, und one Nachsicht als ein Kirchenfrevler mit 15 Kreuzern gestraft werden.«

Schon am 25. März hatte man eine von Christ geschriebene, vom Kirchenrat sowie den Gliedern des Gerichts und Rats unterzeichnete Eingabe an das Amt gerichtet:

Tafel V: Die Kronberger Stadtkirche St. Johann vor der Erbauung der »Streitkirche«, gezeichnet von Ebba Heimberger geb. Menz. – Auf der Rückseite neben poetischer Widmung und Spitzenbildchen der Vermerk: »Verheiratet mit den beiden Brüdern nacheinander in Würzburg.«

Die Widmungsverse lauten:

Die zwei Tugendwege

Zwei sind der Wege auf welchen der Mensch zur Tugend emporstrebt,
Schließt sich der eine dir zu, thut sich der andre dir auf.
Handelnd erringt der Glückliche sie, der Leidende duldend.
Wohl ihm, den sein Geschick liebend auf beiden geführt.

Tafel VI: Ausgemaltes Titelkupfer zum Tafelteil des Buches »Naturgeschichte, Klassification und Nomenclatur der Insecten vom Bienen, Wespen und Ameisengeschlecht«. Gezeichnet von Johann Ludwig Christ, gemalt und gestochen von I. I. Müller, Hanau, 1791.

»Einem hochlöbl. Amte wird nicht unbekannt sein, in welcher Verwüstung und gänzlichem Verfall die Mauer unseres Todtenhofs sich befindet, und er weder Thüre noch Verwarung hat, daß so wohl Vieh darauf weidet und sogar Schweine an den Gräbern wülen, als auch diebische Hände die aufgestekkte Kreuze ihres Blechs berauben, eiserne Grabmäler stehlen, ia boshafte Menschen bisweilen den schändlichsten Unfug an den Grabsteinen verüben.

Da nun die höchste Nothwendigkeit sowohl als der Wohlstand erfordert, daß der Todten hof mit einer neuen Mauer und einem verschlossenen Thore, wozu jeder Religionsparthei ein Schlüßel zustehet, umgeben werde, die katholischen Mitbürger aber eben so wohl als wir A. C. ihr Begräbnis daselbst haben, so glauben wir auch mit Recht, dieselben zu gemeinschaftlicher Tragung der Unkosten ziehen zu können, ohne jedoch uns des ausschließlichen Besizzes vom Todtenhof zu begeben, den stets der evangelische Glökner als ein Stük seiner Besoldung zur Nuznisung hatte.

Um aber in diesem ausschließlichen Besiz destomehr durch einen Revers von Hochpreislicher Hoher Landesregierung gesichert zu sein, und allen Mißhelligkeiten auf die Zukunft vorzubeugen, damit christliche Eintracht beibehalten werde, so ergehet an ein Kurfürstl. Hochlöbl. Amt unsere gehorsamste Bitte, diese Zusicherung uns von daher zu erbitten . . .«

Am 8. Mai folgte eine weitere Eingabe:

»Da bisher bei Beerdigung der Todten so unanständig und wider alle Polizeiordnung Pläzze zu Verfertigung der Gräber nach eines jeden Belieben erwälet, und durch diese fast in allen Ländern abgeschaffte Auswal, da die Freundschaft beisammen zu liegen sucht, verursacht worden, daß gar öfters unverweste und kaum 3 und 4 Jahre gelegene Körper ausgegraben werden, so ergehet bei Berichtigung wegen Verfertigung der Mauer um den Todtenhof noch unsere gehorsamste Bitte an ein hochlöbl. Amt, zugleich die Bestätigung von hochpreislicher Landesregierung zu erbitten, daß die unveränderliche Ordnung gehalten werde, nach der Reihe die Todten zu begraben, und zwar, daß hinten, wo bisher keine Todten gelegen, angefangen und ohne Unterschied der Religion, des Standes oder Alters, so wie eines stirbt, neben das andere geleget werde.«

Unterm 17. August sandte Amtskeller Brückner, nachdem er sich die Zustimmung der Kronberger Katholiken zu den Vorschlägen der Lutherischen schriftlich hatte geben lassen, einen sechsseitigen Bericht nach Mainz, aus dem wir erfahren, daß die Kronberger Einwohner Augsburgischer Confession den Friedhof als ihr ausschließliches Eigentum in Anspruch nahmen und daß die Mainzer Regierung diesen Anspruch 1752 anerkannt hatte, den Befehl erteilte, »ihnen solchen alleinig zu überlassen, und dagegen einen besonderen Plaz zur Begräbnißstäte für die Katholiken anzuerkaufen. Letzteres unterbliebe zwar aus Mangel eines verkäuflichen schicklichen Plazes, und die Katholiken erhielten sich bis anhero in dem Besiz des gemeinschaftlichen Kirchhofs, allein die Protestanten erneuerten von Zeit zu Zeit ihre alte Behauptung und sahen den Mitgebrauch der Katholiken lediglich als eine Vergünstigung an«.

Am 7. November genehmigte Mainz die Vorschläge der Kronberger A. C. Die Wiederherstellung des Friedhofs in Mauern und Türen sollte aus der Gemeindekasse bezahlt werden. Die Kosten waren auf 240 Gulden 46 Kreuzer veranschlagt, einschließlich der notwendigen Fuhren, »welche der Regel nach von den bespannten Bürgern in der Gemeinds Frohnde geschehen sollten, von ihnen aber wegen dem allzu geringen Verhältniß der Fuhrleute gegen die unbespannten Bürger, da von jenen dermalen nur 18, von diesen hingegen beiläufig 26 vorhanden sind, ohne besondere Beschwerde nicht geleistet werden können.«

Ins Jahr 1790 fällt auch wieder eine Hauskopulation. Philipp Vogt, ein Sohn des Präsenzmeisters, heiratete die Elisabetha Bleichenbach, und das Paar mußte 5 Gulden für arme lutherische Schulkinder entrichten. Damit alles »in der Familie« blieb, hat Balthasar Bleichenbach wohl die Trauung vorgenommen.

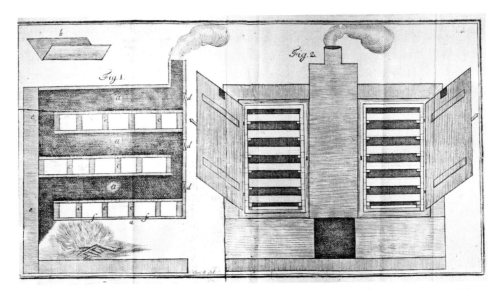

Christs Dörrofen mit zirkulierenden Rauchgängen. Aus »Von Pflanzung und Wartung der nützlichsten Obstbäume«, 1789.

In »Von Pflanzung und Wartung der nüzlichsten Obstbäume« hatte Christ im 6. Kapitel eine kurze Beschreibung des von ihm konstruierten neuen Obst-Dörrofens gegeben, der auf einer ausschlagbaren Kupfertafel abgebildet war. Diese Erfindung fand offenbar solchen Beifall, daß eine ausführlichere Beschreibung als sechzehnseitiges Heft mit der Tafel 1790 bei Johann Christian Hermann in Frankfurt separat erschien: »Genaue und deutliche Beschreibung des vorzüglichsten Dörrofens mit zirkulirenden Rauchgängen nach Zoll und Werkschuen des Rheinländischen Maasstabs«. — Noch in unserem Jahrhundert gab es einzelne Stücke dieses Ofens, der den Kronbergern ausgezeichnete Dienste geleistet hat. Sie haben ja auch getrocknetes Obst in Fülle »exportiert«.

Ein zweites, umfangreicheres Werk: »Vom Mästen des Rind-, Schweine-, Schaaf- und Federviehes« kam zur Ostermesse 1790 wieder bei Hermann in Frankfurt heraus.

Es könnte noch in der Rüdigheimer Zeit entstanden sein, als Christ unter den Wetterauer Bauern lebte. Überraschender Weise ist schon 1792 eine österreichische Parallelausgabe zu verzeichnen, bei Anton Tedeschi in Graz erschienen, wahrscheinlich sogar im Einverständnis mit Autor und Verlag. Die zweite Frankfurter Ausgabe wurde 1818, also fünf Jahre nach Christs Tod, herausgebracht.

Am Sonntag, I. Epiphanias 1791, heißt es im Kirchenprotokoll: »Da der bisherige Kirchenälteste Jakob Koch vom Konvent abgetreten, so wurde zur Wahl eines neuen Kirchenältesten geschritten.« Diesmal blieb es dabei, und damit ging einer von Christs ältesten und zähesten Gegnern. Kochs Nachfolger wurde wieder ein Schuhmacher, Caspar Anthes, ein noch jüngerer, unbeweibter Mann.

Eine Neuerung, im Amtsprotokoll und vom Amtsschreiber Phildius sogar im Kirchenprotokoll festgehalten, besagt am 7. Januar, daß nach einer neuen Verfügung der Mainzer Regierung die Taufe der neugeborenen Kinder in den drei Wintermonaten Dezember, Januar und Februar in den Häusern stattfinden dürfe. Nur auf besonderen Wunsch der Eltern solle sie in der damals ja völlig kalten Kirche gehalten werden.

Für Ende März war wieder das übliche Schulexamen vorgesehen, und offensichtlich hatte man sich zunächst zur Sparsamkeit entschlossen, denn das Protokoll vom 20. März verzeichnet nicht nur die Verpflichtung des Caspar Anthes als Kirchenältester und die Neuvergabe eines Malters Korn (diesen sollte anstelle des verstorbenen Nikolaus Gerlach nun der jüngere Niklaus Wehrheim »für eine Vokalstimme« erhalten), sondern auch den Passus: »Noch wurde beschlossen, daß künftighin anstatt des Examenessens die Kirchenältesten an dem folgenden Sonntag oder sonst beliebigen Tag zu blos zu einem Kaffee und Glas Wein zusammen kommen wollen. Die 2 Schullehrer aber nebst dem Glökner 1 Maas Wein bekommen sollen; das übrige Geld aber solle für Papier, Dinte oder Bücher für arme Kinder angewendet werden.«

Diese Eintragung ist aber wieder durchgestrichen, was Christ und Bleichenbach gemeinsam durch ihre Unterschrift bescheinigen. Man beließ es also für diesmal bei dem traditionellen Schmaus.

Am 22. Juni ist im Amtsprotokoll notiert, daß auch im Sommer von 6 bis 9 Uhr Schule gehalten werden soll und zwar am Montag, Dienstag, Donnerstag und Freitag. Für Kinder, die unentschuldigt fehlten, waren 4 Kreuzer Strafe zu zahlen. Die Geistlichen sollten entsprechende Listen führen, und bei mehrmaligem Fehlen sollte die Strafe erhöht werden.

Schon im Mai war Christ laut Amtsprotokoll »straffällig« geworden. Er hatte wieder zwei der von Mainz untersagten Hauskopulationen vorgenommen, bei Wilhelm Börner und Leonhard Hirsch. War der erste Pfarrer übermütig geworden? Grund dazu hätte er gehabt, denn zur Frankfurter Ostermesse waren gleich zwei neue Bücher von ihm erschienen. Das eine war: »Von Pflanzung und Wartung der nüzlichsten Obstbäume mit einem fortgesetzten vermehrten Register ihrer in Kronberg gezogenen und verkäuflichen Arten und Sorten ec. für Landleute, Oekonomen und Liebhaber der Obstgärtnerei. Zweiter Teil«.

163

Stolz kann Christ im Vorbericht schreiben: »Die Veranlassung zu dieser fortgesezten kleinen Abhandlung von der so nüzlichen und angenemen Obstbaumzucht gab der schnelle Abgang der vor zwei Jahren gelieferten Ausgabe, welche nun einer neuen Auflage entgegen siehet. — Es muß allerdings einem Schriftsteller zum Vergnügen gereichen, wenn er durch eine früh vermüßigte neue Auflage überzeugt wird, daß die gute Sache erwünschten Fortgang gewinnet.« Er meint dann weiter, daß gerade Pfarrern und Lehrern auf diesem Gebiet eine dankbare Aufgabe erwächst, indem sie die Jugend mit dem Okulieren, Pfropfen, Kopulieren, Beschneiden, Ausputzen usw. bekannt machen, und führt als Beispiel den katholischen Pfarrer von Sponheim bei Kreuznach an, der sein ganzes Dorf anhand des Christ'schen Buches für die Baumgärtnerei begeistert hat. Weiter erfahren wir, daß die Auflage des ersten Teils immerhin 2000 Exemplare betrug, daß auf Grund des Buches »selbst Fürsten ihre Gärtner hierher geschickt« und daß der Kronberger Baumhandel »unter anderm durch meine beigefügte Bekanntmachung alljährlich ungemein stark zunimmt, und alle Herbst und Frühjahr eine Menge hiesiger Bäume in alle Gegenden Teutschlands versendet werden müssen.« Solches »spornet nicht nur die hiesigen Baumpflanzer an, diesem nüzlichen Geschäft mit allem Eifer obzuliegen und sich um die schäzbarsten Sorten aller Arten Obstes umzuthun und ihren Baumschulen einzuverleiben, sondern es ist auch die Veranstaltung getroffen worden, ein bestgelegenes ansehnliches Stück Länderei an der hiesigen Stadtmauer bereits anzubauen, worin von den vortrefflichsten Sorten aller Arten Obstes Mutterbäume gesezzet werden, damit sowohl die hiesigen Baumpflanzer die Pfropf- und Okulirreiser in der Nähe haben, als auch die Liebhaber der Aechtheit der Sorten, die ihnen zugesendet werden, versichert sein und die Früchten selbst sehen können.« In zwei Jahren, so verspricht Christ, wird man selbst die seltensten Sorten aus Frankreich, England und Amerika verfügbar haben, denn »es felet nicht an edeldenkenden Freunden, welche uns mit raren Sorten unterstüzen und nicht die Schwachheit haben, die alleinigen Besizzer von dieser oder jener seltenen Sorte sein zu wollen, sondern ihren Mitmenschen auch was Gutes und Angenemes gönnen«.

Noch einen letzten Passus aus dem Vorbericht wollen wir wiedergeben. »Freunde und Liebhaber der Obstbaumzucht in Thüringen, Westphalen, im Clevischen, Braunschweigischen, in Preußen, Sachsen, Schlesien, der Pfalz und vieler anderer Gegenden haben mir zu meinem nicht geringen Vergnügen gemeldet, daß alle junge Bäume, welche sie durch meine freundschaftliche Besorgung erhalten, nicht nur gut angeschlagen seien, sondern auch fürtrefflich fortgewachsen, und hatten sich mehrere neuerdings verschrieben. Selbst in dem letztern unvergeßlich kalten Winter, worin allhier zwar sehr viele Kastanienbäume, die 100 bis 200 Jahre alt waren, jedoch wenige Obstbäume erfroren sind, ging fast nicht ein einziger junger Stamm in den hiesigen Baumschulen ab, da sonsten so viele Baumschulen in Teutschland heftig gelitten haben. Auch die im Frühling unmittelbar nach diesem kalten Winter versandte Bäume schlugen alenthalben erwünscht aus.«

Ganz zum Schluß kündigt Christ sogar schon sein Spätwerk an, das erst im kommenden Jahrhundert erscheinen sollte: »Schenket Gott Muth und Gesundheit, so

Naturgeschichte,
Klassification und Nomenclatur
der
Insekten
vom
Bienen, Wespen und Ameisengeschlecht;

als der fünften Klasse fünfte Ordnung des Linneischen Natursystems von den Insekten: Hymenoptera. Mit häutigen Flügeln.

Von
J. L. Christ,

Erstern Pfarrer zu Kronenberg an der Höh, der Königl. Kurfürstl. Landwirtschaftsgesellschaft zu Zelle Mitglied.

Mit LX. ausgemalten Kupfertafeln in einem besondern Band, und einem ausgemalten Titelkupfer.

Frankfurt am Main 1791
in der Hermannischen Buchhandlung.

dörfte in etlichen Jahren zur mehrern Berichtigung der Verwirrung in den Obstnamen an eine sistematische Pomologie oder Obstlehre mich machen und zugleich solche mit gemalten Abbildungen nach Natur und Lebensgröße erläutern.«

Als zweite Neuerscheinung brachte die Hermannische Buchhandlung das damals wie heute kostbarste Werk Christs heraus: »Naturgeschichte, Klassification und Nomenclatur der Insekten vom Bienen, Wespen und Ameisengeschlecht als der fünften Klasse fünfte Ordnung des Linneischen Natursystems von den Insekten: Hymenoptera. Mit LX ausgemalten Kupfertafeln in einem besondern Band, und einem ausgemalten Titelkupfer.« Christ muß mehrere Jahre intensiv an diesem Werk gearbeitet haben und hat auch praktische Studien getrieben: »Uebrigens habe ich viele unserer inländischen Insekten selbst erzogen und Jahre lang ihre Oekonomie beobachtet. Auch bei den Ameisen habe ich lange Zeit viele genaue Beobachtungen angestellet, und bin in der Erforschung der Naturgeschichte dieser merkwürdigen Insekten vor vielen sehr glüklich gewesen, und habe bei ihnen verschiedene Entdekkungen gemacht, die bisher noch nicht bekannt gewesen, und ein sicheres Licht geben.« Zu dem besonderen Bildband sagt er: »Bei der Zeichnung und Ausmalung der Figuren habe ich mich sorgfältig bemühet, der Natur getreu zu bleiben.« Nach seinen Vorlagen hat dann ein Künstler gearbeitet, den er von Hanau her kannte, I. I. Müller. Den zauberhaften Entwurf zum Titelkupfer hat er, Christ, ganz allein geschaffen. Weiter wird berichtet: »Verschiedene Originale und zum Teil sehr seltene Stükke habe ich aus der unvergleichlichen und zalreichen Insektensammlung Herrn Gernings in Frankfurt zu Handen bekommen, welcher edelgesinnte Beförderer der Naturgeschichte mich rümlichst unterstüzzet.« — Gerning, das war der Bankier und passionierte Sammler Johann Christian Gerning, der neben naturwissenschaftlichen Objekten auch Kunst sammelte. Manches befindet sich heute noch im Wiesbadener Landesmuseum. Seinem Sohn Johann Isaak werden wir später in Kronberg begegnen.

Das dritte Werk, das Christ 1791 veröffentlichte, ist eine 80 Seiten starke Broschüre mit dem Titel: »Ein Geschenk an die Weinländer von Wichtigkeit bestehend in einer Anweisung, wie man in Weinbergen Korn oder Roggen bauen könne, ohne Nachteil des Weinstoks, sondern vielmehr zu seinem Nuzzen; und ein kleines Geschenk an alle Hausväter oder Bekanntmachung eines Hauspflasters von ausserordentlicher und bewundernswürdiger Heilkraft.« Dazu gibt es einen als Ergänzung zum »Güldenen A,B,C« gedachten Anhang, »an statt der Vermerung und Verbesserung einer zweiten Auflage«. Auf den Inhalt werden wir im zweiten Teil eingehen. Hier sei nur angemerkt, daß die Beschreibung des Heilpflasters, von dem Christ sagt, daß er »seit dreißig Jahren die bewundernswürdigsten Würkungen und die Heilkräfte desselben erprobt«, solche Aufmerksamkeit gefunden hat, daß noch im selben Jahr zu Marburg ein unberechtigter Nachdruck erschienen sein soll, der in den Bauern- und Bürgerhäusern wohl völlig »verbraucht« worden ist; jedenfalls konnten wir bisher kein Exemplar ermitteln.

Wohl auf Drängen Bleichenbachs, der 1789 die Katharine Antoinette Elisabethe von Röthen aus Hanau geheiratet hatte und mit ihr schon die ersten Kinder hatte (insgesamt wurden es in den Kronberger Jahren deren acht, je vier Buben und Mädchen), wurde im August der Plan eines zweiten Pfarrhauses wieder aufgegriffen. Obwohl Präsenz und Hospitalfonds das Bau- oder Kaufgeld leicht hätten bestreiten können, wurde der Plan nicht verwirklicht, und die Bleichenbachs mußten mit ihrer Kinderschar weiter in der Enge hausen. Schuld daran trugen die Kriegswirren der folgenden Jahre.

Fügen wir hier gleich noch zwei Eintragungen aus dem Kirchenprotokoll an. Am Sonntag VI. Trin. wurde unter anderm »resolvirt, daß durch den katholischen HE. Rector sollte eine Sonnen-Uhr an dem Thurn unter dem Zeigerblatt entworfen und durch den Weisbinder verfertiget und der Zeiger vom Schlosser oder Schmidt gemacht werden.« Und am XIV. Trin. »wurde wegen dem bisher aus dem Wirtshaus gelieferten schlechten Wein zur Communion beschlossen, daß die Präsenz ¼ Ohm guten Wein von einem Weinhändler, die Ohm zu 30 Reichsthaler erkaufen soll, nebst 50 Bouteillen, davon iederzeit das Nöthige zu ieder Communion abzuliefern«. Der Kronberger Weinbau war also am Ende, es gab keinen heimischen Abendmahlswein mehr. Entsprechend heißt es im Amtsprotokoll schon am 5. Juni 1790: »Da in hiesigem Amtsbezirk keine Weinberge sich dermalen mehr befinden, so wäre sothane hohe Verordnung (über die Weinlese) lediglich zur künftigen Nachricht ad acta zu legen.« — Ob Christ den letzten »Kronberger« oder den von Erasmus Alberus so gerühmten »Neuenhainer« noch zu kosten bekommen hat?

Obwohl Jakob Koch als Kirchenältester ausgeschieden war, was ihn hinterher wahrscheinlich bitter gereut hat, versuchte er im Herbst 1791 dem ersten Pfarrer noch einmal eine Klage einzubrocken. Christ war nun freilich bekannt und zumindest von einem Teil der Kronberger auch anerkannt, und seine neue Baumschule an der Stadtmauer diente ja teilweise dem Gemeinwohl, und dennoch gab es noch immer Leute im Städtchen, die Christ nicht verstanden oder verstehen wollten. Sechs von diesen brachte Koch zusammen: Johann Jacob Wolff, Peter Weyl, Johannes Reuhl, Joh. Andreas Reichert, Leonhardt Krieger sowie Johann Adam Koch, der wohl mit ihm verwandt war. Diese mußten als Ankläger und »Evangelische Gemaindt« herhalten, obwohl sie nicht dem Kirchenrat angehörten. Und was warfen sie Christ vor, welche »eusserste Noth« trieb sie, den ersten Pfarrer zu denunzieren? Dem devot-kriecherischen Katzbuckeln in Gestalt zahlreicher Anreden, wie wir es bereits kennen, folgen die Klagegründe: »Vor bereits 5 Jahren (hat) unser Pfarrer in der Gemaindt junge Bäume, das Pfarrgut zu besetzen, collectiret und bey 24 und mehrere Stämme hierzu ihme gesteuert worden. Wann dann nun hiermit er nur bey ohngefehr ¾ des Landts besetzet, die übrige, wie erweislich, ohne daß er ein weit mehreres Stück Guths damit anpflantzen können, frembdter Orthen verkaufft; gleich wie nun die Gemaindt umb keine Unruhe zu erwecken, dieses übersehen, allein da er nun ohne Wissen noch Willen der Gemaindt die in das 4. und 5te Jahr in schönster Flor gestandene Bäume ausgemacht und zu seinem so wohl alß auch dessen Succesori eß seye nun über kurtz oder lang Schaden anderwertlichen verkaufft, auch sonstige ungeräumte Händel, die einem Geistlichen nicht wohl anstehen, wie bey Ambt Cronberg zu viel bekannt, mehrmals getrieben, daß einer Gemaindt ohne ihren weitern Schaden und größten praejudiz ein solches nicht weiter bergen kann, sondern Euer Hochwürdigen Gnaden Excellenzen, gnädigen Excellenzen und Herrschaften ec. mit diesem unterthänigsten Memoriale eröffnen und zu dero hochrichterlichen judicatur und correction — daß wir ferner weg einem zeitlichen Pfarrer ruhig und unturbirt seyn mögen, undt anheim gestelt seyn lassen, in unterthänigstem Respect Ersterbenden.«

Koch starb 6 Jahre später, am 17. Dezember 1797, 78 Jahre alt, und wir nehmen an, daß dieser »unruhige Kopf« durch Balthasar Bleichenbach zu Grab gebracht worden ist.

Am 1. November starb Johann Ludwig Christs zweite Frau Katharina Luisa, wie wir wissen, an der Wassersucht. Nun mußte seine einzige Tochter Wilhelmine Friederike Sabine, 1772 in Rüdigheim geboren, also gerade 19 Jahre alt, den Pfarrhaushalt übernehmen, auch dem Vater beim mühseligen Geschäft des Zehnteneinsammelns zur Seite stehen.

Im November kam es zu einem Streit, der Christ zwar nicht unmittelbar betraf, den wir aber nicht übergehen wollen, weil wir daraus Neues über das Kronberger Baumschulwesen erfahren. Am 2. November berichtet Amtskeller Brückner nach Mainz: »Die Baumzucht ist bekanntlich für einen nahmhaften Theil der Einwohner zu Kronberg ein sehr beträchtlicher Nahrungszweig. Es kommen dadurch jährlich mehrere 1000 Gulden in das Ort, und dieselbe verdienet umso mehr die möglichste Begünstigung als dieses Geld gröstentheils vom Auslande bezahlt wird und die Besitzer die desfalsigen Arbeiten ohne grose baare Auslage und mit unmerklicher Vernachläßigung ihrer übrigen Hauptgeschäften persönlich verrichten können. Gleichwolen ist die seit etwa 6 Jahren daselbst angelegte scharfe Hasenheege für dieses nützliche Gewerbe eine sehr starke Hinderniß. Die Unterthanen verbanden zwar bisher jedes der vielen tausend Stämmgen höchst mühsam mit Stroh und suchten durch Reibung derselben mit starck riechenden Dingen die Hasen abzuhalten, allein bei einem starcken Schnee durchbissen die Hasen das Stroh und schälten die beigebrachte Witterung ohngeachtet die jungen Rinden, welches sodann das Verderben des Stammes zur Folge hatte. Sie dachten demnach auf eine Umzäumung mit Pallisaden, und als ihnen der von K. Hofkammer angesezte Tax der benöthigten Eichbäume zu hoch schiene haben sie solche mit abgängigem hiesigem Kastanienbaumholz vor kurzem zu Stande gebracht, sofort den einen Baumschulbezirk von etwa 20 Morgen hiermit umgeben. Die Besitzer machen einen grosen Theil der Bürgerschaft aus, und sind ihrer 52 an der Zahl. 51 sind mit der Anstalt zufrieden. Ein einziger namens Andreas Wehrheim, ein wohlbemittelter kinderloser Mann, will besser sehen als alle übrige, weigert sich zum Beitrag, der nur 4 Gulden 59 Kreuzer ausmacht, und will sogar nicht zugeben, daß die Gesellschaft seine Baumschule unentgeldlich mit einschließe. Derselbe liegt mit seinem Antheil in der Mitte des Bezirks, und sollte er nicht mit umschlossen werden, so würde eine doppelte kostspielige Umzäumung nothwendig, welches mehreren Besitzern zu hart fiele und die ganze Anstalt rückgängig machen würde. Die von ihm angeführten Gründe und ihre Widerlegung sind in anliegendem Protokoll enthalten. Das Vorzüglichste lauft auf die Frage hinaus, ob gedachter Wehrheim zum Nutzen eines ansehnlichen Theils seiner Mitbürger in seinem Eigenthum beschränkt werden könne. Der Fall ist ohne Zweifel blos ein Polizeigegenstand, und da offenbar zu Tag liegt, daß Wehrheim aus Eigensinn handele und ihm durchaus kein Schade hierunter erwachse, so würde K. Amt kein Bedenken tragen, ihn zum Beitritt zur gemeinnützigen Anordnung zu vermögen, wenn es nicht dafür hielte, daß dieser Eingriff in das Eigenthumsrecht die amtlichen Befugnisse überschreite. Dasselbe stellet daher der höchsten Landesstelle die desfallsige Verfügung unterthänig anheim, und siehet dem hohen Befehl entgegen, ob die klagende Baumschulbesitzer abzuweisen oder Wehrheim anzuhalten seye, sich der gemeinschaftlich beliebten Umzäumung zu fügen und bei längerer Weigerung den mit dem instehenden Winter durch seinen Verzug etwa erwachsenden Schaden seinen Mitnachbarn zu vergüten, wobei es sich wohl von selbst versteht, daß außer der Umzäumung Wehrheim die Freiheit behalte, sein Grundstück fernerhin als Baumschule zu benutzen, oder solches in ein Baumstück oder blosen Acker umzuwandeln.«

Dieser Bericht zeigt, daß Brückner ein sehr feines Rechtsempfinden hatte, aber auch die Grenzen kannte, die ihm als Amtskeller gesetzt waren. Das beigefügte Protokoll, von Brückner aufgenommen, von Phildius aufgezeichnet, läßt Adam Bleichenbach und Philipp Jäger als Vertreter der 51 Baumpflanzer auftreten. Wir erfahren, daß die Baumschulstücke »am sogenannten Sauerborn« lagen, daß die Zahl der jungen veredelten Baumstämme »wohl über 50000« betrug und daß es entsprechend viele Mühe und hohe Kosten verursachte, diese alle mit Stroh gegen den Hasenanbiß zu schützen. Andreas Wehrheim erklärte, die Baumschule in der Mitte sei sein »ererbtes väterliches Eigenthum, in dessen Verwaltung ihm niemand Ziel und Maas vorzuschreiben habe. Die Umzäumung mit Pallisaden seye etwas ganz ungewöhnliches, und er halte sich schlechterdings bei der zeitherigen Art, die Bäume vor den Hasen zu verwahren. Überdies seye die Umzäumung nicht hinlänglich und sicher genug, um die Hasen abzuhalten, inmaßen der Schnee so häufig wieder den Zaun sich werfen könne, daß die Hasen ganz füglich über solchen zu springen im Stande wären; auch seye das Holz dahier eine sehr angreifliche Sache, wo es leicht geschehen könne, daß ein einziges Pallisad ausgerissen oder ausgeschnitten sofort dadurch den Hasen der Eingang geöffnet würde.« Und so führte er noch weitere Gründe an, bis dahin, »daß er sich mit einem Worte zu dem anverlangten Beitrag nicht verstehe« und selbst wenn man ihn ganz kostenfrei stelle, »so protestiere er dennoch gegen die Umzäumung seiner Baumschule und werde solche niemals zugeben.« — In Mainz entschied man jedoch gegen diesen Kronberger Dickschädel. Die Umzäumung blieb, er konnte sein Grundstück nutzen wie er wollte, und es wurde ihm freier Zugang durch die Palisadenumzäumung eingeräumt. Dem Grafen von Kesselstadt, der Kronberger Oberamtmann, zugleich aber Landjägermeister war, wurde nahegelegt, »einen Theil derer Hasen hinwegzuschaffen«, also abzuschießen.

Obstmißwachs und erste Kriegsnöte, 1792/93

Von den Nachrichten, die 1791 aus Frankreich herübergekommen waren, erregten zwei besonderes Aufsehen: die mißglückte Flucht der Königsfamilie im Juni und die Ablösung der seitherigen Nationalversammlung durch eine neue, gesetzgebende im September. Der Winter von 1791 auf 1792 blieb ruhig, und Christ konnte in seiner Studierstube am Kronberger Doppes zwei Bücher fertigstellen. Das eine war die 2. Auflage des ersten Teils »Von Pflanzung und Wartung der nüzlichsten Obstbäume«. Das andere, ganz neue Werk erhielt den Titel: »Der Baumgärtner auf dem Dorfe oder Anleitung, wie der gemeine Landmann auf die wolfeilste und leichteste Art die nüzlichsten Obstbäume zu Besezzung seiner Gärten erziehen, behandlen, und deren Früchte zu Verbesserung seiner Haushaltung recht benuzzen solle.«

Zu Beginn des »Vorberichts« zum Baumgärtner-Buch heißt es: »Man sollte bei unsern erleuchteten Zeiten kaum glauben, wie sehr vernachlässiget die Obstkultur in vielen Gegenden noch ist. Man komme nur in viele von großen Städten entfernte Dörfer des Odenwaldes, Thüringerwalds, Schwabens, Hessens ec., wo das Menschenkind wohl 1000 Jahre von guter Obstzucht zurückgeblieben ist«, und zum Schluß schreibt Christ: »Machet denn nun das alles euch und euren Kindern zu nuzze; es wird dabei euch und den selben die Baumkenntniß und die Pflanzung und Erziehung derselbigen vieles Vergnügen machen. Der große Hausvater, von dem alles Gute kommt, segne eure Haushaltung und Gewerbe!«

Der Band ist in seiner Art ein kleines pädagogisches Meisterstück: der Bauer Velten fragt, und der Autor antwortet. Man kann sich gut vorstellen, welche Wirkung das Buch gerade in den ländlichen Gegenden gehabt hat. Es erlebte entsprechend drei Auflagen und zwei unberechtigte Nachdrucke.

Am 1. März 1792 starb Kaiser Leopold II., und dessen Sohn, Franz II., erklärte Ludwig XVI. von Frankreich, durch die Nationalversammlung gezwungen, am 20. April den Krieg. Preußen und Hessen, später auch das Reich, traten Österreich im Bündnis zur Seite. Die Franzosen fielen zunächst in Belgien ein, wurden aber von den Österreichern zurückgeschlagen. Erst im Juli rückten Preußen und Hessen über den Rhein und nach Frankreich vor. Wahrscheinlich zogen einzelne Truppenteile auch durch Kronberg, denn Mainz erließ eine Verordnung über das Verhalten bei Desertionen. Unter dem Kommando des Herzogs Karl Ferdinand von Braunschweig wurden zunächst Longwy und Verdun genommen. Doch nach Kanonade von Valmy, an der Goethe teilnahm und seinen berühmt gewordenen Ausspruch tat: »Von hier und heute geht eine neue Epoche der Weltgeschichte aus«, begann der Rückzug. Die Franzosen zeigten sich überlegen, und außerdem drang nun der General Custine, der aus dem französischen Adel stammte und vor der Revolution den Grafentitel getragen hatte, mit 18000 Mann in die linksrheinische Pfalz ein, besetzte Speyer und Worms, und am 20. Oktober wurde er Herr in Mainz, das kapitulierte, obwohl es sich leicht eine Zeitlang hätte halten können. Kurfürst Erthal und seine Regierung hatten sich rechtzeitig nach Aschaffenburg und Miltenberg in Sicherheit gebracht.

Von Mainz aus sandte Custine den General Neuwinger und den Obersten Houchard nach Frankfurt, das zwar protestierte, aber die französischen Truppen einließ und 2 Millionen Gulden als Kriegsschatzung bezahlte.

Ebenso wie Mainz und Frankfurt ergab sich die Festung Königstein, die den Weg nach Limburg und Koblenz sperrte, kampflos am 27. Oktober. Am folgenden Tag, einem Sonntag, zogen die Franzosen von Frankfurt herauf. Vermutlich hat sich Johann Ludwig Christ zusammen mit vielen anderen Kronbergern das Schauspiel von der Kirche aus angesehen. Zuerst kamen, wie es Augenzeugen aus Königstein beschrieben haben, Linientruppen, die ziemlich gut uniformiert waren. Dann aber folgten sogenannte Nationaltruppen, und diese boten einen kläglichen Anblick. Viele hatten zerrissene Hosen und keine Strümpfe an den Beinen. Ihren Proviant an Fleisch und Brot trugen sie auf den Bajonetten aufgespießt. Hintennach kamen einige leichte Geschütze, und da es nun bergauf ging, hatten die Söhne der glorreichen Revolution Oberhöchstädter Bauern mit ihren Ochsen als Vorspann requiriert.

Wahrscheinlich haben die Kronberger sich der alten Weisheit erinnert, wonach ein Unglück nur selten allein kommt. Die kleine Stadt bot ja einen traurigen Anblick. Am 24. Oktober, dem Mittwoch der gerade abgelaufenen Woche, hatte der große Brand gewütet, der abends um sechs Uhr von der Fruchtscheune der Kellerei ausgegangen war und dreißig Gebäude beschädigte oder ganz zerstörte, darunter auch das Rathaus. In seinem Bericht nach Aschaffenburg äußerte Brückner den Verdacht, daß das Feuer »aus Bosheit« gelegt worden sei und zwar zu einem Zeitpunkt, »wo von dem Ort der Feuerentstehung ein starker Nordwind gerade auf die Kellereigebäude herabstürmte«. Auch erwähnte er die »Schadenfreude einiger Bösewichte«, erinnerte sich einiger Branddrohungen und beklagte die von den Bürgern versagte Hilfe und die Abhaltung der noch Gutgesinnten von ihrer Menschenpflicht. — Gab es also unter den Kronberger Zuschauern des Durchzugs der Franzosen auch solche, die in der Stille die fremden Revolutionäre willkommen hießen? Immerhin wurde der Gesamtschaden einige Tage später auf 9095 Gulden geschätzt!

Die kurmainzische Besatzung der Veste Königstein erhielt freien Abzug; sie bestand ohnehin meist aus Invaliden. Auch die Mainzer Bediensteten konnten mit ihren Effekten abziehen. Daß die revolutionären Franzosen in den nächsten Tagen in die Umgebung ausschwärmten und sich ohne viel Fragens nahmen, was ihnen fehlte, versteht sich, und das vom Brand heimgesuchte Kronberg werden sie kaum verschont haben.

Sie sollten jedoch nur gut vier Wochen im ungestörten Besitz von Stadt und Festung Königstein bleiben. Anfang November überschritten Preußen und Hessen, aus Frankreich zurückkehrend, den Rhein und stießen an der Lahn mit den Franzosen, unter anderm mit den Truppen Houchards, zusammen. Ein Teil des preußischen Heeres zog über Weilburg und Wetzlar nach Gießen, um sich dort mit den Hessen zu vereinigen und Frankfurt zurückzugewinnen, ein anderer Teil rückte nach Homburg vor, erreichte die Stadt am 29. November und machte sie zum Hauptquartier.

Custine hatte seine Hauptmacht in Höchst gesammelt, während der Oberst Houchard den Taunus-Südhang mit den in der Eile angelegten Verschanzungen an der

Hohen Mark und bei Oberursel, die wir heute »Custine-Schanzen« nennen, gegen die Preußen halten sollte.

Die preußische Vorhut unter dem Erbprinzen von Hohenlohe marschierte am 30. November nach Reifenberg, rastete dort einen Tag, schlug dann »den Weg zwischen dem Dallwigsberge und dem Altkönig ein und gewann, nur in einer Colonne marschierend, so die Stellung im Rücken der Franzosen«. — So hat es C. Renouard, vormals Hauptmann im kurhessischen Generalstab, in seiner »Geschichte des französischen Revolutionskrieges im Jahre 1792« geschildert, und er fährt fort: »Gegen Tagesanbruch stieß man auf die Vortruppen derselben, und kurze Zeit darauf sah man 5 Bataillone und 10 Escadrons aufmarschiert, welche die Preußen, wie es schien, nur für eine Recognoscierungspartei hielten. Gleichzeitig setzte sich ein feindliches Bataillon in Marsch und richtete solchen gegen eine waldige Anhöhe, der Hühnerkopf genannt — ein Punkt, der auf dem rechten Flügel der Preußen lag und dessen Besitz offenbar für diese wegen der Deckung des Aufmarsches, und somit auch für den Feind von Bedeutung war. Hauptmann von Kleist vom Generalstabe führte demnach, mit Genehmigung des Generals von Kleist, 2 Jägerkompanien und das Füsilier-Bataillon Renouard die Höhe hinauf, gelangte auf den Gipfel zu gleicher Zeit mit dem Feinde und warf denselben herunter. Der Feind trat nun den Rückzug über Kronberg nach dem Hauptcorps bei Höchst an; die Verfolgung aber unterblieb aus Mangel an genügenden und augenblicklich verfügbaren Streitkräften.«

Am gleichen Tag wurden die Oberurseler Schanzen mit Kanonen beschossen und von den Franzosen geräumt, und schließlich nahmen die Hessen an diesem 2. Dezember Frankfurt.

Der Erbprinz von Hohenlohe bezog dann nach dem Gefecht auf dem Hühnerkopf Quartier in Kronberg, das er zumindest am 21. Dezember noch innehatte. Wir wissen das aus einer Rückfrage der Mainzer Regierung an das Kronberger Amt vom 19. Dezember. Da richtete Friedrich Graf Stadion, der im befreiten Frankfurt eine Art Außenstelle der Aschaffenburger Regierung eingerichtet hatte, eine Reihe von Fragen an den Amtskeller Brückner. Wir geben dieses Frage-und-Antwort-Spiel am besten vollständig wieder:

a) Wie viel und welche Ortschaften mit k. preußischen oder fürstlich hessischen Kriegs Truppen beleget?

Cronberg ist vom 2ten d. M. bis anhero mit königl. preußischen Truppen belegt.

b) Wie groß die Zahl dieser Truppen in einem jeglich solcher Ortschaften wäre?

Anfänglich mit 1200 Mann Infanterie und mit 200 Cavallerie.

c) Ob diese Truppen aus Infanterie oder Cavallerie bestünden?

Dermalen mit 655 Mann Infanterie und mit 135 Cavallerie, nebst Seiner königlichen Hoheit dem Erbprinzen und hochderselben Swiete.

d) Wann die Einquartierung der Truppen angefangen?

Wie oben bemerkt den 2ten Dezember.

e) Wie viele Häußer in einem jeglichen mit Truppen belegten Ortschaften gezählet würden.

Das Orth so aus 230 Häuser bestehet ist mit Truppen beleget.

f) Ob die k. Unterthanen in diesen mit Truppen belegten Ortschaften in den Service Stücken, und an welchen am meisten einen Abgang hätten?

An Brennholtz und benötigtem Lagerstroh.

g) Woher die k. Unterthanen in diesen Kriegszeiten ihr benötigtes Brandholz bezogen?

Haben die Armen ihr benötigtes Brennholtz mit Ausgrabung der Wurzeln und sonstig unschädtlichem Holtz in denen hiesigen Markwaldungen, die Bemittelte hingegen aus denen benachbarten Orthschaften als Königstein, Falckenstein, Schlosborn und Reifenberg erhalten.

h) Ob dieselbe solches noch itzo bei einem allenfalsigen Abgang von daher erhalten können?

Solches ist dermalen auf keinem Weg zu erhalten.

i) Oder welche Hindernissen sich dagegen aufstellten?

Theils weil wegen Winterszeit und häufigen Kriegsbelästigungen der Arme kein Holtz in den Markwaldungen ablangen und machen können, anderntheils in obbemelten Ortschaften kein Brennholtz zu dieser Winterszeit gemacht werde.

Man kann sich vorstellen, wie es in Kronberg aussah, als in der vom Brand heimgesuchten Stadt mit ihren zerstörten und wohl nur notdürftig wieder hergerichteten Häusern plötzlich 1200 preußische Infanteristen und 600 Kavalleristen mit ihren Pferden auftraten und untergebracht werden mußten. Auch in den Pfarrhäusern, wo man meist Offiziere beherbergen mußte, wird es qualvoll eng zugegangen sein, und man wird aufgeatmet haben, als wenigstens ein Teil der Soldaten wieder abgezogen wurde.

Man kann sich aber auch leicht ausmalen, wie der gebürtige Hohenloher Johann Ludwig Christ dem hohenlohischen Erbprinzen, der mit seiner Suite wohl im »Schwarzen Adler« bei Adam Bleichenbach untergekommen war, gleich in den ersten Dezembertagen seine Aufwartung machte, sich als Landsmann vorstellte und um Verständnis für die schwierige Lage seiner brandgeschädigten Gemeinde bat. Dieser Erbprinz — das war Friedrich Ludwig von Hohenlohe-Ingelfingen, der noch als halber Knabe gegen Friedrich den Großen im Siebenjährigen Krieg gekämpft hatte, dann aber in die Dienste des Preußenkönigs getreten war, sich im Bayerischen Erbfolgekrieg auszeichnete und bald zu den bevorzugten Offizieren Friedrichs und seines Nachfolger Friedrich Wilhelm II. zählte. Man rühmte seine stürmische Tapferkeit, aber auch seine menschliche Lauterkeit. So wird er auch dem lutherischen Pfarrer Kronbergs freundlich entgegengetreten sein. Vermutlich haben die beiden sich über das Bauwesen unterhalten. Der Erbprinz hatte in Ingelfingen die bis heute erhaltene Mariannen-Vorstadt bauen lassen, und Christ konnte wenigstens auf seine beiden Kirchenbauten hinweisen.

Wie lange der Erbprinz in Kronberg blieb, ist uns unbekannt. Wahrscheinlich ist er später ins größere Homburg umgezogen. Die Leitung der Belagerung Königsteins übernahm der General von Pfau. Die Beschießung begann am 6. Dezember und wurde am 8. Dezember fortgesetzt. Viele Königsteiner flohen mit ihren Familien, auch ins ohnehin überfüllte Kronberg. 46 Wohnhäuser und 29 Scheunen wurden in der Stadt Königsstein zerstört. Doch der Festungskommandant, Capitaine Meunier, mit 14 Offizieren und 421 Mann, gab nicht auf. Die Belagerung, durch einzelne Scharmützel unterbrochen, zog sich durch den ganzen Winter hin.

Vermutlich hat Johann Ludwig Christ nie wieder eine so volle Kirche erlebt wie an den Weihnachtstagen 1792 und am Neujahrstag 1793. Es ist anzunehmen, daß die preußischen Soldaten dicht an dicht zwischen den Kirchenstühlen der Kronberger Frauenwelt standen, wenigstens ist nichts von einem Sondergottesdienst für sie vermerkt. Am 10. Dezember war übrigens ein preußischer Offizier, der zwei Tage zuvor in einem Gefecht bei Delkenheim gefallen war, in der Kirche, »im Chor, wo die Schülerbänke sind«, bestattet worden. Die Gedenktafel, die dem gebürtigen Schlesier Friedrich Sturm von seinen Kameraden gewidmet wurde, hat sich bis heute erhalten.

Nach dem Fall Frankfurts hatte sich Custine nach Hochheim zurückgezogen, wo es am 6. Januar 1793 noch einmal zu einem heftigen, für die Preußen erfolgreichen Kampf kam. Danach hielten die Franzosen auf dem rechten Rheinufer nur noch Kastel, Kostheim und dazu Königstein.

Sowohl Anselm Brückner, der jetzt den Titel »Amtsverweser« führte und der kurmainzischen »Statthalterei« unter dem Grafen Friedrich Stadion unterstellt war, als auch Johann Ludwig Christ werden sich zu Beginn des Jahres 1793 gefragt haben, was das neue Jahr ihnen und der kleinen Stadt Kronberg wohl bringen werde. Brückner hatte unter Franzosen und Preußen mehr Eigenverantwortung übernehmen müssen als in friedlichen Zeiten, und Christ war ja nicht nur für das Seelenheil der evangelischen Gemeinde verantwortlich, er hatte auch die Sorge um den Erhalt der Präsenz und des Hospitalfonds mitzutragen, und nicht zuletzt war er auch mit dem wirtschaftlichen Wohl und Wehe der Bürgerschaft insofern eng verbunden, als der größte Teil seiner Einkünfte ja im Zehnten, also in Naturalien, bestand. Darum aber war es schlecht bestellt, wie wir bald hören werden. Daher erwartete seine Gemeinde auch, daß er in Fragen, die das Gemeinwohl betrafen, sich nicht abseits hielt. Mit Balthasar Bleichenbach würde er auch künftig mehr schlecht als recht auskommen müssen. Das Mainzer Urteil nach dem großen Streit mußte wohl oder übel hingenommen werden, zumal er, Christ, nun nicht mehr durch den Freiherrn von Strauß das Ohr von »Eminentissimus« leicht erreichen konnte. Der war Gesandter in Regensburg geworden, seine Mainzer Regierungs-Rolle war ausgespielt.

Graf Stadion in Frankfurt erwies sich als ein eifriger Frager, der eine Übersicht gewinnen wollte. Am 5. Januar 1793 sandte er schon wieder einen Fragebogen an Brückner. Da der danach erarbeitete »Status« auch widerspiegelt, wie es in Christs kleinem Reich aussah, wollen wir das Wichtigste, soweit es Kronberg betrifft, hierher setzen:

Kronberg hatte 250 Häuser, 59 Scheuern und 164 Ställe, von denen 87 nicht für Pferde zu gebrauchen waren. Es gab 250 Bürger, 2 Beisassen und 61 Wittweiber. An Fahrzeugen waren vorhanden: 2 Wagen mit 2 Pferden, 3 Karren mit einem Pferd und 6 mit Ochsen bespannte Wagen. Angrenzendes »fremdherrisches Gebiet« war das nassau-usingische Falkenstein. Auf die Frage nach den »Nahrungszweigen der Unterthanen« heißt es: »Der mehrste Theil der Einwohner bestehet in Professionisten (Handwerkern) aller Art, der übrige in Taglöhnern und Fuhrleuten.« Zur Frage: »Jetziger Vorrat oder Mangel an Produkten« wird berichtet: »Sind zwar alle Produkte in sehr hohem Preis, aber noch zur Zeit kein Mangel an denselben.« An »Botengängen und Fahrten für die Kriegsvölker« waren zu leisten: für die Franzosen 428 Fuhren und 1050 Botengänge, für die Preußen 214 Fuhren und 1110 Botengänge. Von beiden Parteien wurde dafür nichts gezahlt. Kronberg mußte zehn Arbeiter für zehn Tage zum Festungsbau nach Kastel schicken. Für ihre schwere Arbeit erhielten sie von den Franzosen 20 Kreuzer am Tag. Eine Brandschatzung an Geld hatten die Franzosen nicht erhoben, jedoch 104½ Malter Hafer, 149 Zentner 6 Pfund Heu und 40 Gebund Stroh gegen Quittung erhalten, »ausschließlich 224 Gebund Stroh, welche aus dem kurfürstlichen Magazin genommen wurden.« Für die Preußen, die ja noch im Quartier lagen, konnten keine abschließenden Angaben gemacht werden. Von den beiden anderen Amtsorten hatte Eschborn 79 Wohnhäuser, 65 Scheunen, 27 Stallungen, 72 Untertanen, 2 Beisassen und 8 Wittweiber, Niederhöchstadt 32 »ortinäre« Häuser, »nebst diesen noch an 6 ganz kleine Häusger«, 28 Scheunen, 22 Stallungen, 32 Untertanen, 4 Beisassen und 8 Wittweiber.

Daß die Revolution drüben in Frankreich weiterging, erfuhren, zu ihrem Schrecken, die Kronberger Ende Januar: die Franzosen hatten ihren König als Hochverräter zum Tode verurteilt und kurzerhand mit dem Fallbeil geköpft.

Aus Frankfurt kamen in den nächsten Wochen weitere Fragen. Stadion verlangte Auskunft über die vorhandenen Naturalien wie Weizen, Korn, Gerste, Haber, Erbsen, Linsen, Wicken, Kartoffeln, Heu, Stroh und Holz sowie über den »Stand der gemeinheitlichen und amtlichen Kassen«. Aus den Aufstellungen zur zweiten Frage erfahren wir, daß es eine besondere Amtskasse nicht gab und daß der Kassenbestand am 7. März 1793 ganze 25 Gulden betrug. 846 Gulden und 38 Kreuzer hatte man schon ohne Deckung ausgegeben. »Es dörfte also für Kronberg ein Kapital von 1443 bis 2000 Gulden aufzunehmen sein«, wird angemerkt. Aus den Aufstellungen von Oberschultheiß Phildius geht weiter hervor, daß Wachtstuben eingerichtet, Schilderhäuser, Pferdekrippen und Regale gezimmert werden mußten, daß man ein Lazarett eingerichtet hatte und daß man den »Kameralbau« (heute Streitkirche genannt) ausgeräumt hatte, »um Pferd hineinzustellen«.

Für gefangene Franzosen, die in Kronberg übernachteten, hatte man Holz zur Verfügung stellen müssen. Das waren wohl Soldaten aus der Festung Königstein, die man bei einem Ausfall erwischt hatte. Die Festung selbst ergab sich eben an jenem 7. März, kapitulierte vor dem Erbprinzen von Hohenlohe und dem General von Pfau. Danach faßten die Preußen unter dem Herzog von Braunschweig den Plan zur Zurückeroberung der Festung Mainz. 10000 Mann blieben zur Überwachung von Kostheim und Kastel, wo die Kronberger geschanzt hatten, auf dem rechten Rheinufer zurück. Das Hauptheer ging bei Bacherach und Kaub über den Rhein. Am 14. April war Mainz eingeschlossen.

Christ wird aufgeatmet haben, als die preußischen Offiziere das Pfarrhaus verließen. Mit Einquartierung pflegte man ihn, wie man später einmal hört, immer besonders reichlich zu bedenken. Nun kam in den nächsten Wochen alles zusammen, die Arbeit in den Baumgärten und die Arbeit in der Studierstube. Auch 1793 wollte und mußte er auf dem Buchmarkt vertreten sein, mit drei Titeln, darunter einem, für den er nur als Herausgeber zeichnete. Der zuerst 1784 erschienene »Bienenkatechismus für das Landvolk« kam noch rechtzeitig zur Frankfurter Ostermesse in der zweiten »vermehrten und verbesserten Auflage« bei Johann Georg Fleischer in Frankfurt und Leipzig heraus. In der Andreäischen Buchhandlung in Frankfurt erschien das kleine, nur 94 Seiten starke Büchlein: »Auf eigene Erfahrung gegründete Vorschläge den edlen Feldbau zu verbessern, herausgegeben von J. L. Christ«. Die Vorschläge sind ihm, Christ, wie es einleitend heißt, »von einem Freunde der Landwirtschaft zur Bekanntmachung übergeben worden, »und mit desto größerem Vergnügen unterziehe ich mich derselben, da mir die praktischen Kenntnisse dieses gründlichen und starken Oekonomen bekannt sind.« Leider kennen wir den Namen dieses Oekonomen nicht. War er in der Wetterau tätig oder in der Umgebung von Frankfurt?

Das dritte, ganz neue Buch bedeutet eine Überraschung vom Thema her. Am 9. Juni 1790 heißt es, wie schon zitiert, im Kronberger Amtsprotokoll: »Da in hiesigem Amtsbezirk keine Weinberge sich dermalen mehr befinden, so wäre sothane hohe Verordnung (die Weinlese betreffend) lediglich zur künftigen Nachricht ad acta zu legen.« Der Anstoß zu einem Werk, das den Titel trägt: »Vom Weinbau, Behandlung des Weins und dessen Verbesserung; desgleichen vom Bierbrauen nach englischen Grundsätzen«, wird also kaum von Kronberg gekommen sein. Hat Christ das Manuskript aus seinen Wetterauer Jahren mitgebracht? Jedenfalls fand das Buch auch in Kronberg Beachtung, denn einmal gab es Bierbrauer im Städtchen, und zum andern war die darin beschriebene Traubenmühle auch zur Äpfelweinbereitung brauchbar. Darüber hinaus fand der Band überall im Reich Freunde. Eine 2. Auflage kam 1799, eine 3. Auflage im Jahre 1800 heraus.

Im April, Mai, Juni und Juli gab es schon wieder Truppendurchzüge von k. k. Infanterie und Artillerie, Reichstruppen und fränkischen Kreistruppen. Sie alle zogen nordwärts, in Richtung Limburg, Köln. Dennoch hatten die Kronberger die Lust am Feiern nicht verloren. So ernst die Zeiten auch waren, das Amt mußte laut Protokoll an die Generalverordnung letzten Jahres erinnern, »wonach Kurfürstlich Hohe Landesregierung das Tanzen und Musikantenhalten auf Sonn- und Feiertagen bis auf andere ruhigere Zeiten verboten, mit dem Anhang, daß inzwischen einfallende Kirchweihen bis nach Wiedereroberung der k. Residenzstadt verschoben werden sollen, worauf sich also zu vermessen und die Wirte anzuweisen wären.«

Die Franzosen in Mainz mußten sich im Juli den Belagerern ergeben. Am 22./23. Juli zogen sie ab. Die Kriegskommissäre blieben zur Regelung der Schulden offenbar zurück. Kurfürst und Regierung konnten von Aschaffenburg wieder in die Hauptstadt zurückkehren. Custine und Houchard, die vergeblich versucht hatten, das belagerte Mainz zu entsetzen, kämpften danach bei der Nordarmee in Belgien und wurden dann

Tafel VII: Bildtafel VII aus dem Buche »Naturgeschichte, Klassification und Nomenclatur der Insecten vom Bienen, Wespen und Ameisengeschlecht«: »Wilde Bienen – Hummeln«. Gezeichnet und gemalt von I. I. Müller, Hanau, 1791.

Tafel VIII: Die Kirche von Berkersheim, erbaut 1766/67. Entwurf und Bauleitung: Johann Ludwig Christ.

vom Revolutionstribunal verurteilt. Custine starb Ende August, Houchard im September unter der Guillotine.

Schon vor der Übergabe von Mainz setzte man »Klubbisten«, deutsche Anhänger der Revolution und Mitglieder des »Republikanischen Klubs«, welche die Stadt verlassen hatten, auf der Festung Königstein fest. Auch Frauen waren darunter. Eine von diesen, die Witwe Caroline Böhmer, Tochter des Orientalisten und Hauptes der alttestamentlichen Kritik in Göttingen, Johann David Michaelis, wurde als Gattin von August Wilhelm Schlegel und später von Friedrich Wilhelm Schelling eine der berühmten Frauen der deutschen Romantik. Während einer Mainzer Ballnacht hatte sie, mit dem Ehepaar Georg Forster befreundet, sich einem blutjungen französischen Offizier hingegeben, und wie sie als Königsteiner Gefangene feststellen mußte, war sie von ihm schwanger geworden. Ihr erster Brief aus Königstein stammt aus dem April. Im Juni durfte sie dann nach Kronberg in ein Privatquartier übersiedeln. Am 14. Juni nahm Anselm Brückner ihr auf der Receptur das Handgelöbnis ab, daß sie keinen Fluchtversuch unternehmen werde. Im ersten Brief vom 15. Juni schreibt sie: »Gehen Sie hin, lieber Gotter, und sehn Sie den schrecklichen Aufenthalt, den ich gestern verlassen habe — athmen Sie die schneidende Luft ein, die dort herrscht — lassen Sie sich von dem, durch die schädlichsten Dünste verpesteten Zugwind durchwehn — sehn Sie die traurigen Gestalten, die Stundenweis in das Freye getrieben werden, um das Ungeziefer abzuschütteln, vor dem Sie dann Mühe haben, sich selbst zu hüten — denken Sie sich in einem Zimmer mit 7 andern Menschen, ohne einen Augenblick von Ruhe und Stille, und genöthigt, sich stündlich mit der Reinigung dessen, was Sie umgiebt, zu beschäftigen, damit Sie im Staube nicht vergehen — und dann ein Herz voll der tiefsten Indignation gegen die gepriesne Gerechtigkeit, die mit jedem Tage durch die Klagen Unglücklicher vermehrt wird, welche ohne Untersuchung dort schmachten, wie sie von ongefähr aufgegriffen wurden . . . Sie scheinen den Aufenthalt in Königstein für einen kühlen Sommertraum zu nehmen, und ich habe Tage da gelebt, wo die Schrecken und Angst und Beschwerden eines einzigen hinreichen würden, ein lebhaftes Gemüt zur Raserey zu bringen.« Und in ihrem letzten Kronberger Brief vom 30. Juni (sie kam dann frei und nach Frankfurt) heißt es: »Diese Nacht habe ich den Wiederschein der Flammen von Mainz gesehn — ich habe keine Ruhe mehr — der Laut des Geschüzes macht hier die Fenster zittern, ob Mainz gleich drei starke Meilen davon ist. O dieses unaussprechliche Elend!«

Ob Christ auf einen Wink von Brückner hin die Tochter des berühmten Michaelis als Seelsorger besucht hat oder ob er vor der »Klubbistin« zurückgeschreckt ist? — Wir wissen es nicht.

Da die Kronberger Stadtkasse immer noch leer war, trat man, wohl durch Vermittlung der Landesregierung, mit Amorbach im Odenwald in Verbindung und nahm dort am 12. August 3200 Gulden auf, die nach einem Schreiben vom 6. Dezember binnen 4 Wochen wieder zurückgezahlt werden sollten. Vermutlich hängt diese Kreditaufnahme mit der erwarteten französischen Kriegsentschädigung zusammen. Kurmainz hatte eine Kriegskommission gebildet, und die einzelnen Ämter, darunter auch Kronberg, mußten genau bezifferte Aufstellungen einsenden, die insgesamt 3500 Gulden ergaben. Hinzu kamen die gelieferten Rationen gemäß den erteilten Quittungen, aus denen wir noch heute ersehen können, wie die Namen der Offiziere des 2. Freiwilligenbataillons von Rhône und Loire lauteten, das vom 14. bis zum 30. November 1792 in Kronberg im Quartier lag. Hoffen wir, daß Christ seine Einquartierungskosten erstattet bekam. Er konnte das Geld brauchen.

Im Herbst 1793 kam es zum offenen Austrag der Streitigkeiten mit der Reichsburg Friedberg, die schon einige Jahre früher begonnen hatten. Wir können annehmen, daß auch Christ hinzugezogen wurde, als Gericht, Rat und Bürgermeister Ende September und im November auf dem Amt bei Brückner verhandelten, denn er war einmal ja der Haupt-Zehntherr in der Stadt, und zum andern hatte er, wie wir später hören werden, offenbar auch juristische Kenntnisse.

Worum ging es? Als 1704 das Geschlecht der reichsritterschaftlichen Familie von Cronberg in männlicher Linie ausgestorben war, fiel das Reichslehen Kronberg an die Kurfürsten und Erzbischöfe von Mainz. Das bedeutete nach Ansicht der Kronberger, daß das Reichslehen als solches formell weiter bestand, also nicht etwa im Mainzer Kurstaate aufging. Die Kronberger fanden in diesem Punkt die Unterstützung der Reichsritterschaft und des maßgeblichen Zentrums, der »Unmittelbaren freien Reichsritterschaft mittelrheinischen Kreises diesseits des Rheins, in der Wetterau und zugehörigen Orten«, in der Reichsburg Friedberg. Nach mehrfachen Streitigkeiten kam es 1733 zu einem Rezeß zwischen Kurmainz und der Reichsritterschaft, der bestimmte, daß Kronberg weiterhin der Ritterschaft, nicht dem Kurstaate, steuerpflichtig blieb. Auch für das Militärwesen wurden besondere Bestimmungen getroffen, von denen später die Rede sein wird.

Ihre Sonderstellung haben die Kronberger offenbar nach Möglichkeit ausgenutzt. Sie hatte in Friedenszeiten wohl ihre Vorteile, in Kriegszeiten aber auch, wie sich nun zeigte, ihre Nachteile — da man dann auch in der Burg Friedberg Geld brauchte und versuchte, es auf jede Art hereinzuholen. Für 1790 war die Rittersteuer auf 2560 Gulden festgesetzt worden, und Kronberg war damit in Rückstand geraten. Daraufhin war der Friedberger ritterschaftliche Syndikus, Hinkeldey genannt, offenbar heimlich, ohne Wissen der Mainzer und des Amtskellers Brückner, in Kronberg gewesen und beim Bürgermeister oder den Ratsmitgliedern vorstellig geworden, ohne Erfolg. Man hatte ihn wohl mit der sprichwörtlichen Redensart wieder weggeschickt: »Wo nichts ist, hat auch der Teufel sein Recht verloren.«

Als dieser Geheimbesuch ruchbar wurde, hatte Mainz ein decretum arresti gegen Hinkeldey erlassen, das zwar am 9. Mai 1792 wieder aufgehoben wurde, »soll aber noch heimlich gehalten werden«. Der Kronberger Bürgermeister Christoph Hauswald war dann nach Friedberg hinüber gewandert, hatte feierlich um Aufschub gebeten und eine Eingabe beim Reichshofrat vorgeschlagen. Daraufhin hatte man ihn schlichtweg arretiert, und der Stadtapotheker Wagner hatte eine Kaution stellen müssen, damit er wieder freikam.

Nun hatte die Friedberger Ritterschaft am 9. August 1793 wieder einen Brief geschrieben und zwar nach Mainz. Gegen diese »ritterschaftlichen Zudringlichkeiten« setzten sich die Kronberger auf dem Amt zur Wehr, erklärten, »es falle ihnen höchst empfindlich, daß man sich in sothanem Anschreiben herausnehme, sie der k. höchsten Landesstelle als halsstärrige, hartnäckige und widerspenstige Leute zu schildern. Diese Vorwürfe seyen, zumalen bei den jetzigen Zeiten, die gröbsten und ehrenrührigsten Injurien, welche man rechtschaffenen, schuldlosen Unterthanen nur machen könne.« Übrigens »wüßten sie nur von einer — nämlich der kurfürstlichen Obrigkeit — die ihnen zu befehlen habe. Die Ritterschaft müßte sich an K. H. L. R. rezeßmäßig wenden, wenn der jährliche Steueransatz den k. Unterthanen bekannt gemacht werden sollte, welches doch die Hauptgerechtsame der Reichsritterschaft ausmache.«

Die Kriegsüberzüge von 1792/93 setzten die Kronberger gleich mit 100000 Gulden an, was doch stark übertrieben war. Der eigentliche Grund, der auch Johann Ludwig Christ unmittelbar betraf, hieß jedoch: Viehseuche und vierjähriger Obstmißwachs. In einem Winter — es muß der extrem kalte von 1790 gewesen sein — seien ihnen, wie sie erklärten, allein 686 Kastanienstämme erfroren. Da man auf den Morgen 16 Stämme rechne, seien das 42 Morgen. »Der steinigte, steile und durchaus schlechte Boden lasse sich nicht anders als wieder zur Kastanienanlage benutzen, und es erfordere einen Zeitraum von wenigstens 25 Jahren, bis ein solcher Stamm etwas geringes an Frucht bringe. Binnen dieser Zeit könnten sie also keine Schatzung von ermeldten 42 Morgen entrichten. Da nun im Durchschnitt laut Schatzungsbüchern und Heberegistern jährlich 42 Gulden an Steuern erfielen, auf welche sie Anspruch zu machen, überhaupt 1050 Gulden. Laut eben jenen Schatzungsbüchern und Registern wurden jährlich von den Baumstückern zur Bezahlung der Ritterschaftssteuern 444 Gulden 30 Kreuzer erhoben. Da nun 1790 und 1791 höchstens nur ein Drittel vom Obst gewachsen, so hätten die Besitzer an diesen Steuern, ohne Nutzen gehabt zu haben, zwei Drittel bezahlen müssen, davon Nachlaß sehr billig scheine fürs Jahr 1790 mit 296 Gulden 20 Kreuzern und fürs Jahr 1791 mit 296 Gulden 20 Kreuzern. Im Jahr 1792 hingegen seye ein total Mißwachs gewesen, weswegen obige Summe ganz anher komme mit 444 Gulden 30 Kreuzern. Desgleichen im Jahr 1793 mit 444 Gulden 30 Kreuzern. Durch den großen Brand im Jahr 1792 seye die Burgerschaft in com. in einen Verlust und Kostenaufwand von wenigstens 3000 Gulden, indem Rathauß, Mehlwaagegebäude und viele gemeinschaftliche Effecten verbrannt, die privati aber von 8000 Gulden geraten. Es seye also wohl nicht zu viel, wenn sie sich einen Steuernachlaß erbäten von 1500 Gulden.« Es läßt sich leicht errechnen, was bei einem solchen Fazit für den ersten Pfarrer als Zehntherr noch blieb. Wir müssen als gewiß annehmen, daß Christ in diesen Jahren ohne seine nicht üppigen Buchhonorare und ohne die bescheidenen Einkünfte aus seinem »Baumhandel«, den ihm manche Kronberger so sehr verargten, kaum hätte bestehen können. Die Not spornte ihn zum Schreiben an, auch in diesem Jahr 1793; das Ergebnis werden wir im folgenden Jahr sehen.

Aber auch für seine Gemeindemitglieder und die katholischen Kronberger müssen diese Jahre, in denen die Fruchtbäume wenig oder nichts hergaben und das Vieh zugrunde ging, sehr hart gewesen sein, zumal auch Handwerk, Handel und Wandel in den Kriegszeiten litten. Der Zorn, mit dem die Kronberger auf die Forderungen der Ritterkasse reagierten, war sicherlich undiplomatisch, aber echt, und er bewirkte etwas: im folgenden Jahr wurden die Rittersteuern um 2000 Gulden ermäßigt.

Im Oktober kamen auf dem Durchzug wieder Franzosen, diesmal freilich als Kriegsgefangene: 89 Offiziere und 1480 Mann, eskortiert von 4 kurpfälzischen Offizieren und 240 Gemeinen. Drüben, in ihrer Heimat, hatten die Franzosen nun auch ihre Königin Marie Antoinette, eine Tochter der Kaiserin Maria Theresia, hingerichtet, das Christentum und den christlichen Kalender abgeschafft. Die Gefangenen sollten sich »um baares Geld selbst verpflegen«. — Und wer von ihnen keines hatte? Ob die Kronberger sich angesichts hungriger Gestalten auf ihre Christenpflicht besonnen haben?

Beschließen wir unseren Bericht über das Jahr 1793 mit einer Begebenheit, die ihre ernsten und ihre heiteren Seiten hatte, in den Wirtshäusern belacht und wohl auch von Christ belächelt worden ist. Im Amtsprotokoll liest man unterm 16. Dezember 1793:

Bürgermeister zu Kronberg contra die Nachtwächter daselbst

Ersterer zeigte an, wie er vor kurzem wahrgenommen, daß Nachts um halb elf Uhr keiner der Nachtwächter auf der Straße gewesen, sondern Joseph Mayer und Theobald Koch in ihrem Bette befunden und nachher bloß Jacob Dettler mit einer Laterne auf der Gasse sich hätte sehen lassen. Er habe demselben dieserwegen zu erkennen gegeben, daß sie ihr Amt schlecht versehen, weswegen Dettler auch anfänglich mit guten Worten die Sache beizulegen gesucht, nach angebrochenem Tag aber mit Mayer zu ihm gekommen seye, wo beide ihn gröblich überfallen mit den Worten: sie seyen keine schlechten Kerl. Er, Bürgermeister, seye ein solcher, wobei sie mit großem Tumult und Geschrei zu Werk gegangen. Er wollte daher nicht um die Nachlässigkeiten der Nachtwächter, sondern auch die ihm zugefügte Unbilden zur Bestrafung angezeigt haben.«

Das Amt gab diese Polizeisache an den Oberschultheißen weiter, um sie zu untersuchen und nach Befund zu bestrafen, »mit dem Anhang, man versehe sich von Amts wegen, daß man bei künftiger Annahme der Nachtwächter schicklichere Bürger ausersehen werde, widrigenfalls werde der von Herrschafts wegen zu entrichtende, noch aus der Bürgermeisterei Kasse abzureichende Lohn nicht gestattet werden können.«

Als einen noblen Akt müssen wir noch eine Eintragung im Kirchenprotokoll vom 1. Dezember 1793 nachtragen: »Für die Mainzer im Krieg abgebrannte Unterthanen soll zu der Unterstützungskasse nachstehende Beisteuer eingesandt werden: 1.) aus der Präsenz 25 Gulden, aus dem Hospital 11 Gulden, zusammen 36 Gulden.«

Undank für Christ und neue Kriegsheimsuchungen, 1794/95

Am 10. Januar 1794 erließ die kurmainzische Regierung ein Aufgebot der k. Unterthanen zur Besetzung des rechten Rheinufers. Es ginge, so heißt es im Kronberger Amtsprotokoll, »um die Verteidigung des deutschen Vaterlandes und ihres eigenen Vermögens, auch zur Schützung ihrer vaterländische Religion«. Der Widerhall in Kronberg wird nicht eben groß gewesen sein. Der französische General Hoche war Ende November in der blutigen Schlacht bei Kaiserslautern zwar von den Preußen zurückgeschlagen worden, hatte dann aber beträchtliche Verstärkungen erhalten und mit deren Hilfe die Österreicher und die Reichstruppen zwingen können, auf das rechte Rheinufer zurückzugehen. Die Preußen hatten folgen müssen. So bestand augenblicklich keine Gefahr für das rechtsrheinische Hinterland. Die ständig weitergehenden täglichen Hinrichtungen in Frankreich, der Tod Dantons und das Ende Robespierres im Sommer lösten jedoch immer neues Erschrecken aus. Man ahnte, daß Schlimmes noch kommen würde, und sah doch nicht, wie dem zu begegnen wäre. Doch lassen wir die große Geschichte zunächst beiseite und registrieren wir die Kronberger Ereignisse um Johann Ludwig Christ. Unterm 21. Februar 1794 hat er ins Kirchenprotokoll eingetragen:

»Wurde Schulexamen gehalten, dabei beschlossen

1.) den Schüler Franz Reul, des Schlossers Andreas Reulen Sohn wegen seinem Fleiß im Lernen u. guten Zeugniß ganz zu kleiden, u. wurde dem Spitalmeister deshalb die Besorgung aufgetragen.

2.) wurde den Präsenzbeständern wegen dem Windschlag 6 Malter Gersten an ihrer Pacht erlassen.

3.) wurde dem Sohn des zweiten Schullehrers Nicolai die Adiunctur auf seines Vaters Schuldienst, jedoch daß der Vater lebenslänglich die Besoldung für sich behalte, zuerkannt, u. desfalls an k. Amt der Vorschlag erlassen.«

Wie es mit dem neuen Adiunctus ging, werden wir im nächsten Jahr hören.

Im April erfuhr Christ eine Kronberger Undankbarkeit, mit der er nach allem, was er seither geleistet hatte, wohl nicht mehr gerechnet hatte. War das Ganze ein Buben- oder Halbstarkenstreich oder ein geplanter Racheakt? In seinem Brief vom 26. Mai an die Landesregierung schreibt der erste Pfarrer:

Hochpreißliche hohe Landesregierung!

Es haben mir vor verschiedenen Wochen boshafte Hände dasienige Gartenhäuschen ruiniret, welches ich zum Schuz wider unvermutetes Unwetter in demienigen Stük Landes errichten lassen, so mir vor 8 Jahren Seine Kurfürstliche Gnaden als ein Besoldungsstük zum Ersaz des Zehnden des Districts der daran gelegenen ehemaligen Weinberge, die sodann zehendfrei verkauft, und von den Einwonern zu Baumschulen angeleget worden, gnädigst zutheilen lassen, und welches ich sodann auch zu einem umzäunten Garten und Baumschule mit schweren Kosten eingerichtet habe. Diesen ausgeübten boshaften Muthwillen und schädlichen Feldfrevel zeigte so bald bei hochlöbl. Amte an, welches auch vermöge des klaren Buchstabens der geschärften Verordnung einer hochpreißlichen hohen Landesregierung vom Jahr 1733, erneuert 1742 und wiederholt unterm 1ten Juli 1765 den Schadenersaz mir zusprach, und Gericht und Rath befeligte, den Schaden besichtigen und taxieren zu lassen. Solches geschahe zwar; aber gegen den Ersaz des Schadens excipirten solche, daß die an Gartenhäußern ausgeübte Bosheit nicht unter dem Feldfrevel begriffen seie, ohnerachtet bemeldete hochpreißliche Landesverordnung mit klaren Worten besagt daß

›da es zu solcher unerträglichen Bosheit gekommen ist, daß sogar die Einheimische oder auch dero übelgeartete Söhne und Nachtschwärmer aus vermessenem Muthwillen und Bosheit, ihrem Nächsten zu schaden, an dessen Weinbergen und Stükken auf dem Felde, an Pflügen, Acker, Gärten, Bäumen und übrigen Gewächsen, Häußer und Zubehörde, sich schändlich vergreifen und hieran allerhand Schaden und Muthwillen höchst unverantwortlicher Weise auszuüben sich erfrechen — so wird Schuldheißen und Gericht hiermit alles Ernstes anbefolen, daß dieselbe zu Entdeckung sothaner Übelthäter und demnächst andern zum abscheulichen Exempel an sie vollstrekkenden Strafe von 50 Reichsthalern fürkehren, so fort sothane fürgegangene Verbrechen zu Beschadung des gemeinen Wesens und mehrerer Steifung dergleichen ohngestraft hingehen, den Missethäter aus Nebenabsichten zu unterschlagen sich weiterhin unterfangen sollen, da es übrigens in alle Weg bei dem emanirten Generale sein ohngeändertes Verbleiben hat, daß in sofern die Thäter nicht ausfindig zu machen sind, die Last hivon auf die ganze Gemeine fallen, und selbige den zugefügten Schaden zu ersezzen gehalten sein soll.‹

Durch diese pflichtwidrige, die gehäßlichste Partheilichkeit athmende Widersezlichkeit und Weigerung des Orts Vorstandes selbst, wurden die boshaften Frevler angefeuert, 8 Tage darauf vollends das ganze Gartenhaus zu verwüsten, das Dach abzubrechen, die Pfosten auszureisen, alle darin noch befindliche Effecten, Gartengeräthschaften zu zertrümmern und die schönsten Bäume, die um dasselbe stunden, zu zerbrechen. Woraus sichtbar ist, daß durch dergleichen an den Tag gelegte gehässige Gesinnungen eines Orts Vorstandes der Bosheit Thür und Thor geöffnet werde, da dessen Pflicht erfodert, solche einem ganzen Ort zu Schande und üblem Ruf gereichende Bosheiten zu entdekken und zu bestrafen.

Ohngeachtet nun ein hochlöbl. Amt dem Gericht und Rath seine gesezwidrige Weigerung verwiesen und den erneuten gerechten Befel ertheilt, zur Entdekkung dergleichen gottloser Frevler den Schaden einstweilen zu ersezen, bis die Thäter offenbar würden, so kann ich gleichwol nicht dazu gelangen, und verlautet, daß das Gericht und Rath die Bürgerschaft versammlet habe, um sich an eine hochpreißliche Regierung zu wenden.

Wie unverantwortlich indessen der Ortsvorstand durch diese seine Weigerung und intendirtes Zögern verfare, geruhe eine hochpreißliche hohe Landesregierung unter anderm aus folgenden Umständen gnädig und hochgeneigtest zu ermessen.

Einmal ist solche der weisen Verfügung und Verordnung einer hohen Landesregierung schnurstraks zuwider, indeme nur auf solche Art ein Güterbesizzer seines Eigenthums im Felde gegen boshafte Frevler kann gesichert auch auf solche Weise wenn die ganze Gemeine dafür haften muß, am ersten der Thäter offenbaret werden. Da nun aber ein solcher Schadenersaz nach hoher Landesverordnung einem iedem Gemeindsglied zugesichert ist, wie viel mehr müssen sich nicht Geistliche und Beamte solches Schuzzes getrösten können, die bei gewissenhafter Fürung ihres Amtes dem Haß mancher übelgesinnten und boshaften Menschen unmöglich entgehen können. Ich bin überzeugt, daß, bei aller meiner Bemühung einem ieden nach Möglichkeit zu dienen und sein Bestes zu befördern, in der ersten Nacht meine ganze Baumschule (an die ich gleichwol schon bei 1000 Gulden gewendet) zertreten und zernichtet sein würde, so bald die boshaften Frevler erfaren würden, daß mir nichts sollte ersezzet werden.

Überdies sind hiesigen Orts die Baumschulen von der grösten Wichtigkeit, da sie einen beträchtlichen Narungszweig des Orts ausmachen, welchen in Flor zu bringen, ich zum Besten der ganzen Gemeine mir bereits verschiedene Jahre her unsägliche Mühe gegeben und viele Kosten aus meinen eigenen Mitteln desfalls angewendet. Nicht nur habe ich durch verschiedene Schriften die Vorzüge der hier erzogenen Bäume im ganzen Reich und bis in sehr entfernte Provinzen bekannt und in guten Ruf gebracht, auch dadurch den Baumpflanzern und selbst den unbemittelten, die nur blos damit handlen, einen sehr beträchtlichen alliärlichen Verschluß der Bäume, die sie nunmehr nicht genug erziehen können, zuwegen gebracht, sondern ich habe auch weder Kosten noch Mühe gespart, die vornehmsten Obstsorten aus allen Reichen und Ländern bis über das Meer herbeizuschaffen, als welche einem iedem Baumpflanzer, der solche haben will, ohnentgeldlich mittheile.

Aus traurigem Neid wollen es zwar noch zur Zeit viele nicht einsehen oder zugestehen, sondern suchen sich und andere zu bereden, die Geistliche und Beamte hätten auch Nuzzen davon, der ihnen nicht gebüre. Allein, das Wenige, das ich zum Verkauf erziehen kann, reichet kaum zu, die Kosten meines ausgebreiteten Briefwechsels und anderer dahin einschlagender Auslagen zu ersezzen, viel weniger die Unterhaltung des Pflanzgartens damit zu bestreiten, welches sie alles selbst wieder verdienen, ich auch die allermeisten

Bäume von ihnen erkaufen lasse, so daß sie allein von mir iärlich über 1000 Gulden erlösen. Mein Garten und Baumschule, so ich bei den vielen tragbaren Bäumen, die ich hineingepflanzt habe, nur auf ½ Morgen berechnen kann (den ich noch überdas als ein Besoldungsstük geniese und nicht mein Eigenthum ist, auch lauter fremde Obstsorten enthält) verhält sich zu ihren Baumschulen wie 1 zu 80.

Ferner habe ich sogar über meine Schuldigkeit an Baumdiebstälen die von Schuldheiß und Gericht mir zugefertigte rata (so lange solches mich nicht davon auszuschliesen aus Absichten, die sich iezzo zeigen, ausgeschlossen) bezalet, um bei etwaigem Fall auch desfalls keinen Schein und Vorwand zu haben, mich weniger als den gemeinen Mann zu achten und von dem in aller Welt üblichen Schuz auszuschliesen, dessen sich sonst ein Diener des Staats vorzüglich zu erfreuen hat.

Gericht und Rath ließ vor ein paar Jahren dem vorigen Bürgermeister dahier einige Bienenstökke, die im Wohnort stunden und des Nachts von ihrer Stelle aus Bosheit sollen herunter geworfen worden sein, aus gemeinen Kosten ersezzen, und bei diesem schändlichen Frevel, der in meinem Garten außer dem Ort ausgeübet worden, und deßen die hohe Landesverordnung mit klaren Worten Meldung thut, weigert es sich, mir einen Schaden einigermaßen zu ersezzen, den ich geringer (um blos für künftigen mehreren Frevelthaten mich zu sichern) angesezzet habe, als ihre selbst abgefertigte Handwerksleute geschäzzet haben, und zum Beweiß meiner Uneigennüzzigkeit habe die 3 Carolin demjenigen öffentlich anbieten lassen, der den Bösewicht angeben würde.

An eine hochpreißliche hohe Landesregierung ergehet daher meine unterthänige und gehorsamste Bitte, mich in dieser meiner gerechten Sache in gnädig und hochgeneigten Schuz zu nemen, damit ich für fernerer dergleichen Mißhandlungen, die dem Ort selbsten zum nicht geringen Nachtheil und zum schändlichsten Ruf gereichen würden, gesichert sein möge, mit unbegrenzter Verehrung verharrend
Einer hochpreißlichen Hohen Landesregierung
unterthänig und gehorsamster
Joh. Ludwig Christ
Erster Pfarrer A. C.

Brückner hatte gleich nach Christs Anzeige am 12. April reagiert. Am 23. April wurde dann ein Resolutum erlassen, in dem es heißt, man habe mit größtem Mißfallen vernommen, welche willkürliche Auslegung Gericht und Rat der herrschaftlichen Verordnung zu geben sich unterfangen wollen. »Dieses Benehmen seye um so sträflicher und pflichtwidriger als nicht nur sothane Verordnung ihres klaren Inhalts wegen gar keinen Zweifel übrig lasse, sondern solche an vermög Amtsprotokoll vom 8. Juli 1765 zu jedermanns Wissenschaft gebracht und ein gedrucktes Exemplar zur steten Publication bei den Ortsgerichten aufzubehalten anbefohlen worden, mithin die Entschuldigung der Unwissenheit nicht plazgreiflich seye, viel mehr entweder offenbare Widersetzlichkeit gegen die herrschaftliche Verordnung oder gehäßige Partheilichkeit hierunter vorzuwalten scheine.«

Es wurde daher befohlen, dem Pfarrer Christ den von ihm auf 33 Gulden geschätzten Schaden binnen 3 Tagen zu ersetzen und die zu ermittelnden Täter regreßpflichtig zu machen, damit es nicht nötig werde, den Ortsvorstand in die vorgesehene Strafe von 50 Reichstalern zu nehmen. Weiter wurde auf die aus dem Gartenhaus entwendeten Gegenstände hingewiesen, die zur Ermittlung des Frevlers beitragen könnten.

Was aber geschah? Der Ortsvorstand und das Gericht zahlten keineswegs. Sie ließen vielmehr ein 11 Seiten umfassendes Schriftstück schreiben und sandten damit zwei Ratsverwandte, Niclas Fuchs und Jacob Hauswald, nach Mainz. Die brauchten für diesen »Ausflug« zwei Tage und forderten jeder zwei Gulden.

Der Inhalt des Schriftstücks ist alles andere als rühmlich für Kronberg. Die Frage nach seinem »Schriftsteller« und Schreiber läßt sich nicht mit letzter Sicherheit beantworten. Die Schrift ähnelt der des Jakob Koch. Sie wirkt etwas gedrungener, aber typische Formen sind geblieben, und vor allem haben sich Stil und Gesinnung gegenüber den früheren Eingaben kaum geändert. Mit einigen Vorbehalten könnten wir also sagen: das Schriftstück wäre, wenn Koch es geschrieben hat, sein wohl letzter Versuch vor seinem Tod, sich an Christ, dem Pfarrer mit theologischer Bildung und umfassendem Allgemeinwissen, zu rächen, weil der es einst abgelehnt hatte, von ihm, dem Schuster, Belehrungen anzunehmen, und ihn einmal kurzerhand aus seiner Studierstube verwies.

Ebenso wie die Eingabe Christs verdient es auch dieses Schriftstück der Nachwelt vollständig überliefert zu werden. Es spiegelt nicht nur die niedrige Gesinnung wider, mit der ein Teil der Kronberger nach immerhin acht Jahren Christ weiter begegnete (unter dem Einfluß Balthasar Bleichenbachs?), sondern enthält auch einiges kulturgeschichtlich Interessante. Hier ist es:

Kurfürstliche hochpreißliche Landes Regierung!

Vermög bestehenden hohen Verordnungen dieser hochpreißlichen Stelle sollen die sich ergebende Feldfrevel und Diebstäle demienigen, an welchem solche verübet werden, von gemeiner Bürgerschaft vergütet werden

So gerne und schuldig wir jedesmale die ergangene hohe Verordnungen befolgen und so sehr es bekannt ist, daß derlei erlassene hohe Verordnungen jedesmalen das Gemeinnüzige bezwecken, und einem jeden sein privat Vermögen sicheren sollen.

So haben wir doch mit gnädiger Erlaubniß es unterthänig wagen wollen, einer Kurfürstlich hochpreißlichen Landes Regierung desfalls etwelche Erinnerungen zu machen, wobei wir aber zum voraus contestiren daß wir keineswegs den Gedanken haben, der Kurfürstlichen hochpreißlichen Landes Regierung etwa vermuthet werden wollende Vorschriften machen zu wollen, sondern wir behaupten nur so viel, daß auch die beste Verordnungen nicht immerhin den gewünschten Zweck erreichen, sondern durch in Geheim bößgesinnte Menschen gar oft sehr übel angewendet werden.

Bekanntlich sucht der mehrere Theil der Einwohner zu Kronberg durch angelegte Baumschulen seine Lebsucht zu gewinnen und eben daher geschiehet der geöfterte Fall, daß an derlei jungen Obststämmen mancherlei Frevel und Diebstal verübet werden; es folgt aber nicht allemal, daß derlei sich ergebende Unfug und Dieberei von Kronbergern Einwohnern verlässig begangen wird, sondern die Erfahrung hat es wiederholter bestätiget, daß Bösewichter der benachbarten Orthschaften in das Kronberger Territorium nächtlicher Weile eindringen und mancherlei Excessen, Beschädigungen und Diebereien an dem Eigenthum der Kronberger verüben, wie dieses eine Begebenheit bestätiget: als vor mehreren Jahren wurden bei einem Einwohner des benachbarten Orts Soten derlei aus Kronberger Baumschulen gestohlene Obststämme gefunden. Dieser ward daher des Diebstals beschuldiget, entschuldigte sich aber damit: als er habe die Stämme nicht gestohlen, sondern selbe gekauft, und zwar von einem Kronberger, dessen Namen er nicht wisse, wohl aber kenne, wann solcher ihm vor Gesicht komme. Darauf dann, auf den Dieb zu kommen veranstaltet wurde, daß berührter Soter Mann auf obrigkeitlichen Befehl auf einen bestimmten Tag zu Kronberg auf dem Rathauß erscheinen und sich einfinden solle, so auch geschehen. Nicht allein die ganze Bürgerschaft sondern auch alle außer der Bürgerschaft mannbahre Manns Personen wurden Tages vorher unter hoher Strafe auf bestimmten Tag auf das Rathauß zu erscheinen citirt, und nun muste Mann vor Mann dem Soter Mann vor das Angesicht tretten, und er wuste keinen anzugeben, der ihm die gestohlene Stämme verkauft habe.

So wie es auch vor etlichen Jahren der Fall war, wo von den Einwohnern des benachbarten Orts Schönberg Pflüge und Eigen gestohlen wurden, und doch sollen derlei Beschädigungen durch Jedermanns Beitrag refundiret werden; wie hart ist dieses für so viele unschuldige! Wir dürfen endlich laut behaupten, daß derlei Feldfrevel und Diebereien vormalst wo solche noch nicht aus der Gemeinde Cassa bezahlt wurden, bei weitem nicht so frequent und häufig waren als dermalen; denn hierauf wird stets von übelgesinnten gesündiget, und daher fühl es auch dem Herrn Pfarrer Christ zu Kronberg ein; da demselben seinen Angaben nach ein Garten Häusgen von Borde im April beschädigt ward, die Wiedererbauung von der

Gemeinde daselbst anzuverlangen, und wenigstens 3 Carolins deshalb in Aufrechnung zu bringen, welches denn auch das dasige hochlöbliche Amt ohne Bedenken aus der Gemeinde zu bezaahlen decretirte: fort dem dasigen Rath und Gericht befahl, sich der Entschädigung bei Strafe 50 Reichsthaler nicht zu entziehen. Darauf dann hochlöblichem Amt die Anzeige geschehen, daß man dieses Umstands halber an Eine Kurfürstlich hochpreißliche Landes-Regierung appelliren, sogleich aber auch um die Genehmigung die sich dieser Klage halber ergebende Kösten aus der Gemeinds Kasse nehmen zu dörffen angesucht, so aber auch abgeschlagen worden, dadurch dann Gericht und Rath gleichsam die Hände gebunden, wo solches sich nicht entschlossen, auf eigene Kösten solches Vorhaben zu bewirken.

Wahr ist es zwar, daß HE. Pfarrer Christ in seine Baumschule ein nichts werthes Garten Häusgen zu seiner angebohrenen Bequemlichkeit erbauet — auch wird gesagt — daß demselben etwelche Meubles Stücke verdorben worden, wo ist aber der wirkliche Thäter? wo der Beweiß, daß der Unfug absolute von Kronbergern geschehen seye? Der Herr Pfarrer Christ, der ganz natürlich als ein Gottes Wort Verkündiger desfalls hinlänglich besoldet und als ein ohnbeweibter Evangelischer Pfarrer ganz bequem und wohl leben kann, gleichwolen mit Hindansetzung seiner Evangelischen Obliegenheiten, ach leyder: weit, weit mehr auf die sich rühmende oeconomie als auf sein geistliches Amt achtet und sich nicht entblödet in Zeitungen anzupreisen wie durch seine übende Landwirthschaft allerlei seltene fremde Obstarten bei ihm in Kronberg zu bekommen seyen, dardurch Pfarrer Christ eine weite fernen Liebhabern solcher Raritaeten von Obststämme auf eine subtile, oder vielmehr grobe Art täuscht. Dann wir behaupten nicht mit Unwahrheit, daß vor langer Zeit und ehe an Pfarrer Christ gedacht worden, Kronberg im Rufe und Renomé gestanden, daß lauter gute Obstsorten hier gepflanzet und gezogen werden. Nun leget Er Pfarrer Christ selben fremde Namen bey, läst sofort seinem geistlichen Amt unanständig und verboten, das Unchristliche gegen Jedermann verspüren und sich bekanntlich beigehen läßt einen allgemeinen Baumhandel, sogar mit von Ihm nicht einmal erzogenen jungen Obstbäumen zu vertreiben und dadurch sehr vielen sowohl Kronbergern als andern benachbarten Orthschaften einen grosen Theil der Lebsucht entziehet, hat nirgendwo wegen seinem Betragen Freunde, wodurch es also gar leicht geschehen seyn mag, daß ihm HE. Christ ein Auswärtiger mit dem Er etwa kürzlich einen fühlbaren Baumhandel geschlossen sein zu nichts taugendes Garten Häußchen verdorben habe — und doch soll dieser Schaden von der Gemeinde diesem HE. Christ ersetzet werden! —

Die Grundsätze des dasigen hochlöblichen Amtes scheinen aber in Belang des Feldfrevels und Schadens Ersatzes nicht ganz einstimmig zu seyn, denn dem Nicolaus Fuchs ward vor etwelchen Jahren in seinem vor Kronberg stehenden Gerbhause ein kupferner Kessel gestohlen. Dieser truge auf Schadens Ersatz an, und dem hochlöblichen Amte beliebte es, die Schadens Ansuchung geradeweg abzuschlagen — und warum soll denn Christ entschädiget werden? Das Gerbhauß des Fuchs war zu dessen Subsistenz sowohl als der Inwohner Bedürfnisse absolute nothwendig — das Christische Häusgen aber wozu diente dieses? Bei solchen Umständen und Lage der Sachen bitten Eine Kurfürstliche hochpreißliche Landesregierung unterthänig angelegentlichst: Hochdieselbe die von dem Evangelischen Pfarrer Christ nachgesuchte und von Amts wegen decretirte Entschädigung ad 3 Carolins als unstatthaft abzuschlagen, sofort die Gemeinde Kronberg von deren Zahlung loszusprechen und gnädigst geruhen, die sich der Klagen halber ergebende Kösten aus der Gemeinde-Cassa bestreiten zu dörffen dann wegen vorliegender und sich so häufig ergebenden Feldfrevels und Diebstälen Entschädigungen, wo diese von der Gemeinde, bei welcher ohnehin zu diesen Kriegszeiten Schulden über Schulden sich häufen bezahlt werden sollen, die desfalls bestehende hohe Verordnungen doch wenigstens nach selbstigem hohen Ermessen zu modificiren in hohen Gnaden geruhen wollen; deswegen flehen nochmals angelegentligst
Einer Kurfürstlichen Hochpreißlichen Landes Regierung
Unterthänig gehorsamstes
Gericht und Rath
zu Kronberg

Wie üblich, sandte Mainz dieses Schriftstück dem Amtskeller Brückner zum gutachtlichen Bericht. Seine Stellungnahme erfolgte jedoch erst am 13. Februar 1795. Die lange Verzögerung erklärt sich daraus, daß Mainz Ende Juni, nach der Schlacht von Fleurus, schon wieder von den Franzosen eingeschlossen wurde und Kurfürst Erthal mit seiner Regierung abermals nach Aschaffenburg ziehen mußte — um Mainz danach nicht mehr zu sehen. Später stießen die Franzosen von Norden her bis an den Main vor, und damit schloß sich auch rechtsrheinisch der Ring um die Festung.

Brückner war, wie wir wissen, nicht unbedingt ein Freund des ersten lutherischen Pfarrers; auch in seinem jetzt zu zitierenden Bericht gibt es einen kleinen Seitenhieb auf Christ. Doch auf der andern Seite war er ein korrekter und vernünftiger Beamter, und überdies wurde er ja ebenfalls in der Kronberger Eingabe angegriffen. Zunächst legt seine Stellungnahme noch einmal den Sachverhalt dar und widerlegt die von Gericht und Rat entwickelten Theorien, beziehungsweise die von deren »Schriftsteller« aufgestellten Behauptungen. »Nach dem amtlichen Dafürhalten überwiegen diese Angaben keineswegs die Gründe des Pfarrer Christs.« Und weiter: »Christ hat ausweißlich der Heberegister seinen Beitrag zur Vergütung anderer ähnlicher Freveln an die Kasse geleistet, er hat also rechtlichen Anspruch auf eine gleichmäßige Entschädigung. Demselben kann überdies die Befugniß, sein Besoldungsstück durch Baumanlage auf den höchst möglichen Ertrag zu bringen so wie der Aufkauf der jungen Bäume für seine Committenten keineswegs versagt oder ihme dieserwegen die Wohlthat jener Verordnung entzogen werden. Seine Verdienste um die Baumschulen sind schlechterdings nicht zu verkennen, sollte er auch sich hier und da eine schriftstellerische Übertreibung erlauben oder mit auswärtigen Obstsorten selbst angeführt, andere hinwiederum täuschen. Der Baumabsatz in das entfernteste Ausland ist seit seinem Hierseyn ungemein erhöhet worden, und obgleich man 10 Morgen neulich zu Baumschulen angelegt hat, so sind sie doch nicht hinlänglich alle Bestellungen zu befriedigen. In dieser Hinsicht hätte der Orts Vorstand ihm die befragte Entschädigung bewilligen sollen, wenn auch oft berührte Verordnung ihn hierzu nicht verbände. Doch die kurze Beleuchtung der gemeinheitlichen Einstreuungen überzeugt noch ferner zur Genüge, daß Dankbarkeit oder allgemeine Billigkeit bei Gemeinheiten vergeblich gesucht werden.«

Wir erfahren weiter, daß Christs Baumschule im Pfaffenstück vom Weg entfernt und mit Staketen eingezäunt war, »worüber ein Fremder sich kaum zu wagen pflegt«. Brückner verweist dann auf eine Preisfrage der Akademie der Wissenschaften zu Göttingen: Warum an öffentlichen Gebäuden, Bäumen und dergleichen so oft mutwillig gefrevelt wird und wie sich diese, wie es scheint, nationale Unart am sichersten ausrotten lassen könnte? Der mit 12 Dukaten ausgezeichnete Preisträger war zur selben Ansicht gelangt wie die Autoren der Mainzer Verordnung: wenn alle zum Schadensersatz herangezogen werden, passen auch alle besser auf Übeltäter auf.

Interessant ist, was der Amtskeller über die Schäden der letzten Jahre mitteilt: »Bis zum Jahre 1787 ware allda mehr erwähnte Verordnung außer Übung gekommen. K. Amt ließe die in diesem Jahr vorgefallene Frevel aufzeichnen und abschätzen. Der Schaden betrug die nahmhafte Summe von 81 Gulden 51 Kreuzer. Im folgenden Jahre kame er nur auf 21 Gulden 36 Kreuzer. 1789 auf 26 Gulden 12 Kreuzer, 1790 auf 49 Gulden 7 Kreuzer, 1791 auf 30 Gulden 55 Kreuzer, 1792 auf 20 Gulden 24 Kreuzer, 1793 auf 31 Gulden 24 Kreuzer, folglich niemals so hoch als anfänglich, wo man keine Vergütung ernstlich vermuthete.«

Zum Schluß tritt Brückner noch einmal sehr energisch für die Beibehaltung der alten Verordnung ein, da eine Aufhebung »gegen das Ansehen K. H. L. R. selbst und gegen das gemeinheitliche Beste« gerichtet wäre. Auch die Bestreitung der Kosten aus der Stadtkasse lehnt er ab, denn statt kostspieliger Gänge nach Mainz hätte es eine »kurze Vorstellung mittelst der Post an die hohe Behörde auch getan«.

Nun stellten Kronberger Gericht und Rat sich ein bemerkenswertes Armutszeugnis aus. Sie verfaßten eine neue Eingabe und schrieben darin, bei der Bekanntgabe der Regierungsentscheidung auf dem Amt »bekamen wir zum erstenmale die in unserem Namen eingereichte unterthänige Vorstellung zu lesen. Wir erschraken, als wir sie mit Gegenständen und Gründen angefüllt sahen, die ganz gegen unsere Gesinnung sind; unsere zur Abfassung dieser Schrift abgesandten Deputirten erklärten, wie sie zwar dem Schriftsteller auf sein vieles Hin- und Herfragen einiges Specielle aber nur als Nebensachen und discursive, nicht aber in der Absicht erzälet hätten, daß er in vorliegender Schrift davon Gebrauch machen solle. Allein, dieser hat — gerade als hätte er das Gegentheil seines Auftrages geflissentlich anführen wollen — das ganze entstellt und unsere Gesinnungen mit so gehäßigen Farben gemalt, daß wir genöthiget sind, sie hiermit förmlich als die nicht unsrige zu erklären. Wäre mehrberührte Vorstellung uns zur Unterschrift vorgelegt worden, nimmermehr würden wir solche unterschrieben haben, so aber ist sie vom Schriftsteller allein gefertiget und unter dem kollektiven Namen von Gericht und Rath, ohne daß wir sie zu lesen bekamen, eingereicht worden.«

Soll man den ehrenwerten Gerichtsmännern und Ratsherren Peter Geibel, Joh. Nicolaus Fuchs, Joh. Jacob Haußwald, Joh. Phillipps Weidmann, Andreas Zubrod und Joh. Jacob Bleichenbach abnehmen, daß sie eine Schrift nach Mainz hätten bringen lassen, ohne sie gelesen zu haben — oder hat der »Schriftsteller« Jakob Koch sie tatsächlich damit hereingelegt? Wie zu erwarten, bitten sie abschließend, »uns die Schuld unseres Schriftstellers nicht büßen zu lassen, sondern vielmehr die uns angesetzte Strafe der 50 Reichsthaler in Gnaden zu erlassen. Wir sehen gnädigen Erhörs unserer Bitte unterthänig entgegen und ersterben in tiefer Erniedrigung zu sein unterthänig gehorsamste . . .«

Brückners neue Stellungnahme, kürzer abgefaßt, widerlegt noch einmal die Gründe der Kronberger. Er meint, daß die Verweigerung des Schadenersatzes »blos eine sträfliche Feindseligkeit gegen den Pfarrer Christ deutlich verriete« und plädierte, es auch bei der angesetzten Strafe zu belassen, womit man in Aschaffenburg einverstanden war.

Damit waren die 50 Reichstaler allerdings noch nicht bezahlt. Im Amtsprotokoll vom 5. Dezember 1795 lesen wir: »Feldfrevel Ersatz an HE. Pfarrer Christ betreffend: Da Gericht und Rat in neben benanntem Betreff angesetzte Strafe von 50 Reichsthalern nach lang abgelaufener Zahlungsfrist nicht berichtiget worden, so hätte derselbe (der Oberschultheiß) Gericht und Rath zu bedeuten, daß solche innerhalb 8 Tägen bei Vermeidung scharfer Exekution an ihn Oberschultheiß entrichtet werden müßte, welcher sonach das Ganze an k. Kellerei gegen Quittung einzusenden habe.«

Dies geschah dann wohl auch, denn 1796 findet sich keine weitere Eintragung zu diesem Fall.

Doch kehren wir wieder ins Jahr 1794 zurück. Daß Christ die Starrköpfigkeit oder auch Feindseligkeit von Gericht und Rat verdrossen hat, ist nur zu verständlich. Doch er gab darum nicht auf. Das Gartenhaus wurde wieder aufgebaut, die verdorbenen Bäume wurden durch neue ersetzt. Seinen eigentlichen Triumph in diesem Jahr konnten die Kronberger ihrem ersten Pfarrer nicht nehmen. Zwar nicht zur Ostermesse, vermutlich aber zur Herbstmesse erschien das Buch, von dem er überzeugt war, daß es sein bisher bestes Opus war. Aus den beiden Teilen »Von Pflanzung und Wartung der nüzlichsten Obstbäume« hatte er ein neues Ganzes gemacht, das »Handbuch über die Obstbaumzucht und Obstlehre«. 680 Seiten stark, mit 4 Ausschlagtafeln, einem zusätzlichen Register von 6 Seiten und einem 2 Seiten umfassenden »Verzeichnis sämmtlicher Schriften des Herrn Oberpfarrers Christ« erschien es zu Frankfurt, wieder in der Hermannschen Buchhandlung. Angehängt ist der 16 Seiten starke »Sorten- und Preiskatalog der Kronberger Obstbäume, Fruchtsträucher und Tafeltrauben ec.«

Christ hatte sich im Hinblick auf den buchhändlerischen Erfolg nicht getäuscht. Bis 1817 erschienen außer einigen »Raubdrucken« vier Auflagen. Im Vorbericht schreibt der Autor: »Dieser verschiedene erwünschte Fortgang der guten Sache für das allgemeine Wohl und Vergnügen meiner lieben Weltmitbürger feuerte mich an, nicht nur die vortrefflichsten Sorten aller Arten Obstes aus dem Reich sowohl als aus Frankreich, Holland, England, Italien ec. ohne Rücksicht der Kosten oder Mühe herbeizuschaffen, und in die hiesigen Baumschulen zu verpflanzen, — wobei ich nicht blos nach den Katalogen der gemeinen Handelsgärtner wähle, sondern nur an solche Freunde mich halte, bei denen ich der redlichsten Behandlung versichert sein kann, und die selbsten Kenner und Pomologen sind; überhaupt aber alle menschmögliche Sorgfalt anwende, die Sorten in ihrer Aechtheit zu erhalten, und sodann mit eben der möglichsten Sorgfalt und Genauigkeit mitzuteilen:) — Sondern es beseelte mich auch das Vergnügen über den guten Erfolg meiner Bemühungen, der meinen Wünschen entspricht und meine Hoffnung und Erwartung übertrifft, dieser Lieblingswissenschaft zur weitern Vervollkommnung derselben alle Kräfte zu widmen. Ich habe daher nicht nur meine weitere eigene sorgfältige Beobachtungen und bewärt erfundene Erfarungen in allen Theilen der Obstkultur und der Pomologie, (da wir in der Natur, als einem Ausfluß der ewigen Weisheit nie auslernen) niedergeschrieben, sondern auch manche auf Veranlassung meiner pomologischen Freunde und werthen Korrespondenten weiters geprüft, erprobt, und was zum allgemeinen Gebrauch dienlich gewesen, angewendet.« — Merken wir noch an, daß in dem Band auch ein Kapitel über die Erdbeerpflanze und Erdbeere zu finden ist, die dann im späten 19. Jahrhundert für Kronberg bedeutsam wurden.

Im Jahre 1794 begann ein anderer Pfarrer und Obstliebhaber ein Unternehmen, das so recht nach dem Herzen Johann Ludwig Christs war: im Verlag des Industrie-Comptoirs zu Weimar begann »Der teutsche Obstgärtner oder gemeinnütziges Magazin des Obstbaues in Teutschlands sämmtlichen Kreisen; verfasset von einigen practischen Freunden der Obstkultur« zu erscheinen, herausgegeben von J. V. Sickler, Pfarrer zu Klein-Fahrnern in Thüringen. Schon am 20. März schrieb Christ an den Amtskollegen: »Ich habe mich sehr gefreut, als ich dieser Tagen in der Hermannischen Buchhand-

Handbuch
über die
Obstbaumzucht
und
Obstlehre
von
J. L. Christ,
Erstem Pfarrer zu Kronberg an der Höhe, der königl. kurfürstl.
Landwirtschaftsgesellschaft zu Zelle Mitglied.

Mit IV. Kupfertafeln.

Frankfurt am Main 1794
im Verlag der Hermannschen Buchhandlung.

lung zu Frankfurt den Anfang Ihres schönen und nützlichen Journals über die Obstlehre ansichtig worden bin. Der Anfang mit dem Violen-Apfel kam mir eben a propos ...« Sickler druckte alsbald, schon im 3. Stück, den »Sortenkatalog der Kronberger Obstbäume« ab — eine Werbung, wie sie sich Christ nicht besser und erfolgreicher wünschen konnte, und der Kronberger Pfarrer gehörte bald zu den Mitarbeitern des erfolgreichen Journals, das auch ein- und mehrfarbige Kupfer brachte. Christ schrieb dafür unter anderm über die »Kunst des Copulierens und das Copulieren zur Winterszeit« und »Über englische Gärten und Plan zu einer englisch-teutschen Anlage mit Obstgebüsch und Obstbäumen«.

Auch ein zweiter Pomologe aus unserem Raum meldete sich ebenso früh im »Teutschen Obstgärtner« zu Wort: Dr. Friedrich August Adrian Diel, Brunnenarzt in Bad Ems und Physikus der Grafschaft Diez, wo er eine Baumschule begründet hatte. Es ist möglich, daß die beiden, der Pfarrer und der Arzt, sich durch den »Obstgärtner« erst kennengelernt haben. Sie wurden Freunde, aber auch Konkurrenten und Kritiker. Wir wollen Diel ein besonderes Kapitel widmen.

Im Kurfürstentum Mainz begannen die Kriegsnöte sich auch finanziell bemerkbar zu machen. An Himmelfahrt 1794 meldet das Kirchenprotokollbuch: »Bei der emanirten Requisition Kurfürstl. Hoher Landesregierung an die Fonds im Lande zu Anlegung eines Kapitals von 150000 Gulden für die im Krieg Verunglückte zu 4 p. C. mit Landesgarantie und domkapitularischen Konsens, hat der Kirchenrath beschlossen, die bei der Präsenz und dem Hospital vorrätige Kapitalien bei dieser Gelegenheit anzulegen.«

Und am 22. Juni hat Christ eingetragen: »Wurde wegen der von K. Reg. emanirten, von hochlöbl. Amt communicirten Verordnung wegen der freiwilligen Kriegsbeisteuern von der Kirche und Hospitalkassen, Pfarrern, Schullehrern und Glöckner von sämtlichen versammelten Kirchenkonvent bewilliget als:

1.) aus der Präsenz quartaliter
    nach der eilften Klasse thl.   Zehen Gulden
2.) aus dem Hospital
    nach der siebzehenden Klasse thl.   Sechs Gulden
3.) die erste Pfarrei
    nach der neunzehnden Klasse thl.   Fünf Gulden
4.) die zweite Pfarrei
    nach der einunddreißigsten Klasse thl.   Ein Gulden   30 Kreuzer
5.) Präsenzmeister Vogt
    nach der vierunddreißigsten Klasse thl.   Ein Gulden
6.) Spitalmeister Bleichenbach
    nach der sechsunddreißigsten Klasse thl.   40 Kreuzer
7.) Cantor Anthes
    nach der siebenunddreißigsten Klasse thl.   30 Kreuzer
8.) Zweiter Schullehrer Nikolai
    nach der neununddreißigsten Klasse. thl.   15 Kreuzer
9.) Glökner Hirschvogel nach der vierzigsten Klasse thl.   10 Kreuzer

Je nach dem Einkommen hatte Mainz also »Klassen« gebildet. Ein Vermerk Christs besagt, daß das dritte Quartal bis Ende Dezember 1794 bezahlt sein sollte.

Am 26. Juni fand in der alten Grafschaft Hennegau, bei Fleurus, eine Schlacht zwischen Österreichern und Franzosen statt. Der französische General Jourdan siegte über den Prinzen Koburg, und in der Folge fielen Belgien und das linke Rheinufer fast vollständig in die Hand der Franzosen. Auch Mainz wurde wieder von ihnen eingeschlossen. Am 6. Oktober hatten sie Köln, am 23. Oktober Koblenz besetzt.

Auch der Mainzer Kriegshofrat wurde nun erneut aktiv. Dies war eine Angelegenheit, die Christ viel Sorge machte. Sie betraf ihn zwar nicht persönlich, wohl aber seine Gemeinde und deren junge Söhne und später auch deren Väter, zumal als der Freiherr Franz Joseph von Albini, der seit 1790 Hofkanzler war, im Kurstaat eine allgemeine Volksbewaffnung ins Leben rufen wollte.

Die allgemeine Wehrpflicht hatte Kurmainz schon am 1. Juni 1773, noch unter Emmerich Joseph, eingeführt. Dienstpflichtig waren alle Untertanensöhne zwischen dem 14. und dem 30. Lebensjahr. Die Dienstpflichtigen sollten ein rotes Band um den Hals tragen, die Haare lang wachsen lassen und zu einem Zopf aufstecken. Die Dienstzeit betrug volle vier Jahre. Vor Erfüllung dieser Militärpflicht sollte keinem Untertanensohn das Heiraten erlaubt sein. Kein Pfarrer durfte die Trauung vornehmen. Ließ sich einer auswärts trauen, wurde sein Vermögen konfisziert und er nicht mehr als Untertan angenommen. Dasselbe galt für solche, die ohne Genehmigung in fremde Kriegsdienste traten. Vor Absendung in die Garnison sollten die Rekruten von einem Arzt untersucht werden. Auch sollte man beim Amt darauf achten, daß es nicht an jungen Leuten von hinlänglichem Ansehen und stattlicher Größe fehlte, mit denen man die Grenadierkompanien versehen und die Abgänge in der kurfürstlichen Leibgarde ersetzen konnte.

Für Mainz kämpfen und sterben? — Daran war den Kronbergern wenig gelegen. Hier ist noch nachzutragen, daß die Mainzer schon 1793 (wie wir aus einer späteren Akte erfahren) »mit militärischer Gewalt« Rekruten ausgehoben hatten, das heißt: man hatte die diensttauglichen jungen Burschen eingefangen, so weit sie sich nicht rechtzeitig »verdrückt« hatten, und durch Husaren nach Mainz in die Kaserne bringen lassen. Die Kronberger hatten sich daraufhin an die Reichsritterschaft in Friedberg gewandt, und der uns schon bekannte Syndikus Hinkeldey hatte ihnen versprochen, sich in dieser Sache an den Reichshofrat zu wenden.

Als nun am 8. Juli 1794 durch Regierungsverordnung ein weiterer Rekrutenzug angekündigt wurde, richtete man an die kurfürstliche Landesregierung eine »Unterthänige Vorstellung und Bitte unßrer der Stadt Cronenberg und Dörfern Eschborn und Niederhöchstadt, Befreyung vom Recrutenzug betreffend«. Darin wird dargelegt, daß die drei Orte des Amtes Kronberg aus mehreren Rechtsgründen »hierzu nicht verbunden seien«. Die Gründe sind, kurz zusammengefaßt, folgende:

1. Im kurfürstlichen Huldigungsinstrument von 1704 ist dem nunmehrigen Amt Cronenberg die »theuerste Zusicherung geschehen, daß die Unterthanen bei den wohlhergebrachten Gerechtigkeiten und Freiheiten belassen werden sollen. Da nun vor dem

Anfall des Amts Cronenberg nie eine Militair Conscription statt gefunden, auch wegen denen Recruten- und charitativ-Geldern nicht statt finden können, so kann doch wohl eine solche Freiheit nicht entzogen werden«.

2. Im Rezeß zwischen Kurmainz und der Reichsritterschaft wurde vom Kurfürsten zugesagt, »die Unterthanen des Amts Cronenberg Reichs und Crayß Praestationen (Leistungen), unter welchem Vorwande solche auch geschehen könnten, weder directe noch indirecte nicht zu ziehen. Wie kann also bei einem solchen Vertrag, der doch immer heilig zu halten ist, ein Recruten Zug stattfinden?«

3. »Da wir zur Mittel Rheinischen Ritterschaft gehören, somit dahero statt der Recruten in natura die sogenannten Recruten und respective charitativ Gelder entrichten müssen, daher wir auch im Jahr 1769 640 Gulden Recruten Gelder bezahlet haben und in diesem laufenden Jahr an Kaiserliche Majestät nebst der laufenden Schatzung ad 2545 Gulden der Krönungs Geldern ad 640 Gulden annoch 1930 Gulden baar zu vergüten haben, so würde es doch gegen alle Billigkeit laufen, wann wir nicht nur dergleichen Recruten und charitativ Gelder abgeben, sondern auch noch überdies Recruten in natura stellen sollen.«

4. »Ist nicht zu vergessen, daß kein einziger Ritterschaftlicher Ort seye, welcher dergleichen Recruten in natura liefern, wenn gleich solcher auch unter Reichsständischem Schutz stehe. So dienet zum Beispiel das Oertgen Falkenstein, welches bekantlich Ritterschaftlich ist, und unter dem Fürstlich Nassau Usingischen Schutz sich befindet, gleichwohlen aber keine Recruten stellet, sondern nur zu den Recruten und charitativ Geldern concurriret.«

Unterschrieben haben die Eingabe, aus der wir unter anderm erfahren, daß das kleine Kronberg sogar für die Krönung Kaiser Franz' II. eine Beisteuer zu leisten hatte, für Gericht und Rat: Andres Henrich, Reymund Weydmann, Joh. Jacob Bleichenbach, Joh. Philipps Weidmann, Andreas Zubrod, Jo. Nicolaus Fuchs, für Niederhöchstadt der Schultheiß Adam und für Eschborn Conrath Henrich, Johannes Muhr (?) und Vallentin Kerber.

Der kurfürstliche Hofkriegsrat drängte die Landesregierung zu einer raschen Entscheidung, damit er »in Stand gesetzt werde, die dem Amte Kronberg zugetheilte Recruten Anzahl à 16 Köpfe bey den dringenden Umständen bald thunlichst ziehen lassen zu können«. Die Landesregierung erklärte am 28. Juli, die Kronberger hätten ihre Gründe schon mehrmals vorgebracht, und diese seien als »unstatthaft erfunden worden«. Man könne also mit der Aushebung beginnen und sich notfalls der »in Hand habenden Executions Mitteln« bedienen.

Mittlerweile hatte Amtskeller Brückner am 26. Juli einen Amtsbericht geschrieben und übersandt, aus dem wir Neues erfahren, daß nämlich an der Bittschrift »der katholische Religionstheil keinen Antheil genommen« und weder ein katholisches Gerichtsnoch Rathsmitglied als Repräsentant der kath. Gemeinde solche unterschrieben habe. — »Letztere bezweifelt einen glücklichen Ausgang jenes Gesuchs und glaubt, daß der Weg der Gnade von mehrer Wirkung seyn mögte als jener der Prozeßlichkeiten, welchen die Protestanten im Sinn führen. Man glaubt, die Erlassung der Militärschuldigkeiten würde eher erreicht, wenn die Protestanten ihrer Seits ein Opfer dagegen brächten. Dieses soll nun in Verstattung des katholischen Gottesdienstes in der hierzu im Städtchen erbauten Kirche bestehen, welche bekanntlich nach langen Religions Irrungen den Katholiken im Jahr 1768 untersaget worden. Aufgemuntert durch einen ähnlichen älteren Vorgang, wo der adliche Amtmann Freiherr von Fechenbach vor 40 Jahren den Protestanten für sothane Einwilligung ebenfalls die Befreiung vom Militair nebst andern Vortheilen auf höchste Weisung zusicherte, haben die Katholischen bei ihren Mitbürgern A. C. um jene Verstattung wirklich angetragen in Hoffnung, daß Höchster Orten die Fechenbachische Erklärung noch dermalen geltend gemacht werde. Protestantischer Seits ist aber hierauf noch gar keine Antwort ertheilet worden, vielmehr hat sich der lutherische Gemeindstheil herausgenommen, eingangs gemeldete Vorstellung ohne Zuziehung der Katholischen im Namen der ganzen Gemeinde zu übergeben . . .«

Mainz ging auf diese Anregung der Kronberger Katholiken nicht ein. Auch von protestantischer Seite liegt keine schriftliche Äußerung, kein Eintrag im Kirchenprotokoll vor. Pfarrer und Kirchenälteste haben in dem katholischen Vorschlag also nur ein unverbindliches »Auf-den-Busch-klopfen« gesehen.

Dasselbe Spiel wie 1793 wiederholte sich. Unter dem Kommando des Hauptmanns Zuschlag war am 20. August 1794 eine aus Erfurt kommende mainzische Truppe im Amt Kronberg erschienen, hatte 26 Mann in den drei Amtsorten ausgehoben und als Rekruten in die Mainzer Kaserne gebracht. Vier davon wurden alsbald, wohl dienstuntauglich, wieder entlassen. Sie durften nach Hause marschieren.

Daß die lutherischen Kronberger über diese militärische Aktion, der sie keinen Widerstand entgegensetzen konnten, erbittert waren, versteht sich. Diese Erbitterung schwelte weiter, da man ja fürchten mußte, die Mainzer könnten eines Tages alle diensttauglichen Männer einziehen und gegen die Franzosen in den Kampf schicken. Wahrscheinlich hat auch die allgemeine kriegerische Entwicklung dazu beigetragen, diese Sorge wachzuhalten. Am 18.-20. September hatte der Erbprinz Hohenlohe einen Sieg über die Franzosen errungen, sich dann aber mit seinen Preußen hinter den Rhein zurückgezogen und die ganze Pfalz dem Feind preisgegeben. Die Kronberger mochten fürchten, daß man sie in mainzische Uniformen stecken und in die Rheinfront eingliedern würde. Jedenfalls kam es am 19. Oktober zu einem Ereignis, das den Amtskeller Brückner veranlaßte, sich — wie er ausdrücklich vermerkt hat — »abends um halb zehn Uhr« in sein Arbeitszimmer zu begeben und bei Kerzenlicht ein Protokoll zu schreiben, das er am folgenden Morgen fortsetzte und durch einen Amtsbericht ergänzte, um dann beides eilends an die Regierung zu senden. Hier das Protokoll:

»Nachdem vor etwa einer Stunde die Anzeige geschehen, daß die dahiesige protestantische Gemeinde sich in dem Bierhauße zum Neuen Bau versamlet und sich allda ein Fremder, den man für einen Kaiserlichen Notarius halte, eingefunden habe, welcher dem Vernehmen nach ein Syndikat gegen die Militair Conscription zu errichten im Begriff stehe, sofort auf diese Nachricht nicht nur sogleich dem Bierwirth Andres Henrich bedeutet worden, daß er sein Hauß nicht zur Rathsstube machen und darin dergleichen verordnungswidrige Zusammenkünfte bei namhafter Strafe nicht dulden solle, sondern auch der Versammlung selbst durch den Stadtdiener Benack die mündliche Auflage ertheilt worden, daß diese sich ohne Verzug auseinander begeben und wenn sie ein gemeinschaftliches Geschäfte abzumachen hätten, die Erlaubniß von der Behörde bewirken solle, daß die Zusammenkunft auf der Rathsstube mit Vorwissen und Genehmigung der Obrigkeit gehalten und nach den bestehenden Landes Gesetzen das Geschäfte vollzogen werden dörfe, gleichwohlen in Erfahrung gebracht worden, daß die Versammlung sich auf das Rathhauß verfüget und keineswegs befehlsmäßig auseinander gegangen seye: so hat man den k. Oberschultheiß vorbeschieden, um zu vernehmen, ob und warum auch, wenn er die Schlüssel zur Rathsstube verabfolget habe, der dann sich folgendermaßen äußerte:

Etwa vor einer guten Viertelstunde wären die protestantische Rathsglieder namentlich Philipp Weidmann, Andres Zubrod und Niclaus Fuchß zu ihm gekommen und hätten vorgegeben, die Zusammenkunft der Bürgerschaft im Bierhauße wäre ihnen so eben von Amts wegen untersagt und dagegen gestattet worden, ihr Geschäfte auf dem Rathhauße vorzunehmen, mit dem Antrag, die Eröffnung der Rathsstube ihnen zu bewilligen. Da er kein Mißtrauen in die Angabe so vieler verpflichteten Personen setzen zu dörfen geglaubt, so habe er die begehrte Eröffnung nachgegeben, und wie er höre, seye die Versammlung mit einem Notarius wirklich auf dem Rathhauße befindlich.

Stadtdiener Benack referirte, daß er den amtlichen Befel wirklich der Versammlung und zwar dahin im Bierhauße bekannt gemacht, daß sie sich sogleich auseinander begeben und wenn sie wegen einer gemeinheitlichen Sache zusammen kommen wollten, erst die höhere Erlaubniß haben müßten, wornach sie bei Tage und nach den Verordnungen auf dem Rathauße erscheinen könnten. — Hätte jemand dem k. Oberschultheiß ein anderes vorgebracht, so habe es denselben belogen und hintergangen.«

»Resolutum
Es hätte sich der k. Oberschultheiß sogleich auf das Rathhauß zu verfügen und den allda versammleten Bürgern zu bedeuten, daß sie durch gegenwärtige Zusammenkunft gegen die allgemein bekannte kurfürstliche Verordnungen sich gröblich vergangen und sie daher ohne Verzug auseinander zu begeben und hiernächst nach gedachten h. Verordnungen sich zu benehmen hätten, mit dem Anhang, dem angeblichen Notarius sein landesgesezwidriges Betragen ernstlich zu ver- und ihn anzuweisen, sich ohne weiders von hier zu entfernen, damit kein schärferes Verfahren gegen ihn nöthig werde. Uiber den Verlauf wäre sodann die fernere Anzeige ad protocollum von ihm einzulegen.
Cont. den 20ten Oct. 1794 morgens gegen 9 Uhr
Meldete sich der k. Oberschultheiß und referirte, wie er gestern Nachts zwar den amtlichen Auftrag ohne Hinschub vollzogen habe, allein weder die Burger noch der Notarius hätten darauf geachtet. Niemand habe sich entfernt, und der Notarius habe noch gesagt, die Sache der Burger seye gerecht, und fahre er des Verbots ohngeachtet um so mehr fort, weil die Verhandlung ruhig und nicht tumultarisch zu Werke gehe, auch wäre das Syndicat ohnehin bald fertig. Doch solle das Geschäft bis nach Mitternacht fortgesezt worden seyn, wo sich der Notarius ohne weitere Einkehr fortgemacht hätte. Uibrigens nenne sich derselbe Bloch und seye aus der Reichsstadt Friedberg.
Cont. eod. post prandium
Geschahe die zuverlässige Anzeige, daß der Notarius Bloch sich heute früh auch zu Niederhöchstadt und Eschborn eingefunden habe und ein Syndikat wegen dem Rekrutenzug allda von den k. Unterthanen errichtet worden seyn, wo die Ortsgerichte an der Spitze sich befänden, ohngeachtet weder von ein noch dem anderen Orte die obrigkeitliche Erlaubniß zu dergleichen Versammlungen bewirket worden ist.

Resolutum
Es wären gegenwärtige Protocollien an K. H. L. R. nebst Bericht zur weiteren Verfügung unverweilt einzusenden.

In fidem
J. Phildius
Amtsschreiber

Aus dem beigefügten Amtsbericht erfahren wir die Vorgeschichte: Trotz der geschehenen Rekrutenaushebung »sind die Amtsorte so wenig von ihrer Widerspenstigkeit fürs künftige abgestanden, daß sie sich vielmehr dermalen an die Mittelrheinische Ritterschaft heimlich gewendet und um Unterstützung gegen K. H. Landesregierung angestanden haben, die ihnen dann auch vom Ritterschaftlichen Syndico v. Hinkelthei bestens zugesichert und die Betreibung dieser Beschwerde an Höchstpreißlichen Reichshofrath versprochen worden seyn soll. Der erste Schritt hierzu ist die Absendung eines K. Notarii von Friedberg in die Amtsorte zur Errichtung eines Syndikats, welches dann auch gestern Nachts und heute früh mit gesetzwidriger Versammlung der Gemeinheiten zu Stande gebracht worden ist, wie aus anliegendem Protokoll gnädig zu ersehen seyn wird.«

Die Mainzer Regierung hatte am 23. April 1792, wie wir weiter erfahren, eine Verordnung erlassen, wonach sogenannte »Syndikate« nur mit entsprechender Genehmigung gebildet werden durften. Diese Verordnung, so Brückner, sei überall bekannt gemacht worden. Interessant ist, was er dann in Hinsicht des Friedberger Notars ausführt:

»Uibrigens hätte gegen den sich eingedrungenen Notarius mit der Verhaftnehmung zweifelsohne vorgegangen werden sollen, da aber wegen später Nachtszeit kein Kurfürstl. Militaire von der Veste Königstein zu erhalten ware und wenn man einige gutgesinnte katholische Bürger hierzu hätte brauchen wollen, es zuverläßig zwischen diesen und den durch Trunk und Boßheit erhizten lutherischen Einwohnern zu Thätlichkeiten gekommen seyn würde, so hat man rathsamer gefunden, hiermit an sich zu halten und Kurfürstl. Hohe Landes Regierung unterthänig anheim zu geben, ob derselbe allenfalls auf dem kurf. Territorio bei Oberwillstadt, so er nicht vermeiden kann, arrestlich angehalten und bestrafet werden wolle.«

Mit einem weiteren Amtsbericht vom 23. Oktober übersandte Brückner der Regierung eine Abschrift des Protokolls der Mittelrheinischen Reichsritterschaft, am 14. Oktober geschrieben — dem Tag, an dem eine Kronberger Deputation dort aufgetreten war. Darin wird festgestellt, »daß zu Kriegszeiten der Truppenauszug und alle übrige Naturalpraestationes nur von Seiten des hiesigen Ritter corporis in dem Amt Kronberg angeordnet werden könnten; die hohe Kur Mainz aber noch insbesondere versprochen habe, die Unterthanen zu Kronberg, Eschborn und Niederhöchstadt zu keinen Reichs- und Kraißpraestationen, wie die nur immer Namen haben mögen, weder directe noch indirecte zuzuziehen. Man müsse daher recht angelegentlich bitten die vorgenommene unerlaubte und gewaltthätige Schritte zu redressiren und die rechtswidrig ausgehobene Mannschaft wiederum nach Hause gehen zu lassen.«

Der widrigenfalls angekündigte Appell an Kaiser und Reich und die Ankündigung, man werde sonst den bedrängten Untertanen nach der Ritterordnung Assistenz leisten, scheint die mainzische Regierung nicht besonders beeindruckt zu haben. Zudem hatte man dort größere Sorgen. Doch wurde, wie wir noch hören werden, die Auflehnung der lutherischen Kronberger keineswegs vergessen.

Am 14. November berichtete Brückner an die Regierung, der Hofkriegsrat habe den Befehl erteilt, »unverzüglich 19 Unterthanssöhne aus den Amtsorten auszuheben und zum k. Militärdienste einzusenden.« Er gibt zu bedenken: »Außerdem daß die Vollziehung dieser Weisung vorzüglich nur einige zurückgebliebene gehorsame junge Leute betreffen würde, wohingegen die ausgetretenen Söhne derjenigen Unterthanen, welche der kurfürstl. Befugniß zum Militärzug hauptsächlich widersprechen und entweder mit Unterstützung der Mittelrheinischen Reichs-Ritterschaft im Weege Rechtens gänzliche Befreiung oder doch Aufschubnis zum beendigten Kriege erwarten, noch zur Zeit verschont blieben, glaubt man vordersamst noch die hohe Regierungs Entschließung auf die wegen den neuerlichen desfallsigen Widersprüchen ... sich unterthänig erbitten zu müssen.«

Als erster lutherischer Pfarrer durfte Christ in diesen rein weltlichen Auseinandersetzungen von Amtswegen keine Stellung beziehen. Daß er nicht unberührt davon blieb und nach Möglichkeit versuchte, besänftigend zu wirken, um Schlimmeres zu verhüten, versteht sich. Oft wird er bedauert haben, daß der Freiherr von Strauß nun in Regensburg saß und der Kurfürst im fernen Aschaffenburg residierte. Für Männer wie den Freiherrn von Frankenstein und den Hofkanzler von Albini war er nur ein kleiner lutherischer Pfarrer in einer kleinen Stadt, die sich neuerdings wieder als renitent erwies.

Daß es in diesen aufgeregten Jahren für ihn besonders mühsam war, seinen Besoldungszehnten auf den Feldern einzusammeln, ist verständlich. In solchen Zeiten sorgt jeder Hausvater, ob Bürger oder Bauer, zuerst für sich und die Seinen und schaut mit scheelen Blicken auf einen Pfarrer, der ihm den zehnten oder einen gar noch größeren Teil seiner Ernte wegnehmen will. So erstaunt es nicht, daß wir in diesen Jahren immer wieder Christ'schen Klagen auf diesem Gebiet begegnen. Einen typischen Fall stellt die Akte »HE. Pfarrer Christ dahier contra Adam Jung und Consorten dahier als Besitzer der an ersteren zehendbaren Kugelberg Äker ad $\frac{1}{10}$ und $\frac{1}{3}$« dar. Die Akte beginnt mit einer undatierten, aber für 1795 anzusetzenden Eingabe Christs an das Stadtgericht und mit den Sätzen: »Es ist in jeder Hinsicht für einen Seelsorger äußerst betrübt, wenn er sich mit jedem und vorzüglich mit seinen eigenen Pfarrkindern unverschuldet in Prozeßlichkeiten, besonders über solche Gegenstände verwikelt siehet, die seinen Unterhalt betreffen, welchen sie nach der ihnen obliegenden Liebe für denselben mehr zu befördern, als zu schmälern sich beeifern sollten. Ich hatte auch immer geglaubt, Beklagte würden nach und nach ihr Unrecht von selbst einsehen und mich der gehäßigen Mühe entheben, ihnen solches vor einem öffentlichen Gericht umständlich darthun zu müssen, worauf ich aber von 1790 bis hierher zu meinem größten Schaden, jedoch ganz fruchtlos gewartet habe.«

Worum es ging, ist am klarsten in einer der spätesten Eingaben, vom 27. Juni 1803, zu erfahren. Sie ging an das fürstlich nassauische Amt, und Brückner leitete sie an das Stadtgericht weiter, mit der Weisung, »nunmehr das Rechtliche zu verfügen«. Da heißt es:

»Es hatten der Pfarrey einige Aecker im Kugelberg zum Dritten und Zehnden, da solche ehedem als Weinberge der Pfarrey zustanden, und um den dritten Nutzen in Erbpacht hingegeben wurden, und ist auch wegen dieser Gerechtsame nie einiger Zweifel entstanden.

Bey meiner Hieherkunft vor 17 Jahren lagen mir die Besitzer dieser sogenannten Drittelsäcker an, ein Gewisses an Geld für diesen Dritten und Zehnden jährlich anzunehmen, und aus Gefälligkeit sagte ich ihnen zu, daß es bey dem, was mein Vorfahrer ihrer Aussage nach eine Zeitlang genommen, einstweilen belassen wolle. Da er aber seinen Ansatz in sehr wohlfeilen Zeiten gemacht, und ich noch nicht kundig seyn konnte, was der Dritte und Zehnte besagter Aecker betragen müsse, so gabe ihnen meine Einwilligung nur auf unbestimmte Zeit, nicht aber, wie sie nachgehends ungegründet vorgeben wollen, auf lebenslang. Es wurde auch deswegen, da es eine blose Vergünstigung von mir war, ganz kein schriftlicher Accord aufgesetzt, wie doch im Gegenfall in einer so wichtigen Sache würde erforderlich gewesen seyn, wenn ich mich auf Lebenslang meines Zehnden, der mir zur Besoldung und zum Brod in meiner Competenz angewiesen ist, hätte begeben wollen, — bey etlichen Gemeinsgliedern, die nichts vor andern zum voraus hatten: — einer Begebung, dazu mich im geringsten nichts, und kein anderer Vortheil hätte bewegen können: — da nicht der mindeste Anstand oder Einspruch in diese Gerechtsame der Pfarrey weder damals noch je obwaltete; — wie ich denn auch, — zum deutlichsten Erweiß des ganz ungegründeten und fälschlichen Vorgebens der Gegner, — dem einen Besitzer eines dergleichen Ackers, Adam Jung, (der ein Büchlein haben wollte, um darin jeden Jahres die Zahlung zu quittieren,) damalen sogleich die Rubrik aufschrieb: Quittungs-Büchlein für Adam Jung, vom Dritten und Zehnden im Kugelberg auf unbestimmte Zeit.«

Die Beklagten verstanden es, die Erfüllung ihrer Abgabepflichten um rund 13 Jahre hinauszuschieben, wobei die Kriegsunruhen ihnen gute Vorwände lieferten. In der letzten vorhandenen Eingabe an das Amt vom 17. August 1803 bittet Christ, die Zehntschuldner zu veranlassen, ihm Mitteilung zu machen, »wie viel sie an Früchten binden und einheimsen, um bey richterlichem Spruch zu dem meinigen gelangen zu können«. Die von den »Drittelsäckern« aber sollen »nunmehro von diesen ihren Aeckern den Dritten und Zehnden in natura gebührend abgeben und ihren alten Rest von Zinsen bezahlen«. — Ob Christ unter der neuen Herrschaft sein Recht erlangt hat?

Am 5. Februar 1795 meldete der Hofkriegsrat sich schon wieder und teilte der Regierung mit, in den drei Kronberger Amtsorten seien »noch ungefähr 50 dienstfähige junge Leute, die sich bey Einrückung der Erfurter Mannschaft auf die Seite begeben, folglich nicht hätten gezogen werden können. Ob dieselben inmittelst zurückgekommen seyen, solches wäre dem k. Hofkriegsrath unbekannt«. Daher ist eine Liste beigefügt: 48 Mann aus Kronberg, davon 5 gezogen, einer wieder entlassen, 5 Niederhöchstädter und 7 Eschborner sind gezogen, zwei wieder entlassen. Ein Nachtrag nennt vier weitere Namen aus den drei Orten.

Zumindest in Eschborn müssen damals Preußen gelegen haben, denn am 25. Februar 1795 schreibt von dort aus ein nachmals als Dichter berühmt gewordener Gefreiter Korporal im Fußregiment Garde, 18 Jahre alt, einen Brief an seine Schwester Ulrike, in dem er sich schier überschwenglich für eine von dieser selbst gestrickte Weste bedankt: Heinrich von Kleist.

Zwischen Preußen und Österreich entstanden damals, im Gefolge der polnischen Teilungen, Konflikte, und diese hatten zur Folge, daß Preußen die deutsche Sache im Westen des Reiches verriet und mit Frankreich am 5. April 1795 den Separatfrieden von Basel schloß, der den Franzosen das linke Rheinufer preisgab. Außerdem wurde eine »Demarkationslinie« festgelegt, die in unserem Raum von Altenkirchen über Limburg, Idstein und Eppstein nach Höchst verlief, umgeben von einer neutralen Zone, und in dieser Zone lag auch das Amt Kronberg. Zur Sicherung der Neutralität beließen die Preußen überall in der Zone Kommandos und auf den Dörfern »Sauvegardes«. — Wie ernst die Franzosen diese Neutralität nahmen, sollte man im Herbst erfahren. Die Festung Königstein blieb weiter unter kurmainzischem Kommando, doch zogen am 4. Mai kaiserliche Truppen ein, Infanterie und ein Zug Husaren.

Für Johann Ludwig Christ brachte das Frühjahr doppelten Verdruß. Einmal erschien auf dem Buchmarkt sein »Baumgärtner auf dem Dorfe« als unberechtigter Nachdruck. Damals bestand noch kein Urheberrecht, und entsprechend gab es »Freibeuter« oder »Raubdrucker«, die erfolgreiche Bücher einfach nachdruckten, ohne den Verfasser um Genehmigung zu fragen, geschweige denn ihm ein Honorar zu zahlen. In diesem Fall saß der Nachdrucker, der schlichtweg »Frankfurt am Main 1795« aufs Titelblatt setzte, wahrscheinlich in Leipzig. Christ kannte ihn nicht und konnte ihn auch rechtlich nicht belangen.

Der zweite Verdruß entstand durch den Sohn des Mädchenschulmeisters Nikolai, der Adjunkt seines Vaters werden sollte. Im Kirchenprotokoll vom 31. Mai heißt es: »Dem Schuladiunctus Nikolai ist anzudeuten, daß, wie und weil er nicht das Attestat von dem HE. Bürgermeister zu Frankfurt, daß er an dem ihme Schuld gegebenen Diebstal unschuldig und freigesprochen seye, beibringt, ihme anzurathen seie, das Decret wegen seiner Exspectanz auf den 2ten Schuldienst zurück zu fordern und darauf Verzicht zu thun, im Fall solches nicht geschieht, wird der Kirchen Convent sich bemüßigt sehen, desfalls klagbar zu werden.«

Am 14. Juni trug Christ dann ein: »Nikolai fil. überliefert nachstehendes Zeugnis wegen seiner vorgefallenen Verhaftnehmung in Fft:

»Auf Verlangen wird hiermit dem Schulmeisters Sohn Nicolai von Kronberg bescheiniget, daß derselbe zwar wegen des auf ihn gefallenen Verdachts, einen silbernen Leuchter dahier entwendet zu haben, am 9. vorigen Mon. gefänglich eingezogen worden, iedennoch aber, weil er dessen nicht rechtlich überwiesen werden können, um so

mehr nach einigen Tagen wiederum entlassen worden seie, da seines Lebenswandels halber eingezogene Erkundigungen nichts zu seinem Nachtheil enthielten.
Frankfurt a. M., den 8ten Juni 1795.
L. S.   Peinl. Verhör Amt

Da zu diesem Verdacht bei der Gemeinde, worin er sich durch den Verkauf dieses Leuchters, den er wissentlich als eine gestohlene Waar gekauft hat, gesezzet, auch seine bisherige Nachläßigkeit in Unterstützung seines Vatters im Unterricht der Kinder und anderes unanständiges Betragen und Aufführung gekommen, so wäre desfalls an hochl. Amt der Bericht dahin zu machen, daß er auf seine adiunctur Verzicht thun möge.«

Am 21. Juni kam dann der Schlußpunkt: »Einem Hochlöbl. Kirchenrath tue ich Unterzeichneter zu wissen, daß ich als Adiunctus meines Vaters zweiten Schuldienst einem andern überlasse, weil die Besoldung aufs künftige zu gering ist zu meinem Lebensunterhalt. Ich hoffe mein Glück weiter zu erreichen, indem ich mich gewiß werde allezeit eines guten Lebenswandel befleißigen.

Ihro ergebenster Diener
Christoph Nicolai
Cronberg d. 20ten Juni 1795.«

Der Juli und der August verliefen ruhig, und Christ konnte einer Arbeit nachgehen, die ihm Vergnügen machte, weil sie nach Erscheinen zeigen mußte, daß man ihn als Obstbaufachmann zu schätzen begann. In Mainz war 1792 das Buch des Engländers William Forsyth »Über die Krankheiten und Schäden der Obst- und Forstbäume« deutsch erschienen. Nun wollte der Frankfurter Buchhändler und Verleger Guilhauman eine neue Auflage herausbringen. Der Übersetzer war Georg Forster, der als Mainzer Deputierter nach Paris gegangen und dort 1794 gestorben war.

Im frühen September kamen bedrohliche Nachrichten vom Niederrhein. Der Sieger von Fleurus, der französische General Jourdan, der schon am 7. Juni die Festung Luxemburg eingenommen hatte, war mit seiner Sambre-und-Maas-Armee am 6. September bei Düsseldorf und Neuwied über den Rhein gegangen und stieß nach Süden vor, während die Österreicher unter dem Reichsfeldzeugmeister Graf Karl Joseph Clerfait langsam zurückwichen. Am 23. September verließen die Österreicher die Festung Königstein, und am gleichen Tag trafen die ersten Franzosen ein. Wie sie sich in der »neutralen Zone« verhielten, ist in verschiedenen Zeugnissen festgehalten, so zum Beispiel in einem Bericht des zweiten reformierten Pfarrers von Neuenhain J. H. Flad. Den überraschten zwei französische Soldaten am 24. September früh, als er gerade aus dem Bett steigen und seine Hosen anziehen wollte. Mit vorgehaltenem Bajonett nahmen sie ihm seinen Geldbeutel mit Dukaten und Silbermünzen, eine Sackuhr und ein Sackpistol ab. Weitere Beute waren Schinken, Brot, Wein, ein Kochkroppen, Flaschen und Krüge sowie das gesamte Weißzeug. Flad lief nach Königstein, bat dort einen französischen Offizier um Hilfe, da Amtsvogt und Amtskeller nichts vermochten, und erhielt einen Mann als Sicherheitswache mit. »Als ich hierher zurückkam, sagte ich nun der Gemeinde, daß sie stets einige Männer bereithalten sollte, wenn in ein oder das andere Haus mit Gewalt eingebrochen und geplündert würde, mich mit der Wache zu Hilfe riefen; und so hatte ich das Glück, vielen Leuten noch das ihrige zu retten, indem ich mit Beihilfe meiner Sicherheitswache, bald durch Güte, bald durch Nachdruck, die Soldaten aus ihren Häusern zu bringen suchte. Doch konnte ich bei dem immer zunehmenden Tumult am Ende nicht mehr aller Orten zugleich sein und war leider zu ohnmächtig, allen Schaden abzuwenden, auch mußte ich einigemal mit eigener Lebensgefahr Leuten ihr Leben retten, die von ganz Betrunkenen, mit bloßem Säbel und gespannter Pistole angefallen waren. Und Gott sei Dank, auch aus dieser Gefahr hat er mich und das ganze Dorf bisher noch errettet.« Zum Glück kam dann ein höherer Offizier, der für Ordnung sorgte. Nachher freilich erschien noch ein Haufe Marketenderleute, der die Dorfbewohner schikanierte und plünderte, bis der beherzte Pfarrer die Glocke läuten ließ und die Dorfbewohner sich mit Prügeln und Heugabeln zur Wehr setzten.

Ähnlich ging es in Kronberg zu. Zitieren wir zunächst den ersten Teil einer Bittschrift Christs, auf deren zweiten Teil wir später zurückkommen werden:

»Gleich bei Ankunft der Unmenschen und des Abschaums aus Frankreich nach ihrem Übergang über den Rhein kam den 23ten des vorigen Monats (die Schrift stammt aus dem Oktober), Nachts um 11 Uhr eine Räuberhorde von beiläufig 300 reitenden Chasseurs in unsere Stadt gesprengt, plünderten verschiedene Häuser und bedroheten das ganze Ort mit der größten Gefahr, so daß die hiesige Bürgerschaft durch Aufruf mit den Sturmglokken zur Gegenwehre mußte ermuntert werden. So glücklich nun unter Gottes Beistand der Endzweck bewürkt und größeres Ungemach und Verlust dadurch abgewendet worden, so betraf doch dabei das Unglück einen redlichen, braven und beherzten Burger von 37 Jahren, Namens Jakob Kunz, ein Bekker, der bei allen Vorfällen, bei Feuers und anderen Gefahren jederzeit vorzügliche Menschenliebe bezeuget und die ersprießlichsten Dienste stets geleistet, daß er von einem Chasseur durch den Leib geschoßen wurde und an seiner empfangenen Wunde ganzer drei Wochen leiden und endlich seinen Geist aufgeben mußte.«

Auch Brückner und die Receptur waren in Gefahr, wie wir noch hören werden. Doch lesen wir zunächst einen »Hilfeschrei«, den er an den uns bekannten Erbprinzen von Hohenlohe, den Landsmann Christs, gerichtet hat. Er ist nur in einem schwer zu entziffernden und unvollständigen Konzept überliefert:

»Durchlauchtigster Erbprinz, gnädigster und hochbefehlender Herr Generalfeldmarschall!

Bekanntlich liegen die 3 Ortschaften Kronberg, Niederhöchstadt und Eschborn in der von Sr. Königl. preußischen Majestät vorgeschriebenen Demarkationslinie und nur das Städtgen Kronberg ist den k. k. und französischen Truppen zu einem unschädlichen Durchzug bewilligt worden. Gleichwol wird nunmehr aber dieser Durchzug mit den größten Excessen und Requisitionen französischer Seits begleitet. Nicht nur hat man sich die Plünderung zu Kronberg und den benannt seyenden Orten erlaubet, sondern Kronberg hat nebst den beträchtlichen Einquartierungen auch 4000 Pfund Brod, 4100 Pfund Haber, 5400 Pfund Heu abliefern müssen.«

Das Weitere können wir einem Erlaß Brückners vom 25. September entnehmen:
»Auf Befehl des Französischen Kriegs-Commissaire zu Königstein haben die Ortsvorstände zu Kronberg, Niederhöchstadt und Eschborn

1.) unverzüglich die Listen über das vorrätige Brot und Mehl nach Abzug der eigenen Bedürfniß von 2 Tagen einzuschicken und diesen Vorrat in das französische Magazin von Königstein noch diesen Vormittag abführen zu lassen.

2.) ebenfalls ein Verzeichniß ohne Verzug einzuschicken über die vorhandenen Oefen sowol bei Bäckern als bei andern Privatpersonen und diesen aufzugeben, ohne Zeitverlust ihr vorrätig habendes Mehl den Laib zu 3 Pfund schwer zu verbacken und solches nach Königstein abführen zu lassen, und zugleich denselben zu bedeuten, daß ihnen dieses Mehl entweder in Natur, sobald die herrschaftlichen Früchten werden ausgemahlen seyn, oder auf eine andere schickliche Art durch das Kommissariat wieder wird vergütet werden.

Sodann befiehlt obgedachter Kriegs-Commissaire, daß

3.) 60000 Pfund Heu und 60000 Pfund Stroh, welche zu 10 Pfund gebunden seyn müssen, — 30000 Pfund Haber — 12 Fäßer Wein — 8 Fäßer Brandwein und 80 Stück Hornvieh, jedes von 3 bis 400 Pfund von den Orts Vorständen binnen 24 Stunden nach Königstein abgeliefert werden sollen, welche Naturalien nach geschehener Ablieferung entweder baar bezahlt oder an der allenfalls noch erfolgenden Brandsteuer abgezogen werden sollen.

Dieses wird den Orts Vorständen ohnverweilt eröffnet, damit sie zu gedachten Lieferungen binnen der angesetzten Zeitfrist die gehörigen Anstalten treffen und die Folgen einer Militair Execution beseitigen können.«

Am 26. September lief eine zweite, wohl ähnliche Requisitionsforderung aus Höchst ein. Brückner bat, in elegantem Französisch, den »Citoyen Commissaire« zu Höchst entsprechend zu instruieren.

Der Erbprinz von Hohenlohe residierte wahrscheinlich in Usingen. — Karl Wilhelm von Nassau-Usingen blieb während der Kriegsläufte in seinem Lande. Der preußische Generalfeldmarschall erließ die Ordre, die Kommandeure »dahin zu instruieren, daß sie alle von den französischen Kommissariaten innerhalb der Neutralitäts-Linie gemachten Ausschreibungen und Requisizionen als der Convention additionelle und denen Neutralitäts Vorrechten dieser Länder ganz zuwiderlaufende Zumuthungen nicht allein gänzlich ablehnen, sondern auch die in ihren Districten befindlichen Beamten unterrichten sollen, daß sie sich bei solchen Fällen auf diese von Sr. Majestät für die Länder ihrer Herren ausbedungenen Vorrechte zu berufen hätten und keine dergleichen an sie kommende Requisizionen zu befolgen hätten.«

Doch die Franzosen ließen sich von solchen Verlautbarungen nicht beeindrucken, geschweige denn wegschicken. Was konnte ein preußischer Unteroffizier, der in Kronberg als »Sauvegarde« stationiert war, schon gegen die Masse der französischen »Heuschrecken« ausrichten? Auch sein Vorgesetzter, der in Oberursel sitzende Major von Marwitz, war im Grunde machtlos, wenn er an Brückner schrieb: »Der Unteroffizier wird die Verabfolgung der heutigen geforderten Lieferung nicht dulden.«

Während Amtskeller Brückner sich mühte, von Stadt und Amt Kronberg das Schlimmste abzuwenden (vermutlich war er außer Christ der Einzige im Städtchen, der das Französische voll beherrschte), erhielt er am 30. September ein zu Aschaffenburg am grünen Tisch abgefaßtes Schreiben des Hofkanzlers von Albini, in dem dieser die Ordre des Erbprinzen bestätigte und betonte, es dürfe nichts zugestanden werden, »als was durch förmliche Contracte an entbehrlichen vivres und dergleichen gegen Bezahlung den Franken überlassen werden wolle«. Vermutlich hätte Brückner den Herrn Hofkanzler gern an seiner Stelle gesehen, um mit dem französischen »Bürger Kommissar« zu verhandeln. Doch das ging nicht an, und so setzte er sich hin und diktierte dem Amtsschreiber Phildius ein Protokoll für seine vorgesetzte Dienststelle, das Oberamt Höchst. Darin zitierte er zunächst die Anordnung des Herrn Hofkanzlers. Dann fügte er einen Kronberger Situationsbericht an und bat um Abhilfe:

»Gleichwohlen hätten die französischen Untercommissairs des von dem königl. preußischen hiesigen Commando geschehenen Widerspruchs ohngeachtet, geradezu erkläret, daß sie ihre Lieferungen mit militärischer Gewalt beitreiben würden, hätten den Bürgermeister zu Kronberg, der nach preußischer Anweisung die weitere Fourage Abführung versaget, auf kurze Zeit arretirt und sogar den königlich preußischen Unteroffizier Schmitt vom Husaren Regiment Göcking ebenfalls zu arretiren gedroht. Da nun des Herrn Hofkanzlers Exzellenz das k. Amt angewiesen habe, sich in dergleichen Fällen mit k. Oberamt zu benehmen, indem der zu Höchst befindliche königl. preußische Major die bestimmte Ordre habe, die Freiheit der Demarkationslinie zu behaupten: so ersuche man das k. Oberamt sehr angelegentlich sothanen Vorgang an ermeldten Herrn Commandeur unverzüglich gelangen zu lassen und um dessen kräftige Assistenz dringend anzustehen, auch demselben die Nachricht zu ertheilen, daß sich dahier eine ständige feindliche Einquartirung von 150 Mann Fußgänger seit 8 Tagen befindet, welches gleichfalls gegen die vertragsmäßige Neutralität anzustoßen scheine . . .«

Doch was halfen alle schönen Worte auf dem Papier! Vom 6. Oktober liegen uns Aufstellungen in deutscher und französischer Sprache über das vor, was die Franzosen im September aus Kronberg herausgepreßt hatten, und diese Zahlen sprechen eine eindringliche Sprache. Es wurden geliefert: 8026 Pfund Brot, 14540 Pfund Fleisch (darunter 40 Stück Hornvieh mit je 350 Pfund angesetzt), 9623 Pfund Haber, 31765 Pfund Heu und 26060 Pfund Stroh als »Fourage«. Der Herr General Olivier, der in Königstein Quartier genommen hatte, erhielt selbstverständlich gesondert 8 Weißbrote zu je 3 Pfund und 30 Portionen Fleisch zu je einem halben Pfund. Die zweite Division der Armée-de-Sambre-et-Meuse hatte, wie ein vorgedrucktes Formular zeigt, einen sehr korrekten Kriegskommissar: er ließ sich die Zwangslieferungen sogar von den Députés de la Commune de Cronberg bescheinigen, von J. Phildius Maire, Jean Nicolas Fuchs, Jean Philippe Weidmann, Jean Jacob Hauswald und Henri Rath, Bourgemaitre.

Die Franzosen zogen also vermutlich zwar nicht wohlgenährt, aber satt weiter in die Mainebene. Die Österreicher hatten sich bis hinter den Main zurückgezogen. Als aber der Graf Clerfait Verstärkung erhalten hatte, ging er wieder vor, über den Fluß, und lieferte den Franzosen unter ihrem General Jourdan an der Nidda eine Schlacht, die mit einem glänzenden Sieg für ihn endete. Die Franzosen flohen zurück, der Lahn zu, wobei sie unterwegs noch nach Herzenslust raubten und plünderten. So erlebten die Königsteiner in der Nacht vom 12. auf den 13. Oktober eine elf Stunden dauernde Plünderung, ehe die französische Besatzung abzog und die Österreicher am 14. Oktober wieder einzogen.

Nachdem Graf Clerfait die »Befreier« bis über die Lahn zurückgetrieben hatte und ein Teil von ihnen sich hinter die Sieg gerettet hatte, während der andere Teil bei Neuwied wieder aufs linke Rheinufer übersetzte, wandte er sich zurück nach Süden und erstürmte am 29. Oktober das französische Lager vor Mainz, womit die einjährige Blockade von Stadt und Festung zu Ende war. Nachdem Clerfait die Franzosen bis Landau zurückgedrängt und dem General Wurmser geholfen hatte, Mannheim zurückzuerobern, schloß er am 1. Januar 1796 mit den Franzosen einen fünfmonatigen Waffenstillstand ab, da sein Heer für einen Winterkrieg nicht ausgerüstet war.

Wir wissen schon, daß der Franzosenüberfall in Kronberg ein Todesopfer gefordert hatte, den Bäcker Jakob Kunz, und wir haben den ersten Teil von Christs Bittschrift schon zitiert. Lassen wir nun deren zweiten Teil folgen:

»Er (Kunz) hinterläßt eine Witwe mit 4 unerzogenen Kindern und leider viele Schulden, die er nicht muthwillens gemacht, sondern theils ererbet, theils durch das Ungemach der Zeit und Umstände hineingezogen wurde.

Wie nun der evangel. lutherische Kirchen Convent dahier auf Mittel bedacht ist, die vier vaterlose Waisen christlich erziehen zu lassen, und billig ist, daß die hiesige Burgerschaft für die Hinterlassenen ihres redlichen Mitburgers, der sich für das Wohl und die Erhaltung des Eigenthums der ganzen Stadt aufgeopfert hat, das ihrige beitrage, aber die traurigen Kriegszeiten, die mehrere Obstmißjahre und mancherley Ungemach vielfältig die Hände bindet; so werden andurch von der unglücklichen Witwe des erschossenen Burger Kunzen, begleitet von einem zugegebenen Beistand und Anverwandten und redlichen Burger dahier, Namens Adam Weigand, einige liebreich gesinnte Menschen-Freunde in Frankfurt und bekannte Wohltäter der leidenden Menschheit gebäten, eine Liebesgabe beizutragen, damit die Kinder ehrlich und wohl erzogen werden können. Zu diesem Behuf der evangel. lutherische Kirchen Convent dahier ein kleines Kapital anzulegen sucht, um diesen Endzweck unter Gottes Segen erreichen zu können, deswegen man auch wünscht, daß die Liebesgaben auf beigeheftetes Blatt geneigtest verzeichnet würden.

Gott, der allerhöchste Wohlthäter, der große Beschüzzer des gesegneten Frankfurts, für dessen gnädige Erhaltung in diesen gefahrvollen Zeiten die ganze Nachbarschaft zum Himmel geseufzet, vergelte auch diese Liebesgaben, welche zu einem so heilsamen Endzweck sollen angewendet werden.

Kronberg, den 28. Oct. 1795   Johann Ludwig Christ
                                   Erster Pfarrer

                                   Balthasar Bleichenbach
                                   Zweiter Pfarrer

Die Sammlung in Frankfurt hatte Erfolg. Sie ergab 207 Gulden und 18 Kreuzer. Nach Abzug der Zehrungskosten und der Vergütung für Adam Weigand (1 Gulden pro Tag) verblieben 193 Gulden und 10 Kreuzer. Die meisten Spender unterschrieben nur mit: »Von einem Freund«. Weigand und die Witwe ließen auch die Wirtshäuser nicht aus, den »Goldenen Löwen«, das »Stammwirtshaus« der Kronberger, den »Weidenbusch«, den »Weißen Schwan« usw. Der erste Eintrag stammte vom Frankfurter Kirchensenior Hufnagel. Er schrieb dazu: »Es thut mir leid, daß mein unbedeutender Beitrag ein schwacher Beweis von der Theilnahme ist, die vier unerzogene Kinder nothwendig rege machen müssen.«

Am 23. November schrieb Christ dann an die Mainzer Hofkammer, stellte die Umstände dar und bat, »daß dieser armen Witwe und Waisen jährlich etwas an Korn aus den herrschaftlichen Fruchtgefällen verabreicht werde«. Brückner, der die Mainzer Bürokratie kannte, lieferte ein ausführliches Gutachten, in dem er auch darauf hinwies, daß »im vorliegenden Falle ohne die Gegenwehr der Einwohner die herrschaftl. Gebäulichkeiten gewiß ausgeplündert und grösere herrschaftl. Geldsummen erpresset worden, als das gebetene Gnadengehalt auf lange Jahre betragen möge«. — Die Plünderer waren nämlich schon in den an die Receptur grenzenden Häusern. — Brückner schlug vor, »etwa jährlich 2 Malter Korn und 1 Malter Gerste« so lange zu bewilligen, bis das jüngste Kind das 14. Lebensjahr erreicht haben würde. An den Schluß seines Gutachtens stellte er einen sozusagen klassischen Satz: »Diese Wohlthat, einem protestantischen hiesigen Unterthan erzeigt, dergleichen sich keiner seit dem Anfalle der Herrschaft Kronberg ans hohe Erzstift zu erfreuen gehabt hat, würde überdieß bei den übrigen Unterthanen ihre gute Wirkung nicht verfehlen und das von jeher anklebende, obgleich ganz ungegründete Mißtrauen gegen ihre jezige katholische Herrschaft um Vieles vermindern.«

Hofkanzler Albini fügte dann vorsichtshalber dem »Placet« von Eminentissimus die Einschränkung hinzu, daß das »Gnadengehalt« zunächst auf 6 Jahre zu gewähren sei. Nach Ablauf dieser Frist richtete die Wittib Kunz selbst ein Gesuch um Verlängerung an die Hofkammer und wies darauf hin, daß ihre nun 12, 14 und 16 Jahre alten Kinder »ihr Brod, das ich ihnen in meiner eigenen großen Dürftigkeit unmöglich geben kann, sich selbst noch nicht verdienen können«. Als korrekter Beamter vermerkte Brückner nun im neuen Gutachten, daß die »Supplikantin durch den Tod ihres jüngsten Kindes erleichtert worden seye« und schlug vor, der Sophia Kunzin künftig nur noch 2 Malter Korn zu bewilligen, auf drei oder vier Jahre. Die Hofkammer hielt jedoch 2 Jahre für ausreichend.

Mit dem Oberamt Höchst unterhielt Brückner, wie man schon bemerkt haben wird, keine besonders herzlichen Beziehungen, zumal man dort dazu neigte, über seinen, Brückners, Kopf hinweg Verfügungen zu erlassen. So kam es wohl öfter zu Konflikten, und der jüngste hätte beinahe für Kronberg üble Folgen gehabt. Im befreiten Mainz brauchte man unter anderm Heu und Stroh für die Pferde der k. k. Armee. Schon am 24. Oktober fragte der Hofkammerrat Deßloch bei Brückner an, was noch an Langstroh vorhanden sei. Brückner berichtete, »wegen dem durch die Franzosen hieran erlittenen Verlust« seien nur noch je 300 Gebund in Kronberg und Neuenhain und 540 Gebund in Sulzbach vorhanden. Er empfahl, Kronberg im Hinblick auf seine reichsritterschaftlichen Verpflichtungen, »wegen dem an Kaiserliche Majestät bezahlenden Subsidium Charitativum«, mit Fronfuhren zu verschonen und die Einwohner anderer, rein mainzischer Orte wie Sulzbach, Soden, Neuenhain, Altenhain, Schneidhain, Schönberg und Oberhöchstadt dafür heranzuziehen.

Am 23. November verfügte dann das Oberamt Höchst, vermutlich ohne den Kronberger Amtskeller vorher gefragt zu haben, die Kronberger hätten 350 Zentner Heu nach Höchst und Mainz zu liefern. Die drei Amtsorte, von den Franzosen genugsam geschröpft, weigerten sich mit dem Hinweis auf den Rezeß von 1733, wonach »Natural Praestationes« von ihnen nur an die Reichsritterschaft zu leisten seien, und Brückner legte ausführlich dar, daß sie im Recht seien und »das k. Oberamt Höchst in dergleichen Lieferungs Fällen gar nicht befuget sei«. Auch Räte und Ausschuß der Unmittelbaren freien Reichsritterschaft des Mittelrheinischen Kreises gaben ein entsprechendes Zeugnis ab. So wurde die ins Auge gefaßte, sogar durch den k. k. Feldmarschall Leutnant und auch k. k. Reichs General Kriegs Commisarius Freiherr von Lilien angeordnete Exekution schließlich vermieden. — Höchst hatte sie dem Freiherrn offensichtlich als pure Bockbeinigkeit der Kronberger dargestellt — um Brückner eins auszuwischen?

Wie leer die Kronberger Kasse war, geht aus einem im Amtsprotokoll vermerkten Antrag hervor: die Stadt wollte 8000 Gulden zur Bestreitung ihrer Kriegskosten aufnehmen. Die Regierung machte zur Bedingung, daß der Zinssatz unter 4% liegen müsse. Im einzelnen führten die Kronberger als Lieferungen an die Franzosen auf:

	Gulden	Kreuzer
Für angekauftes Heu	1349	50½
Für angekauften Hafer	1248	22
Für geliefertes Brot von den Bäckern	649	43¼
Für Hornvieh und Fleisch	1480	33½
Für Stroh	321	56
Für Getränk bei den Wirten	772	21
Für angekauftes Brennholz, für Zehrgeld den Fuhrleuten, für Gänge, Kurkosten des geschossenen Jakob Kunz, Hafer, Heu und Tagegeld an die preußische Sauvegarde	2242	
	8000	45 １/₁₀

Im Begleitbericht des Amtes heißt es dazu: »Die Verwendung dieses Kapitals ist zwar in der Anlage nur summarisch vermerkt; es unterliegt jedoch keinem Zweifel und wird ohnedies durch die nächste Kriegsrechnung bewahrheitet werden. Auch ist die Angabe von der Unmöglichkeit, dieses Geld von den Gemeindemitgliedern zu erheben, vollkommen richtig. Da jedoch die Mittelrheinische Reichsritterschaft, wohin steuerbar ist, wegen der Kriegsschäden regreßmäßig keine Schatzung beziehen kann, folglich der

Stadt über 1000 Gulden laufendes jährliche Schatzungsquantum zugute kommt, welches zur Bezahlung der Schulden verwendet werden kann, so glaubt K. Amt, daß statt des Anlehens von 8000 Gulden nur 7000 zu möglichst geringen Prozenten zu verstatten sein möchten, zumal der Stadt ohnehin schon eine Schuld von 3800 Gulden zur Last liegt.« — Mainz stimmte am 9. Dezember 1795 aus Aschaffenburg zu.

Zum Jahresende erinnerte der Herr Hofkanzler sich wieder einmal seiner lieben Kronberger, die ihm so viele Schwierigkeiten machten und keine Lust hatten, sich für den Kurstaat totschießen zu lassen. Er erließ zwei Schreiben. Im einen, an den Hofkriegsrat gerichteten, wurde mitgeteilt, man beabsichtige, »einige Cronberger widerspenstige Einwohner«, die es gewagt hätten, dem von Eminentissimus befohlenen Aufgebot zur Bewaffnung und dem Aufgebot zu Kriegsfrohnden zu widersprechen, durch ein Husaren-Kommando zur Schanzen-Strafe nach Mainz überbringen zu lassen. Der Kronberger Amtskeller sei angewiesen, sich wegen Termin und Mannschaftsstärke mit dem Hofkriegsrat in Verbindung zu setzen.

Im zweiten Schreiben wurde Brückner befohlen, den mit einem angeblichen Auftrag der Reichsritterschaft als »anmaßlicher Sprecher« aufgetretenen Johann Adam Weigand »über seine hierunter gewagten Fürschritt ad protocollum vordersamst zu constituiren und demnächst denselben nach Mainz zur Schanzen Arbeit auf unbestimmte Zeit abzuschicken«. Und weiter: »Diesem vorgängig hat der churfürstl. Amts Keller das beschehene Aufgebot Nomine Emi. zu wiederholen, und diejenigen, so alsdann abermal zu widersprechen sich erdreisten würden, nach beschehener gleichmäßiger Constituirung ad protocollum zu gefänglicher Haft zu nehmen und mit Ersterem zugleich nach Mainz zur Schanzen Arbeit auf unbestimmte Zeit verbringen zu lassen.« Mit dem Hofkriegsrat könne er die Zeit und die nötige Anzahl Husaren verabreden.

Das war kein erfreulicher Auftakt für das neue Jahr 1796, und Brückner beschloß bei sich, die unerfreuliche Angelegenheit zunächst einmal einige Wochen hinauszuschieben, Zeit zu gewinnen.

Der Landmesser Weigand und das Ende des Traums vom alten Reichslehen Kronberg, 1796

Der Januar 1796 verlief ruhig. Am 10. Februar meldete sich die Friedberger Reichsritterschaft und verlangte die Entsendung von 9 Schanzern nach Hochheim. Wie Brückner notierte, versuchten die Kronberger, diese leidige Pflicht mit Geld abzulösen. Mit Hinkeldey wurden dieserhalb Geheimverhandlungen gepflogen.

Im Monat Februar brach auch die gefürchtete Viehseuche unter dem Hornvieh wieder aus. Ob Christs Stall verschont blieb oder betroffen wurde, ist unbekannt, doch jedenfalls wurden die durch die französische Requisition ohnehin stark verringerten Bestände nochmals betroffen, und mancher kleine Kronberger Bürger wird zum Geldborgen gezwungen gewesen sein, um wieder ein Tier in den Stall zu bekommen.

In diesem Monat rang Brückner sich auch zu dem Entschluß durch, den Adam Weigand protokollarisch zu vernehmen. Bisher kannten wir modernen Kronberger Weigand nur als den Meister des großen »Grund und Situationsriß von dem ganzen Kronberger Marck-Districkt«, den er 1784 aufgenommen und 1785, ein Jahr vor Christs Ankunft in der Stadt, gezeichnet und koloriert hatte (heute im Hessischen Hauptstaatsarchiv). Da das umfangreiche Protokoll ein bisher unbekanntes stadtgeschichtliches Dokument ist und einiges mehr über Weigand aussagt, wollen wir es in seinen Hauptteilen hierher setzen. Zuvor erinnern wir uns noch, daß der Landmesser nach Christs Einwohnerverzeichnis »hinter der Mauer« wohnte und daß der erste Pfarrer ein »st. sch.« hinzugesetzt hat, das nur »steht schlecht« heißen kann. Näheres über das Verhältnis zwischen Weigand und Christ wissen wir nicht. Der Landmesser war nicht im Kirchenconvent, und er tritt auch im Protokoll nicht hervor. Er mußte Christ, der das Feldberg-Panorama aufgenommen hatte, interessant sein, und außerdem war er, wie wir im Folgenden sehen werden, ein kluger und beherzter Mann, den Christ gewiß geschätzt hat.

Hier nun das Wichtigste aus dem Protokoll. Zunächst der Beginn mit der Vernehmung Weigands:

»Auf eingegangenen hohen Regierungs Befehl vom 28ten Dezember v. J. wurde der bürgerliche Einwohner Adam Weygand alt von Kronberg anhero vorbeschieden und nachstehendermaßen constituiret:

ad generalia:

Johann Adam Weygand von Cronberg 59 Jahr alt, verheuratet, Vater von zwey Kindern, ernährt sich mit der Feldmessung und dem Essighandel, sein Vermögen möge beiläufig in 400 Gulden bestehen.

Specialia:

1. Wie er dazu gekommen, am 30ten November v. J. gegen den landesherrlichen Antrag zur Bewaffnung der hiesigen Burgerschaft wider die Franzosen Gegenvorstellung zu machen?

Er sowohl als die Burger Friedrich Philipp Weidmann, Franz Fuchs, Andreas Zubrod des Raths und Philipp Weidmann gleichfalls des Raths hätten hierzu den Auftrag gehabt.

2. Wer ihnen diesen Auftrag ertheilet habe?

Die hiesige Deputazion.

3. Worinn dieser Auftrag eigentlich bestanden?

Die Deputazion und die ganze Burgerschaft seye willig und bereit gegen den Reichsfeind zu streiten, da sie aber schon vor dem landesherrlichen Aufruf von Kaiserlicher Majestät durch die Mittelrheinische Ritterschaft zur Ergreifung der Waffen aufgefordert worden, so hätte er nebst den übrigen Deputirten den Auftrag erhalten, dieses gegen die landesherrliche Aufforderung zu erklären, inmaßen sie nicht zwey Herren zugleich dienen könnten. Er Constitut habe nun zwuhar, weil nicht alle zugleich auf einmal singen konten, hierbey das Wort geführet, die übrige aber seyen zugleich mit eingefallen und hätten hiermit beygestimt.

4. Wie er das Vorgeben eines Ritterschaftlichen Aufrufs bewahrheiten könne?
Dieser Aufruf seye Ihnen schriftlich zu gegangen, und wäre er erbötig, solchen zu Bestärckung seiner Angabe vor k. Amte zu produziren.

5. Was die Deputazion seye, von welcher er obigen Auftrag erhalten haben wolle?
Die Deputazion bestehe aus 24 hiesigen Burger, die er zwahr anjezt nicht alle nahmhaft machen könne, deren Nahmen er aber nebst gedachtem Ritterschaftlichem Aufruf schriftlich bey Amte übergeben wolle.

6. Wer ermelte 24 Burger für Deputirte angestellet habe?
Sie wären von der Bürgerschaft durch ein Syndicat hierzu benent worden.

7. Wann und zu welchem Ende eigentlich das Syndicat verfertiget worden?
Ohngefehr im October 1794 durch einen Kaiserlichen Notarius Nahmens Plock von Friedberg zu dem allgemeinen Entzweck die bürgerliche Gerechtsame gegen alle diejenige so sie hierin kränken würden, zu vertheidigen.

8. Ob die Einwohner von Niederhöchstadt und Eschborn an diesem Syndicat Antheil genommen?
Ja! jedoch hätte jedweder Ort ein besonder Syndicat zugleich errichtet.

9. Wer die Deputirten von diesen beiden Orten seyen?
Von Niederhöchstadt wisse er keinen zu benennen, von Eschborn aber entsinne er sich auf die Mitnachbarn Valentin Kerber, Johannes Reger und Hofbeständer Zimer.

10. Wo das Original des Syndicats vorfindig?
Dasselbe liege wahrscheinlich bei dem hohen Rittercorpori zu Friedberg, wenigstens wäre daselbst eine Abschrift befindlich.

11. Ob ihme die allgemeine k. Ordnung nicht bekannt, daß ohne hohe Regierungs Bewilligung kein Syndicat errichtet werden dörfe?
Diese Verordnung möge zwahr dahier bekant gemacht worden seyn, er habe aber davon keine Wissenschaft bekommen.

12. Wann er bey seiner Burgerannahme den Eid der Treue und des Gehorsams abgeschwohren?
Dies könne er sich seit 29 Jahren her nicht genau mehr erinnern, er habe die gewöhnliche Eidformel abgeschworen, von welcher ihme nur noch bekannt, daß er sich zur Aufrechthaltung der bürgerlichen Gerechtsame verpflichtet habe.

13. Ob ihme nicht bekant, daß er nicht zugleich und vorzüglich seiner K. Gnaden Treu und Gehorsam geschwohren habe?
Was in der Eidformel stehe, hierzu habe er sich gleich andern verbindlich gemacht.

14. Da in derselben vorzüglich Treu und Gehorsam gegen Seine Kurfürstl. Gnaden vorkommen, wie er also gegen denselben wider die Kurfürstl. Gerechtsame das Aufgebot der Unterthanen habe auftretten können?
Er seye wie gedacht hierzu von der Deputazion beordert worden, und glaube überhaupt hierbey nicht gefehlt zu haben, inmaßen es ganz klar seye, daß man nicht zwey Herren zugleich dienen könne.

15. Ob er nicht vielmehr einsehen müße, daß er sich allerdings sehr verfehlet habe, zu Gunsten einer auswärtigen Herrschaft, welcher er keineswegs mit Eid und Schwuhr

zugethan seye, die Ausübung der landesherrlichen Rechte zu behindern und zu widersprechen?

Seiner Seits stehe er in der Meinung, dorthin, wohin schon Subsidium Charitativum und Rekrutengelder bezahlt worden seyen, auch der Aufruf der Unterthanen gehöre und sie dahin folgen müßten.

16. Was er sonst noch zu seinem Behuf vorzubringen habe?

Dermalen nichts, doch behalte er sich bevor, solches annoch nachzubringen, wann ihme noch etwas hierher gehöriges beifalle, indem man sich in diesen Sachen so gleich nicht fassen könne.

praet. et app. prot. äusterte sich Constitut wie er längstens innerhalb 8 Tagen den Ritterschaftlichen Aufruf nebst Abschrift des ausgefertigten Syndicats bey Amt vorlegen werde.«

Man hat nicht den Eindruck, daß der Amtskeller Weigand in seiner Befragung unter Druck setzen wollte; er erfüllte lediglich als korrekter Beamter seine Pflicht. Am 26. Februar wurde das Protokoll fortgesetzt. Als Weigand nach 8 Tagen nicht erschien, schickte man den Amtsdiener zu ihm. Dieser traf aber nur die Ehefrau und den erwachsenen Sohn an. Durch sie ließ Weigand bestellen, »daß er seine Sache weiter berichtet hätte«. Darauf forderte Brückner die beiden auf, vor dem Amt zu erscheinen, sie kamen aber nicht.

»Den 27ten Februar 1796 meldete sich Adam Weygand Sen. mit dem Vorbringen, wie die Bürgerschaft wegen ihrer Gerechtsamen unmittelbar an S. Kurfürstl. Gnaden eine Vorstellung übergeben würde, er folglich dahier vor Amt sich desfalls nicht einlassen könne.

Befragt: warum er seinem eigenen Erbieten gemäß weder den ritterschaftlichen Aufruf noch das angezogene Syndicat bis jezt bey Amt nicht überreicht habe? gab derselbe folgendes zu vernehmen:

Das Originale des Syndicats seye bey der Reichs-Ritterschaft ad acta genommen worden, und er habe solches aller Mühe ohngeachtet daselbst nicht zurück erhalten können. Die Abschrift koste Geld und hierzu hätte er keines.

Der ritterschaftliche Aufruf hingegen seye in den Händen der hiesigen Deputation, welche ihme solchen nicht berabfolgt hätte, und wo er allenfalls zu bekommen wäre.

Weiter befragt: was das für eine Deputazion seye, und aus wem sie eigentlich bestehe? antwortete Comparent: die Deputazion für die Stadt Kronberg bestunde aus folgenden Bürgern: Niclas Fuchs des Raths, Philipp Weidmann des Raths, Andres Zubrod des Raths, Jacob Bleichenbach des Gerichts, Jacob Isidor Phildius, Conrad Gottschalk, Peter Stephani, Johannes Gundlach, Martin Weidmann, Daniel Lang, Niclas Wehrheim Sen., Niclas Wehrheim jun., Andres Wehrheim, Philipp Jäger, Franz Hauswald, Andres Philipp Weidmann, Adam Weygand Sen., Adam Weygand jun., Christoph Krieger, Caspar Anthes jung, Friederich Schwalbach, Franz Fuchs, Johannes Zubrod und Michel Gottschalk jun., folglich in 24 Mann.

Als man Comparenten die Unterschrift gegenwärtigen Protocolls ansonne verweigerte derselbe solche standhaft mit dem Anfügen, daß keiner der Deputirten diese Eigenschaft auf Befragen abläugnen werde.

Noch erklärte Comparent, auf ausdrücklichen Auftrag der Deputazion, daß er durch seine Angaben ad Protocollum den bürgerlichen Gerechtsamen nichts vergeben haben wolle.«

Nun beschloß Brückner, am folgenden Tag die Kronberger Bürgerschaft aufs Rathaus zu bestellen und das kurfürstliche Aufgebot vom 28. Dezember 1795 erneut vorzulesen. Dasselbe wollte er am Tag darauf in Niederhöchstadt und Eschborn tun.

Von der ungefähr 240 Mann starken Bürgerschaft erschienen »beyläufig 150 Mann«, und »da keiner mit einer bestimmten Äußerung sich vernehmen lassen wollte, so wurde jeder der erschienenen besonders befragt und bey den erschienenen Rathsgliedern mit der Umfrage der Anfang gemacht«.

Die Antwort des Bürgermeisters war: »Daß er hierzu allstündlich bereit seye.« Auch die Ratsherren äußerten sich positiv. Die Antworten der anderen 33 Befragten lauteten zum Beispiel: »Er seye immer dabey«, »Wenn die angränzenden Ort fremder Herrschaften mitgiengen«, »Bliebe bey dem grösten Haufen«, »Wenn das Reich aufstünde, so ginge er auch«, »Wo die mehrsten hingiengen, ginge er mit«, »Wann das ganze Reich gehe, gehe er auch mit«, »Wenn die vordern Reichs Creyse aufstünden wäre er auch dabey«, »Er ginge mit der ganzen Bürgerschaft«. Die meisten schlossen sich solchen Formeln an. Einer meinte: »Er schicke sich nicht dazu«, ein anderer: »Er habe schon einen Sohn in k. Militair Diensten, könne sich also nicht zum Aufgebot erklären.«

Die Sache kam jedoch zu einem überraschend schnellen Abschluß: »Ehe man noch die Umfrage beendigt, hatte sich der größte Theil der übrigen erschienenen Bürger allschon entfernt, ohne die sie betreffende Reihe abzuwarten oder auch nur die mindeste ausdrückliche Erklärung von sich gegeben zu haben, weswegen das Protocoll ohne weiteres vor heute mußte geschlossen werden.«

Das alles klingt nicht gerade nach Kriegslust und Heldenmut. Auch die Berufung auf das Reich wollen wir nicht überschätzen. Die Niederhöchstädter erklärten am folgenden Tag, »daß sie allerdings ebenfalls zu den Waffen zu greifen bereit seyen, wann die gantze Nachbarschaft ein gleiches bewerkstelligte, inmaßen sie sich alsdann keineswegs hierunter entziehen oder eine Ausnahme machen wollten.« — Ganz anders verhielten sich die Eschborner. Sie erklärten nämlich, »wie sie es für besser hielten bey ihrem Weib und Kindern auch Äcker und Pflug zu verbleiben und das übrige dem lieben Gott zu überlassen, als sich der Gefahr auszusetzen, daß bey Anwesenheit der Feinde, welche durch die Bauern nicht verhindert werden könnte, kein Stein auf dem andern bleibe, und alles gäntzlich zugrunde gehe.«

Schließlich lud Brückner am dritten März noch die beiden Ratsverwandten Andres Zubrod und Philipp Weidmann sowie die zwei Bürger Andres Friederich Weidmann und Franz Fuchs vor, die Weigand zuerst genannt hatte. Sie sagten im Hinblick auf die Versammlung im »Neuen Bau« und anschließend im Rathaus: »Die gantze Bürgerschaft seye damalen zugegen gewesen, und mit denselben sie gleichfalls, was Adam

Weigand vorgebracht, hieran hätten sie nicht nur, sondern die gantze Bürgerschaft zugleich eingestimmt, überhaupt könnten sie sich dermalen dahier ad Protocollum gar nicht erklären, indem sie gesonnen wären, ihre Angelegenheit Sr. Kurfürstl. Gnaden ohnmittelbar unterthänig darzustellen, worauf dieselbe sich entfernten, ohne eine weitere Erklärung von sich zu geben.«

Nur einer, ein Hasenfuß, Isidor Phildius, erschien hinterher freiwillig und erklärte, er sei der Deputation nur beigetreten, weil er gemeint habe, man wolle die Reichsritterschaft wegen der hohen Kriegslasten angehen. »Da aber die übrige Deputirte dermalen auf andere verfängliche Nebendinge verfielen, so wolle er mit der Sache nichts weiter zu schaffen haben und hätte solches seinen Consorten bereits schriftlich erkläret.«

In seinem dem großen Protokoll beigefügten Amtsbericht schreibt Amtskeller Brückner: »Vermög angebogenen Protokollen ist Weigand seines pflichtwidrigen Benehmens vollermaßen geständig, derselbe bezieht sich aber auf seine Theilhaber an solchem Widerspruch, und diese berufen sich nicht nur auf die ganze Bürgerschaft, sondern berufen sich auch unmittelbar auf höchst Se. Kurfürstliche Gnaden, wohin sie ihre Angelegenheit zu bringen gedenken. In letzterer Rücksicht hat k. Amt geglaubt, mit Abführung des Weigands annoch an sich halten und sich vordersamst noch die hohe Zuweisung erbitten zu müssen, ob es dem ohngeachtet mit solcher für zu fahren und sie etwa auch auf die 4 vorzüglichen Mittheilhaber zu verstanden seye.«

Weiter berichtet Brückner: »Überhaupt verlautet bei dieser Gelegenheit als ob Syndicus Hinkeldei die Unterthanen zu bewegen suche, die Gültigkeit des Rezesses von 1733 selbst anzufechten, weil derselbe ohne ihr Zuthun gefertigt worden wäre, um hier nächst die Orte ebenso zu behandeln zu können, als wie vormals zu Zeiten der dem Rittercanton einverleibten Herren von Kronberg geschahe.«

Und noch etwas Übles, seine eigene Person betreffend, muß der Amtskeller zum Schluß mitteilen: »Auch vernimmt man, daß ermeldter Syndicus durch seine Anhänger, welche mit ihm den hiesigen Beamten als ein Hinderniß in Ausführung ihrer so mannigfaltigen Eingriffen betrachten, gegen dessen Person allerlei Beschwerden fast von Haus zu Haus aufsuchen und zu Steinbach im Hanauischen durch einen Notarius zu Papier haben bringen lassen, entweder aus Rachsucht oder um ihn in ihrem Unwesen sich künftig gefälliger zu machen. Ein niedriger Geist, welchem der Beamte zwar die vollständigste Gemüthsruhe entgegen setzt, die ihn jedoch zu der unterthänigen Bitte veranlaßt, daß die vermeintlichen Klagen höheren Orts nicht eher einiger Aufmerksamkeit gewürdiget werden möchten, bis er seiner Seits zur Genüge gehöret ist.«

Über das Verhältnis Brückners zu Weigand wissen wir ebenso wenig wie über die Beziehungen zwischen Christ und Weigand. Daß Weigand sich an der Sammlung von Beschwerden gegen Brückner beteiligte, dünkt uns unwahrscheinlich; er erscheint nicht als ein »Hinten-herum-Typ«. Ohne Zweifel kannte Brückner die geschickten Hände des Landmessers. — Die große Markkarte ist ja wohl im Auftrag der Mainzer Regierung gefertigt worden. Wollte Brückner verhindern, daß der Mann mit den geschickten Händen sich diese bei der schweren Schanzarbeit verdarb oder wollte er ganz einfach vorbeugen, damit es nicht noch mehr böses Blut innerhalb der Bürgerschaft gab? Jedenfalls war es ein äußerst geschickter Schachzug von ihm, die vier anderen, darunter zwei Ratsmitglieder, mit ins Spiel zu bringen, hinter denen dann immerhin siebzehn andere standen. Diese alle oder auch nur fünf zum Schanzen nach Mainz zu bringen, hätte doch wohl eine Revolution im Städtchen hervorgerufen, und das wollte Brückner auf keinen Fall, zumal der Krieg ja bald neu aufflackern konnte.

Am 18. April trug der Hofrat Reuter in Aschaffenburg sein umfangreiches, auf Brückners Protokolle und Bericht gestütztes Referat vor, in dem er unter anderm schreibt: »Nach dem eingangs erwähnten Regierungs Conclusum würde es nunmehr keinen Anstand haben, den Adam Weigand sowohl als seine 4 Socios zum abschreckenden Beyspiel zu Erstehung der ihnen bereits andictirten Schanzen Strafe ad tempus inderminatum, bis sie etwan zu sich gekomen und unter Versprechen ihrer Bürger Pflicht hinführo genauer nachzukommen, nach Mainz ausführen zu lassen: nachdem jedoch dieselben einer ad Eminentissimus zu überreichenden Vorstellung Meldung gethan haben, worin sie ihre vermeintlichen Beschwerden vorzubringen Willens sind: so ist Referent des unmaßgeblichen Dafürhaltens, daß deren Übergabe vordersamst annoch abzuwarten, um diese demnächst mit den übrigen wegen Kriegs Frohnden und dergleichen auf einmal zu übersehen und in einem Gebund zu beseitigen.«

Anschließend tritt Reuter der reichsritterschaftlichen »Verwegenheit« entgegen und legt seine Auffassung des Rezesses von 1733 dar. Er beschuldigt Hinkeldey der »direkten Aufwiegelung der kurfürstlichen Unterthanen« und schreibt dann: »Welchem Unwesen dann vorzubeugen es unumgänglich nothwendig ist, dem XXIVer Ausschuß das Handwerk niederzulegen, sofort unter schärfster Ahndung alle künftige Conventicula zu verbieten. Um jedoch denselben die Mittel, ihre eingebildeten Gravamina anzubringen, nicht abzuschneiden, so wären dieselben anzuweisen, dieselben jedesmal bei dem chfstl. Amte anzubringen: wornach gehörige Rücksicht darauf genommen werden solle.«

Schließlich hat Reuter noch wegen der Beschwerden über Brückner referiert, und da erschien es selbstverständlich, diesen zuerst anzuhören.

Hofkanzler von Albini hat auf der ersten Seite des Referats das »Placet Eminentissimo« hinzugefügt und überdies bemerkt: »Da der unruhige Hinkeldey inmittelst sein ritterschaftliches Syndicat resigniert hat, so werden wohl künftige Versuche der Ritterschaft unterbleiben.«

An den Kronberger Amtskeller Brückner erging, ebenfalls am 18. April, ein Schreiben, daß mit Rücksicht auf die von den rebellischen Kronbergern geplante Eingabe an den Kurfürsten die gegen Weigand und Genossen erkannte und verwirkte Strafe noch auszusetzen sei. Weiter heißt es dann, »daß zu Vorbeugung und Stöhrung dieser auf Unordnung und Widerspenstigkeit abzielenden Winkel-Versammlungen denselben mit Abnehmung des errichteten Syndicats alle dergleichen fernere Zusammenkünfte bey schärfster Ahndung nachdrücklichst zu untersagen, denselben aber auf den Fall, sie etwas, was es immer seyn wolle, anzubringen und zu berathen hätten, an Hand zu gehen, davon bey Amt vordersamst die Anzeige zu machen und die Erlaubnis zu erwirken.«

Am Schluß wird dann bemerkt: »Übrigens kann das churfürstl. Amt versichert sein, daß man auf die etwa gegen dasselbe vorzubringenden Beschwerden, ohne dasselbe vordersamst gehört zu haben, keine Entschließung fassen werde.«

Die von den Kronbergern angekündigte Eingabe an den Kurfürsten befindet sich nicht bei den Akten. Entweder liegt sie in einem anderen Archivbestand oder — was wahrscheinlicher ist — man wählte auf den Rat der Friedberger Ritterschaft hin einen anderen Weg: den zum Reichskammergericht in Wetzlar. Am 21. April reichte ein Dr. von Bostell im Namen von »Konrad Gottschalck, Peter Stephan, Friedrich Schwalbach und Franz Fuchs von Cronberg, Jacob Brech und Conrad Henrich von Niederhöchstadt, dann Valentin Kerber, Peter Schmarr und Peter Zimmer von Eschborn, als allerseits Deputirten der Stadt Cronberg und Ortschaften Eschborn und Niederhöchstadt« bei diesem hohen Gericht eine Klage gegen »Se. Kurfürstliche Gnaden zu Maynz höchstdero nachgesezte Landesregierung und den Beamten zu Cronberg« ein wegen Mißachtung des Recesses vom 24. Juli 1733, insbesondere der Bestimmungen des »jus armorum«, also des Militärwesens. Damit hatten die Kronberger zunächst einmal Zeit gewonnen.

Wie man aus dem Ganzen ersieht, glaubte die Mainzer Regierung sich noch fest im Sattel, und dem Hofrat Reuter waren die zur Zeit des großen Kirchenstreits in Kronberg angewandten Zwangsmittel durchaus noch geläufig.

Durch die Eintragungen des Monats April 1796 erfahren wir aus Brückners Amtsprotokollen übrigens noch eine interessante Neuigkeit über die jüdischen Bewohner Kronbergs: sie waren im Hinblick auf ihre Armut und Unsauberkeit von der Einquartierung in Kriegszeiten befreit, hatten stattdessen aber 349 Gulden und 5 Kreuzer für Baumöl und Lichter bezahlen müssen. Es muß jedoch auch wohlhabendere Israeliten gegeben haben, zumindest wurde am 9. Mai beim »Jud Moises ein gewaltsamer Einbruch in sein Haus verübt«.

Wie bei den früheren Auseinandersetzungen zwischen der evangelischen Bürgerschaft und der Mainzer Regierung mußte Christ auch jetzt »neutral« bleiben. Er durfte es nicht wagen, offen Partei zu ergreifen, solange es nicht zu gewalttätigen Auseinandersetzungen kam. Daß die Angelegenheit ihn menschlich und juristisch stark beschäftigte, können wir annehmen. Da war es gewiß gut, daß zum kirchlichen Dienst und zur Garten- und Baumschularbeit neue literarische Anforderungen kamen. Der Forsyth erschien mit seinen Anmerkungen, und von zweien seiner eigenen Bücher wurden Neuauflagen fällig. Das »Güldene A,B,C für die Bauern« ging zu Ende und mußte überarbeitet werden. Vor allem aber würde schon im kommenden Jahr die 2. Auflage des »Handbuchs über die Obstbaumzucht« notwendig sein, und die sollte noch besser, noch vollständiger werden. Außerdem lag aus Leipzig die Anfrage vor, ob er die Neubearbeitung eines Werkes über die Gartenkunst übernehmen könnte, und er hatte gern zugesagt. So hatte er alle Hände voll zu tun, und vermutlich begann sein Arbeitstag damals schon (wie später berichtet wird) um vier Uhr früh.

Im Mai gab es wieder Unruhe. Die Reichsburg Friedberg kam mit ihren jährlichen Forderungen. Sie verlangte 2560 Gulden Rittersteuer und dazu einen Rückstand von

9912 Gulden plus Zinsen und Kosten. Dazu wurde Ende des Monats bekannt, daß die Österreicher den Franzosen am 21. Mai den Waffenstillstand aufgekündigt hatten. Das hieß, daß bald wieder neue Plagen, neue Einquartierungen und vielleicht Schlimmeres über das Städtchen hereinbrechen würden.

Auch die Mainzer blieben nicht untätig. Vom 29. Mai liegt ein Schreiben des Hofkanzlers Albini vor. Es läßt vermuten, daß die Kronberger sich wegen der Höhe der Friedberger Forderungen nun wieder an die Mainzer Regierung gewandt hatten, denn es heißt darin: »Da nun ganz neuerlich die Kronenberger gegen die Ritterschaft Schutz bei Kurfürstlicher Regierung nachgesucht haben, so dürfe vielleicht jetzt der Augenblick sein, wo sie sich am ersten zur Conscription der jungen Mannschaft fügen; sie sind also nunmehr noch einmal dazu ernstlich zu mahnen, da sie aber auch fast zu gleicher Zeit gegen ihren Beamten Beschwerde bei Kurfürstl. Regierung eingebracht haben, so wird die Frage sein, ob nicht hiezu jemand anders der Auftrag zu machen sei, zugleich aber ist ihnen die Execution anzudrohen, und falls denn solche Drohung nicht wirken sollte, so wird die Execution bald vorzunehmen sein, als die nöthige Truppen hiezu entbehrt werden können.«

Im Juni wurde dann die neue Conscription angekündigt, bei Widersetzlichkeit das Einrücken eines Militärkommandos in Aussicht gestellt. Schon im Februar hatte es zwei Deserteure gegeben, Wilhelm Hennemann und Peter Phildius. Die Mutter Hennemann hatte 24 Gulden 37 Kreuzer Strafe zahlen sollen, weil sie ihren Sohn unterstützt hatte. Die Strafe wurde jedoch auf 10 Gulden 37 Kreuzer herabgesetzt, da sie die Monturstücke des Sohnes eingeschickt hatte. Gegen den Unterkanonier Phildius wurde auf Vermögenskonfiszierung erkannt. Nun kamen im Juni drei neue Fahnenflüchtige hinzu: Peter Holzemer, Jakob Westenberger und Adam Reinemer. Den Holzemer ergriffen am 11. Februar 1797 die Husaren und führten ihn ab, der Reinemer hatte Glück: er war auswärts, als die »Soldatenfänger« kamen.

Am 2. Juni begannen die Franzosen unter Jourdan als Oberbefehlshaber ihre neue Invasion. Die Sambre-und-Maas-Armee ging in drei Flügeln vor. Das Zentrum unter Jourdan überquerte bei Neuwied den Rhein. Der linke Flügel unter General Kleber überschritt den Strom bei Düsseldorf, und der rechte Flügel unter General Marceau wandte sich Mainz zu, um die Festung wieder einmal zu belagern. Kleber, dem seine Vaterstadt Straßburg ein Denkmal gesetzt hat, besiegte die Österreicher unter Prinz Ferdinand von Württemberg bei Altenkirchen und drängte sie über die Lahn zurück. Am 12. Juni standen 6 französische Divisionen zwischen Nassau und Gießen an der Lahn. Doch nun führte der junge Erzherzog Karl, der den alten Grafen Clerfait im Februar abgelöst hatte, seine Truppen heran und warf im Treffen bei Wetzlar den linken französischen Flügel unter Kleber so kräftig zurück, daß Jourdan das ganze rechte Rheinufer bis auf Düsseldorf wieder räumte. Der Erzherzog nutzte seinen Sieg jedoch nicht aus, er wandte sich gegen die Armee Moreaus am Oberrhein.

Daraufhin überschritt Jourdan zum zweiten Mal am 2. Juli an den alten Stellen den Rhein und drängte das Korps des Freiherrn von Wartensleben nach Süden zurück. Am 7./8. Juli überschritt er die Lahn. Nach einem siegreichen Gefecht bei Friedberg wandte sich ein Teil des französischen Heeres unter Kleber gegen Frankfurt. Nach einer zweitägigen Beschießung ergab sich die Reichsstadt. Mit Wien als Fernziel zogen die Franzosen nun durch ganz Franken bis in die Oberpfalz. Dort aber vereinigte sich das Heer des Erzherzogs Karl mit dem Korps Wartensleben, und die Kaiserlichen schlugen am 24. August bei Amberg und am 3. September bei Würzburg die Franzosen so vernichtend, daß diese in wilder Flucht den Rückzug antraten. Erst an der Lahn konnte Jourdan seine Armee wieder mühsam sammeln, er verlor jedoch am 16. und 17. September auch die Schlacht an der Lahn und mußte über den Westerwald zurückgehen. Erst auf dem linken Rheinufer kam er wieder zu Atem.

Dieses Kriegsgeschehen ging auch an Kronberg und seiner Nachbarschaft nicht vorüber. Am 10. Juli begannen Truppen des Generals Marceau, der mit seiner Hauptmacht gegen Mainz zog, die Belagerung der Festung Königstein. Während Mainz schon am 14. Juli eingeschlossen war, beschossen die Franzosen Berg und Festung Königstein vom Romberg aus. Am 28. Juli ergab sich der Major von Wangard mit seinen 600 Österreichern, ehe die Franzosen die festen Mauern erklimmen konnten. Daß sie dieses Wagestück vor hatten, erfahren wir aus einer Eintragung im Kronberger Amtsprotokoll. Unterm 22. Dezember findet sich darin der Eintrag: die Niederhöchstädter haben ihre Leitern, die sie zum Sturm auf die Festung Königstein dorthin bringen sollten, vor dem Haus des Adam Weigand liegen lassen und das Hasenpanier ergriffen, wodurch sie ihn und die Nachbarn in Lebensgefahr gebracht haben. Für den Weitertransport der Leitern nach Königstein verlangte der Landmesser pro Mann 1 Gulden, und den bekam er auch. Der Niederhöchstädter Schultheiß mußte 9 Gulden heraufschicken. Ob er sich im Namen der Niederhöchstädter Hasenfüße bedankt hat?

Während Marceaus Truppen Königstein belagerten und einnahmen, war Jourdan durch Homburg gezogen. Der gerade zwanzigjährige frischgebackene Regierungsassessor Sinclair, Freund Friedrich Hölderlins, hat in zwei französisch geschriebenen Berichten die Ereignisse jener Tage der nach Rudolstadt ausgewichenen Landgräfin Caroline geschildert. So wie da von Plünderung und Contributionen gesprochen wird, muß es auch in Königstein und Kronberg zugegangen sein.

Selbstverständlich blieben Besatzungstruppen im Lande, während die französische Hauptmacht durch Franken ihrer Niederlage entgegenzog. In Wetzlar hatte sich der berüchtigte Kriegskommissar Gauthier niedergelassen, der nicht nur Fourage- und Proviantlieferungen im Großen eintrieb, sondern auch die deutschen Länder und Ländchen erpreßte, indem er ihnen gewaltige Kontributionen in Geld auferlegte. Das Mainzer Oberstift mit Aschaffenburg hatte diesmal ja auch den wenig friedlichen Besuch der französischen Befreier erhalten und sollte die gewaltige Summe von 2 Millionen Livres zahlen. Für den 22. August wurden alle kurfürstlichen Diener nach Aschaffenburg befohlen, und man teilte dort den Betrag auf die einzelnen Oberämter und Ämter auf. Später, im Oktober, steht im Amtsprotokoll, daß eine Kontribution von 750000 Livres nicht bezahlt wurde und 540000 Livres aus Wetzlar zurückgezahlt wurden. War Gauthiers Kriegskasse dort zurückgeblieben?

215

Vermutlich hängt eine längere Abwesenheit Brückners von Kronberg, während der ihn sein aus Rheinzabern stammender Gehilfe Pfeifer sehr umsichtig und geschickt vertrat, mit dieser Aschaffenburger »Konferenz« zusammen. Die Aschaffenburger Regierungsleute dachten gar nicht daran, den Verdächtigungen Brückners von der Kronberg-Friedberger Seite nachzugehen — im Gegenteil: sie wollten ihn, wie aus einem späteren Wiesbadener Brief vom 12. April 1800 hervorgeht, zum Vicedom-Amtsdirektor in Bingen machen, was dann durch die politisch-militärischen Ereignisse unterbleiben mußte.

Nach der Katastrophe von Amberg und Würzburg mußte sich der General Marceau ebenfalls zurückziehen, die Belagerung von Mainz aufgeben. Damit entschied sich auch das Schicksal Königsteins. Marceau befahl die Zerstörung der Festung. Der Kommandant, der sie ursprünglich durch Brand vernichten wollte, dann aber mit Rücksicht auf die Stadt davon abstand, wählte den trockengelegten Schloßbrunnen, ließ ihn mit Holz, Pulver und Bomben füllen. Am 6. November, abends nach acht Uhr, als nur noch ein kleines Sprengkommando anwesend war und die letzten Pulverfässer in den Brunnen warf, gab es plötzlich eine gewaltige Explosion, durch die das Sprengkommando getötet wurde und die bis nach Kronberg alle Fensterscheiben in der Umgebung klirren ließ. Damit war das stolze Bauwerk zur Ruine geworden. Nur die Außenwerke auf ihrem Felsgrund blieben stehen.

Daß Marceaus Franzosen auf ihrem Rückzug Kronberg nicht verschonten, versteht sich; das Amtsprotokoll verzeichnet einen Überfall, bei dem es ähnlich zugegangen sein wird wie 1797.

Hatten die Franzosen die Kronberger schon weidlich zur Verpflegung der Festung Königstein herangezogen, so blieben die Kaiserlichen, die nun Herren im Lande waren, kaum hinter diesen zurück. Sie schlossen mit den Franzosen wieder einen Waffenstillstand, und der Erzherzog Karl verlangte vom Oberamt Höchst im Oktober 30000 Zentner Kornmehl, 240000 Metzen Haber oder Spelz, dazu 9000 Zentner Heu. Das Amt Kronberg sollte 100 Zentner Mehl, 400 Malter Haber, 300 Zentner Heu in drei Terminen von 8 Tagen zu 8 Tagen an das Mainzer Magazin liefern, sonst militärische Exekution.

Auch die Reichsritterschaft hatte Naturallieferungen ausgeschrieben. Kronberg sollte 33 Zentner Mehl, 198 Malter Haber, 198 Zentner Heu nach Limburg abgeben — »gegen Schein«, will sagen à conto der Rittersteuern.

Kein Wunder, daß der Zehntherr Johann Ludwig Christ in diesem Jahr kaum wußte, wie er zu diesem Teil seiner Besoldung gelangen sollte. Schließlich wurde vor versammelter Gemeinde verkündigt, daß die Obstverzehndung wie bisher beizubehalten sei, widrigenfalls Säumige »als Zehend Defraudanten angesetzt und bestraft werden sollten«.

Schon im Juli hatte Brückner im Amtsprotokoll ein Regierungsdekret notiert, wonach die Kapitalien der Kirchen, Hospitäler und Gemeinden aufgekündigt und an die Mainzer Armierungs-, also Kriegskasse eingeschickt werden sollten. Der lutherische Konvent reagierte zurückhaltend. Zunächst erklärte man, man könne nur einen Teil aufkündigen. Am 14. Oktober teilte man dem Amt mit, daß eine Aufkündigung der nach auswärts ausgeliehenen Kirchen-Kapitalien nicht stattfinden könne, und am 6. November trug Christ ins Kirchenprotokollbuch ein:

»Wegen dem Reg. Decret, daß alle Kirchen und Hospital Capitalien sollen aufgekündigt und zur K. Armierungs Kasse als ein Anlehen zu 4 p. Cent gegeben werden, wurde von Kirchenrath, Gericht, Rath und Burgerschaft beschlossen:

Solches aus folgenden Gründen abzulehnen:

a) stehen die meisten Capitalien in hiesigem Amt u. Ort: Sollten solche aufgekündigt werden, so würden die Burger bei dieser traurigen Zeit in Concurse und ins Verderben gebracht, von deren Vorfahren jedoch die Kirchengüter herstammen. Überdies haben verschiedene Capitalien eine solche Bestimmung, daß sie nicht anders können angelegt werden als zu 5 p. Cent, weil sonst die Besoldung der Kirchendiener dadurch verringert würde.

b) Stehen die Capitalien zu 5 p. Cent aus, und käme also die Kirche in Schaden.

c) Es sind bereits aus der Präsenz 5500 Gulden und aus dem Hospital 1400 Gulden bei der K. Armirungskasse angelegt worden.

Die hiesige Burgerschaft hat selbst bereits angetragen, das einkommende zu 5 p. Cent bei ihren dringenden Kriegsbedürfnissen als Anleihen anzunehmen.«

Offenbar haben die Mainzer in Aschaffenburg das stillschweigend hingenommen. Es mußte ihnen eine neue Bestätigung dafür sein, daß die Lutherischen Kronbergs sich nicht mit dem Kurstaat und dessen Schicksalen identifizierten. Hätte man sie gezwungen, ihre Gelder herzugeben, so wäre es wahrscheinlich zum offenen Aufstand gekommen, und den scheuten auch die Regierungsleute unter den herrschenden Verhältnissen.

Zwei Tage später erlitten die Kronberger in Wetzlar eine bittere Niederlage: die beim Reichskammergericht eingereichte Klage wurde kurzerhand »mit Unwillen« oder gar »mit Entrüstung«, je nachdem wie man das Lateinische auslegen will, abgelehnt. Das »Decretum« besagt:

»Cum indignatione abgeschlagen, und wird Supplicanten daß er dieses höchste Reichsgericht mit dieser frivolen Sache ferner nicht mehr behellige, aufgegeben, auch daß er dieses nicht unterlasse, alles Ernstes hiermit verwiesen. In Cons. 8. November 1796.«

Damit war der durch den Recess von 1733 und die Friedberger Ritterschaft genährte Traum der Kronberger von einer Sonderstellung des alten Reichslehens Kronberg innerhalb des Mainzer Kurfürstentums endgültig ausgeträumt, und es war in dieser Hinsicht gewiß gut, daß auch das Ende dieses geistlichen Staates nicht mehr fern war, ebenso wie das des Heiligen Römischen Reiches, als dessen Totengräber sich die Franzosen so emsig betätigten.

Friedrich Carl von Erthal hatte als Erzkanzler des Reiches selbstverständlich auch beim Reichskammergericht »seine« Leute oder zumindest »seinen« Mann. Dieser hieß F. Bissing und schickte eine Abschrift der Klage und ihrer Ablehnung mit folgendem Brief an die Mainzer Regierung:

»Durch die Anlage habe die Ehre, gehorsamst zu berichten, daß das Städtgen Cronberg nebst den Ortschaften Eschborn und Niederhöchstadt wegen vermeinter Vergleichs Kontravention respective ausgehobenen Rekruten, auferlegten Kriegsfuhren, Lieferungen und dergleichen gegen Ihro Kurfürstlichen Gnaden Höchstdessen nachgesetzte Landesregierung und den Kurfürstlichen Beamten zu Cronberg allhier um ein Strafgebott eingekommen sind, ihr Gesuch aber gestern cum indignatione nebst einem Verweis und Verbott, das Gericht ferner nicht mehr zu behelligen, abgeschlagen worden ist.

Im Falle eine Kurfürstliche Hohe Landes Regierung Abschrift der Supplick zu haben wünscht, erwarte Befehle. Ich harre inzwischen mit unbegränzter Verehrung

Wetzlar den 9. untertänig gehorsamster
November 1796 F. Bissing

Recht oder Unrecht? — Kurmainz hatte bewiesen, daß es am längeren Hebel saß. Eine Berufung war nicht möglich. Fortan mußten die Kronberger parieren oder Schanzarbeit in Mainz auf unbestimmte Zeit leisten.

Neue Werke Christs und neue Kriegsdrangsale, 1797

Als erste Nachricht über Johann Ludwig Christ aus dem Jahre 1797 lesen wir im Amtsprotokoll, daß der Neubauwirt Andres Henrich von ihm 4 Gulden für die Verpflegung von zwei französischen Offizieren am 22. Dezember 1796 forderte. Somit waren noch Franzosen in der Stadt. Als Christ sich am 10. Februar beim Amt über »übermäßige Einquartierung« beschwerte, dürften dies jedoch schon Kaiserliche, Österreicher gewesen sein.

Das Kirchenprotokollbuch litt auch unter den Kriegsereignissen. 1796 gibt es nur fünf Convente und entsprechende Eintragungen, 1797 klafft eine Lücke zwischen dem 22. Januar und dem 25. Juni. Dann folgen nur noch drei Eintragungen am 1. Oktober, 28. November und 1. Dezember. Aus der Eintragung vom 22. Januar 1797 zitieren wir:

»Wurde wegen dem entledigten Glöcknerdienst in Erwägung gezogen, wie viel besser es wäre, wenn der zweite Schuldienst damit verbunden würde, um so wohl die Schule mit einem tüchtigen Mann zu besezzen, weil keiner von der Besoldung leben kann, als auch einen Mann dabei zum Glöckner zu haben, der der Kirche Ehre macht. Da war nun einstimmig, nur zur Zeit HE. Adam Bleichenbach ausgenommen, die Wahl auf Nicolaus Wehrheim den Jüngern gefallen und weil mehrere Subjecte K. Regierung vorgeschlagen werden müssen, so soll Nicolaus Anthes beigesezt werden.«

Erst am 1. Oktober konnte jedoch dem Bürger und Glasermeister Niklaus Wehrheim nach dem Amtsprotokoll vorgelesen werden, »daß Se. Kurfürstl. Gnaden ihm den vacanten Glöcknerdienst verliehen nebst der Anwartschaft auf den 2. Schuldienst nebst der damit verbundenen Utilität, und wurde derselbe zur Treue und Fleiß in seinem

Dienst vermahnet, gute Aufsicht auf die Kirchengeräthe, Reinheit der Kirche, Achtsamkeit auf Uhr und Glocke, Gehorsam gegen seine vorgesezten Pfarrer.« Vorangegangen waren Proteste aus der Bürgerschaft gegen die Vereinigung der beiden Ämter, bis hin zum Auftreten Friedrich Schwalbachs nach dem Gottesdienst in der Kirche und zu einer Gemeinde-Befragung durch den Oberschultheißen Braun.

Mit seiner literarischen Ernte, die zur Ostermesse veröffentlicht wurde, konnte Christ mehr als zufrieden sein. Das »Güldene A,B,C für die Bauern« hatte er durchgesehen und hier und da verbessert. Das »Handbuch über die Obstbaumzucht und Obstlehre« aber war in der neuen, zweiten Auflage von 658 auf 878 Seiten angewachsen und hatte ein doppeltes Register erhalten. Im Vorbericht zu dieser neuen Ausgabe schreibt er: »Reiche Belohnung und Beruhigung für meinen Herzenswunsch, der Welt in meinem kleinen Wirkungskreis nüzlich zu seyn, und ein Pünktchen zur Summe des Wohls meiner Mitmenschen beytragen zu können, daß ich sehe, wie allgemein beliebt die nicht genug anzupreisende Obstkultur zu werden anfange!« Stolz berichtet er, daß er die »bisher gesammelten guten, und bald für diese bald jene Gegenden und Klimaten passende Obstsorten« wieder in solche Provinzen und Gegenden gleichsam auszusäen Gelegenheit hatte, wo sie fehlten oder wo man den Obstbau vernachläßigt hatte. »Wie ich denn das Vergnügen hatte, sogar bis an den äußersten Grenzen von Europa meine Bemühungen fruchten zu wissen, und unter andern in das Russische Gouvernement Saratow oder die Kalmukische Tartarey, nicht weit von Astracan, zu Asien gehörig, gegen 300 Sorten der edelsten Obstarten zu verpflanzen, und die rühmlichen Bemühungen eines dasigen teutschen Freundes zu unterstüzen.« Dieser Freund war, wie die Anmerkung besagt, der »Herr Hofrath und Staatsphysikus des Gouvernements Saratow D. Mayer, aus Hannover gebürtig«. Und weiter heißt es in dieser Anmerkung: »Auch ist noch vor Abdruck dieser Auflage die Nachricht eingelaufen, daß die dahin übersandte, obgleich im gefrorenen Moose als Eisklumpen mit der Post über Moskau angekommene und hernach in 3 Fuß tiefen Gruben aufgethauete — Bäumchen und englische Stachelbeeren zur Verwunderung angeschlagen seyn, und in dem vortrefflichsten Wachstum stünden, und sind deswegen für dieses Frühjahr 1798 abermals gegen 100 mehrere Obstsorten in Bäumchen, Reißern und Samen dahin zu schicken verlangt worden.« Im Text schreibt Christ dann weiter: »Auch die Nordischen Länder, Liefland und Curland gewährten mir die Freude, unter andern mit denen dahin versandten englischen Stachelbeeren ec. beträchtliche Weinbergsanlagen zu machen, und bewundern nun den Wein, den sie nach meiner Anweisung davon erziehen und machen.«

Das bei Cotta in Tübingen erscheinende »Taschenbuch für Natur- und Gartenfreunde« brachte in seinem Jahrgang 1797 außer einem Beitrag »Von der Erziehung neuer Obstsorten durch Samen« schon eine Art Vorabdruck aus dem neuen »Handbuch« in Gestalt einer »Monatlichen Obstfolge«. Man sieht: Christ verstand sich auf eine wirksame Werbung. Auch drunten, unweit der hohenlohischen Heimat, kannte und schätzte man ihn schon!

Dem »Handbuch« beigegeben war ein »Verzeichnis sämtlicher Schriften des Herrn Oberpfarrers Christ«, das nun schon 16 Titel umfaßte, sowie der »Sorten- und Preiskatalog der Kronberger Obstbäume von Kern- und Steinobst, Schalen- und Beerenobst«, auf 20 Seiten angewachsen.

Mit Genugtuung konnte Christ zu Ostern auch die beiden ersten Teile oder Bände eines Werkes in die Hand nehmen, das den umfangreichen Titel trug: »Die Gartenkunst oder ein auf vieljährige Erfahrung gegründeter Unterricht, so wohl große als kleine Lust- Küchen- Baum- und Blumengärten anzulegen; fremde Bäume, Stauden und Gewächse für englische Gärten zu ziehen und zu warten; Nebst einem Anhange, wie die in den Apotheken gewöhnlichen Pflanzen zu Arzneien, in Gärten im Freien anzubauen sind, für Gärtner und Gartenfreunde von J. F. Blotz. Zweite, umgearbeitete und verbesserte Auflage von J. L. Christ.« Wie Christ dazu kam, dieses Werk eines erfahrenen Gärtners neu zu bearbeiten, sagt er in seinem Vorbericht: »Der Bearbeitung der zweiten Auflage dieses reichhaltigen und nützlichen Werkes würde ich mich nicht unterzogen haben, wenn es nicht ein Nachlaß seines geschickten Verfassers gewesen wäre. Die Veranlassung dazu gab diejenige Recension, welche ich in der Jenaer Allgem. Lit. Zeitung No. 178 S. 585-591, 1796, unbekannt mit des Verfassers Leben oder Tode, darüber verfertiget hatte.« Nach dem Tod des Autors übertrugen Voß und Compagnie Christ die neue, zweite Ausgabe. Ein dritter Teil folgte zu Michaelis. Ein selbständiges Werk bildet der vierte Teil mit 28 Kupfern und Plänen zu neuen Gartenanlagen. Die Beschreibung dazu stammt von Dr. Ch. L. Stieglitz (1798).

Derselbe Leipziger Verlag brachte 1797 auch noch den »Plan zur Anlage eines Obstgartens«, von Christ entworfen und in Folio herausgegeben. Vermutlich ist er restlos »aufgebraucht«, denn bisher hat sich kein Exemplar davon finden lassen.

Stolz konnte Christ schließlich auch auf seine Mitarbeit bei der »Jenaischen Allgemeinen Literatur-Zeitung« sein, denn dieses 1785 gegründete Blatt war eines der angesehensten wissenschaftlichen Rezensionsorgane im deutschsprachigen Raum, an dem auch der sachsen-weimarische Minister J. W. Goethe mitarbeitete, dem Kronberger Pfarrer nicht nur als Dichter, sondern auch als Initiator des Botanischen Gartens in Jena rühmlich bekannt. Christ lieferte für das Blatt, das bis 1849 erschien, Besprechungen bis zu seinem Tode; die letzte erschien posthum 1814.

Am 18. April begannen die Franzosen wieder einen neuen Feldzug. Der General Hoche, der nun anstelle Jourdans die Sambre-und-Maas-Armee führte, überschritt bei Neuwied den Rhein, besiegte den österreichischen Feldmarschall-Leutnant Freiherrn von Kray in verschiedenen Treffen, überschritt schon am 20. April die Lahn und erreichte zwei Tage später den Main.

Am Tag zuvor, dem 21. April, traf in Kronberg das 3. französische Artillerie-Regiment à cheval ein, und der Adjutant Gemain verlangte sofort 7500 Heu- und Strohrationen von den drei Amtsorten ins Kronberger Magazin zu liefern. Vermutlich mußte der Kameralbau, heute »Streitkirche« genannt, wie vordem bei den Preußen wieder als Pferdestall und Magazin dienen.

Am 22. April fand dann noch ein Gefecht zwischen Österreichern und Preußen auf der Platte bei Wiesbaden statt. Dann kam die Nachricht, daß zu Leoben in der Steiermark zwischen Erzherzog Karl und dem jungen General Napoleon Bonaparte, dem

Georg Karl Urlaub, Angriff auf Croneberg, 1797. – Historisches Museum, Frankfurt a. M.

Sieger auf dem italienischen Kriegsschauplatz, am 18. April ein Präliminarfriede geschlossen worden war.

Dieser Vorfriede bedeutete nun freilich keineswegs einen Abzug der Franzosen. Im Gegenteil, der General Hoche richtete sich in Wetzlar sein Hauptquartier ein. Dort starb er freilich schon am 18. September, noch nicht 30 Jahre alt. Sein Nachfolger wurde der General Beurnoville. In Königstein machten die Franzosen der Festung den Garaus. Die Königsteiner Bürger mußten das stehengebliebene Gemäuer abbrechen, so weit sie das konnten. Ende Juli wurde dann das Abbruchmaterial versteigert und zum Häuser- und Straßenbau verwendet.

Die Franzosen begannen das Land nun in jeder Hinsicht auszusaugen und auszubeuten. So wurden am 28. Juli die Bürgermeister zum Kommandanten nach Oberursel oder Heddernheim befohlen. Dort wurde ihnen erklärt, sie hätten jedem in ihrem Ort befindlichen Soldaten ein neues Paar Schuhe zu liefern und — dafür kein Vesperbrot zu geben. »Übrigens aber«, so heißt es im Amtsprotokoll, »ist durch die Entsagung aufs Vesperbrot nichts gespart worden, weil der Soldat am Abend desto mehr verzehre, welcher auch ohnedies mit Haußmannskost zufrieden sein sollte.«

Daß durch die ständigen Einquartierungen und Truppendurchzüge, durch das Beispiel der fremden Soldaten auch eine gewisse Sittenverwilderung oder zumindest -verrohung im Städtchen eintrat, ist leicht zu verstehen. Handfeste Schlägereien hat es wohl immer einmal gegeben. Die vom 29. Juli 1797 scheint jedoch über das übliche Maß weit hinausgegangen zu sein. Sie wurde sogar der Regierung gemeldet und führte am 9. August zu einer drakonischen Strafverordnung in Sachen »Schlägerei Johann und Lorenz Buxbaum an Drehermeister Liedemann«:

»1.) Soviel die Satisfication publicam betreffe, so sei Lorenz Buxbaum auf öffentlichem Platz eine halbe Stunde lang mit einem angehängten Blech, worauf die Worte zu lesen: Stöhrer der öffentlichen Ruhe, auszustellen, demnächst ihm an besagtem Orte eine leibconstitutionsmäßige Tracht Schläge zu ertheilen, und endlich zur Erstehung einer halbjährigen Zuchthaußstrafe an k. Gewaltbottenamt abzuliefern.

2.) Dessen Sohn Johannes aber und Lorenz Stoll sind gleichfalls in loco Kronberg mit einer leibesconstitutionsmäßigen Tracht Schlägen zu belehen und demnächst zur Erstehung einer vierteljährigen Zuchthausstrafen mit Willkomm und Abschied an die Behörde abzuliefern. Dann ist letzterem Lorenz Stoll der Aufenthalt in Kronberg für die Zukunft gänzlich zu untersagen.«

»Willkomm« und »Abschied« bedeuteten jeweils die Prügelstrafe im Zuchthaus, das sich in Erfurt befand. Weiter heißt es dann:

3.) In Rücksicht der Satisficationis privata, so wird Lorenz Buxbaum als der angreifende Theil und der einige, der Vermögen besitzet, in die Zahlung der Kurschmerzen, dann Reparaturkosten der eingeschlagenen Fenster und Ofens nebst den Untersuchungskosten kondemniert und k. Amt aufgegeben, saemtliche diese Kösten Verzeichnieße, da man sie bei den Ackten vermisset mit Gutachten und vorzunehmender richterlicher Moderazion zur Genehmigung einzuschicken.«

Da auch Fenster und sogar der Ofen in Mitleidenschaft gezogen worden waren, hatte sich die Schlägerei zum Hausfriedensbruch entwickelt, und da mußte Mainz energisch durchgreifen.

Stolz auf ihre revolutionären Errungenschaften, ließen die Franzosen zu ihrem Neujahrsfest, das sie meist schon vorweg im Dezember begingen, draußen auf der Oberhöchstädter Heide einen mächtigen Freiheitsbaum errichten, unter dem sie dann bis in die Nacht hinein feierten, tranken, sangen und tanzten. So fragte das Kronberger Amt am 23. September 1797 beim Oberamt Höchst an, was mit dem Freiheits- und Neujahrsbaum vom letzten Jahr geschehen solle. Der Hofgerichtsrat Wallau antwortete: »Nach der Anweisung des Herrn Generaladjutanten Mortier habe HE. General Lefebvre befohlen, daß der Freiheitsbaum stehen bleiben solle, bis er von selbst umfalle. Er, Generaladjutant Mortier, wage daher, um allen verdrießlichen Folgen auszuweichen, die Einleitung zu treffen, daß er von den Bewohnern nicht beschädigt werde; diesem zufolge dörften auch die von der Oberhöchstädter Gemeinde hergegebene Saile nicht abgemacht, sondern müßten wie billig am Durchschlage den Eigenthümern vergütet werden.«

Am 3. Oktober befahl das Oberamt Höchst, den Franzosen seien täglich 257 Pfund Fleisch, 257 Laib Brot, 157 Gebund Fourage, 24 Pfund Salz, 48 Maß Brantwein und 2 Klafter Brennholz zu liefern. — Kein Wunder, daß Stadt und Dörfer immer tiefer in Schulden gerieten und versuchen mußten, Darlehen zu erhalten.

Am 11. Oktober teilte der fürstlich hessische Kammerrat Streid zu Hanau mit, daß die »bei dahiesiger Rentkammer von Kronberg mit 30000 Gulden und von Niederhöchstadt mit 3000 Gulden nachgesuchten Anleihen unter gewissen von k. Amt zu berichtigenden Bedingungen zugestanden worden seien«. Zugleich »baten k. Oberschultheiß, Gericht und Rath zu Kronberg mittels Bericht vom Amt dieses und unter Anschließung eines Verzeichniß der noch zu bezalenden Kriegs Kösten ad 18785 Gulden 38 Kreuzer und den bereits zu 5 pcto vorhin aufgenommenen Kapitalien ad 24857 Gulden um die amtliche Einleitung, daß der hohe Regierungs Consens zu solche Anleihen der 30000 Gulden ertheilet werden möge.« — Die Bedingungen der Hanauer Rentkammer sind genau aufgezeichnet. Es waren 5 % Zinsen zu zahlen und Sicherheiten in »Sachwerten« zu leisten.

Zwischen Österreich und Frankreich wurde am 17./18. Oktober der Friede von Campo Formio geschlossen, auf dessen Bedingungen wir hier nicht einzugehen brauchen. Für den Frieden mit dem Reich wurde zum Jahresende ein Kongreß zu Rastatt anberaumt, der unter anderm die Räumung von Mainz durch die Österreicher bringen sollte.

Vom 18. Oktober an hatten täglich 24 Hauarbeiter des Amtes mit Hauen und Schippen, 6 Karren mit je einem Pferd bespannt, samt Lebensmitteln für 16 Tage bei Friedberg Straßenreparaturarbeiten zu verrichten, und vom 13.-16. November waren vom Amt Kronberg nochmals 8 Handarbeiter und ein Karren dort. — Wohl auf Befehl der Reichsritterschaft.

Auch die Rittersteuer wurde wieder angefordert: 2560 Gulden und ein Rückstand, der jetzt schon 12472 Gulden betrug. Man teilte mit, bei dem »unerträglichen Notstand« seien höchstens Zinszahlungen möglich.

Die Getreideausfuhr hatte die Mainzer Regierung schon bald nach der Ernte untersagt. Man brauchte die gesamte Ernte. Die Franzosen fraßen das Land wie Heuschreckenschwärme kahl. In Homburg saßen die Herren Generäle. Zu ihrem Unterhalt wurden täglich 28 Carolin (1 Carolin = 11 Gulden) gefordert. Wenn die »Deputirten« aus den einzelnen Gemeinden nicht bewilligten, was verlangt wurde, sperrte man sie so lange ein, bis sie weich wurden. Das Amt Kronberg sollte einstweilen 110 Gulden zahlen, Kronberg 60 Gulden und 30 Kreuzer, Eschborn 29 Gulden und 42 Kreuzer, Niederhöchstadt 19 Gulden und 48 Kreuzer.

In Kronberg lagen am 13. November 1797 als Einquartierung von der 105. Halbbrigade: 1 Chef de Bataillon, 1 Capitaine, 3 Lieutenants, 89 Unteroffiziere und Gemeine, 4 Knechte, 1 Conducteur und 5 Weiber. Christ hat man bestimmt nicht verschont. Hingegen waren die Schönberger um diese Zeit von Einquartierung frei, und so schrieben Bürgermeister, Rat und Gericht: »Da Kronberg durch die wechselweise gehabte Einquartierungen von 2 Compagnien Infanterie und 2 Compagnien Chasseurs ganz erschöpft seye, so wären die dasigen Einwohner, so größtentheils arme Handwerksleuthe sind, diese Truppenzal auf die begehrte kostspielige Art zu ernähren nicht imstande und mögten durch das Truppen leere Ort Schönberg wenigstens in Etwas billig zu unterstützen sein.«

Die Homburger Generalität blieb bei ihrer Forderung von 308 Gulden oder 28 Carolin, und der Betrag sollte nun je nach Kopfzahl auf die Ämter umgelegt werden.

Auch Christ, der im Herbst kaum etwas von seinem Naturalzehnten einsammeln konnte, geriet in Schwierigkeiten. Er hatte beim Juden Hirsch Berman Geld geliehen, nach seiner Ansicht 100 Gulden, die er mit den Zinsen für ¾ Jahre zurückgezahlt hatte. Berman behauptete jedoch, es seien 200 Gulden gewesen und der Pfarrer leugne die zweiten hundert Gulden einfach ab. Er klagte und verlangte die Rückzahlung binnen 14 Tagen.

Zu einer besonderen Plage für Kronberg wurde das »Fliegende Hospital«, ein französisches Feldlazarett in Oberursel. Es verlangte am 20. November 300 Pfund Weißmehl, 15 Pinten Essig, 10 Pfund Lichter, 60 Pfund schwarze Seife und dazu Fleisch, gleich für 10 Tage. Eine Deputation mußte hinüber laufen und den Ärzten erklären, daß das alles unmöglich aufzutreiben sei. Dennoch kam im Dezember schon wieder eine ähnliche Anforderung.

Der Amtskeller Brückner blieb von Einquartierung ebenso wenig verschont wie Christ. Am 6. Dezember verlangte er von der Gemeindekasse für 11 Wochen Einquartierung des Generals Sorbier 816 Gulden und 48 Kreuzer.

Aus Höchst wurden am 17. Dezember Zimmerleute mit Kloben und Scheuerseilen verlangt. Tags darauf wurden 30 bespannte Wagen zu Fuhren für die Franzosen nach Mosbach bestellt. Weiter sollten durch das Oberamt Höchst und das Amt Kronberg täglich auf unbestimmte Zeit 2050 Mundportionen nach Hochheim geliefert werden.

Am 18. Dezember veranstalteten die Franzosen wieder ihre Neujahrsfeier auf der Oberhöchstädter Heide, unter dem von den Kronbergern und Oberhöchstädtern errichteten Freiheitsbaum. Philipp Zecher hatte für die Feier das »Erdengeschirr« liefern müssen und verlangte im nächsten Frühjahr 179 Gulden 9 Kreuzer, die ihm von den Amtsorten noch nicht bezahlt worden waren.

Hier sei eine Anmerkung über die Kronberger Weiblichkeit erlaubt. Die Amtsprotokolle zwischen 1791 und 1799 enthalten eine ganze Reihe von Eintragungen über uneheliche Schwängerungen. Früher wurden solche Fälle vom Pfarrer »abgehört«, und die von den Mädchen zu zahlenden Bußgelder fielen der Kirche zu. Nun war das Amt dafür zuständig und protokollierte entsprechend. Die »werdenden Väter«, mit Namen erfaßt, gingen straffrei aus. Unter diesen Namen findet sich kein Fremder. Die Kronberger Eltern haben demnach ihre Töchter gut bewacht, und Christ brauchte keine »Franzosenkinder« zu taufen.

Am 19. Dezember kamen auf dem Durchmarsch die k. k. Garnisonstruppen von Ehrenbreitstein und mußten versorgt werden: 2 Offiziere, 2 Feldwebel, 131 Mann, ungefähr 76 Pferde von der Artilleriebespannung samt Knechten.

Unterm 22. Dezember ist der räuberische Überfall eines französischen Offiziers am sogenannten Rotlauf, am Ausgang des Markwaldes, verzeichnet, und am nächsten Tag kam als »Weihnachtsgruß« ein Befehl des Kriegskommissars Ricatte: Es seien täglich 50 Pinten oder 176 Schoppen Brandewein, 500 Rationen Lebensmittel zu 1½ Pfund Brot und ½ Pfund Fleisch sowie 100 komplette Rationen nach Erbenheim und Wiesbaden zu liefern. Schlachtvieh könne auch lebendig zugeführt werden. Dahinter immer wieder die Drohung mit militärischer Exekution!

Am zweiten Weihnachtstag mußten 7 starke Handarbeiter, zum dritten Teil mit Hauen und Schippen, sowie vollständiger Verpflegung früh um sechs Uhr in Höchst antreten, und am 27. Dezember verlangte Ricatte, nun schon von Mainz aus, 15 Fuhren auf 4 Tage, zur Evakuierung der Österreicher aus der Festung.

Man sieht: die Kronberger hatten nicht gerade fröhliche Weihnachtstage. Christ wird eine volle Kirche gehabt und mit Sorge an das kommende Jahr gedacht haben, das keine Besserung versprach. Zwar herrschte »Frieden«, aber die Besatzungslast drückte immer schwerer, die Bürger verarmten zusehends, und die Soldaten der »grande nation« fühlten sich schon ganz zu Hause in einem Land, in dem sie kommandieren und nach Herzenslust fordern und immer wieder fordern konnten.

Auch mit der Kronberger Burg verfuhren die Soldaten der »grande nation« übel, benutzten ihre Räume und Säle als Fechtschule und Gefängnis. Selbst die Burgkapelle mit ihren Grabdenkmälern verschonten sie nicht. Im folgenden Jahr machte Brückner den Vorschlag, die Burg abzureißen und die Steine zu verkaufen oder für einen herrschaftlichen Speicher zu verwenden. Doch die Regierung lehnte aus Furcht vor den Franzosen ab, und so blieb Kronberg seine »Krone« wenigstens als halbe Ruine erhalten.

Hochzeit und Hauskauf für Tochter und Schwiegersohn, 1798

Das neue Jahr 1798 brachte schon am 12. Januar eine Anfrage des Höchster Oberamtes: wieviel Franzosen einquartiert und verpflegt werden könnten? Der Kronberger Oberschultheiß Braun und die Gerichtsherren Nikolaus Fuchs und Andres Henrich sowie der Eschborner Schultheiß Junghenn und der Niederhöchstädter Gemeindedeputierte Adam erklärten: »Nach so vielen Kriegsjahren und schon so lang ertragenen übermäßigen Einquartierungslasten falle von selbst in die Augen, daß kein Amtseingesessener ohne gänzlichen Ruin eine längere Truppenverpflegung übernehmen könne, weil ihm von den Kreditkassen und schon äußerst verschuldeten Gemeindskasse keine Unterstützung geleistet würde, er selbst aber theils ebenso creditlos seie, theils seine Ersparniß und Naturalien Erzeugniß auf die zeitherige Verpflegung habe verwenden müßen, zumalen das diesjährige Wachstum durchaus sehr gering ausgefallen seie und fast Jedermann keine Mittel besitze sich und seine Freunde bis zur künftigen Ernte nothdürftig durchzubringen, noch weniger aber einige Militairmannschaft zu ernähren. Das äußerste, was die Ortschaften mit größter Anstrengung etwa noch auf eine kurze Zeit auftreiben und leisten könnten, bestehe darin, daß Kronberg 2 Offiziere, 30 Gemeine und 2 Pferde; Eschborn, da es täglich über 10 durchpassierende Soldaten rafraichieren müßte, 10 Gemeine; Niederhöchstadt, das wegen den stets und vorzüglich mit Übermaß gehabten Einquartierungen ganz verarmt sei, 6 Gemeine aufnehmen könne.«

Weiter verwiesen sie darauf, daß

	Offiziere	Unteroffiziere	Gemeine	Pferde
Kronberg von der 105. Halbbrigade	4	7	96	4
vom 3. Art. Regiment à cheval	1	1	2	
Eschborn von der 105. Halbbrigade	1	4	41	
Niederhöchstadt von der 105. Halbbrigade	1	2	38	

dermalen zur unerträglichen Last zur Einquartierung habe.

Etliche Tage später verlangten die Franzosen aus Mainz Brennholz. Man konnte jedoch mit ruhigem Gewissen darauf hinweisen, daß der Markwald leergeschlagen war und es darin nur noch zum Heizen minderwertiges oder unbrauchbares Buschholz gab.

Neue Requisitionsforderungen des Oberurseler »Fliegenden Hospitals« trafen am 27. Januar und 27. Februar ein. Noch dazu sollte das Amt nun auch zu den Tafelkosten der Herren Generäle beitragen, die sich in Wiesbaden niedergelassen hatten.

Im April suchte Adam Philipp Bleichenbach um die »Schildgerechtigkeit« für den »Schwarzen Adler« nach. Sein Vater, der alte Johann Adam Bleichenbach, war also ernstlich krank und wollte für den Fall seines Todes vorsorgen. Der Sohn erhielt die Genehmigung jedoch erst im folgenden Jahr 1799.

Ende April erregte ein Ereignis der größeren Geschichte Aufsehen und auch Furcht vor Vergeltungsmaßnahmen der Franzosen: Der Rastatter Kongreß, der das gesamte linke Rheinufer den Reichsfeinden preisgab (woran die deutschen Fürsten selbst ein gerüttelt Maß an Schuld trugen), fand ein blutiges Ende. Die drei französischen Vertreter wurden bei ihrer Abreise überfallen und ihrer Papiere beraubt, zwei von ihnen sogar getötet.

Christ hatte im April Ärger mit Philipp Weidmann. Er hatte ihm einen Stoß Brennholz abgekauft, dann aber festgestellt, daß der schlaue Verkäufer allerhand Weichholz untergeschmuggelt hatte, weshalb er vom Kaufschilling 3 Gulden zurückbehielt. Das wieder führte zu einer Klage Weidmanns beim Amt.

Der literarische Ertrag, den der »Oberpfarrer zu Kronberg an der Höh« zur Ostermesse vorlegen konnte, war diesmal klein. Das unruhige vergangene Jahr hatte ihm wenig Zeit zum Schreiben gelassen. Immerhin kam die »Anweisung zur nützlichsten und angenehmsten Bienenzucht« nun schon in der 3. Auflage heraus. Außerdem hatte er für das Cotta'sche »Taschenbuch für Natur- und Gartenfreunde« wieder einen Beitrag geschrieben: »Ideal einer Obstgartenanlage von zwey Morgen Größe nach verschiedener Rücksicht der Lage und der Absicht des Besizzers.«

Mit dem katholischen Pfarrer Ihl hatte Christ, wie er einmal berichtete, gute Nachbarschaft gehalten und sogar katholische Gehilfen in Haus und Hof beschäftigt. Seine

Gemeinde hielt jedoch immer noch strikt an den Bestimmungen von 1768, durch die der große Kirchenstreit beendigt worden war, fest. Diese untersagten unter anderm den Katholiken, mit ihren Prozessionen durch die Stadt zu ziehen. So mußte Christ am 14. Mai den Kirchenkonvent einberufen und folgende Eintragung im Protokollbuch vornehmen:

»Ew. Gericht und Rath erscheint und zeigt im Namen der Burgerschaft beschwerend an, wie daß anheute die Katholischen wider Recht und Billigkeit u. wider das Kurfürstliche Rescript vom Jahr 1768 Art. 7 mit ihrer Procession durch die Stadt und zum Ffurter Thor hinaus und wieder herein gezogen seyen und fordert den Ev. Luth. Kirchenrath auf, nach ihrer Pflicht sich gemeinschaftlich dieses ungebührenden Eingriffs durch Protestation bei hochlöbl. Amt zu wahren und sich beschwerend und protestando einzukommen.

Resolutum. Solle sogleich mit den Kirchenvorstehern u. einer Gerichts- und Raths Person bei hochlöbl. Amt einstweilen mündlich protestiert werden.«

Am 22. Juni wurde dann wegen der Prozession vor dem Amt verhandelt. Peter Liebig, Jakob Schüz, Christian Volk und Philipp Brosius wurden als »Anstifter« zu den Untersuchungskosten von 11 Gulden 32 Kreuzern verurteilt und sollten jeder auf einen halben Tag »eingethürmt« werden. Von Christian Volk meldet übrigens das Amtsprotokoll, daß er sich von den Preußen hatte anwerben lassen und über hundert Gulden Handgeld empfing, aber bei Gelnhausen entwichen war. Er tauchte dann in Kronberg auf, holte sich etwas Wäsche und entschwand wieder durch das Thaltor — offenbar nur so lange, bis die Preußen nicht mehr nach ihm suchten.

Im Juli kam die Friedberger Ritterschaft wie üblich mit ihren Steuerforderungen: 2560 Gulden und einer Nachforderung, die nun die Höhe von 15032 Gulden erreicht hatte. Die Kronberger konnten nicht zahlen und verwiesen auf ihre Kriegslasten.

Der Juli brachte außerdem eine erstaunliche Überraschung. Der alte Adler-Wirt Johann Adam Bleichenbach sorgte nicht nur dafür, daß sein Sohn die Schildgerechtigkeit für den »Schwarzen Adler« erhielt, er besorgte ihm auch eine Frau und zwar in Gestalt der Tochter Johann Ludwig Christs, Wilhelmine Friederike Sabine. Der Bräutigam zählte 24, die Braut etwas über 25 Jahre. Am 17. Juli fand die Hochzeit statt, und es wird trotz der schlechten Zeiten keine kleine Festivität gewesen sein. Ursprünglich einer der Gegner des ersten Pfarrers hatte der alte Bleichenbach nun wohl bemerkt, was in Christ steckte und was die Bürgerschaft ihm verdankte.

Wir wissen nichts über Christs Buchhonorare und über die Erträge seines zunächst manchen Kronberger verärgernden »Baumhandels«. Jedenfalls ließ er sich nun nicht lumpen. Er kaufte für das junge Paar sogar ein Haus. Die Angaben für den Kaufbrief sowie ein Korrekturzettel sind erhalten. Sie besagen:

»Der Kaufbrief ist auf mich zu setzen, und die Haupt Contracta sind folgende:

Von HE. Philipp Henrich des Gerichts dahier habe sein Haus auf dem Doppes nebst dem dabey befindlichen Garten zu einer Hofreith und Einfart einerseits neben dessen Tochtermann Adam Weidmann, anderseits neben dem Evangelischen Pfarrhaus für meine Tochter und Tochtermann Adam Philipp Bleichenbach erkauft so wie es in gegenwärtigen Bauumständen befindlich ist, so, daß weder Verkäufer schuldig ist, etwas weiteres daran zu bauen, noch er Macht hat, von dem darin befindlichen und dazu gehörigen etwas wegzunehmen, als Öfen, Ofenplatten, etliche Fenster.

Dafür sind beiden Theile accord worden für 1900 Gulden und einen Acker meines Tochtermanns hinterm Kirchhof von 2 Vierteln, welchen der Verkäufer für 200 Gulden gerechnet hat, so aber nicht an den 1900 Gulden abgehen.

Bemeldte 1900 Gulden zahlt der Käufer baar, und zwar solchergestalt:
Er cedirt
1.) dem Verkäufer einen Kapitalbrief bey der
    Kronberger Burgerschaft stehend von   1500 Gulden
2.) die fälligen Interessen vom 1. Sept. 1796 bis
    dahin 1798 von 2 Jahren davon   150 Gulden
3.) die Interessen vom 1. Sept. 1798 bis
    31. Dec. 1798   25 Gulden
4.) an baarem Geld   225 Gulden
                                                                  1900 Gulden

       J. L. Christ
       Evangel. Erster Pfarrer
        als Käufer
       für meine Tochter und
       Tochtermann Adam Philipp Bleichenbach

Der Korrekturzettel lautet:
»Herr Stadtschreiber werden ersucht, die Interessen vom Jahr 1796 bis 1797 aus dem Kaufbrief wegzulassen, weil ich mich soeben erinnere, daß solche zu dem Capital für Herrn Amtskeller bereits berechnet worden.
Also anstatt der Interessen vom 1. Sept. 1796 bis 1798 zu 150 Gulden bitte zu setzen
b) die fälligen Interessen vom 1. Sept. 1797 bis 1798   75 Gulden
c) die Interessen vom 1. Sept. 1798 bis 31. Dec. 1798   25 Gulden
d) an baarem Geld   300 Gulden

Wir erfahren also, daß Christ der Bürgerschaft aushalf, wenn es nötig war, erfahren aber auch, daß es zwischen ihm und dem Amtskeller Brückner Geldgeschäfte gab.

Im folgenden Jahr gestattete der zweite Pfarrer Balthasar Bleichenbach, von dem wir einige Jahre nichts gehört haben, sogar, daß eine direkte Verbindung zwischen beiden Häusern geschaffen wurde, so daß die Tochter nach dem Vater sehen konnte, ohne erst hinaus auf die Straße zu müssen. Im Protokollbuch heißt es: »Privatim hat Herr Pf. Bleichenbach seine Einwilligung gegeben, daß ich Pf. Christ eine verschlossene Thüre aus dem Pfarrhof in den Hof meines für meine Kinder neuerkauften Hauses daneben auf meine Kosten ohne Präjudiz durch die Mauer richte, wobey sich denn von selbst verstehet, daß meine Erben nach meinem Tod die Mauer auf ihre Kosten wieder herstellen.«

Die Halbbrigade leichter Infanterie wurde im August in Hofheim, Hochheim und Wiesbaden zusammengezogen, und das Amt Kronberg durfte den abziehenden Zwangsgästen noch Verpflegung für sieben Tage mitgeben.

Einfallsreich wie die Franzosen waren, erfand der General Joubert noch eine neue Form der Geldbeschaffung: am 18. August legte er auf den Zehnten eine Contribution, die Christ besonders hart traf. Eine Erhöhung des Kellers, die Christ beantragt hatte, weil Wasser auf dem Boden stand, wurde abgelehnt, weil man in diesem Jahr schon 40 Gulden für das Pfarrhaus aufgewandt habe.

Ende August, am 27., wurde »für künftigen Freitag das 8. französische Dragonerregiment angeküdet«, das wohl auf dem Durchmarsch war und verpflegt werden mußte. Am 6. September traf dann schon die 3. Kompagnie des 3. Regiments reitender Artillerie ein, mit 150 Mann und 200 Pferden, und verlangte für 10 Tage ins Vorratsmagazin: 400 Portionen Brot à 1½ Pfund, 400 Portionen Fleisch à ½ Pfund, 410 Portionen Heu à 15 Pfund, 410 Portionen Haber à 15 Pfund, 400 Portionen Brandewein oder 13 Maß.

Die bereits in Kronberg stationierte 2. Halbkompagnie des Regiments verlangte daraufhin dasselbe, und die Kronberger mußten liefern, wenn die Soldaten nicht mit Gewalt das Verlangte nehmen sollten.

In Eschborn wurden zwei Husarenpferde entwendet. Das Amt verfügte daraufhin am 11. Oktober, daß die Torpförtner besonders wachsam sein sollten. Der Bürgerschaft wurde öffentlich bekannt gemacht, »daß die Einwohner sich des Aus- und Eingehens nach dem Nachtläuten thunlichst enthalten und jene, welche ohne Noth zur Nachtzeit auf den Feldern und auswärts sich aufhalten, nicht nur ausgeschlossen, sondern auch nebstdem als Nachtschwärmer und verdächtige Leuthe angesehen und bestraft werden sollen.«

Im Oktober wurde der neue Markförster Gerstner eingestellt. Sein Vorgänger Keller war durch einen Hauswald versehentlich angeschossen worden und an der empfangenen Wunde gestorben.

In Höchst schlug am 5. November ein General Laval sein Hauptquartier auf und bedrängte alsbald die Kronberger mit Fouragelieferungen. Im Dezember wurde dann eine neue Kontribution dem Amt Kronberg auferlegt: monatlich 700 Livres in französischen Geldsorten, täglich 11 Zentner 40 Pfund Heu, 8 Zentner 75 Pfund Haber und 7 Zentner 80 Pfund Stroh ans Magazin in Höchst. Dazu immer wieder die Drohung mit militärischer Exekution.

Grassierte im Herbst 1798 eine Krankheit? Aus Aschaffenburg kam schon im Oktober die Anweisung, die Ärzte hätten dafür zu sorgen, daß die Seelsorger noch rechtzeitig genug zu den Kranken gerufen würden, »damit diese noch bei genugsamer Vernunft und ihrer Sinnen mächtig auf allenfalls bevorstehende Todesgefahren gehörig vorbereitet werden können«.

Eine Erleichterung für das Städtchen ergab sich vor Weihnachten, am 17. Dezember zog der Generalstab in Homburg unter General Ney ab. Auf 4 bis 5 Tage war ein bespannter Leiterwagen nebst einem mit den nötigen Lebensmitteln versehenen Fuhrknecht zu stellen.

Zwei Tage darauf stellte sich ein französisches Militärgericht in Kronberg ein. Wie lange es blieb, wo es tagte und Urteile fällte, bleibt unbekannt.

Christ bereitete im Winter eine zweite Auflage seines Buches »Vom Weinbau, Behandlung des Weins und dessen Verbesserung; desgleichen vom Bierbrauen nach englischen Grundsätzen« vor, die im folgenden Jahr in der Hermannschen Buchhandlung erscheinen sollte. So sehr ihn die Heirat seiner Tochter und die steigende Beliebtheit seiner Bücher freuen mußte, so sehr wird ihn auch die Lage seiner Pfarrkinder unter dem französischen Joch bedrückt haben. Vermutlich hat er in dieser Zeit das »Erlöse uns von dem Übel« mit besonderer Betonung gebetet. Doch noch immer war kein Ende des Elends abzusehen.

Das letzte Jahr des 18. Jahrhunderts, 1799

Am 28. Februar 1799 eröffnete General Jourdan mit seiner »Donauarmee« den Zweiten Koalitionskrieg in Süddeutschland, indem er den Rhein überquerte, wurde jedoch von Erzherzog Karl Ende März bei Ostrach und Stockach zurückgeschlagen. Der weitere Krieg spielte sich vor allem in der Schweiz und in Italien ab, ließ aber auch das Rhein-Maingebiet nicht unberührt, da die Franzosen Mainz und sein Vorland fest in der Hand behielten.

Schon am 2. Januar hatte der General Joubert von den Kronbergern Beiträge zur Verproviantierung der Festung Kastel verlangt, dazu Zahlung der rückständigen 320 Gulden 50 Kreuzer oder 700 Livres und 107 Gulden für Kastel, »bis morgen Mittag oder Exekution«. Eine Kompagnie »Gränadiere« stehe schon in Höchst bereit. Weitere Fourage-Forderungen folgten am 29. Januar. Kronberg sollte 200 Gulden 24 Kreuzer, Eschborn 98 Gulden 21 Kreuzer und Niederhöchstadt 49 Gulden 41¼ Kreuzer zahlen, sonst, wie üblich, Exekution.

Am 27. Januar 1799 ergab sich die Festung Ehrenbreitstein; die Franzosen hatten die Besatzung ausgehungert. Sie erhielt freien Abzug, sogar mit Waffen und Geschütz. Am 31. Januar trafen die Reichstruppen in Kronberg ein. Zur Fortschaffung der Artillerie mußten sämtliche Pferde aus den drei Amtsorten und dazu Ochsengespanne aufgeboten werden. Als das noch noch nicht reichte, wurden zusätzlich Pferde aus der Vogtei Königstein herbeigeholt. Man kann sich vorstellen, wie bunt es auf Kronbergs Straßen und auf der Schirn ausgesehen hat. Vermutlich mußte der ganze Zug mit den Kronberger Gespannen bis Frankfurt gebracht werden. Die Verpflegungskosten waren im März noch nicht bezahlt, und man stritt darüber, wer zuständig sei.

Im Februar kamen neue Kontributionsforderungen. Die Mainzer Ämter sollten monatlich 16000 Livres bezahlen, dazu 15000 Livres Exekutionskosten. Dem Amt

Kronberg wurden für 3 Monate jeweils 320 Gulden 50 Kreuzer auferlegt, dazu 641 Gulden 40 Kreuzer Exekutionskosten.

Im März wurden zweispännige Fuhren, Zugpferde und Fuhrknechte nach Mainz sowie 100 Arbeiter täglich zum Festungsbau nach Kastel verlangt. Als der Obergeneral Jourdan die Kontributions- und Requisitionsrückstände von 3 Monaten mit 1954 Gulden und 10 Kreuzern forderte und gleichzeitig neue Gelder erpressen wollte, erklärten die Kronberger, daß sie die »für die ersten drei Monate rückstehende Kontributionen gleich bar bezahlen, die ausstehenden Exekutionskosten ad 218 Gulden 10 Kreuzer aber bis den 1. Mai bezahlen, dagegen aber an der neuen Artillerie Requisition sich noch zur Zeit zu gar nichts verstehen könnten«.

Im Mai sollten die Mainzer Ämter 1000 Arbeiter für den Festungsbau in Kastel stellen. Auf Kronberg entfielen 72 Arbeiter. Man »accordirte« mit Kaspar Horneck in Hofheim: 41 Mann wurden zu 32 Kreuzern angeworben, die übrigen zu 35 bis 36 Kreuzern.

Der Kriegskommissar Brek schickte am 13. Mai 17 Mann des 19. Kavallerie-Regiments nach Kronberg. Die Reiter sollten so lange in der Stadt liegen bleiben, bis 3 Wagen mit 6 Pferden gestellt würden. Was blieb übrig: Kronberg mußte ein Gespann, Eschborn deren zwei absenden.

Vom 28. Mai ab mußten zur Verpflegung der Franzosen in Hochheim und Weilbach laufend 177 Mundportionen und 35 Pferderationen geliefert werden. »Mit äußerster Anstrengung« wurden im Juni von Kronberg 10 Zentner Heu, 6 Zentner Stroh und 1 Malter Haber, von Eschborn und Niederhöchstadt je 11 Zentner Heu und Stroh und 1 Malter Haber nach Hochheim geliefert. Wie leer danach die Scheunen waren, kann man sich leicht vorstellen.

In der ersten Jahreshälfte fanden nur drei Kirchenkonvente statt, je einer im Januar, Februar und Mai. Am 6. Januar beschloß man unter anderm: »Für die Gonzenheimer Abgebrannte sind aus der Präsenz 10 Gulden und aus dem Hospital 10 Gulden zu reichen.« Am 17. Februar erschienen als Deputierte der Gemeinde Andreas Henrich, Daniel Lang, Balthasar Zubrod und Philipp Henrich »und suchten nach, daß der Kirchenrath bei kurfürstlichem Amt einkommen möchte, daß bey den drückenden Kriegszeiten, da die Burgerschaft schon so vieles erlitten, so lange solches noch andauere, das Schulholz aus der Präsenz bezahlt werden möchte«. — Das Amt entschied jedoch, daß der Ankauf sämtlichen Schulholzes aus Präsenz- und Hospitalgefällen »nicht bewilliget werden könne«. Nur »armen und ganz zahlungsunfähigen Kindern« sollte das Holz in Form von Almosen gezahlt werden, nicht jedoch den Kindern von »Kapitalisten und stark begüterten Einwohnern«. — Demnach gab es auch solche immer noch in Kronberg!

Trotz der schlechten Zeiten baten am 29. Juni die Wirte um die Erlaubnis, »auf der bevorstehenden Kirchweih Musikanten zu halten, weil die französischen Truppen sich aus der hiesigen Gegend zurückgezogen hätten«. Das Verbot wurde jedoch aufrechterhalten, »zumalen sicheren Nachrichten zufolge die französischen Truppen statt sich zu vermindern vielmehr in der Gegend sich namhaft verstärkt haben und einen stündlichen Überzug befürchten ließen«. Bei Übertretung des Verbots wurden 10 Reichsthaler Strafe, eventuell Verdoppelung der Strafe und Verbringung ins bürgerliche Gefängnis angedroht. Dennoch gab es einen »Gesetzesbrecher«. Der Straußwirt Brosius »hat zwei Maien zur Kirchweih gefällt«. Statt 6 Gulden Wert mußte er das Doppelte und dann noch einmal 6 Gulden zur Strafe für die Aufstellung vor seinem Haus bezahlen, insgesamt also 18 Gulden, und außerdem mußte er dem Förster Bommersheim in Königstein noch 48 Kreuzer »Fanggeld« entrichten. Ob er dennoch auf seine Kosten gekommen ist?

Am 29. Juli begann eine Geschichte, die in den Kronberger Wirtshäusern nachmals oft erzählt und belacht wurde und auch den würdigen Pfarrherrn Johann Ludwig Christ zum Schmunzeln gebracht haben dürfte. Der Stadtwachtmeister Mondrian sollte die wegen Diebstahl arretierte Katharina Josepha Vogtin von Königstein ins Zuchthaus nach Erfurt transportieren. Auf einem einspännigen Karren, vor den wahrscheinlich ein Esel gespannt war, fuhr er mit der Delinquentin stolz zum Frankfurter Tor hinaus. Am 14. August kam er recht kleinlaut wieder und vermeldete, daß die Vogtin in Fuld aus dem Wirtshausfenster gesprungen und »die Flucht genommen hätte«. Man kann sich denken, wie es Mondrian danach unter den spottlustigen Kronbergern erging. Eine Fahndung blieb zunächst ohne Erfolg. Doch dann erfuhr er, daß die Entsprungene sich in Frankfurt aufhielt. Er erwischte sie tatsächlich, ließ sie von der reichsstädtischen Polizei arretieren und brachte sie dann im Triumph zurück nach Kronberg, um alsbald mit ihr zum zweiten Mal auf die Reise zu gehen. Diesmal mußte der Esel schneller traben, denn schon am 22. August konnte er die Bescheinigung des Erfurter Zuchtmeisters Hunke abliefern, wonach er die Vogtin wirklich dorthin gebracht hatte.

Die Sache hatte jedoch ein Nachspiel. Am 23. Oktober erfahren wir, daß die Vogtin eine Schwangerschaft vorgegeben hatte, um der Prügelstrafe zu entgehen, die damals den Zuchthäuslern regelmäßig verabfolgt wurde. Sie wurde von einer Hebamme untersucht, wobei sich die »monatliche Reinigung zeigte«. — Etwas anderes kam jedoch auch heraus: die Vogtin hatte ihm in Hünfeld 3 Laubthaler gestohlen und zwei davon unter der Brandsohle am rechten Fuß, den dritten aber zwischen den Zehen versteckt. Als er bei der Leibesvisitation das Geld wiederfand, hatte er ihr ein paar Ohrfeigen und einen Stockhieb versetzt. Nun behauptete sie, der biedere Mondrian hätte sie getreten. Er konnte sich jedoch auf den Hünfelder Wirt berufen, der Augenzeuge gewesen war. Als diese Geschichte in Kronberg ruchbar wurde, hagelte es für Mondrian neuen Spott.

Anfang September begann dann wieder der Ernst des Krieges. Eine Eintragung vom 3. September im Amtsprotokoll besagt, daß der Mainzer Vorposten-Commandant Gergens mitgeteilt hat, die Avantgarde des Landsturms von zwei- bis dreitausend Mann, teils Kavallerie, teils Infanterie werde bis zum 4. »in hiesiger Gegend eintreffen«. In Eschborn sei Quartier für 430 Mann bereitzustellen. Außerdem solle sämtliche mit Feuergewehr bewaffnete Mannschaft aufgeboten, zu Zentkompagnien formiert werden und sich beim Commandanten »zur Verteidigung des Vaterlandes« melden.

Was war da vorausgegangen und wohin zielte das Ganze? Wir erfahren es aus einer Schrift von Karl Rothenbücher über den »Kurmainzer Landsturm in den Jahren 1799/

1800, die 1878 erschien und zahlreiche Fakten enthält, die wir kennen müssen, um das Verhalten der Kronberger richtig bewerten zu können. Es hatte sich folgendes ereignet:

Nach dem Rastatter Kongreß hatte Kurfürst Friedrich Carl von Erthal in der Hoffnung, Mainz und den übrigen linksrheinischen Landesteil zurückzugewinnen, mit König Georg III. von England einen Subsidienvertrag geschlossen. Er verpflichtete sich, über sein Kontingent zur Reichsarmee hinaus noch »beiläufig 3500 Mann« zu rekrutieren, für welche die Engländer Ausrüstung und Unterhaltung übernehmen wollten. Den Vertrag hatte der Hofrat Graf von Spaur für Kurmainz abgeschlossen und damit den ehrgeizigen Plänen des Staatsministers von Albini ein festes finanzielles Fundament verschafft. So wurde im Juni mit der Aufstellung des Mainzer Landsturms begonnen und zwar im Oberstift, das vor allem Aschaffenburg und den Spessart umfaßte. Man bildete Centkompagnien, und Anfang August standen bereits 70 dieser Kompagnien, zu denen noch freiwillige Verbände kamen, wie das Spessarter und das Albinische Jägerkorps. Albini übernahm den Oberbefehl. Die Bewaffnung der Landsturmmänner bestand aus Gewehr mit Bajonett und Säbel, doch gab es auch zu Anfang noch Männer, die mit Sensen und Heugabeln ausgerüstet waren. Für Uniformen langte es nicht. Die Männer trugen eine gelb und schwarze Kokarde und eine rot-weiße Armbinde. Die Offiziere, gediente Soldaten, wurden durch die Regierung ausgewählt und bestellt.

Am 26. August 1799 begann der französische General Baraquai d'Hilliers mit etwa 5000 Mann Infanterie und 800 Mann Artillerie seinen Vormarsch, von Mainz aus mainaufwärts. Am folgenden Tag hatte er schon die Tore von Frankfurt besetzt. Während Kurfürst Erthal sich nach Würzburg in Sicherheit brachte, erließ sein Hofkanzler am 29.8. einen Aufruf, in dem es heißt: »In dem Augenblicke, wo die Franzosen auf allen Seiten von den siegreichen kaiserlichen Armeen verfolgt werden, wollen sie es noch versuchen, in die hiesigen Gegenden vorzudringen, um, wenn sie keinen Widerstand finden, solche nach ihrer Art zu verwüsten. Allein die kurfürstlichen braven Truppen, die sich in diesem Kriege schon so oft gegen diese Feinde ausgezeichnet haben, werden nicht weichen, sondern diese Lande schützen, nur müssen sie gegen den übermächtigen Feind hinlänglich unterstützt werden. Es gilt hauptsächlich um die Landes-Inwohner selbst und um Alles, was ihnen heilig ist. Se. Kurfürstlichen Gnaden dürfen demnach sicher erwarten, daß alle ihre bürgerlichen Jäger-Schützen-Zentcompagnien den kurfürstlichen Truppen gern Hülfe leisten und sich mit diesen zum gemeinsamen Schutze eng verbinden, auch daß die gedienten und ungedienten ledigen Bursche den Korporalschaften ihrer Väter muthig folgen und daß besonders die entfernteren Spessarter, die den Franzosen schon eben so rühmlich als ihre Brüder, die Odenwälder, bekannt sind, an die Grenzen eilen werden.«

Am gleichen Tag waren schon 6000 Mann, am 30. August 14000 Mann Landsturm in Aschaffenburg versammelt, und am letzten Augusttag war der Landsturm fast vollständig beieinander und paradierte vor Albini. Die Bewohner des Oberstifts fühlten sich also, anders als etwa die Kronberger aber auch die Rheingauer, wirklich mit dem Kurstaat verbunden und waren bereit, ihr Leben für ihn einzusetzen.

Zusammen mit regulären mainzischen Truppen drang die erste Landsturm-Kolonne nun rasch in Richtung Frankfurt vor. Die Franzosen hatten inzwischen Seligenstadt erreicht, wichen aber nach Frankfurt zurück. Am 3./4. September waren die Mainzer in Frankfurt, und Albini schlug sein Hauptquartier in Niederrad auf. So kam der oben zitierte Befehl des Vorposten Commandanten Gergens zustande und wurde nach Kronberg gebracht, und es ist anzunehmen, daß die Landsturmmänner aus dem Oberstift tatsächlich am 4. September in Eschborn eintrafen und dort ohne jede Begeisterung aufgenommen wurden.

Wäre Anselm Brückner ein braver Durchschnittsbeamter wie zum Beispiel sein Vorgänger Streun gewesen, dann hätte er auch den zweiten Teil des Befehls von Major Gergens ausgeführt. Er hätte, vermutlich nicht ohne Druck, die Kronberger Schützen zusammengebracht und sie, zusammen mit den waffenfähigen Sechzehn- bis Sechsunddreißigjährigen zu einer Landsturmkompanie vereinigt, dem oberstiftischen Landsturm zugeführt, mit dem Erfolg, der in der Antwort Brückners und der drei Ortsvorsteher umschrieben ist: »Der Beamte und die Ortsvorsteher geben zu bedenken, daß die hiesigen Ortschaften dem Ausfall aus der Festung Mainz zu nahe gelegen, daher die Gefahr besteht, daß der Feind sich an Haus und Hof rächen werde.«

Abgesehen davon, daß die Kronberger sich wahrscheinlich ebenso wie die Eschborner und Niederhöchstädter geweigert haben würden, für das Mainzer »Vaterland« zu marschieren, zu kämpfen und sterben, stellt sich hier die Frage, ob nicht auch die beiden lutherischen Pfarrer und sogar Pfarrer Ihl den Amtskeller in seiner Haltung unterstützt und bestärkt haben. Im allgemeinen mußte Christ bei Konflikten zwischen Bürgerschaft und Regierung Zurückhaltung üben, aber hier, wo sogar der Mainzer Beamte sich gegen Albinis Befehle wandte, wird auch er ein offenes Wort gewagt und darauf hingewiesen haben, daß solche militärischen Aktivitäten zu Beschießung, Plünderung und Zerstörung des Städtchens und der beiden Dörfer führen könnten.

Der Freiherr von Albini mußte die Argumente des Amtskellers und der Amtsuntertanen schlucken — vielleicht zähneknirschend. Dafür versprach er den widersetzlichen Kronbergern demnächst wieder einen förmlichen Rekrutenzug und verlangte die notwendigen Listen nach Frankfurt. Am 13. September forderte er zunächst einmal 20 Handarbeiter zum Ausbau seines »Brückenkopfs Griesheim«. Von seinem Hauptquartier aus, wo er sich ganz auf der Höhe seiner Macht fühlte, lud er die entwichenen Soldaten ein, sich binnen drei Tagen zu stellen, da ihnen sonst Vermögenskonfiskation und Landesverweisung drohe. Die Deserteure konnten sich jedoch auch freikaufen, indem sie 300 Gulden für die Stellung eines Ersatzmannes zahlten. Bis Ende September sollte ein Generalpardon gelten.

Schon im Frühjahr 1799 hatten Kronberger Bürger und Juden Klage wegen an die Gemeinde ausgeliehenen Geldern erhoben, die nicht termingerecht zurückgezahlt worden waren. Im September forderte Hirsch Berman von der Bürgerschaft 2452 Gulden und 47 Kreuzer für an die Franzosen geliefertes Fleisch, Waren und Kleidungsstücke und präsentierte den Schuldschein. Ebenso forderte Faist Wolf 785 Gulden und 3 Kreuzer. Dazu kam die Reichsritterschaft mit der üblichen Rittersteuer-Forderung. Den

Friedbergern erklärte man, daß man nicht zahlen könne. Am 12. November setzte Berman eine dreitägige Frist und stellte danach eine Exekution an allen Gerichts- und Ratsmitgliedern in Aussicht.

Christ hatte Ende September wieder einmal Ärger mit dem von einem Sturm heruntergeschlagenen Obst. Christoph Hauswald und Isidor Gottschalk behaupteten, Obst sei vor Michaelis nicht zehntbar, obwohl Christ nachweisen konnte, daß seit 1749 eine Verordnung bestand, daß selbst vor dem 6. September kein Obst ohne Verzehndung geerntet werden durfte.

Doch nun zurück zu Albini und seinem Landsturm. Der Hofkanzler und neue Feldherr beabsichtigte, eine Linie Eppstein—Königstein—Höchst zu besetzen und zu halten. Dabei wurden die Mainzer bei Eppstein von französischen roten Husaren und Infanterie angegriffen und 50 Landsturmmänner, Bauern und Mainfischer, abgeschnitten. Sie entgingen jedoch »auf Umwegen durch das Königsteinergebirge« den Feinden. Rothenbücher berichtet weiter: »Bei Kroneberg zeichneten sich gleichfalls die kurmainzer Husaren mit dem Landsturme aus.«

Was zu erwarten gewesen war, trat am 4. Oktober ein: die Franzosen rückten vor. Die Mainzer, »geschart um das Banner mit dem silbernen Rad«, stellten sich an der Nidda, zwischen Nied und Rödelheim zu einem Gefecht, mußten aber zurückweichen, und danach befand sich Albinis Hauptquartier den Winter über wieder in Seligenstadt. Damit lag Kronberg schon wieder in der französisch kontrollierten Zone, und die Kronberger waren froh, daß es von ihrer Stadt aus nicht zu direkten Angriffen auf das französische Militär gekommen war, das sich alsbald wieder meldete, mit Forderungen, die noch unverschämter waren denn zuvor. Am 23. Oktober verlangten sie von den drei Amtsorten: 1500 Rationen Brot zu 1½ Pfund, 19 Stück Hornvieh, 196 Zentner Brotfrüchte, je zu einem Drittel Weizen, Korn und Haber, 1000 Rationen Heu zu 15 Pfund sowie 3700 Maß Wein. Kronberg mußte mehr als die Hälfte tragen. Eine weitere Forderung schloß sich am 5. November an, für den General Bonnet mit seiner Kavallerie und für den Festungskommandanten von Kastel, General Royet. Auch die Kavallerie in Hochheim wollte nicht zurückstehen und stellte im November und Dezember neue Forderungen.

Währenddessen führte Albini in Verbindung mit kaiserlichen Truppen den Krieg südlich des Mains weiter, wo im Odenwald, am Neckar und an der Bergstraße ebenfalls Landsturmkompanien entstanden waren, die durch die vom Oberstift verstärkt wurden. Dabei kam es zu besonderen Unmenschlichkeiten der Franzosen. Selbst verwundete Landsturmmänner wurden grausam niedergemetzelt. Daß manche französischen Offiziere dieses Verhalten ihrer Soldaten nicht billigten, zeigt eine Eingabe, die eine Gruppe von ihnen im Oktober an General Marescaut, den Oberbefehlshaber der Festung Mainz, richtete. Darin heißt es: »Durch grimmige Schandtaten, welche leider zu bekannt sind, als daß wir nötig hätten, hier die häßliche Schilderung davon zu geben, sind wir überzeugt, daß Raub und Plünderung das Lieblingslaster vieler Generäle und der meisten Kommissäre sind. Tiefgekränkt, Menschen zu unseren Anführern zu haben, welche bloß durch Dummheit, Niederträchtigkeit und Diebereien sich einen schändlichen Ruhm erworben haben, ermüdet, nicht nur die Zeugen sondern sogar die Werkzeuge der Entehrung und Infamie des französischen Namens zu sein, bricht unsere immer betrogene Hoffnung das Stillschweigen, denn wir können nicht glauben, daß es die Absicht unserer Regierung sei, die Bauern zum Aufstand gegen uns zu zwingen, wozu man sie durch Raub und Plünderung, durch das höllische Verwüstungssystem, durch solche Drangsale genötigt hat, worüber ein Mann von Ehre schaudern und sich entsetzen muß.«

Die letzte Eintragung im Kronberger evangelisch-lutherischen Kirchenprotokollbuch für das Jahr 1799 stammt vom 3. November. Sie handelt von der Vergabe von Hospitalpfründen, von kleinen Beihilfen bei Krankheiten, vom Schulholz, über das man sich immer noch nicht einig ist. Balthasar Bleichenbach votiert dafür, daß es wie im Vorjahr nach der Schulordnung angeschafft wird oder der Kirchenrat sich mit den Eltern abfinde. Johannes Zubrod, Remy Kunz und Jakob Weidmann wollen, »daß entweder die Eltern Schul Scheite bringen oder den Schullehrern das Geld dafür zahlen«. Christ »wünschet, daß weder zum Nachteil der Schullehrer noch mit gröstem Widerwillen der Burgerschaft die Sache geschlichtet werde«. — Kein Wort davon, daß man in wenigen Wochen das alte Jahrhundert verlassen, in ein neues eintreten sollte, von dem niemand wußte, was es bringen würde. In der großen Politik und Kriegführung hatte sich ja inzwischen auch einiges zugetragen. Napoleon war 1798 mit seinem Expeditionsheer nach Ägypten gelangt, hatte den Sieg bei den Pyramiden errungen und Kairo eingenommen. Dann aber hatte Admiral Nelson die französische Flotte bei Abukir vernichtend geschlagen und damit dem französischen Heer die Verbindung mit dem Mutterland abgeschnitten. Sein Heer im Stich lassend, war der Korse im Spätherbst 1799 wieder in Frankreich eingetroffen, hatte durch den Staatsstreich vom 18. Brumaire (9. November) die seit 1795 bestehende Direktorialregierung beseitigt und eine Konsularregierung begründet, an deren Spitze er als Erster Konsul stand.

Doch die Franzosen hatten die Kronberger ohnehin auf dem Hals, mußten sich Tag für Tag mit ihren Forderungen und Unverschämtheiten herumschlagen. Warum sollte man den Anbruch des neuen Jahrhunderts nicht dennoch feiern? Man wird es in den Kronberger Wirtshäusern nach Kräften getan und dabei wenigstens zeitweise vergessen haben, daß die französische Kavallerie in Hochheim am 18. Dezember nicht nur die Rückstände reklamiert, sondern auch 175 Pferderationen neu und jedenfalls unverzüglich verlangt hatte, widrigenfalls Requisition an Ort und Stelle erfolgen würde.

Vom Mainzer Rad zum Nassauer Löwen, 1800—1802

Nehmen wir die großen europäischen Ereignisse im ersten Jahr des neuen, 19. Jahrhunderts vorweg. Als Napoleon aus Ägypten nach Paris zurückkehrte und sich an die Spitze einer neuen Regierung setzte, war der Zweite Koalitionskrieg, wie wir wissen, schon seit dem Novemberg 1798 im Gange, in Italien, der Schweiz und Süddeutschland. Der Erste Konsul setzte ihn im Jahre 1800 energisch fort. Er siegte am 14. Juni bei Marengo, sein General Moreau besiegte am 3. Dezember bei Hohenlinden die Österreicher, womit das Kriegsende mit dem Frieden von Lunéville am 9. Februar des folgenden Jahres 1801 sich vorbereitete.

Doch kehren wir nun auf den kleinen Kronberger »Kriegsschauplatz« zurück und verfolgen, was sich dort abspielte.

Schadenfreude soll, dem Volksmund zufolge, die reinste Freude sein, doch steht sie einem evangelisch-lutherischen Pfarrer oder Oberpfarrer gewiß nicht gut an. So wollen wir nicht behaupten, daß die Ereignisse des Frühjahrs 1800 Johann Ludwig Christ mit Schadenfreude erfüllten. Eher mag das Gegenteil der Fall gewesen sein. Immerhin werden ihn aber einzelne Vorgänge lebhaft an die der Jahre 1786/87 erinnert haben, als der zweite Pfarrer Balthasar Bleichenbach mit seiner Gruppe von Kirchenältesten versuchte, ihn wieder aus Kronberg zu vertreiben, mit zum Teil recht unfeinen Mitteln. Ob Christ selbst an der neuen Sache beteiligt war, wie Amtskeller Brückner meinte, wollen wir später erörtern, wenn wir die Fakten kennengelernt haben.

Über das Verhältnis zwischen den beiden Pfarrern in den vorangegangenen Kriegsjahren wissen wir nur wenig. Es gab nicht viele Kirchenkonvente und entsprechend auch kaum Reibungs- und Streitpunkte. Nun erfahren wir gleich zu Beginn des neuen Jahrhunderts einiges Neue:

Am 10. Januar 1800 erhielt der Frankfurter Notar Johann Wilhelm Scheuermann in der Mainzergaß einen Brief, den er in die von ihm ausgefertigten Niederschriften aufgenommen hat. Darin heißt es: »Da hiesige evangelisch lutherische Bürgerschaft durch das boshafte Betragen ihres zweiten Pfarrers Balthasar Bleichenbach und besonders dessen unverzeihliche Vernachläßigungen in seinen Amts-Verrichtungen sich genöthigt findet, desfalls bey Einer Kurfürstlichen Regierung in Aschaffenburg Klage zu erheben, zu welchem Ende bereits schon im Monat Merz 1797 auf hiesigem Rathauße durch Herrn Oberschultheiß Braun und weyland Herrn Stadtschreiber Phildius ein förmliches Syndicat errichtet worden, auch nach neuerlich im Monat December 1799 in Bezug auf dieses Syndicat wegen fortdauernden Ursachen unserer Beschwerden eine nochmalige schriftliche Verbindung sämtlicher evangelischen Bürgerschaft geschehen, und sich diese aus bewegenden Ursachen bewogen findet, vor Ihnen, Herr Notar, und Ihren subrequirirten Zeugen, ihre beschwerende Erklärungen und respc. Zeugniße ihrer Angaben, abzulegen und abhören zu lassen; als ersuchen wir Endesunterschriebene, zum Betriebe dieser Angelegenheit besonders bevollmächtigte Mitglieder gedachter Gemeinde Sie, sich nächsten Montag hierher zu begeben, die gegen gedachten Herrn

Pfarrer Bleichenbach geschehenden Beschwerden und Zeugnisse, nebst Ihren Instruments-Zeugen anzuhören, solches zu Protocoll zu nehmen, alles, was Ihr Notariatsamt erfordert, dabey zu beobachten und uns sodann über den ganzen Vorgang ein förmliches Instrument zu verfertigen.

Was Sie in dieser Sache solchergestalt thun werden, versprechen wir nicht nur zu genehmigen, sondern Sie auch völlig schadlos zu halten. Wir verbleiben mit Achtung

Kronberg
den 10. Jänner 1800

Ew. Hoch Edelgeb.
Dienstergebendste
Franz Martin Fuchs
Andreas Friedrich Weidmann
Adam Henrich
Ernst Friedrich Weidmann

Demzufolge bestieg der kaiserliche Notar Scheuermann am Montag, 13. Januar, sein Pferd und ritt hinauf nach Kronberg, wo er sein Absteigquartier im Gasthaus zum Löwen nahm. Einige Stunden später, um 4 Uhr abends (es war ja Winter und entsprechend früh dunkel) begab er sich, »weil eine Versammlung auf dem Rathauße von dem derzeitigen Herrn Amtskeller nicht gestattet werden wollen«, in Begleitung seiner »dreyen subrequirirten unpartheyischen Instrumentszeugen«, der Gerichtsschöffen Peter Gottschalck und Chrisoph Best von Neuenhain und des Gerichtsschöffen Conrad Henrich von Niederhöchstadt, »in die Behaußung des hiesigen Burgers und Schloßermeisters Ernst Friedrich Weidmann, in der Höllgasse gelegen, und zwar in das darin gleicher Erde, zur rechten Seite des Einganges befindliche Zimmer, dessen zwey Fenster auf die Straße, eins aber in den Hof gehen«. In diesem Zimmer versammelten sich, außer dem Hausherrn, dem Notar und seinen drei Zeugen, allmählich noch: der achtunddreißigjährige Andreas Friedrich Weidmann, der einundfünfzigjährige Franz Martin Fuchs, Chirurgus, der siebenunddreißigjährige Peter Holtzemmer, Schreinermeister, der achtundvierzigjährige Thomas Schall, Schreinermeister, der vierundvierzigjährige Andreas Georgi, Hutmacher, und der sechsunddreißigjährige Philipp Zecher, Leineweberermeister, alle Kronberger Bürger und lutherischer Religion.

Nachdem einer nach dem andern dem Notar »handtreulich angelobt hatte, daß er der Wahrheit treu bleiben und sich weder durch Privat-Haß, noch durch eine sonstige eigennützige Privatursache zu seiner Beschwerde verführen laßen wolle«, nahm Scheuermann die Beschwerden einzeln auf. So entstand ein 27 Seiten umfassendes Notariatsinstrument, das zusammen mit drei weiteren Zeugenaussagen im Februar als Bittschrift an den »Hochwürdigsten Erzbischof, gnädigsten Kurfürst und Herrn« in Aschaffenburg ging. Von dort wurde es am 28. Februar wieder an den Kronberger Amtskeller gesandt, »um vordersamst den gütächtlichen Bericht anhero zu befördern, ob und in wie weit die Denunciata gegen den dasigen Pfarrer Bleichenbach gegründet seyn mögen«.

Die Bittschrift als solche, die ständig auf die Beilagen verweist, zählt knappe zehn Seiten. Wir zitieren das Wichtige und Neue daraus und erwähnen das uns schon Bekannte nur kurz. Zu Beginn heißt es:

»Dem Menschen, der christlich erzogen wird, werden von seiner Jugend an die edelste Begriffen von denjenigen Personen nemlich den Geistlichen beigebracht, welche bestimmt sind, sein zeitliches und ewiges Glück zu befördern. Wenn er diese, so zu sagen mit der Muttermilch eingesaugte Begriffe gegen seinen vorgesetzten Heil und Selen-Hirten verliehret, so müßen gewiß solche widrige Handlungen bei demselben vorliegen, von welchen gleichsam die Natur wie von einem Abendtheuer in Bewegung gerathet.

In diesem höchst unglücklichen Fall befindet sich die Evangelische Gemeinde zu Kronberg in Hinsicht ihres zweiten Pfarrers HE. Balthasar Bleichenbach. Dieser hat während seiner Dienstzeit in unserer Gemeinde solche Sitten- und Dienstwidrige Handlungen begangen, und harret mit einem so boshaften Starrsinn in diesem ärgerlichen Betragen gegen alle Ermahnungen, daß wir Evangelische Gemeinde nicht mehr umhin können, ja gleichsam von unßerem und unßerer Nachkommenschaft Selenheil aufgefodert werden, über denselben die lauteste Beschwerden zu führen und höchsten Orts anzubringen.

Diese gefühlte Pflichtschuldigkeit berufte unsere Gemeinde schon im Monat März 1797 auf das hiesige Gemeindehauß zusammen, wo wir in Gefolge Hoher Landes Regierungs Vorschrift das zur Ausführung dieser abgedrungenen Beschwerde nöthige Syndicat errichteten; weilen aber gleich nachhero das feindliche Kriegsheer in unsere Gegend vorrückte, so unterbliebe dazumal der würckliche Erfolg, und würde auch unterblieben seyn, wenn HE. Pfarrer Bleichenbach eine Beßerung in seinem Betragen auf jenen warnenden Vorgang hätte bliken lassen. Da derselbe aber in seinem unbiegsamen Uibermuth, Eigensinn und Pflichtvergeßenheit wie der verstockte Sünder beharret, so können wir den empfindsamen Schmerz und unser Gewißenbiße über das Betragen dieses Vorgesetzten nicht mehr unterdrücken, und finden uns aufgefordert Euer Kurfürstlichen Gnaden unßere Beschwerde gegen den mehr besagten Pfarrer Bleichenbach unterthänigst vorzutragen.«

Als Beweise für die »seltene Immoralität« des zweiten Pfarrers führen die Kläger vier Beispiele an:

»a) bei dem in Kronberg im Jahr 1780 entstandenen großen unglücklichen Brand, wo jeder Einwohner alle Leidenschaft ob dem Unglück verlohren hatte, vergaß sich dieser geistliche Mann gegen den vorgesetzten kurfürstl. Beamten so vermeßen und boshaft, daß er gegen solchen in die beleidigendste Ausdrücke ausbrache und seine schäumende Bosheit so weit triebe, daß er wegen dieser ausgezeichneten Beleidigung in eine Strafe von 50 Reichsthaler bei der deßfallßigen Untersuchung condemnirt worden — gewiß ein Beweiß von der einem Pfarrer gebührenden Sanftmuth!

b) In einem Brief, welchen er Pfarrer Bleichenbach an den hier verstorbenen Pfarrer Mühl erlassen hat, bediente sich derselbe gegen einen seiner nächsten Anverwandten dieser Ausdrücke — er Anverwandter sey werth, daß, wenn er zum Thor hinausritte, man ihn linker Hand nach der Luderkaut führen solle, und daß dieser Ort die ihm gebührende Grabstätte seye. — Kann der Mund des Sittenlosesten Menschen mehr gegen seinen Nebenmenschen ausstoßen? Und doch hat der Beleidigte bisher dieses Unbild . . . im Stillen ertragen.«

Der fehlende Passus ist der Hinweis auf das Scheuermannsche Notariatsinstrument, aus dem wir erfahren, daß der Anverwandte kein anderer als der Gastwirt Adam Bleichenbach war. Der Notar mußte ihn mit seinen drei Gerichtsschöffen im »Schwarzen Adler« aufsuchen, weil der Neunundsechzigjährige »Schwachheits halber nicht ausgehen konnte«. Der ominöse Brief stammte aus der Zeit, als Bleichenbach noch Hauslehrer beim Amtmann Usener in Bergen war, und Pfarrer Mühl hatte dem Adlerwirt eine Abschrift davon gegeben. Dieser erklärte dem Notar, er habe bisher »aus Liebe zur Ruhe« eine Klage unterlassen, »glaube aber jetzt der Wahrheit und der guten Sache gegenwärtige Bekanntmachung schuldig zu seyn«.

»c) bei einer zwischen den Eheleuten Andreas Georgi und Ehefrau entstandenen Zwist, wo beide einige Wochen separiter gelebt, hat der Pfarrer Bleichenbach den besonderen Friedensstifter gemacht und damit die verabscheuungswürdige Rolle eines Verläumders gespielt.« — Nach dem Scheuermannschen Instrument hatte Bleichenbach der Frau Georgi erzählt, er habe ihren Mann »in der Umarmung mit einem ledigen Mädchen Nahmens Margaretha Beileiterinn angetroffen«.

»d) Auf die bei unßerer Kirch erfolgte Erledigung der Glöckners Stelle hat der HE. Pfarrer Bleichenbach sich gegen den um die Stelle supplicirenden Philipp Zecher in den respectswidrigen Ausdrücken gegen Höchst Seine Kurfürstlichen Gnaden geäußert.« — Zecher hatte bei seiner Bewerbung auf eine Verordnung hingewiesen, wonach auf denjenigen, »der die bestimmte Jahre in kurfürstlichen Militair-Diensten gehörig ausgehalten habe, bei Vergebung von Diensten in der Gemeinde vorzügliche Rücksicht genommen werden solle, wie dieses auch sein gedruckter Abschied besage«. Daraufhin hatte Bleichenbach lediglich bemerkt: »In diesem Stück hat der Kurfürst uns nichts zu sagen.«

Weiter heißt es dann: »So ausgezeichnet die Unsittlichkeit des HE. Pfarrers Bleichenbach aus den angeführten wenigen Handlungen dasteht, so groß und unerhört ist dessen dienstwidriges Benehmen in folgenden Handlungen.«

Als Beweise für dieses »dienstwidrige Benehmen« führen die Kläger folgende Fälle an: Bei einem Krankenbesuch habe er 1798 dem »sprachlos dagelegenen« Martin Weidmann keinen geistlichen Zuspruch vergönnt und wegen dessen ebenfalls kranker Frau nur ganz gleichgültig gesagt: »Diese da kann abkommen«, und »sey somit fortgegangen ohne nur ein einziges Wort mit der Kranken gebetet, oder nur einen Gedanken zum Troste der Kinder geäußert zu haben.«

Der zweite Fall betraf die Frau des Andreas Friedrich Weidmann, die »durch einen Mißfall tödlich krank gelegen«. »Anstatt daß er die Leidende getröstet und ihr den nahen Schritt in die Ewigkeit durch seinen Zuspruch erleichtert hätte« sei er »in einem weisen tüchernen Ueberrock wie ein Müller oder Becker zu ihr ans Bett getretten und habe die schon mit dem Tode ringende Kranke mit den Worten angefahren: ›Ja! ja! die junge Weiber wissen nicht wie sie sich in solchen Umständen halten sollen, sie wollen gleich wieder waschen und Stuben kehren, ein todes Kindbett ist böser und kostet auch mehr als drey lebendige, à Dieu, Herr Vetter!!!‹ Hiermit sey er fortgegangen, ohne nur das geringste zum Trost der Sterbenden oder der Umstehenden gesagt zu haben. Einige Stunden darauf sey die Krancke verschieden.«

Im dritten Fall ging es um den kranken Falkensteiner Lorentz Sinai. Der hatte seinen Schwager und Mitnachbarn Johannes Krüger zu Bleichenbach geschickt und diesen um das Abendmahl gebeten. Bleichenbach habe jedoch »aus bloßer Komodität« geantwortet: »Das kann unmöglich seyn, das Volck ist jetzo in Bewegung.« — Er war also zu feig, zu dem Kranken hinauf nach Falkenstein zu wandern, und lehnte es auch ab, als Krüger ihm anbot, ihn hinauf und hinab zu begleiten. Dabei habe man jedoch nachher vernommen, »daß er an dem nemlichen Tage, in Gesellschaft des Chirurgus Phildius und Lorentz Hahn auf den Döngesberg gehen konnte, um Königstein brennen zu sehen, indem er doch eine seiner wichtigsten Amts Schuldigkeiten nicht erfüllen wollte.«

Im vierten Fall war eine Beileiterin mit einem sehr schwachen Kind niedergekommen, und die Hebamme hatte die Nottaufe vorgenommen. Als man einen Boten zu Bleichenbach sandte, um diese erste Taufe »priesterlich zu bestätigen«, habe er geantwortet: »Er sey kein Wiedertäufer, es wär Zeit bis den Abend nach der Betstunde. Als man hierauf nochmals Nachmittags zwischen 2 und 3 Uhr zu ihm geschickt habe, so sey der Herr Pfarrer auf dem Spatziergange gewesen und seine Frau habe gesagt, wenn man ihn haben wolle, müße man ihn im Wingert suchen. Durch diese unverzeihliche Nachläßigkeit des Herrn Pfarrers sey somit das neugeborhene Kind wircklich ohne priesterliche Bestätigung der Taufe aus der Welt gegangen, ohngeachtet es doch 21 Stunden gelebt habe.«

Weiter erklärt dann das Notariatsinstrument: »Mit diesem beispiellosen Betragen und Laeßigkeit in Erfüllung der heiligsten Pflichten eines Pfarrers verbindet Pfarrer Bleichenbach auch in seinen öffentlichen geistlichen Verrichtungen die größte Anstößigkeit . . . Hierbei ist er unbekümmert, ob seine ihm nach der Kirch anvertraute Schäfergen seine geistliche Reden oder Predigten mit Fleiß, Achtung und Vertrauen anhören oder nicht . . . Ein Hirt, der sich so wenig um seine Schafe und Herde bekümmert wie HE. Pfarrer Bleichenbach, ist der wohl werth, ein Hirt zu seyn?« Als Beweis wird die Aussage des Thomas Schall angeführt. »Als dieser demselben vor 2½ Jahren vorgehalten habe: es giengen so wenig Leute in seine Kirche, er solle doch machen, daß er auch diese nicht verlöhre, habe er zur Antwort erhalten, dieses sey ihm einerley, und wenn nur noch drey in die Kirche giengen, so predige er doch; er frage nichts darnach, ob viele oder wenige in die Kirche giengen.«

Weiter wird von allen Klägern gemeinsam berichtet: »Vor einigen Jahren sey ein Schloßergesell aus Langen Salza gebürtig, hier verstorben. Diesen habe der Herr Pfarrer in öffentlicher Versammlung höchst unanständigerweise in seiner Leichenpredigt einen Arlequin genannt, und dieses blos aus der Ursache, weil der Verstorbene bei Gelegenheit einer Handwercksfeyerlichkeit eine dergleichen Rolle übernommen gehabt. Solche unanständige Späße, wodurch nothwendig die Andacht gestört werden müße, seyen sie von ihren Geistlichen in deren Amtsverrichtungen nie gewohnt gewesen und sey dieser Vorfall allgemein sehr übel aufgenommen worden.«

Die folgenden Klagepunkte gelten Schulsachen, darunter schon halb vergessenen wie der Einführung des Hanauischen Katechismus, »der über die Begriffe der Kinder geschrieben ist«, und des Bahrdt'schen Vaterunsers. Unter den Kindern, welche keine Lust bezeigten, dieses neumodische Vaterunser zu lernen, befand sich auch Adam Justi, Sohn des verstorbenen Pfarrers Andreas Justi, »welchen er 8 Tage lang durch den Cantor täglich mit neuen Ruthen hauen laßen, und würde vielleicht den Knaben zu Sättigung seines boshaften Starrsinns bis auf den Todt mißhandelt haben, wenn nicht die Vorstellungen des Cantors das grausame verfahren geendigt hätten.« Schließlich wird noch ein Diktat-Text Bleichenbachs zitiert, in dem der Pfarrer einen Bürger und dessen Ehefrau mit Vor- und Nachnamen genannt und verspottet hatte: »Der Liebste Mann heißt Nicolaus (Weigand) und seine Mutter heisset Marriket.«

In einem Pathos, das fast an die Klageschriften des Jakob Koch erinnert, heißt es dann: »Mit Wehmuth müßen wir bekennen, daß HE. Pfarrer Bleichenbach durch die angeführte ärgerliche Handlungen alles Zutrauen und Liebe bei seinen Pfarrkindern getödtet habe, und daraus die betrübte Folge vorliege, daß wenige noch das heilige Abendmahl, die erste und größte Stütze unßerer Religion empfangen, aus Ursach, weilen alle diesen Geistlichen für unwürdig erachten, dieses heilige Religions Werck gültig zu verrichten.

Unsere Gemeinde ist sonach in ihrer kirchliche Gemeinde, in ihrer Religion und in dem Ziel der ewigen Wohlfahrt aufgelößt und stehet an dem Rand, daß sie mit ihrer gantzen Nachkommenschaft durch die von dem gefährlichen Pfarrer Bleichenbach eingeführte Mißbräuche, ausgestreute Religions Neuerungen und schädlichen Bahrtischen Begriffen in eine gantze Religions Lauigkeit, denn nach und nach bei der unverantwortlichen Dienst Laßigkeit dieses Pfarrer in wahren Irrglauben und so in volle Sittenloßigkeit und das Verderben des zeitlichen und ewigen Wohls verfalle.«

Daher bitten die vier Verfasser »Nahmens der Evangelischen Gemeinde zu Kronberg« den Kurfürsten, daß

»1. unser erster Pfarrer ohne Umtrieb angewiesen werde, das heilige Abendmahl jedesmahl allein zu verrichten, und auf keine Art deßen Austheilung dem Pfarrer Bleichenbach mehr zuzulaßen.

2. Die von dem Pfarrer Bleichenbach gewagte Neuerungen ausgerottet, und unßere Kirch und Religion wieder in ihre alte Verfaßung und Lehre zurückgeführt werde, endlich

3. Der uns so schädliche Pfarrer Bleichenbach, gegen den alle Hochachtung, Liebe und Zutrauen bei den Pfarrkindern erstorben ist, und deßen Daseyn ungleich mehr übeles als gutes wircket, aus unßerer Gemeinde entfernet werde.«

Am 21. März nahm Amtskeller Anselm Brückner in einem über 40 Seiten umfassenden Amtsbericht Stellung zur Bittschrift, dem Notariatsinstrument und den anderen Anlagen. Er war bei der Abfassung des Ganzen nicht gerade wohlgelaunt, und man merkt beim Studium des Berichts, daß ihm diese neue »Rebellion« innerhalb der lutherischen Gemeinde sehr ungelegen kam, daß er im Hinblick auf die allgemeinen Weltläufte und auf die Lage des Mainzer Kurstaates vor allem Ruhe in Stadt und Amt wünschte. Nur so ist es zu erklären, daß er, der sonst behutsam und sachlich das Für und Wider abwog, die »Materialien dieser Klagen« insgesamt als »unbegründet oder entstellt« bezeichnet. Punkt für Punkt vorgehend, korrigiert er einzelne Darstellungen, entkräftet Vorwürfe oder — was wir sonst nicht bei ihm kennen — spielt sie herunter. Für die Falkensteiner Sache ist Mainz ohnehin nicht zuständig, denn das Dorf gehört ja zu Nassau-Usingen.

Wir beschränken uns auf einzelne interessante Fakten aus seiner umfangreichen Stellungnahme. Den anstößigen Text im Brief Bleichenbachs an den Pfarrer Mühl bringt Brückner im genauen Wortlaut: »Warum hat man dem Pferd denn nicht den Weg mit seinem Archon zum Frankfurter Thor dem Sauseechen vorbei angewießen, dieß wäre doch wohl der bequemste Ort seiner Ruhestätte.« Der Archon war nach der Abschaffung des Königtums der mächtigste Mann im alten Athen. Der Sinn des Satzes wäre somit: Adam Bleichenbach ist zwar der reichste Mann in Kronberg und übt entsprechende Macht aus, aber es fehlen ihm die moralischen Qualitäten, weshalb der Briefschreiber ihn auf den Weg zur »Schindkaut«, am kleinen Sausee vorbei, schicken wollte, um ihn dort neben verendeten Tieren zu begraben. Brückner verweist darauf, daß der Adlerwirt zwanzig Jahre über die Sache geschwiegen hat und nun gestorben ist (nach dem Totenbuch am 24. Februar 1800, 69 Jahre und 5 Wochen alt), doch das entschuldigt so harte Worte einem der nächsten Verwandten gegenüber kaum. Sie lassen auf einen unbeherrschten, vielleicht sogar zügellosen Charakter schließen, und der zeigt sich auch in einem anderen Vorgang, dem Verhalten des jungen Bleichenbach beim Brand von 1780. Brückner schreibt dazu:

»Der Vorgang war aktenmäßig dieser: Der K. Amtskeller stand im Begriff um die Ausbreitung des Brandes zu verhindern, die angränzende Wohnung der Philipp Zubrodt Wittib, einer Anverwandtin der Bleichenbachs, niederreißen zu laßen. Dieser sprach dagegen und machte endlich in der Hize dem Kurfürstlichen Beamten öffentlich die unanständigsten Grobheiten. Letztere wurden hierauf ad protocollum untersucht und Kurfürstliche Hohe Landesregierung verurtheilte jenen zur 3tägigen Thurmstrafe oder statt derselben zu einer Geldbuße ad 20 Reichsthalern.« Von den 20 Thalern mußte Bleichenbach am Ende nur deren 10 bezahlen. Überdies wurde das Haus der Zubrodin tatsächlich erhalten.

Aus Brückners Nachforschungen im Falle des Martin Weidmann ergibt sich, daß Martin Weidmann, »der langsamen Kur des Fiebers überdrüssig«, eine »so starke Dosis Nießwurz« zu sich genommen hatte, »welche so heftig wirkte, daß er bald in tödliche Konvulsionen verfiele«. Bleichenbach hatte sofort nach Ärzten geschickt. Diese »schütteten dem Kranken die Arzneien ein und retteten ihn. Auch das Weib besserte sich wieder«.

Was das »Syndicat« von 1797 angeht, so betraf es, nach Brückner, eine andere Angelegenheit, nämlich die Neuvergabe des Glöckner-Dienstes, und »die Verbindung der Bürgerschaft im Dezember 1799 offenbar gesezwidrig und ihr Geständniß in einem unmittelbar Kurfürstlicher Hoher Landesregierung vorgelegten exhibito verrathet den höchsten Grad von frecher Widersezlichkeit gegen die bestehenden kurfürstlichen Verordnungen, vermög welchen jede Gemeindsversammlung ohne obrigkeitliches Vorwissen und Beisein mehrmal schärfstens untersagt und die Errichtung eines Syndicats, wie im Dezember 1799 geschehen sein soll, nachdrücklich verboten ist«.

Weiter war es, nach Brückner, nicht erlaubt, einen fremden, frankfurtischen Notar beizuziehen; die Kronberger waren auf die Notare in Höchst verwiesen.

Verblüffend für uns sind die Schlußfolgerungen Brückners, wenn er schreibt: »Auf welcher Seite man demnach das ganze Klagwesen betrachtet, so stößt man überall auf Verdrehungen, Unwahrheiten, Boßheit und Ungehorsam. Noch gehässiger wird die Sache, wenn man auf ihren wahren Entstehungsgrund zurückgehet. Die Quärulanten haben nichts weniger im Sinn als die kurfürstlichen Episcopalgerechtsame neuerlich anzufechten, ein eigenes Konsistorium im Ausland für sich zu begehren und sonstige alte Ansprüche aufzustellen. An ihrer Spize befindet sich der erste Pfarrer Krist. Gegentheiliger Meinung ist der 2te Pfarrer Bleichenbach mit seinem nicht unbedeutenden Anhang. Daher die Intrigue der ersteren, diesen, es koste was es wolle, zu entfernen und sich dadurch einen ihren Absichten etwa günstigeren Prediger zu verschaffen. Allein desto nöthiger möchte auch sein, den Denuntianten gegen derlei Bosheiten rechtlich zu schüzen und durch ihn die Trennung in der Gemeinde zu unterhalten, da ohne solche der unangenehmen Behelligungen mit Religionsprozeßlichkeiten kein Ende sein wird.«

Er schlägt vor, »die Untersuchung der angebrachten Anzeigen noch zur Zeit auf sich beruhen zu lassen«, die Querulanten wegen ihrer ungesetzlichen Versammlungen in eine empfindliche Geldstrafe zu nehmen und »auf die Erneuerung solchen Unfugs und insbesondere auf die heimlichen Zusammenkünfte in Gemeindegeschäften, als das Grundübel und der Sitz alles Unheils, jene Strafe zu verdoppeln und den Denuntianten solcher Versammlungen $1/3$ der Strafe zuzuführen. Gleichwohl aber den Klägern heimzugeben ihre etwaige gegründete Beschwerden gegen Pfarrer Bleichenbach auf die verordnungsmäßige Art annoch vorbringen zu können, wonächst sie straks rechtliche Abhilfe zu gewärtigen haben sollten«.

Schon im Februar hatte der Pfarrer Bleichenbach vernommen, daß die Klageschrift in Aschaffenburg eingereicht war, und die Regierung gebeten, ihm die »Klagpunkte zur Einsicht und Verantwortung gnädigst mitzuteilen«. Das war jedoch offensichtlich nicht geschehen.

Im April richteten die vier Unterzeichner der Schrift ein neues Gesuch an den Kurfürsten und baten darum, daß »der von Bosheit strotzende Pfarrer Bleichenbach von Austheilung des heiligen Abendmahls einstweilen suspendirt und, damit Evangelische Gemeinde in ihrer Pflichterfüllung in Betreff dieses heiligen Werks nicht gehindert seyn möchte, unßerem ersteren Pfarrer Christ allein deßen Austheilung übertragen werde«.

Im Mai setzte man sich dann in Aschaffenburg nicht mehr so intensiv wie früher mit der Kronberger Schrift auseinander. Aufgrund von Brückners Bericht erklärte man kurzerhand die Beschwerden für »theils offenkundig falsch, verdreht, auch zum Theil schon längst abgethan, alle aber eine niedrige Leidenschaft und den höchststräflichen

Geist der Aufwiegelung und Unruhe viel mehr als den von denselben fälschlich vorgespiegelten Geist wahrer Frömmigkeit und Sittlichkeit haben«. Im Hinblick auf den Mißbrauch des Syndicats von 1797 und auf die spätere »Winkelversammlung« sowie die Heranziehung des Frankfurter Notars wurden die »Querulanten« und die evangelische Gemeinde zu einer Strafe von 100 Reichsthalern verurteilt, die im Wiederholungsfalle verdoppelt werden sollte.

Diese Strafe wird in dem durch die Kriegslasten ohnehin schon hoch verschuldeten Kronberg die Sympathien für Kurmainz nicht gerade erhöht haben. Wie Christ zu dem ganzen Unternehmen seiner Gemeinde stand, wissen wir leider nicht. Es sieht so aus, als hätte er den Dingen ihren Lauf gelassen und abgewartet. Die Vermutungen Brückners, ein auswärtiges Konsistorium betreffend, erscheinen uns nicht zutreffend. Wenn Christ etwas dergleichen mit einer solchen Aktion hätte erreichen wollen, dann hätte die doch recht dilettantische Bittschrift unter seiner Federführung ein ganz anderes Aussehen erhalten. Auch wie er zu dieser Zeit überhaupt zu Bleichenbach stand, bleibt unklar: das Kirchenprotokoll gibt keine Antwort.

Wie schon berichtet, hatte der Freiherr von Albini im Winter von 1799 auf 1800 sein Hauptquartier in Seligenstadt aufgeschlagen. Die »Frontlinie« verlief weiter von Höchst niddaaufwärts. Im Spätherbst und Winter schlug man sich vor allem im Odenwald und am Neckar mit den von Süden vordringenden Franzosen herum. Aber auch auf der nördlichen Mainseite kam es zu kleineren Treffen und zu Streifzügen der Mainzer. So stieß der kurmainzische Rittmeister Jakob Schröder mit einer kleinen Husarenabteilung bis nach Wetzlar vor, überfiel die französische Garnison, nahm sie gefangen und befreite so die Stadt für längere Zeit von Besatzung und Kontribution. Albini faßte sogar den kühnen Plan, Kastel und Mainz nächtlicherweise zu überrumpeln, aber der österreichische Oberbefehlshaber, Erzherzog Karl, winkte ab.

Weiter hatte Albini den Gedanken, den Landsturm in ganz Süddeutschland einheitlich zu organisieren und damit schlagkräftig zu machen. Diesem Gedanken stimmte der Erzherzog zu und entwarf den Plan für eine in allen süddeutschen Staaten aufzubauende ständige Landmiliz. Ende Januar 1800 berief er dieserhalb einen Kongreß nach Mergentheim ein, aber der blieb ohne nennenswerten Erfolg. Die meisten Gesandten erklärten, sie seien nicht mit ausreichenden Vollmachten versehen. Vielleicht trug diese Enttäuschung mit dazu bei, daß der Erzherzog im März den Oberbefehl niederlegte und vorerst Gouverneur von Böhmen wurde.

Neben Kurbayern unternahm nur Kurmainz etwas. Da die älteren Landsturmjahrgänge im Oberstift für die Feldbestellung gebraucht wurden, machte man aus der jungen, ledigen Mannschaft eine Landmiliz. Ende März bildete diese sechs Landmilizbataillone. Daneben bestand noch ein freiwilliges Jägerkorps. Um die Kriegskasse wieder aufzufüllen, erließ die Mainzer Regierung eine neue Steuerordnung. Adel und Geistlichkeit hatten von allen liegenden Gütern und allen Gerechtsamen je nach Ertragshöhe 4-12% zu zahlen.

Am 31. März stieß der uns schon bekannte Major von Gergens von Höchst bis nach Wicker vor, legte sich dort in einen Hinterhalt und überfiel die Franzosen. Diese hatten sechs Tote, ein Offizier, 9 Husaren und 25 Grenadiere gaben sich gefangen. Ende Juni wurde es dann Ernst. Der französische Generalleutnant St. Suzanne eröffnete mit vier Divisionen einen neuen Feldzug. Am 30. Juni rückten die Franzosen von Kastel nach Weilbach vor. Am 4. Juli setzten zwei Divisionen zum Marsch auf Frankfurt an. Eine Kolonne zog nach Höchst, eine zweite über Soden und Sulzbach in Richtung Rödelheim und drängte die Mainzer an die Nidda zurück. Eine auf der Seite der Franzosen kämpfende polnische Legion setzte über die Nidda und durchbrach die Mainzer Linien. Albini mußte nach einem Gegenangriff seine Truppen zurücknehmen, durchquerte mit ihnen nachts Frankfurt und setzte sich dann auf dem Sachsenhäuser Mühlberg fest. Am 6. Juli wurde Frankfurt wieder einmal von den Franzosen besetzt und erhielt eine Kontribution von 800.000 Livres auferlegt.

Kronberg lag hinter der Kampflinie, aber seine Bürger sahen drunten in der Ebene die marschierenden und kämpfenden Kolonnen und vernahmen den Lärm der Kanonen. In Eschborn lag, der von Adolf Paul zitierten Kirchenchronik zufolge, eine Kompanie Kreistruppen unter Hauptmann Welsch, die sich jedoch nach Hausen absetzte. Hingegen kämpfte eine Patrouille kaiserlicher Szekler Husaren, etwa 50 Mann stark, unter Verlust ihres Rittmeisters tapfer bei Soden und Sulzbach, konnte jedoch die Franzosen nicht dauernd aufhalten. Diese schossen aus Haubitzen 26 Pfund schwere Kugeln ins Dorf Eschborn und nahmen es schließlich ein. Noch stärker tobte der Kampf um Unterliederbach. Dann setzten die Kämpfe sich südlich des Mains in der Dreieich fort, bis am 15. Juli die Nachricht vom Waffenstillstand zu Parsdorf eintraf. Infolge der festgesetzten Waffenstillstandslinien mußten die Mainzer Truppen sich bis nach Aschaffenburg zurückziehen. Am 29. August kündigte Frankreich den Waffenstillstand auf, und am 10. September, abends um 6 Uhr, zogen die Franzosen in Aschaffenburg ein. Kurfürst Friedrich Carl von Erthal war nach Erfurt geflohen. Albini hatte sich mit seiner Streitmacht auf Fuldaer Gebiet zurückgezogen. Erst nach dem neuen Waffenstillstand von Hohenlinden konnte er am 5. Oktober nach Aschaffenburg zurückkehren, wurde aber schon Ende November wieder aus der Stadt vertrieben.

Die weiteren Kampfhandlungen zu schildern, können wir uns ersparen. Jedenfalls wurde am 9. Februar 1801 der Friede von Lunéville geschlossen, der das linke Rheinufer vertraglich den Franzosen auslieferte. Damit hatte Erthal seine Hauptstadt Mainz endgültig verloren. Am 22. Mai 1801 zog er, von Erfurt kommend, mit dem üblichen Gepränge wieder in Aschaffenburg ein. Die Aufteilung der geistlichen Gebiete und damit die endgültige Zerschlagung des Kurfürstentums Mainz sollte er nicht mehr erleben. Er starb, alt, schwach und krank, am 25. Juli 1802. Im September 1801 hatte er seinem Feldherrn einen goldenen Degen verehrt, mit der Aufschrift: »Friedrich Karl Joseph seinem Albini« und den Namen der Hauptkampfplätze.

Durch den Reichsdeputationshauptschluß von 1803 wurde der Mainzer Erzbischofstuhl auf die Regensburger Domkirche übertragen. Erthals Nachfolger Karl von Dalberg behielt das zum Fürstentum erhobene Aschaffenburger Gebiet. Nassau-Usingen, das seine Besitzungen an der Saar verloren hatte, bekam unter anderm den Rheingau und die Ämter am Untermain und im Vordertaunus, darunter Höchst, Königstein,

Oberursel und Kronberg. »Nach dem Vorgang mehrerer höchst und hohen Reichsstände« wartete der Fürst Carl Wilhelm von Nassau-Usingen jedoch den endgültigen Termin im Frühjahr 1803 nicht ab, sondern gab am 9. Oktober 1802 ein »Patent« heraus, mit dem er von den ihm zugesprochenen mainzischen Landesteilen »provisorisch« Besitz ergriff: »So haben Wir zu dem Ende Unsern noch besonders bevollmächtigten Comissarium Huth unter Begleitung militärischer Mannschaft mit dem Auftrag abgeschickt, daß er Unsere auf benannte Besitzungen vorläufig erlangten Rechte den Beamten und Ortsvorgesetzten in Unserm Namen einstweilen bekannt machen, und den andurch ergriffenen provisorischen Besitz mittelst Publication dieses Patents und dessen Anschlagung an gehörigen Orten versichern und bestätigen solle.« — Doch damit haben wir weit vorausgegriffen und müssen nun schildern, was sich derweilen in Kronberg tat.

Brücknersche Akten aus den späteren Monaten des Jahres 1800 und aus dem Jahre 1801 sind, durch die Kriegsereignisse, spärlich. Sehr wahrscheinlich hatte sich mit dem Kurfürsten auch die ganze Regierung nach Erfurt abgesetzt, und Brückner mußte, auf sich gestellt, zusehen, wie er zurechtkam, mit den Kronbergern, der Besatzung und — sich selbst. In das Jahr 1801 fällt ein für sein persönliches Leben wichtiges Ereignis. Es wurde berichtet, wie er gehofft hatte, die junge Anna Margarete Bleichenbach, Adam Bleichenbachs Tochter aus erster Ehe, zur Frau zu gewinnen. Doch sie hatte den Adam Platz heiraten müssen, Bürger und Handelsmann in Kronberg und Frankfurt, der uns beim Brand von 1792 begegnet, wo sein Haus, »sonst Adam Bleichenbachs Wohnhaus (anderwärts zum Goldenen Thurm genannt)« teilweise beschädigt wurde und seine Scheune abbrannte. Im August 1796 treffen wir noch einmal auf seinen Namen: ein französischer Kriegskommissar wollte ihn im Zusammenhang mit einer Kontributionsforderung als Geisel nehmen, er zog es jedoch vor, zu verschwinden. Er war wohl älter als Anna Margarete, denn sie wurde schon 1800 Witwe. Nun warb Anselm Brückner zum zweiten Mal um die nun Dreiunddreißigjährige, und am 29. Juni 1801 fand die Hochzeit statt. Die Ehe blieb kinderlos, Madame Brückner verstarb 1825 in Frankfurt.

Im Mai des Jahres 1800 unternahmen die Katholiken Kronbergs wieder einen Vorstoß wegen ihrer Prozessionen zum Frankfurter Tor hinaus und herein. Ins Kirchenprotokollbuch hat Christ eingetragen: »13. May 1800. Wurde ein Exhibitum von der katholischen Burgerschaft an die luther. Burgerschaft vorgelegt, welches von 2 Deputirten, dem Peter Stephan u. Joh. Gundlach, dem Andreas Friedr. Weidmann eingehändigt worden, deme aber bei versammeltem Kirchenrath, wobei Gericht und Rath zugegen war, verwiesen worden, daß er die bemeldeten Deputirten nicht an den luth. Ortsvorstand verwiesen und sich der Sache für sich unterzogen.

Das Exhibitum war nicht namentlich unterschrieben, sondern nur »kathol. Burgerschaft«. — Es enthielt solches »unter verschiedenen theils bittern Ausdrücken, theils pöbelhaften Sachen, Vorwürfen« usw. die Bitte, ihnen zu erlauben, daß sie bei ihren Prozessionszügen durch das Frankfurter Thor ziehen dürften.

»Es wurde aber von diesem Schriftlichen keine Notiz genommen und dem Weidmann aufgetragen, nur mündlich zu sagen, daß nicht in der luth. Gemeinde Macht stehe, im geringsten von der Verordnung des Landesherrn abzugehen.

Nota: Niklaus Fuchs hat das Exhibitum zu sich genommen.«

Christ wiederfuhr eine neue Ehrung. Er wurde ein würdiges Mitglied der Königl. Preußischen Märkischen oekonomischen Gesellschaft zu Potsdam. Zur Freude des so anerkannten und geehrten Autors konnten in diesem Jahr gleich zwei seiner Bücher neu aufgelegt werden. Der »Baumgärtner auf dem Dorfe« erschien in der 2. Auflage, der Band »Vom Weinbau« sogar schon in der 3. Auflage. Ein geschäftstüchtiger Nachdrucker gab überdies einen unberechtigten Nachdruck des »Baumgärtners« heraus, und schließlich erschien in der Hermannischen Buchhandlung eine neue Broschüre mit dem Titel »Der neueste und beste deutsche Stellvertreter des indischen Caffee oder der Caffee von Erdmandeln, zur Ersparung vieler Millionen Geldes und längerer Gesundheit Tausender von Menschen«. Darüber mehr im zweiten Teil.

Der Sommer des Jahres 1800 hatte sich durch eine Besonderheit ausgezeichnet: neun Wochen lang hatte es keinen Tropfen geregnet, und einige Wochen hindurch war nicht einmal Tau gefallen und zwar in Deutschland wie in Frankreich. Drüben hatte der Gelehrte Antoine Alexandre Cadet de Vaux, der unter anderm Mitglied der Ackerbau-Gesellschaften im Seine-Département war, im August 1800 in der Pariser Nationalzeitung »Moniteur universel« in zwei Nummern eine Abhandlung über dieses Phänomen veröffentlicht. Christ hatte diese Arbeit zu Gesicht bekommen (er las also, wahrscheinlich bei Besuchen in Frankfurt, auch französische Gazetten!) und beschloß, diese so ganz in seinem Sinne verfaßte Abhandlung auch in Deutschland bekannt zu machen. So erschien 1801 neben der 2. Auflage des Forsyth, »Über die Krankheiten und Schädlinge der Obst- und Forstbäume« und der Broschüre »Noch ein neuer und vortrefflicher Stellvertreter des indischen Caffee oder der Caffee von der Erdnuß oder Erdeichel« das kleine, auch heute noch interessante Büchlein »Beobachtungen über die heiße und trockene Witterung des Sommers 1800, ihre Ursachen und die Mittel, der weiteren Zunahme dieses Uebels zuvorzukommen. Aus dem Französischen übersetzt und mit Anmerkungen begleitet von J. L. Christ.«

Für das Jahr 1801 gibt es im Kirchenprotokollbuch nur eine einzige Eintragung, die Vergabe eines Legats betreffend. Am 17. Februar starb der Mädchenschulmeister Nicolai. — Hielt der Friede von Lunéville mit seinen großen Veränderungen auch die Menschen der kleinen Stadt Kronberg in Atem? Wohl kaum. Immerhin mag das Gefühl, daß nun alles, vor allem die Existenz des Kurfürstentums Mainz in der Schwebe war, die Menschen zu einem vorsichtigen Abwarten bewogen haben. Vor allem aber setzte sich der Streit zwischen der evangelischen Gemeinde und ihrem zweiten Pfarrer Bleichenbach fort, wie wir aus einem Brief vom Spätherbst 1802 noch erfahren werden.

Vermutlich haben nicht wenige gelehrte Freunde Christ in Kronberg besucht. Einer von ihnen hat seinen Besuch im Buch festgehalten. Karl Cranz, königlich preußischer Oekonomie Kommissär und Sekretär beim königlich preußischen Kreisdirectorio zu Crailsheim, unternahm 1801 zu Pferd eine Reise von 3½ Monaten und veröffentlichte

Der

Baumgärtner

auf dem Dorfe

oder

Anleitung

wie der gemeine Landmann auf die wohlfeilste und leichteste Art die nützlichsten Obstbäume zu Besetzung seiner Gärten erziehen, behandeln, und deren Früchte zu Verbesserung seiner Haushaltung recht benutzen soll;

von

J. L. Christ,

Erstern Pfarrer zu Kronberg vor der Höhe bey Frankfurt am Mayn, der königl. ku fürstl. Landwirthschaftsgesellschaft zu Zelle Mitglied.

Zweyte vermehrte und verbesserte Auflage.

Frankfurt am Mayn
bey Johann Christian Hermann
1800.

seine Aufzeichnungen über das Gesehene und Erlebte 1804 in zwei Teilen unter dem ein wenig umständlichen Titel: »Bemerkungen auf einer vorzüglich in landwirthschaftlicher Hinsicht im Sommer 1801 durch einen Theil von Schwaben, des Elsasses, der beiden Rheinischen Kreise, dann Ober- und Niedersachsens angestellten Reise mit beigefügten Notizen über verschiedene Natur-Gegenstände, Kunst-Produkte, polizeiliche Anstalten und Anlagen etc.« — Preußen hatte 1791 die fränkischen Fürstentümer der Hohenzollern übernommen. Cranz hat den ersten Teil seines Berichts dem Minister von Hardenberg gewidmet. Darin lesen wir am Schluß des Kapitels »Hanau und Wilhelmsbad« (wohin der Autor mit dem Herrn von Bücher, dem Gesandten am Westphälischen Kreise, einen Ausflug gemacht hatte) aus Frankfurt die Notiz:

»Heute habe ich endlich mein Pferd wieder aus Mainz zwar gesund, aber mit Verlust eines Auges, an welchem sich leider der schwarze Star angesetzt hat, erhalten, und damit ich den um die Pomologie so sehr verdienten Ober-Pfarrer Christ zu Kronberg nun auch persönlich kennen lerne, weil wir in unserer Korrespondenz ohne dies nach und nach auf den freundschaftlichsten Fuß gekommen sind, werde ich Morgen früh dahin reiten.«

Dem folgt der Bericht vom 23. Juli 1801:

»So gut das Ackerfeld und die Kultur nahe bei Frankfurt auf dieser Seite ist, so schlecht wird dennoch nicht weit davon das Erstere, und man kommt lange durch eine Art Sandwüste. Indessen wird der Boden nach und nach wieder schwerer, mehr mit Thon gemischt, und endlich, je mehr man sich den Bergen bei Kronberg nähert, besteht er größtentheils aus Kalkmergel. Sie bauen Roken, Weizen, Hafer, Gerste, aber nichts vorzüglich gut, weil sie wegen der mit großen Drucke bestehenden Schäferei zu wenig Futtergewächse in die Brache aufstellen können. Trefflich dagegen ist die Obstkultur in der ganzen Gegend. Beinahe alle Felder sind mit den schönsten Obstbäumen besetzt, und die Dörfer stehen durchgängig in den herrlichsten Obstwäldern, von deren Existenz man in den andern Theilen von Teutschland kaum eine Idee hat.

Kronberg ist ein kleines, schlecht gebautes Mainzisches Städtchen, welches am Abhange eines Berges liegt, und dennoch verkaufen die Einwohner in etwas guten Jahren für 40.000 Gulden Obst, Obstwein und Essig, und durch die Bemühungen des Ober-Pfarrers Christ alljährlich für mehrere tausend Gulden junge Obstbäume bis in die entferntesten Weltgegenden. Jede ganz unfruchtbar scheinende Stelle ist mit Obstbäumen bepflanzt oder zu Baumschulen benützt, und gewährt so einen großen Vortheil. Vorzüglich sieht man auch viele edle gelben Mirabellen, weil dieser Baum durch seine trefflichen Früchte den wenigen Raum, welchen er erfordert, äußerst reichlich bezahlt. Denn da es der Natur dieses Baumes gemäß ist, daß er gesunder bleibt und mehrere, dann bessere Früchte trägt, wenn man seine Jahres-Triebe immer verkürzt und ihn bei kleinen Kronen erhält, so gewinnt man dadurch den Vortheil, daß man ungleich mehrere Stämme in einen Garten setzen kann. Gewöhnlich werden daher zwischen den mit kleinen runden Kronen hochstämmig gezogenen Mirabellen-Baum-Reihen noch in die Mitte derselben, in einer Entfernung von fünf bis sechs Fuß, Zwerg-, Kessel- oder Busch-Mirabellen-Bäume gepflanzt, um damit jedes Fleckchen Land zu benüzen, und so behandelt sah ich auch z. B. einen Garten von ungefähr ¾ Morgen (à 160 Quadratruthen zu 16 Fuß), welcher durch die öfters daraus in einem Jahr getrocknet werdenden 25 Centner Mirabellen einen Ertrag von vier- bis fünfhundert Gulden gewährt. Man rechnet, daß in Kronberg jährlich an tausend Centner dieser Früchte getrocknet und ins Ausland verkauft werden.

Auch ist in der Nähe des Orts ein ganzer Wald von den schönsten süßen Kastanien-Bäumen, welche immer, wenn sie gleich meistens nur aus dem Samen gezogen werden, die herrlichsten Früchte in Menge bringen.

Eben daher sind die Grundstücke wegen dieser vortheilhaften Benüzungsweise sehr teuer, und ein irgend bequem gelegener Morgen Landes von der oben bemerkten Größe wird mit 1200 Gulden bezahlt.

An dem Herrn Ober-Pfarrer Christ traf ich, ohne seine großen Verdienste als Schriftsteller zu erwähnen, einen unendlich thätigen Oekonomen und angenehmen Gesellschafter, der mich auf das freundlichste und gastfreieste aufnahm. Seine Baumschulen, in welchen an den Wegen und Seiten die Standbäume angebracht sind, mögen mehr als zwei Morgen halten und sind voll der herrlichsten Bäume. Um mit wenig Raum viele Sorten besitzen zu können, sind die Standbäume immer mit zwei bis drei Sorten veredlet, und an diesen schlingen sich dann auf italienische Weise Weinstöcke hinauf. Er besitzt von jeder Art Obst ein sehr großes Sortiment, und erhält immer durch seine ausgebreitete Korrespondenz noch neue Sorten. Die Standbäume sind mit kleinen am Pfahle angenagelten Täfelchen bezeichnet, und die immer eine besondere Sorte enthaltenden Baumschul-Reihen mit Nummern-Hölzern, so daß um so weniger eine Verwirrung vorgehen kann, weil er immer bei dem Veredeln zugegen ist, selbst mithilft, und auch die Zweige dazu mit besonderer Genauigkeit schneidet.

Seine Pfirsich- und Aprikosen-Spalier-Bäume werden im Winter nicht zugedeckt, weil er glaubt, daß sie dann nur weichlicher würden; indessen hatten sie dennoch durch die lezten so strengen Winter viel gelitten und sich noch nicht ganz erholt.

Da Herr Christ auf der ganzen Kronberger Markung den Zehenden vom Winter-Obste hat, und selbst neben seinem Garten mit Bäumen besezte eigene und Pfarr-Äcker besizt, so erhält er in guten Jahren eine unendliche Menge Obst, welches er dann frisch oder als Wein und vorzüglich als den besten Essig verkauft.

Sehr interessant war mir ferner auch seine Bienenzucht, wovon er in seinem Hofe nach der von ihm herausgegebenen Anweisung zwölf Magazin-Stöcke mit vier bis fünf Aufsäzen unter einem Dache, aber ohne weitern Schuz im Winter, stehen hat.

Schneller als je übereilte mich hier, unter den interessantesten Gesprächen über die verschiedensten landwirtschaftlichen Gegenstände, der nächste Morgen, und mit ihm die Stunde der Trennung.«

Als man zu Beginn des folgenden Jahres 1802 sicher sein konnte, daß es mit dem Kurmainzer Staat zu Ende ging, machte man sich in der Kronberger Kirchengemeinde Sorgen, wie es mit den Kapitalien gehen würde, die man den Mainzern aus der Präsenz geliehen hatte, und man beschloß, sie noch rechtzeitig wieder hereinzuholen. Einen Weg dazu fand man auch. Im Kirchenprotokollbuch heißt es unterm 3. Januar 1802:

»Wurde bei dem äußersten Verfall unserer bereits 200 Jahr gestandenen Orgel über die Erbauung einer neuen guten für die Kirche und Gemeinde passenden, von unnöthigem Prunk und kostbaren Zierrathen zwar entfernten, jedoch nicht schlecht in die Augen fallenden Orgel deliberirt, und desfalls beschlossen, diese Angelegenheit an das churfürstl. Amt zu berichten, und den Vorschlag zu machen.

Zum Behuf der Bestreitung dieser und anderer Kosten wird zugleich um 4000 Gulden der an das Kriegs-Zahlamt von der Kirchenpräsenz angeliehenen Capitalien nachgesucht und gewissermaßen aufgekündiget.

Am 13. Juli war es so weit. Man konnte den Orgelbauern, den Gebrüdern Stumm zu Rhauen Sulzbach auf dem Hunsrück mitteilen, daß die kurfürstliche Regierung ihren Consens gegeben hatte, und am 30. Juli wurde der Accord geschlossen. »Die HHE. Stumm empfangen 3150 Gulden und 2 Carolin Trankgeld und die alte Orgel zu 100 Gulden gerechnet. Sollte sie aber in der Zeit besser verkauft werden können, so steht es bei uns. Die Zahlungstermine sind: das 1te Viertel sogleich beym Accord. Das 2te auf Weihnachten laufenden Jahres. Das 3te nach Aufstellung der neuen Orgel. Das 4te ein Jahr nach Aufstellung der Orgel. Das Gehäus und die Bildhauerarbeit sollten von Eichenholz sein, für die Aufstellung war Mitte September 1803 bestimmt, Lieferung frei bis Höchst. Gleichzeitig, daß die 3000 Gulden vom Kriegs-Zahlamt abgetragen werden möchten.«

Im nächsten Monat meldete dann die »Frankfurter Kaiserliche Reichs-Ober-Post-Amts-Zeitung« in einer Extrabeilage der Nr. 130 von Sonntag, 29. August 1802, die große, in Paris beschlossene Landverteilung, wonach unter anderm die am rechten Untermain gelegenen Gebiete von Kurmainz an den Fürsten von Nassau-Usingen fallen sollten. Schon Anfang Oktober übersandten daraufhin die evangelischen Pfarrer des Amtes Kronberg und der mit diesem verbundenen Kellereien Neuenhain, Sulzbach und Soden dem Fürsten eine Eingabe. Darin berufen sie sich auf Hartmut von Cronberg als Stifter der Gemeinden, verweisen auf die »harten Unterdrückungen« und die teilweise sehr geringe Besoldung, besonders der beiden reformierten Pfarrer in Neuenhain, und bitten einmal, »in Zukunft ein eigenes Consistorial-Convent in Kronberg mit Zuziehung eines evangelischen Geistlichen aus unserer Mitte errichten zu dürfen, weil das fürstliche Consistorial-Convent in Idstein zu weit von uns entfernt ist und folglich eine Vereinigung mit demselben nicht ohne große Beschwerde geschehen könne«. Zum andern bitten sie, »uns Geistlichen mit unsern Pfarrkindern gleiche Vorzüge in Kirche und Schulen mit den hochfürstlichen weisen Anstalten genießen zu dürfen.« Und drittens bitten sie, »nach dem jetzigen katholischen Beamten zu Kronberg, dessen Niederlegung im Amte wir nach mehreren Gründen glauben, indem eigene weitläufige Besitzungen ihn gewissermaßen dazu nöthigen, in Zukunft einen Beamten unserer Kirche nach Kronberg gnädigst zu setzen.« Diese letzte Forderung haben sie auch historisch begründet. Wir werden sehen, was aus ihren Wünschen geworden ist.

Brückner wurde am 11. Oktober von der »provisorischen Inbesitznahme« durch Nassau-Usingen durch das Oberamt Höchst unterrichtet, das der Hofgerichtsrat Wallau verwaltete. Am gleichen Tag traf jedoch auch eine Mitteilung aus Aschaffenburg für ihn ein, in der aber nur von einer »provisorischen militärischen Besitznahme« die Rede war. Diese erfolgte am 16. Oktober, wie wir aus einem Kronberger Gerichtsbericht vom 30. Dezember erfahren. Da überschickte nämlich das Gericht dem Amt die Rechnung der Kronberger Wirte, mit dem »unzielsezlichen Dafürhalten, daß per Mann für ein Mittagessen zu 30 Kreuzer nebst Getränk hinlänglich bezahlt sein dörfte. Da einige Wirte ohne Anweißung ein Trankgelag aus freiem Willen gehalten haben, so dörften sie auch billig mit ihren weiteren Forderungen abzuweisen sein.« — Viele nassauische Soldaten sind da wohl nicht ins Städtchen einmarschiert, denn das Amt genehmigte am 1. Januar 1803 für Kronberg 4 Gulden 40½ Kreuzer, für Eschborn 2 Gulden 17¾ Kreuzer und für Niederhöchstadt 1 Gulden 31¾ Kreuzer.

Erst in einem am 22. November datierten Aschaffenburger Schreiben wird dann von einer »Civilbesitzergreifung« gesprochen. Der Mitteilung ist eine Abschrift des Briefes beigefügt, den der neue Reichserzkanzler und Nachfolger Erthals an den nassauischen Fürsten geschrieben hatte. Karl von Dalberg beugt sich der Macht der Umstände, »jedoch vorbehaltlich alles dessen, was Kaiser und Reich nach teutscher Staats und Kirchen Verfassung noch ferner entscheiden werden«.

In einem Schreiben des Wiesbadener Regierungsrats Huth wurde Brückner prompt mitgeteilt, daß der 23. November zum Termin der »Landesüberweisung« bestimmt worden sei. Dieser wurde aufgefordert, mitzuteilen, »in welchem Maße und unter welchen Feierlichkeiten etwa bisher bey Regierungs-Veränderungen die sämtliche Dienerschaft, wovon ein Verzeichnis mir angenehm wäre, verpflichtet und die Huldigung im Lande vorgenommen werden.« Auch alle Gefälle sollten von diesem Tage an getrennt verbucht werden. Die Pfarrer wurden aufgefordert, ihre Dienstanstellungsdekrete zur Bestätigung nach Wiesbaden einzusenden.

Die Huldigung war den Amtsakten zufolge für den 4. Dezember 1802 gegen 2 Uhr nachmittags vorgesehen. Zu ihr hatten alle Amtspersonen, einschließlich der Pfarrer von Kronberg und Eschborn, zu erscheinen. Es trat jedoch insofern eine Änderung ein, als der »Hochfürstliche Nassau-Usingische Huldigungs Commissair«, der Regierungsrat Huth, schon um 11 Uhr vormittags eintraf. Die junge Mannschaft von Eschborn empfing ihn, der Eschborner Kirchenchronik zufolge, an den ersten Kronberger Baumstücken, mit Gewehr paradierend und mit »türkischer Musik«. Die Kronberger Schuljugend mit ihren beiden Lehrern ging der Kutsche entgegen. Die Bürgerschaft stand Spalier. Am Tor der Receptur wurde Huth von Brückner und seiner Dienerschaft, von den beiden evangelischen und dem katholischen Pfarrer und von der Kronberger Obrigkeit empfangen und willkommen geheißen. Im oberen Zimmer wurde zuerst denen, die durch Dekret angestellt waren, der Huldigungseid abgenommen. Dann folgten Gericht und Rat, die Schultheißen und je ein Gerichtsmann von Eschborn und Niederhöchstadt sowie die Pfarrer von Kronberg, Eschborn und Neuenhain.

Anschließend überreichten die evangelischen Töchter der Stadt dem Herrn Huldigungskommissar ein prächtig besticktes weißes Kissen und einen Strauß, und eine von ihnen sagte ein Gedicht auf. Beim festlichen Mahl speisten die »Obersten« im großen Zimmer, die anderen nebenan, und es wurden wohl die entsprechenden Trinksprüche gewechselt, auch auf das Wohl des neuen Landesherrn fleißig getrunken. Danach besuchten Huth, Brückner und andere — was bemerkenswert erscheint — die »Judenschule«, also die Kronberger Synagoge.

Huth blieb über Nacht und fuhr am nächsten Morgen um 9 Uhr ab, wobei die Kronberger wiederum Spalier bildeten. Am Friedhof empfingen ihn berittene Eschborner und geleiteten ihn in ihr Dorf, wo an der Linde die gesamte Einwohnerschaft sich zur Begrüßung eingefunden hatte. Danach wurde Huth vom Pfarrer zum Frühstück eingeladen und kehrte dann, wieder von Berittenen begleitet, nach Höchst zurück.

Ursprünglich hatte der Chirurgus Franz Martin Fuchs, Deputierter und Wortführer der evangelischen Gemeinde Kronbergs in ihrem Streit mit Pfarrer Bleichenbach, noch umfangreichere Feierlichkeiten geplant, aus denen nun, sicher zu seinem Leidwesen, nichts wurde. Wir erfahren das aus einem Brief vom 10. November, den er in Abschrift an den Superintendenten Bickel in Mosbach sandte. Dieser vermerkte am oberen Rand der ersten Seite: »Schreiben des Chirurgi Franz Fuchs zu Kronberg an seinen Vetter, den Schuldiener Fuchs in Schierstein, mir ad notitiam mitgeteilt.« Wir zitieren diesen Brief vollständig, denn wir erfahren daraus auch, wie der Streit zwischen der lutherischen Gemeinde und ihrem zweiten Pfarrer sich weiter entwickelt hatte, daß man sogar versucht hatte, Hessen-Darmstadt als »Schutzherrschaft in Religionssachen über Kronberg« wieder einzuspannen, wie zur Zeit des großen Kirchenstreits. Das blieb freilich ohne echten Erfolg, denn Darmstadt verwies die Kronberger, wie Fuchs berichtet, an das Corpus Evangelicorum in Regensburg, und daß dessen Tage gezählt waren, ließ sich nicht schwer erraten.

Hier nun der Brief. Er lautet:

Liebster und geschätzter Herr Vetter!

Ihre edle rechtschaffene Gesinnungen, wovon ich vollkommen überzeugt bin, sind mir Bürge, daß Sie dieses Schreiben, wozu ich von meinen Mitbürgern aufgemuntert und gleichsam genöthiget worden, nicht nur nicht übel aufnehmen, sondern vielmehr sich freuen werden, eine Skizze der Herzenswonne und inneren Vergnügens der hiesigen Evangelischen Gemeinde wegen der nächst bevorstehenden Regierungs-Veränderung zu lesen, die ich Ihnen hiermit zu melden beauftragt bin, und welche Pflicht ich so gerne erfülle.

Jeder edle gefühlvolle Menschenfreund, dem die ältere Geschichte, vorzüglich die Religions Verfolgungen und Drangsalen einzelner Städte und Dörfer im teutschen Reich, besonders unseres armen verlassenen Kronbergs nur einigermaßen bewußt ist, wird uns nicht tadlen, vielmehr mit Beifall sagen: diese Evangel. Gemeinde hat allerdings Ursache, sich zu freuen, daß sie nun aus der babilonischen Gefangenschaft, worinnen sie acht und neunzig Jahre geseufzet, glücklich herausgeführt und auf Ewigkeiten hinaus von dem Religionsdruck — welcher Druck ist härter denn dieser — befreiet wird. Ich will wohl glauben, daß Sie nach einer 24jährigen Abwesenheit von hier vieles vergeßen haben, auch weiß ich ganz gut, daß Sie von den zeitherigen Verfolgungen, so ich und meine Zeit- und Glaubensgenossen erdulden müßen, nichts wissen können.

Kein Wunder also, wenn diesseitige Evangelische Gemeinde ihre Freude wegen der nächst erwartet werdenden Veränderung so laut vorher an den Tag legt. Ich muß gestehen, daß es mir ein außerordentliches Vergnügen macht, daß mich meine Mitbürger gewürdiget haben, einen Plan zu entwerffen, nach welchem das bevorstehende Huldigungsfest von unserer Gemeinde feierlich gehalten werden soll. Von dem Orte der Huldigung geht unter dem Geläute der Glocken der Zug, welchen eine Abtheilung lediger im Scheibenschießen geübter junger Mannschaft eröffnet, darauf das junge Frauenvolk, aufgebunden im größten Staat paarweise folgt, und wovon das Fürstliche Wappen, mit Bändern gezieret, getragen wird. Hernach kommt wieder eine Abtheilung junger Schützen, dann die Bürger paarweise gerade nach der Kirche. Die erste Abtheilung der jungen Schützen begiebt sich auf das Schloß, die 2te bleibt um die Kirche herum. Beim Eintritt in die Kirche macht das Lied ›Nun danket alle Gott‹ den Anfang, hierauf ›Herr Gott dich loben wir‹ und am Ende oder am Schluß: ›Sei Lob und Ehr‹.

Während diesem Gottesdienst wird das junge Schützen Corps auf dem Schloß und der Kirchmauer von Zeit zu Zeit Salve geben. Das Fürstliche Wappen soll an unserem Kirchthurm festgemacht, Abends erleuchtet und mit einer Devise: ›Wir aber erwarten eines neuen Himmels und . . .‹ angebracht werden. Liebster Herr Vetter! Es ist Ihnen zwar keineswegs zu verdenken, daß Sie nach einer 24jährigen Abwesenheit von hier das patriotische Gefühl, so uns belebt, nicht mehr haben. Gleichwohl aber sind wir überzeugt, daß Sie an unserem Hertzensvergnügen wahren und warmen Antheil nehmen. Eben deßwegen habe ich den Auftrag von meinen Brüdern, Sie feierlichst einzuladen, um diesem unserem Evangelischen Volksfeste persönlich beizuwohnen. Freilich ist dieser Plan noch sehr unvollständig. Wer z. B. hält die Huldigungsrede in der Kirche? Sie würden sagen, das wird Herr Pfarrer Christ tun. — Ja! aber die gegenwärtige Jahreszeit, wo dessen Baumhandel im stärksten Getrieb ist, wirds schwerlich gestatten. Nun HE. Pfarrer Bleichenbach — dieses geht gar nicht an, dann ich muß Ihnen ganz kurz melden, daß seit dem 9ten Dezember 1799 ein schwerer, kostspieliger und in jedem Betracht hartnäckiger Rechtsstreit zwischen dem Pfarrer Bleichenbach und der Evangelischen Gemeinde entstanden und fürwaltet, so daß seit länger als 3 Jahren die ganze Gemeinde, seine Familie und Taglöhner ausgenommen, das Heilige Abendmahl nicht empfangen, viel weniger seinen Predigten beiwohnet, weilen derselbe alles Vertrauen bei der Gemeinde verloren hat. Die Klagepunkte sind mancherlei, allein das widrige Betragen des Gegners gegen die Gemeinde, besonders die Schritte, welche er zur offenbaren Kränkung derselben bei unserer zeitherigen katholischen Herrschaft gethan, sind äußerst für uns nachtheilig, und unsere künftige kirchliche Verfassung untergrabend eingerichtet gewesen. Der Raum eines Briefes ist freilich nicht dazu geeignschaftet, die hierüber verhandelte Ackten deutlich vorzulegen. So viel aber muß ich Ihnen sagen, daß wir 4 und mehrere Schriften zu Aschaffenburg überreicht, allein außer einer Geldstrafe zu 100 Reichsthaler, bloß deswegen, weilen wir einen Evangelisch Lutherischen Notar zu Verfertigung eines Instruments gebraucht, noch bis diese Stunde keiner Resolution sind gewürdiget worden. Nur einige Punkte, welche eigentlich die Veranlassung zu diesem Rechtsstreit gegeben, will ich hier kürzlich erörtern. Es ist von jeher in unserer Gemeinde hergebracht, ja von dem Corpore Evangelicorum zu Regenspurg bestättiget gewesen, daß der Glöcknerdienst so wie der Mägdlein Schuldienst bei vorfallenden Erledigungen an 2 Bürger gegeben werden sollten. Nach dem Tod des alten Glöckners Jörg Hirschvogel wußte Pfarrer Bleichenbach durch seinen partheiischen Kirchenrath, dann die 4 Kirchenältesten oder doch 3 davon hatte er nach und nach von seinem Anhang oder Familie gemacht, es dahin einzuleiten, daß diese beide Dienste, wovon 2 Bürger ihren nöthigen Lebensunterhalt füglich hätten erhalten können, einem übergeben worden.

Während dem letzten Kriege ist das Geld für das Schulholtz aus der Präsenz für 3 Jahre bezahlt worden, weilen jedermann, selbst der sonst bemittelte, durch die einige Jahre gehabte feindliche Einquartierung gleichsam ausgeseckelt worden, und jeder glaubte nun, diese Ausgabe sei vergessen. Allein die Bosheit des Pfarrer Bleichenbachs ließe solches nicht zu, sondern er lief bei Amt und drang auf Exekuzion, nun mußten die arme Leute statt 1 Jahr 3 Jahr lang ohne Rücksicht auf Umständen das Holtzgeld auf einmal zahlen, so daß es manchen ohne die Exekuzionskosten 11, 9, 8 Gulden betragen hat. Und wenn es demselben ferner gelungen wäre, so hätten unsere Präsenz und Hospital Gefälle wahrhaft Noth gelitten.

Um nun diesem Verderben einigermaßen vorzubeugen, und weilen die Gemeinde keine Resolution von Aschaffenburg erhielte, so mußte man sich an das Fürstliche Hauß Hessen Darmstadt, als welches seit Philipp dem Großmüthigen die Schutzherrschaft in Religionssachen über Kronberg hat, wenden. Das Gesuch der Gemeinde war zwar nun um ein Intercessionale von Darmstadt aus nach Aschaffenburg ergehen zu lassen. Allein das Fürstliche Kabinet allda, welches sich von dem Fürstlichen Consistorio aus den angelegten Ackten Bericht erstatten ließ, resolvirte den 28. August 1801, daß die supplicirende Gemeinde ihre Beschwerde bei dem Corpore Evangelicorum zu Regenspurg anzubringen habe, und man sie allda durch die diesseitige Comitial Gesandtschaft kräftigst unterstützen laßen würde. Dieses nemliche wurde nachmalen unterm 6. Octob. 1801 zu Darmstadt resolvirt und uns bekannt gemacht. Nun können Sie leicht denken, wie sehr wir Ursache haben, uns zu freuen, daß wir nun auf einmal von aller Verfolgung in Religionssachen befreit werden.

Aber lieber Herr Vetter! mit welchem Hertzen muß ich Ihnen schreiben und den wehmutsvollsten Gedanken äußern, wie sehr die arme verlassene Gemeinde nach dem Genuß des heiligen Abendmahls verlanget. — Sollten wir wohl nicht den rechten Weg verfehlen, wann wir uns unterstehen würden, Seine Hochwohl Ehrwürden den Herrn Superintendent durch 2 Abgeordnete von uns einzuladen, mit der flehentlichsten Bitte, bei der Feier des für uns so merkwürdigen Hudigungsfestes die Huldigungs Predigt zu halten, und bei diesem Anlaß mit Herrn Pfarrer Christ das heilige Abendmahl auszutheilen. Geben Sie uns deßfalls einen guten Rath und beehren Sie uns mit einer baldigen

Antwort, nebst herzlichem Gruß an Sie und Ihre werthgeschätzte Familie bin stets mit wahrer Freundschaft

Ihr

aufrichtiger Vetter

Kronberg, den 10. November 1802   Franz M. Fuchs

Einen Tag nach geschehener Huldigung hielt dann doch Balthasar Bleichenbach in der Kirche eine Predigt, die handschriftlich vierzehn eng beschriebene Seiten umfaßt. Er versäumte nicht, am 17. Dezember eine Abschrift nach Wiesbaden zu schicken. Wie viele Kronberger diese Predigt hörten, sagt er uns nicht. Warum Christ darauf verzichtete, die erste Predigt als nassauischer Pfarrer zu halten, wissen wir nicht. Daß sein »Baumhandel« ihn daran hinderte, ist unwahrscheinlich. Eher könnte man annehmen, daß er, der gebürtige Hohenloher, in diesem Fall einem geborenen Kronberger den Vortritt lassen wollte.

Wie dem auch sei, die Bleichenbachische Predigt oder Rede erscheint insofern bemerkenswert, als der Pfarrer einerseits das Religiöse betont, anderseits aber auch eine Art von historischem Rückblick auf die Geschichte der Stadt versucht, die »durch die traurige Religionskriege, vornehmlich aber durch den Dreißigjährigen Krieg viel Hartes erlitten hat.« — »In den folgenden Jahren wurde zwar der geistliche Wohlstand dieser Gemeinde durch manche harte Begegnisse und besonders durch den daraus entstandenen und 38 Jahre lang geführten traurigsten Religions Prozeß sehr geschwächt. Doch behielt sie selbst unter den harten Bedrückungen immer noch Freiheit genug, Gott auf eine freiere Art zu verehren.« Dann kommt Bleichenbach auf die Kurfürsten Emmerich Joseph und Friedrich Karl Joseph zu sprechen und singt ihr Lob, weil sie den religiösen Frieden in Kronberg wiederhergestellt und erhalten haben. Schließlich lenkt er zu Jesus und Nassau zurück, und gegen Ende heißt es: »Wir sind alle Kinder Gottes, Erlöste unseres Heilands, gelibete Unterthanen des besten Fürsten; als solche wollen wir uns lieben, einer dem andern auf seinem Wege forthelfen, so gut wir können und so viel es ein jeder bedarf.«

Am 9. Dezember erging ein Schreiben des Wiesbadener Konsistoriums an den Superintendenten Bickel, der fortan für Kronberg zuständig sein sollte. Darin hieß es, daß man es »für nötig befunden habe, zur Wiederherstellung der so nöthigen Ordnung in dem Kirchen- und Schulwesen und gütlichen Vermittelung und Niederschlagung« des »höchst ärgerlichen Prozesses« in Kronberg eine »besondere Commision niederzusetzen und hierzu unseren hochgeehrten Herrn Collegen und den F. Rath und Amtmann Langsdorff in Idstein dergestalten zu ernennen, daß Letzterer alles, was in die jura partium einschlägt, hauptsächlich besorgen solle«.

Der Schriftsteller Christ wurde in diesem ereignisreichen Jahr zum Mitglied der »Kaiserlich russischen liefländischen ökonomischen Societät« ernannt. Er veröffentlichte, wohl wieder zur Ostermesse, zwei neue Bücher. Zum ersten, den »Beiträgen zum Handbuch über die Obstbaumzucht und Obstlehre von 1797« bemerkt er im Vorwort, daß er mit den »Beiträgen« zwei Ziele verfolge, nämlich die »ferneren neuen Entdeckungen in der Obstbaumpflege meinem Handbuch zuzueignen, und zugleich in dem pomologischen Theil diejenigen edlen Obstsorten bekannt zu machen, welche ich seit der Herausgabe desselben gesammlet, erzogen und geprüft habe.« Auch schien es ihm ungerecht, durch eine neue, vermehrte Auflage des Handbuchs »die theuer erkaufte erste Ausgabe gewißermaßen unnützlich zu machen« und die Benutzer »durch den Ankauf einer neuen vermehrten ums Geld bringen zu helfen.«

Das zweite Werk trägt den Titel »Pomologisches theoretisch-praktisches Handwörterbuch oder Alphabetisches Verzeichniß aller nöthigen Kenntnisse sowohl zur Obstkultur, Pflanzung, Veredelung, Erziehung, Pflege und Behandlung aller Arten Obstbäume, und der ökonomischen Benutzung ihrer Früchte, als auch zur Beurtheilung und Kenntniß der vorzüglichsten bisher bekannten Obstsorten aller Arten und ihrer Classification ec.« Beigegeben sind 5 Kupfer. Der Band ist 432 Seiten stark und hat Zweispalten-Satz in einer kleinen Type (Petit). Er ist damit das umfangreichste Buch, das Christ verfaßt hat. Es steckt eine Unsumme geduldiger Arbeit in dem Ganzen, und man fragt sich, wie und in welcher Zeit er dieses Pensum überhaupt erledigen konnte. Gewidmet ist das Buch gleich vier Persönlichkeiten: »Herrn Landgrafen, Prinzen Ernst von Hessen-Philippsthal, dem preißwürdigen Beförderer der Landwirthschaft und Obstkultur«; dem »Freiherrn Baron Joseph Horváth von Palotsa, dem verdienstvollen Beförderer der Obstkultur in Ober-Ungarn«; dem »Freiherrn von Berg, Hofgerichtspräsidenten, wirklichem Staatsrath und Ritter in Riga, dem Liebling Pomonen in Liefland« und endlich dem »Reichs-Freiherrn, Fürstlich Hessen-Casselschen Major Carl Truchseß von Bettenburg, Wetzhausen ec. ec. in Franken, dem größten Kirschen-Pomologen unserer Zeit«. Die Namen sprechen für sich selbst und für Christs weitreichende Verbindungen. Nur den Vornamen des fränkischen Freiherrn hat Christ verwechselt: er hieß Christian, und wir werden noch mehr von ihm hören.

Kirchen-Kommission und Kirchen-Renovation, 1803

Am 27. Januar 1803 schrieb der zweite Pfarrer Bleichenbach an das Konsistorium in Wiesbaden und fragte wegen der Konfirmation an. Diese wurde zwei Jahre hintereinander vom ersten Pfarrer und im dritten Jahr vom zweiten Pfarrer vorgenommen. »Der Unterricht der Konfirmanden nimmt nach der Gewohnheit älterer Zeiten nach Fastnacht seinen Anfang und wird täglich von 10 bis 11 Uhr bis palmarum forgesetzt.« Während Christ sich damit begnügte, die Kinder vor der Einsegnung »ein Lied allein singen, aus der Bibel mehrere Kapitel lesen, die Hauptstücke und einige in der Schule gelernte Sprüche, die Bußpsalmen, Haustafel, eine Beichtformel ohne weitere katechetische Erläuterung hersagen zu lassen«, hatte er, Bleichenbach, einen regelrechten katechetischen Unterricht eingeführt. Nun gebrach es ihm diesmal an der notwendigen

Zeit, und er fürchtete außerdem, daß die weiter bestehende Deputation ihm »alle möglichen Hindernisse und Schwierigkeiten in den Weg legen« würde. So bat er das Konsistorium ihm zu erlauben, »im Falle vor Fastnacht die erbetene Untersuchung nicht sollte vorgenommen werden, den Unterricht mit den Konfirmanden bis nach geschehener Untersuchung aufschieben zu dürfen, wo Hochfürstliche Commission entweder den alten Schulplan, der zugleich eine Beschwerde der Deputation gegen mich ist, genehmigen oder statt dessen einen neuen vorlegen würde, der mir zugleich Anleitung zur Konfirmation selbst geben würde.«

Es geschah jedoch zunächst nichts, und die Deputation mit Franz Martin Fuchs, Daniel Lang und Ernst-Friedrich Weidmann erinnerte den Superintendenten Bickel am 24. März daran, »daß es nächst bevorstehende Ostern schon vier Jahre sind, daß bei weitem der größte Theil unserer Gemeinde das heilige Abendmahl nicht empfangen, auch daß wir, so lange unser Gegner als Pfarrer sich hier befindet, es nicht empfangen können«. Sie bitten daher, »Dero Anhero Reiße zu beschleunigen und vor dem heiligen Osterfeste vorzunehmen oder aber, im Falle dies wegen anderen dringenden Geschäften biß dahin nicht statt haben könnte, die Austheilung des heiligen Abendmahls auf das eintretende Osterfest allein dem Herrn Pfarrer Christ zu übertragen die Gewogenheit für uns haben.«

Doch Bickel in Mosbach ließ sich nicht drängen. Vielleicht wollte er eine bessere Jahreszeit abwarten, oder der Idsteiner Amtmann war verhindert.

Christ lag anderes, wichtigeres am Herzen. Am 18. April schrieb er an das Amt: »Da bereits bis Bartholomäi der von hochpreißlicher hoher Landes Regierung gnädigst gestattete neue Orgelbau in unserer evangel. Kirche vollendet werden solle, so ist zuvor unumgänglich nöthig, daß die Kirche ausgeweiset, das Gewölbe aber, das mit Brettern beschlagen und elend vor alten Zeiten bemahlet worden, so zugleich die Kirche düster macht und den Ton verschlingt, von welchen Brettern auch viele verfaulet, andere zersprungen und sonst verdorben sind, — mit Rohr und Speiß bearbeitet werde, dabey man hier allein eine schöne und dauerhafte Arbeit erwarten kann.

So viel wir vernehmen und aus mehrern einzureichenden Überschlägen ersichtlich seyn wird, so kann diese Arbeit mit Stellung aller Materialien und des Gerüstes auf 600 Gulden kommen.

Ob nun aber schon die Präsenz durch den neuen Orgelbau ein hartes Jahr an Ausgaben hat, so erschüttert es doch unsern Kirchen Kapitalstock nicht (der Hospitalgefällen nicht zu gedenken), da die vorjährige Präsenz-Rechnung den Kapital-Stock zu 23616 Gulden angibt und den Erlöß aus Früchten zu 591 Gulden. — Und daß wir unter Gottes Segen alle diese zu unserm Gotteshaus so nöthige, und den Cultus verschönende und Andacht vermehrende Ausgaben in wenig Jahren wieder ersparen können, beweiset die jährliche Zunahme des Kapitalstocks, der sich seit 1750 von 7600 Gulden bis zu 23600 Gulden erhoben hat.« Daher bitten Kirchenrat und erster Pfarrer um die Genehmigung, »die Kirche ausweißen und ausbessern zu dörfen, damit es durch die neue Orgel nicht das Ansehen habe, als seye ein neuer Lappen an alte übelstehende gesetzt worden.«

Brückner lieferte einen entsprechenden Bericht ans Konsistorium, befürwortete die geplanten Arbeiten, schlug aber vor, Gutachten und Kostenvoranschläge einzuholen. Daher wurde dem Werkmeister Bager in Wiesbaden befohlen, die Kronberger Stadtkirche in Augenschein zu nehmen. Er legt Ende Mai seine Berechnungen vor, die auf 570 Gulden hinausliefen, zuzüglich etwa 20 Gulden für den Chor. Das Konsistorium war einverstanden. Bager mußte wiederum nach Kronberg reisen, um unter Hinzuziehung des Kirchenrats die Arbeiten an einen tüchtigen Maurermeister zu »veraccordiren«, wobei man jedoch verordnete, daß die nötigen Baumaterialien nicht von dem Maurer, sondern von der Kirche gestellt würden.

Bleichenbach als zweiter Pfarrer tritt bei alledem überhaupt nicht hervor. Er hatte andere Sorgen oder vielmehr: er machte sie sich. Johann Ludwig Christ, der ja sein Nachbar war, mit ihm unter einem Dach, Wand an Wand wohnte, hatte vom Schreiner Gerlach an der Hauswand ein Spalier für seinen Aprikosenbaum anbringen lassen und zwar so, daß dieses bis zur Bleichenbach'schen Wohnstube reichte und diese nach Ansicht des zweiten Pfarrers zu beschatten drohte. Daher klagte Bleichenbach beim Amt und verwies darauf, daß dann auch der Weinstock unter seinem Fenster eingehen würde. Christ gab zu bedenken, daß der Aprikosenbaum schon 16 Jahre stand, »und unwahr ist es, daß seine Stube dadurch verdunkelt werde, da ich kein Blatt über sein Fenster wachsen lasse, ohngeachtet allda sein Bette und Bettvorhang befindlich ist. Sein Licht und Sonne kommt von oben herein, und mein neben stehendes Spalier ist unterhalb, und könnte ungefehr durch die Fabel des Wolfs und Lammes erkläret werden, das unter jenem aus der Bach trank, aber gleichwohl von dem Wolf beschuldiget wurde, es hätte ihme das Wasser trübe gemacht.«

Der Oberschultheiß Braun mußte »mit Zuziehung zweier verpflichteter Bauverständigen« den »Augenschein nehmen« und gab ein für Bleichenbach günstiges Urteil ab, worauf Christ die Anzeige machen ließ, »daß er zum Beweis seiner Friedfertigkeit von der Benutzung des befragten Platzes an des HE. Pfarrers Bleichenbach Wohnung mit einem Aprikosen- oder sonstigen Baum ohne Renitenz abstehen und solche wiederum hinweg räumen wolle.« Christ wurde zur Zahlung von 2 Gulden 38 Kreuzern »verdonnert«, wovon der Oberschultheiß Braun allein einen Gulden für den »Augenschein« erhielt, während die zwei Sachverständigen nur je 20 Kreuzer bekamen und der auch noch bemühte Stadtdiener mit 6 Kreuzern abgefunden wurde. — Am 11. Juni reklamierte Bleichenbach nochmals beim Amt, da der Baum immer noch stand. Wir wollen annehmen, daß der Aprikosenbaum wenigstens bis zum Herbst auf seinem Platz blieb, daß Christ dem Herrn Kollegen klar gemacht hat, daß sich versündige, wer einen grünenden Baum, der wohl bereits Früchte angesetzt hatte, kaltblütig abhacke.

In diesem Jahr unternahmen Kronbergs Katholiken wieder einen Versuch, sich das Recht auf freie Prozessionsgänge (die auf den Burgbereich beschränkt worden waren) zu ertrotzen. Am 7. Mai heißt es im Kirchenprotokoll: »Erschienen verschiedene Mitglieder der Evangelischen Burgerschaft und zeigten an, wie heute früh die Katholiken bey ihrer Prozession mit ihrem Pfarrer in seinem Ornat und aller ihrer Feyerlichkeit, wider alles Recht und wider das Rescr. des Kurfürsten Emmerich Joseph dd. 20 May

1768 mitten durch die Stadt und zum Frankfurter Thor hinaus und wieder hereingezogen seyen. Es wurde daher sogleich die Anzeige bey Hochfürstl. hochpreißl. Consistorium zu Wiesbaden Namens des Kirchenraths, Gerichts und Raths gemacht, mit der dringenden Bitte, das Feuer der Zwietracht in seiner Entstehung zu ersticken und weiterem Unheil abzuhelfen.«

Am 5. Mai traf endlich die Kommission ein, in Gestalt des Superintendenten Bickel und des Wiesbadener Stadtamtmanns Koerner, der also an die Stelle seines Idsteiner Kollegen getreten war. Die beiden Herren waren insgesamt 11 Tage unterwegs, hielten sich 9 Tage in Kronberg und je einen Tag in Eschborn und Neuenhain auf. Ihr Bericht vom 23. Juni umfaßt 20 eng beschriebene Seiten, unter Zugrundelegung von Protokollen verfaßt. Sie haben sich also die Arbeit nicht leicht gemacht.

Die älteren »Querelen« zwischen der Gemeinde und Bleichenbach hat man »zum besten beider Theile in gütlichem Wege gänzlich beseitiget«. — »Juristisch genommen wäre nun wohl diese Sache beendiget, allein in anderem Betracht können wir sie dafür keines Weges halten, denn leider existiret dennoch, wo nicht bey der ganzen, doch dem größten Theil der evangelischen Gemeinde, woraus nicht immer dieselben Glieder als Begleiter der Deputierten coram commissione erschienen sind, eine kaum fast denkbare Abneigung der Gemüther, ja bey vielen ein wirklicher, schwerlich jemahlen auszulöschender Haß gegen diesen zweiten Geistlichen, wovon zuweilen ganz auffallende Äußerungen, so man dem Protocoll nicht einverleiben wollen, vorgekommen sind. Für am bedeutendsten haben uns die Klagen darüber geschienen, daß die meisten Bürger mehrere Jahre lang das heilige Abendmahl nicht mehr genoßen, und wie sie sagen nach ihrer Überzeugung, der ihnen gethanen Remonstrationen ohngeachtet, nicht würdig genießen können, bey welcher Äußerung einer der Gerichtsschöffen, ein sehr gemäßigter Mann von mittleren Jahren, jedesmahl dem Ansehen nach ungeheuchelte Thränen vergossen hat. Eingezogener Erkundigung nach, wird alle 6-7 Wochen Communion gehalten, wobey in vorigen Zeiten jedesmahl 80-120 Personen hinzugingen, jetzt im Durschschnitt nur 20, auch weniger und dieses seit mehreren Jahren. Hinzugenommen die ebenfalls aufs höchste gestiegene Spannung der beyden evangelischen Geistlichen unter sich, dürfte wohl zum Heil der Gemeinde eine baldige Versetzung des zweiten Predigers, dessen jährliche Besoldung nur 422 Gulden 54 Kreuzer beträgt, das einzige Auskunftsmittel, und um so leichter einzuschlagen seyn, da derselbe gute Kenntnisse besitzt, sich ohne besondere Schuldigkeit nach allgemeinem Zeugnis vor der Zeit des Zwistes der Schulen sehr angenommen hat, und ihm selbsten von seinen Gegnern außer den ältern wenig bedeutenden Vorwürfen ein sonstiges Versehen im Dienst nicht zu Last gelegt wird, von dem also anderwärts, wo er keinen Collegen und weniger Verwandtschaft hat, allerdings mehr zu erwarten stehet. Er selbst, nachdem man einige hierauf sich beziehende Bemerkungen gemacht hat, wünscht solches, ohngeachtet man seiner Familien und oeconomischen Verhältnisse wegen, da er beträchtlich eigene Grundstücke besitzt und noch mehrere zu erben hat, anfänglich das Gegentheil hätte vermuthen sollen.«

Die neueren Beschwerden, wie sie von den Mitgliedern des Syndicats, »deren Vollmacht nunmehr aufhört, die aber jedoch immer mit 10 und mehreren Gemeindsgliedern, theils Gerichtsschöffen, theils Bürgern, fernerhin erschienen sind«, vorgebracht und in einem Aufsatz niedergelegt worden waren, umfassen nicht weniger als 19 Punkte. Die wichtigsten: Trennung der Stellen des zweiten Schullehrers und des Glöckners: »Aller Wahrscheinlichkeit nach ist der bisherige Syndicus Fuchs das tüchtigere und vertrautere Subject, dem man die Glöckner Stelle zuwenden möchte, denn es scheint derselbe nicht in den besten Umständen und sein metier (er ist Chirurgus) mag dorten eben nicht zu den einträglichsten gehören. Indessen ist der Kirchenrath dagegen und behauptet, daß dieses eine bey dortigem Amt ausgemachte Sache sey ... Der Vorwurf, der dem dermaligen Schullehrer und Glöckner in dem Aufsatz gemacht wird, daß er stolz und trozig seye, hat sich am Ende darauf reducirt, daß er mit dem Hutabnehmen sehr sparsam seye. Außerdem soll er sich puncto sexti vergangen, und bey einer vormaligen Gemeindsangelegenheit nicht reinen Mund gehalten, sondern wie seine Gegner sagen, den Judas gemacht haben, allein ersterer Fehltritt geschahe vor seiner Dienstzeit, und wegen der letztern Angelegenheit stand er in keiner besonderen Verpflichtung, hat auch kein Unglück dadurch angerichtet, sonst würde er gleich darüber belangt oder denuncirt worden seyn.«

Die Unkosten für das Schul-Brennholz sollen zu Lasten der Präsenz gehen, darin sind sich Bürgerschaft und Kirchenrat einig, nur Pfarrer Bleichenbach widerspricht und erklärt, daß diese Sache schon vor 4-5 Jahren »bey Amt völlig ausgemacht worden seye«.

Weiter: der Revierförster ist über die ganze Markwaldung gesetzt, die 10 Malter Besoldungskorn werden jedoch von der Präsenz, ohne Beteiligung der anderen Mitmärker aufgebracht. Ähnlich steht es im Falle des Torhüters. Er erhält nach dem Kirchenprotokollbuch 3 Malter Korn.

Was den Anfang der Schule betrifft, so ist man zur alten Ordnung zurückgekehrt, und zur Einführung des neuen nassauischen Gesangbuchs hat der Kirchenrath einstimmig ja gesagt.

Von den dermaligen Kirchenältesten sind zwei unbrauchbar, wohl wegen hohen Alters; der eine konnte nicht einmal vor der Kommission erscheinen. Die Deputierten haben vier Männer vorgeschlagen, »wovon wir den ersten Caspar Aul, welcher mehrmalen bei der Commission erschienen und sich als ein vernünftiger gemäßigter Mann gezeigt und von bestandenen Jahren ist, für den brauchbarsten halten«.

Die Kirchhofsmauer befindet sich im elendsten Zustand. Die Deputierten haben vorgeschlagen, die Hälfte der Kosten aus der Präsenz zu nehmen und die andere Hälfte von der katholischen Gemeinde zu fordern. Die Kommission hält es jedoch für besser, die Gesamtkosten »aus dem städtischen ärario herzunehmen, wohin beide Religionstheile gleichmäßig contribuiren und müssen zur Ersparniß dorten wie anderwärts die Beyfuhren und Handarbeiten auf der Frohnde geschehen, auch jedes Jahr nur etwa der 4te Theil hergestellt werden«.

Da verschiedene Anträge auf das Reinhardische Legat vorliegen, soll der dermalige Rechner, HE. Pfarrer Christ, in einer gewissen Zeit Rechnung ablegen und ein genaues Verzeichnis der noch unbefriedigten, zu dem Legat qualifizierten Personen schaffen. Das Kapital dieser Stiftung sollte bei der Hospitalrechnung mitgeführt werden, »jedoch besonders«.

Weiter »haben die Deputirten und die mit denselben zuweilen erschienene Gemeindsglieder jedesmalen anhaltende Vorstellungen darüber getan, daß doch höheren Orts erlaubt werden möge, ihre bisherige Proceß Unkosten besonders die große Strafe von 100 Reichsthalern aus ihrer Präsenz zu nehmen, da ja alles in bester Absicht und zur Aufrechthaltung ihrer kirchlichen Verfassung verwendet worden seye, welchen Punkt wir aber höherem Ermessen lediglich anheim gestellt lassen.«

Am interessantesten für uns sind im Kommissionsbericht, den der Superintendent Bickel verfaßt und der Amtmann Koerner nur mit unterschrieben hat, die Seiten über Kirche und Schule, zumal sie das Ganze sozusagen mit neutralen Augen sehen und beurteilen. Wir wollen daher diese Seiten ausführlich zitieren. Da schreibt Bickel:

»Anlangend nun die Kronberger Kirchen- und Schulverfassung überhaupt, so läßt sich bey der zwischen beyden Geistlichen vorwaltenden äußersten Spannung und bey der auf Seiten der Gemeine herrschenden Abneigung gegen den Pfarrer Bleichenbach ohnehin schon vermuthen, daß sich in dieser Hinsicht mancherlei Gebrechen und Mängel vorfinden müßen, wir haben uns aber auch persönlich nur allzu gut davon überzeugt, als wir am Sonntage Cantate den 8ten May dem öffentlichen Gottesdienst beiwohnten.

Vormittags predigte Pfarrer Christ, sein Vortrag war mittelmäßig und trocken. Nach der Predigt hielt ich unterzeichneter Superintendent noch eine kurze Rede über das Band der Liebe und des Friedens, wie es durch die Religion verstärkt werden müsse und so nothwendig als nützlich und wohlthätig seye. Nachmittags predigte Pfarrer Bleichenbach. Sein Vortrag ist eben nicht schlecht, hat aber doch nichts Anziehendes und Einnehmendes, und die Kirche war, wie es auch bey ihm gewöhnlich der Fall sein soll, sehr leer von Zuhörern.

Ueberhaupt geht es bey dem ganzen Gottesdienste sehr kalt und mechanisch her, blos nach der alten hergebrachten Form: besonders wird allzuviel gesungen, und selbst in jeder Predigt wird vor- und nachmittags noch immer das sogenannte Kanzellied (vom letztgefeierten hohen Feste her) angestimmt. — Überdas kommt kein Geistlicher in des andern Kirche, sondern es erscheint nur jedesmal derjenige welcher den Dienst hat, woran die Gemeinde großen Anstoß nimmt.

Bey der öffentlichen Katechismuslehre um 4 Uhr Nachmittags katechisiren 4 Männer zugleich, nemlich Pfarrer Christ mit den Jünglingen, Bleichenbach mit den Mädchen, der Cantor Anthes mit den Schülern seiner Schule und der zweyte Schullehrer mit den seinigen; und dies alles so nahe beisammen, daß einer den andern stört, und Niemand zuhören kann oder mag. Diesem Unfug abzuhelfen, habe ich die Einrichtung angeordnet, daß nur allein die Prediger die Katechisation in der Kirche verrichten und damit alteriren, die Schullehrer sich aber nur in ihren Schulen damit abgeben sollen.

Ebenso ist auch das ewige Absingen des Kanzellieds untersagt, auch sonst noch mancher andere unschickliche Gebrauch abgeändert worden.

Am folgenden Mondtage den 9ten May wurde die Visitation der Schulen in Beysein der beiden Prediger vorgenommen. Der Cantor Anthes, Lehrer der ersten Schule, ist ein geschickter thätiger Mann, der seine Schüler, an der Zahl 82, im Lesen, Schreiben und Rechnen gut unterrichtet. Im Religionsunterricht siehet es aber schlecht aus, und zwar vorzüglich aus Mangel eines guten Lehrbuchs, den auch der Schullehrer selbst fühlt. Man hat nemlich dort weiter nichts als den kleinen lutherischen Catechismus mit den 5 Hauptstücken und einigen elenden zum Theil abscheulichen Figuren in Holzschnitte und daneben noch ein altes ganz planloses Spruchbuch von Frankfurt her; wobey an einen zweckmäßigen Religionsunterricht gar nicht zu denken ist, statt dessen hingegen das ewige Hersagen des Katechismus, nebst dem widersinnigen Memorieren der sogenannten Bußpsalmen und vieler elender Lieder des alten Marburger Gesangbuchs die Hauptsache ausmacht. Dies letztere erbärmliche Gedächtniswerk habe ich vorläufig abgestellt und einen vernünftigeren Religionsunterricht angeordnet, worauf auch der Cantor Anthes im Namen der Gemeine vorläufig 30 Exemplare unseres Nassauischen neuen Spruchbuches verlangt und solche nun auch bereits erhalten hat. Im übrigen ist die Schuldisciplin im alleräußersten Verfall, so daß ich mit Güte und Ernst keine anständige Ruhe und Stille erhalten konnte, worüber demnach sowohl dem Cantor als auch den beyden Geistlichen die nöthigen Erinnerungen gegeben, und Letzteren die von ihnen bisher ganz versäumten Schulbesuchen ernstlich anbefohlen wurden.

In der zweiten Schule war das nämliche Verhältnis nur in geringerem Grade merklich. Man hat auch hier an dem Schullehrer Wehrheim nichts erhebliches auszusetzen gefunden, und nur in der Lehrart und einigen äußern Einrichtungen verschiedene Erinnerungen zu machen Veranlassung gehabt. Ueberhaupt aber scheinet dann doch eine Reform der dortigen Schulverfassung höchst nöthig und erforderlich zu seyn. Da nemlich die Anzahl der schulfähigen Knaben und Mädchen sich ziemlich gleicht, so wäre, meines Erachtens, in mehrer Rücksicht vortheilhaft, wenn man dem Cantor Anthes die sämtlichen Knaben, dem 2ten Schullehrer aber alle Mädchen übergeben wollte, wobey auch beyden Geistlichen ernstlich aufzugeben wäre, daß sie wenigstens Einmal in jeder Woche die Schule besuchen und daneben auch die in sämtlichen Fürstlichen Landen verordnete zwey wöchentliche Lehrstunden mit den oberen Schülern und Schülerinnen halten müßen.

Im übrigen hat sich bey der in Kronberg gehaltenen Commission und deren verschiedenen ganz heterogenen Gegenständen nicht alles auf Einmal in Ordnung bringen lassen, wenn man nicht die Sache allzuweit verlängern und die Kosten vermehren wollte. In dieser Hinsicht hat mitunterzeichneter Superintendent die Gemeine auf eine baldige umständlichere Kirchen-Visitation vertröstet, die derselbe auch wirklich höchst nöthig findet. Indessen fühlt er sich gedrungen, das Resultat seiner bey dieser vorläufigen Local Untersuchung gemachten Beobachtungen hier noch in einigen Puncten vorzulegen.

I. Die beyden dermaligen Prediger in Kronberg sind gar nicht die Männer, von deren Amtsführung einiges Heil für die Gemeinde zu gewarten stehet. Der Pfarrer Christ, ein im Umgang sehr gefälliger und einnehmender Mann, dem auch gelehrte Kenntnisse nicht abzusprechen sind, lebt doch wirklich mehr für seine oekonomische und Handelsgeschäfte als für sein Pfarramt: und eben dies ists was die Gemeinde an ihm aussetzt, und was auch nicht geläugnet werden kann. — Pfarrer Bleichenbach ist ein Mann von vielen Kenntnissen, besonders im Schulfache von vieler Thätigkeit, dabey aber äußerst leidenschaftlich und rechthaberisch, der bey seiner zahlreichen Anverwandtschaft in loco einen weiten Spielraum für seine Leidenschaften findet, und solchen auch bey jedem Vorfall zu benutzen weiß. — Beyde Männer wurden vor 17 Jahren zu gleicher Zeit angestellt; und Bleichenbach, der sich auf die erste Pfarrstelle Rechnung gemacht hatte, empfand es sehr übel, daß ihm unter den damaligen Umständen nur die 2te zu Theil wurde. Hinc illae lacrymae et perpetuae discordiae, die nun so hoch gestiegen sind, daß sie bey jedem auch noch so kleinen Vorfalle in helle Flammen ausbrechen. Alle möglichen Vorstellungen helfen hier nichts mehr, und wenn der Gemeinde noch irgend Heil widerfahren soll, so ist eine Trennung der beyden Collegen schlechterdings nothwendig.

Hierzu kommt noch, daß der gute Pfarrer Bleichenbach vermutlich in der Absicht, desto eher und sicherer zu reußiren, sich allzu offenbar an die katholische Parthey angeschloßen und manche Vorfälle an höherem Orte in allzu gehäßigem Lichte dargestellt, vielleicht auch, wie ihm wenigstens die Gemeinde durchaus Schuld gibt, die schwere Strafe von 100 Reichsthalern veranlaßt hat. Dadurch ist die Erbitterung gegen ihn so hoch gestiegen, daß alle Vorstellungen und Ermahnungen zu christlicher Wiederaussöhnung nichts mehr fruchten, sondern immer das ungestüme Geschrei entgegen schallet: Hinweg mit diesem! Sie halten ihn wirklich für ihren ärgsten Feind, zu welchem sie schlechterdings kein Zutrauen mehr hegen, so daß sie auch nicht mehr bei ihm communiciren und ihm ihre Kinder nicht mehr zur Confirmation zuschicken wollen.

Ich habe wirklich auf seine von F. Consistorio mir mitgetheilte Vorstellung die Leute angehalten ihm ihre Kinder zur diesjährigen Confirmation zuzuschicken; sie erklärten aber einstimmig, daß sie solches nicht thun könnten, weil sie gar kein Zutrauen mehr zu ihm hätten, und daß auch für dies Jahr der Termin zur Confirmations Vorbereitung schon längst verstrichen sey. Habeat ergo sibi — der gute Mann, was er durch sein unkluges leidenschaftliches Benehmen wirklich sich selbst verdorben hat, aber gleich, nach der ihm eigenen Selbstgefälligkeit, nicht gefehlt haben will. Zugleich aber kann ich doch auch nicht unbemerkt lassen, daß

II. den bisherigen Uneinigkeiten und Verärgerungen noch in manchen Fällen hätte Einhalt gethan werden können, wenn von Seiten der höheren Behörde jedesmal solche Maasregeln wären befolgt worden, wie sie die Vernunft und das Christenthum vorschreibt. Aber der böse Genius der Intoleranz hat auch hier alles verdorben. Ich habe zwar den jetzigen Beamten HE. Amtskeller Brückner im persönlichen Umgang als einen vernünftigen und in seinen Grundsätzen sehr liberalen Mann kennen gelernt, aber desto auffallender und unbegreiflicher war es mir, als ich in den Bleichenbachischen Proceß Acten am Ende des an Kurfürstl. Mainzischen Regierung erstatteten Berichts zu Äußerung zu lesen bekam:

»daß es nöthig seyn würde, durch den Denuncianten (Pfarrer Bleichenbach) die Trennung in der Gemeinde zu unterhalten«.

Wenn dieser alte und selbst von vernünftigen Katholiken verabscheute Grundsatz der Jesuiten noch in unsern Zeiten geltend gemacht werden soll, ist es dann zu verwundern, wenn Religionszwistigkeiten zum offenbaren Nachtheil aller Religion und Sittlichkeit noch unterhalten werden? und zwar von Männern, die zur Beförderung der gemeinen bürgerlichen Glückseeligkeit sich anstellen lassen?

III. In Ansehung der evangelischen Gemeine zu Kronberg kann ich pflichtmäßig versichern, daß sie, im Ganzen genommen, wirklich so unartig nicht ist, als man zuweilen sie hat darstellen wollen. Die Leute haben noch nach ihrer Art viel Gefühl für Religion und Sittlichkeit, wie das in ecclesia pressa gewöhnlich der Fall ist. Es kommt nur darauf an, daß sie von vernünftigen Religionslehrern richtig geleitet, und von vernünftigen Richtern billig behandelt und beurtheilt, aber nicht durch unzeitige despotische Beeinträchtigungen zu dem Verdacht neuer Bedrückungen veranlaßt werden. Ich habe die gewisse Hoffnung, daß man auf diese Art die arme, unter bekannten langwierigen Religions Bedrückungen herangewachsene und eben dadurch an Zank und Streit gewöhnte Gemeinde zu Kronberg, auf den richtigen Weeg wieder zurückführen und zu einem glücklichen, friedsamen Völkchen umbilden könne.

Aber gewaltsame Machtsprüche machen hier die Sache nicht aus, sondern werden und müssen in jedem Fall mehr Schaden als Nutzen stiften.

Schließlich legen wir ein Verzeichniß der gehabten baaren Auslagen hierbey. Die Diäten von 11 Tagen haben wir darinnen zu höherer Bestimmung offen gelassen, und bemerken nur, daß der Billigkeit nach sämtliche Unkosten tageweise berechnet und der Gemeinde Cronberg 9, der Gemeinde Eschborn 1 und der Gemeinde Neuenhayn 1 Tag zu erpartirt werden könnten.«

Wer den vorstehenden Bericht Bickels aufmerksam gelesen hat und nun überdenkt, der wird diesem nassauischen Kirchenmann geradezu ein modernes psychologisches Gespür zubilligen. Während neuerdings versucht worden ist, das mainzische Jahrhundert der Kronberger Geschichte zu verharmlosen und insbesondere den großen Kirchenstreit zum bloßen »Verfassungskonflikt« herunterzuspielen, erkannte er schon, zu welchen oft nicht gerade günstigen charakterlichen Veränderungen die konfessionellen und politischen Auseinandersetzungen in der Kronberger Bürgerschaft geführt hatten. In der »ecclesia pressa«, der unterdrückten Kirche, hatten sich Züge alter Frömmigkeit seit der Reformation erhalten, der Charakter hingegen hatte gelitten: man hatte das Ducken gelernt und scheute auch vor List und Winkelzügen nicht zurück. Bleichenbach mag als ein Beispiel unter anderen dienen: als evangelischer Pfarrer scheute er sich nicht, mit dem katholischen Amtskeller gemeinsame Sache zu machen und (wie zu vermuten ist) seinen eigenen Pfarrkindern eine teuere Suppe einzubrocken. Wir werden später hören, wie er sich herauszureden versuchte.

Tragen wir hier noch nach, daß wir dem Kommissionsbesuch auch vollständige Schülerlisten verdanken. In der ersten Kronberger Schule gab es 1803 37 Buben und 45 Mädchen, in der zweiten Schule 26 Knaben und 34 Mägdlein.

Die vom Konsistorium ergänzte »Unkosten und Diätenrechnung« verdient hier gedruckt zu werden, denn sie zeigt, daß es Anno 1803 weder einfach noch billig war, von Wiesbaden nach Kronberg und zurück zu reisen. Sie lautet:

	Gulden	Kreuzer
1) Postgeld von hier nach Hattersheim drey Pferde	6	45
Trankgeld	1	36
2) Postgeld von da nach Cronberg wegen üblen Weegs 4 Pferde	6	
Trankgeld	1	36
3) Postgeld von Cronberg nach Höchst 4 Pferde über Eschborn incl. Trinkgeldes	8	32
4) Von Höchst nach Hattersheim incl. Trankgeldes	4	3
5) Von da nach Wiesbaden 3 Pferde	6	45
Trankgeld	1	36
6) Vor die Chaise während der ganzen Zeit an HE. Posthalter Schlichter	4	30
7) An Logis und Trankgeld in Cronberg	24	8
8) Chaussee-Geld hin und her	1	18
9) Pro copia des Berichts	1	21
Summa der Auslagen	68	10
Elftägige Diäten		
a) für den Fürstl. Superintendenten	49	30
b) — Stadtamtmann	49	30
	167	10

Am 17. Mai trat ein Trauerfall ein: Nachdem der Fürst Karl Wilhelm von Nassau-Usingen erst am 23. Februar durch den Reichsdeputationshauptschluß endgültig in den Besitz der kurmainzischen Gebiete mit Kronberg gelangt war, verschied er an diesem Tage, und da er keine Söhne hatte, trat an seine Stelle der schon 65 Jahre alte Bruder Friedrich August. Der war schon früh ins österreichische Heer eingetreten, hatte sich im Siebenjährigen Krieg ausgezeichnet und es bis zum kaiserlichen Feldmarschall gebracht. Zuletzt Reichswerbedirektor, wohnhaft in Frankfurt, war er 1800 aus dem Heeresdienst ausgeschieden. Er war, wie Spielmann schreibt, ein »biderber, offener Charakter«. Seine Gemahlin, Luise von Waldeck, hatte ihm fünf Töchter und zwei Söhne geboren, doch waren beide Söhne jung verstorben, und damit war die usingische Linie zum Aussterben verurteilt.

Am 12. Juni gingen gleich zwei Briefe aus Kronberg an den Superintendenten Bickel in Mosbach ab. Franz Martin Fuchs, Andreas Friedrich Weidmann, Ernst Friedrich

Weidmann und Daniel Lang teilten mit, sie hätten in Erfahrung gebracht, daß der Pfarrer in Breithard, einem nordöstlich von Langenschwalbach gelegenen Dorf, »onlängst mit Tode abgegangen sei« und baten ihn, seinen Einfluß geltend zu machen, daß Bleichenbach dorthin versetzt würde. Die Deputation hatte sich also keineswegs aufgelöst.

Christ hingegen teilte mit: »Heute vor 8 Tagen habe ich mich wegen den Gesangbüchern mit der Gemeinde unterredet, und zu meinem Vergnügen über meine Erwartung sie willig gefunden. Nur HE. Pf. Bleichenbach und seine Verwandten, ohngefähr 6 Häuser, haben keine verlangt, das aber nichts hindert. Ich habe daher diese Woche herumgeschickt und aufschreiben lassen, was für und wieviel Gesangbücher jedes Haus verlange. Das Verzeichnis habe ich hierbeigelegt, und bitte gehorsamst, sie so bald nur möglich, gütigst besorgen zu lassen und zum Einbinden Befehl zu geben. Nun fänget bald der Kirschen Erlöß bey den Leuten an, und ist solches dies Jahr der einzige gute Zeitpunkt dazu . . .«

In einem zweiten Brief vom 18. Juni bestellt er 275 gebundene Gesangbücher auf Druckpapier und 5 auf dem feineren Postpapier, dazu noch zum Vorrat 25 bzw. 7 weitere. Das Spruchbuch hat seinen Beifall gefunden, die ersten 30 Stück sind schon verkauft, und er bittet um weitere 30. Weiter schreibt er: »Unsere Schule und Kirchenwesen soll nun unter Euer Hochwürden Unterstützung gewiß in die schönste Verfassung kommen. Die Sommerschulen wurden seit einigen Jahren gar wenig besucht. Mit dem diesjährigen Anfang und bey Verkündigung derselben ermahnte die Gemeine desfalls nicht nur nachdrücklichst, sondern versicherte sie auch, daß auf Euer Hochwürden Befehl die saumseligen Aeltern ohne Nachsicht würden gestraft werden, so leid uns auch die Zwangsmittel wären. Das machte Eindruck. Gleich Anfangs ließ ich auch den wenigen, so ihre Kinder nicht geschickt und nicht entschuldigt hatten, durch den Glöckner von der Schule 1 Kreuzer Strafe einziehen, und da etliche widerspenstig waren durch Amtliche Exekution eintreiben. Die Unordnungen in der Kirche im Stehen sind alle auf einmal abgestellet. Jetzt gehet alles vortrefflich und um desto besser, da HE. Pf. Bleichenbach sich des Schulbesuchs, Kirchenraths Sessionen und alles andern eigenwillig entzogen hat, ansonsten bey der außerordentlichen Abneigung der ganzen Gemeinde wider ihn mit nichts wäre durchzudringen gewesen, und sie das Beste nur seiner Herrschsucht, Haß und Rachbegierde zugeschrieben hätte. So wenig ein Mohr seine Haut wandeln kann, so wenig kann er sich ändern. Und wenn Engel aus dem Himmel in menschlicher Gestalt mit ihme umgingen, oder ein sanfter Johannes von den Todten auferstände, — er zankte sich doch mit allen.«

Am Schluß beider Briefe ist die Rede von einer Bittschrift, die der Superintendent doch dem Fürsten überreichen und dabei befürworten soll. Welche Bewandtnis es damit hat, werden wir im November erfahren.

In einem schmeichlerischen Brief an den »Hochwürdigen, Hochgelehrten, insbesondere Hochzuverehrenden Herrn Superintendenten« schreibt Bleichenbach am 19. Juni, er habe gehört, daß Bickel sich in wenigen Wochen wieder nach Kronberg begeben werde. »Damit nicht Zeit und Umstände demselben in den Geschäften hinterlich sein mögen, halte ich es für Pflicht, die Nachricht zu ertheilen, daß wir den 24ten und 25ten dieses Monats Feiertage und den 3ten Juli die Kirchweihe haben. Letztere währt acht Tage und wird durch den häufigen Besuch vieler Fremden so geräuschvoll, daß diese Tage für diejenige, die weniger die lärmenden Freuden des gemeinen Mannes lieben, sehr lästig sein müssen. An Unterkommen in dem bekannten Gasthause ist gar nicht zu gedenken.«

Die Kronberger hatten also ihre von den Mainzern in Kriegszeiten verbotene »Kerb« wieder und feierten die ganze Woche hindurch.

Gestützt auf die Protokolle und den Bericht der Kommission, erließ das Wiesbadener Konsistorium am 7. Juli eine ganze Reihe von Dekreten, an die Kronberger evangelisch lutherische Gemeinde, an den ersten Pfarrer Christ, an den Kirchenrat, den Präsenzmeister Vogt und an das Amt unter Brückner. Wir greifen nur das Wesentlichste heraus:

Das Konsistorium hat »mit Wohlgefallen wahrgenommen«, daß die Gemeinde »ihren alten Beschwerden und dem daraus entstandenen Proceß nunmehr entsagt und auf alle weitere Untersuchung Verzicht geleistet hat«. Daher wird die Versicherung erteilt, »daß von Consistorii wegen aller Bedacht dahin genommen werden solle, um Frieden und Eintracht zwischen ihnen und ihrem Seelsorger wiederum herzustellen, auch bei einer schicklichen Gelegenheit ihren Wünschen näher zu kommen« — will sagen, daß man eine Versetzung Bleichenbachs ins Auge gefaßt hat.

Weiter heißt es, daß »zum Besten der Stadt und nach der Gewohnheit des ganzen Landes es bei der bisher bestandenen combination des Schullehrer und Glöckner Dienstes auch fernerhin sein Bewenden behalten müße.«

Wegen des Schulholzes, des Besoldungskorns für den Markjäger und der Kirchhofsmauer hat man beim Amt Berichte angefordert.

Bei der Einführung des Nassauischen Gesangbuches soll es bleiben. Unbemittelte Bürger sollen beim Erwerb des Buches einen Zuschuß aus dem Gereuhmschen Legat erhalten. Ferner wird ausdrücklich verfügt, daß

»in Absicht der Besorgung der dasigen Schule und anderer dergleichen Ämter die Stadt Kronberg mit den übrigen F. Naßau Usingischen Gemeinden gleich gehalten werden solle.«

Hängt die nächste Verfügung mit dem Verschwinden des Kronberger Weinbaus zusammen, daß nämlich »für die Zukunft diejenige 3 Maas Wein bei jeder Communion für die Geistlichen und den Präsenzmeister extra der Kirche verrechnet werden, gänzlich nach dem eigenen Erbieten der Geistlichen und des Präsenzmeisters wegfallen sollen«?

»Da nun wirklich der befürchtete Fall eingetretten, daß auf den Fronleichnamstag Unruhen ausgebrochen, sie sich auch dieserhalben schon an F. Regierung gewendet, die erfolgende resolution darauf von daher abzuwarten sei.«

Wegen der Sonntagsruhe genehmige man die Verfügung der Kommission, »daß während dem Gottesdienst die Thore geschloßen, das Spiestragen wieder eingeführt, auch alle Monath auf einen zu bestimmenden Tag wieder Kirchen censur gehalten, und zur Herstellung guter Ordnung alle gegen die Kirchen Geseze begangenen Fehler darinnen bestraft werden sollen.«

Da einige der Kirchen Seniores ihren Dienst altershalber nicht mehr versehen können, wird ein weiterer Kirchenältester in der Gestalt des Caspar Aul begeben.

Bei 50 Reichsthalern Strafe wird bestimmt, daß sich in Kirchensachen jeder nur an den sogenannten Kirchenrat wenden soll. Gleiches gilt, wenn jemand, der nicht zum Kirchenrat, zu den Geistlichen und Senioren gehört, sich in Kirchensachen mischen wollte, »als wodurch nur confusionen und Strittigkeiten verursacht werden«.

Bei der Austeilung des Abendmahls sollen künftig, wie von der Kommission angeordnet, »keine Wachslichter mehr gebrannt werden«.

Pfarrer Christ soll als Rechner des Reinhardischen Legats die letzten sechs Rechnungen einschicken und die Namen der Anwärter mitteilen.

»Da die Hebamme, Phil. Geists Ehefrau, Ansprüche auf die ständige Hospitalpfründe macht, weil ihre Vorfahren jährlich 7 Gulden 48 Kreuzer an Geld, auf jedes der drei hohen Feste 5 Pfund Rindfleisch und ohngefehr 12 Kreuzer für Weck und Wein bezogen, auch allen von der Commission eingezogenen Erkundigungen nach Anspruch auf diese Pfründe zu machen hat«, wird dem Kirchenrat aufgegeben, »derselben die so geringe Belohnung von 1ten Januar dieses Jahres an für jetzt und die Zukunft auszuzahlen, und so wie diese Pfründe durch den Tod einer Hebamme vacant geworden, dieselbe jedesmal ihrer successorin zu verwilligen.«

Dem Präsenzmeister Vogt soll aufgegeben werden, »die Rechnung des Stadtmusicus Roeder aus Idstein, der bei der Huldigung die Kirchen Musik aufgeführt, die ausgeworfene 10 Gulden« auszuzahlen.

Ganz zum Schluß heißt es dann, daß »denselben (also den Gemeindemitgliedern) in ihrem Gesuch, womit ihre bisherige Proceß Kosten besonders die Strafe von 100 Reichsthalern, die ihnen zu seiner Zeit von Chur Maynz angesagt worden, aus ihrer Präsenz bezahlt werden möge, schlechterdings nicht deferiret werden könne; schließlichen aber alle von dem Herrn Superintendenten zum Besten ihrer kirchlichen und Schul Verfassung getroffene Verfügungen hierdurch genehmigt werden.«

Den härtesten Brocken, die hundert Reichstaler, durften sie also nicht auf die Präsenz abwälzen. Die Reisekosten wurden gemäß dem Vorschlag der Kommission aufgeteilt: $9/11$ für Kronberg, je $1/11$ für Eschborn und Neuenhain.

Die von Bickel gerügte Intoleranz Brückners scheint keine Folgen gehabt zu haben. Wahrscheinlich ging das Konsistorium stillschweigend darüber hinweg, denn diese Sache war ja nun abgetan. Hingegen meldete sich Anfang Juni aus Aschaffenburg der ehemalige kurmainzische, nun erzkanzlerische Geheimrat Will bei der nassauischen Regierung in Wiesbaden. In seinem Gesuch legt er dar, daß sein Sohn mit dem Amtskeller Brückner einen Vertrag abgeschlossen hatte, wonach dieser gegen eine lebenslängliche Pension von 650 Gulden dem Friedrich Franz Will seinen Kronberger Posten überlassen wollte. Die nassauischen Beamten waren jedoch gegen einen solchen Diensthandel, wie er in Kurmainz üblich gewesen war. Sie verweisen außerdem darauf, daß der Vertrag erst nach der provisorischen Inbesitznahme der kurmainzischen Ämter abgeschlossen worden und weder vom Mainzer Erzkanzler noch von Friedrich August von Nassau-Usingen anerkannt worden war. Sie sprachen sich daher für eine Ablehnung des Gesuchs aus, die dann auch am 17. Juni erfolgte.

Offenbar hat Brückner dann in Wiesbaden erklärt, daß er seinen Posten beibehalten wolle. Daraufhin wird ihm prompt am 15. November der »Charakter als Justizrat« und die Amtmannstelle in Kronberg verliehen. In einem späteren Brief an einen Wiesbadener Regierungsrat, vom 6. September 1805, schreibt er dazu: »Der Gedanke, meine angenehme und einträgliche Dienststelle mit einer Pension zu verwechseln, würde mir nie beigekommen seyn, hätten nicht so manche Kriegsereignisse, nächtliche Überfälle, Plünderung, Brand im eigenen Hauß, feindliche Verhaftnehmungen und dergleichen Schrecknisse eine merklich Nachtheilige Einwirkung auf meine Geisteskräfte gehabt.« Nun aber ist er entschlossen, »den Pensionsgedanken ganz aufzugeben und meine zeitherige Dienstverrichtungen, wie es meine Kräfte und 30jährige Dienstzeit erlauben, zu dem mir höchst schmeichelhaften Beifall meiner Oberen noch ferner fortzusetzen«.

Nassau wollte jede konfessionelle Intoleranz vermeiden. So blieben die katholischen Beamten auf ihren Plätzen, in Kronberg neben Brückner auch der Oberschultheiß Braun, ein zäher Gegner Christs.

Im Juli erhielt der Werkmeister Bager die Weisung, sich wieder nach Kronberg zu begeben, um dort den Akkord zwischen dem Kirchenconvent und dem Weißbinder Georg Philipp Weidmann zu überwachen. Weidmann wollte für 370 Gulden die sämtlichen Arbeiten am Kirchengewölbe und im Chor ausführen, dazu noch weitere Verzierungen und Einfassungen der Fenster. Das »durch die Länge der Zeit sehr schadhaft und baufällig« gewordene Dach des Chors hatte man schon 1748 erneuert.

Anfang September kam es wieder zu einem sehr unerfreulichen Auftritt in der Kirche selbst, in der werktags die Weißbinder wirkten und sogar die Fenster herausgenommen hatten. Wie brüchig der durch die Kommission hergestellte »Friede« war, geht aus Christs Schilderung im Brief an das Consistorium vom 8. September hervor:

»Auf gestrigen Sonntag beschickte ich meine Kirchenälteste zum Convent, um über die Abbrechung unserer alten Orgel, die wir nach Griftel verkauft haben und wegen der von Herrn Superintendenten anbefohlenen Veränderung einiger Stühle und Versetzung der Schuljugend nöthige Verabredung zu nehmen. Wie nun dabei die Einsicht des Platzes nöthig war, so lies ich den Kirchenältesten sagen, daß wir zuvor nach meiner Vormittags Predigt in der Kirche wollten stehen bleiben, um die Einsicht zu nehmen. Der größte Theil der Gemeinde bliebe unten bey der Thüre stehen, und betrachtete die neue Arbeit der gerohrten und geweißten Kirche.

Es eräugnete sich aber bey diesem Convent eine frevelhafte Aufführung eines Kirchenältesten in öffentlicher Kirche zur größten Ärgernis der ganzen Gemeinde und zur Schande vor den Katholiken, dergleichen ich bei meiner 40jährigen Amtsführung noch nicht erlebt habe.

Jakob Weidmann, jüngster Kirchenvorsteher, der nebst dem Johannes Zubrod als naher Verwandter des HE. Pfarrer Bleichenbach und Partheynehmer desselbigen seit der Commission noch nie zum Kirchen-Convent gekommen, ob ich sie schon jedesmal beschicken ließ, erschien diesmal, aber in der Absicht, — was vorzüglich den Jakob Weidmann anbetrifft, — um seine ganze Galle über mich und die Gemeinde auszuschütten. — Ich hatte kaum den Vortrag über den Gegenstand unserer Überlegung gethan, so fienge Jakob Weidmann sogleich an, mit grimmigen Gebehrden und hellem Geschrey: er wisse nichts von dem Verkauf der Orgel und man hätte ihn darum nicht gefragt. Ich erwiderte ihm ganz gelassen und ohne die geringste Animosität, wie ich ihn jedesmal zum Kirchenrath hätte rufen lassen, ohngeachtet seiner öfteren schnöden Antworten, die er mir hätte geben lassen, man könne aber deswegen die Kirchen Angelegenheiten nicht liegen und alles in Unordnung gerathen lassen, wenn ein oder das andere Mitglied des Kirchenraths aus Eigensinn nicht zum Convent kommen wolle. Er solle sich doch jetzo nicht so unanständig betragen, wir wären ja in dem Gotteshaus. Allein meine gelassene Vorstellung halfe nichts, sondern da er einmal zum Wort und zum Schreyen gekommen war, so machte er es immer ärger, so, daß man den Lärmen (da alle Fenster der Kirche wegen dem Ausweißen und Arbeiten der Maurer ausgehoben sind) in entfernteren Gassen hören konnte.

So bald ich nun deutlich sahe, worauf es von diesem bösen Mann angesehen seye, und daß er sich geflissentlich vorgenommen habe, ein rechtes Spectacel zu machen, so erklärte ich, daß wir nicht zum Zanken in der Kirche seyen und gienge sogleich aus der Kirche nach Hause. Jakob Weidmann aber lief die 20 Schritte, so ich bis an die Kirchthüre hatte, hinter mir nach, so daß die Gemeinde glaubte, er wolle mich gar beim Kopf nehmen, deswegen auch mehrere der Gemeinde herbey nahten. Er ließ es aber bey Schänden und Schmähen hinter mir drein bewenden, wovon ich aber wegen dem Lärmen nichts verstanden als bey der Thüre, da er mir nachrief: ich wäre nicht werth, daß ich Pfarrer heiße, ich hätte heute ja nur ein paar Verse singen lassen, — (man konnte wegen dem Zug des starken Windes, da alle Fenster ausgehoben waren, und wegen dem Kalch Staub nicht eine halbe Stunde es ausdauern). — Allein ich antwortete kein Wort und gieng zur Thüre hinaus, worauf er wieder in die Mitte der Kirche zurückgieng, und hörte ich sodann noch in meinem Hause einen entsetzlichen Lärmen, daß ich Mord und Todtschlag befürchtete, bis dieser Schänder des Gotteshauses hinaus gedränget worden.

Zu näherer Beleuchtung dieses schändlichen und frevelhaften Betragens des Kirchenvorstehers Jakob Weidmann muß ich anbey einige Umstände berühren, und die Triebfedern bemerken, die seinem Groll diese schnöde Richtung gaben. — Er ist einer der jüngsten Bürger und hat des HE. Pf. Bleichenbachs Bruders Tochter zur Ehe. Um nun einen Ja-Herrn bey dem Kirchenconvent mehr zu haben, schlug er bey Abgang des letztverstorbenen Kirchenältesten diesen vor, und ohngeachtet ich vorstellet, daß wir ältere auch brave Männer dazu in der Gemeinde hätten, mußte doch sein Wille geschehen, und um Frieden zu erhalten, mußte ich abermals, wie gewöhnlich, nachgeben, da ich ohnedem wegen der Überstimmung und bey seinem jedesmal sogleich gedrohten Klagen beym Kurmainzischen Amte nichts hätte ausrichten können.

Wegen meiner bey seinem Vorschlag gemachten Einwendung nun, und bey seiner Anhänglichkeit an seinen Oncle Pf. Bleichenbach suchte er dann so viele Zwistigkeit zwischen uns beiden Collegen zu stiften, als ihme möglich war; wie ich ihn deshalb in Gegenwart des Herrn Superintendenten und des gesamten Kirchenconvents als einen solchen Friedensstörer und Verläumder überzeugend und aus seinen eigenen Worten dargestellt habe, so daß er sich nicht mehr mit einem Wort darauf verantworten konnte, und beschämt dastehen mußte.

Überdas kam sein äußerster Zorn her über das Ausstreichen seines und des HE. Pfarrer Bleichenbachs Namen bey dem Bericht und Vorstellung an die hochpreißliche Regierung wegen dem Eingriff der Katholiken bey ihrer gehaltenen Prozession, an welchem Ausstreichen ich für meine Person ganz unschuldig war, davon nichts wußte und es nachdrücklich mißbilligte, auch nur auf der Ausstreicher Verantwortung den Bericht — weil Periculum in mora war — besiegelte und fortschickte, da nicht mehr Zeit war, den Bericht abzuändern.

Zudem mag nun auch höchstwahrscheinlich und hauptsächlich das Aufhetzen eines bekannten unfriedfertigen und gallsüchtigen Mannes gekommen seyn, die nächste Gelegenheit zu ergreifen, und sich und ihn einigermaßen zu rächen, wobey ich das beste Ziel seyn sollte.«

Nachdem Christ nochmals seinem Zorn über den rebellischen Kirchenvorsteher Luft gemacht hat, bittet er »um nachdrückliche Bestrafung dieses gottlosen Mannes, wenn nicht unsere schöne Kirche endlich zu einer Mördergrube werden solle. Mein Herz blutet, daß ich das moralische Verderben meiner Gemeinde mit so starken Schritten — wie diese Begebenheit von einem Kirchenvorsteher selbst einen traurigen Beweiß darlegt — muß herbey eilen sehen, an deren Seelen ich bereits 18 Jahre arbeite. Schon 4 Jahre gehen sie nicht zum Abendmal. Ich ermahnte sie öffentlich und privatim, doch alles auf die Seite zu setzen und dieses Gnadenmittel nicht zu versäumen, woraus endlich Kaltsinn und Gleichgültigkeit gegen die ganze göttliche Religion erfolge: — Allein da immer Oel ins Feuer gegossen ward, und kein Zureden auf beiden Seiten Eingang fand, so mußte es mit betrübtem Herzen blos dem Allwissenden klagen, ohnmächtig, dem Strom der Leidenschaften und der damaligen Lage unserer Verhältnisse zu widerstehen.

Indessen habe hierbey die reine Wahrheit des Verlaufes obiger Begebenheit und der schändlichen Aufführung des Kirchenältesten Jakob Weidmann so wohl durch mein übriges Kirchen Convent, als auch durch einige Gemeindsmitglieder, die alles mit angesehen und gehöret, mit ihrer Namens-Unterschrift bezeugen lassen, so aber auch die halbe Gemeinde bezeugen würde, wenn es nöthig wäre.«

Unterschrieben haben Remy Kunz, der Präsenzmeister Philipp Vogt, der Kantor G. Anthes und die Gemeindmitglieder Johann Wendel Hennemann, Jacob Weygand, Caspar Anthes, Nicolaus Weygandt und Johann Peter Weidmann als Augenzeugen.

Da hatte man also wegen der katholischen Prozession eine Eingabe an die Regierung gemacht, und obwohl vereinbart worden war, die Mitglieder der Deputation nicht mit unterzeichnen zu lassen, die Namen Bleichenbachs und Jakob Weidmanns hinterher wieder ausgestrichen oder ausradiert und dafür die der Deputierten eingesetzt — ein juristisch sehr anfechtbares Verfahren, zumal Christ unter die Eingabe das Kirchensiegel gesetzt hatte, offenbar vor dieser Manipulation. Als die Gegenpartei davon erfuhr, schrieb sie am 7. Oktober ans Konsistorium, verdächtigte den ersten Pfarrer, von der Fälschung gewußt zu haben und nannte ihn einen »Falsarius«, also einen Fälscher.

Die Regierung stellte Christs Unschuld fest, das Konsistorium lud Jakob Weidmann vor, rügte ihn wegen seines Betragens und befahl ihm, Abbitte zu leisten. Das tat er dann auch, freilich auf seine so schroffe Art, daß Christ sich nicht damit zufrieden gab und erneut ans Konsistorium schrieb: »Es kam heute unvermuthet der Jakob Weidmann mit dem neuen Kirchenältesten Kaspar Aul zu mir und sagte, er hätte Befehl vom Amt dahier, mir Abbitte zu tun. — Ich erwiderte, daß, so wenig ich eine Abbitte von einem Beleidiger verlangte und nach meiner Gemüthsart brauchte, so wüßte ich ja von nichts: ich hätte ihn ja nicht bey Amt verklagt. Zwar hätte ich schon einmal vor 6 Tagen vernommen, daß man mit Hohngelächter über mich auf den Bierbänken — (er ist selbsten ein Bierwirth) gesprochen habe, ich müßte mit einer kalten Abbitte vorlieb nehmen. Wobey er mir sogleich in die Rede fiel und fortgehend sagte: er hätte seine Schuldigkeit gethan.«

Christ bat das Konsistorium »ganz gehorsamst und inständigst, mehrbemeldten boshaften Menschen, der von Anfang keine anderen Gesinnungen gehabt und keine andere mehr anzunehmen fähig ist, zum Besten der Kirche von dem Kirchenrath zu beseitigen. Sollte es aber allenfalls nicht möglich seyn, diese meine gehorsamste Bitte Statt finden zu lassen, so wollte zu meiner Ruhe und meiner Gesundheit wegen in meinen alten Tagen, die mich so vieles haben erleben lassen, gehorsamst bitten, daß der Kirchenrath für die Zukunft in dem Hause des jeweiligen zweiten Pfarrers gehalten, und ich davon hochgeneigtest dispensiret würde. Meine Zeit würde ich, wie bekanntlich zuvor, nie mit Müßiggang, sondern zum gemeinen Besten, und der Gemeinde, so viel in meinen Kräften ist, zweckmäßig anwenden.«

Diese Bitten lehnte die geistliche Behörde jedoch ab. Christ hatte auf seinem Posten zu bleiben und sich mit der Abbitte Weidmanns zu begnügen. Den Mitunterzeichnern des Briefes vom 5. Oktober, Johann Zubrod, Peter Henrich und Jakob Weidmann, werden die »darinnen angebrachten höchst unziemliche und schändliche Verläumdungen des Ehren Pfarrer Christ, besonders wegen des demselben imputirten falsi« verwiesen. In Zukunft soll, wie bereits verordnet, kein Deputierter mehr an Kirchenratssitzungen teilnehmen. Bei Fortsetzung ihrer Praktiken wird ihnen eine wohlverdiente Strafe und eine Änderung, also Entfernung aus dem Kirchenrat angedroht.

Am 23. September wurde »wegen der Veränderungen in der Kirche und der noch zu verfertigenden Arbeit beratschlagt und zwar zwischen Christ, dem Werkmeister Bager, Caspar Aul und dem Präsenzmeister Vogt. Das Ergebnis hat Christ ins Kirchenprotokollbuch eingetragen:

1.) Wurde beschlossen, das Epitaphium vor dem Weiber Pfarrstuhl wegzuthun und hinter dem Pfarrstuhl auf der andern Seite aufzustellen und den Platz mit besonderen

Stühlen zu bebauen und das Kästchen mit dem Tod Mariae neben den Pfarrstuhl zu stellen.

2.) Solle die Veränderung des Standes für die Schüler nach dem Befehl des HE. Superint. ins Werk gesetzt werden. Der Taufstein solle in das Chor kommen, und für die Schuljugend Bänke dahin gestellt werden.

3.) Sollen die mittelsten Stühle in der Mitte von einander geschnitten und entweder vorne an die Stühle auf jeder Seite die Hälfte angepaßt oder wenns möglich und thunlich hinten an die Mauer gestellt und die gesamten Stühle vorgerückt werden, damit in der Mitte der Kirche ein ordentlicher Gang seye.

4.) Das Altarblatt solle weggenommen und dagegen das große Crucifix vom Epistelaltar auf den Hochaltar gestellt, das kleine Crucifix aber, so auf dem Altarblatt gestanden, auf dem Epistelaltar angebracht werden.

5.) Wurde der Zimmermann Sauer zur Verfertigung der Orgelbühne veraccordirt, welches dem HE. Bager zur Ratific. u. ferneren Besorgung überlassen worden.

Um welches Steindenkmal es sich in Ziffer 1 handelte, erfahren wir aus einem Brief Christs vom 17. November 1803 an Bickel, worin es heißt: »Euer Hochwürden ist das Local der Stands-Einrichtung in unserer Kirche bekannt, und das Epitaphium vor dem Pfarrweiberstuhl, das bisher irrig für das Epitaph des Stifters Hartmuth gehalten worden. Es fand sich aber bey genauer Untersuchung der — mit dem einfassenden eisernen Gekräms verdeckt gewesenen Inschrift neben herum, daß es das Epitaph eines unbedeutenden Kronberger Edelmanns Eberhard aus neuerer Zeit gewesen. Es wurde daher mit Werkmeister Bager beschlossen, solches wegzunehmen und an diesem schicklichen Platz Kirchenstühle zu erbauen, und sonderheitlich einen Beamtenstuhl, der in der Kirche fehlt.« Christ hat sogar ein »Brouillon«, also eine Zeichnung beigelegt. Mit dem Präsenzmeister gab es noch eine Auseinandersetzung, weil dieser die neuen Stühle verlängern und den alten Pfarrstuhl, »worin seit 18 Jahren meine Frau und die meinigen gestanden haben«, abreißen wollte.

Es ist schade, daß Christ sich offenbar nur sehr wenig um Kronbergs Geschichte gekümmert hat, denn Johann Eberhard war keineswegs »ein unbedeutender Kronberger Edelmann«. Er, der Katholik und lange Jahre Friedberger Burghauptmann war, hat zusammen mit dem evangelischen Hartmut XIII. 1585 die neue Kirchenordnung geschaffen und wurde 1617 im Chor der Kirche beigesetzt, die damals protestantisch war. Heute haben wir von seinem Epitaph nur noch ein an der Außenmauer der Kirche angebrachtes Bruchstück. Das Grabmal muß stattliche Ausmaße auf dem Boden gehabt haben, denn außer den 16 erforderlichen »Weiberständen« (je 2 für den Oberforstmeister zu Königstein, den Fürstl. Forstsekretär, den Forstjäger zu Falkenstein, die beiden Kronberger Pfarrer und den Fürstl. Amtmann, je 1 für den ersten Schullehrer, den Oberschultheißen und den Stadtschreiber) sollte noch Platz für 17 weitere Stände vorhanden sein, »die zum Vortheil der Kirche versilbert und wahrscheinlich alle Auslagen ersetzen würden«. Dafür brauchte man entsprechend Eichenstämme.

Gerade um 1800 begann die Romantik die verschiedenen Gebiete des geistigen Lebens zu ergreifen, aber die Wiederentdeckung der mittelalterlichen Kunst vollzog sich nur langsam, und Christ hat nichts davon gespürt, so daß er das Johann-Eberhard-Epitaph gleichmütig neuen Kirchenstühlen opferte. Von einem andern Vorwurf, der ihm lange gemacht wurde, müssen wir ihn dafür freilich freisprechen: Nicht er hat die Stadtkirche als erster ausweißen lassen, denn 1780 lesen wir in einer Eintragung von Andreas Justi: ».. . ist von obigem Weißbinder (August Schneider, der drei Jahre früher schon das Pfarrhaus angestrichen hatte) das Chor in unserer Kirche geweist, das Gelenter um den hohen Altar wie auch um den Tauf-Stein nebst dem an der Kanzel-Treppe wie auch das eißerne Thor mit Öhl-silber-Farb angestrichen worden, wozu derselbe die Materialien stellen müssen; — vor welche Arbeit er l. Praesenz-Rechnung de Ao. 1780 empfangen 33 Gulden 30 Kreuzer.

P. N. Der Überschlag ware auch über die Kirche, es versteht sich die Wände bis an das Gewölb zu weißen, vor und um 67 Gulden 40 Kreuzer gemacht worden; weil aber das Gewölb zuerst muß gemacht werden, so hat man erst das Chor verfertigen lassen.« Weiter schreibt Justi dann zwei Jahre später:

»1782 den 6. August ist ferner in der Kirche zu weißen und mit Öhl Firniß anzustreichen an die Weißbender Leonh. Schilling und Joseph Reichert veraccordirt worden, als die beiden Seiten Wände, die Hinter- und Vorderwand zu weißen, die Böden an der Orgel-Burger-und Knecht Bühne mit Gips in Leim zu renoviren. Alle Epitaphien mit Leinsilber-Farben zu streichen, die 4 Ältern zu marmoriren und die dort befindliche eißerne Thüren mit schwarzer Öhl Farb anzustreichen.

Das Crucifix über dem Epistel Altar, die Crone, Nägel und Bedeckung am unter Leib mit gutem Gold zu vergulden und den Körper gehörig anzustreichen, die Gesimser an der Orgel-Bühne oben und unten mit Öhl-silber-Farb, sowie auch die Säulen daran und unter der Burger- und Knecht-Bühne — deren Füße aber mit Öhl-Stein-Farb anzustreichen, den ganzen Fuß an dem Gewölb rund um mit Leim-silber-Farb.

Die 4 Thüren mit Öhl-Firniß anzustreichen. Vor alle diese Arbeit, wozu die Weißbender alle Materialien stellen, und die ganze Kirche rein abstauben und säubern müssen empfangen selbige aus der Praesenz 120 Gulden.«

Damit hatte die gotische Johanniskirche ein klassizistisches Gesicht erhalten. Selbst die Ritter und Damen der Epitaphien mußten sich einen Anstrich, ja manche sogar eine Marmorierung gefallen lassen. — Wie die Kirche mit ihren zahlreichen Altären im Barock ausgesehen hatte, können wir nur ahnen.

Es mag sein, daß auch schon damals einige der alten farbigen Fenster verschwanden. Jedenfalls gab es unter Christ noch eine Konkurrenz zwischen zwei Wehrheim aus der Glaser-Familie, die sich beide bewarben. Da der eine, Nikolaus Wehrheim, nebenbei auch die Glöcknerstelle hatte, während der andere, Johannes Wehrheim, nur von seiner Profession lebte und zudem »mit 10 Kindern belastet« war, gab man ihm den Vorzug.

Am 6. November schreibt Christ ins Kirchenprotokoll: »Da das neue N. Usingische Gesangbuch mit dem neuen Kirchenjahr d. 1. Adv. eingeführt und daraus zu singen angefangen werden soll, so dabey aber erforderlich ist, daß armen Schulkindern und armen Witwen Gesangbücher aus Kirchengefällen gratis gegeben werden, so wurden dazu die 35 Gulden Interessen vom Gereumischen Kapital (welches ohnedem zu Bü-

Vollständiges Marburger Gesang Buch,

Zur

Übung der Gottseligkeit,

in 615. Christlichen und Trostreichen

Psalmen und Gesängen

Herrn D. Martin Luthers

und anderer

Gottseliger Lehrer,

Ordentlich in XII. Theile verfasset,

Mit und ohne Kupferstück gezieret/

Und mit nöthigen Registern, auch einer Verzeichnis versehen, unter welche Titul die im Anhang befindliche Lieder gehörig:

Auch zur Beförderung

des so Kirchen- als Privat-Gottesdienstes,

Mit erbaulichen

Morgen- Abend- Buß- Beicht- und Communion-Gebätlein vermehret.

Mit Ihro Röm. Kayserl. Majest. allergnäd. ertheilter Freyheit.

Marburg und Frankfurt,
Bey Heinrich Ludwig Brönner, 1771.

Das alte Marburger Gesangbuch, nach dem die lutherische Gemeinde Kronbergs bis 1803 sang.

Texttitel des alten Marburger Gesangbuchs.

Bildtitel des alten Marburger Gesangbuchs, linke Seite.

Bildtitel des alten Marburger Gesangbuchs, rechte Seite.

Alter Handeinband mit Messingbeschlägen, wie er bei den bessergestellten Kronbergern üblich war.

chern für arme Schulkinder gestiftet ist), als welche Jakob Weinig noch schuldet, dazu bestimmt, dafür diese Gesangbücher zu bezahlen.« Das »Register der Schulkinder, so Gesangbücher gratis erhalten sollen«, umfaßt fast 40 Namen, die Zahl der »Wittweiber« beträgt 24. Im Januar 1804 kommen nochmals 11 Witwen hinzu, deren Gesangbücher aus dem Hospitalfonds bestritten werden.

Mit dem altehrwürdigen Marburger Gesangbuch wurde wieder ein Stück Kronberger Tradition aufgegeben. Wir können annehmen, daß es seit 1549 oder bald danach in Gebrauch kam. Ernst Ranke, Bruder Leopold v. Rankes, ist seiner Geschichte nachgegangen (»Das Marburger Gesangbuch mit verwandten Liederdrucken, herausgegeben und kritisch erläutert«, Marburg, Elwert, 1862). Die erste Ausgabe: »Andres Kolb zu Marpurg truckts den 18. tag Julij Ann M. D. XLIX« umfaßte nur 80 Lieder. In der Ausgabe von 1771, die jetzt außer Gebrauch kam, ist der Band auf 485 Seiten angewachsen, zu denen noch »Morgen- und Abend-Gebäter«, »Buß-Gebäter«, der »Kleine Catechismus Lutheri« sowie die »Evangelia und Episteln auf alle Sonntage wie auch auf die hohe Feste, nebst der Historie von der Zerstörung der Stadt Jerusalem« kommen.

Wir erinnern uns, daß in zwei Briefen Christs aus dem Sommer die Rede von einer Bittschrift war, die Superintendent Bickel dem Fürsten überreichen sollte, und nun erfahren wir, worum es ging: um die leidigen Kriegssteuern. Christs Antrag auf Befreiung wurde abgelehnt, und er hat den Ablehnungsbescheid nicht nur abgeschrieben, sondern auch gleich entsprechend kommentiert.

Copia, mit meinen Gedanken darüber, die mich aber leider nichts helfen.
Decretum ad Supplicam des Pfarrer Christ zu Kronberg um Erlaß der zur Stadtkasse angesetzten Kriegssteuern von seinen eigenthümliche und Besoldungsgrundstücken.

Da sich nach näherer Untersuchung der von den Supplicanten in rubricirtem Betreff angebrachten Beschwerden ergeben hat, daß solche zum Theil unrichtig vorgestellt, zum Theil ganz ungegründet seye, indem

1.) seine eigenthümliche Güterstücke, so wie sein Haus, nicht höher als diejenige seiner Nebenläger nach den verschiedenen Klassen in Steueranschlag gebracht worden, und

Resp.

Eine Hofreit und ein Haus mit *einem* Dach, und noch zur Zeit nur mit *einem* Schornstein, das nun aber zwar in zwei Wohnungen getheilt ist und sich 2 Familien darein getheilt haben, gleichwol nur den auf der gesamten Hofreit liegenden Grundzinß an HE. v. Dahlberg zu 45 Kreuzer nur einfach zu bezahlen, und jeder Theil die Hälfte zu tragen hat, kann unmöglich nach meiner Einsicht nach dem Baurecht doppelt in Beschwerde gelegt werden. Wenn 2 Brüder sich ein Haus theilen, so kann es in Betracht der Abgaben doch nie in 2 Häuser als doppelte Schatzung gelegt werden.

Ferner wird meinem Nachbarn der Hof, der zu jedem Haus gehöret, nicht besonders in Schatzung geleget. Mir aber wird mein Hof, ohne den man keine Hausthür anbringen kann unter dem Namen eines Garten besonders in Schatzung gelegt, weil dem vorigen Besitzer die Hofreit zu groß gewesen und er eine Zeitlang die Hälfte des Hofes als ein Gärtchen benutzt hat.

Wie es ferner mit Recht und Billigkeit einstimme, mir ein unausgebautes Haus, das nur seine Wände hat, das man noch nicht bewohnen kann, noch Schornstein, Küche oder Stuben, weder Keller, noch Stallung, noch Scheuer hat, das ich als ein Freyhaus desto theurer erkauft habe, — von dem Jahr an, als ich es erkauft, davon also nicht der geringste Nutzen gezogen worden, sogleich in eine schwere Kriegssteuer leget, wie solche Häuser, die schon vor 100 Jahren her bewohnt, benutzt worden und durch Vermiethen Gewinn gegeben haben — kann ich nicht begreifen.

2.) zu dieser Besteuerung die Gemeinde Kronberg nach ausdrücklicher Verordnung der vorigen Landesherrschaft, welche auch

Resp.

Ich konnte nicht mehr der vorigen Landesherrschaft meine noth desfalls vorstellen, da die Verordnung erst etliche Jahre nachher mir durch die Forderung bekannt geworden; Sollte mir aber noch gestattet seyn und nicht zu Ungnade vermerkt werden, mich desfalls an den ohnletzern Landesherrn des HE. Erzkanzlers Churfürstl. Gnaden verwenden zu dörfen, so könnte mich einer gnädigsten Ausnahme von diesen harten Auflagen getrösten.

3.) Die Beiziehung der Pfarrbesoldungsgüter und Zehnden zu denen Gemeindkriegskosten befiehlet, allerdings bestens befugt gewesen ist, so denn und

Resp.

Da ich aber schon etlich und 60 Gulden freywillige Kriegssteuer an die Kriegskasse eingeliefert habe, dergleichen der Unterthan nicht gegeben, so kann es nicht anders als höchst gerecht und billig zu seyn, daß dieses Geld davon abzuziehen seye.

4.) soviel sein erbautes Haus anbelangt, dieses nach dem errichteten Kaufbrief seinem Tochtermann zugehöret und derselbe sich also dessen Besteuerung um deswillen, daß er solches leer stehen lässet, und bey ihm Supplicanten seine Wohnung im Pfarrhaus genommen hat, — nicht entziehen kann, so wie dann auch der Umstand, daß dieses und seines Nachbarn Haus unter einem Dach stehet und auf einem ehedem gemeinschaftlichen Platz errichtet worden sind, nicht hindert, daß diese beide Wohnungen, so wie sie es wirklich sind, auch jeder besonders in Steueranschlag gelegt werden; ferner

Resp.

Es ist grundfalsch, daß das Haus (so erst erbauet werden muß) nach dem Kaufbrief meinem Tochtermann zugehöre. Ich habe es nicht nur alleinig für mich erkauft, aus meinen Mitteln allein bezahlt, sondern es ist auch der Kaufbrief vom Stadtgericht blos *auf mich* geschrieben und mir also eingehändigt worden. Nichts als ein Acker, der im Kaufbrief für 200 Gulden angeschlagen, ist von meines Tochtermanns Erbtheil dazu genommen worden, wofür ich ihm nachher anderes Gut erkauft habe.

5.) Die Beschwerde wegen angeblich zu viel getragener Einquartierung von dem Orts-Vorstand mit dem erheblichen Bemerken widersprochen wird, daß der größte Theil des in sein Haus gelegten Militärs — seinem Tochtermann gleich jedem andern Burger zugekommen, — nicht zu gedenken, daß die lästigsten dieser Einquartierungen, nämlich die der reitenden Artillerie, nicht wie Supplicant angibt, 16 sondern nur 11 Wochen gedauert hat; So kann seinem Gesuch nicht willfahret werden, um
Resp.

Meine Tochter mit ihrem Mann nahm ich erst gegen Ende des Jahres 1798 zu mir, um meine Haushaltung wie zuvor fortzuführen, da ich keine Frau hatte. Und meine kostspielige Einquartierungen fingen schon im Jahr 179.., waren immer gedoppelt gegen andere, die viele bürgerliche Güter hatten, wie z.B. mein College, ich aber gar keine bürgerlich beschwerte Güter besaß, da doch die Austheilung der Einquartierungen immer nach dem Schatzungsfuß der Güter gerichtet worden, wenigstens hat sollen gerichtet werden. Auch nachher mein Tochtermann in der geringsten Klasse der Abgaben stunde, weil ich ihn seine Güter allermeist habe verkaufen lassen.

Daß aber bey der Zahl der Wochen bey den Einquartierungen der 2 Officiers von der reitenden Artillerie, die im Jahr .... hier gewesen, da mein Tochtermann noch nicht bey mir war, mich um 5 Wochen geirret, ist leicht möglich, da vor wie nach mein Haus nie von Einquartierungen der Officiere leer gewesen.

um so weniger, als überhaupt die Gemeinde Kronberg in dem letzten Krieg sehr gelitten hat, und ihr daher nicht zuzumuthen ist, ihm in Rücksicht seiner angerühmten Verdienste um die Beförderung der Baumzucht eine solche Vergünstigung zu leisten.
Resp.

Da die hiesige Gemeinde vieles gelitten, so gehöre ich vorzüglich darunter und habe etlich 1000 Gulden Verlust gehabt. Die Hälfte meiner Besoldung könnte ich blos für Einquartierungen rechnen, ohne andere große Kosten und Schaden mit Früchten. — Solle aber jener Schaden der Gemeinde ihre Erkenntlichkeit aufheben gegen meine geglückte Bemühungen, nicht blos in der Beförderung der Baumzucht dahier, sondern ihren Nahrungsstand überhaupt jährlich um mehrere 1000 Gulden erhöht zu haben; Wovon nicht nur der außerordentlich erhöhte Werth der Baumschulen von 100 Gulden zu 1200 Gulden und mehr, so wie auch der Baumstücke und Gärten — weil nun ihr Obsthandel durch mich im Auslande bekannt geworden, dasselbe stärker abgeht und theurer bezahlt wird — zur Genüge zeigt und von meinen Gegnern (die mich zum Dank anzuschwärzen suchen) nicht kann geläugnet werden; sondern auch der nun jährlich außerordentliche Verschleiß der Bäume von den Gemeindsmitgliedern. Diesen Herbst sind die Bäume wieder 1000weiß bey den Burgern abgelangt worden, so daß gegenwärtig fast nicht 10 verpflanzbare Äpfelbäume in den hiesigen Baumschulen mehr aufzufinden sind, und die Leute gegen 10000 Gulden baares Geld erlöset haben. Wie wohl kommt ihnen dieses bey gegenwärtigen sonst nahrungslosen Zeiten! — Und ich soll alljährlich durch beträchtliche Abgaben erinnert werden, daß das Werkzeug, womit ich so viel Nutzen hier gestiftet (wie ich ohne Ruhmräthigkeit sagen darf und kann,) anstatt der Dankbarkeit der Gemeinde mit schweren Lasten auf Kindskinder belegt werden, als wenn ich deshalben empfindlich hätte müßen gestraft werden! Und das nicht einmal bey bürgerlichen beschwerten Gütern, sondern bey sehr theuer erkauften Freygütern!! — Wenn es fortdauernde Abgaben von der Besoldung wären, so hörten sie doch mit mir auf: aber jene drücken meine Kinder lebenslänglich.

Indem also des Supplicanten Gesuch hiermit abgeschlagen wird, kann man nicht umhin, demselben das Mißfallen über die in seiner Vorstellung gegen den Ortsvorstand sich erlaubten Anzüglichkeiten, und daß er gegen den Oberschuldheißen sogar den völlig ungegründeten Verdacht eines Religionshasses rege zu machen sucht, zu erkennen geben.

Resp.
Hier will ich nur die Hand auf den Mund legen; — daß ich wenigstens von allem Religions Haß weit entfernt bin, und Leuten von anderem Bekenntnis sowohl gerne diene, als von dem meinigen, kann ich mit That Sachen zur Genüge beweisen. Als Königstein im letzteren Krieg unglücklich beschoßen worden, viele Häuser abgebrannt und viele Bürger, die alle katholisch waren, in eine traurige Lage versetzt worden, und hierher nach Kronberg flüchteten, so nahm ich nicht nur eine Familie mit Mann, Weib und Kindern in mein Haus auf, bey allen meinen Einquartierungen, und versorgte sie darauf den Winter hindurch, sondern sammlete auch für die Abgebrannten bey auswärtigen Freunden gegen 300 Gulden, theilte solche nach dem vom Königsteiner Beamten mir eingehändigten Verzeichnis ihrer Bedürftigkeit von Zeit zu Zeit aus und zuletzt verwendete mich bey meinem Freunde HE. Senior Hufnagel in Frankfurt, daß wir von eingegangenen Collecten zweyen Königsteiner Burgern ihre niedergebrannte Häuser wieder aufbauen halfen. Ferne seye von mir, jetzt wie damals, eine Ruhmräthigkeit. Es ist Pflicht, was wir Gutes thun können, aber schmerzlich, um Gutes gethan zu haben, empfindlich leiden müßen.

Wohingegen ihm aber hierdurch weiter bekannt gemacht wird, daß die unterliegende Verordnung der vormaligen Regierung wegen Beiziehung der Besoldungsgüter zu den Kriegskosten, inmittelst und von Anfang des Jahres 1803 an bereits aufgehoben ist; er also von dieser Zeit an nur noch wegen seiner eigenthümlichen Liegenschaften zu dergleichen Last zu concurriren, folglich um so mehr sich zu beruhigen hat.

Die von Johann Ludwig Christ genannten Zahlen sprechen für sich selbst und machen deutlich, welchen wirtschaftlichen Wandel er in den 17 Jahren seiner Tätigkeit in Kronberg bewirkt hatte. Viel Anerkennung und Dank hatte er nicht dafür erhalten — im Gegenteil. Man hatte ihm Hindernisse aller Art in den Weg gelegt, und die Antwort des Wiesbadener Ministeriums unterschied sich in nichts vom ohnehin schon Gewohnten.

Der Begleitbrief an Bickel darf hier nicht fehlen, da er uns weitere Aufschlüsse über Christ, seine häuslichen Sorgen und anderes gibt:

»Schon wieder bin ich so frey, Euer Hochwürden eine Viertelstunde zu rauben. Aber denken Sie eben, es seye für einen bedrängten und für die Zukunft bekümmerten Vater, und der sonst nirgend sein Herz eröffnen, noch Vertrauen haben kann, als zu Ihnen, da mir Ihre Herzensgüte bekannt ist.

In der Beylage lesen Sie meine niedergeschlagene Hoffnung und Erwartung von der Gnade des Fürsten, wozu mir Ewr. Hochwürden den schönsten Weg durch Ihre Empfehlung gebahnt und wozu mir auch der gnädige Fürst bei seinem Hierseyn die sicherste Hoffnung gegeben hatte. Aber das Unglück kommt daher: Wenn ein Feind und Gegen-Parthie in einer Sache berichten darf und danach ohne Weiteres abgeurtheilt wird, so muß der andere Theil gewiß unterliegen. Der hiesige Oberschuldheiß, der den ganzen Ortsvorstand vorstellet, dessen dummer Religionshaß bei den Protestanten hier von jeher bekannt ist und der auch einen personellen Haß auf mich hat, — (denn wo man mir hier oder sonst durch Verläumdung jemand auf den Hals hetzen kann, wird keine List und Mühe gespart) — hat den von der Regierung abgeforderten gutächtlichen Bericht auf meine Bittschrift an den Fürsten durch einen gewissen Dritten in Wiesbaden, — (denn er selbst ist nicht im Stande den geringsten Bericht zu machen) — verfertigen lassen. — Es ist leicht zu errathen, daß man alles würde drehen und wenden, mich in einem ganz schiefen Licht darzustellen.

Meine Anmerkungen und Gedanken habe bey dem Decret beygefügt, blos für das vertrauliche Ohr Euer Hochwürden. Denn was kann ich nun weiter machen? — Das Urtheil ist gefällt und kann nicht widerrufen werden. Noch mehr kränkt mich, daß nun der Fürst ungleiche Gedanken von mir hegen wird. Ich wollte auch anfänglich mit Ihrem Gutachten eine Vertheidigung an den Fürsten aufsetzen, übrigens aber keine Gnade weiter für die Sache verlangen, sondern der abgeschlagenen Bitte und dem Beschluß mich unweigerlich zu fügen melden: Allein — ich weiß nicht, ob es rathsam. —

Auch war ich entschlossen, dem Fürsten und denn auch besonders der Fürstin die neue vermehrte Auflage meines Handbuchs über die Obstbaumzucht, so in 10 oder 12 Wochen fertig seyn wird, zu dediciren und zu überbringen: alleine nun trage ich Bedenken und schäme mich: weil es gerade diese Seite berührt und die Obstbaumzucht betrifft.

Übrigens ist mir der Schlag entsetzlich hart. Alle Jahre gegen 60 Gulden neue Abgabe! — auf Kindskinder! — für mich und so lange ich lebe, wollte mich nicht kränken, und durch etwas Fleiß und Arbeit mehr es einbringen. Aber nach meinem Tode für meine theils unglückliche Kinder — da die Einnahmen aufhören und nur aus den Baumschulen zu ziehen sind: — da die Unterhaltung meines unglücklichen unbrauchbaren Sohnes dazu kommt — und manches noch auf dem Herzen — das presset mir schweren Kummer ein.

Daß ich überall verkannt werde, überall verläumdet, in allem verlieren und unterliegen, überall die Falschheit und Ungerechtigkeit der Welt fühlen muß: ist mein Los und Leiden von jeher. Das wollte ich alles gerne tragen, wenn ich nur meine Kinder nach meinem Tode glücklich wüßte. — Man hält mich für reich, weil ich etliche 100 Gulden, vielleicht 2000 Gulden ausgeliehen habe; aber was will das? — alle Interessen reichen noch nicht zu, meinen unglücklichen blödsinnigen Sohn jährlich zu unterhalten, wenn ich todt bin. Und wenn dann solche Aderlässe dazu kommen, wie um bey 500 Gulden Kriegsbeisteuer von 6 Jahren her auf einmal zahlen und alljährlich über ein halbhundert Gulden — da ist das Perspektiv traurig.

Man hält meine Besoldung für groß, und kein Mensch würde mir glauben, wenn ich sagte, daß ich dieses Jahr, wegen dem mißrathenen Obst, kaum ¼ Jahr davon haußen könnte, wenn ich nicht durch meine literarische Arbeit und Industrie dazu verdiente. Denn außer meinem auf 200 Gulden laufendem baren Geld mit allen Accidenzien kann ich an Früchten oder sonst nichts verkaufen. Das wird alles im Haus verzehrt. Freylich muß ich vom vorigen Jahr auf dieses rechnen: aber solcher Jahr kommen in 5,6 Jahren kaum einmal. Jedoch auf solcher Mißjahre, wie diesmal, selten.

Aber wo komme ich hin mit meinen Klagen, und vergesse mich ganz, als ob ich einem Herzensfreund schriebe, ob ich schon Ihre Herzensgüte kenne und verehre, u. von dem ich gewiß weiß, daß es auch an meinen heimlichen Leiden Theil nimmt. Aber verzeihen Sie den Erguß meines Herzens, das sich dadurch erleichtert findet, und den Raub Ihrer edlen Zeit.«

In der Nachschrift berichtet Christ über die Einführung des neuen Gesangbuchs. Zum Schluß schreibt er: »Unsere Orgel erwarten wir täglich. Es wird eine kalte Arbeit geben.«

Doch Bickel erhielt nicht nur von Christ umfangreiche Schriftstücke, auch Bleichenbach, der bei den Kirchenveränderungen usw. völlig untätig geblieben zu sein scheint, schrieb mehrfach, im Oktober und Dezember lange Briefe. Darin wird zunächst einmal die eigene Unschuld beteuert und Christ angeschwärzt. Es wird ihm der Ausspruch untergeschoben: »Ich kann um des Amts willen meine eigene Geschäfte nicht nachsetzen.« — »Demnach wäre es bei meinem HE. Kollegen Pflicht, zuerst an die Schriftstellerei und den Baumhandel, dann an das Amt zu denken.« (2. Oktober). In diesem Stil geht es weiter. Am 27. Oktober fragt Bleichenbach an: »Sehr gern wünschte ich demselben ein kleines Präsent von einigen getrockneten Mirabellen, Kirschen und Kastanien zu machen. Ich sage es ganz offenherzig, da ich es nicht anders will angesehen haben als dadurch einen neuen Beweiß meiner vorzüglichen Verehrung gegen derselben Person an den Tag zu legen. Ich stand 5 Jahre mit dem würdigsten HE. Superintendent Stockhausen als Hanauischer Kandidat in Verbindung und erneuerte in jedem Jahr auf diese Art meine Ergebenheit. Ich hoffe, daß Euer Hochwürden mir ebenso wenig dieses zu thun versagen werden, doch erwarte ich zuerst dazu die Erlaubnis.«

Im Brief vom 16. Dezember geht es dem zweiten Pfarrer vor allem um das »Weißwaschen« der eigenen Person. Er schildert die kirchliche Entwicklung von den »Grafen von Kronberg«, unter denen die evangelische Gemeinde »vor vielen andern in blühendem Zustand« war, bis zur Besitzergreifung durch Nassau-Usingen, gibt dann eine sehr subjektive Schilderung seiner Beziehungen zu Amtskeller Brückner, »der einer der besten, wenn nicht der beste vormals mainzische Beamte war«, und versucht seine etwas zwielichtige Rolle in möglichst hellem Licht erscheinen zu lassen. »Daß aber die Gemeinde das Opfer werden sollte, habe ich nie gewünscht, nie gebeten.« Die »Verirrten« sind selbstverständlich die Kronberger, er hat immer nur das Beste gewollt.

Während Bleichenbach sich mit dem Schreiben solcher Briefe die Zeit vertrieb oder seine Kinder unterrichtete, saß unter dem gleichen Dach ein unermüdlicher Schriftsteller, der auch in diesem Jahr mit sich zufrieden sein konnte. Die »Anweisung zur nützlichsten und angenehmsten Bienenzucht« hatte die 4. Auflage erreicht, »Vom Bau des asiatischen Tabaks« lag in einer 2. Auflage vor. Zur Broschüre »Der neueste und beste Stellvertreter des indischen Caffees oder der Caffee von Erdmandeln« hatte er noch einen Nachtrag herausgegeben und dazu einen »Aufruf an die Landleute und Bekanntmachung eines vortrefflichen, gesunden und wohlfeilen Caffee's« verfaßt. Sein großes »Handbuch über die Obstbaumzucht« sollte zum Frühjahr 1804 in der 3. Auflage herauskommen. Wegen der Widmung war er allerdings nach der Ablehnung seines Gesuchs um Erlaß der Kriegssteuer noch im Zweifel.

Vermutlich hat sich in diesem Jahr nach den nötigen Um- und Ausbauarbeiten ein zweiter Schriftsteller und Poet dazu in Kronberg niedergelassen, sich einen der alten Stadttürme zum Wohnsitz, zu seinem »Taunium« hergerichtet: Johann Isaak von Gerning. Über ihn soll im Kapitel über Christs Freunde berichtet werden.

Von Bleichenbach zu Thurn oder vom Regen in die Traufe, 1804

Die Auseinandersetzungen um die Kirchenstühle, die man nach Zerstörung des Johann-Eberhard-Grabmals aufstellen wollte, gingen in dem neuen Jahr weiter. Am 12. Januar schrieb das Wiesbadener Konsistorium, dem man Risse eingesandt hatte, »daß man nichts dagegen zu erinnern findet, wenn die protestantische Gemeinde für herrschaftliche Diener vorläufig Kirchenstühle erbauen will, und wollen wir die weitere Anordnung hierunter denselben lediglich überlassen, halten jedoch die Vertheilung und Benennung derselben noch zur Zeit für überflüssig, und dieses um so mehr, als überhaupt in der Kirche aller Rang ohnehin wegfallen muß.«

Aus einem Brief Bleichenbachs vom 13. Januar erfahren wir, daß man ihn auf die Pfarrstelle in Usingen hingewiesen hatte, doch die behagte ihm nicht, weil zuviel Ökonomie damit verbunden war. Außerdem wollte er näher bei Kronberg bleiben, wo er sich ein »einträgliches Gütchen« angelegt hatte, das »mit jedem Jahr eine reichere Ernte verspricht«. Und schließlich wollte er seine Kinder »bis zu höhern Jahren« selbst unterrichten. Mehr hätte ihn daher die Stelle in Sulzbach interessiert, auf die ihm Brückner schon einmal Hoffnung gemacht hatte. Inzwischen übte er sich sozusagen im Nichtstun.

Am 12. Februar schrieb Christ an den Superintendenten Bickel einen ausführlichen Klagebrief:

»Es ist wiederum großes Elend im Ort, und zwar wegen Confirmation der Kinder, u. die Erbitterung der Gemeinde wider meinen Collegen wächst täglich. Da er voriges

Jahr, in welchem die Reihe an ihme war, nicht confirmirt hatte, und verschiedene Knaben nach Ostern zu Frankfurt in die Lehre veraccordiret sind, gleichwol aber die Leute durchaus nicht dazu zu bringen sind, ihme ein Kind zum Unterricht zu schicken, so laufen sie mich unaufhörlich an; und da ich heute die Verkündigung in der Kirche gethan, daß ich morgenden Montag den Unterricht derjenigen Confirmanden anfangen wollte, welche mir dieses Jahr zukämen, wegen denen aber, die voriges Jahr schon das Alter gehabt, mein HE. College zu disponiren hätte, so kamen doch auch die Väter dieser Kinder zu mir, baten und lamentirten, daß ich sie doch auch mit annehmen sollte, sie wollten meinem Collegen gern das Accidenz geben, ob es schon mir gehörte, da die Reihe zu confirmiren nun an mir wäre und er sein Jahr hätte vorbey gehen lassen, u. blos durch nichtigen Vorwand das verehrliche Consistorium zur Erlaubnis beredet, die Confirmation aufschieben zu dörfen; wenn ich ihre Kinder nicht confirmirte, so schickten sie solche lieber als Heiden in die Welt.

Ich suchte sie nun in so weit einstweilen zu befriedigen, daß ich zwar in so lange ihre Kinder mit den andern, die mir dieses Jahr zustehen zum Unterricht und ins Gebät (wie man es hier nennt) nehmen wollte, bis die Sache von hochverehrlichem Consistorium werde entschieden sein, indem er doch nun klagen und dasselbe angehen würde, daß er dieselbe confirmiren dörfte. Da ich aber keinen Streit mit meinem (ohnehin unruhigen) Collegen über das mein und dein haben wollte, so könnte ich ihnen die Confirmation selbst noch nicht zusagen.

Ich habe nun diesen Winter keine Woche versäumt, wo ich nicht in die Schule gekommen wäre, die Kinder zu meinem und weiterm Unterricht im Haus nach Ew. Hochwürden beliebtem Spruchbuch zu unterrichten. Mein College aber blieb aus Eigensinn, nachdem er ein Paarmal gekommen war, auf beständig weg. Auch hatte er viele ängstlich gemacht und dadurch zu neuem Zorn gereitzt, daß er sich verlauten lassen, er wolle erst auf Pfingsten die Confirmation halten, das gleichwol hier wegen der Nahrung der Leute unmöglich sich thun läßt, u. die Gemeinde glaubt, mein College wolle sie auch damit drucken, und wie er gewohnt ist, auf alle mögliche Art zu reitzen und zu beherrschen. Die Verfassung ist hier so, daß die Leute ihre Kinder nach Ostern zu ihrem Gewerb und Nahrung nicht entbehren können.

Überhaupt ist die Lamentation u. das Elend über diesen Mann groß und nicht genug zu schildern, welch ein schröcklicher Verfall der Moralität durch denselben verursacht wird. Da die Leute z. B. keinen Sonntag Nachmittags in die Kirche zu ihm gehen, so sitzen alle Wirthshäußer voll, spielen, trinken, räsonnieren. Da die Ältern ihren Kindern verboten, keinen Hut vor meinem Collegen abzuziehen, so ist leicht zu erachten, was für Frechheit in Kirche, Schulen einreißt und was das Amt und die Sittlichkeit auf eine ganze Generation und weiterhin verliert. Euer Hochwürden würden sich ein Himmelsverdienst machen, wenn Sie alles mögliche beytrügen, daß dieser Mann bey gegenwärtig seyn sollenden Veränderungen von hier wegkäme. Es entsteht sonsten, ich fürchte sehr, unaussprechliches Elend für das Ort.«

Am 16. Februar kam die Weisung vom Konsistorium, daß Christ die Kinder vom vorigen und diesem Jahr zusammen unterrichten und dann konfirmieren solle. »Übrigens werde N. bereits bekannt geworden sein, daß mit dem Pfarrer Bleichenbach eine Versetzung nach Schierstein vorgenommen worden. Wir verbleiben . . .«

Der erste Pfarrer stand nun in der Mitte seines siebten Lebensjahrzents, und im Wiesbadener Konsistorium mag man hin und her überlegt haben, wen man nun diesem Mann beigeben könnte, der zwar ein mittelmäßiger Prediger war, dafür aber ein tatkräftiger Volkserzieher, der selbst in der schweren Kriegszeit Kronberg wesentlich gefördert hatte und dessen Wirkung weit über Nassau-Usingen hinaus reichte. Entweder hatten die Herren Konsistorialräte keine große Auswahl oder sie dachten, das Richtige getroffen zu haben, wenn sie ihm einen noch jungen Mann schickten, der sich auch auf literarischem Gebiet, freilich als Philosoph und Theologe, betätigte.

Jedenfalls sandte man dem »Praeceptorum literatum Doctorem Philosophiae Thurn in Cazenellenbogen«, das 1803 nassauisch geworden war, am 9. Februar die Mitteilung, daß Hochfürstliche Durchlaucht ihm die durch den Abgang des Pfarrers Bleichenbach frei gewordene Stelle in Kronberg »zu conferiren geruhet habe«. Im Schreiben an den Justizrat Brückner wurde der Dr. Thurn als ein »rühmlich bekannter Schriftsteller, würdiger und friedliebender Geistlicher« charakterisiert. Am 16. Februar bedankte sich Thurn, der bisher als Lehrer tätig gewesen war, für die »gütige Verwendung« und erklärte: »Ich komme nicht unerfahren in meine neue Laufbahn. Mein fester Wille ist es auch, guten Saamen auszustreuen, und, wo möglich, auch den steilsten Boden urbar zu machen.« Da er noch nicht ordiniert war, fuhr er fort: »Ich stand bisher in der Meinung, daß die Ordination bey der Vorstellung erfolgen werde, und ich muß sagen, daß diese feierliche Handlung von großem Nutzen für eine Gemeine ist, und Ew. Hochwürden würden zumal bey dieser Gelegenheit den Kronenbergern manches Gute ans Herz zu legen Gelegenheit finden. Die üppigen Schmausereien, weshalb eine Vorstellung wahrscheinlich abgeschafft ist, könnten ja füglich unterbleiben, und ein frugales Mahl an ihre Stelle tretten. Doch — ich habe zu gehorchen und Ew. Hochwürden werden mir meinen Vorschlag gütigst verzeihen. Kronbergs Streitigkeiten, die vermischte Gemeine und der neuerworbene Ort erzeugten diese Ansicht in mir.«

Vorstellung und Ordination sollten am 22. April stattfinden. Thurn war schon vorher eingetroffen, denn in einem Brief Christs an Bickel vom 10. April heißt es: »Euer Hochwürden auf den 20.ten dieses hier zu sehen, freue ich mich unendlich — aber in den Tod würde ich mich betrüben, wenn Sie mir die Freude und Ehre entziehen und nicht bey mir absteigen und logiren wollten. Hierin muß ich Ihnen ungehorsam seyn, ein anderes Logis zu bestellen. Sie nehmen nur Vorlieb. Heute erwarte ich mit Vergnügen meinen lieben HE. Collegen. Es wird ihme lieb seyn, zu seiner neuen Einrichtung Muße zu haben . . . Meine Tochter empfiehlt sich der Mademoiselle bestens und erwartet sie auch mit Vergnügen.«

Die Anwesenheit des Superintendenten benutzte Christ auch gleich, um zwei Dinge im Kirchenprotokoll festzuhalten, die ihm wichtig waren: Wegen des schlechten Besuchs der täglichen Betstunden wurden diese »nach der Landesordnung« auf dreimal wöchentlich, Dienstag, Donnerstag und Samstag, beschränkt. Weiter »verordnen Seine Hochwürden, daß nicht nur die Stühle im mittlern Kirchgang sollen vertheilt und jede

Hälfte nebenbey gestellt werden, sondern auch in Ansehen des grünen Pfarrgitterstuhls, so im Jahr 1783 vom Kirchenrath der Familie des ersten Pfarrers zugeschrieben worden, solle stehen bleiben, verlängert und zum Behuf beeder Pfarrfamilien mit einem Unterschied für jede eingerichtet, und etwa ein kleiner entbehrlicher Theil von dem neu zu errichtenden Beamtenstuhl dazu genommen werden.«

Christ ließ sich die Eintragung von Bickel bestätigen. Im Mai schrieb er dann in dieser Sache sogar ans Konsistorium: »Allein alles das achtet der leidenschaftliche Präsenzmeister nicht, unter andern aus Haß, weil ich einmal von der Vollziehung des Befehls des Herrn Superintendenten gesprochen, daß nemlich die mitten im Hauptgang der Kirche ehemals errichteten höchst unschicklich stehende und den größten Mißstand verursachende Stühle sollten getheilet und jede Hälfte den andern Stühlen vorne angefügt werden, damit der Hauptgang in der Mitte der Kirche frey bliebe, dazu er aber bisher nicht zu bringen gewesen, weil seines Sohnes Frau auch einen Stuhl in diesen übel angebrachten Stühlen besitzt.«

Anfang Mai stellte sich dann schon heraus, daß der neue zweite Pfarrer keineswegs so friedliebend war, wie ihn die Wiesbadener geistlichen Herren eingeschätzt hatten. Er begann die Zähne zu zeigen und erklärte in einem Bericht nach Wiesbaden, daß Christ sich mit dem gegitterten Pfarrstuhl »zugleich ein Praerogativ anzumaßen gedachte... Für beide Pfarrfamilien aber soll nach dem Willen des Präsenzmeisters ein gegitterter oder ungegitterter Pfarrstuhl eingerichtet werden, um neben andern dabey zu erzielenden Vortheilen zugleich auch die Gleichheit der beyden Pfarrfamilien herzustellen. Dies wäre unstreitig, so geringfügig die ganze Sache an sich ist, auch von unendlichem Werthe, indem beyde Pfarrfamilien alsdann weniger Anlaß fänden, durch Neid und Rangsucht gegeneinander erbittert zu werden. Von der Einigkeit aber beyder Pfarrfamilien hängt hier die Ruhe der in Partheien getheilten Gemeine ab, die gewohnt ist, die Angelegenheiten der Pfarrfamilien so gerne zu der ihrigen zu machen.«

Im Juni beginnt Dr. Thurn regelrechte Beschwerdebriefe nach Wiesbaden zu schikken, in denen er darlegt, »wie anmaßend und stolz Herr Pfarrer Christ als ein Collega handelt«, gleich ob es um Pfarrberichte, um Eintragungen ins Kirchenprotokoll oder um vom Konvent nicht genehmigte Anweisungen für Geldzahlungen an die Präsenz geht. Der viel jüngere zweite Pfarrer erklärt, daß Christ sich als Oberpfarrer aufspiele, »was seine Vocation oder Decret nicht besagt«, und daß er, Thurn, »nicht als subordinirter, sondern coordinirter Pfarrer angestellt« wurde. »Wenn ich aber nur als subordinirter Pfarrer bey den kirchlichen Angelegenheiten allhier wirken kann, so ist mein Einfluß Null, und ich muß bitten in tiefster Unterthänigkeit, daß ein Hochfürstliches Konsistorium alle kirchlichen Angelegenheiten allhier, wenn Herr Pfarrer Christ wirklich Oberpfarrer dem Wort und Geist nach seyn soll, was er aber nie war, demselben allein zu übertragen, mich gnädigst davon zu befreien, und mich nur auf mein Predigtamt einzuschränken, damit ich außer aller Verbindung mit meinem Herrn Collegen komme und bey der ohnehin geringen Besoldung nicht noch mit Verdrießlichkeiten zu kämpfen habe, um für nichts verantwortlich zu seyn, was allenfalls durch die große Oekonomie und den ausgebreiteten Handel meines Herrn Collegen versäumt werden könnte. Ist aber mein Herr College weder dem Wort noch dem Geiste nach Oberpfarrer oder Inspector, so bitte ich unterthänigst gehorsamst, ihn deßhalb gnädigst eines Besseren zu belehren und es auch zu meiner Wissenschaft gnädigst gelangen zu lassen, um in Zukunft meine Maaßregeln danach nehmen zu können.«

Wegen der Umzugskosten Dr. Thurns, die immerhin 154 Gulden ausmachten, gab es auch längere Verhandlungen, da Vogt sich weigerte, die Präsenz damit zu belasten. Dies sei Sache der Gemeinde, erklärte er und setzte sich durch, vom Konsistorium unterstützt.

Am 13. Mai schrieb Christ dem Konsistorium: »Da ich nach Pfingsten eine Reise ins Wirtenbergische über Stuttgardt in Familiengeschäften auf etwa 3 höchstens 4 Wochen zu machen gedenke, so wollte schuldigermaßen bei Hochpreißlichem Consistorium die hochgeneigte Erlaubnis dazu gehorsamst erbitten. Die mir indessen zufallende Amtsgeschäfte hat mein HE. College Thurn zu übernehmen sich erboten.« — Der Urlaub wurde bewilligt, und so sah Christ, wohl im Juni, die inzwischen an Württemberg gefallene hohenlohische Heimat wieder. Um welche »Familiengeschäfte« es sich handelte, wissen wir leider nicht.

Vorher gab es jedoch im Kronberger Kirchenwesen noch ein wichtiges Ereignis: die Aufstellung der neuen Orgel. Unterm 14. Mai meldet das Kirchenprotokoll:

»Wurde mit den HE. Orgelbauern Stumm nach glücklich vollendetem Aufstellen der Orgel vollends in Ansehung ihrer Zahlung und übrigen Nachforderungen die Sache ins Reine gebracht:

1.) Wurde mit HE. Stumm wegen der Einrichtung der Pauken in die Orgel die Übereinkunft getroffen, daß, da er 80 Gulden für 11 Tage Arbeit daran gefodert, derselbe mit 50 Gulden sich begnügen wolle, welches durch freiwillige Beiträge zu erheben ist.

2.) Da im Orgelaccord einverstanden ist, daß die Orgel auf Kosten der Kirche von Höchst abgelangt werden sollte, solche aber durch die Fuhren von den HE. Stumm hierher gebracht worden, so ist übereingekommen, daß diese Fuhren mit 40 Gulden vergütet werden sollen.

3.) Das neue Register, welches das Glockenspiel enthält, hat HE. Stumm für 40 Gulden verfertigt.

4.) Für die mehrere Arbeit, die dadurch verursacht worden, daß die Bälge nicht hinter die Orgel in das Chor sondern in die Kammer gelegt worden, sind ihme eingegangen worden 25 Gulden.

Empfangen hat nun Herr Stumm laut Accord in 2 Zielern empfangen 1500 Gulden, und empfängt unter heutigem Datum 1000 Gulden, wie auch obige 105 und die 22 Gulden accordirtes Douceur.

Hat also noch bis auf die Ostermesse zu empfangen: 650 Gulden.«

Während Christs Abwesenheit beschwerte sich Thurn beim Superintendenten Bickel. Christ hatte eine »gesetzwidrige Kopulation« zwischen einem Kronberger Weinig und einer Falkensteiner Hasselbachin vorgenommen, in seine, Thurns, Kompetenzen als Falkensteiner Pfarrer eingegriffen. Weiter war die Orgelprobe durch einen Frankfurter

Sachverständigen auf insgesamt 60 Gulden gekommen, die von der Präsenz ohne Zustimmung Thurns bezahlt wurden. Außerdem berichtet der Brief, daß Thurn den Falkensteiner katholischen Pfarrer wegen Mitbenutzung der Kirche angesprochen hatte. »Meine neuen liturgischen Verbesserungen werden von Kronbergs Bürgern mit Jubel aufgenommen. Ich denke: man muß das Gute anbieten. Es glückt mir. Ich will also auch getrost die betrettene Bahn fortwandeln. Kronbergs Bürger sind wirklich empfänglich fürs Gute. Sie sind nicht bösartig. Hier trifft das Sprüchwort ein: qualis rex, talis grex.« — Die »nicht bösartigen« Kronberger haben sogar ein »Dritthel von den Kosten« gesammelt, »welche die Mahlzeit bey meiner Vorstellung verursachte und mir es angeboten«.

In einer am 2. Juni in Wiesbaden vorliegenden Eingabe an den Fürsten bittet Thurn schließlich »um gnädigste Übertragung der Schul-Inspection in hiesigem Fürstl. Amte und den neu acquirirten protestantischen Orten hiesiger Gegend«. Die Regierung forderte daraufhin beim Superintendenten Bickel ein Gutachten an, und dieser schrieb am 16. August:

»Es scheinet allerdings viel Anmaßung und selbstgefälligen Dünkel zu verrathen, wenn der junge Pfarrer Thurn zu Kronberg, nachdem er kaum seit 1 Monat von der Landschule zu Kazenelnbogen ins Predigtamt befördert worden, sich schon einfallen läßt, um die Inspection über die Kronbergische und umher gelegene Schulen förmlich zu suppliciren: und es wird sehr wahrscheinlich, daß er sich dadurch eine Brücke zu irgendeinem Inspectorate bauen, oder doch vor der Hand wenigstens eine gewisse Superiorität über seinen Collegen, den alten Pfarrer Christ, erlangen wollen.

Ohne jedoch von seinen Absichten zu urtheilen, will ich ihm zwar gute Schulkenntnisse nicht absprechen, obgleich Andere keine sonderliche Proben davon in seiner seit 10 Jahren verwalteten Schule zu Kazenelnbogen gefunden haben wollen: ich halte aber doch dafür, daß er in diesem Fache der Mann noch nicht sey, für den er sich ausgiebt. Seine dahin einschlagende Schriften, die ich, unter gebetener Zurücksendung, hier beylege, sprechen eben nicht sehr dafür. Die Abhandlung — Über die Bildung des Schulmanns — enthält meistens Projekte und pia desideria, die schon lange bekannt sind. Seine Jugendbibel aber gibt einen Beweis von dem neuen Reformatorengeist, der gern die wichtigsten Facta der Christl. Religion auf die Seite schaffen, und nur einige abgerissene, zum Theil sehr inconsequent gewählte moralische Fragmente des N. Testaments stehen lassen mögte. Einen Schulaufseher dieser Art, der ohne Zweifel seine Büchelchen gern einführen mögte, brauchen wir für unsere christlichen Schulen nicht: und Aufsicht ist auch um deswillen noch nicht nöthig, da ich in Gemäßheit des von Fürstl. Consistorio erhaltenen Auftrags eben jezo im Begriff stehe, die sämtlichen Schulen der neu acquirirten Lande zu visitiren, um hiernächst einen allgemeinen Schulverbesserungs Plan angeben und vorlegen zu können.

Nach meiner unmaßgeblichen Meinung könnte man also das voreilige Gesuch des Pfarrers Thurn entweder ganz mit Stillschweigen übergehen, oder demselben zu erkennen geben, daß er vor der Hand erst seine Kenntnisse und Diensteifer durch eine thätige

Der neue Orgelprospekt von 1803. Hess. Hauptstaatsarchiv, Wiesbaden.

und zweckmäßige Mitwirkung bey der Schule in Kronberg erproben und demnächst ruhig abwarten solle, was man ihm sodann weiter aufzutragen gut finden werde.«

Im Juli meldete sich Bleichenbach aus Schierstein bei Thurn mit nachträglichen Besoldungsansprüchen. Thurn schrieb an Bickel: »Herr Pfarrer Bleichenbach verlangt von mir als seinem Nachfolger ½ Jahr Besoldung als Entschädigung und hat mit dieser Forderung damit den Anfang gemacht, daß er Schnitter in den diesjährigen Kornacker stellen und ihn zur Hälfte für sich schneiden lassen will.« Das Konsistorium entschied, »daß diejenige Besoldung, welche in Geld und trockenen Früchten besteht, ihren Anfang mit dem Anfang des Jahres nimmt und nach Monat und Tag zu berechnen ist, diejenige Besoldung hingegen, welche aus Einkünften von liegenden Gütern besteht, von Michaeli bis zu Michaeli berechnet werden muß.« — Bleichenbach trauerte vor allem einem zur Pfarrei gehörenden »von mir vor 16 Jahren mit vielen Kosten angelegten Kirschen und Mirabellen Garten« nach, »der in diesem Jahr eine besonders reiche Erndte verspricht«.

Zitieren wir zum Schluß noch das Ende des rund vier Seiten umfassenden Thurn-Briefes an Bickel: »Die vorige Woche hatte ich mit der Christischen Familie einen harten Kampf. Man gab den Meinigen im öffentlichen Hof zu verstehen, daß die Eier, welche ihre Hühner auf meinem Heuboden legten, wegkämen, und seit der Abreise des HE. Pfarrer Bleichenbachs bekämen sie kein Einziges mehr. Den Tag darauf machte man mir eigenmächtig den Heuboden zu, damit ihre Hühner nicht mehr darauf legen sollten, da doch der Heuboden noch zur Zeit offen bleiben muß, damit das Heu nicht verwittert. Das brachte mich auf, und ich ließ Herrn Pfarrer Christs Tochter, die Ursache war, durch Herrn Oberschultheiß den Befehl zuschicken, daß sie mich ins Künftige in meinem Eigenthum nicht kränkte. Das wirkte. Wir sind seit dieser Zeit gute Freunde geworden. Vielleicht bleiben wir's! Ich will thun nach Kräften; aber wehren muß ich mich doch gegen Eigenthumseingriffe und Ehrenverletzungen.«

Am 30. Juli trat Thurn wieder mit neuen Briefen an den Superintendenten und das Konsistorium heran. Diesmal ging es um die Kosten der Mahlzeit bei seiner Vorstellung in Kronberg. Das Konsistorium entschied, daß je ein Drittel der 25 Gulden von der Gemeinde, der Präsenz und Thurn selbst zu bezahlen sei. Man hatte Rind- und Kalbfleisch, Fisch, Bratwurst, Meerrettich, Salat, Spinat, Sauerkraut, gedörrtes Obst sowie zum Nachtisch »Limburger Käs« verzehrt. Danach war Kuchen serviert worden. Verbraucht wurden unter anderm 6 Pfund Butter und 50 Eier, von denen das Stück mit einem Kreuzer angesetzt ist. Getrunken wurden »5 Bouteillen guten Rheinweins« und »2 Bouteillen Muskatwein«. Eine Flasche ging in die Küche, und die Köchin erhielt 1 Gulden als »Douceur«.

Ende August legte Präsenzmeister Vogt seine Auffassung in Sachen Kirchenstühle in einem 6 Seiten langen Brief dar; er verteidigte also den Kirchenstuhl seiner Schwiegertochter bis auf das Äußerste, bis zur letzten Instanz. Man überließ dem Justizrat Brückner die Entscheidung, da man in Wiesbaden die »Gründe und Ungründe aus Mangel an local Kenntniß nicht beurtheilen« konnte.

In der Kirchenratssitzung vom 6. Oktober erörterte man das Dekret des Wiesbadener Konsistoriums vom 30. August, »daß man sich künftig an das Consistorial-Convent zu Wallau in kirchlichen Angelegenheiten zu wenden habe und daß der bisherige sogenannte Kirchenrath gänzlich aufgehoben seye.« Christs Meinung war: »Ohne Zweifel wird hierdurch gemeint, daß der Ausdruck Kirchenrath abgeschafft seye, daß keine Berichte im Namen des Kirchen Convents gemacht werden, sondern nur von den Geistlichen geschehen sollen, aber wohl nicht, daß man nicht die Convente halten, über kirchliche Angelegenheiten berathschlagen und was zum Besten der Kirche, Schulen und der Gemeinde dienen möchte mit ihnen Absprache nehmen solle.«

Der zweite Pfarrer hingegen war anderer Meinung. Er setzte sich am 9. Oktober hin und schrieb einen 3 Seiten langen Brief, in dem er seine Auffassung vortrug, die, wenn man ihr gefolgt wäre, auf eine so gut wie völlige Beseitigung der Eigenständigkeit des Kronberger Kirchenwesens hinausgelaufen wäre. Abschließend bittet er den Konsistorialkonvent, daß man sich auf seine Interpretation nicht namentlich beziehen möchte, »damit ich nicht als Berichterstatter hier angesehen werde, weil ein Theil der hiesigen Burgerschaft gegen die Aufhebung des K. Raths ist, und seine stille Beibehaltung wünscht, was aber meinen Pflichten als F. Diener widerstreitet«.

Am 10. November wurde er schon wieder vorstellig, weil er sich wegen der Betstunden benachteiligt fühlte. Sie sollten wechselweise gehalten werden: der erste Pfarrer 8 Tage, dann der zweite Pfarrer 14 Tage hintereinander. Nur im September und Oktober sollte der zweite Pfarrer allein diesen Dienst verrichten, weil der erste dann viel mit dem Zehnten zu tun hatte, den er bekanntlich auf dem Felde selbst einheimsen mußte..
»Als nun die zwey Monate, die mir zukamen, zu Ende gingen, verlangte mein Herr College, daß ich sogleich auch wieder die zwey mir zukommende Wochen anfangen sollte. Dagegen setzte ich mich . . .« und zwar so, daß er die Kirche einfach leer stehen ließ, zum Ärgernis der Gemeinde.

Der Bericht, den Christ am 12. November nach Wallau sandte, erinnert lebhaft an seine heftigen Auseinandersetzungen mit Bleichenbach: »Ich bedaure herzlich, daß ich meine gehorsamste Amtsberichte an ein hochlöbliches Consistorial Convent mit leidigen Klagen, und zwar über meinen Collegen HE. Thurn anfangen muß. Dieser junge Mann, welcher dieses Jahr von dem Präceptorat zu Catzenelnbogen als zweiter Pfarrer hierher versetzt worden, läßt sich von seinen üblen Rathgebern, hauptsächlich aber von seinem grenzenlosen Stolz verleiten, ohne alle Rücksicht auf den Nachtheil der Amtsführung, und ohngeachtet ich ihn bey seiner Hierherkunft mit aller Liebe aufgenommen, alle mögliche Freundschaft erwiesen, und mir nicht träumen lassen, mit einem solchen unfriedfertigen arroganten Amtscollegen heimgesucht worden zu seyn, alle Feindschaft gegen mich auszuüben und solche endlich auf die Amtsführung auszudehnen, daß ich mich nothgedrungen sehe . . . davon Anzeige zu thun und um Remedur gehorsamst zu bitten.«

Am meisten kränkt den strengen Lutheraner aus der Tübinger Schule »sein eigenmächtiges unbefugtes Reformiren unserer bisherigen Liturgien. Er hat sich ohne mein Wissen und Willen eine eigene Taufformel, eine eigene Verhandlung bey der Beichte, Abendmahl gemacht, deren er sich bedienet. — Die Gemeinde weiß nicht zu prüfen, so auffallend es ihr ist, und so mißfällig den allermeisten Gliedern. Um so mehr aber bitte gehorsamst, ihme zu befehlen, bei unsern bisherigen Liturgien so lange bis höhern Orts ein anderes verfüget wird, zu bleiben, da er einer der neuern Philosophen und irrigen Theologen ist, die die evangelische Glaubenslehren und darunter die Grundlehren der Versöhnung, der Gottheit Jesu verlachen und bestreiten, wie er mir nicht nur selbsten in Gesprächen mündlich bekannt und sich herausgelassen, sondern auch aus seinen gedruckten Schriften, und besonders aus seiner Kinderbibel deutlich ersichtlich ist, daß ich nun bey aller Gelegenheit in meinen Predigten auf eine anständige Weise darauf mit zu arbeiten habe, daß die Gemeinde in dem Geleise ihrer reinen Christuslehre verbleibe, da sie außerdem in einer Atheisterei ausarten würde.«

Anschließend gibt Christ eine ausführliche Schilderung des Betstunden-Streites, wobei er bis in die kurmainzische Zeit zurückgreift und seine Verabredungen mit dem Staats-Rath von Strauß zitiert, bis hin zu dem: »Übrigens bäte und hoffte ich, daß es mit den übrigen Prärogativen des ersten Pfarrers als pastoris loci beim alten bleiben, und er die Copulationen, die Ausfertigung der Taufscheine, Besorgung der Kirchenacten und andere bisherige Vorzüge behalten mögte. — Dies alles wurde nun auch

295

gnädigst bewilligt und von kurfürstlicher Regierung resolvirt, auch wir beide damalige neue Pfarrer darauf angenommen und unserer Amtsactus also auseinander gesetzet.«

Zum Schluß heißt es dann, im Hinblick auf die Betstunden: »Die Sache wäre an sich wenig important, da wir nunmehro nur 3mal die Woche Bätstunden haben, und es mir darauf gewiß nicht ankäme. Alleine er fängt an, in allem brusque zuzufahren, sich kirchliche Sachen, die ihm einseitig nicht zukommen, anzumaßen, Berichte — wie ich höre — für sich auszufertigen, und mich in allem möglichst zu verdrängen. So ließ er ohnlängst die Hebamme kommen und befahl ihr, wenn eine ledige WeibsPerson niederkäme, einen solchen Fornicationsfall *ihme* anzuzeigen. Bei aller Gelegenheit begegnet er mir auf das gehässigste. Bey letzterem Convent war er so insolent gegen mich, daß sich selbsten die Kirchenältesten nicht wenig darüber ärgerten, als von einem jungen Mann, der kaum ½ Jahr im Amte stehet, gegen einen Mann, der schon über 40 Jahr treu und redlich gedienet. Nicht einmal das äußere Decorum beobachtet er mehr, und dankt mir nicht mehr, da ich ihn gegrüßet. Wo er mir jemand auf den Hals hetzen kann, säumet er nicht. Als er hieher kam, und ich ihn aus herzlicher Redlichkeit für einem gefährlichen Mann gewarnet, so sagte er sobald es diesem Manne wieder: ich hätte ihn für ihme gewarnet. Wie ich denn dergleichen vieles klagen könnte, wenn ich nicht der Geduld eines hochlöblichen Consistorial-Convents schonen wollte.

Ich bitte nun gehorsamst, diesem Mann, der nur darauf sinnet, mir mein Leben zu verbittern und seinem gränzenlosen Stolz zu fröhnen, Einhalt zu thun, und die nöthige Weisung zu geben.«

Am 20. und 23. November war wieder Dr. Thurn an der Reihe, klagte beim Amt und beim Wiesbadener Konsistorium über seine Zurücksetzung durch Pfarrer Christ, weil dieser armen Wittweibern Schuhe bewilligt hatte, ohne ihn und den also weiter existierenden Konvent zu fragen. Noch dazu hatte »ein junges baumstarkes Mädchen« Schuhe bekommen, »das sich noch dieselben verdienen kann«. Zum Beweis dafür, daß Christ nicht pastor loci, also Oberpfarrer, ist, hat er sich die Mühe gemacht, die ganze Verordnung der Mainzer Regierung vom 5. März 1789, wie wir sie zitiert haben, abzuschreiben. Wie er an dieses umfangreiche, gewiß bei den Kirchenakten liegende Schriftstück geraten ist, ob auf geradem oder krummem Wege, entzieht sich unserer Kenntnis.

Anfang Dezember richteten sich alle Blicke wieder einmal nach Frankreich, das in einer Volksabstimmung zum erblichen Kaisertum erklärt worden war (20. Mai 1804). Am 2. Dezember wurde Napoleon dann Kaiser der Franzosen (Krönung in Notre-Dame). Unter den eingeladenen Gästen befand sich auch Fürst Friedrich Wilhelm von Nassau-Weilburg, der den Nassau-Usinger schon im Sommer vertreten hatte, als der Korse seine Rundreise durch die linksrheinischen Gebiete antrat, von Aachen über Köln und Koblenz nach Mainz, auf der alten Straße Karls des Großen, die er wieder hergestellt hatte.

Etwa um dieselbe Zeit trat in Kronberg eine Totgeglaubte plötzlich wieder hervor: die Deputation, die es nach der Beilegung des Prozesses ja nicht mehr geben sollte. Hatte sich der zweite Pfarrer hinter sie gesteckt? Jedenfalls gelangte ein undatierter Brief nach Mosbach zum Superintendenten Bickel, in dem es heißt:

»Es wird Euer Hochwürden noch wohl bekannt sein, daß Dieselbe bei der Kommission allhier unter andern kirchlichen Verbeßerungen auch die sogenannte Christmette bei Lichtern abstellten, weil dabei viel Unfug besonders bei unserer vermengten Burgerschaft getrieben wurde und leicht Gefahr und Unglück entstehen kann, dagegen verordneten, daß dieser Gottesdienst sogleich nach der Nachmittagskirche gehalten werden sollte.

Demongeachtet ließ sich Herr Pfarrer Christ das vorige Jahr beigehen, die abgestellte Christmette bei Lichtern oder die Lichterkirche zu halten, wo der Unfug von Katholiken und Kindern unbeschreiblich und ein wahres Ärgerniß war. Auf den bevorstehenden Christtag soll dem Vernehmen nach diese im Grunde unchristliche Lichter Kirche wiederum, der Verordnung zuwider, begangen werden.

Wir bitten daher gehorsamst Euer Hochwürden, daß Dieselben doch die Güte haben wollen, dem Herrn Pfarrer Christ noch vor der Zeit Befehlen zugehen zu lassen, keine Lichter Kirche zu halten, weil sonst leicht noch größeres Ärgernis entstehen könnte und daß er Herr Pfarrer Christ verbunden wird, die Christmette ohne Lichter um 3 Uhr Nachmittags zu halten. Wir ersterben in wahrem Gehorsam . . .«

Die Namen, Joh. Nik. Fuchs, Ernst Friedrich und Martin Weidmann und Daniel Lang kennen wir ja. Was die Kronberger wirklich von ihrer wohl bis ins Mittelalter zurückgehenden »Lichter Kirche« dachten, werden wir später erfahren.

Wenige Tage vor Weihnachten, am 18. Dezember, hielt es Dr. Thurn für richtig, noch eine Beschwerde lozulassen: die Katharina Hahnin, Witwe mit mehreren Kindern, hatte ihn, Thurn, für den sie die Wäsche wusch, um ein Almosen gebeten. Der hatte sie an Christ verwiesen, und Christ wiederum hatte sie gebeten, den »Dienstweg« über den Kirchenkonvent einzuhalten, auf den der zweite Pfarrer so großen Wert legte. Das soll als Beweis dafür dienen »wie schikanierend HE. Pfr. mit den Almosengeldern verfährt. Einzig und allein weil gedachte Arme zuerst mich ersuchte, schlägt er ihr ein wohlverdientes Almosen ab. Ihm soll alles huldigen. Er scheint aber auch überhaupt gedachter Frau nicht hold zu seyn; denn er hat ihr auch von den ausgetheilten neuen Gesangbüchern keines zukommen lassen, was aber vor meiner Zeit geschah. Seinen Kreaturen hingegen, die ihm taglöhnern, gibt er aus dem Almosen und verschreibt aus dem Hospital, alles ohne mich zu fragen . . .«

In seinem letzten Brief vor Weihnachten schreibt Christ an Bickel: »Es ist mir erwünschte Erholung, und bin ich recht froh, daß ich auf das Christfest nicht mehr zum drittenmal predigen darf, da noch gewöhnlich morgens eine starke Communion und auf den andern Feyertag wieder zu studieren ist. Und von Herzen gern hätte ich auch voriges Jahr diese Abendkirche ausgesetzt, so unangenehm es auch der Gemeinde gefallen wäre. Aber ich muß Euer Hochwürden auf Ehre versichern, daß mir nicht das mindeste von Abschaffung dieser Kirche bewußt war oder bey der Commission förmlich gesagt worden, auch nichts davon in der verehrl. Consistorial Verordnung darauf gemeldet ist: sondern nur daß die Lichter bey der Communion und überhaupt aufgehoben seyen. — Indessen muß ich doch zur Steuer der Wahrheit und des Ungrunds der fuchsischen Angeber durch HE. Pf. Thurn bekennen, daß mir noch nie ein ärgerlicher

Unfug in dieser Kirche oder unter derselben bekannt worden, wie es freilich bey den Metten um Mitternacht zu geschehen pflegt, und daß es immer der feyerlichste und erbaulichste Gottesdienst gewesen, ansonsten ich selbsten gleich Anfangs um die Abstellung desselben würde nachgesucht haben. Er ging bey Tage um 4 Uhr an und hatte nicht viel Nacht. — Allein die Gemeinde hat Predigten genug, denen sie beiwohnen kann, und der Pfarrer Arbeit, und danke Euer Hochwürden, daß Sie mir diese Last abnehmen wollen.«

In den restlichen zwei Seiten rechtfertigt Christ sein Verhalten in den Almosen-Fragen und rückt zurecht, was Thurn schief oder sogar falsch dargestellt hat.

Der Oberpfarrer und sein Verleumder, 1805

Schon am 10. Dezember 1804 hatte das Fürstliche Hofgericht beim Wallauer Konsistorialkonvent die Akten über die Streitigkeiten zwischen den beiden Kronberger Pfarrern angefordert. Seinerseits hatte der Konvent in Kronberg einen Bericht über »die Fortdauer und Befugnisse des bisher zu Kronenberg bestandenen Kirchenraths« verlangt, der von den zwei Pfarrern gemeinschaftlich verfaßt sein sollte. Ehe dieser Bericht jedoch zustande kam und am 23. Januar in Wallau eintraf, traten verschiedene Ereignisse ein, die vermutlich zu seiner Verzögerung führten.

Zunächst meldete Dr. Thurn am 8. Januar 1805 brieflich dem Superintendenten Bickel, daß des Kutschers Hahnen Witwe immer noch keine Schuhe erhalten habe. Christ verweise sie an den Kirchenrat. »Wie sonderbar! Der Kirchen Rath soll abgeschafft sein und dennoch soll diesem vorgetragen werden, was eine höhere Behörde bereits schon entschieden hat . . . Durch ein solches Verfahren des HE. Pfarrer Christ's leidet nicht nur meine eigene Ehre, sondern auch eine unschuldige Arme. Die überhaupt stadtkundige ungleiche Austheilung der Almosen macht auch der Geber immer weniger bey Erhebung der Collecte, worüber der Kirchenälteste Aul (der den Brief nach Mosbach bringen mußte) zu befragen ist. Es ist beinahe nicht mehr der Mühe werth, daß man einen Opferbeutel herumgehen läßt.«

Weiter berichtet der Brief dann über die »Lichterkirche«: »Die Abschaffung der Christmette hat eine große Sensation erregt. Mein HE. College nannte mich namentlich als Theilhaber an der Vorstellung. Ohne mich, sagte er, wäre es unmöglich geschehen. Ich sahe mich daher genöthigt, öffentlich auf der Kanzel zu sagen, daß ich keinen Antheil an der Abschaffung habe, sondern daß ein solches Gerücht Lüge und Verläumdung seye. Man sucht dadurch das Zutrauen gegen mich zu schwächen, das ich hier, so zu sagen, uneingeschränkt besitze. Dadurch schlug ich jene Lüge auf einmal nieder.«

Schließlich kommt Thurn noch auf seine schriftstellerische Tätigkeit zu sprechen: »Ausser meinem Amte lebe ich ganz litterärischen Arbeiten. In das Magazin der Leichenpredigten habe ich mehrere Predigten einrücken lassen, unter anderm auch eine auf den Tod des verstorbenen durchl. Fürsten. Der 2te Band dieser Sammlung ist soeben gedruckt erschienen. Für den Bibelkommentar über das N. T., von einer Gesellschaft Gelehrter bearbeitet, habe ich den Brief an die Römer, die zwei Briefe an die Korinther, Galater, Epheser, Philipper und Colosser kommentiert. Meine bisher gehaltenen Predigten über die Episteln beschäftigen mich gegenwärtig. So bemühe ich mich nach Kräften, meinem Vaterlande nützlich zu werden, und zu zeigen, daß dasselbe kein ganz unbrauchbares Subject in mir befördert habe. Wenn ich mich nur einer besseren Besoldung erfreuen könnte, um auch meine Kinder etwas lernen zu lassen!«

Kinder? Danach dürfte die von Wilhelm Doerr 1842 begonnene Pfarrchronik nicht ganz zutreffend sein. Denn sie berichtet, daß Dr. Thurn während seiner Kronberger Zeit die Jungfrau Katharine Knös aus Darmstadt ehelichte, »die ihm am 15. September 1806 seinen ersten Sohn Philipp Christoph Wilhelm gebar«.

Aus einem weiteren Brief vom 11. Januar erfahren wir, daß Bickel den zweiten Kronberger Pfarrer in einem Schreiben ernsthaft zur Ruhe und Besonnenheit aufgerufen hatte. Zwar heißt es eingangs in Thurns Brief: »Es thut mir in Wahrheit leid, daß Ew. Hochwürden durch die Zwistigkeiten der hiesigen Geistlichen so sehr beschwert werden. Herrschsucht, Anmaßung ist es von mir nicht. Als *Bube* wurde ich hier behandelt, und werde es noch.« Dann aber heißt es: »Diensteifer, Ordnungssinn, Beobachtung meiner persönlichen Rechte verleiteten mich zur Klage. Ich thue jedoch von heute an Verzicht auf jede von mir erregte Klage, habe sie auch Name wie sie wolle. Ich denke, ich erreiche mehr, ich werde mich, veranlaßt durch Ew. Hochwürden verehrliches Schreiben vom 9. Januar, als neugebohren in Ansehung der Eintracht ansehen, und lege hier zur Überzeugung meiner Denkungsart einen förmlichen Widerruf bey, welchen Ew. Hochwürden an ein Hochpreißliches Consistorium mit gefälligem Bericht einzusenden die Güte haben wollen.«

Zum Schluß erfahren wir noch Neues zum Thema »Lichterkirche«: »Das Klatschen bey Verkündigung der mir abgedrungenen Nachricht an die hiesige Gemeinde ist ungegründet. Dies Klatschen geschahe in der Frühpredigt, wo die Aufhebung der Christmette publicirt wurde, und zwar nur von Einem, dem Franz Fuchs, wie ich höre. Wie vieles wird doch nicht verdreht!«

Im Begleitbrief an das Konsistorium »Pfarrer Thurn zu Kronberg widerruft all und jede Klage gegen seinen Collegen, Herrn Pfarrer Christ« heißt es: »Zwar geschahe das, was ich bisher nothgedrungen that, einzig und allein aus Diensteifer, aus Gefühl für Ordnung und Geradheit, und aus Eifer wegen Zurücksetzung, und ich schmeichle mir, auch bey der strengsten Untersuchung, das Recht auf meiner Seite zu haben. Indessen bin ich durch den weisen Vater der Geistlichkeit überzeugt geworden, daß es räthlicher ist, wenn der Jüngere dem Ältern Nachgiebigkeit beweist und lieber manches duldet, als mit jugendlicher Hitze durchsetzt.«

Kurz danach erfolgte jedoch ein Angriff, mit dem Christ nicht rechnen konnte und der ihn tief verletzen mußte. In dem zu Gotha erscheinenden »Kaiserlich privilegirten Reichs-Anzeiger« wurde in der Nummer 349 vom 28. Dezember 1804 der folgende Artikel veröffentlicht:

»Ueber Kronberg's Baumzucht und Baumhandel

Die betriebsamen Kronberger lebten bisher im Dunkeln. Der Pomologe Christ verkündigte manchem zuerst ihr Daseyn. Derselbe verbreitete sich aber in seinen Schriften nicht über die Industrie Kronberg's, sondern einzig und allein über seine eigene, die er in Kronberg betrieb, seit seiner Anstellung daselbst als erster evang. luth. Prediger. Man sollte nach seinen Schriften glauben, als wenn er sich zuerst das Verdienst um Kronberg erworben hätte, Obstcultur, Baumzucht und Baumhandel daselbst gelehrt zu haben. Das ist aber gerade der umgekehrte Fall. Kronberg's Bürger haben den Pfarrer Christ, der bey seiner Anstellung Laie in der Baumzucht war, darin unterrichtet. Kaum witterte derselbe das Mercantilische, als er sich ex professio darauf legte, das Ganze der Baumzucht ordnete, beschrieb und in seinem Namen Pomologie und Baumhandel vereinigte.

Kronberg's Baumzucht und Baumhandel steigt über 60 Jahre. Ehemals waren die nunmehr angelegten Baumschulen Weingärten, in denen man guten Traubenwein gezogen haben soll. Daher werden gedachte Baumschulen noch mit letzterm Namen belegt. Die Pflege, die Wartung, die Behandlung der Baumschulen war vor 30 und mehrern Jahren schon die nämliche, die Pfarrer Christ als eine neue Erfindung bekannt machte. Selbst die Instrumente, welche hier jeder Schlosser verfertigen kann, waren dieselben und sind keineswegs neu erfunden. Nur das Alte ist durch Pfarrer Christ der Welt bekannt gemacht worden. Verdienst genug!

Beynahe eben so alt ist der Baumhandel der Kronberger. Dieser war schon vor wenigstens 40 Jahren ein bedeutender Nahrungszweig. Nur fehlte ihm die Publicität. Die Cultur des Geistes ist hier nicht zu Hause. Man liest nichts. Man ist gänzlich unbekannt mit den Wegen und Mitteln, das Publicum zu unterrichten. Diesen Weg bahnte sich Christ durch seine pomologischen Schriften. Er vereinigte bald in sich den Alleinhandel. Er kaufte von den Kronbergern die jungen Bäumchen und versandte sie, aber keiner von ihnen kam bisher auf den Gedanken, sich dem Publicum als Baumhändler anzukündigen. Und dennoch gibt es in Kronberg mehrere, die nicht nur jeden Stamm geringer lassen, als Pfarrer Christ, sondern auch eben so gute Waare liefern. Man wende sich nur an einen Caspar Anthes & Comp., Joh. Phil. Jäger & Comp., Blaichenbach & Comp. und mehr andere; auch der katholische Pfarrer Ihl daselbst nimmt Bestellungen an.

Wie es sich mit dem Baumhandel der Kronberger verhält, eben so verhält es sich mit dem Handel mit gedörrtem Obst, mit Essig, mit Aepfelwein. Ist der Welt damit gedient, auch hierüber nähern Aufschluß zu erhalten, so wird der Einsender dieses gerne thun.«

Wir wissen nicht, wie Christ das Blatt zu Gesicht bekommen hat. Hatte er oder hatte Brückner es abonniert? Hat es sein Frankfurter Buchhändler und Verleger ihm gezeigt oder wurde es ihm sonstwie zugespielt? Jedenfalls mußte diese Verleumdung, deren Urheber nicht schwer zu erraten war, ihn sehr erbittert haben; wurde darin doch sein ganzes Kronberger Aufbauwerk in der gehässigsten Weise diffamiert. Um so bemerkenswerter ist seine erste Reaktion. Er wollte offenbar zunächst Sicherheit über den Urheber gewinnen, schrieb nach Gotha an den Herausgeber des »Reichsanzeigers« und wartete ab. Auch ein oder zwei Exemplare der Nummer vom 28. Dezember muß er sich erbeten haben.

Als nächstes platzte auch dem Justizrat Brückner der Kragen. Er schrieb an die Regierung und bat, den zweiten Pfarrer Thurn »zu mehrerer Bescheidenheit zu vermögen oder den Fürstl. Beamten von der Kontrasignatur der Hospital-Anweisungen fürs künftige in Gnaden zu dispensieren«. Es ging um die uns bekannten zwei Paar Schuhe bzw. deren Bewilligung für die Peter Anthes und die Hahnen Wittib, um die Thurn »ein großes Aufheben macht und seinen HE. Collegen mit niedrigen Ausdrücken antastet«. Dabei erfahren wir nebenher, daß die Hahnen Wittib »blos durch ihre ungestüme Grobheit den Aufenthalt selbst veranlaßt hat«.

Das Dringlichste für Christ war dann der angeforderte Bericht über die Funktion des seitherigen Kirchenrats, der am 23. Januar in Wallau eintraf. Da er ein Stück Kronberger Kirchengeschichte darstellt, das nun zu Ende ging, muß er hier vollständig stehen:

»Was die Beschaffenheit und Functionen des ehemaligen Kirchenraths dahier betrifft, so bestund derselbe aus dem Pfarrer, dem Caplan (oder nunmehrigen zweiten Pfarrer) und 4 Kirchenältesten. — Da wir unter Mainz waren, und also kein lutherisches Consistorium hatten, so stellte dieser Kirchenrath gewissermaßen das Consistorium vor, und hatten die Aufsicht über Religionsvorzüge dahier, über Kirchen-Hospital und Schulsachen, Gebäulichkeiten p. Wenn auch ein Candidat auf eine Lutherische Pfarrei, die Mainz zu vergeben hatte, befördert wurde, so wurde er hieher zur Ordination von der kurfürstlichen Regierung geschickt. Die jährliche Kirchen und Hospitalrechnung wurde zu Mainz bei der kurfürstl. Regierung durch den Präsenz- und Hospitalmeister abgelegt, nachdem sie zuvor von dem Kirchenrath durchgegangen worden. Nachher aber geschahe solches, wie jetzo noch, zuvor bei dem hiesigen Justizamt, mit Beiwohnung des Kirchenraths, und wurde von da an die Revision nach Mainz geschickt. Der Kirchenrath hatte ferner die Präsentation zu der Präsenz und Hospitalmeisterei, zum Cantor und Mädchen-Schulmeister, Kirchenältesten p. — Da sich aber in der Burgerschaft viele Partheyen machten, die sich in das Kirchen- und Religionswesen mischten, so wurde vor ohngefähr 20 Jahren dem Justitzbeamten mehrere Gewalt über das evangel. Kirchenwesen übertragen. Der Kirchenrath muß um die Verschreibungen für Arme aus den Hospital- und Präsenzgefällen, bei Accorden, Reparationen an Kirche, Hospital, Schul- und Caplaneihaus (das ehemals nicht mit dem Pfarrhaus vereiniget war) die Genehmigung und Unterschrift beim Amte einhohlen, und die Rechnungen damit belegen. Wenn ein neuer Kirchenältester, Cantor und Schulmeister gewählt wird, so muß er dem Beamten vorgeschlagen und bestätigt werden, worauf sie sodann bei versammeltem Kirchenrath vom Pfarrer seiner Pflichten erinnert und in Handgelöbnis genommen werden.

Die Functionen der Kirchenältesten bestunden übrigens wie überhaupt auf allen Ortschaften noch jetzo ihre Pflicht ist, auf das Beste der Kirche, der Pfarreyen, der Schule p. innerlich und äußerlich, deren Verbesserung, Gefälle zu wachen: Acht zu haben auf die Ordnung und Kirchenzucht bei den Gottesdiensten sowohl, als außer denselbigen, bei Sonn- u. Feyertagen: auf die Unordnung und Ärgernisse, die sich in der Gemeinde zeigen: solche dem Pfarrer anzuzeigen, und alles beizutragen, was zur Aufnahme der Kirche Gottes in- und äußerlich möglich ist: und da sie als Mitbürger meist nähere Kenntnisse von den Gliedern der Gemeinde, von ihrem Leben und Wandel haben, als der Pfarrer selbst, so haben die Pfarrer auch bei mancherley Vorfallenheiten als z. B. bei Vorschlagung eines neuen Kirchenvorstehers, bei Unterstützung Armer, die um etwas nachsuchen, und wie weit ihr Vorgeben gegründet seye oder nicht, und sonst bei vielen Gelegenheiten sie zu fragen und gemeinschaftlich mit ihnen zu beschließen, wenn Ordnung und Unparteilichkeit bestehen solle.

Ein Hochpreißliches Consistorium hat nun aber den Kirchenrath abgeschafft, wodurch aber, wie nicht anders zu denken ist, nichts anderes mag verstanden werden, als der Name des Kirchenraths, der nun von selbst cessirt, da andere Verhältnisse eingetretten, und wir ein verehrliches Lutherisches Consistorium haben, das selbsten entscheidet, was zum Besten der Kirche dienet: keineswegs aber eine Abstellung der Kirchenältesten selbst, als Kirchenvorsteher, die überall seyn müßen. Wir halten daher von Zeit zu Zeit, nachdem wir es für nöthig finden, und Zeit und Umstände es zu lassen, unsere Presbyterial-Convente, berathschlagen uns über das Nöthige und behandlen das Gewöhnliche gemeinschaftlich, damit Ordnung bleibe.«

Unterschrieben haben den Bericht außer Christ und Thurn die Kirchenältesten Jacob Weidmann, Caspar Aull und Leonhardt Jäger.

Kaum war der Kirchenrat-Bericht draußen, da setzte Christ sich hin und schrieb wieder einen langen Brief an Bickel: »Meine Verkündigung am Christfest: »daß auf Befehl des verehrlichen Consistoriums keine Christmette mehr seyn solle, sondern nur Bätstunde« hat schreckliche Sensation in der ganzen Gemeine gemacht, die ich in solchem Grad nicht vermutet hätte. Zu dreymalen kamen mehrere Bürger und baten mich, ich möchte ihnen doch nur bey Tage um 3 Uhr und ohne Lichter die gewöhnliche Predigt halten. Allein ich entschuldigte mich, daß ich nicht wider den Befehl tun könnte, den mir Euer Hochwürden im Namen des Consistorium zugeschickt hätten. Ich las ihnen auch solchen vor. Sie klagten über die schwarze Verläumdung, als ob es in der Christmette scandalös zugegangen, da sie es doch mit männiglich bezeugen könnten, daß man nie das geringste davon in Erfahrung gebracht. Ich muß bekennen — Euer Hochwürden halten mir es zu gut! — daß es mich gereuet hat, daß ich nicht bey Tag die Predigt gehalten, da die Erbitterung der ganzen Gemeine, nicht eine Sele ausgenommen, aufs höchste gestiegen war. Von dem Fuchsischen Complott, der aus 8 und mit HE. Pf. Thurn aus 9 Mann bestehet, durfte sich keiner sehen lassen, es hätte blutige Köpfe gegeben. Dazu kamen die Neckereyen der Katholiken in den Wirthshäusern, da es hieß: ey, ihr habt einen lutherischen Herrn und ein lutherisches Consistorium, und man verbietet euch den Gottesdienst.

HE. Pf. Thurn suchte sich aus der Schlinge zu ziehen, da er gleich nach geendigter seiner Nachmittagspredigt am Feste auf der Kanzel ein Papier herauszog und seinen Aufsatz ablas, der anfing: »ein Lügner und Verläumder, der ihme die Gunst seiner

Gemeine rauben wolle, hätte vorgegeben, er wäre die Ursach, daß die Christmette wäre abgestellt worden p.« — Nun ist leicht zu erachten, daß bei seinem feindseligen Bezeigen gegen mich, (das er öffentlich, auch so gar am Altar bey der heiligsten Handlung äußert, so wie bei seinem täglichen Herumlaufen und Schmarotzen bei den Gemeindsgliedern, und besonders bey seinen nächtlichen häufigen Zusammenkünften in seinem Haus von Tratschweibern, und gerade den alten schönen Deputationsburschen, daß ich öfters das Lästern über mich in meiner Stube in meinen eigenen Ohren hören muß, ohne daß ich ein Fenster aufzumachen nöthig habe) — fast jedermann erkennen mußte, daß diese unverschämten Ausfälle mir gälten.

Es ist bey der Gottlosigkeit seines Herzens nicht zu viel gedacht und gesagt, daß sein Project ist, mich durch Aergern in die Erde zu befördern, damit er balden den Dienst bekomme. Ich kann wohl mit Paulo sagen, daß er meines Satans Engel ist, der mich mit Fäusten schlägt, nicht nur in Rücksicht meiner Person, sondern auch des Amtes. Ich muß beinahe bei allen seinen Predigten, die ich selten versäume (freilich nicht mich zu erbauen, sondern leider! zur Aergernis) abnehmen, wie er nur darauf hin arbeitet, unsere Christus Lehre zu untergraben und meine Gemeine gegen sie kaltblütig zu machen. Wenn ich sie z. E. ermahne, daß sie zur rechten Sonn- und Festtagsfeyer auch zu Hause mit den ihrigen sich erbauen sollen, durch Lesung geistreicher Bücher und Predigten, so hat er ihnen letztern Sonntag vor 14 Tagen empfohlen und verboten, zu Hause keine geistlichen Bücher zu lesen: dabey wäre keine Andacht, den Religionslehrer sollten sie blos hören.

So lange er hier ist, hat er noch nicht über eine einzige Grundwahrheit der Glaubenslehre gepredigt. — Gegen die Sacramenten zeigt er die größte Gleichgültigkeit und Geringschätzung. Letzthin taufte er in Falkenstein ein Kind aus einer irdenen Suppenschüssel, und ließ die gewöhnliche gefäße im Schulhaus, und an statt aus einer Kirchenordnung zu verlesen, schwatzte er etwas aus dem Kopf her. Es seye alles an sich unwesentlich! Was muß es aber für Eindruck bey dem Volk machen? — was beweist es für Gesinnungen des Herzens? — Am I. Advent, da wir das h. Abendmahl hielten, stellte er sich neben mich auf den Altar, daß ich bei der Consecration die Kannen rechter Hand, wo er stunde, nicht erreichen und aufmachen konnte, ohne daß ich mich auf die Zehen stellen u. über den Altar über seinen Rücken und Achseln mich beugen mußte; doch wich er aus Bosheit nicht einen Daumesbreit, sondern blieb wie ein steifer Stock und Statür stehen, daß es alle nahestehende Communicanten wahrnehmen und sich ärgern mußten. Ich ließ ihn daher letzt vor dem Fest ersuchen, er möchte doch, wie HE. Bleichenbach fast 20 Jahre lang gethan, in dem beym Altar befindlichen Stuhl bleiben, bis die Consecration vorbey wäre; aber er lies mir durch den Glöckner sagen: ich hätte ihm nichts zu befehlen.

Theuerster, liebster Herr Superintendent! ich bitte Sie bei allem was heilig ist: Schützen Sie mich wider diesen bösen Mann, dessen Stolz und Bosheit keine Gränzen hat: der nicht die mindeste Frucht der Religion zeiget, nicht einmal seiner critischen Philosophie. Zum Unglück und Strafgericht, zum Verderben der Kirche Gottes hat das Verhängnis diesen Wolf im Schafspelz hierher kommen lassen. Gerade solche Leute hat er von der ersten Stunde an zu innigsten Freunden, zu Rathgebern und Aufhitzern, die gar keine Religion haben, wovon ich längst überzeugt bin. Den einen haben des Edelmanns Schriften zum Atheisten gemacht: der andere ist sein Bruder Franz Fuchs, der von je her nichts taugte und der Gemeine schon 1000 Unheil zugezogen, wenn er nur dabei etwas verdienen und betrügen konnte. Alle, die noch einen guten Funken im Herzen haben, seufzen über seinen Umgang und über die Zukunft. Es wird kein Jahr lang anstehen, so wird es ärger hier werden als je. — Die Kirchenältesten sind ganz niedergeschlagen, daß solche Leute unter dem Präsidium des HE. Pf. Thurn Berichte erstatten, sich in Kirchensachen mischen und unterschreiben, (so gleichwol von hochpreißl. Consistorium bei 50 Reichsthaler Strafe verboten worden) förmliche Complotte schmieden und ärger hausen als je. Ich lege es Euer Hochwürden ans Herz. Es gibt einen Verfall unseres Kirchenwesens, der kläglich ist, und dem ich allein nicht steuern kann, wenn mich Euer Hochwürden nicht unterstützen.«

Der im Brief erwähnte Johann Christian Edelmann (1698—1767) war ein bekannter Freidenker, der in der 6. Auflage des »Großen Meyer« als »der erste ausgesprochene Gegner des positiven Christentums in Deutschland« bezeichnet wird. Seine zahlreichen Schriften wie die in 15 Stücken veröffentlichten »Unschuldigen Wahrheiten«, »Christus und Belial«, »Die Göttlichkeit der Vernunft«, »Die Begierde nach der vernünftigen, lautern Milch der Wahrheit« usw. haben damals zahlreiche Gegenschriften hervorgerufen, wurden viel gelesen und sind somit auch nach Kronberg gelangt, sehr zum Ärger des orthodoxen Lutheraners J. L. Christ.

Am 24. Januar ging ein Decretum an den Justizrat Brückner: »Dem Ehren Pfarrer Thurn in Cronberg wird hiermit anbefohlen ohnfehlbar Donnerstag den 7ten nächst künftigen Monaths Febr. Morgends früh um 10 Uhr vor dahiesigem Consistorio zu erscheinen und sich des weitern Vorhalts zu gewärtigen, auch Tags vorher nehmlich den 6ten d. m. sich schon bei dem HE. Cons. Rath und Superintendent Bickel zu Moßbach längstens Nachmittags 2 Uhr einzufinden.«

Bald darauf muß Christ ein weiteres Exemplar des »Reichsanzeigers« erhalten haben, mit dem er nun gegen den Verfasser beim Konsistorium vorgehen konnte. Sein Brief vom 29. Jenner ist lang, da er aber darin seine pomologische Arbeit in Kronberg selbst ausführlich schildert und erläutert, ist er für uns unentbehrlich. Er lautet:

»Hochpreißliches Consistorium!

Als Belege der schwarzen Bosheit meines unwürdigen Collegen HE. Pf. Thurn's lege aus dem Reichs Anzeiger dasjenige Stück Nr. 349 vom 28. Dec. 1804 gehorsamst bey, in welchem er ohne Wissen und Willen der Unterzeichneten einen Artikel über Kronbergs Baumhandel einrucken lassen, der mich bey näherer Ansicht bemüßiget, bey hochpreißlichem Consistorium den HE. Pfarrer Thurn Injurarium zu belangen, da nicht nur aus allen Zeilen seine hämische und boshafte Denkungsart herfürleuchtet, sondern er auch nichts Geringeres suchet, als meiner Kinder künftiges Brod zu vernichten. Was seine Bosheit noch schwärzer bezeichnet, ist, daß er selbst keinen Vortheil dabey zu geniesen hat, indem er sich wohl nie in das Fach der Pomologie und des Baumverkaufs wird einlassen können, und zu der Anlage und Auslage die Hauptstücke bey

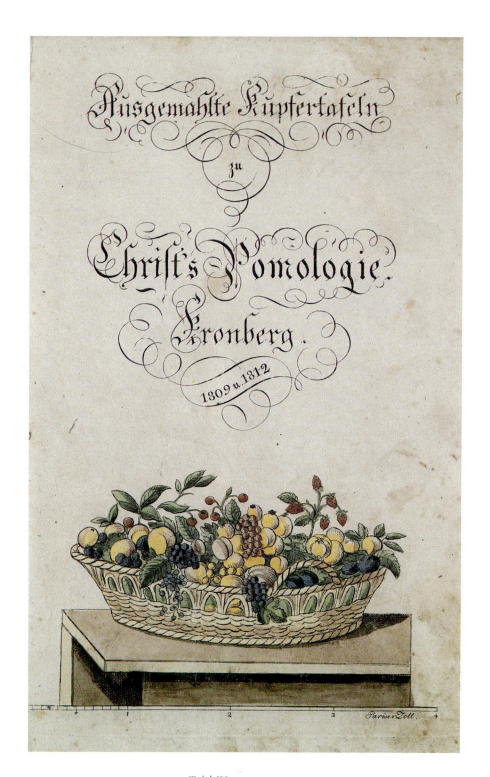

Tafel IX.

*Tafel X: Johann Ludwig Christ. Gezeichnet von F. Beer, Frankfurt, gestochen von Halle, Berlin 1795.
Aus dem »Teutschen Obstgärtner«.*

ihm fehlen. Nur der Antheil, den sein boshaftes Herz an der mir und meinen Kindern dadurch zuzufügen beabsichteten Kränkung nimmt, ist sein schöner Gewinn, den er auf eine wahrhaft teuflische Art davon zu ziehen gedenkt.

Zur Erreichung dieses seines schändlichsten Endzwecks mußte er sich in besagtem ehrenrührigen Artikel verschiedene Unwahrheiten erlauben, um das Publikum hinter das Licht zu führen: Erstlich mißbrauchte er die Namen verschiedener Burger dahier, und des kathol. HE. Pfarrers Ihl durch die Unterschrift des Artikels, da dieselbe doch nichts davon wußten, daß er etwas unter ihrem Namen wollte in die öffentliche Zeitung einrucken lassen, zumalen zu meiner Verkleinerung und mit ehrenrührigen Verläumdungen. HE. Pfarrer Ihl versichert, er wisse nichts davon, und hätte er nur eine kleine Baumschule zu seinem Vergnügen. Philipp Jäger hat gar keine Baumschule. Phil. Bleichenbach hat ebenso wenig von dem Einrucken in die Zeitung etwas gewußt, und wollen beide letztere ihn besonders bey hochpreißlichem Consistorium verklagen, daß er ihre Namen mißbraucht habe. Caspar Anthes bekennet so viel, daß ihm zwar HE. Pf. Thurn vor einiger Zeit angelegen habe, seine Einwilligung dazu zu geben, daß er einen solchen Artikel in den Reichs-Anzeiger einrucken lasse: er, Caspar Anthes, hätte aber nur erklärt, daß er sich darauf bedenken wolle; hätte aber weiterhin HE. Pfarrer Thurn keine Vollmacht dazu gegeben. Wiewohl dieser Caspar Anthes dem ohngeachtet vielleicht der einzige mag gewesen seyn, der eingestimmt, das aber dennoch jenen im geringsten nicht entschuldigte.

Zweitens bediente sich HE. Pf. Thurn, um das Publikum zu hintergehen und seinen boshaften Endzweck, mir zu schaden, zu erreichen, auf Schrauben gesetzter Ausdrücke: »mehrere Bürger Kronbergs hätten eben so gute Waare als Pf. Christ, und erliesen jeden Stamm geringer.«

Es ist ihme HE. Pf. Thurn und männiglich bekannt, daß ich lauter Tafelobst pflanze und versende: die hiesigen Burger und Baumpflanzer aber lauter wirthschaftliches Obst. — Jenes anzupflanzen mußte ich mich anfangs entschliesen, da ich vergeblich aus halb Europa die feinsten Obstsorten für die hiesigen Baumschulen würde herbeygeschafft haben, da die Leute sich mit regulärer Anlegung und Umschaffung ihrer Baumschulen in Reihen, mit Bezeichnen, Baumschulregistern nicht befassen wollten, die meisten auch freilich die Fähigkeit dazu nicht hatten. Gleichwohl liefen bald nach meinen Bekanntmachungen vor bald 20 Jahren Bestellungen für Tafelsorten und wirthschaftliches Obst ein, da ich denn jene lieferte, und letzteres den Burgern überlies, das denn auch zum unsäglichen Vortheil meiner Gemeinde so fort ging, und ihre wirthschaftlichen Bäume tausendweis und wagenvoll abgelangt werden, daß bisweilen wie im vorigen Frühjahr fast kein einziger pflanzbarer Aepfelbaum dahier übriggeblieben, und ihr einträglicher Verschluß auch daraus leicht zu beurtheilen ist, daß nunmehr 1 Morgen Baumschule zu 1200 Gulden, 1600 Gulden und höher verkauft wird, der bei meiner Hieherkunft 60 bis höchstens 100 Gulden gekostet hat.

Wie ungegründet, niederträchtig, injuriös und verläumderisch mich daher drittens HE. Pfarrer Thurn öffentlich vor der ganzen Welt damit angegriffen, daß er die Worte einfliesen lassen: »kaum witterte Pfarrer Christ (wie ein Spürhund das Wild!) das

Merkantilische, als er sich ex professo darauf legte p. und vereinigte bald in sich den Alleinhandel«, ist aus jenem Sonnen klar ersichtlich. Nach seiner Aussage aber vor aller Welt hätte ich meiner Gemeinde Brod entzogen, zu deutsch gestohlen: da doch sogar meine Neider bekennen müßen, daß ich den hiesigen Einwohnern auf Kindeskind ein schönes Stück Brod zugewendet habe.

Die elenden Kleinigkeiten von Herabwürdigung, die Pf. Thurn wider mich anzuwenden suchte, als z. B. Kronbergs Bürger hätten mich die Pomologie gelehrt: die Instrumenten (die ich manchen Gartenfreunden aus Gefälligkeit in Frankfurt ächt und zum dienlichsten Gebrauch verfertigen lasse und meist neu erfunden sind) könne hier jeder Schlosser machen und wären vor 30 und mehr Jahren dahier bekannt, will ich nicht gedenken. Nur zeugen sie, wie sein ganzer scandalöser Akt von seinem abscheulichen Neid und Bosheit wider mich, (das ich doch gewiß nicht um ihn verdient hatte,) von seinem schändlichen Herzenscharakter und von den schönen Tugendfrüchten seiner philosophischen Herzensreligion, darüber schon gehorsamste Vorstellung gethan habe, und von der Verläugnung des wahren Glaubens, der allein das Herz bessern und bilden kann, keineswegs aber die kritische Afterphilosophie.

Übrigens bitte ein Hochpreißliches Consistorium inständigst und gehorsamst um gerechte Genugthuung für diese öffentliche nicht blos anzügliche, sondern wirklich caluminöse Beschimpfung, die mir Pfarrer Thurn so schändlich, mit Mißbrauchung der Namen unschuldiger Männer angethan hat: und für die Zukunft mich gegen die Anfälle dieses grundbösen Mannes hochgeneigtest zu schützen.

In zuversichtlichster Hoffnung und Erwartung der Gewährung meiner gerechtesten Bitte verharre mit der größten Verehrung . . .«

Ob das Konsistorium zunächst das Ergebnis der Verhandlung mit Thurn abwarten wollte oder ob man daran dachte, diese Sache dem weltlichen Gericht zu überlassen, mag offen bleiben. Jedenfalls geht das Protokoll vom 7. Februar nicht besonders auf diese Anklage Christs ein. Es lautet:

»In Gemäßheit decreti vom 25ten Januar d. J. erschiene anheute Pfarrer Thurn von Cronberg und wurde demselben nicht allein seine höchst unziemliche und ärgerliche Zänckereien, die derselbe seit seiner Anwesenheit daselbst, bei jeder Kleinigkeit, über Sachen, die ihn gar nicht angehen, mit dem Oberpfarrer Christ angefangen, sondern auch seine hier und da auf eine sehr unschickliche Art geäußerte heterodoxe Religions Meinungen vorgehalten, und ernstlich verwiesen, und demselben bedeutet, daß er in Zukunft sich um weiter nichts als um sein Pfarramt, und dahin einschlagendes curam animarum zu bekümmern, falls er aber sonsten was zu erinnern habe, er solches bei dem Convent zu Wallau anzeigen müße, zugleich wurde demselben nochmals bekannt gemacht, daß es bei der gänzlichen Aufhebung des Kirchen Raths sein ohnabänderliches Bewenden behalte, und an dessen statt der Consistorial Convent zu Wallau eingetretten sei, mithin alle Sachen, die ehedem vor dem Kirchen Rath verhandelt worden jezo zum ressort F. Consistorial Convents gehörten, außer daß dem F. Justiz Rath Brückner in Cronberg, jedoch nur für seine Persohn, die Oberaufsicht über den Presenz und Hospital Fond und Abhörung dieser Rechnungen, auch Kirchen und Schulbauwesen übertragen worden. Schließlich wurde derselbe vermahnet, alles dasjenige, was ihm wegen seiner unleidlichen und schändlichen Zanksucht, pflichtvergeßenen heterodoxen Äußerungen, und sonstigen ungebührlichen Anmaßungen in Sachen, die ihm ganz und gar nicht zukommen, da er eigentlich nicht zweiter Pfarrer, sondern nur Caplan seie, und den Pfarrer Christ als einen alten schon lange in Diensten stehenden Mann ehren und respectiren müsse und die Mitunterschrift der Berichte in Religions Kirchen und Schulsachen nicht verlangen könne, sich wohl zu mercken und sich darnach zu achten, widrigenfalls man sich genöthiget sehen würde, bei weitern dergleichen Vergehungen auf eine über denselben angemessene scharfe Bestrafung bei S. R. Hf. Durchlaucht unterthänigst anzutragen.

Pfarrer Thurn versprach hierauf vollkommene Beßerung, entschuldigte sich mit seinem hizigen Temperament und gelobte diesem allen, was ihm hier mündlich gesagt worden, getreulich nachzukommen, auch dem Pfarrer Christ Abbitte zu thun, und die Hand zur Freundschaft zu bieten, worauf derselbe wieder entlassen wurde.

             In fidem protocolli
                Philgus

Es mag dem Doktor der Philosophie und nunmehr zum Kaplan degradierten Thurn schwer genug gefallen sein, als »aufgeklärter« Intellektueller dem sechsundsechzigjährigen Kollegen Christ Abbitte zu leisten und Besserung zu geloben, aber er tat es. Am 5. Sonntag post Epiphanias, setzte er sich hin und schrieb, sogar die übliche Anrede versäumend, an Bickel in Mosbach:

»Mein lieber Herr Pfarrer! Ich kann Ihnen die frohe Nachricht melden, daß mein Herr College und ich ausgesöhnt sind. Heute war ich und meine Frau zum erstenmal drüben. Nicht Waffenstillstand ist es, sondern Friede. Es soll und wird nun besser gehen. Dieser Kelch, den ich trinken mußte, hat mich abgekühlt und gewitziget. Drang des Herzens ist und war die Quelle der Versöhnung.

Soviel in Eile. Ich und meine Frau empfehlen uns Ihnen und Ihrer lieben Ehegattin bestens. Ich verharre mit aller Hochachtung   Ihr ergebenster Thurn«

Am 15. Februar übersandte Thurn dem Konsistorium zwei Predigten, die man ihm abverlangt hatte: »Gewiß geht aus ihnen keine Heterodoxie hervor. Wie diese sind, ebenso sind alle meine Vorträge. Was ich hierin lehre, glaube ich auch gewiß. Die Religion des Glaubens hat ja wenig oder keine Gemeinschaft mit spekulativen Meinungen. Die Offenbarung gründet sich ja nicht auf theoretische Philosophie, sondern auf die Erziehung des Menschengeschlechts.«

Dieser Hinweis auf Lessing wird den Herren vom Konsistorium nicht unbedingt behagt haben. Immerhin wurde der Brief nebst den Beilagen mit dem »Donatur ad acta«, zu den Akten, versehen. In seinem zweiten Teil schreibt der so streng Gemaßregelte: »Meinem Herrn Collegen habe ich nicht nur schriftlich Abbitte gethan, sondern auch persönlich. Wir haben Frieden mit einander geschlossen. Auch Herrn Justizrath allhier habe ich gleiche Genugthuung geleistet. Ich wollte daher Einem Hochpreißlichen Consistorium Beweise einer guten Gesinnung darlegen, und mir Höchstdesselben Gnade dadurch erwerben. In diesem Vertrauen ersterbe ich in tiefster Devotion . . .«

In einem gleichzeitigen Brief an Superintendent Bickel heißt es: »Die mir abgeforderten Predigten habe ich an das F. Konsistorium abgeschickt mit der heutigen Post. Gewis ist darin so wenig Irrlehre als in den übrigen enthalten. Wäre mein HE. College nicht überspannt mit mir gewesen, nie würde man mich dessen beschuldigt haben. Jedoch wird mir meine Lage, in der ich war, Vorsicht im Reden und Schreiben empfehlen. Die Spekulation hat ja nie etwas mit der Herzensreligion zu thun. Ich glaube an Offenbarung aus dem Gesichtspunct der Erziehung des Menschengeschlechts.

Mit meinem Herren Collegen bin ich ausgesöhnt. Schriftlich und mündlich bat ich ihn um Verzeihung. Heute trank ich und meine Frau den Caffee bei ihm. Wir haben uns als Amtsbrüder umarmt. Auch bey HE. Justizrath war ich und bezeigte meine Reue über allenfalsige Beleidigung. Jetzt wird es gut gehen in Kronberg.«

Abschließend bittet Thurn auch Bickel um Verzeihung und meint: »Vor den Schranken eines solchen Gerichts bleibt man sich nicht stets ganz gleich. Ja, Ew. Hochwürden sind zu edel und gut gesinnt, als daß dieselben mich nicht entschuldigen, mir nicht verzeihen sollten.«

Liest man die beiden von Thurn nach Wiesbaden geschickten Predigten heute und fragt sich dabei, wie sie wohl auf die Kronberger Handwerker und Obstbaumpflanzer des frühesten 19. Jahrhunderts gewirkt haben mögen, — die eine geht über Römer 12,6-16, die andere über 1. Korinther 15,1-10, so wird man sagen: es sind gut aufgebaute Produkte aufklärerischen Christentums, mit einem gewissen Willen zur Volkstümlichkeit geschrieben und doch über die Köpfe der Zuhörer hinweg gehend, mehr für Städter als für ein doch weitgehend ländliches Publikum bestimmt. In Frankfurt oder Darmstadt (woher er kam) wäre Thurn gewiß besser »angekommen«.

Am 15. Februar gingen vom Wiesbadener Konsistorium zwei Schreiben aus, nach Kronberg an den Justizrat Brückner »et mut. mut. Pfarrer Christ« und an den Wallauer Konsistorialkonvent. Im Schreiben nach Kronberg wird zunächst der Inhalt des Protokolls (das wohl in Abschrift beilag) mitgeteilt: Thurn wird in die Schranken der Ordnung verwiesen, hat sich in Zukunft nur um das anvertraute Pfarramt zu bekümmern. Presbyterial Sessionen finden nicht mehr statt, zuständig ist für Religions-, Kirchen- und Schulsachen allein Wallau. Brückner hat die Oberaufsicht über Präsenz- und Hospitalfond, Kirchen- und Schulbau. Christ berichtet ohne Zuziehung und Mitunterschrift Thurns nach Wallau. Die Kirchenältesten sind »zu weiter nichts mehr, als zur Aufsicht und Anzeige vorfallender Unordnungen« und sollen bei der Kirchen Censur gebraucht werden. Mit der Eigenständigkeit des Kronberger Kirchenwesens war es damit vorbei. Christ hatte die Genugtuung, als Oberpfarrer anerkannt zu sein.

Im Schreiben nach Wallau wird zunächst Ähnliches mitgeteilt, wobei Dr. Thurn als ein »aufbrausender eingebildeter Mann« charakterisiert wird. Dann wird das alleinige Zeichnungsrecht des Oberpfarrers Christ wiederholt, und endlich heißt es: »Wie wir bei dieser Gelegenheit in Erfahrung gebracht«, haben die beiden Geistlichen, Christ und Thurn, sich bei Haltung des Gottesdienstes zweier besonderer Liturgien bedient.

Daher sind sie »sogleich nach Empfang dieses anzuweisen, vor der Hand und bis zu anderweiter Verordnung die churpfälzische lutherische Liturgie, die auch hier gebräuchlich ist, sich anzuschaffen und in Cronburg einzuführen«.

Christs Handstück dieser Liturgie scheint sich nicht erhalten zu haben. Hingegen ist die nassauische Kirchenordnung von 1617 in der 5. Auflage von 1762 noch vorhanden (im Besitz des Verfassers). Sie wurde für 1 Gulden 50 Kreuzer bemerkenswerterweise schon 1780 gekauft und in die Präsenzrechnung eingetragen. Christ hat sie mit einer Reihe von Ergänzungen versehen und anderes eingeklebt, so das Eheverlöbnis, die Verhandlung bei der Nottaufe, das Gebet für einen Kranken, aber auch das obligatorische Gebet für den Landesherrn: »Erhalte, schütze und segne in Sonderheit unsern geliebtesten Fürsten und Landesherrn und dero fürstl. Frau Gemahlin, wie auch unsere verwittibte theuerste Fürstin und die sämtliche Prinzessinnen unseres geliebten Fürstenhauses, samt allen Erbvereinten hohen Anverwandten desselben. Regiere alle Fürstl. Räthe und Obrigkeiten unseres Landes mit dem Geist der Weisheit und der Menschenliebe, damit in allen Ständen deine Ehre und das gemeine Beste befördert werde.«

Trotz der Aussöhnung mit Thurn hatte Christ den Angriff im »Reichs-Anzeiger« nicht vergessen. Es ging ja um seinen guten Ruf, draußen im noch bestehenden Reich. So schrieb er, am 6. Februar, erneut ans Konsistorium:

»Da mein College HE. Pf. Thurn dieser Tagen eine reuige Versöhnung eingeleitet hat, und ich ihme auch als Christ und Evangel. Lehrer alle mir und den Meinigen angethane höchstunverdiente Schmach und Kränkung und für die Zukunft beabsichtet gehabte Intriquen in Hoffnung und Überzeugung seiner aufrichtigen Reue von Herzen verziehen habe; so renuncire auch in so ferne auf die — in meiner eingeschickten Klagschrift unterm 29ten Jan. l. J. gehorsamst nachgesuchte Genugthuung wegen dem von ihme in den Reichs Anzeiger Nr. 349 eingeschickten oder wenigstens von ihme verfaßten ehrenrürigen und boshaften Artikel wider mich in Rücksicht meiner pomologischen Geschäfte und Bemühungen zum Besten der hiesigen Gemeinde so wohl, als auch für das allgemeine Wohl, daß ich zwar nach gänzlicher Entdeckung Ein Hochpreißliches Consistorium um den Erlaß der wohlverdienten Ahndung für meinen Collegen gehorsamst und inständigst bitte, aber wegen den üblen Folgen einer unterbleibenden Untersuchung der Sache und der Mitwürkung seines damaligen Complottes, um die Untersuchung dessen durch eine unpartheyische Commission gerechtest anstehe, wie ich auch solches meinem Collegen bey seiner Aussöhnung offenherzig erkläret habe.

Würde ich die Sache auf sich beruhen lassen, so dürfte sein voriger Complott sich diesen gebahnten Weg zu meiner empfindlichsten Kränkung und zum künftigen Nachtheil der Nahrung meiner Kinder, weiter belieben lassen; zumalen mir HE. Pf. Thurn in seinem Briefe, den er mir den Tag vor unserer Aussöhnung geschrieben, mit trockenen Worten folgendes gemeldet:

»Noch vor 14 Tagen wurde mir von einem Diener aus dem Amte gesagt, da die Rede von jenem Aufsatze war: es würden noch andere Sachen in den Reichs Anz. kommen. Wie in aller Welt kann man mich so ganz bestimmt als Verfasser nennen! es möchte alsdann noch so etwas Nachtheiliges von Ihnen entweder im Reichs Anz. oder Recensionen erscheinen, so müßte ich es seyn.«

Es ist mir daher nun hauptsächlich daran gelegen, um seine Mitschuldigen zu erfahren und der verdienten Ahndung zu überlassen, damit einmal der Fuchsische Complott, der noch alle Pfarrer und das Kirchenwesen verfolgt hat, niedergeschlagen werde: sonst wird es hier nie ruhig. Und erst dadurch kommt HE. Pf. Thurn, der von Anfang an bisher die Fahne dieses Complottes getragen hat, von ihren Fesseln — zu seinem eigenen Besten — völlig los, darin er sich wider mein und mehrerer Redlichgesinnten gleich anfängliches Warnen und Bitten hat schlingen lassen.

Da aber eine expresse Commission zu Untersuchung der Sache schwere Kosten verursachen würde, die größtentheils auf meinen Collegen fallen würden, so wollte ganz gehorsamst bitten, diese Commission der Untersuchung dem Herrn Justizrath Brückner dahier zu übertragen, da ohnedem der Zirkel des Complotts sich nur in loco befindet . . .«

Gern wüßten wir mehr über den Chirurgus Franz Martin Fuchs, der schon unter Brückners Vorgänger Streun als Rebell und Aufwiegler galt, weshalb er weder Hospital- noch Präsenzmeister, ja nicht einmal Mädchenschulmeister wurde, dann das Haupt der gegen Bleichenbach kämpfenden »Deputation« wurde und sich schließlich mit Thurn gegen Christ verbündete, der ihn schon früh als Mann ohne Religion einstufte. Weiter als bis zum Gerichtsmann hat er es nicht gebracht. War er der Typ des unruhigen Geistes, des ewig Unzufriedenen oder gar ein Kronberger »Mephisto«, der — wie Christ schrieb — der »Gemeine schon 1000 Unheil zugezogen hat«?

Am Freitag, dem 1. März 1805 brachte der »Reichs-Anzeiger« dann endlich eine Berichtigung des Artikels »Über Kronbergs Baumzucht und Baumhandel«. Leider wissen wir nicht, wer der mit G-ch zeichnende Verfasser war. Er bezeichnet sich als Freund Christs, ist also insofern Partei, auf der andern Seite zeigt sein Beitrag so anschaulich, wie Christ damals in seiner Zeit stand, daß er verdient, vollständig zitiert zu werden:

»Der Hr. Oberpf. Christ zu Kronberg hat bald nach seiner Anstellung allda vor beynahe 20 Jahren in einigen seiner oeconomischen Schriften die guten und fast in allem Boden dauerhaften Bäume der Kronberger bekannt gemacht, und ihnen Publicität gegeben, um zuvörderst seiner Gemeinde auch zeitliches Interesse zu fördern, so dann aber auch den Eifer für die höchst nützliche Obstbaumzucht, der vor ihm gleichsam geschlafen, in der Welt wieder rege zu machen, und für diese edle Wissenschaft, — die er ja nicht erst von den Kronbergern lernen müssen, wie jener hämische Einsender sagt, dessen Neid und bittere Galle wider aus allen Zeilen bemerkbar ist, — ein Licht aufzustecken. Beydes ist ihm nach Wunsch gelungen. Der Baumhandel seiner Gemeindeglieder mit wirtschaftlichen Obstsorten, der zuvor von gar keiner Bedeutung war, und nur auf ein paar Stunden der dasigen Gegend sich erstreckte, nahm bisher so beträchtlich zu, daß ein Morgen Baumschule in den ehemaligen Weinbergen, der damals bey seiner Anstellung etwa 100 Gulden gekostet hat, nunmehr wol mit 2000 Gulden bezahlt wird. Und wie sehr der Eifer zur Baumzucht bey Hohen und Niedern seit den Bemühungen des Hn. Oberpf. um diesen edlen Nahrungszweig, und seit der Emanirung seiner gründlichen Schriften darüber erweckt und nun allgemein geworden, ist zur Genüge bekannt und in öffentlichen Schriften zu seiner Ehre bestätigt und anerkannt.

Zwar suchte O. Pf. Christ dem Nahrungszweig des Baumhandels jener Gemeinde ein noch größeres Interesse zu verschaffen, und zugleich die Baumzucht zum allgemeinen Besten zu befördern, und gab sich alle Mühe, die dasigen Baumpflanzer zu Kronberg bey ihrem zur Baumzucht so vortrefflichen mergelartigen Boden — der die dauerhaftesten und gesundesten Bäume unter allen Arten Erdreichs erziehet, und bey seiner etwas erhöhten Lage abhärtet, — dahin zu bewegen, auch feine Tafel-Obstsorten von allen Gattungen Obstes zu pfropfen und zu erziehen, ihre Baumschulen in Reihen zu pflanzen, und ein ordentliches Register zu führen; verschaffte ihnen auch durch seine Bekanntschaft mit der ökonomischen Welt Obstreiser und Mutterbäume von den edelsten Obstsorten und legte zu diesem Endzweck selbst eine kleine Baumschule an; allein er konnte damit bey seiner Gemeinde nicht reussiren. Der gemeine Mann mochte sich bey aller seiner Industrie mit diesen Umständen und mühsamen Verzeichnissen und Registern nicht befassen, sondern blieb allermeist bey seinen wenigen wirtschaftlichen Obstsorten, die er in seinen Gärten und auf seinen Baumstücken hatte, und pflanzte nur diese fort. Von Pfirschen, von Zwergbäumen u. dergl. mehr wußte er nichts. Was auch einige von Pfropfreisern aus des Hrn Oberpf. Gärten und Baumschulen nehmen, geschieht nur meistens von ihnen, um schön wachsende Bäume zu ziehen, ohne sich um die Bestimmtheit der Sorten zu bekümmern.

Da indessen gleich anfänglich viele Nachfrage und Bestellungen von Tafel-Obstsorten an Hrn Oberpfarrer einliefen, so sah er sich genöthigt, seine Pflanzschulen zu vergrößern, und sammelte, so zu sagen, aus halb Europa die vornehmsten Obstsorten, ordnete sie so schön, richtig und genau in seinen Gärten und Baumschulen, daß es oft mir, seinem Freunde, und jedem, der sich darin umsieht, Freude macht. Er erwarb sich daher auch bisher das schöne Verdienst, mit seinen edlen Obstsorten viele Länder, und zuvor obstarme Gegenden, sogar bis über das Meer, in Dänemark, Curland, Liefland etc., gleichsam zu besäen, und wird dafür, so wie für seine Schriften über die Obstbaumzucht, und besonders sein klassisches Handbuch, von Tausenden gesegnet, daß ein jeder, der diesen rechtschaffenen Mann kennt, und was er schon rastlos für seine Mitmenschen gethan und geschrieben hat, mit einem andern Freunde im Reichs-Anzeiger Nr. 171 d. 2. Jul. 1803 einstimmen muß, daß er eine *Ehrensäule* verdiene.

Was noch zur Berichtigung jenes Artikels gehört, ist eines Theils das ganz unrichtige Urtheil des neidvollen Einsenders: die Cultur des Geistes sey in Kronberg nicht zu Hause; man lese nichts. Kronbergs Bürger sind ja keine Dummköpfe, und meist gescheuter, als jener hämische Einsender, der nur an Neid und schwarzer Bosheit alle übertrifft.

Um endlich die Gartenfreunde nicht irre führen zu lassen, und nicht für Tafelsorten wirthschaftliche zu erhalten, so ist noch zu bemerken, daß die am Schlusse jenes Artikels benannten Baumpflanzer und Baumhändler sämmtlich kein Wissen und keinen Antheil an jener Einsendung haben: der kathol. Pfr. Herr Ihl hat eine ganz kleine Baumschule zu seinem Vergnügen; Phil. Jäger hat gar keine Baumschule mehr; Phil.

Bleichenbach hat nichts als wirthschaftliche Bäume, und ebenso Caspar Anthes ebenfalls, und von Comp. weiß keiner nichts. Indessen verkaufen sie ihre wirthschaftlichen Bäume für Baumäcker und Chausseen ohne Mühe und weitere Anpreisung häufig, und werden besonders über den Rhein her Wagen voll weis abgeholet.

Dieses, statt meines Freundes Christ, zur Nachricht und Berichtigung von seinem unpartheyischen Freunde G-ch«

Seinen letzten Brief in dieser höchst ärgerlichen Angelegenheit schrieb Christ am 20. März an das Konsistorium:

»Da ich nach meinem unterm 29ten Jan. l. J. eingeschickten Klaglibell über die Ehrenrürige Einsendung meines Collegen wider mich in den Reichs-Anzeiger Nr. 349 vom 28. Dec. 1804 um eine unpartheyische Commission zu Untersuchung der Sache und Entdeckung seines damaligen Complottes bey Hochpreißl. Consistorium gehorsamst nachgesucht habe, indesen aber sein eigenhändiger schwarzer Aufsatz, den er mit Begleitung eines bekräftigenden Empfehlungsschreibens von einem dritten unedel denkenden Pfarrer, auch von demselben unterschrieben, an den Rath Becker in Gotha zum Einrücken eingesendet hat in Handen gekommen, worinnen dasjenige, was der Redacteur ausgestrichen und nicht hat abdrucken lassen, weit scandalöser ist, als was wirklich abgedruckt worden, und im Publikum erschienen ist, folglich die ganzen Kosten der Commission und die Strafe alleine auf ihn, meinen Collegen fallen würde, und es darauf ankäme, ob er seine Complices dahier, deren Namen nicht im Aufsatz befindlich, obschon bekannt sind, angeben würde, auch ich in Ansehung deren, so wie des luth. Pfarrers, der unter einem andern Consistorium stehet, und dieses ehrenrührige, schändliche Exhibitum unterstützet und dem Rath Becker empfohlen hat, alle christliche Nachsicht brauchen will, so will ich auch von weiterer Untersuchung und der gehorsamst erbätenen Commission, — da ich meinem Collegen auf Hoffnung der Besserung einmal verziehen habe — insoferne abstehen, als so lange er sich nicht mehr in einen dergleichen Complott wider mich einlassen wird. Sollte er aber je wider alles Vermuthen sich wieder auf dergleichen niederträchtige Weise vergehen und vergessen können, so werde obgedachte seine Handschrift Hochpreißlichem Consistorium vorlegen, und um gerechte Ahndung gehorsamst bitten.«

Die letzte Unterschrift im Kirchenprotokollbuch hat Dr. Thurn am 1. Sonntag nach Epiphanias geleistet. Ebenso tritt mit dem Jahr 1805 Johannes Zubrod als Kirchenältester ab und wird durch Leonhard Jäger ersetzt, der noch bis 1813 dabei ist. Am 21. Februar notiert Christ, daß »HE. Pf. Thurn von Sitz und Stimme bei dem Convent suspendirt worden«. Daß die Zeiten nach wie vor wirtschaftlich schlecht waren, belegt die Eintragung vom 25. März: »Wurde beschlossen, daß die alten Rückstände vom Schulholz von den Jahren 1800, 1801 und 1802 bey dieser schlechten und nahrungslosen Zeit und bei den Rückständen von 1803 und 1804 sollen zurückgelegt werden, etwa auf bessere Zeiten, oder daß sie ganz nachgelassen werden.« An armen Schulkindern, denen das Holzgeld für den Winter 1804/05 erlassen und aus den Hospitalgefällen bezahlt werden soll, verzeichnet das Protokoll immerhin 23 Namen. Am Sonntag

Quasimodogeniti, in Kronberg schlichtweg »Weißer Sonntag« genannt, »wurden wegen Entheiligung des Buß- und Bättags coram gefordert 1. Reinemers uxor, 2. Peter Schrodten Wittibs Tochter, 3. Kriegers Tochter, weilen sie theils nach Frankfurt gegangen, theils die Reinemern Wäsche in den Garten gehängt und wurde nach gebührendem Verweiß jedes um 30 Kreuzer gestraft«.

Etwas über die Mietpreise des Jahres 1805 erfahren wir aus dem Eintrag vom 10. Mai: »Der verarmte Niklaus Gerlach sucht nach in den Hospital zu ziehen, da ihme sein Haus verkauft worden, und zwar nur so lange bis er ein Logis habe. Nach reifer Überlegung wurde aus Besorgnis, daß man diese starke Familie nicht so bald wieder hinausbringen könne, und gleichwol aller Platz eingenommen würde, daß man keine andern Nothleidende oder Kranke aufzunehmen im Stande wäre, beschlossen, daß man ihme lieber 4 Gulden zu einer vierteljährigen Logis Miethe aus dem Hospitalgefäll geben wolle.«

Sonst gibt es nur noch eine gemeinsame Eintragung für den 1. und 2. Advent. Die Homburger Apotheke schickt eine Rechnung, die aus dem Hospitalfonds zu berichtigen ist. »Die Beiträge zu den Pauken sind zu erheben.« Die Zechern Wittib bittet um Winterkleidung; sie erhält »1 Paar neue Schuhe und 1 Mützchen, das nicht höher als 3 Gulden kommt« und die Peter Anthesin Wittib bekommt ebenfalls ein Paar Schuhe »für ihr Mädchen, das in die Schule gehet«. Weitere Schuhanträge stellen noch die Wittib Braubachin, »da sie durch die vierteljährliche Krankheit ihrer Mutter, die jüngsthin verstorben, von Mitteln ganz entblößt ward«, und der taube Bursche Philipp Holzemer.

Kleine Dinge nur, aber doch interessant für die damaligen sozialen Verhältnisse in Kronberg, wo die Kirche auch das zu erfüllen hatte, was heute als »soziale Aufgabe« meist dem Staat zufällt.

Von dem auf den Platz des Kaplans zurückverwiesenen Dr. Thurn hören wir im Verlauf dieses Jahres nur noch indirekt. Am 29. Mai schrieb Oberpfarrer Christ an den Konsistorialkonvent in Wallau und stellte vor, daß die beiden Kronberger Pfarreien »seit undenklichen Zeiten« ebenso wie der Präsenzmeister alljährlich 12 Klafter Buchenscheitholz aus der Markwaldung erhalten haben, als Teil ihrer Besoldung. »Da aber die Mark ruinirt und von Buchbäumen zur Zeit ganz entblöset ist, wurde uns zu einiger Entschädigung 6 Klaftern Buchen zugeprochen, welche aus der Präsenz nach dem laufenden Jahr so lange bezahlt werden sollten, bis die Markwaldung wieder so ergiebig seyn würde, daß ein jeder seine volle 12 Klafter Buchenscheitholz wieder daraus erhalten könnte, welcher Zeitpunkt aber noch sehr ferne seyn dürfte.

Indessen finden sich doch in derselben noch viele Eichbäume, so daß sich die beede hiesige Markförster, der eine mit 8 Klafter und der ander mit 9 Klafter Eichenscheidholz daraus jährlich besoldet machen können, auch bisher der Thürer daraus beholziget worden, der nunmehrige neuangekommene Thürer aber seine Holzbesoldung aus dem Königsteiner Wald empfängt.

Da wir nun mit unsern 6 kleinen Klaftern Besoldungsholz, die uns der Kirchenkasten bezahlt, nicht auszulangend vermögen sind, sondern öfters für 40, 50 und mehr

Gulden Holz dazu kaufen müssen, das uns bey dem täglich steigenden höhern Werth aller Bedürfnisse und bey unsern meist geringen und wenn es zumal, wie meister Jahren, kein Obst hier gibt, — durchaus nicht auszulangenden Besoldungen, sehr hart fällt, ja wir bey diesen hochbeinigten Zeiten und tausenden von Ausgaben (davon unsere Vorfahren bey eben der Besoldung nichts wußten), schlechterdings außer Stand sind; indessen aber doch durch einige Klafter Eichenholz und etliche büchurne Wellen, deren ohnehin jährlich viele Tausend darin gemacht werden, unserer Holzbedürfnis abgeholfen werden könnte, und es höchst gerecht und billig ist, daß die Mark bey unserm jährlichen Verlust von 6 Klaftern Buchenholz, die wir zurück lassen müssen, mit dem, was sie geben *kann*, doch wenigstens einigen Ersatz leiste, bis die Pfarreyen wieder in den Besitz ihrer ganzen desfalsigen Competenz kommen können: So ergeht unsere gehorsame Bitte an hochlöbliches Consistorial Convent, doch für uns bey hochpreißlichem Consistorium und dem fürstl. Forstamt geneigtest dahin zu verwenden, daß ein jeder für sich zu einigem Ersatz für 6 Klafter Buchen Scheidholz doch 4 Klafter Eichen Scheidholz und 200 büchurne Wellen jährlich erhalte: zumalen wir in der Mark berechtigt sind, auch der Markförster aus unserem Kirchenkasten mit jährlich 20 Maltern Korn besoldet wird, ja ehemals die Waldstrafen in unsere Kirche gefallen und die Register der Waldstrafen noch bei unsern Kirchenacten befindlich sind, nunmehro aber diese Gefälle, unbekannt warum? nicht mehr besitzet.«

Da auf diese Eingabe hin nichts erfolgte, schrieb Christ am 25. November zum zweitenmal, nun aber an einen Wiesbadener Geheimen Rath. In diesem Brief heißt es: »Es ist bekannt, wie gering besonders die Besoldung der 2ten hiesigen Pfarrey ist, und wie wohl ihr ein solcher kleiner Beytrag zu gönnen, und mich kommt es auch hart an, alljährlich 30 bis 40 Gulden zu Holz zuzulegen, da wir mit den 6 Klaftern nicht auskommen können und der hohe Werth aller Bedürfnisse fast alle Besoldungen sehr verringert.«

Wir können annehmen, daß der erste Pfarrer, der sich trotz seiner bitteren Erfahrungen so für den zweiten einsetzte, nach den Aufregungen des Frühjahrs ein wenig die Ruhe in seinen Baumschulen und seinem Gartenhaus genoß, denn auch hinter dem Schriftsteller Christ lag eine anstrengende Zeit. Zur Ostermesse 1805 war nämlich bei Friedrich Eßlinger in Frankfurt sein über 400 Seiten umfassendes, zweispaltig gesetztes »Allgemeines theoretisch-praktisches Wörterbuch über die Bienen und die Bienenzucht« herausgekommen. In der Vorrede zu diesem Werk schreibt Christ:

»Seit der Bearbeitung meiner letztern vierten Ausgabe der Anweisung zur Bienenzucht für alle Gegenden (Leipzig 1803) beschäftigte mich der Gedanke und Wunsch, Zeit und Muse zu finden, ein Bienenwörterbuch zu verfertigen, indem man bey einem solchen mehrere Gelegenheit und freyere Hände hat, sich über viele Gegenstände auszubreiten, die zu wissen im Ganzen sehr nützlich und angenehm sind; da man hingegen bey einem Handbuche über die Bienenzucht oder einer Anleitung zu derselben gebundene Hände hat und sich so weit nicht einlassen darf. Zugleich wird durch ein Bienenwörterbuch unter anderm das Bedürfnis derjenigen befriedigt, die von der nützlichen und angenehmen Bienenpflege eine gründliche Belehrung und Kenntnis wünschen,

Allgemeines theoretisch-praktisches Wörterbuch

über die

Bienen und die Bienenzucht.

Von

Johann Ludwig Christ,

Past. prim. zu Kronberg an der Höhe bei Frankfurt am Main, der königl. kurfürstl. Landwirthschaftsgesellschaft zu Zelle, der königl. Preuß. ökonom. Gesellschaft zu Potsdam, wie auch der
Ruß. kaiserl. Liefländischen gemeinnützigen und ökonom. Societät in Riga, und der Gesellschaft
des Ackerbaues, der Wissenschaften und Künste des Niederrheinischen Departements zu
Straßburg Ehren-Mitglied.

CARL VON HEYDEN

Frankfurt am Main,
Im Verlage bey Friedrich Eßlinger.
1805.

aber in der Lage sind, sich mit der praktischen Bienenzucht nicht abgeben zu können und gleichwohl diese Wissenschaft zu besitzen in mancherley Rücksicht nöthig haben, oder solche ihrem Naturforschungsgeiste besonderes Vergnügen gewähret, da zumalen in der Bienen-Republik und bey ihrer Verfassung und Oekonomie so viel Bewundernswürdiges, Reitzendes und Unbegreifliches vorkommt, als man im ganzen Thierreiche bey Individuen oder in ihren gesellschaftlichen Verhältnissen in der Menge beysammen nicht antrifft, auch ein Bienenstock dem Auge und Geiste des Forschers fast täglich neue Entdeckungen darbietet.

Außerdem gibt es viele Freunde der Bienenzucht, welche zwar aus Liebhaberey eine kleine Anzahl von Bienenstöcken zu halten und sie ihrer Natur gemäß zu behandlen wünschen; aber durch ihre häusliche oder amtliche Lage gehindert sind, sich in die gesamte Bienenzucht einzustudiren.

Aber auch außer diesen gibt es viele, welche zwar die Bienenpflege an sich verstehen, dennoch aber hie und da in Verlegenheit kommen, wo es ihnen höchst angenehm ist, ein Buch zu besitzen, in welchem sie bloß unter dem Artikel nachschlagen dürfen, in dem sie sich näher zu unterrichten wünschen — überhaupt aber sind die Teutschen Freunde von gründlichen Wörterbüchern, wegen ihres mannigfaltigen Nutzens und Bequemlichkeit.

Indem ich mich nun mit dem Gedanken und Entwurf eines Bienenwörterbuchs beschäftigte, so wurde mir ein dergleichen Manuscript überschickt, welches vor 30 Jahren von einem Manne verfertigt worden, der zu seiner Zeit neben dem Pfarrer Schirach in der Lausitz, seinem zeitlebenden Freunde, mit dem er in Verbindung und Briefwechsel stund, — einer der vornehmsten Bienenverständigen war, Herr Pfarrer Eyrich zu Ezelheim im Anspachischen, der vor 20 Jahren verstorben und dessen Erben sein mühsam bearbeitetes Werk nicht mit ihm begraben zu seyn wünschten. Ich fand darin manches Gute. Der seel. Eyrich war nicht nur selbst Bienenhalter, sondern las und prüfte auch alle nur mögliche Bienenschriften, die theils von der Bienenzucht wirklich handelten, theils auch nur auf einen einzelnen Gegenstand derselben Bezug hatten, und deren Menge schon vor 30 Jahren nicht unbeträchtlich war, von denen aber die wenigsten werth waren, gedruckt worden zu seyn.«

Johann Leonhard Eyrich, 1731 in Gallachostheim geboren, seit 1761 Pfarrer in Ezelheim, dort 1784 verstorben, war der Gründer der »Fränkischen Bienen-Societät« und hat zwischen 1771 und 1774 neun Schriften und Bücher über Bienen veröffentlicht. »Allein«, so sagt Christ weiter, »ich habe unter dem Umarbeiten gefunden, daß es viel mühsamer sey, ein solches Werk unserer Zeit anpassend zu machen, als es neu zu entwerfen und auszuführen. Ich habe mir daher bey meiner ohnehin sparsamen Muse und den vielen Nebengeschäften der Pomologie die Beyhülfe meines Freundes, des Herrn Pf. M. Wurster erbäten, den ich nicht nur aus seinen Schriften, sondern vorzüglich auch persönlich und aus seiner vortrefflichen und glücklichen Bienenpflege als einen der größten Bienenverständigen unserer Zeit habe kennenlernen.«

Im Herbst geriet dann die große Weltgeschichte wieder in Bewegung. Schon im April hatten England und Rußland sich gegen Napoleon verbündet, und Österreich,

Schweden und Neapel hatten sich ihnen angeschlossen. Preußen hingegen war neutral geblieben, und Baden, Württemberg und Bayern hatten sich auf die Seite Frankreichs geschlagen. Anfang September rückten die Österreicher unter Erzherzog Ferdinand und Feldmarschall Mack in Bayern ein, und die Franzosen zogen ihnen entgegen. Napoleons General Ney siegte bei Elchingen, Mack wurde in Ulm eingeschlossen und mußte am 20. Oktober mit 24000 Mann kapitulieren. In der Folge marschierten Napoleons Truppen am 13. November in Wien ein. Die Österreicher und die mittlerweile herangekommenen Russen stellten sich ihnen in Mähren entgegen, und es kam zur berühmten »Dreikaiserschlacht« bei Austerlitz, am 2. Dezember. Napoleon siegte und zwang Kaiser Franz zum Frieden von Preßburg. Das alles trug sich zwar weitab vom Taunus zu, schlug aber doch seine Wellen. — Die Franzosen saßen ja immer noch zerstreut im Lande, und man durfte sich über Admiral Nelsons großen Sieg in der Seeschlacht von Trafalgar am 21. Oktober nur heimlich freuen. Wie wenig die Franzosen sich um Ländergrenzen scherten, erfuhr man schon im September, als sie kurzerhand Kastel und Kostheim auf der rechten Rheinseite befestigten.

Nassau im Rheinbund, 1806

Die erste Eintragung im Kirchenprotokollbuch für das Jahr 1806 stammt von Misericordias Domini, also vom zweiten Sonntag nach Ostern, und ihr erster Punkt besagt: »Wurde das den Orgelmachern noch schuldige Geld für die Pauken gezählt und beträgt solches 17 Gulden 45 Kreuzer und ist denselben 2 Carolin statt ihrer übermachten Forderung von 50 Gulden zugesagt. Was nun nicht mehr kann zu den 2 Carolin collectirt werden, soll aus dem Almosen zugelegt werden.« Damit war die noch zur Mainzer Zeit, im Juli 1802 in Auftrag gegebene neue Orgel nun endlich voll bezahlt und mit allem ausgerüstet, was zu dem Instrument gehörte.

Ein wesentliches, interessantes Zeugnis für die alte Kirche der vornassauischen Zeit hat überraschenderweise noch 1806 der aus Kronberg nach Schierstein »vertriebene« Balthasar Bleichenbach geliefert, in einem am 3. März datierten Brief, der mit der Anrede »Insbesonders Hochzuverehrender Herr Gevatter« beginnt. Der »Herr Gevatter« aber ist kein anderer als der Herr Superintendent Bickel zu Mosbach. — Somit war es Bleichenbach gelungen, den Mann, der als Hofprediger eine einflußreiche Stellung hatte, zum Paten für ein neugeborenes Kind zu gewinnen. Hoffte er, mit Bickels Hilfe eine bessere Pfarrei zu erlangen, wollte er, beim etwaigen Tod Christs, zurück nach Kronberg, wo er ja immer noch einflußreiche Verwandte und dazu Grund und Boden hatte? Die dem Brief beigegebene über drei Seiten umfassende »Ordnung in der Kirche zu Kronberg beim öffentlichen Gottesdienst an Sonntagen und Feiertagen« mag nicht mit ganz »unparteilicher Feder« geschrieben sein, doch gibt sie dessen ungeachtet ein anschauliches Bild des Lebens, wie es sich in der Stadtkirche abspielte, weshalb sie in dieses Buch gehört:

»A. Folgende Feiertage werden daselbst feierlich begangen
1.) Erscheinung Christi
2.) Mariä Reinigung
3.) Mariä Verkündigung
4.) Johannistag
5.) Peter und Paul

An letzterem wird nur Vormittags gepredigt und Nachmittags ist Bätstunde. An den übrigen sind zwei Predigten.

B. Die Schulknaben mit denen von Falkenstein.
1.) Diese stehen neben dem einen Altar, wo sie von HE. Superintendent vor drei Jahren sind hingewiesen worden.
2.) Diese sind von den ersten Jahren an des Aus und Eingehens während des Gottesdienstes gewöhnt und setzen es fort bis sie der Schule entlassen sind.
3.) Im Winter werden diese bei kalter Witterung vom Lehrer vor der Predigt fortgeschickt und kommen unter dem letzten Läuten wieder, um einen oder mehrere Verse mitzusingen.
4.) Vom Lehrer wird nicht darauf gesehen, ob die Schüler in die Kirche gehen oder nicht, und sind im letzten Fall gar keiner Verantwortung ausgesetzt. Saumselige Eltern schicken also ihre Kinder selten oder gar nicht. Sind öffentliche Lustbarkeiten oder Kirschen und andere Ernden, so ist zu Zeiten nicht ein Schüler in der Kirche.

C. Schulmädchen.
1.) Diese hatten vormals einen eigenen Platz auf einer Bank vor den Weiberständen. Seit längerer Zeit, da sie durch den ärgerlichen Anbau der neuen Weiberstände mitten in der Kirche verdrängt worden, stehen sie auf den Ständen ihrer Mütter oder Verwandten. Dadurch wird bisweilen das Gedräng vergrößert.
2.) Diese halten den Gottesdienst aus, setzen sich aber.
3.) Wegen Versäumnissen eben so wenig der Verantwortung aus(gesetzt).

D. Bürgers Söhne nach der Konfirmation.
Diese stehen noch ein Jahr nach der Konfirmation an einem entlegenen Theil der Kirche. Weil sie nicht bemerkt werden, so fallen unter diesen die größten Excesse vor.

E. Bürgers Söhne nach dem 2ten Jahr der Konfirmation mit Gesellen und Knechten.
1.) Diese haben auf der Bühne 3 Bänke, wo ohnstreitig die bequemsten Plätze sind. Es ist zwar die Verordnung ergangen, daß sie nach dem Alter stehen sollen, allein diese Verordnung ist niemals genau befolgt worden.
2.) Die Gesellen, die mit Stöcken erscheinen, glauben einen gewissen Vorzug vor den andern zu haben und suchen die erste Bank einzunehmen, daher es schon bis zu Balgereien gekommen ist.
3.) Die erste Bank wird deswegen vornemlich geliebt, weil man die Weibspersonen vor Augen hat, die auch manchen Beleidigungen ausgesetzt sind.

F. Bürger auf der sogenannten Männerbühne.
    1.) Auf dem ersten Rand stehen die Gerichts und Rathspersonen von Kronberg, an diese schließen sich die Gerichtspersonen vom Schönberger Hof.
    (Dieses Schönberger Gericht ist ein Scandal aus uralten Zeiten und wird jährlich auf Martini unabänderlich mit allen Misbräuchen Gerichtstag theils auf freiem Feld, theils in dem Dorf Schönberg gehalten. Die Gerichtspersonen müssen Evangelisch und zwar aus Kronberg sein. Außer diesem Tag haben sie keine Function.)
    2.) Auf den übrigen Bänken stehen die Bürger ohne Unterschied des Alters.
    3.) Wenn durch den Tod eines Bürgers ein Stand vakant wird, so ist er ein Eigentum dessen, der ihn am nächsten Sonntage zuerst betrit. Daher ist es schon öfters geschehen, daß ein Bürger, der auf einen solchen vakanten Stand verlegen ist, oft mehrere Tage und Nächte in der Kirche sitzt und sich seine Bedürfnisse kommen läßt.

G. Bürger auf der Orgel.
    In neueren Zeiten sind einige Stände auf der Orgel erbaut worden, die dem Alter nach unter Bürger vertheilt wurden und nach der Ordnung fortrücken.

H. Einwohner von Falkenstein.
    Diese stellen sich gewöhnlich unten in die Kirche, gleich am Eingang der großen Thür oder setzen sich auf die Steg auf beiden Seiten.

I. Die Weiberstände.
    1.) Diese sind alteigenthümlich und findet das Erbrecht nach eigener Verfassung statt. Die älteste Tochter oder nächste Anverwandte erbt den ersten Stand, dann, wenn die Verstorbene mehrere Stände hat, folgt die zweite, dritte u.s.w. Sind keine weiblichen Erben da, so tritt der älteste, zweite, dritte u.s.w. Sohn oder Erbe ein. Zieht aber
    2.) eine Eigenthümerin an einen andern Ort, so macht sie sich ihres Eigenthums verlustig, und der Kirchenrath vergibt den Stand unentgeldlich.
    3.) Jeder Stuhl ist nicht gleich stark besetzt, an manchen machen so viele Personen Ansprüche, daß öfters ein großes Gedräng entsteht. Andere haben weniger Eigenthümer, und diese behaupten Nachstände. So sind viele Stände nur zur Hälfte besetzt.

L. Weibspersonen von Falkenstein.
    Diese haben keine eigene Stände und schließen sich ihren Freundinnen unter Vergünstigung an.

M. Bei Leichen am Sonntage.
    Bei Leichen tritt eine andere Ordnung ein.
    1.) Die Mannspersonen stehen auf dem ersten Stand der Männerbühne.
    2.) Die Weibspersonen aber schließen sich dem Alter und der Verwandtschaft nach an einander an einen besonderen Theil der Weiberstände.

So verworren es bei dieser Gelegenheit aussieht, so fallen doch keine Excesse vor, indem die Eigenthümer aus Wohlstand denen, die zum Leichenzuge gehören, willig weichen.

N. Vom Faulenläuten.

Zum Gottesdienst wird wie anderswo zwei Zeichen gegeben, dann mit allen Glocken geläutet. Wenn aber das Hauptlied angefangen wird, wird mit der größten Glocke noch einmal geläutet. Dieß heißt das Faulenläuten.«

Bleichenbach kam nicht nach Kronberg zurück. Er blieb etwa anderthalb Jahrzehnte in Schierstein, war gleichzeitig evangelischer Pfarrer für den Rheingau und zuständig für die Besserungs- und Heilanstalt, die man im aufgehobenen Kloster Eberbach eingerichtet hatte. Er hatte Auseinandersetzungen mit dem Pfarrer Marzell in Hochheim und Streit wegen der Besitzverhältnisse auf einer im Rhein bei Schierstein angetriebenen Insel. Später wurde er auf eine gute Pfarre, nach Strinz-Trinitatis, versetzt und starb dort in seinem 87. Lebensjahr als Pastor emeritus am 30. Oktober 1841.

Schließen wir hier gleich noch einige Eintragungen aus dem Kirchenprotokollbuch an. Am Sonntag III. A. Tr. heißt es: »Da die Pfründnerinnen sich weigern und sich nicht die neue Bürde wollen auflegen lassen, alle 14 Tagen die Kirchmauer um die Kirche zu kehren, und die Peter Anthesen Wittib sich erboten, diese Säuberung um jährlich 1 Paar neue Schue und 2 neue Besen zu übernehmen, so ist solches aus dem Almosen bewilliget.«

Weiter lesen wir: »Da der Peter Anthesin Wittib Haus höchst baufällig ist und den Einsturz droht, gegenwärtig aber außer Stand ist, weder die 15 Gulden die die Reparation kosten mag aufzutreiben, noch eine Verschreibung machen kann, so bittet sie, daß ihr solches von dem Allmosen vorgestreckt werde, dafür sie denn 2 Jahre ihre Pfründe im Hospital hergeben will. Ist dem Hospitalmeister zu sagen, daß er um 2 Jahre diese Pfründe zum Allmosen zahle.«

Endlich übergibt HE. Phildius verschiedene Rechnungen über Heilbehandlungen, und die Homburger Apotheke hat noch eine Nachforderung von 2 Gulden 24 Kreuzer.

Nassau hatte mit dem Beginn des Jahres 1806 eine Brandversicherung eingerichtet, und so finden wir im Protokollbuch am 4. September die Eintragung der Werte für Kirche, Schul- und Pfarrhaus, die an den Konsistorialkonvent in Wallau gemeldet werden mußten: Kirche und Glockenturm 8000 Gulden, das 1. und 2. Pfarrhaus 1800 Gulden, Scheuer und Stall 900 Gulden, das Schulhaus 1800 Gulden, der Hospital 2800 Gulden, Scheuer und Stallung 800 Gulden. Das Schulhaus in Falkenstein ist herrschaftlich und wird mit 220 Gulden bewertet, der Schweinestall mit 10 Gulden.

Am 9. November »wurde dem Jakob Wilhelmi zu seiner Hausschuld bey seiner Armuth und gegenwärtiger trauriger Zeit aus dem Allmosen und in Betracht, daß seine Ehefrau nur $1/3$ von den 50 Gulden Reinhardischen Legats bekommen, aus dem Allmosen verwilliget zehen Gulden«, zu denen nach der Eintragung noch 5 Gulden hinzugelegt wurden. — Man sieht: es fehlte nicht an Armen in Kronberg.

Und die Franzosen saßen immer noch im Lande. Am 27. Mai ereignete sich ein gefährlicher Zwischenfall, über den schon im Buche »Oberhöchstadt in zwölf Jahr-

Tafel XI: Das Kronberger Christ-Denkmal, eingeweiht am 22. November 1885.

Tafel XII: Die alte Kronberger Schirn mit Schirmbrunnen, Mehlwaage und Blick zum Tanzhaus. Nicht signiertes Bild um 1800 in Kronberger Privatbesitz.

hunderten« berichtet worden ist. In einem Kronberger Wirtshaus hatte es abends Streit gegeben, und einige französische Soldaten hatten junge »Pursche« aus Oberhöchstadt auf ihrem Heimweg mit entblößtem Seitengewehr verfolgt. Dabei wurde ein Soldat, wahrscheinlich durch einen Steinwurf, so schwer getroffen, daß er einige Stunden später starb. In der »desfalligen Untersuchung soll das Vergehen des Todtschlags aus abgedrungener Notwehr auf zwei Pursch aus der Gemeinde Oberhöchstatt gefallen seyn. Aus diesem einzigen Motiv ist der Gemeind Oberhöchstatt, welche ein Stund express von dem locus delicti entfernt liegt, von Seiten des französischen Militair Commandos eine Compagnie Soldaten auf feindlichem Fuße eingelegt worden, welche übel wirthschaften und die Gemeinde heute schon dahin genöthigt haben, 80 Päckchen Tabak und 1000 Ellen Leinen Tuch zu liefern und wenn die Gemeinde die flüchtig gegangene Pursch nicht in 2 Tagen beibringt, so sollen 200 Mann und immer mehr Truppen einquartiert werden . . .«

Der Stab des 24. Infanterieregiments, dem der getötete Franzose angehört hatte, lag in Kirberg, und der dortige nassauische Amtmann Lautz regelte die Angelegenheit mit dem französischen Regimentskommandeur, dem Obersten Semélé, zum Glück auf friedlichem Wege. Die Leinwand und wohl auch den Tabak waren die Oberhöchstädter freilich los. Im Juni erfahren wir dann auch die Namen der zwei jungen Oberhöchstädter, die sich wohl draußen im Wald versteckt hatten: Franz Kopp und Johannes Kempf.

Vom Sommer 1806 an war es dann vor allem die größere und große Geschichte, welche auch im kleinen Kronberg die Gemüter erregte. Im Juli entstand der Rheinbund, durch welchen das alte Heilige Römische Reich endgültig den Todesstoß erhielt. Er umfaßte zunächst mit 16 deutschen Ländern etwa ein Drittel des Reichsgebiets, später über die Hälfte. Nassau-Usingen und Nassau-Weilburg wurden bei den Pariser Verhandlungen durch den Freiherrn Hans von Gagern (1766—1852) so geschickt vertreten, daß Nassau sogar den Vorsitz der zweiten, sogenannten »Fürstenbank« (die erste Bank blieb den Königen vorbehalten), dazu auch noch einen Gebietszuwachs erhielt.

Am 30. August erklärten Friedrich August von Nassau-Usingen und Friedrich Wilhelm von Nassau-Weilburg ihre sämtlichen Gebiete zu einem unteilbaren souveränen Staat. Der Usinger nahm den Titel Herzog von Nassau, der Weilburger den eines Fürsten zu Nassau an. Aus dem Gesamtgebiet wurden zunächst 62 Ämter gebildet, die man später auf 48 verringerte. Das Amt Kronberg blieb bis 1810 bestehen und wurde dann in Amt Oberursel umbenannt.

Schon bald nach der Einverleibung mußten die jungen Kronberger nun nassauische Soldaten werden. Die Streitmacht von Nassau-Usingen bestand aus zwei Kompagnien Infanterie in Wiesbaden und Biebrich und einer Reiterschwadron. 1806 wurde eine größere gesamt-nassauische Brigade gebildet. Das Zopftragen wurde 1804 abgeschafft. Die Uniform war »bequem und gefällig« (Spielmann). Die grüne Farbe überwog und fand auch bei den Kronbergerinnen Zustimmung. Man konnte sich als Freiwilliger anwerben lassen, doch in der Hauptsache geschah die Rekrutierung durch »Aushebung«. Es gab ein Stellvertretungsrecht: wer nicht dienen wollte, konnte einen Ersatzmann stellen, den er selbstverständlich entsprechend bezahlen mußte. Wer sich nicht zur Musterung stellte, hatte mit harter Bestrafung zu rechnen, wie eine Bekanntmachung des Oberschultheißen Braun vom 19. August 1806 zeigt, die Dr. August Wiederspahn schon 1930 veröffentlicht hat:

»Nachdem auf Herzoglichen Höchsten Befehl künftigen Freitag als dem 24ten dieses früh 9 Uhr Rekrutenzug vorgenommen werden solle, und zwar vom zurückgelegten 18ten bis zum 30ten Jahre, so werden hirzu alle junge Pursche unter der Straf vorgeladen, daß im Ausbleibungsfall das gegenwärtige Vermögen sogleich confiscirt, das zu hoffende Erbtheil aber zur Confiscation annotirt, deshalb bei den Eltern sogleich annotirt und ihre Erbportion mit Arrest belegt, nach der Eltern Todt aber dieser Erbtheil und alles ihnen etwa zugekommene Vermögen confiscirt werden solle, nebst dem aber die Namen der Ungehorsamen an den Galgen geschlagen und sie nie Hoffnung haben würden, wegen allen diesen Strafen je eine Begnadigung zu erhalten, vielmehr auf Betretten die körperliche Bestrafung als Deserteur noch hinzu kommen werde.«

Im Frieden mochte der Soldatendienst noch erträglich sein, zumal die beiden Garnisonen ja nicht allzu weit von Kronberg entfernt lagen, doch im Herbst 1806 wurde es dann Ernst. Napoleon wollte mit Preußen den letzten noch unbezwungenen mitteleuropäischen Staat unterwerfen und erzwang am 9. Oktober dessen Kriegserklärung. Seine Truppen hatte er schon vorher bei Bamberg zusammengezogen. In der Doppelschlacht bei Jena und Auerstädt am 14. Oktober wurden die preußischen Truppen von den Franzosen unter Napoleon und Marschall Davout vernichtend geschlagen. Das 3. Bataillon der nassauischen Brigade nahm an der Schlacht von Jena teil. Später waren die Nassauer Besatzungstruppen in Berlin und wurden bei der Belagerung von Kolberg eingesetzt, das Gneisenau, Schill und Nettelbeck verteidigten. 1807 mußten sie gegen Schwedisch-Pommern ziehen und zeichneten sich bei der Eroberung von Rügen aus. Wie viele junge Kronberger dabei waren, bleibt noch festzustellen.

Nach den ersten Siegen Napoleons über Preußen schickte das Wiesbadener Konsistorium am 13. November an die Pfarrämter einen Erlaß, in dem es hieß: »Serenissimus haben wegen der durch das Waffenglück Sr. Majestät das Kaisers von Frankreich, Königs von Italien, und der durch die Rheinische Conföderation verbundenen souveränen Regenten von höchst Ihro Herzoglichen Landen und getreuen Unterthanen nunmehr abgewandten Feindesgefahr ein öffentliches Dankfest in allen Kirchen im ganzen Herzogtum anzuordnen und dasselbe auf den 23. November festzusetzen gnädigst geruht.

Der alsdann in den öffentlichen Kanzelvorträgen abzuhandelnde Text ist in dem Psalm 72 V. 18/19 enthalten und lautet also: ›Gelobt sei Gott der Herr, der Gott Israels, der allein Wunder tut; und gelobet sei sein herrlicher Name ewiglich; und alle Lande müssen seiner Ehre voll werden! Amen. Amen.«

Ob es Johann Ludwig Christ gelungen ist, diese Predigt seinem zweiten Pfarrer, dem Dr. Thurn, aufzuhalsen, wissen wir nicht. Auch ist unbekannt, wie viele Kronberger Bürger an diesem »Dankfest« teilgenommen haben. Jene, die Söhne unter den Nassauern hatten, werden mit Sorge an diese gedacht haben.

Am 21. November 1806 verfügte Napoleon von Berlin aus die Kontinentalsperre mit dem Ziel, die Einfuhr englischer Waren in allen Häfen des Kontinents zu verhindern. Die Folge war in den folgenden Jahren ein umfangreicher Schmuggel an den Küsten. Anderseits entstanden aber auch in Frankreich und Deutschland dadurch ganz neue Industrien, und alte Handwerke erfuhren einen neuen Auftrieb, darunter auch die Kronberger Weber, über deren Anzahl wir im folgenden Jahr hören werden.

Thurn geht, Lang kommt.
Der letzte Kronberger Oberamtmann, 1807

Am 25. Januar 1807 wurde laut Kirchenprotokollbuch »über die Mauer um die Kirche, die eigentlich Stadtmauer gewesen, delibrirt, da etwas Schutt weggefahren werden sollte, und nun die Mauer dadurch der Kirche Eigenthum werden kann: ob es nicht rathsam wäre, daß wir aus der Präsenz die wenigen Kosten daran wendeten, indem es für die Kirche ein Schutz ist, und wir sonst gewärtigen müßten, daß die Mauer ganz abgebrochen würde, und also keine Mauer auf der einen Seite wäre, auch wir durch Abtragung der überflüssigen Höhe der Mauer viele Steine zum Verkauf erhalten könnten. Resolutum: wurde eingestimmt, und wäre solches dem Präsenzmeister zu wissen zu thun.«

Aus der nächsten Eintragung vom 7. Februar erfahren wir, daß die Pfründnerin Aulin verstorben ist, an ihre Stelle soll die Seifensiedern Wittib kommen. Zwanzig armen Schulkindern soll das Holzgeld erlassen werden, und schließlich ist über »die Weigerung des k. bayerischen Ministers HE. v. Reding« zu berichten, von dem die jährlichen 3 Malter Armenbrot seit drei Jahren rückständig sind. Hier handelt es sich um die Reigersberg'sche Armenbrotstiftung, die noch bis weit ins 19. Jahrhundert hinein bestand.

Obwohl Christ seinem Widersacher Thurn verziehen hatte und dieser sich seit der Vorladung nach Wiesbaden offenbar ruhig verhielt, wird es dem ersten Pfarrer nicht unlieb gewesen sein, daß nun die endgültige Verabschiedung von Kronberg bevorstand. Schon am 14. Januar war aus Wiesbaden ein Schreiben an den Kandidaten der Theologie Johann Philipp Lang ergangen, in dem es hieß:

»Nachdemen S. R. Herzogl. Durchlaucht Euch die durch die Beförderung des Pfarrer Thurn in Cronberg erledigt gewordene dasige zweite Pfarr Stelle in Gnaden zu conferiren geruhet haben: Als vociren und berufen wir Euch hiermit im Namen Gottes zu einem Pfarrer nach gedachtem Cronberg also und dergestalten, daß Ihr dieses Pfarr Amt mit aller Treue und Redlichkeit verwalten, Eurer neuen Pfarr Gemeinde das Wort Gottes, alten und neuen Testaments lauter und rein der Augspurger Confession und übrigen damit übereinstimmenden libris symbolicis gemäß fleisig verkündigen, die hochwürdige sacramenta nach der Einsezung unseres Herrn und Heilandes Jesu Christi ordentlich administriren und die Euch anvertraute Gemeinde zur wahren Gottesfurcht,

323

und einem thätigen Christentum treulich anweisen, auch Euch selbst im Leben und Wandel also, wie es einem rechtschaffenen Pfarrer und Seelsorger eignet und gebühret, und Ihr es vor Gott und Eurer vorgesezten Obrigkeit zu verantworten getrauet verhalten sollet.

Wir wünschen Euch hierzu Gottes gnädigen Beistand und mildreichen Seegen, und fügen Euch zugleich die Versicherung an, daß Euch die von Eurem Vorfahren bezogene Competenz, von dem Antritt Eures Pfarr Amts an, als welchen Ihr den 23ten May d. J. zu bewerckstelligen habt, angedeihen solle.

Übrigens habt Ihr nach Maasgab der in hiesigen herzogl. alten Landen vorliegenden Verordnung Euch selbsten Eurer neuen Pfarrgemeinde vorzustellen, wegen Abhohlung Eurer Persohn und Effecten aber bei dem Amt Cronberg, und wegen der Euch noch fehlenden ordination bei dem Herren Consistorial Rath und Superintendent Bickel zu Moßbach zu melden.«

Auf der Briefkopie ist vermerkt, daß Thurn nach Rechtenhausen im Weilburgischen berufen worden sei, nach Dörrs Pfarrchronik kam er nach Schweighausen. Eine Briefkopie des Konsistoriums besagt jedoch, daß er nach Dachsenhausen kam und der Umzug seines Nachfolgers Lang infolge von Umbesetzungen sich bis zum 1. Juli verzögerte. Dr. Thurn hätte danach noch ein halbes Jahr in Kronberg verbracht.

Lang, der aus Wiesbaden stammte, muß von friedlicher Gemütsart gewesen sein. Es gibt weder Klagen von ihm noch über ihn. Seine erste Unterschrift im Kirchenprotokoll stammt vom 19. September. Aus der Eintragung geht auch hervor, daß es eine Apotheke in Kronberg gab: die Apothekerwitwe Barbara Hille aus Höchst hatte eine Filiale im Städtchen eingerichtet. Ferner trägt Christ ein: »Meldet sich die katholische Amme, daß sie voriges Jahr eine hochschwangere französische Soldatenfrau, die an der Leimenkaut niederkommen wollte, ins Haus genommen, sie accouchirt und 9 Tage verpflegt habe, wofür sie 1 Gulden Ammenlohn und 1 Gulden 45 Kreuzer für Essen und Verpflegung rechnet und ihr solches aus dem Hospitalgefäll zu reichen bittet.« Beschluß: »Da dergleichen Kosten der Gemeinde zur Last fallen, so wurde sie an das Bürgermeister Amt verwiesen.«

Schließlich »wurde nochmals deliberirt, auf was Art das jährl. Schulholz von der Gemeinde abgewälzet werden möchte. Res.: Bis es bewilligt wird, daß es jährlich aus der Präsenz bezahlt wird, (daran wir arbeiten wollen) sollen die Hochzeit Dispensations Gelder von 5 Gulden und was dergleichen Gefälle sind, wie auch die 50 Gulden Interessen vom Reinhardi Legat, wenn sie in einem oder dem andern Jahr vacant bleiben . . .« (dafür verwendet werden).

Zur Ostermesse hatte Christ die 3. Auflage seines »Bienenkatechismus für das Landvolk« in der Hand, und er war stolz darauf, denn im Vorjahr hatte er dieses kleine Buch wesentlich verbessert und vermehrt. Aus den 197 Fragen und Antworten waren deren 223 geworden, auch die Kupfertafel war verbessert worden. Leider hatte er in diesem Jahr aber auch viel Ärger. Flinke Nachdrucker hatten sich der »Anweisung zur Bienenzucht« und sogar seines großen »Handbuchs« bemächtigt. Er mußte es zähneknirschend hinnehmen, daß sein geistiges Eigentum ausgebeutet wurde, ohne daß er ein Honorar erhielt — einen Urheberschutz gab es nicht, und der Erwerb von Privilegien der einzelnen Länder war eine teuere Sache. Sonst hatte er einiges im »Allgemeinen Anzeiger der Deutschen« veröffentlicht, und ein neues Buch hatte er schon wieder unter der Feder.

Das wichtigste Ereignis der großen Politik war im Juli der Friede von Tilsit zwischen Franzosen und Russen und Franzosen und Preußen. Die Preußen mußten alle Besitzungen westlich der Elbe abtreten. Daraus machte Napoleon zusammen mit Kurhessen und Braunschweig und einigen anderen Länderfetzen wieder ein Königreich: »Westphalen«. — Das erhielt sein Bruder Jérome, bald nach seiner Parole »Morgen wieder lustick« der »König Lustick« genannt.

Seit Christ in Kronberg eingezogen war und sein Einwohnerverzeichnis erstellt hatte, waren nun schon 22 Jahre vergangen. Hatte sich viel in der kleinen Stadt verändert? Schauen wir uns die »Uibersicht der in dem Fürstlich Naßau-Usingischen Amts Städtchen Cronberg befindliche Bevölkerung, Gebäuden, Viehzucht, Wiesen, Waldungen, Mühlen und Höfe« an, die der Stadtschreiber Beisler in den Jahren 1804—1807 befehlsgemäß anzufertigen und ans Amt einzuliefern hatte:

Im Jahre 1804 gab es in Kronberg 344 Familien, bis 1807 kamen 5 neu hinzu. Die Seelenzahl stieg von 1411 auf 1456. Konstant blieb die Zahl der Gebäude: 2 Kirchen, 4 Pfarr- und Schulhäuser, 256 Wohnhäuser, 4 Gemeindshäuser (das waren das Wachthäuschen, das Stadtdiener-, Kuhhirten- und Schweinehirtenhaus), 1 Mühle und 1 Hof (wohl der Schafhof).

Die Rubrik »Viehzucht« weist kleine Schwankungen auf. Die Zahlen für 1807 lauten: 9 Pferde, 35 Ochsen und Rinder, 197 Kühe, 170 Schafe und 393 Schweine. An »eigentümlichen Gärten« gab es 30, an »eigentümlichem Ackerland« 2265 Morgen, an Gemeindeäckern 215 Morgen, an »eigentümlichen Wiesen« 630 Morgen, an Gemeindewiesen 12¾ Morgen. Weinberge, Trieschen und Mineralgruben waren nicht vorhanden. »Von der gesetzten Morgenzahl sind von adelichen und bürgerlichen Gütern 1204 Morgen 37 Ruten in ordinaris schazzungsfrey.«

Zu den Waldungen bemerkt Beisler: »Eigene Gemeindswaldungen finden sich hier nicht, sondern das Städtgen ist mit dem 1oten Theil an den sogenannten Markwaldungen betheiligt.« Das »aufliegende Schatzungs Simplum« (die Steuermeßzahl) betrug 80 Gulden.

Die Zahl der »Professionisten«, also der Handwerker, betrug in den vier Jahren 218, 224, 226 und 230. Für 1804 verzeichnet Beisler: 35 Schlosser, 28 Schuhmacher, je 23 Weber und Bender und Bierbrauer, 19 Maurer, 16 Schneider, je 10 Bäcker und Wirte, je 6 Büchsenmacher und Metzger, je 5 Zimmermeister und Krämer, je 4 Hutmacher, Säckler, Schreiner, Nagelschmiede und Weißbinder, je 3 Glaser, Gerber, Schmiede, 2 Dreher und 1 Häfner. Diesen standen 14 Bauern und 30 Juden gegenüber. Die »Totalsumme« der Einwohner betrug 1804: 1411, 1805: 1430, 1806: 1446, 1807: 1456.

In diesem Jahr 1807 kam auch eine Sache zum Abschluß, die seit 1802 lief. Sie betraf zwar Christ nicht, da aber der Oberpfarrer Christ und der Justizrat Brückner zur nassauischen Zeit gut und freundschaftlich zusammenarbeiteten, wird sie im Pfarrhaus auf dem Doppes nicht unbekannt geblieben sein. Im Frühherbst 1802 hatte der seitherige Kronberger Oberamtmann, der alte Freiherr Philipp Franz von Knebel, resigniert, mit der Bitte, seinem Neffen, dem jungen Grafen Friedrich Carl Joseph von Kesselstadt, »die dadurch erledigte Amtmannsstelle mit dem anklebenden Gehalt« huldreich zu verleihen. Der Kurerzkanzler Carl von Dalberg hatte zugestimmt und am 19. September 1802 eine entsprechende Urkunde ausfertigen lassen.

Die Oberamtmannsstelle war nicht gerade schlecht dotiert. Sie brachte an ständiger Besoldung 70 Zentner Heu, 50 Malter Hafer, 3½ Fuder Langstroh und 25 Stecken Buchenscheitholz, was alles auch in bar abgegolten werden konnte und zusammen mit den »Akzidenzien« über 380 Gulden ausmachte. Für was der Herr Oberamtmann ursprünglich seine Besoldung erhielt (Knebel scheint sich schon selten, vermutlich nur zur Jagd, in Kronberg aufgehalten zu haben), ist in Justizrat Brückners Aufstellung genau verzeichnet: »Für dürre Zungen von der Judenschaft zu Kronberg 6 Gulden« (diese »dürren Zungen« sind wohl getrocknete Ochsen- und Rinderzungen, die von den jüdischen Metzgern, die ja keine Schweine schlachten durften, ursprünglich in natura als Leckerbissen abgeliefert werden mußten und später dann in Gulden abgegolten wurden), »für die Aeckerichsbesichtigung von der Kronberger Märkerschaft 4 Gulden«, »an Neujahrsgeldern aus der Bürgermeisterei Kronberg 18 Gulden, aus Eschborn 12 Gulden, aus Niederhöchstadt 10 Gulden, von der Kronberger Judenschaft 33 Gulden«, »wegen Haltung der Gerichtstage von Eschborn und Niederhöchstadt je 3 Gulden«. Weiter kamen hinzu die Gebühren für das Abhören der Bürgermeisterrechnungen im Amt, der Präsenz-, Hospital- und Kirchenrechnungen, je 2-4 Gulden, der »Civilbußsatz aus der fürstl. Kellerei« mit 4 Gulden und der »Waldbußsatz« mit 12 Gulden. Außerdem hatte der Oberamtmann zwei Gärten, den herrschaftlichen Besoldungsacker und das amtliche Burgerland, beide verpachtet. Für erteilte Proklamationsscheine kassierte er 16 Gulden und 40 Kreuzer. Das Musizieren in den Amtsorten war verpachtet und erbrachte 5 Gulden. Der Wagmeister in Oberursel zahlte jährlich 4 Gulden. Die Aufschwörtaler von neu aufgenommenen und verpflichteten »Nachbarn« in Eschborn und Niederhöchstadt schlugen im Durchschnitt von 6 Jahren mit 6 Gulden zu Buch. »Von Pfannen und Kesselflicken, auch Würfelspielen auf Kirchweihe veranstaltet« bekam er jährlich 2 Gulden 30 Kreuzer. Schließlich waren als »aequivalent wegen der in partem salari zu benuzen gehabten kleinen Jagd im Amte Kronberg« jährlich 10 Rehe, 100 Hasen, 40 Hühner und 12 Schnepfen fällig.

Kein Wunder, daß die gräfliche Familie von Kesselstadt sich diesen einträglichen Besoldungshappen, der kaum mit Arbeit verbunden war, nicht entgehen lassen wollte. Der zum neuen Kronberger Oberamtmann angenommene älteste Sohn war zwar erst 19 Jahre alt, aber wegen seiner »bekannten guten Eigenschaften und trefflichen Application« für diese Stelle sehr gut geeignet. Er befand sich noch »auf Reisen« und wurde schließlich in die Genie-Militärschule zu Wien aufgenommen.

Jedoch, bald nach der Ernennung wurde Kronberg nassauisch, und man mußte um das »gute Recht« des hoffnungsvollen jungen Mannes kämpfen. Das tat nun freilich nicht sein Vater, kaiserlich königlicher Kammerherr und kurfürstlicher mainzischer

Geheimrat, sondern die offensichtlich energischere Mutter, die Gräfin von Kesselstadt geborene Gräfin von Stadion, die, wie ein Brief zeigt, ein sehr gutes Französisch schrieb. Sie hatte gegen vielfältige Hindernisse anzugehen. Einmal galt nach dem Reichsdeputationshauptschluß der 24. August als Stichtag. Bei späteren Ernennungen und entsprechenden Besoldungen war es dem neuen Landesherrn freigestellt, ob er sie anerkennen wollte oder nicht. Infolgedessen erklärten die Wiesbadener Herren von der Regierung, »daß alle Billigkeit dadurch erschöpft werden dürfte, wenn demselben der befragte Gehalt so lange als der Herr von Knebel noch lebt und ihm, falls er nicht resignirt hätte, selbst zu beziehen hätte, belassen werden würde.«

Dann brachte Justizrat Brückner ein neues Argument am 13. Juni 1803 ein, daß nämlich »vermög Verordnung diese Besoldung gar nicht verabreicht werden durfte, wenn Herr Oberamtmann sich auf dem linken Rheinufer aufhielte, befande er sich aber in anderen Reichslanden, so wurden die Naturalien und zwar der Haber pro Malter Mainzer Maß zu 1 Gulden 30 Kreuzer, das Stroh zu 1 Gulden 30 Kreuzer und der Stecken Büchen Scheitholz zu 4 Gulden 30 Kreuzer ex aerario bezalet, so daß der volle Bezug nur dann statt hatte, wenn Herr Oberamtmann in Moguntino wohnhaft ware«.

Friedrich August von Nassau entschied zunächst im Sinne seiner Beamten, also Zahlung nur während der Lebenszeit Knebels, obwohl die Gräfin sich sogar an seine Nichte, die Prinzessin Friedrich von Hessen, gewandt und um Fürsprache gebeten hatte. Doch die geborene Stadion gab keineswegs auf. Sie machte neue Eingaben, ließ am 15. Oktober 1804 von dem kurerzkanzlerischen Justizrat Rosmann ein umfangreiches »Pro Memoria« erstellen, setzte den einflußreichen Grafen von Spaur ein, der in Frankfurt dergleichen »Ausgleichsgeschäfte« abwickelte und sich sogar zu einer sanften Drohung mit der Macht des Kurerzkanzlers hinreißen ließ. Endlich fanden die Wiesbadener noch ein weiteres Gegenargument: die Mainzer Regierung hatte schon 1782 die Einziehung der Oberamtmannsstellen verfügt, mithin war die Ernennung des jungen Kesselstädters zu Unrecht erfolgt.

Doch was tat die Gräfin? Ein Billet von Friedrich August an seinen »Presidenten«, den Freiherrn Marschall von Bieberstein, verrät es uns: »Biebrich d. 28t. 9t. 1804. — Den Augenblick komme ich hier an nachdem ich zu Reikershausen von der Frau von Kesselstadt bin bewogen worden ihr in ihrem Gesuch nachzugeben und zu versprechen ein Decret ihrem Sohn wegen der Anwartschaft der O. Amtm. Stelle ausfertigen zu laßen jedoch mit dem Beisatz daß es allein aus Barmherzigkeit für Sie und keinesweges aus Nachgiebigkeit für den Ew. Erzkanzler. Wann die Frau v. K. deßwegen mit ihnen zur Sprache kommt belieben Sie ihr solches zu wiederholen und so bald als möglich sich darüber so wohl als wegen unserer Vertheidigunganstalten mit mir zu bereden.«

So hatte die resolute Gräfin den Nassauer »klein gekriegt« und für ihren Sohn, wenn auch mit einigen Einschränkungen (denn er würde ja wohl nie in Kronberg residieren) eine lebenslängliche Rente erkämpft. Im April und Mai 1807 ging es dann immer noch darum, ob der Hafer nach Mainzer oder Frankfurter Maß zu bemessen sei und wie Heu und Stroh richtig bewertet werden müßten, damit der Graf von Kesselstadt, eine der vielen Drohnen, die das Heilige Römische Reich hinterlassen hatte, ja nicht zu kurz käme. Kronberg hat diesen seinen letzten Oberamtmann wohl nie zu Gesicht bekommen.

Ehrenmitglied der Wetterauischen Gesellschaft für die gesamte Naturkunde, 1808

Am Neujahrstag 1808 wanderten viele Neugierige hinauf nach Königstein, wo Herzog Friedrich August die aus dem Osten zurückgekehrten Truppen besichtigte und viele Unteroffiziere und Soldaten mit den neugestifteten silbernen und goldenen Tapferkeitsmedaillen auszeichnete. Die Brigade wurde umgebildet; sie bestand hinfort aus zwei Regimentern zu zwei Bataillonen zu fünf Kompanien, dazu zwei Reiterkompanien.

Daß keineswegs alle jungen Kronberger sich danach drängten, nassauische Soldaten zu werden, zeigt ein Erlaß des Oberschultheißen Braun vom 18. März dieses Jahres. Darin wird bekannt gemacht, daß die »Vermögensportionen« von fünf »wegen dem Rekrutenzug ausgetretenen Unterthanssöhnen« konfisziert werden, was Beträge von 20, 25, 50, 120 und sogar 300 Gulden ergibt.

Der gleiche Neujahrstag brachte ein zwar nicht für die Stadt, wohl aber die beiden Amtsdörfer wichtiges Ereignis: die Aufhebung der durch lange Jahrhunderte gehenden Leibeigenschaft.

Das vorangegangene Jahr 1807 muß heiß und trocken gewesen sein, denn die Bestänger des Präsenzzehnden, Adam Weidmann, Jakob Weidmann und Franz und Ignaz Heckenmüller, welche 54 Malter Korn und 17 Malter Gerste als Meistbietende übernommen, bitten wegen dem großen Schaden, den sie durch die anhaltende Hitze an den Früchten erlitten, um Nachlaß. »Resolutum: Wurde auf Genehmigung hochf. Amtes ihr Pacht auf 48 Malter Korn und 12 Malter Gerste, also ein Nachlaß von 6 Malter Korn und 5 Malter Gerste bewilligt« (14. Februar).

Daß es in der Kirche nicht immer ruhig zuging, zeigt der folgende Punkt: »Ist nächsten Sonntag das Drücken der Pursche auf der Männerbühne zu verbieten und zu verkünden, daß künftig die unter 19 Jahre sind, im 2. Stand stehen sollen; — Und wieder soll sich jeder junge Bürger da hin stellen, wo er hingehört und seine Reihe ist.«

Im dritten Punkt heißt es: ». . . ist wegen dem Kanzeltuch, so in rothem Manchester bestehen möchte, an hochlöbl. Amt zu berichten, daß ein neues gemacht würde aus der Präsenz.«

Im März, beim Schulexamen, finden sich außer der Bewilligung von Konfirmationskleidung, Schuhen und Mützgen folgende Eintragungen vor:

»Wurde resolvirt, einsweilen an das hochl. Amt zu berichten, daß, da nunmehro die Mark Waldung getheilt werden soll, darauf angetragen werde, daß Serenissimus von dem Antheil Waldung, so er sich nimmt, das Besoldungsholz für Pfarrer, Präsenz und Hospital und Schullehrer verabreicht werde, welches bishero aus der Präsenz bezahlt worden, da von Kurfürstl. ehemaliger Regierung nur in so lang das bemeldte Holz aus der Präsenz solle bezahlt werden, bis die Mark wieder im Stand seye, um dieses Holz liefern zu können.

Ferner ist zu seiner Zeit wegen der bisherigen Besoldung des Revier Jägers aus der Kirche mit 20 Malter Korn einzukommen, daß solche nur darauf reducirt werde, was der Antheil Waldung für Kronberg für den Jäger an Besoldung beträgt.«

Weiter sollten zwei zinnerne Leuchter für den Altar angeschafft werden (die Wachslichter würde Kirchenvorsteher Aul jedesmal stiften) sowie vier ebenfalls zinnerne Altarkannen. Die alten Kannen wollte der Hospitalmeister für 40 Kreuzer annehmen.

»Serenissimus« war beim Nehmen von Markanteilen alles andere als kleinlich: die heutigen Staatswaldungen bezeugen es, und die Kronberger wollten mit Recht, daß Holzbezüge und Getreidelieferung an den Jäger entsprechend neu festgesetzt werden sollten. Die endgültige Markteilung erfolgte 1809.

Ende März erklärte Nassau die gemischten Ehen für rechtmäßig, gewiß zur Zufriedenheit Christs und Langs. Eheliche Kinder bis zum 14. Jahr wurden fortan nach der Konfession des Vaters, uneheliche nach dem mütterlichen Glauben erzogen. Nach dem 14. Jahr war die Entscheidung frei.

Zur Ostermesse erschien dann Christs neues Buch bei Philipp Heinrich Guilhauman in Frankfurt: »Die Krankheiten, Uebel und Feinde der Obstbäume und ihre Abhülfe. Nebst Vorschlägen, die Obstkultur zu befördern«. Im Vorwort schreibt er: »Der Verfasser glaubet nicht, hier ein überflüssiges oder unnützes Werk unternommen zu haben, die Krankheiten der Obstbäume zusammengestellt, ihren Ursachen nachgeforschet zu haben, und die geprüften Heilungsarten bekannt zu machen. Es ist zuviel an der Aufnahme der Baumkultur gelegen, als daß man nicht in allen Theilen derselben das Möglichste leiste. Wir treffen wohl in der Menge der Gartenschriften vieles von den Gegenständen dieses Traktats an: allein es ist zu zerstreut, meist sehr unvollständig, und für einen Gartenfreund, der seinem verletzten, kranken und leidenden edlen Baum helfen möchte, zu unbefriedigend.«

Vorangestellt hat Christ dem Bande das nachfolgende Gedicht:

Schön glänzt, wenn neu der Lenz erwacht,
Zu ihres Schöpfers Ehre,
Die junge Erd in voller Pracht. –
Ach! Feld und Wiese wäre
Nur halb so wonnereich und schön,
Würd' weit und breit kein Baum gesehn,
Der Frucht und Schatten gäbe.

Wenn heiß auf dem versengten Land
Die schwülen Lüfte glühen,
Und Mensch und Thier im Sonnenbrand
Nur schwach den Odem ziehen:

Wo nähm' der matte Wanderer,
Der müde Schnitter Schatten her
Und Kühlung ohne Bäume?..

Wenn durch der Blumen Balsammeer
Des Frühlings Lüfte wehen,
Und auf dem Feld die Bäum' umher
In voller Blüthe stehen; –
Wie mächtig wird das Aug entzückt!
Wie fühlt sich unsre Brust erquickt,
Und jeder Sinn erheitert!

Welch goldne Früchte reicht der Baum
Dem Lechzenden zur Speise!
Dem Wandrer klebt die Zung am Gaum:
Er ißt, und setzt die Reise
Gestärkt und munter weiter fort,
Erreichet den bestimmten Ort,
Und dankt Gott für die Bäume.

Den Kranken, der auf Flaumen stöhnt,
Vom Fieberbrand verzehret,
Sich lechzend nach Erfrischung sehnt,
Die er vom Arzt begehret:
Hat würz'ge Frucht schon oft erquickt,
Die, frisch vom Baume abgepflückt,
Des Freundes Hand ihm reichte.

Und nicht des Pilgers Durst allein,
Des Kranken Pein nur stillet
Der Bäume Frucht: – Ein süßer Wein,
Der aus den Aepfeln quillet,
Erheitert des Gesunden Herz
Und führt voll Dank es himmelwärts
Zu Gott, dem Freudengeber.

Wer schützt uns für des Winters Wuth,
Wenn Gras und Blumen sterben,
Und, fern von milder Sonne Glut,
Die Fluren sich entfärben?..
Wer wärmt, erquickt und schützet dann
Den reichen und den armen Mann
Vor Frost und bitterm Tode?

Des edlen Baumes wärmend Holz
Gewährt im Winter Leben;
Im Lenz ist er der Gegend Stolz,
Und seine Zweige geben
Im Sommer Frucht, im Herbste Most:
Das ganze Jahr gesunde Kost:
Pflanzt, Menschen! pflanzet Bäume.

Da kein Verfassername genannt ist, haben wir das Gedicht bisher für ein poetisches Eigengewächs Christs gehalten, sind aber nun, bei der Feststellung der Christ'schen Beiträge zum »Teutschen Obstgärtner«, darauf gestoßen, daß dem nicht so ist. J. V. Sickler hat seine verdienstvolle Zeitschrift mit dem 22. Band 1804 eingestellt. Im letzten Heft hat er zum Beschluß unser Gedicht unter dem Titel »Als ich neulich einige junge Obst- und andere Bäume abgeknickt fand« abgedruckt. Auch er kennt und nennt den Namen des Verfassers nicht, bemerkt aber: »Wir nehmen dies herzvolle Gedicht aus dem 41. Stücke des Hallischen patriotischen Wochenblattes, beim Schlusse des T. Obstgärtners, gleichsam zur Letze und zum Abschiede an das Publikum, hier auf, und wünschten sehr, daß alle vernünftige und rechtschaffene Jugendlehrer es in allen Bürger-, Land- und Industrie-Schulen der Jugend auswendig lernen, und alle Woche zum Schlusse der Schule einmal hersagen ließen, damit doch endlich einmal Achtung und Heilighaltung der Baumzucht in Herz und Sinn des Volkes kommen möge.«

Christ hat eine Zeile verändert. Statt »Schont, Menschen, schont die Bäume!« hat er »Pflanzt, Menschen! pflanzet Bäume!« gesetzt und außerdem eine Strophe, die letzte des Hallischen Autors, weggelassen, obwohl auch diese ihm aus dem Herzen gesprochen war:

Wer auch nur Einen Baum versehrt,
Den foltert sein Gewissen,
Weil er des Landes Wohlfahrt stört,
Mit gift'gen Schlangenbissen,
Auch Gott, der über Sternen wohnt,
Der Bosheit straft und Tugend lohnt,
Wird Baumverderber strafen.

Bald darauf traf Christ, seine 36 Jahre zählende Tochter Wilhelmine Friederike Sabine und seine Enkel ein schwerer Schlag. Im Kirchenbuch lesen wir: »Den 22. May morgens 7 Uhr starb und wurde den 24. May in der Stille beerdigt Adam Philipp Bleichenbach, mein Johann Ludwig Christs, derzeit ersteren Pfarrers dahier, Tochtermann, seines Alters 33 Jahr, 6 Monate und 8 Tag (starb am hitzigen Nervenfieber).«

Die Tochter führte den Haushalt des Vaters weiter und half ihm, wie wir noch hören werden, auf dem Felde beim Auszehnten. Der alte Christ aber sah mit dem Tod des Schwiegersohns einen Traum zerrinnen: er hatte ihn zum Fortsetzer seines Werkes machen wollen. Das Buch von den Krankheiten, Übeln und Feinden der Obstbäume hat als Anhang ein »Verzeichnis der meisten bisherigen Schriften des Herrn Oberpfarrers Christ«, und darin wird als 29. und 30. Titel die »Vollständige Pomologie« in zwei Bänden aufgeführt, und als Verfasser des noch in Vorbereitung befindlichen Werkes »Adam Philipp Christ genannt Bleichenbach« aufgeführt.

Der Verleger Guilhauman hat eine Nachbemerkung hinzugefügt, in der es heißt: »Mit diesem räsonnirenden Catalog, als einem von vielen Obst- und Gartenfreunden längst gewünschten schönen und äußerst wohlfeilen Werk — das noch in der Arbeit ist, — wird der Herr Verf. dem ganzen pomologischen Publikum ein sehr angenehmes und interesssantes Geschenk machen. Da er solches unter der Leitung und Aufsicht seines berühmten Herrn Schwiegervaters, des Herrn Oberpfarrers, bearbeitet (dem er schon in die 10 Jahre in dessen weit und breit rühmlich bekannten Baumschulwesen assistiret, und bei ihm wohnt), so läßt sich sicher vieles erwarten.«

Gewiß hätte Johann Ludwig Christ an diesem Werk ohnehin das meiste selbst getan. Nun aber blieb ihm die ganze Arbeit. Doch er gab nicht auf, machte sich zäh und unverdrossen ans Werk.

Am 13. August wagte es Johann Philipp Lang, wohl im Einvernehmen mit ihm, ans Konsistorium zu schreiben. Da wir sonst kaum etwas von Lang wissen, er sich auch in dem Briefe selbst charakterisiert, mag dieser hier stehen:

»Es ist jetzt ein volles Jahr, daß ich die gnädigst mir ertheilte zweite Pfarrstelle in Kronberg verwalte. Ob mit einem gesegneten Erfolge — überlasse ich dem Urtheile des Herzenskündigers, und, wenn sich menschliche Zeugnisse daneben wagen dürfen, dem Gefühlsausspruche meiner Gemeinde.

So viel glaube ich wenigstens ohne Schmeicheley gegen diese, und ohne Ruhmredigkeit gegen mich mit Wahrheit sagen zu dürfen, daß ich in meinen bisherigen Bemühungen, ihre Zufriedenheit, ihre Liebe und ihr Zutrauen zu gewinnen, nicht unglücklich gewesen bin.

Nur ein Wunsch ist es, den mir meine gegenwärtige Lage übrig läßt, und welchen ich durch diese unterthänige Bitte zu äußern mich erkühne, der Wunsch, meine ungemein schwache Besoldung durch eine gnädigst zu bewilligende Zulage aus hiesiger Präsenz verstärkt zu sehen.

Dem außerordentlichen Emporsteigen des Werthes aller verkäuflichen Dinge, den ungemessenen Bedürfnissen bey der ersten Gründung eines eigenen Haushaltes, ferner einer Krankheit, die, obgleich nur acht Tage andauernd, dennoch einen Kostenaufwand von 45 Gulden erheischte, waren auch meine sparsamsten Einschränkungen nicht gewachsen: eine Erfahrung von der Armuth dieser Stelle, die fast alle meine Vorgänger in ihren Verhältnissen zu ebensolchen Bittschriften leiteten, und die ich nun in den meinigen vollkommen mit ihnen theile! Nehme ich endlich zu dem Allen die, einem jeden nicht mechanischen Gelehrten heilige Pflicht, in seiner Wissenschaft mit dem Zeitgeiste fortzugehen, und seine Kenntnisse, statt sie als ein abgeschlossenes Fach zu betrachten, mit den Schätzen der neueren Literatur zu bereichern; so wage ich hoffentlich nicht zu viel, wenn ich ein hochpreisliches Consistorium andurch in schuldiger Devotion ersuche mir aus hiesigem Präsenzfond eine jährliche Zulage von ein hundert Gulden huldreichst angedeihen zu lassen.

Bedarf auch das Gemüth des gewissenhaften Arbeiters der äußeren Erweckungsmittel nicht, seine Amtsthätigkeit erst anzuspornen, so bedarf doch sein Geist Lösung von den Fesseln der Nahrungssorgen, um sein Wirken und Streben in einem muthigen Schritte zu erhalten.

Im Vertrauen auf die Weisheit und Güte meiner hohen Vorgesetzten sehe ich daher der Erhörung meiner demütigen Bitte hoffnungsvoll und mit demjenigen vollkommenen Respecte entgegen, mit welchem ich jederzeit verharre . . .«

Zunächst mußte Lang daraufhin seine Besoldung genau angeben, so wie sie Christ im Kirchenprotokollbuch festgehalten hat. Dann ging das Gesuch an die Regierung, und schließlich bekam er statt 100 Gulden Besoldungszulage deren 50.

Auf einem Regierungsvermerk ist notiert, »daß die dortige Gemeinde mit ihm sehr wohl zufrieden ist«. — Christ war es gewiß auch, und so hätte er ruhige Altersjahre haben können, wenn nicht einzelne Kronberger darauf aus gewesen wären, ihm das Leben sauer zu machen. Das hing, wie nicht schwer zu erraten, mit dem Zehnten zusammen, der nun einmal seine Hauptbesoldung bildete. Die wachsende Teuerung ließ die Zehntpflichtigen um so sparsamer werden. Anderes sieht nach reiner Schikane aus. So mutete ihm beispielsweise am 19. September Christoph Hauswald »bei eitler sinkender Nacht« zu, »ich solle ihm seinen Haber im Kugelberg auszehnden, der Wagen wäre hinaus, und wolle er ihn noch heimfahren. — Es wurde zur Antwort gegeben, daß man bei stockfinsterer Nacht keine Früchte hohle, noch wäre ich verbunden, bey der Nacht mit der Laterne auszuzehnden, und Taglöhner und Gesinde so spat ins Feld schicken und Zehnden heimtragen lassen.«

Als Christ am nächsten Tag bei Hauswald anfragen ließ, wie es mit dem Hafer wäre, ließ er sagen, »der Haber seye mit der Laterne geholt worden, und er hätte mir meinen Zehnden liegen lassen«. Darauf blieb dem ersten Pfarrer nur die Klage beim Oberschultheißen übrig: »Nicht umsonst ist in der Zehndenordnung verboten, bei der Nacht Früchte einzuheimsen. Denn wie viel Unterschleif, Diebstahl p. könnte vorgehen, wenn ein jeder zur Nachtzeit seine Früchte holen dürfte? — Da nun der Christoph Hauswald nicht nur desfalls straffällig gehandelt, sondern auch seine Frucht unausgezehndet weggenommen, so bitte ich ihn nicht nur zur gebührenden Strafe zu ziehen, sondern auch ihme aufzuerlegen, mir meinen gebührenden Zehnden ins Haus zu liefern.« — Das geschah denn auch, wie ein Vermerk des Oberschultheißen Braun zeigt.

Mitte Oktober mußte Christ wiederum bei Braun Klage erheben und zwar gegen den Bendermeister Georg Jost, der beim Windfall heruntergekommenes Obst nicht hatte verzehnten lassen. Dieser »schändliche Mann, der dem Trunke so ergeben ist, daß er wider meine vielfältige Vermahnung zu einem vernünftigen Leben mit seiner traurigen Frau dieselbe öfters so mißhandelt und schlägt, daß sie ihrer Sinne beraubt werden muß«, unterstand sich, Christs Tochter mit Grobheiten zu überschütten. Ja, wie Christ schreibt, kann er dem Oberschultheißen versichern, »daß er sie sogar eine Sau gescholten, welches unter andern der Schneider Heist, der gleich dabei auf einem Baum Äpfel gebrochen, mit angehört hat und bezeugen muß, wenn er darauf auf seine bürgerlichen Pflichten befragt wird.« Jost stritt natürlich die Beleidigung ab, erfand seine eigene

Lesart der Geschichte, und Philipp Heist erklärte, er habe zwar den Disput vernommen, aber nichts davon verstanden.

Am 30. November mußte Christ gleich wegen der rückständigen Zehnten oder entsprechender Zahlung von vier Bürgern klagen: Friedrich Schwalbach, Friedrich Braun, Leonhard Krieger und Jakob Isidor Mondrian waren säumig. Eine besonders originelle Ausrede erfand Friedrich Schwalbach: »Nun kommt er auf den Schwank, daß er sagt: Mein verstorbener Tochterman hätte ihm eine Carolin Trankgeld versprochen, wenn der Adler verkauft wäre!« Der Verkauf des bekannten Gasthauses fand Christs Schreiben zufolge »vor acht bis neun Jahren« statt.

Am gleichen Tag widerfuhr Christ eine Ehrung, die ihn besonders gefreut haben wird, weil sie ihm zeigte, daß seine zweite Heimat seine Leistung anerkannte: die Wetterauische Gesellschaft für die gesamte Naturkunde in Hanau ernannte ihn zu ihrem Ehrenmitglied.

Inzwischen hatte Napoleon neue militärische Abenteuer begonnen. Noch 1807 hatte er Portugal besetzt, weil es seine Häfen den Engländern nicht sperrte. 1808 benutzte er einen Streit innerhalb der spanischen bourbonischen Königsfamilie, um Karl IV. und seinen Sohn Ferdinand abzusetzen und seinen Bruder Joseph zum neuen König Spaniens zu machen. Doch die Spanier wehrten sich, brachten den Franzosen eine schwere Niederlage bei. So eilte der Korse nach dem Erfurter Fürstentag im September/Oktober selbst auf diesen Kriegsschauplatz, mit einem Heer von 80000 Mann. Zu diesem gehörten auch Rheinbundtruppen, darunter ein nassauisches Regiment und zwei Reiterschwadronen. Die Nassauer zeichneten sich mehrfach aus. Der Krieg gegen die Spanier und die vom zurückeroberten Portugal herübergekommenen Engländer unter Wellington dauerte bis 1813 und endete mit dem französischen Rückzug. Wie viele Kronberger dabei waren, bleibt noch festzustellen. Wiederspahn nennt nur zwei Namen, Hildmann und Weigand, vermutlich zurückgekehrte. Viele Nassauer kamen noch 1814 ums Leben, als die Transportschiffe vor Holland auf eine Sandbank liefen.

Die nassauische Regierung versuchte, die Zahl der Feiertage zugunsten von Arbeitstagen einzuschränken. So findet sich am 1. Advent 1808 im Kirchenprotokoll die Notiz: »Wurde der Bericht an das Consistorium wegen Abschaffung der 5 Feiertage 3-König, Mariae Verkündigung, Mariae Reinigung, Johannis und Peter und Paul von den Kirchenältesten unterschrieben.« — Das waren die fünf Tage, die noch aus der Zeit vor der Reformation stammten, wahrscheinlich im übrigen Nassau schon längst nicht mehr gefeiert wurden.

Der Streit um den »Zehnten in der Brach«, 1809

Nach seinem mißglückten Spanien-Feldzug wandte sich Napoleon wieder gegen Österreich. In fünftägigen Kämpfen im April 1809 drängte er die österreichischen Truppen aus dem Regensburger Raum zurück nach Böhmen und zog am 13. Mai zum zweiten Mal in Wien ein. Zwar brachte ihm Erzherzog Karl am 21./22. Mai bei Aspern eine schwere Niederlage bei, aber durch seinen Sieg bei Wagram am 5. und 6. Juli erzwang der Korse den für ihn günstigen Frieden von Wien am 14. Oktober. Dies alles, wie auch die Erhebung der Tiroler unter Andreas Hofer gegen Bayern, den Zug des Majors von Schill und den Aufstand des Herzogs Wilhelm von Braunschweig wird man auch in Kronberg aufmerksam verfolgt haben. Vor allem aber wird man durch die ständig steigenden Preise immer wieder an Napoleons Kontinentalsperre erinnert worden sein. Gegen Jahresende wurde in den herzoglichen Recepturen der Roggen mit 4 Gulden 11 Kreuzern bis zu 4 Gulden 35½ Kreuzer verkauft. Spelz kostete bis zu 2 Gulden 37 Kreuzer, 3 bis über 4 Gulden waren für Gerste zu zahlen, Hafer stieg bis zu 3 Gulden 20½ Kreuzer. Das waren Preise, wie man sie früher nicht gekannt hatte. Linsen gab es nicht, Weizen, Leinsamen und Erbsen waren nicht überall zu haben. Die aus Übersee kommenden, sonst über England und die Hansestädte laufenden Kolonialwaren wurden für den kleinen Bürger unerschwinglich.

Im Mai errang Justizrat Brückner nach drei Jahren einen kleinen Sieg über die nassauische Regierung. 1806 hatte der Jude Nathan Heyum um Aufnahme in Kronberg ersucht. Das bedeutete für Brückner eine Accidenz von 7 Gulden 45 Kreuzer. Nach langem Hin und Her stellte man in Wiesbaden fest, daß »den ehemals Mainz- und Altenkirchischen noch in Function stehenden Beamten die aus Judenreceptionen bezogenen Accidenzien zu vergüten seien«.

Christ hingegen muß emsig über den immerhin 688 Textseiten des ersten Bandes seiner »Vollständigen Pomologie« gesessen haben. Es ist anzunehmen, daß dieser Band erst zur Herbstmesse 1809 herauskam. Gewidmet hat ihn Christ mit einer heute recht pathetisch klingenden Ansprache der Königin Friederike Wilhelmine Caroline von Bayern, der zweiten Gemahlin Maximilians IV., unter dem Bayern seine größte Ausdehnung (mit französischer Hilfe) erreichte. Warum gerade ihr, wird verständlich, wenn man weiß, daß sie eine württembergische Prinzessin war.

Daß im gleichen Jahr wieder ein unberechtigter Nachdruck der »Anweisung zur Bienenzucht« auf den Markt gebracht wurde, mag Christ gewurmt haben, aber er war dagegen machtlos.

Im Herbst begann dann wieder der Ärger mit dem Zehnten, allerdings mit einem neuen Vorzeichen. Lesen wir zunächst den Brief Christs an das Amt:

»Es hat in diesen Tagen der Christoph Hauswald dahier von seinem Stück Acker an dem Kestenstück im Kugelberg beym langen Weg seine Gerste unverzehndet heimgefahren. Als ich ihn nun gestern desfalls befragen ließ, warum er mir meinen gebührenden Zehnden weggenommen habe, ließ er mir sagen: ›es seye ja Brachfeld!‹ — Ich verklagte ihn desfalls bey HE. Ober-Schuldheißen dahier, der aber sagte: ›er wolle mir es weder ab- noch zusprechen: die Leute wollten wegen der verkauften Schäferey keinen Zehnden im Brachfeld mehr geben.‹

Allein da dieses schon von je her ein Recht der Pfarrey gewesen und ich selbst seit etlich und 20 Jahren ohne Widerspruch alle zehndbare Gewächse im Brachfelde gezehndet habe: auch sogar in der neuen Steuer-Verordnung § 18 mir als dem Zehndempfänger auferlegt ist, die Abgab vom Zehnden alljährlich auch im Brachfeld an den Ackerbesitzer zu entrichten.

So ergeht an ein Hochlöbliches Amt meine gehorsamste Bitte, mich bey jener Gerechtigkeit der Pfarrey zu schützen und dem Christoph Hauswald zu befehlen, daß er mir meinen widerrechtlich entzogenen Zehnden erstatte.«

Hauswald wandte sich an den Gemeindevorstand, und dieser schrieb an das Amt:
In der durch HE. Pfarrer Krist gegen Kristoph Haußwald dahier wegen verweigertem Zehnden in der Brach (erhobenen Klage) muß der Ortsvorstand auftreten und dem HE. Kläger sein sich anzumaßendes Recht widersprechen und zwar weil es außer dem Haber Fehlde hier gar nicht hergebracht ist. Hat man von Seiten der Stadt sich mit der Herrschaft gegen jährliche große Abgabe abgefunden, daß die Stadt den Weidgang erhalten um die Brach aufheben zu können, da ist also sonderbar wie HE. Kläger nur sagen mag daß er schon seit etlichen und zwanzig Jahren ohne Widerspruch in der Brach gezehndet, wo doch ortskundig dieses Jahr zum ersten mahl die Brach aufgehoben und mit verschiedenen Arten von Früchten bebaut wird. Bei Übernahm der Pfarr war die Brach noch nicht aufgehoben, derselbe ist also dadurch nur zum Bezug des Zehenden in dem Sommer- und Winterfeld berechtiget worden, und in diesem Recht wird er auch nicht gekränkt, im Gegentheil durch die bessere Kultur gewinnt derselbe, denn wenn die Brach gehörig durch den Kleebau und sonstige Futterkräuter bepflanzt wird, so vermehrt sich auch dadurch der Viehstand und sobald dieses geschieht, so können die Felder besser gedünkt, in ergiebigeren Stand gesetzt werden, wodurch er allso in seinem Zehenden verbessert wird. Durch diese Freiheit musten die Unterthanen zu Abschaffung der Brach annoch aufgemuntert und gereizt werden. Es ist allso gegen die höchste Absicht der Hohen Landesherrschaft, daß auch von diesen Früchten der Zehende gegeben werden solle, denn dieselbe will zum Besten der Unterthanen die Abschaffung der Brach befördern, durch dieses Recht aber würde das Gegentheil erfolgen. So bald dieses Plaz greifen soll, so kann von Seiten der Stadt diese so große Abgabe wegen der Schäferei nicht entrichtet werden, denn diejenige so ihre Brach benuzen, müssen vorzüglich hierzu concurriren, durch den Zehenden also müßten sie doppelt zahlen, und alsdann wäre HE. Kläger doch noch nicht zu diesem Bezug berechtiget, sondern die Präsenz als decimator universalis, von welcher HE. Kläger den Zehenden in partem salarii beziehet. HE. Pfarrer von Oberhöchstadt, der ebenmäßig zum Zehenden berechtiget ist, kömmt der Gedanke nicht in dem Brachfeld zu zehenden, wo schon länger hergebracht ist in dem Brachfeld Früchten zu ziehen. Aus Versehen wurde ebenmäßig dem Bürger Kristoph Haußwald durch den Zehender des HE. Pfarrers von Oberhöchstadt gezehndet. Auf die gemachte Beschwerde hat HE. Pfarrer sogleich dem Zehender den Befehl ertheilt, die Früchte frei zu verabfolgen. Der § 18 der Steuerordnung ist zu Begründung des HE. Klägers seinem Zehend Rechte mit Haaren beigezogen, indem vom Zehenden darin gar keine Erwähnung geschieht. Es ist eine ganz natürliche Folge, daß diese Vergütung geleistet werden muß, denn die Steuer welche auf dem Grund und Boden beruht muß ja auch ohne Unterschied bezahlt werden, der Acker mag brach liegen oder nicht.«

Tafel XIII: Ernennung zum Ehrenmitgliede der Wetterauischen Naturforschenden Gesellschaft, 1808.

Tafel XIV: Eine Apfeltafel aus der »Vollständigen Pomologie«, 1809/1812.

Die Fortsetzung kam schon zu Anfang des nächsten Monats, und auch diese Beschwerde Christs wollen wir vollständig bringen, weil sie noch klarer als die andere die Lage erhellt, in die er, unfreiwillig, als Siebzigjähriger hineingeraten war:

»Einem hochlöblichen Amt muß ich abermals gehorsamst vorstellen, wie die Gemeinde nicht nur durch Vorenthaltung des gebührenden und seit undenklichen Zeiten von der Pfarrey genossenen Zehenden auch im Brachfelde von allen hier zehendbaren Früchten und Gewächsen (wovon die weißen Rüben ausgenommen sind) dieselbe aus ihrem rechtmäßigen Besitz zu vertreiben sucht, sondern auch dabey ganz tumultuarisch zufährt.

Als ich gestern Mittag anfing, die Kartoffeln auszuzehenden, so hatte Philipp Waidmann, des Gerichts, seinen Kartoffelacker auf der Hohl bereits über die Hälfte ausgemacht. Auf mein Befragen: warum er dieses, ohne ihn zuvor auszehenden zu lassen, thue? gab er mir zur Antwort: es seye Brachfeld.

Als ich nach der Hand im Untern Eichen etliche Kartoffeläcker ausgezehendet hatte (davon einer auch schon vor einigen Tagen zum Auszehenden angezeigt worden, weil Korn dahin kommen solle, wie unter andern Johannes Waidmann) so kam mit Ungestüm der junge Bürger Ernst Friedrich Waidmann und fragte: warum ich ihme seinen Acker ausgezehendet habe? — Ich erwiederte mit Gelassenheit: wie ich hierin nichts anderes gethan habe, als was das Recht der Pfarrey von undenklichen Zeiten mit sich bringe und seye meine Sache gar nicht, desfalls mit ihme zu zanken, der tentirte unbefugte Eingriff seye bereits höheren Ortes eingeklagt. Worauf er wieder fortginge, aber bald wieder kam, einen Sack und Korb mitbrachte und gewaltsamerweiße meinen Zehenden aus meinem Sack wegnahm.

Als ich weiterhin des Adam Waidmann Sen. Acker ausschlagen wollte, war er selbst gegenwärtig und sagte: er lasse sich seinen Acker nicht ausschlagen und auszehenden.

An ein Hochlöbliches Amt ergehet daher meine gehorsamste Bitte, die Pfarrey wider diesen ganz unbefugten Eingriff der Gemeinde in Schutz zu nehmen und solcher befehlen zu lassen, mich entweder ungehindert wie bisher auszehenden zu lassen oder die Kartoflen bis zur ausgemachten Sache stecken zu lassen, die widerrechtlich weggenommenen Früchte und Kartoflen aber wieder zu ersetzen.

Kein Burger wird aufstehen und mit Grund der Wahrheit sagen können, daß er je, weder mir seit etlichen und zwanzig Jahren, noch meinen Vorfahren den Zehenden auch im Brachfeld verweigert habe, es seye nun, daß es in einem solchen Brachfeld gewesen, wo der Ackerbesitzer mit dem Schäffer in besondere Übereinkunft getreten, oder wo die Schafe nicht hingekommen wie im Bellersheim und anderen Laagen. Auch hat die Zehende Gerechtsame einer Pfarrey nicht immer Bezug auf die anderen an benachbarten Orten. Hier zehenden diese und jene Früchte und Gewächse nicht, die an anderen Orten zehenden, und dergleichen Verschiedenheit findet sich überall. —

Ohne Zweifel hat man ehemals bey Stiftung des Zehenden Rücksicht auf die Beschaffenheit der übrigen Pfarrbesoldungsstücke genommen. Hier bestehet leider! die Hauptbesoldung der Pfarrey im Zehenden! Wird dieser bei seinen ohnehin beträchtlichen Unkosten geschmälert, so leidet die Pfarrey den empfindlichsten Schaden; z. B.

verlöhre ich für dieses Jahr nach der intentirten Absicht der Gemeinde nicht nur über 30-40 Malter Kartoffeln, verschiedenes an Samen Früchten, Haber, Erbsen, Wicken pp., sondern auch für das Winterfeld aufs Jahr ist es für den Zehenden sehr nachtheilig. Bey dem ohnehin schlechten Erdboden des Eichen als Kornland geben die Kartoffeläcker, zumal da alles mit Bäumen besetzet ist, kaum das halbe Korn; wo Haber, Erbsen ec. gestanden, bleibt ohnehin der Acker brach liegen, und käme ich also ganz um den Zehenden, oder der Acker, da es an Dunge fehlt, und dieses Jahr seine Kraft verlohren hat, bringt kaum das Saekorn wieder ein.

Überhaupt greifen die Leute die Benutzung des Brachfeldes — aus bloser Begirde, ohngezehendet darauf ärnten zu können — sehr verkehrt an und saugen die Äcker mehr aus, als das sie solche verbessern. Würden sie bey dem Mangel des Dunges, und schlechten Dünger gibt der Klee nach einmahliger Schur und wieder erlangter Höhe von 1-2 Pfannen unterpflügen, so würde er nachher seine verlorene Kräfte mehr als zur Hälfte wieder erhalten, und so würden nach und nach die Äcker mehr Früchte und Stroh liefern und die Vermehrung des Viehstandes besseren Nutzen; obschon in unserer terminei, da fast alles mit Obstbäumen besetzet ist, der Fruchtbau nie beträchtlich werden und es allso den Zehendberechtigten von geringem Nutzen seyn kann.«

Der Oberschultheiß Braun hat dazu einmal vermerkt, daß über diesen Antrag von der Gemeinde Kronberg an die Landesregierung zu berichten sei, und zum andern: »Kann der vom Herrn Kläger begehrten Manutenenz in dem Besiz des Zehenden vom Brachfeld, da derselbe mit nichts bescheinigt ist, nicht stattgegeben werden.«

Man vergegenwärtige sich noch einmal die von Christ geschilderte Szene: der siebzigjährige erste Pfarrer der Stadt ist auf seinem Gäulchen unterwegs und sammelt eigenhändig den Kartoffelzehnten ein. Der junge Ernst Friedrich Weidmann kommt angestürmt, fährt den alten Pfarrer an, warum er ihm seinen Acker auszehnte, holt Korb und Sack und nimmt Christ gewaltsamerweise die Kartoffeln aus dem Sacke, den das Gäulchen wohl umhängen hatte. Man könnte sagen: hier waren zwei Zeitalter zusammengestoßen. Was die Pfarrerbesoldung angeht, war die Kirche noch ganz mittelalterlich. Der Pfarrer erhielt den Hauptteil seiner Besoldung in Naturalien und mußte das, was er nicht selbst verbrauchte, zu Geld machen. Der junge Weidmann war, wenn wohl auch keine revolutionäre Natur, so doch vom Geist der »Großen Revolution« geprägt. Er wollte sein Brachland und in der Folge sein ganzes Land nicht mehr zehnten lassen, wollte frei über das verfügen, was er dem Acker oder dem Brachland abgewonnen hatte. So weit war die nassauische Regierung noch nicht. Erst 1840 begann sie mit der Aufhebung des Zehnten, und 1848 wurde er vollends abgeschafft.

Hingegen hatte sie in der Tat am 13. März 1809 mit der Stadt Kronberg und den Dörfern Eschborn und Niederhöchstadt einen Vertrag abgeschlossen, wonach Schäferei- und Pferchgerechtigkeit, die seither herrschaftlich gewesen waren, gegen einen jährlichen »Canon«, also eine laufende jährliche Zahlung, von 650 Gulden, an die drei Gemeinden übergingen. Ausgenommen blieben nur die »große Schaaf-Wiese und der sogenannte Fahrmorgen«, während »die Schäferhütte nebst Horden und Salztrögen den drey Gemeinden ohne besondere Vergütung überlassen« wurden. Damit war das

Brachland, bisher von der herrschaftlichen Herde abgeweidet, zur Bebauung frei. Die Frage, ob damit der Pfarrzehnte wegfiel oder weiter zu zahlen war, ließ die Regierung offen und empfahl eine »gütliche Einigung«.

Am 3. Oktober machte der erste Schullehrer laut Kirchenprotokoll einen vernünftigen Vorschlag: »Kommt HE. Cantor mit einem Vorschlag ein, daß wenn die erste Ordnung im Rechnen und Schreiben Unterricht erhält, die 2te Classe aus der Schule sich entfernt; und in der Nachmittags Schul die 1ste Classe abgeht, wenn die 2te Classe Schreib und Rechenstunde hat, jede Morgens halb 9, höchstens 9 Uhr und nachmittags um halb 2 höchstens 2 Uhr. Allein beim Anfang der Schule sowohl als Nachmittags müßen alle Schüler gegenwärtig seyn, da sie sämtlich gleichen Unterricht erhalten.« Ferner sucht er »um 8 neue Landcharten von Europa an; es sollen aber auch 8 von Teutschland dazu kommen und auf Leinwand gepappt werden.

Resolutum: wurde nach Überlegung der Güte des Vorschlags genehmigt.«

Weiter erfahren wir, daß Remy Kunz, der schon bei Christs Ankunft Kirchenältester war, verstorben ist. Zu seinem Nachfolger wird Balthasar Kunz gewählt, der im Oktober vom Inspektor Kärcher zu Ickstatt eingeführt wird. Christs alter Korrespondent, der Superintendent Bickel, verstarb in diesem Jahr, er hatte es auf 72 Jahre gebracht.

Der Marburger Doktorhut und die Jahre 1810/11

Daß die nassauische Regierung bemüht war, mittelalterliche Methoden allmählich abzubauen, bewies sie im Januar 1810 mit einer Verordnung, durch die sie die Prügelstrafe weitgehend aufhob. Damit fiel auch die Strafe, wie sie bisher in Kronberg bei Felddiebstählen üblich gewesen war: die auf frischer Tat erwischten oder überführten Übeltäter wurden, mit der »Schandgeige«, einem hölzernen Kragen, angetan und einem Schild auf der Brust, das ihre Missetat, also »Äpfel«- oder »Birndieb« anzeigte, durch die Gassen geführt und dann vor dem Rathaus mit einer »ihrer Leibesconstitution angemessenen Tracht Schläge« bedacht. In einem Fall von 1803 wurde diese Strafe ausnahmsweise von der Regierung in eine »Eintürmung« an Sonn- und Feiertagen umgewandelt, weil der Betreffende in seinem Gesuch darauf hingewiesen hatte, daß er seine Arbeit in Frankfurt verlieren würde, wenn man dort davon erführe.

Am 1. März fand ein Ereignis statt, das zwar Kronberg nicht unmittelbar berührte, aber gewiß in den Wirtshäusern lebhaft erörtert wurde. Frankfurt war 1806 von dem französischen General Augerau besetzt und bei der Gründung des Rheinbundes dem Fürstprimatialstaat Karl Theodor von Dalbergs einverleibt worden. Nun wurde es die Hauptstadt eines »Großherzogtums Frankfurt«, das außer der Stadt selbst das Fürstentum Aschaffenburg, die Reichsstadt Wetzlar sowie die Fürstentümer Hanau und Fulda umfaßte. Der erste Minister war ein Mann, der uns aus den kurmainzischen Jahren gut bekannt ist: Albini. Eine Zeitlang hatte man Sorge, denn Dalberg hätte den Rheingau und die Ämter am Untermain und im vorderen Taunus nur zu gerne in seinem neuen

Staat gehabt. Christ stand gut mit dem neuen Großherzog und kannte ihn wahrscheinlich auch persönlich, wie wir später hören werden.

Napoleon vermählte sich am 1. April mit Marie Luise, der Tochter Kaiser Franz' von Österreich, nachdem er die kinderlos gebliebene Ehe mit Josephine hatte scheiden lassen. Zur Hochzeit reiste auch Friedrich Wilhelm von Nassau nach Paris, um dort etwaige Pläne Dalbergs zu durchkreuzen. Auch spukte damals in französischen Köpfen der Plan eines »Königreichs Franken« das unter anderm Hessen und Nassau umfassen und Napoleons Bruder Eugen gegeben werden sollte.

Großes Aufsehen erregte es, als in Frankfurt auf der Pfingstweide auf Befehl Napoleons für etwa 100.000 Gulden illegal eingeführte englische Fabrikwaren verbrannt werden mußten, während Kolonialwaren durch hohe Zölle noch unerschwinglicher gemacht wurden.

Wie froh wären die Kronberger um einiges von den verbrannten Sachen gewesen! Am 26. März wurden für 13 Wittweiber je ein Paar neue Schuhe bewilligt. Sechs arme Konfirmandenkinder erhielten Schuhe, Strümpfe, Röckchen aus »Welschdorfer Zeug«, auch ein Halstuch oder »Mützgen«, und sogar ein Webstuhl wurde von der Kirche angeschafft und ausgeliehen: »Wurde resolvirt, auf vielfältiges Nachsuchen des Jakob Wilhelmi ihm zu einem Webstuhl aus der Kirche zu verhelfen, und um ihm zu helfen und doch der Kirche nicht zu hart zur Last zu fallen, einen Webstuhl von denen zu einem Capital für Schulholz gesammelten 11 Gulden, von Haus-Copulationen für die Kirche anzukaufen, und ihm solchen in jährlichen Zins zu 5 p. Cent zu überlassen, worüber Wilhelmi eine Handschrift auszustellen hat. (Hat gekostet 11 Gulden, gibt 33 Kreuzer Zinß).

Am 26. Juni mußte Christ dem Konsistorium melden: »Da mein lieber friedfertiger College Lang vorgestern an dem hitzigen Fleckenfieber verstorben und gestern Abends nach seinem Verlangen in der Stille beerdiget worden, so erachte meiner Schuldigkeit gemäß, solches einem Hochpreißlichen Consistorium gehorsamst anzuzeigen.«

Langs Schwager, Kanzleiregistrator in Wiesbaden, bat im Namen seiner Frau und eines Bruders des Verstorbenen um die Bewilligung des »Sterbquartals«, da der Kranke eine »baare Aufnahme« hatte machen müssen. Dies wurde bewilligt, doch wurde ihnen auferlegt, »daß sie die beiden Geistlichen (also während der Vakanz) versehen, die allenfalls zu verabreichende Verkostigung zu berichten haben«.

Um die freie Stelle des zweiten Kronberger Pfarrers bewarben sich der Kandidat Stiehl, zu Frankfurt im Lehrfach tätig, und Johann Friedrich Snell, Rektor der Lateinschule in Homburg vor der Höhe. Das Konsistorium bestimmte Snell, den Sohn des Oberschulrats und Direktors des Idsteiner Gymnasiums. Am 6. März 1784 in Gießen geboren, also nun 26 Jahre alt, hatte er drei Jahre lang Theologie und Philologie an der Universität Gießen studiert, an der sein Oheim als Professor der Theologie tätig war. Das Homburger Rektorat hatte er 3 Jahre verwaltet. »Seine schriftstellerischen Arbeiten«, so berichtet Wilhelm Dörr, »die alle seinem Jugendalter entstammen, sind — einen schon auf der Universität geschriebenen Erstlingsversuch in der Philosophie nicht gerechnet — die beiden unschätzbaren Werkchen ›Geschichte der Philosophie‹ und

›Geisteslehre für Schulen‹.« Da hatte Kronberg also wieder zwei Schriftsteller als Pfarrer, und Christ vertrug sich mit Snell offensichtlich viel besser als mit Thurn.

Mitte August begann schon wieder der Zehntenstreit. Aus einem Brief Christs an das Amt vom 15. August erfahren wir, daß die Kronberger Gemeinde »dieses Jahr fast das ganze Brachfeld unter anderm auch mit Hafer, Schotenfrüchten, auch sogar mit Korn angebauet« hat, »daß ich aufs Jahr nicht den halben Zehnden zu erwarten habe, der Zehnden aber die Hauptbesoldung der Pfarrey ausmacht«. — Weiter klagt er, daß »die Gemeindsmitglieder auch sogar die Früchten unbezehndet wegnehmen. So hat mir gestern der Metzger Hembes dahier auch sogar den Kornzehnden verweigert und will mich derselbe auf diese Art um meinen gebührenden Zenden für dieses und das folgende Jahr bringen, da außerdem in aller Welt Rechtens ist, daß alle Früchte, welche in das Seil gebunden werden, dem Zehndherrn zu zehnden stehen, wenn er auch nicht in der Brache zu zehnden berechtigt wäre.«

Das Amt in Oberursel befahl daraufhin dem Stadtschultheißen Anthes, »nachzusehen und zu bemerken, wieviele Korngaben der Metzger Hembes auf jedem Acker gebunden habe«.

Prompt erschien Hembes/Hembus in Oberursel und erklärte, das Grundstück, wovon Christ den Zehnten verlange, läge im Kronberger Brachfeld. Wenn der Kläger ein entsprechendes Urteil gegen die ganze Kronberger Gemeinde erlangt habe, werde auch er sich nicht weigern, den Zehnten zu geben. Er wiederholte das am 4. September, mit der Bemerkung, daß außer ihm noch mehrere Leute im Brachfeld Korn gezogen hätten.

Christ seinerseits wies in einem neuen Brief am 24. August die »Exception des Metzger Hembes« zurück und betonte, »daß die Pfarrey von jeher alle Früchte in jedem Felde ohnweigerlich ausgezehendet hat. Ja, er (Hembes) hat desfalls straffällig gehandelt, da er durch die Anpflanzung seines Brachfeldes mit Korn mich malitiose um meinen Zehenden, der mir zum Brod und Besoldung angewiesen ist, hat bringen wollen.« Erzürnt fährt er dann fort: »In das Brachfeld gehört bekanntlich nur Klee, Runkeln, Rüben p., überhaupt Futterkräuter. So bald es Früchte bekommt, die in das Seil gebunden zu werden pflegen, so kann es aufs Jahr die Früchten eines Winterfeldes nicht mehr geben, deswegen auch ein jeder Zehndherr berechtiget ist, alle diese Früchten zu bezehnden, wenn er auch von den übrigen Zehnden an Futterkräutern im Brachfeld nicht zu beziehen berechtigt. Diese Macht hat kein Gemeindsglied in der Welt, wo zehndbares Feld überhaupt ist, zum Betrug und Beraubung des Zehnderhebers das Brachfeld in Winterfeld zu verwandlen, um so des Zehnden sich zu überheben. Was sollte ich aufs Jahr für Korn, Waitzen p. zehnden, auf des Hembes Acker ziehen, da er schon dieses Jahr sein Korn getragen hat?«

Der Stadtvorstand mit dem Stadtschultheißen Anthes sowie Andres Zubrod, Philipp Weidmann, Johann Nikolaus Fuchs und Johann Jacob Hauswald bat das Oberurseler Amt am 27. August, »ihnen die von dem HE. Imploranten angebrachte Beschwerde zur Einbringung ihrer Nothdurft mitzutheilen und bis dahin mit rechtlichem Verfügen hochgefällig an sich zu halten.« Man hatte also eine »Einheitsfront« gegen Christ gebildet und hoffte, ihn gemeinschaftlich klein zu kriegen.

Drei Tage später teilte Oberursel jedoch dem Stadtvorstand mit: »Ohne vorherige Erlaubniß Herzoglich Hoher Landesregierung dürfe er sich in einen Rechtsstreit mit Herrn Pfarrer Christ nicht einlassen.«

Die Wiesbadener Regierung schrieb dem Oberurseler Amt auf seinen gemeinschaftlich mit Justizrat Brückner erstatteten Bericht am 9. Oktober, »daß der Gemeinde die venia litigandi einberichteten Umständen nach nicht gestattet werden könne, sondern die Sache als ein Polizeygegenstand mit Abschneidung aller processualischen Weitläufigkeit nach Billigkeit regulirt werden müßte.« Das Amt habe »dahero den Interessenten die Proposition zu machen und hiernach eine gütliche Vereinigung zu Stande zu bringen zu suchen«. Dies geschah, einer kurzen Notiz nach, im November, doch ohne dauernden Erfolg, denn der Streit ging im folgenden Jahr weiter.

Von 1810 ab verstärkte sich Christs Mitarbeit als Rezensent der hoch angesehenen »Jenaischen Allgemeinen Literaturzeitung«, die Goethe protegierte. Diese Verbindung ist wohl durch J. I. v. Gerning entstanden. Christ, der mit dem uralten »XP« zeichnete, hat eine ganze Reihe von Besprechungen für das Blatt geschrieben, vorwiegend landwirtschaftlicher Literatur. Sie sind kritisch im guten Sinne. Die letzten Texte erschienen infolge der Kriegsverhältnisse erst 1814, nach seinem Tode.

In den Kirchenprotokoll-Eintragungen von September und Dezember geht es vor allem um eine der zahlreichen Kirchenstuhl-Streitigkeiten. Die jüngste Tochter Kunz hatte ihrer ältesten Schwester (die »erbberechtigt« war) den Stuhl der Mutter zu deren Lebzeiten abgekauft, mit Wissen der Mutter. Die Ältere hatte daher keinen Anspruch mehr darauf, und so entschied auch der Convent im Januar 1811.

Das Jahr 1811 sah Napoleon auf dem Gipfel seiner Macht. Sein Reich erstreckte sich von der Ostsee bis zum Mittelmeer. Nimmt man die Vasallenstaaten hinzu, dann hatte dieses Reich gut hundert Millionen Einwohner. Am 20. März schenkte ihm Maria Luise den ersehnten Sohn, der schon in den Windeln zum König von Rom gemacht wurde.

Die ersten Nachrichten aus dem kleinen Kronberg in Christs Kirchenprotokoll lauten, nach dem Schiedsspruch im Kunzischen Kirchenstuhlstreit: »Meldete sich Margarete Reinemern, Verlobte des Schlossers Krieger, um das Legat der 50 Gulden. Da sie sich gut aufgeführt und eines hiesigen Burgers Tochter und vater- und mutterlose Waise ist, konnte ihr solches nicht versagt werden, wenn die Reihe gegen das Jahr 1813 an sie komme.«

Ende April hatte man Ärger mit den Brüdern Hirsch und mit den »jungen Purschen« auf der Emporebühne: »Wurde Leonhard Hirsch beschickt und ihme nicht nur ein nachdrücklicher Verweiß gegeben, daß er am H. Charfreytag als dem großen Buß und Bettag auf der Profession gearbeitet, sondern wurde auch um 1 Gulden für die Armen gestraft, so er in 14 Tagen bezahlen soll. — Solle auch sein Bruder Phil. Hirsch berufen werden, weil er so viele Sonntäge nach Frfurt mit Arbeit gehet.«

Weiter heißt es dann: »Ist folgenden Sonntag zu verkündigen, daß der Unfug auf der Emporbühne besonders unter den jungen Purschen noch im Schwang gehe, daß die später kommende die bereits dastehende hinunter drängen. Ein jeder soll auf seinen Platz ruhig gehen, und wenn der Lettner voll ist, so sollen sie in dem andern Stand stehen. Ein jeder, der sich nicht in diese Ordnung schickt und durch Drängen und Drücken Unfug und Störung macht, soll unvermerkt aufgeschrieben und ohne Nachsicht um 15 Kreuzer gestraft werden.

Christ hat gewiß jede freie Stunde, die ihm Amt und Baumgärten ließen, auf den zweiten Band der »Vollständigen Pomologie« verwandt, der unbedingt im folgenden Jahr erscheinen mußte, zumal der Absatz des ersten Bandes offenbar zu wünschen ließ. Wie der erste Band sollte auch dieser mit ausgemalten Kupfern der Obstsorten versehen werden. Die Zeichnungen zu den Kupferstichen hatte Christ eigenhändig gefertigt und »für das Colorit die Früchte in der Natur vorgelegt, was nicht bereits zuvor nach der Natur gemahlet war«. — »Ferner«, so heißt es im Vorwort, »hatte ich in dem ersten Theil die Verkleinerung auf ein Drittheil von der Naturgröße gewählet, welche, in ihrer Naturgröße herzustellen, ein Vergrößerungsglas erfodert, das nur 1 Zoll Focus hat, das freylich dem Auge sehr kurz, und nicht jedem Gesicht angenehm ist; außerdem, daß solche Figuren, die etwas groß sind, nicht auf einmal mit dem Glase zu übersehen. — Ich habe daher in diesem zweyten Bande solche Figuren und Obststücke, welche so groß sind, daß man sie nicht wohl in Naturgröße vorstellen kann, ohne das Werk voluminös und sehr theuer zu machen, nur auf die Hälfte reduciret (wozu hauptsächlich die Pfirschen, Aprikosen, Pflaumen und Feigen gehören) die ein Vergrößerungsglas von zwey und einen halben Zoll Focus in die Naturgröße herstellet, welches keinem Auge beschwerlich fällt. Dabey habe jedoch von einer jeden Obstart ein oder das andere Stück in Naturgröße vorgestellet, damit sich das Auge daran gewöhnen und ohne Vergrößerungsglas die Naturgröße der Sorten ziemlich genau beurtheilen lerne. Die meisten übrigen Figuren und Obstsorten aber, die ohnehin nicht groß sind, als Kirschen und das Beerenobst ec. sind in Naturgröße vorgestellt.« Unsere Vermutung, daß der erste Band nicht so lief, wie Christ und der Verleger es sich wünschten, wird dadurch bestärkt, daß dessen Preis gemindert wurde. »Indessen ist gleichwohl an schönem Papier, Stich und Druck nichts gesparet worden.«

Was das Kolorieren der Kupferstiche angeht, so hat sich in Kronberg die Überlieferung erhalten, daß es nicht von berufsmäßigen Malern besorgt wurde, sondern von Schulmädchen, nach Christs Vorlagen oder auch nach den Originalfrüchten. Wir können uns also vorstellen, daß die Kronberger »Mädercher« mit vor Eifer roten Backen die 26 und 24 Tafeln ausgemalt haben und dafür vom Pfarrer eine kleine Belohnung erhielten. Daher auch der im Vergleich zu anderen Kupferstichwerken niedrige Preis, auf den der Verleger schon früher hingewiesen hatte. Die Vorlagen, von Christ eigenhändig gezeichnet und koloriert und dann unter Glas und Rahmen in seiner Studierstube aufgehängt, haben sich, ausgerahmt und in einer Mappe gesammelt, erhalten und befinden sich nun in der Geisenheimer Bibliothek. Sie konnten zweimal in Kronberger Ausstellungen gezeigt werden.

Im frühen Herbst widerfuhr dem zweiundsiebzigjährigen Christ eine hohe Ehrung: am 3. September verlieh ihm die Universität Marburg die Doktorwürde. Am Kopf der

Urkunde prangt Hieronymus Napoleon, der König von »Westphalen«, zu dessen Reich Kurhessen und damit auch Marburg gehörte. Vertreter der Universität sind der Prorektor Prof. Anton Bauer und Prof. Johann Christoph Ullmann. Verliehen wird der Doktorhut an »Johann Ludwig Christ, ersten Pfarrer zu Kronberg und Mitglied zahlreicher ökonomischer Gesellschaften, sowie ausgezeichneten und unermüdlichen Erforscher der Natur, vor allem um das ländliche Wesen verdient.«

Wir müssen annehmen, daß der alte Pfarrer die Ehrung und das lateinische Diplom persönlich entgegengenommen hat. Wer hinter der Verleihung stand, wissen wir nicht. Gern wüßten wir auch, ob er mit der Postkutsche gereist ist oder eine »Chaise« gemietet, die Tochter und die Enkel mitgenommen und auf dem Rückweg seine alten Gemeinden, vor allem Rodheim und Burgholzhausen, besucht hat.

Allzu lange wird er sich freilich nicht aufgehalten haben, denn es war ja Herbst, und die Plage mit dem Zehnten begann wieder. Wir wissen ja nun, warum Christ so hinter seinem Zehnten her war: die »Vollständige Pomologie« verschlang mehr Geld als vorgesehen, und mit dem Verleger Guilhauman war es, wie schon gesagt, offensichtlich nicht gut gegangen. Der zweite Band sollte »im Verlage des Verfassers, und in Commission der J. C. Hermann'schen Buchhandlung« erscheinen.

Und wie werden die lieben Kronberger ihren nun mit einem Doktorhut ausgezeichneten alten Pfarrer empfangen haben? Mit Begeisterung und Jubel — oder haben sie kaum Notiz von dieser Ehrung genommen? Nach allem, was sich da zuletzt abgespielt hat, neigen wir zur zweiten Vermutung. Jedenfalls dauerte es nicht lange, und Christ mußte schon wieder, am 28. September, einen Beschwerdebrief ans Amt in Oberursel schreiben. Setzen wir ihn hierher:

»Hochlöbliches Amt! Johannes Gundlach dahier hat einen berüchtigten bösen Buben Namens Philipp, ohngefehr 17 oder 18 Jahre alt, der Vater und Mutter schlagen soll, wenn sie nicht nach seinem Willen handeln. Dieser begegnete mir die Obstzehndenzeit hindurch injuriös und abscheulich, zugleich handelte er betrüglich auf alle mögliche Weise; und weil sein Vater — den ich schon vor 20 Jahren des Zehndenbetrugs wegen mußte strafen lassen — dieses weiß, so überließ er ihm auch ganz das Auszehendenlassen, und lies sich selbst niemals im Feld bey mir sehen, da er doch 16 Baumstücke in diesem Feld hatte.

Einmal sahe ich im Vorbeyreiten auf einem Acker, worauf sich niemand befand, eine Mane voll gebrochene Birnen stehen. Da ich Betrug merkte, ließ ich dieselbe durch meine Leute auf meinen nicht weit davon entfernten Acker tragen, wo ich meinen Zehnten für den Tag zusammenschütten ließ, um zu sehen, wer sich um diese Mane mit Birnen melden würde. Gleich darauf zehndete ich auf einem entfernteren Acker des Joh. Gundlach Aepfel aus, worauf bemeldter Philipp sich befand. Da ich sogleich ahndete, daß dieser den Betrug mit den Birnen zu spielen gedacht, so fragte ihn, ob auf diesem Acker kein Birnbaum wäre, der zu bezehnden seye. Er sagte aber, nein! Als er bald darauf über meinen Acker kam und die Mane mit Birnen sahe, sagte er, es seye dieselbe sein: er habe sie auf dem Acker, den ich soeben ausgezehndet, gebrochen und sie auf jenen entferntern Acker getragen, um die andern Birnen dazu zu brechen. Ich

Q. F. F. S.
AVCTORITATE
ET SVB AVSPICIIS
AVGVSTISSIMI AC POTENTISSIMI
DOMINI
HIERONYMI NAPOLEONIS
GVESTPHALIAE REGIS PRINCIPIS FRANCOGALLICI REL.
PRORECTORE
ANTONIO BAVER,
JVRIS DOCTORE AC PROFESSORE ORDINARIO,

PROMOTOR RITE DESIGNATVS
JO. CHRISTOPH. ULLMANN,
PHILOSOPHIAE DOCTOR, EIVSQVE ET OECONOMIAE POLITICAE NEC NON ARTIS REI METALLICAE
PROFESSOR ORDINARIVS,

VIRO PLVRIMVM REVERENDO
JOANNI LVDOVICO CHRIST,
PASTORI PRIMARIO APVD CRONBERGENSES, ET MVLTARVM SOCIETATVM OBCONOMICARVM SODALI,
PROPTER SINGVLARE ET INDEFESSVM NATVRAE SCRVTANDAE STVDIVM, MAXIMAQVE IN REM RVSTICAM MERITA,

EX PHILOSOPHORVM ORDINIS DECRETO,
GRADVM, IVRA AC PRIVILEGIA PHILOSOPHIAE DOCTORIS
HOC IPSO DIE
TRIBVIT,
REIQVE FACTAE VERITATEM
HVIVS DIPLOMATIS DOCVMENTO CONFIRMAT.

P. P. IN ACADEMIA MARBVRGENSI D. III. SEPTEMBRIS, A. MDCCCXI.
SVB SIGILLO ACADEMIAE MAIORE.

TYPIS KRIEGERI ACAD. TYPOGRAPHI.

Verleihung des Doktor-Titels der Universität Marburg, 1811.

erwiderte, nun könne er sie hinnehmen; warum er aber diese Birnen heimlich von einem unausgezehndeten Acker weggetragen, und mir beym Auszehnden der Aepfel nichts davon gesagt, und ich ihn noch überdas wohlbedächtlich befragt, ob kein zehndbarer Birnbaum darauf seye, er aber solches verneint habe: ob solches nicht betrügerisch gehandelt seye? — Da sagte er mir unverschämt ins Gesicht: *ich* seye ein Betrüger. — Das hat der Bürger Christian Weidmann, der nur 4 Schritte davon stund und auf seinem

Acker neben dem meinigen Obst abgethan, mit Ohren angehört, der es bezeugen kann und muß.

Ferner, wenn ich an einem seiner Baumstücke vorbeyritte, (da ich das Laufen den ganzen Tag zu Fuß bey meinem Alter nicht im Stande bin auszuhalten) und dieser böse Bube mit seinem jüngeren Bruder sich darauf befand, so mußte dieser mir zum Spott und Hohn mit der Hand trompeten, das zuletzt mit einem Gelächter begleitet wurde. Und das tat er nicht allein auf seinem Acker, sondern auch auf andern, wo ich auszehndete, und diese bösen Buben bey andern waren. Wenn ich vom Acker hinwegritte, so trompetete er wieder, mit Gelächter begleitet, so lange sie mich sehen konnten.

Hochlöblichem Amt gebe gehorsamst zu ermessen, wie kränkend dieses für einen öffentlichen Diener der Kirche seye, der im Greisenalter stehet, sich von solchen bösen Buben im öffentlichen Felde, ohne alle gegebene Ursache verhöhnen und verspotten, ja sogar injuriös behandlen zu lassen, daß ich mich vor meinen eigenen Gemeindsgliedern schämen muß.

Wie ich nun nicht zweifle, daß ein gerechtes hochlöbliches Amt solche Gottlosigkeit nicht ungeahndet werde hingehen lassen und mich dadurch für andern dergleichen Injurien und Verspottungen wahren, so bitte zugleich gehorsamst, dem Vater Joh. Gundlach zu befehlen, daß er das Auszehnden niemals mehr seinem bösen Buben überlasse, sondern er selbst zugegen seyn solle. — Eben dieser böse Bube hat es meiner Tochter, die im Felde vor einem andern Thor meinen Obstzehnden zu besorgen hatte, nicht viel besser gemacht, ihr aufs schnödeste und gröbste begegnet, und sie auf alle mögliche Weise chicaniret, einen Theil Obst in Säcke, andere in Körbe, andere Manenweis hingeschüttet, die Säcke zu 5 Körbe voll fälschlich angegeben, wenn es 6 Körbe waren und dergl. mehr.«

Das Amt befahl dem Kronberger Stadtvorstand, den bösen Buben nach vorhergegangener Untersuchung zu bestrafen und dem Vater aufzugeben, beim Auszehnden künftig selbst gegenwärtig zu sein. Ob der Oberurseler Amtmann in diesem Falle bedauert hat, daß die Prügelstrafe abgeschafft war?

Am gleichen Tag mußte Christ noch einen zweiten Brief nach Oberursel schreiben: Hochlöbliches Amt!

Es ist von je her und bey meinen Vorfahren dahier das Obstzehendrecht der Natur der Sache gemäß bestanden, daß die Gemeinde verbunden ist, wenn ein beträchtlicher Wind oder Sturmwind vor dem Abmachen des Obstes, — wie häufig besonders gegen Michaelis, sich eräugnet, — das durch den Wind abgeworfene Obst auszehnden zu lassen, entweder sogleich auf den Baumstücken, oder daß solches bey dem Abmachen darauf nach billigem Ermessen und in Verhältnis des Obstes auf den Äckern dem Zehnden ersetzet werde. Solches ist mir vor 15 bis 20 Jahren von hiesigem hochlöbl. Amt per Decretum bestätigt und der Gemeinde bekannt gemacht worden, daß sie schuldig seye, den Windschlag des Obstes, so bald es zeitig und zu benutzen wäre, zu verzehnden.

Dieses Jahr, da das Obst durch die enorme Hitze sehr bald reifte, gienge die Nacht hindurch 2 Tage vor dem Abmachen ein heftiger und anhaltender Wind, der vieles Obst abschlug, daß ich allein zu einem Thor gegen 25 bis 30 Malter Aepfel herein tragen sahe. Ich ersuchte den Stadtschuldheißen zur Gemeinde zu läuten und ansagen zu lassen, daß mir die Leute den Zehnden vom Windschlag dieser Nacht verabfolgen oder vergüten sollten.

Diese Bekanntmachung geschah am folgenden Tag. Bey dem darauf folgenden Auszehnden weigerte sich auch niemand, als nachfolgende wenige, mir den billigen und geringen Ansatz nach Verhältnis der Obststücke zu geben, um doch in etwas meinen Schaden zu ersetzen.

Diejenige, welche sich weigerten, mir etwas von dem Windfall zu ersetzen, waren folgende:

1.) Adam Weidmann jung
a. vom Neuenberg   1 Mester* Aepfel
b. vom Eichen   1 Sechter*

Da das Malter durchgängig zu 4 fl. 40 x verkauft worden, beträgt

    1 Mester   35 Kreuzer
    1 Sechter   17 Kreuzer

2.) Fuhrmann Weck, im Eichen   1½ Sechter   25 Kreuzer
3.) Philipp Brosius jung im Neuenberg   1 Mester od.   35 Kreuzer
4.) Becker Külb im Neuenberg   1 Sechter od.   17 Kreuzer
5.) Johannes Gundlach
   a. im Neuenberg von 16 Baumstücke   1½ Sechter 1 fl 25 Kreuzer
   b. im Eichen   1 Mester oder   35 Kreuzer

6.) Hat Johannes Gundlach im Neuenberg 2 zehndbare Birnbäume, deren Früchte zwar nur hauptsächlich zum Weinmachen, aber keine kleinen Holzbirnen sind, blos welche nicht gezehndet werden. Der eine Baum hat größere Birnen als die rothe Kappesbirne, das andere sind so groß als die weiße Kappesbirn, die alle zehndbar sind. Von beiden Sorten Früchten habe bei H. E. Stadtschultheißen vorgezeigt und niedergelegt. Und da ander Weinbirnen, die Winterbirnen sind, ohne Ausnahme zehnden, als Rothbirnen und dergl. ich auch diese Bäume quasi seit 27 Jahren selbsten gezehndet — es seye denn, daß sie heimlich abgemacht (wie öfters geschieht) und unter dem Namen unzehndbar, mir unwissend heimgetragen, und auf solche Weise der Zehnden entwendet worden, so sind und bleiben auch diese zehndbar. Die 2 Bäume schätze ich auf gut 5 Malter, und gebühret mir also davon an Zehnden 2 Sgr. oder das Malter zu 2 fl.   1 fl.

An ein hochlöbl. Amt ergeht daher meine gehorsamste Bitte, bemeldete ohne Ursach widerspenstige Zehendpflichtige anhalten zu lassen, daß sie mir diesen geringen und billigen Ansatz entweder in natura oder im Werthe an Geld ersetzen

   Der ich mit vollkommenster Hochachtung bestehe
     Eines hochlöbl. Amtes
                     gehorsamster
Kronberg den 28. Sept.   Christ
    1811   Opf.

---

* Mester = 1/8 Malter haltendes Fruchtmaß, Sechter = 1/2 Mester oder 1/16 Malter. (Fr. L. K. Weigand, Deutsches Wörterbuch, 5. Aufl., 1910.)

Am 9. November wurden die Beklagten vor den Gemeindevorstand mit Stadtschultheiß Anthes, Gerichtsfreund Niklas Fuchs, Philipp Weidmann, Andreas Zubrod, Jakob Hauswald und Stadtschreiber Schmidt geladen. Es fehlten Johannes Kilb, der Pfarrer Christ mittlerweile den Zehnten nachgeliefert hatte, und Andres Wek, der »mit seinem Gescherr abwesend seye«. Die verklagten Bürger beschwerten sich, daß Christ das Fallobst mit dem reifen gebrochenen Obst in eine Klasse setze, obwohl es doch nur den halben Wert habe. Weiter brachten sie ein ganz neues Argument vor: »Überhaupt müßten sie bemerken: daß im Zehnten Wesen dahier eine große Unordnung herrsche, masen keine verpflichtete Auszehnder wie in den benachbarten Orten und allenthalben angestellt seyen, sondern dieses Geschäft durch HE. Pfarrer Christ und durch in seinem Brode stehende Leuthe verrichtet werde, mithin er als Zehndherr, Auszehnder, Kläger, Denunciant und Beweißführer aufträte, was doch in rechten nicht miteinander vereinbarlich wäre.« Schließlich erklärte Gundlach seine Birnen zu Wildbirnen, die noch nie gezehntet worden seien, und allesamt (bis auf Weck, der mit seinem »Gescherr« abwesend sei) forderten schließlich, das Dekret zu sehen, das Christ berechtigte, nach dem Windfall zu zehnten.

Dieses Dekret von 1799 mit Rückgriff auf 1749 legte Christ seinem Brief vom 28. November bei, in dem er sich gegen die Vorwürfe der Zentschuldner verteidigte, vor allem gegen den, er habe den Ersatz »zu hoch angeschlagen«. Außerdem erklärte er, der Bruder des Johannes Gundlach habe ihm die sogenannten »Wildbirnen«, richtig »Rothbirnen«, im Neuenberg »schon 27 Jahre lang ohne Widerrede, bisweilen malterweis, verzehndet.«

Stellen wir an den Schluß noch zwei etwas »anrüchige« Berichte, die Stellungnahme zu einer Beschwerde Christs vom 19. November und eine Eintragung im Kirchenprotokollbuch vom nächsten Tag. Im ersten Bericht, der im Original vom Stadtvorstand nach Oberursel ging, handelt es sich um den Gerber Andres Erdmann, der von der Hofkammer gegen eine jährliche Anerkennungsgebühr von einem Gulden das »vom Bronnen auf dem Schloß abfließende Wasser in die in seinem Hofraum befindliche Gerbkauten« leiten darf. »Er bedient sich dieses Wassers nicht allein in der Gerbkauten sondern auch zum auffüllen der Lohe Bütten und in den Aschenbehälter, die in einem Gebäude im unteren Stock, das Kutschenhaus genannt, angebracht sind, wohin er es mittels Kändel leitet. Dieser Raum ward ehedem als Stall benutzet. Durch dessen Mauer gehet eine schmale Oefnung zu Abzug des Pfuhls in der Christischen Hofraithe, die vor noch nicht langen Jahren ein Garten war.«

Christ hat sich über den üblen Geruch beschwert. Der Gerber erklärt jedoch, daß er das Wasser von der Gerbkaute »an seinem Thor auf die gemeine Straße ausschüttet«. Die Lohebütten aber, so haben Sachverständige erklärt, leere man nur sehr selten, alle 40 bis 50 Jahre aus, weil das Material, aus dem man sie fertigt, zu kostspielig sei. Wenn man sie ausleere oder wenn sie auslaufen, »so seye der Geruch eben nicht von jener Art, daß er ansteckend oder ganz unerträglich wäre. HE. Pfarrer Christ behauptet das Letztere und führt zum Behuf dessen ein Zeugnis von seinem Nachbar Philipp Geisel auf. Allein beklagter Erdmann wird wohl gegen denselben als Taglöhner des

HE. Pfarrer Christ excipiren. Rechtlicher dörfte daher das Zeugniß des Apotheker Neubronner seyn, der in der Behausung eben dieses Geisels seit 3 Jahren wohnt, und der auf Befragen Stadt Vorstand äußerte, daß sich in diesem Zeitraum 2 mal ein übler Geruch durch ausgelaufene Gerbereiflüßigkeiten in dem Christischen Hofraum aus dem anstoßenden Gelände des Erdmann in der Nachbarschaft verbreitet habe. Hieraus geht nun zwar hervor, daß die Beschwerde des HE. Klägers einiger Maßen gegründet seye, auf der andern Seite ergiebt sich aber auch, daß das Ausschütten des Lohewassers nicht so wiederholt geschehe, der Geruch nicht so außerordentlich unausstehlich seye, wie angegeben worden, wie dann auch Stadt Vorstand in dem Augenblick des genommenen Augenscheins weder Lohe Wasser noch Übel Geruch an dem angezeigten Ort gefunden hat.«

Die Entscheidung überläßt der Stadtvorstand dem Amt. Der Beschreibung nach müßte das Anwesen, in dem der Gerber sein Handwerk betrieb, das ehemalige von Wetzelsche Haus in der Oberen Höllgasse sein, das heute noch steht.

Der zweite Text im Kirchenprotokoll ist kurz. Christ hat notiert: »Wurde dem Kehrer auf dem Markt resolvirt, abermals mit dem Stadtschultheis zu reden, der den Koth bekommt, wer das Kehren bezahlt.« — Der 1367 von Kaiser Karl IV. der Stadt verliehene Markt florierte damals also noch. Gehörte der nach Marktschluß verbleibende, vom Kehrer zu beseitigende »Koth« ursprünglich zu den »Einkünften« der Kirche oder des Pfarrers, zog ihn dann der Schultheiß an sich, ohne sich um die Bezahlung des Mannes mit dem Besen zu kümmern?

Die beiden letzten Jahre, 1812/13

Für Johann Ludwig Christ muß das Frühjahr 1812 ganz im Zeichen des zweiten Bandes der »Vollständigen Pomologie« gestanden haben, die für ihn die »Summa« seines pomologischen Forschens und Wissens bedeutete. Lange mag er überlegt haben, wem er diesen Band widmen sollte. Daß er schließlich den Fürstprimas Dalberg wählte, ist wohl auf eine persönliche Bekanntschaft und gegenseitige Wertschätzung zurückzuführen. Dalberg war 1787 Koadjutor im Erzstift Mainz geworden, und es liegt nahe, daß Christ ihm bei einem Besuch in Mainz vorgestellt wurde, zumal Dalberg lebhaft an Landwirtschaft, Handel und Gewerbe interessiert war und manches darüber geschrieben hat.

Die Widmung ist ähnlich wie die an die bayrische Königin noch ganz im Stil des 18. Jahrhunderts gehalten. Auf der ersten Seite lesen wir: »Seiner königlichen Hoheit / Dem / Durchlauchtigsten Großherzogen / Carl, / Großherzogen von Frankfurt, Fürsten-Primas des Rheinischen Bundes: Erzbischoffen von Regensburg: souveränen Fürsten von Aschaffenburg, Frankfurt, Fulda, Hanau und Wetzlar ec. / Meinem allergnädigsten Fürsten und Herrn / Herrn / in tiefster Ehrfurcht gewidmet / vom Verfasser.« Die folgende Anrede lautet sodann: »Duchlauchtigster Großherzog! Allergnädigster Fürst und Herr Herr! Euer Königlichen Hoheit haben als ein Kenner und preißwürdiger Beförderer aller schönen und nützlichen Wissenschaften schon seit langen Jahren meine ökonomische Bemühungen und Schriften Allerhöchst dero gnädigsten Beyfalls zu würdigen geruhet. Diese Allerhöchste Gnade, die mir zu immer mehrerern Thätigkeit nicht wenig Schwung gab, macht mich so dreiste, Euer Königlichen Hoheit diesen meinen Versuch in der nützlichen und angenehmen Pomologie, — vielleicht mein Schwanengesang, — besonders allerunterthänigst zu widmen.

Wolle die ewige Vorsehung Eurer Königlichen Hoheit kostbare Lebensjahre stetshin mit Wonne und allerhöchstem Wohlsein krönen, und bis zur höchsten Stufe des menschlichen Alters gelangen lassen.

Mit unauslöschlicher Devotion ersterbe
Durchlauchtigster Großherzog,
Allergnädigster Fürst und Herr Herr
allerunterthänigster Diener
Joh. Ludwig Christ«

Dalberg war damals 68 Jahre alt, also 5 Jahre jünger als Christ. Im folgenden Jahr legte er nach dem Zusammenbruch des Rheinbundes seine Großherzogwürde nieder und zog sich später in sein Erzbistum Regensburg zurück. Dort starb er am 10. Februar 1817. Ob er in seiner letzten Regierungszeit noch viel für Christs Werk tun konnte, ist zu bezweifeln.

Mit einer Überraschung wartete das Kronberger Anti-Bleichenbach-Syndicat im April auf. Die Prozeßkosten waren immer noch nicht bezahlt, und sie waren mit den Zinsen auf ungefähr 800 Gulden aufgelaufen. So machten die einstigen Deputierten mit geschickter Einbeziehung des Stadtschultheißen Anthes unter dem Namen der evangelischen Gemeine eine Eingabe ans Konsistorium und baten »unterthänig um gnädige Verfügung, wornach sämmtliche Mitglieder (der Gemeinde) ohne Ausnahme zur Bezahlung derjenigen Unkosten schuldig erkannt und angehalten werden möchten, welche durch Führung des bewußten Prozesses gegen ihren ehemaligen Herrn Pfarrer Bleichenbach dermals in Schierstein entstanden seyen.« Schon 1811 hatten die Deputierten ein Dekret erwirkt, aber jene, die damals nicht mit unterschrieben hatten, weigerten sich weiterhin, zu bezahlen, und das Oberurseler Amt sah offensichtlich die Legalität des Ganzen nicht ein, machte »neue große Anstände und Weitläufigkeiten, die das Signal zu einem zweiten kostspieligen Prozeß« geben könnten.« — Die Antwort des Konsistoriums liegt nicht vor. Wahrscheinlich wurde die Eingabe an die Regierung weitergeleitet. Vielleicht ergibt sich bei weiteren Forschungen, wer die 800 Gulden bezahlt hat.

Daß ein neuer Krieg in der Luft lag, war schon Ende Februar und Anfang März zu merken. Die Dörfer und Städtchen am Untermain litten wieder unter starken Truppendurchzügen. Die Franzosen kamen von Mainz herüber und zogen über Frankfurt nach Nordosten. Ihnen folgte das »Große Hauptquartier« und schließlich das Fuhr- und Verpflegungswesen. Napoleon verließ im Mai Paris und versammelte im Juni die mit ihm verbündeten Fürsten in Dresden um sich. Ende Juni vernahm man dann, daß die »Große Armee« mit 450000 Mann den Njemen überschritten hatte und ins Innere

Vollständige

Pomologie

über das

Steinobst, Schalen=

und

Beerenobst:

von

Dr. Joh. Ludw. Christ,

Past. prim. zu Kronberg an der Höhe bey Frankfurt a. M., der königl. kurfürstl. Land=
wirthschaftsgesellsch. zu Zelle; der königl. preuß. ökon. Gesellsch. zu Potsdam; wie
auch der russ. kais. Liefländ. ökon. Societät in Riga; der Gesellsch. des Ackerbanes, der
Wissensch. u. Künste des Niederrhein. Depart. zu Strasburg; der Wetterauischen
Gesellsch. für die gesammte Naturkunde zu Hanau, u. der Altenburg.
pomolog. Gesellsch. Ehren=Mitgliede.

Mit 24 ausgemahlten Kupfertafeln, theils nach dem zur Hälfte
verjüngten Maasstabe des Pariser Fußes, allermeist aber nach der
Naturgröße, und einem ausgemahlten Titelkupfer.

Frankfurt am Mayn 1812.

Im Verlage des Verfassers, und in Commission der J. Ch.
Hermann'schen Buchhandlung.

Rußlands vorrückte. Im August hatte Napoleon schon Smolensk erreicht und errang dort seinen ersten Sieg am 17. August. Nach dem zweiten Sieg bei Borodino zog er am 14. September in Moskau ein. Der von den Russen selbst gelegte Brand der Stadt machte es unmöglich, in ihr Winterquartiere zu beziehen. Nachdem Napoleon einen Monat lang vergeblich eine Antwort auf sein Friedensangebot an den Zaren in Petersburg erwartet hatte, mußte er sich entschließen, am 19. Oktober den Rückmarsch anzutreten, mit einem Heer, das inzwischen auf hunderttausend Mann zusammengeschmolzen war. Ständig von den Russen verfolgt, erreichte er mit nur noch 40000 Mann Smolensk. Als er nach den Kämpfen an der Beresina Wilna erreichte, waren es nur noch 15000 Mann. Von hier eilte er im Bauernschlitten westwärts über Warschau und Dresden, erreichte am 19. Dezember Paris und begann sofort, Soldaten auszuheben und ein neues Heer aufzustellen.

Man kann sich vorstellen, mit welcher Spannung man in Deutschland, in Nassau und Kronberg diese Ereignisse verfolgte. Etwa ein Drittel der nach Rußland gezogenen Armee hatte ja aus Deutschen bestanden, und so viele kamen nicht zurück. Ein nassauisches Kontingent war jedoch nicht darunter gewesen. Die Nassauer waren ja noch im spanischen Krieg, und die Überlebenden kehrten erst im Mai 1814 heim, nach mannigfachen Abenteuern und einem Frontwechsel, was alles hier jedoch nicht erzählt werden kann.

Trotz der aufgeregten Zeit fand man in Wiesbaden die Möglichkeit, weitere Reformen durchzusetzen. Am 3. September wurde die Ablösung der Abgaben, Lasten und Fronen (mit Ausnahme der Chaussee- und Jagdfronen) verfügt und ein neues, direktes Steuersystem eingeführt. Damit verschwand wieder ein Stück Mittelalter, doch der Zehnte, ein Hauptärgernis der Kronberger, blieb zu deren Leidwesen noch bestehen.

Doch ehe wir vom neuen Zehnten-Ärger Christs berichten, sei festgehalten, daß der zweite Pfarrer, Johann Friedrich Snell, das Konsistorium um Heiratserlaubnis bat. Er wollte Wilhelmine Michelin, Tochter des Wiesbadener Weißgerbermeisters Michel, heiraten. Das wurde ihm genehmigt und auch das zweite und dritte Aufgebot erlassen — gegen Zahlung von drei Gulden, von denen je die Hälfte an die Rentei und das Wiesbadener Waisenhaus zu entrichten war. Die Dörrsche Pfarrchronik berichtet, daß aus der Ehe sieben Kinder, 5 Söhne und 2 Töchter, hervorgingen.

Am 5. Oktober mußte Christ wieder ans Amt schreiben und zwar wegen dem uns schon bekannten Johannes Gundlach, der besonders erfindungsreich war, wenn es galt, den Pfarrer um seinen Zehnten zu prellen. So lesen wir:

»Hochlöbliches Amt! Es hat Johannes Gundlach dahier einen Acker gegen 2 Morgen groß auf dem sogenannten Sauwasem bey den andern Burger Ländern, (die alle Jahre gezehndet werden, zur Hälfte der Pfarrey und zur Hälfte der Präsenz), welchen er dieses Jahr halb mit Kartoffeln und halb mit Erbsen angebaut hatte. Sämtliche Früchte nahm er vorige Woche weg, ohne sie auszehnden zu lassen. Als ich deshalben Nachfrage halten ließ, sagte er: ›er hätte diesen Acker als Brachland gerechnet, da er schon 2 Jahre den Zehnden davon gegeben‹.

Tafel XV: Eine Birnentafel aus der »Vollständigen Pomologie«, 1809/1812.

Tafel XVI: Oben: Johann Friedrich Morgenstern, Königstein, 1803. – Unten: Johann Friedrich Morgenstern, Falkenstein, 1803.

Wie nun aber dieser Acker weder zu einem Brachfeld gehöret, (das hier ohnedem nicht zehndfrey ist,) sondern alle Jahre, so oft er etwas getragen, gezehndet worden, noch ihn der 2 Jahr nacheinander abgegebene Zenden berechtiget, das 3te als Brach-Jahr unbezehndbar anzugeben, und solches nur ein Vorwand seiner Zehndenbetrügerey ist, über welcher diesen eigennützigen Mann schon vor 20 Jahren mußte strafen lassen, und er mich alle Jahr vervortheilt, wo er nur kann: So bitte gehorsamst, ihn nicht nur wegen obigem Zehndenbetrug mit der gebührenden Strafe anzusehen, sondern ihm auch zu befehlen, mir den entwendeten Zenden zu erstatten, und zwar an Gelde, da er mich sonst auch im Maaß und Frucht vervortheilen und mir ausgetrettene und halb-ausgedroschene Erbsenbund statt mit vollen Schoten geben würde. — Mäßig gerechnet schuldt er mir 4 bis 5 Säcke oder wenigstens 3 Malter Kartoffeln und 5 Gebund Erbsen. Da das Malter Kartoffeln zu 2½ Gulden bezahlt worden, so betrüge der Zehnden 7 Gulden 30 Kreuzer und das Malter Erbsen zu 10 Gulden thun 3 Malter 30 Gulden, der Zehnden davon 3 Gulden.«

In einem weiteren Brief vom 31. Oktober muß Christ berichten, daß Gundlach auf dem fraglichen Acker außer Kartoffeln und Erbsen auch Sommersaat gezogen hat. Da er nun nicht wissen kann, welche Mengen dieser »heimlich eingethan hat«, bittet er das Amt, »den Johannes Gundlach eidlich aussagen zu lassen, was er geerntet habe und ihm und dem Präsenzmeister danach den Zehnten zu berechnen und »solchen in natura, gedroschen oder in Geld zu entrichten«.

Briefe aus dem Mai, Juni und Juli 1813 belegen, daß Gundlach immer noch nicht gezahlt hatte. Am Ende beliefen sich Zehnter und Klagkosten und Auslagen auf ganze 10 Gulden 54 Kreuzer. Wieviel Tinte wurde dafür verschrieben, wieviel Nervenkraft hat dieser eine Fall den alten Pfarrer gekostet!

Das Kirchenprotokoll weist 1812 nur drei Eintragungen auf. Die von Februar und Mai betreffen das Übliche: Schuhe für Wittweiber, Kleider für Konfirmanden, Zahlungen des Schulholzgeldes für »freygesprochene« Kinder. Interessanter sind für uns die Eintragungen vom 6. Dezember. Da heißt es einmal:

»Wurde vom Pf. dem Kirchenvorstand vorgestellt, daß ein Kestenbaum im Thalgarten befindlich, der untauglich ist u. meist wie Bucheckern kleine Kastanien trage, und nicht des Besteigens und Abmachens lohne, wie solches die Leute bezeugen können, die sie schon etliche Jahre abgemacht haben, daß ich dafür, darin ein jeweiliger Pfarrer das Recht, einen abgängigen oder untauglichen Baum in seinem Nutzen zu verwenden, gegen Setzung eines andern dergleichen guten, 3 junge gute Kästenbäume dafür setzen, und den alten zum bauen, wie er tauglich, verwenden wolle.«

Die Kirchenältesten Jakob Weidmann und Balthasar Kuntz sowie die Gerichtsmänner Johann Nikolaus Fuchs und Philipp Glock waren mit der Fällung des Baums nicht einverstanden und protestierten beim Konsistorium, das jedoch Christ die Erlaubnis erteilte. Dem Gutachten Brückners vom 17. Mai 1813 zufolge muß es sich um einen alten, stattlichen Baum gehandelt haben, denn zur Abfuhr des gefällten Riesen wurden 6 Wagen gebraucht, davon zwei mit je zwei Pferden und vier mit je einem Paar Ochsen bespannt. Nur als Brennholz wurde der Wert des Baumes auf 15 Gulden geschätzt. —

Wollte Christ das Kastanienholz lediglich verheizen oder war das Haus neben dem Pfarrhaus, das er Jahre zuvor für Tochter und Schwiegersohn erworben hatte, immer noch nicht ganz ausgebaut?

Die andere Eintragung aus dem Dezember besagt: »Wurde beschlossen, daß an das hochpreißliche Consistorium berichtet werde, daß das Burgermeisteramt dahier schon 3 Jahre keine Interessen bezahlt, von denen in den Kriegszeiten hingeliehenen Capitalien aus dem Hospital von 4300 Gulden und der Präsenz 11743 Gulden, wovon die schuldigen Interessen . . .«

Die Zinsen hat Christ nicht ausgeworfen; sie betrugen damals 4 bis 5 %. Die Stadt war also bei der lutherischen Kirche, abgesehen von diesen, mit über 16000 Gulden verschuldet, und das waren keineswegs die einzigen Schulden. Bei Wiederspahn lesen wir, daß der Schuldenstand 1809 84936 Gulden und 22 Kreuzer betrug und daß bis 1812 2817 Gulden Zinsen rückständig waren. Die Schulden sollten im nächsten Jahr durch neue Kriegslasten weiter steigen, wie wir alsbald hören werden.

Christ war literarisch auch 1812 nicht untätig geblieben. Er hatte begonnen, ein »Allgemein-practisches Gartenbuch für den Bürger und Landmann über den Küchen- und Obstgarten« zu schreiben, das er nun wohl im Frühjahr 1813 abschloß und nach Heilbronn sandte. Wie die Verbindung mit dem neuen Verlag dort, der Classischen Buchhandlung, zustande kam, wissen wir nicht. Hatte Christ auf seiner Süddeutschlandreise die Stadt der Jugend- und Schuljahre besucht? Die Heilbronner Firma verlegte, wie ein dem Buch beigebundenes Verzeichnis zeigt, »sehr nützliche Jugend- und Erziehungsschriften«, Catholica, aber auch die »Naturgeschichte für Bürgerschulen« von J. F. Schlez, Hatzels »Das Ganze der Landwirtschaft« und Zimmermanns »Anweisung für Frauenzimmer um eine gute Haushälterin zu werden« in drei Teilen. Ob Christ bei der Niederschrift des Vorworts geahnt hat, daß dies sein letztes Buch sein würde? Wir wissen es nicht. Er scheint ja noch durchaus rüstig gewesen zu sein. Von Krankheiten hören wir nichts. Unter dem Verfassernamen steht:

»Past. prim. zu Kronberg an der Höhe bey Frankfurt a. M., der königl. kurfürstl. Landwirthschaftsgesellschaft zu Zelle; der königl. preuß. ökon. Gesellsch. zu Potsdam; wie auch der russisch kaiserl. Liefländ. ökon. Societät in Riga; der Gesellschaft des Ackerbaues, der Wissensch. u. Künste des Niederrhein. Depart. zu Strasburg; der Wetterauischen Gesellsch. für die gesamte Naturkunde zu Hanau; der Altenburg. pomolog. Gesellsch. u. der großherz. Hessischen Landesculturgesellsch. zu Arnsberg (Arnsburg) Ehren-Mitgliede.«

Das ist eine stolze Liste, die zeigt, zu welchem Ruhm Christ im Laufe der Jahre gekommen war. Aber auch in Frankfurt kannte man ihn. Das manifestiert unter anderm ein mit vier kolorierten Stichen von Königstein, dem Fischbacher Tal, der Ölmühle und Eppstein von M. Fustscher geschmücktes Büchlein: »Lust-Partie der Wellnerschen Familie nach Epstein« von F. Schtreus. Im 18. Kapitel heißt es darin:

»Es war kaum ein Viertel über sechs Uhr, als der Wagen vor dem Thore der Stadt Cronberg stille hielt. Man stieg aus und sandte das Fuhrwerk nach Münster, wo man des folgenden Tags auf dem Rückwege wieder einsteigen wollte. Die Gesellschaft stieg den Schloßberg hinauf. Außer den Schulstuben und der Wohnung des Schulrectors steht das Schloßgebäude leer. Auf dem hochragenden Thurme hat ein Wächter seine Wohnung, welcher gegen ein kleines Geschenk es gern erlaubt, von der Höhe seiner luftigen Behausung der schönen Aussicht zu genießen. Unten am Fuße des Thurms kann man mittelst einer steinernen Treppe zu einer Ruine hinaufsteigen, wo neben alten zerfallenen Gemächern ein bequemer Sitz einladet, die wilde Gebirgslandschaft zu überschauen. In der Schulstube hängt ein altes Gemälde, das die Niederlage der Frankfurter in einer alten Fehde gegen die Cronberger darstellt. Der Herr Schulrector hatte die Gefälligkeit, den Vorgang ziemlich ausführlich zu erzählen, welcher auch im ersten Theile von Kirchners Geschichte der Stadt Frankfurt dargelegt ist.

Nachdem die Wallfahrter alles Merkwürdige in Augenschein genommen, auch die Industrie und den Erdmandelkaffee des hiesigen Herrn Pfarrer Christ, eines berühmten ökonomischen Schriftstellers und Pomologen, gehörig gewürdigt hatten, setzten sie um sieben Uhr ihren Wanderstab nach Königstein fort.

Der Fußweg zieht sich, wenn man das Städtchen etwa hundert Schritte hinter sich hat, links auf einer Anhöhe fort, welche im Zurückblicken herrliche Prospecte von Cronberg zeigt. Dicht neben dem Fußpfade senkt sich ein tiefes, größtentheils mit ächten Kastanien angepflanztes Thal hinab, das man eher eine Schlucht nennen könnte. Fast eine Viertelstunde lang vergnügt es, durch den herrlichen Kastanienwald mit hohen Wipfeln, den oben an seinem Rande wandelnden Pilger, dessen Blicke oft und jedesmal mit Lust in seine Tiefe hinuntergleiten. Eine schöne mit Schlüsselblumen prangende Bergwiese empfing hierauf unsere behende vorwärts schreitenden Wanderer, welche die Ruine des Schlosses Falkenstein gerade vor sich sahen und darüber die kleinen Beschwerden vergaßen, die die im Wege liegenden Felsenstücke und die von den Bauern zum Schutz der Wiese zu dicht neben den Pfad gesteckten Dornzweige verursachten.«

Der Tuchhändler Wellner und seine Eheliebste, die beiden Töchter Minchen und Gretchen, der Sohn Gottfried, Wellners Schwestertochter, Magister Stemler, der Hausfreund, und der junge Weinhändler Kuhnold, der um Minchen wirbt, haben also Christs Erdmandelkultur und seinen Baumgarten an der Stadtmauer bewundert und sind einen Weg gewandert, den jeder Kronberger heute noch kennt und liebt!

Am 8. Februar, also noch einige Wochen ehe die Schlüsselblumen blühten, hatte der Pfarrer Snell um Versetzung nach Dotzheim gebeten, aber es war ein anderer dorthin gekommen.

Christs Sorgenkind, sein blöder Sohn, um dessen spätere Versorgung er sich so oft Gedanken gemacht hatte, nahm ihm plötzlich alle Sorgen ab: »Am 1. April abends 8 Uhr starb nach 9tägigem Krankenlager Johann Heinrich Christ, mein, Johann Ludwig Christ, Ersten Evang. Pfarrers dahier ehelich lediger Sohn und wurde darauf den 4. morgens in der Stille zu Grabe getragen. Seines Alters 36 Jahr, 6 Wochen, 5 Tag.«

Inzwischen war die Weltgeschichte schon wieder in Bewegung geraten. Napoleon hatte aufs neue gerüstet. Am 16. April traf er in Mainz ein, um Ausrüstung und Aufmarsch der neuen, aus dem Boden gestampften Armee zu überwachen. In Hochheim wurde ein »gîte d'étape intermediaire« eingerichtet. Alle zum Militärdienst Eingezogenen und über Alzey oder Bingen Geleiteten von jenseits des Rheins wurden in Mainz ausgerüstet und dann nach Hochheim gebracht, um am nächsten Tag weiter nach Frankfurt in Marsch gesetzt zu werden. Von Februar bis Mai mußten Hochheim, Flörsheim, Massenheim und Wicker für Tausende von Franzosen sowie deren Pferde Quartier und Fourage stellen.

Napoleons Gegner, die Russen und die Preußen, die sich gegen ihn erhoben hatten, waren inzwischen nicht untätig geblieben. Sie hatten die Überreste der »Großen Armee« aus Schlesien und Brandenburg verdrängt und gezwungen, hinter die Oder zurückzugehen. Im April hatten sie Sachsen besetzt. Am 20. April brach Napoleon in Mainz auf und zog ihnen entgegen. Er siegte im Mai bei Großgörschen und Bautzen und erzielte einen Waffenstillstand, der am 4. Juni begann. Doch da er aus Stolz einen ehrenvollen Frieden ablehnte, den Österreich ihm vorschlug, gingen die Österreicher zu den Verbündeten über, und der Krieg ging weiter.

Zunächst brachte der Krieg bis Anfang Juni unserer Heimat neue Belastungen. Napoleon hatte angeordnet, daß in Erfurt, Eisenach, Fulda, Hanau, Würzburg und Aschaffenburg größere Spitäler eingerichtet werden sollten. Doch als die Verwundeten kamen, waren nur wenige für sie aufnahmebereit. So strebten bald Tausende von gehfähigen Verwundeten nach Frankfurt und zum Untermain. Mitte Mai trafen die ersten Leichtverwundeten ein. Auch Simulanten waren darunter, die sich jenseits des Rheins in Sicherheit bringen wollten. Nassau wurde aufgefordert, tausend Mann in einem Lazarett in Höchst oder Hochheim unterzubringen, wollte aber nur sechshundert in privater Pflege annehmen. Am 15. und 16. Mai wurden 1000 schwerer verwundete Soldaten von Frankfurt nach Höchst überwiesen. »Die meisten dieser Leute trugen die blutigen Hemden, in die sich Unrat und Ungeziefer eingenistet hatten, seit ihrer Verwundung noch auf dem Leibe. Einige mit zersplitterten Knochen wurden behufs Amputation schleunigst nach Mainz gebracht.« Die andern teilte man auf die Amtsorte auf. Auch nach Eschborn kamen 80 von ihnen. In Frankfurt waren schließlich über 4000 Verwundete versammelt, für die von französischer Seite wenig oder nichts getan wurde, und täglich kamen weitere hinzu.

Kronberg wird in Th. Schülers Bericht über »Die Kriegsbegebenheiten am unteren Main 1813« als Lazarettplatz zunächst nicht genannt, weil noch französisches Militär in der Stadt lag. Es wird allerdings berichtet, daß der Kronberger Chirurg Phildius zur Behandlung der Verwundeten im Umkreis, in Schwalbach, Neuenhain, Eschborn und Eppstein eingesetzt wurde.

Die Nassauer bildeten Hilfsfonds und schickten Hemden, Verbandzeug und anderes nach Höchst, so daß der Amtmann Lamboy schon bald nach Wiesbaden melden konnte, alle Verwundeten hätten gereinigt, verbunden und mit sauberen Hemden versehen werden können. Am 18. Mai gab es im Amt Höchst noch 1200 verwundete Franzosen. Auf Anordnung des Generals Augerau wurden drei Gruppen gebildet. Die Schwerverwundeten wurden nach Mainz gebracht, die leichter verwundeten gehfähigen Soldaten kamen nach Friedberg, und nur jene, die bald genesen sein würden, blieben. Für die Schonungsbedürftigen, die nach Friedberg sollten, mußte das Amt Oberursel mit Stroh belegte Leiterwagen stellen. Doch diese Frühjahrsinvasion von Verwundeten war nur der Anfang, im Herbst sollte es noch viel schlimmer kommen.

Die durch den Waffenstillstand erreichte Atempause benutzte der Korse, die Lücken in seiner Armee wieder aufzufüllen, um dann erneut über seine Gegner herzufallen. Bei Großbeeren erlitt er am 23. August eine Niederlage, siegte zwar bald darauf noch einmal bei Dresden, doch dann wandte das Kriegsglück sich endgültig. Eine Niederlage folgte der andern, die Bayern fielen ab, und schließlich mußte er sich den Verbündeten zu einer Hauptschlacht stellen. Die »Völkerschlacht bei Leipzig« wurde zur Katastrophe für ihn. Nur hunderttausend Mann konnten in der zweiten Oktoberhälfte nach Westen entkommen, unter ihnen auch Rheinbund-Truppen.

In Kronberg hatte man sich derweilen im Sommer wieder um den Zehnten im Brachfeld gestritten. Am 15. Juli verbot das Oberurseler Amt dem Kronberger Ortsvorstand erneut, sich in den Streit zwischen Christ und einzelnen Güterbesitzern einzulassen, sofern man keine ausdrückliche Genehmigung der Regierung habe. Darauf schickte man von Kronberg eine Eingabe nach Wiesbaden und betonte: »Es ist aber dieser höchst wichtige Gegenstand nicht die Sache einiger Individuen, sondern die der ganzen Gemeinde, deren Gerechtsame zu vertreten in der Pflicht des Stadtvorstandes liegt.« Wiesbaden reagierte jedoch offenbar nicht, und bald wurde alles von den militärischen Ereignissen überschattet.

Die in der rhein-mainischen Etappe verbliebenen Franzosen wollten auch die Niederlagen gern als Siege darstellen und suchten daher die Verbreitung auswärtiger Zeitungen nach Möglichkeit zu verhindern. Als am 15. und 16. September 400 gefangene Offiziere der Verbündeten und einige tausend Soldaten auf Schiffen an Höchst vorbei nach Mainz gebracht wurden, glaubte man ihnen zunächst diese Siege. Doch als, vom 18. September ab, scharenweise verwundete Franzosen eintrafen und man ihre Zahl bald in Frankfurt auf 15000 schätzte, begann man die Wahrheit zu ahnen. Die Höchster verschlossen zwar auf Befehl des französischen Kommandanten ihre Stadttore, aber von den Mainschiffen aus wurden so viele Blessierte an Land gesetzt, daß Ende September deren um 1600 in der Stadt waren. Man verteilte sie. Dabei kamen unter anderm 60 nach Sossenheim, Eschborn, Sulzbach und Soden, 30 nach Königstein, 200 nach Kalbach, Stierstadt, Weißkirchen, Falkenstein und Kronberg. Die meisten wird man wohl von den Dörfern aus nach Kronberg geschickt haben. Schüler betont: »Für sie taten die Bewohner alles, was in ihren Kräften stand.«

Diese Verwundeten bedeuteten neben der Besatzung für Kronberg eine neue Last. Wo mag man sie untergebracht haben, in Scheunen, in der Streitkirche? Für die beiden Pfarrer Christ und Snell waren die kranken Soldaten eine Aufgabe, der sie sich als Christen zu stellen hatten. Man kann sich vorstellen, wie diese Aufgabe den vierundsiebzigjährigen Christ mitgenommen hat, zumal die Franzosen ja mancherlei Krankheiten mit einschleppten, vor allem das sogenannte Lazarett- oder Faulfieber.

Anfang Oktober wurde Frankfurt von Flüchtlingen und Verwundeten so überlaufen, daß auch hier der Stadtkommandant die Tore schließen ließ. Was sich dann nach der

Leipziger Schlacht abspielte, kann hier auch nicht in Umrissen dargestellt werden. Schon am 24. Oktober begann der Rückzug der in Höchst stationierten Franzosen in Richtung Mainz. Am 27. Oktober, also reichlich spät, erließ die nassauische Regierung »Vorschriften über das Verhalten bei etwaiger Annäherung des Kriegsschauplatzes«. Unter anderm wurde Ortsvorständen, Beamten und Geistlichen befohlen, bei Strafe sofortiger Dienstentlassung auf ihrem Posten zu bleiben.

Am 30./31. Oktober erkämpfte Napoleon sich den Durchzug, den ihm ein bayrisch-österreichisches Heer bei Hanau verwehren wollte. Am 31. Oktober übernachtete er in Frankfurt, im Bethmannschen Gartenhaus am Friedberger Tor, in der folgenden Nacht im Höchster Bolongaro-Haus. Am 2. November erreichte er, inmitten des nach Mainz fliehenden Heeres, Kastel. »Vorerst kam ein prächtiges Husaren-Regiment, dem einige Regimenter Kürassiere, Chasseurs, Grenadiere und eine Abteilung berittener Artillerie folgten. Der Kaiser in einem schlichten grauen Überrock musterte die Kavallerie auf dem Glacis zu Kastel, bevor er sie in Mainz einrücken ließ. Bei diesem Abrücken nach Mainz suchte ein Regiment dem anderen zuvorzukommen, wodurch in Kastel und auf der Rheinbrücke ein solches Gedränge entstand, daß Hunderte von einzelnen Soldaten totgedrückt und -getreten wurden. ›Der kälteste Zuschauer mußte von diesem Anblick ergriffen und durch die Äußerungen der Wut der Kavalleristen in einen wahren Schrecken versetzt werden, die die isolierten waffenlosen Mannschaften bei dem Hindrängen zur Brücke mit den Worten zurückstießen: Ihr Kanaillen passiert nicht‹!«

Das genaue Datum des Abrückens der Franzosen aus Kronberg liegt uns noch nicht vor. Die Verwundeten hatte man wohl schon vorher abtransportiert — oder hat man sie einfach liegenlassen? Der Abmarsch muß, wie in Höchst, in den letzten Oktobertagen erfolgt sein. Wiederspahn berichtet dazu: »Der Abzug der Franzosen vollzog sich nicht ohne dramatische Steigerung. Ein französischer Offizier, welcher sich durch die Truppenaushebung verhaßt gemacht hatte, wurde vor dem Eichentor in der sogenannten Eichenhohl erschlagen. Einem anderen Offizier wurde der Sattel zerschnitten. Darüber erbost, kehrten die Franzosen, die bereits vor Königstein angelangt waren, zurück und stellten ihre Geschütze auf dem Buchholzberg gegenüber von Cronberg zur Beschießung auf. Durch rasches Eingreifen des Gemeindevorstandes und Zahlung eines Kriegstributs wurde Cronberg vor Schlimmerem bewahrt. Jahrzehntelang hat Cronberg an diesem Kriegstribut zurückgezahlt. Etwa 1890 wurden diese Kriegsschulden gelegentlich der Aufnahme einer neuen Anleihe abgedeckt.«

Nicht nur die Kronberger Besatzungstruppen mieden die überfüllte Straße nach Mainz, auch zahlreiche andere Truppenteile und versprengte Abteilungen und Einzelgänger zogen durch den Taunus, in Richtung Limburg und Koblenz. Schüler berichtet: »So wurde von Königstein gemeldet, daß am 29. Oktober früh 11 Uhr 4 Generale, darunter der Marschall Kellermann, mit größerer Kavalleriebedeckung von Frankfurt her den Ort passierten, denen bis zum Mittag des 30. Oktober Truppen aller Waffengattungen folgten.« Ähnlich war es in Oberursel und Usingen.

Am 30. Oktober ritten die ersten Kosaken in Frankfurt ein. Am 1. und 2. November waren sie in Kronberg und Königstein. Damit begann wiederum eine Leidenszeit für

Kronberg, deren Anfänge Christ noch miterlebte. Die Steppensöhne unter dem Hetman Platow errichteten ihr Lager im Rosenthal, vor dem Frankfurter Tor. Da sie in Kronberg offenbar nicht genug vorfanden, machten sie gleich einen Beutezug nach Oberhöchstadt: »Am 2. November sind 150 Mann Kosacken aus dem Lager von Kronburg mit Gewald ohne Requitierung in hiesigen Ort eingefallen und haben von Geld und Geldeswerth bis 300 Gulden mitgenommen, an Heu 178 Centner, Haber 80 Malter, Gerst 80 Malter.« Und weiter: »Am 3ten November haben die russische Kosacken 4 Ochsen nebst einem Wagen in das Lager nach Kronberg hinweggenommen und die Ochsen alda geschlagtet. Der Werth ist nach dem Tax 336 Gulden 30 Kreuzer.«

Da man zum Bau von Unterkünften wie zum Braten von Ochsen Holz braucht, holten die Kosaken sich solches aus nächster Nähe. Die hölzernen Palisaden, mit denen die Kronberger ihre Obst- und Baumgärten umgeben hatten, boten sich gerade zu solchem Gebrauch an. Die Schadenslisten sind erhalten, und so lesen wir in dem von Stadtschultheiß Anthes, Gerichtsfreund Jakob Hembus und Johann Nicolaus Fuchs aufgestellten »Verzeichniß der von den Kaiserlich Russischen Truppen nachstehenden Einwohnern zu Kronberg den 4. November 1813 mitgenommene Fur und Exzessen und den 1ten Januar 1814 mit Gewalt abgenommene Naturalien und Effekten« unter »Exzessen«:

Dem HE. Justitzrath Brückner an seinem Garten die Palisaten verbrandt	900 Gulden
Dem HE. Pfarrer Christ an seinem Garten desgleichen	500 Gulden
An den Pfaffenstück Baumschulen desgleichen	200 Gulden
An den Neuröder Gärten Thüren und Spalier Blancken verbrand	300 Gulden
In dem grosen Rosenthal die Thieren Thierpfosten und Mauren abgerissen und verbrant	150 Gulden
Am Eigen Thor an den Baumschulen die Palisaten ausgerissen und verbrandt	200 Gulden
Dem Johann Füllmert wittib ein neuer Scheuerrollseil mitgenommen	3 Gulden
Dem Peter Anton Müller Leiendecker ein Flaschenzugseil mitgenommen	6 Gulden

Unter »Verlohrene Fuhren« finden wir:

Philipp Glock seine Schaise	110 Gulden
Lorenz Hahn seine Wagen Waag	6 Gulden

Zusammen mit Heu, Grummet, Hafer, Gerste und Strohgebunden, die 48 Kronbergern abgenommen wurden, betrug der Gesamtschaden 3635 Gulden und 24 Kreuzer.

Am 20. November hat der Stadtschreiber Schmidt ein »Verzeichnis der an die Allirten Truppen biß zum 30ten November abgegebene Fourage und Lebens Mittel vom Ort Kronberg« angelegt. Danach lagen in der Stadt:
Vom 2.-4. November das unter dem Kommando des Generals Czernitschef gestandene Kosaken Corps
Vom 5.-15. November das Kaiserlich Russische 6te Linien Infanterie Regiment

Vom 16.-20. November 4 Escadrons Husaren vom 22. Regiment
Vom 9.-18. November der k. k. Österreichische Ober Lieutenant Fedling
Vom 10.-14. November das Teutsch Banatische Gräntz Regiment Nr. 7 Infanterie

Zusammen mit einigen kleineren Lieferungen, die nach Sulzbach, Niederhöchstadt und an das preußische Magazin in Höchst gingen, mußte Kronberg aufbringen: 15552 Mundportionen, 426 Zentner Heu, 180 Malter Haber, 68 Malter Gerste, 580 Leib Brot, 540 Strohgebunde, dazu 6 Ochsen und 1 Kuh. Die Gesamtkosten dafür errechneten sich auf 11337 Gulden.

Am 10. Dezember machten Stadtschultheiß Anthes und Stadtschreiber Schmidt eine Aufstellung nach der Kopfzahl:

»Hat man die über die Einquartierung der alliierten Truppen geführte Register zur Hand genommen, collationirt und gefunden, das dergleichen eingelegt worden sint ab und Zugang in gemäßheit Verzeichniß:

Vom 2ten bis 4t. Novem. von Kosaken Corps	3400 Mann
Vom 5t. bis 15. Nov. vom Kaiserlich Russischen Linien Regiment	5500 —
Vom 16t. bis 20t. Nov. 4 Escadron Russische Husaren	1600 —
Vom 9t. bis 18. Nov. vom Kayserlichen Österreich. Dragoner Regiment Risch	52 —
Vom 10ten bis 14ten Nov. Vom Deutsch Banatischen Gräntz Regiment Infanterie Nr. 7	5000 —
Summa	15552 Mann

Man stelle sich vor, daß die kleine Stadt vom 2. bis zum 20. November fünfzehneinhalbtausend Soldaten, darunter über 10000, die eine ganz fremde, unverständliche Sprache hatten, in- und außerhalb ihrer Mauern beherbergen und verköstigen mußte, mitsamt vielen Pferden! Wie es da in den Gassen und vor den Toren zugegangen ist, läßt sich kaum ausmalen. Zwischendurch verlangte und erhielt am 5. November ein preußisches Kommando »50 Ellen grau Tuch«. Am 9. November, so hörte man, hatten die Österreicher Hochheim erstürmt, und am 16. November ließ sich der preußische General Blücher in Höchst nieder.

In all diesem Wirrwarr erkrankte Johann Ludwig Christ am Fleckfieber. Vermutlich hatte er sich bei der Sorge um einen Kranken, vielleicht einen zurückgelassenen Franzosen, infiziert. Die Zerstörung seines »Paradiesgärtleins« an der Stadtmauer hat er wohl noch miterlebt. Wann es ihn aufs Kranken- und Sterbelager zwang, wissen wir nicht. Jedenfalls schrieb Snell unterm 19. November ins Kirchenbuch: »Den 19. November morgens 4 Uhr starb an dem Fleckenfieber und wurde in der Stille beerdigt HE. Johann Ludwig Christ, evangelischer Pfarrer dahier. Er stand 50 Jahre im Amt, in Cronberg 29 Jahre, war 74 Jahr, 5 Wochen alt. Von seinen 6 Kindern ist noch eine Tochter am Leben.«

Wie viele Kronberger werden an Christs Grab gestanden haben? Wahrscheinlich waren es in diesen aufgeregten Tagen nur wenige außer der verwitweten »Madame Bleichenbach« und ihren beiden Kindern, von denen der Sohn den Namen seines Großvaters trug. Wenn Johann Friedrich Snell ihm danach eine Gedächtnisrede in der Stadtkirche gehalten hat, dann konnte er eigentlich keinen treffenderen Text wählen als den 10. Vers des 90. Psalms: »Unser Leben währet siebenzig Jahre, wenns hoch kommt, so sinds achtzig Jahre, und wenns köstlich gewesen ist, so ists Mühe und Arbeit gewesen; denn es fähret schnell dahin, als flögen wir davon.«

Ähnlich wie in Kronberg ging es auch in Eschborn zu. Man lese das Kapitel »Befreier, Besatzer, Barbaren« in Adolf Pauls Chronik »Vom Vorgestern zum Heute«, das Auszüge aus der Kirchenchronik von 1813/14 enthält. Auch dieses Dorf wurde von Kosaken, Russen, Österreichern und Preußen heimgesucht, und in Niederhöchstadt wird es kaum besser gewesen sein.

Ausklang

Im Frühjahr 1814 ist dann zu Heilbronn jenes Werk Christs erschienen, das sein langlebigstes geworden ist, die größte Auflagenzahl erreicht hat. Die J. D. Classische Buchhandlung hat bei der Drucklegung und Auslieferung des Gartenbuchs noch nichts vom Tode des Autors gewußt; jedenfalls fehlt jeder Vermerk, daß er gestorben war.

Snell mußte den Pfarrdienst bis zum Oktober allein versehen. Am 4. März erstattete der Generalsuperintendent Müller, der noch zu Lebzeiten Christs, 1811, Kronberg besucht hatte, einen Bericht über die »Besetzung der ersten Pfarrei zu Kronberg«, in dem es heißt:

»Um einen Prediger in Kronberg wohl zu versorgen, ist schon früher der Vorschlag zur Einziehung der zweiten Pfarrstelle erwogen worden, zu welchem außerdem nicht allein die nöthige Verbesserung der beiden Schulstellen daselbst, sondern jezt auch der allmählig drohende Mangel an Kandidaten des Predigtamts räth.

Es sind nämlich zwei Schullehrer in dem Städtchen. Der erste, welcher Kantor heißt, steht ohngefehr auf 250 Gulden, der zweite aber hat kaum 160-170 Gulden, ja nicht einmal freye Wohnung, weswegen bisher jedesmal einem angesessenen Bürger diese Stelle gegeben werden muste, er mochte sich gut oder schlecht dazu schicken. Voraussichtlich wird die fest auf ihren alten Rechten haftende Gemeinde der Protestanten, die ohngefehr aus 150 Familien besteht, die projektirte Veränderung unangenehm empfinden, es läßt sich auch nicht läugnen, daß sich die religiösen Eindrücke, wenn zwei Prediger an einer Gemeinde arbeiten, von denen jeder sein Auditorium hat, und doch gewöhnlich der jüngere eher mit der Zeit fortgeht, mehr erwarten läßt, allein es muß von der andern Seite nicht vergessen werden, daß der eine wohl besoldete Mann, wenn er frei von Nahrungssorgen bleibt, auch froher arbeiten kann, und dann überhaupt, daß ohne eine gute Schule der Einfluß des besten Predigers sehr verliert.

Die Besoldung des zweiten Predigers wird übrigens auf 528 Gulden geschätzt, wie die Kompetenz zeigt. Wenn man dem zweiten Schullehrer das Haus des zweiten Pfarrers überließe, dem ersten Pfarrer die Hälfte der Fruchtbesoldung und sowol Geld als Holz, dem ersten und zweiten Schullehrer dagegen den Rest theilte, so daß $1/3$ der Kantor, ⅔ der Kollege desselben erhielte, so könnten alle wohl zufrieden seyn. Um dabei die Gemeinde wegen des Gottesdienstes möglichst zu befriedigen, müste der zu vocirende Geistliche angewiesen werden, nicht nur jeden Sonntag eine Nachmittags-Betstunde, sondern auch an jedem hohen Festtag zwei Predigten zu halten.«

Im Sommer arbeitete das Konsistorium einen Besoldungsplan aus, der die Bezüge des alleinigen Pfarrers und der beiden Lehrer neu regelte, ohne am Zehnten und an der Landwirtschaft der Herren etwas zu ändern. 1818 erließ die nassauische Regierung dann ein Edikt, in dem es heißt: »Außer Wohnung und Garten ist den Geistlichen nur die Benutzung von soviel Pfarrgut gestattet, als zum eigenen Bedarf für ihre Familie erforderlich ist. Der Betrieb größerer Ökonomien und das Halten einer Fuhre zu ökonomischem Gebrauche ist ihnen durchaus untersagt, und alles übrige zur Pfarrei etwa gehörige Pfarrgut muß verpachtet werden. Ebenso ist der Betrieb eines bürgerlichen Gewerbes, als mit den Verhältnissen des Geistlichen und der Pfarrverwaltung durchaus unverträglich, den Geistlichen nicht gestattet.«

Johann Friedrich Snell wurde im Herbst nach Nauheim versetzt, worunter wir nicht etwa Bad Nauheim zu verstehen haben, das ja nicht nassauisch war, sondern das unweit von Limburg gelegene Dorf. Von da kam er 1825 nach Laufenselden, »wo er sein Leben, das schon im vorhergehenden Sommer durch mehrere schwere Krankheiten erschüttert war, am 2.11.1839 durch einen Schlagfluß endete. Er hinterließ 5 Söhne und 2 Töchter.«

Neuer Kronberger Pfarrer wurde Johann Peter Sturm vom Oktober 1814 bis 1818. Unter ihm hat Kronberg am 31. Oktober 1817 das große Reformations-Jubiläum gefeiert. »Leider«, so schreibt Dörr, »hatte er in betreff seiner Einnahmen sehr schwere Jahre hier; denn die damalige Mißernte raubte ihm seine Haupteinnahme, die in dem Zehnten bestand.« Eine seiner Eintragungen im Kirchenprotokollbuch wollen wir nicht vergessen. Am 31. März 1817, nach dem Schulexamen, wurden wie üblich Schuhe und andere milde Gaben bewilligt, und man gab »dem alten Geometer Weigand ein Paar Schuhe und 3 Gulden an Geld für eine Hose«.

Doerr konnte noch Kronberger befragen, die den vor rund drei Jahrzehnten verstorbenen Oberpfarrer Christ zu seinen Lebzeiten gekannt hatten. In seiner Chronik ist zu lesen: »Unter allen evangelischen Geistlichen Cronbergs hat Christ den größten Namen sich zu verschaffen gewußt. Ihn kennt und nennt man selbst jenseits den Gränzen unseres deutschen Vaterlandes. Nicht als Theologe hat er diesen Ruf sich erworben. Er hat zwar die Lehren der evangel. Kirche streng behauptet und gelehrt, auf seine öffentlichen Vorträge aber gar wenig Sorgfalt verwendet. ›Der Herr Pfarrer Christ studierte nicht viel auf seine Predigt‹, hat mir mancher hiesige Einwohner gesagt. Auch lebte er in langjähriger Feindschaft mit seinem Herrn Collegen Bleichenbach, fand aber in der Gemeinde doch Zuneigung.

Einen Namen gemacht hat sich Christ vorzüglich als Pomolog. Seine Werke über Gartenbau und Obstzucht sind wohl jedem bekannt. Er hat Cronberg viel genutzt und den Baumhandel hier in Schwung gebracht. Denn behaupten auch die Cronberger, unser Herr Pfarrer Christ hat die Behandlung der Obstbäume von uns gelernt, so war er es doch, der das Erlernte in Schriften aussprach und durch seine Werke, durch die Versendung hier gezogener Obstbäume von allen Sorten und durch den Ankauf von Pfropfreisern selbst den Namen Cronberg in die Welt brachte und zu dem ausgedehnten Baumpflanzen und Baumverkauf den Grund legte.

Auch schrieb er ein Werkchen über die Bienenzucht, wiewohl er selbst oft nur einen Bienenstock gehabt haben soll. Sein Äußeres war nicht das eines Geistlichen. Man hielt ihn für einen Oeconomen oder Forstmann, wenn man ihn auf seinem Gäulchen dahin reiten sah, die Pfeife in der Hand oder aus dem Sack heraushängend, fast ständig Zuckerwerk naschend und in einen grünen Überrock mit großen Knöpfen gekleidet. So sagen mir die Leute, die ihn gekannt haben.

Er erwarb sich ein schönes Vermögen, wiewohl er ganz arm hierher kam. Aber dieses Vermögen ist zu einer Hälfte einer Enkelin zugefallen, die geistig selbst wenig beanlagt, sich nicht vorzustehen weiß, einen lockeren Instrumentenmacher geheirathet hat und samt ihren Kindern bereits vor einiger Zeit schon aus der Armenkasse unterstützt worden ist. Christ's Enkelin also fristet ihr Leben von Allmosen!«

Christs Enkel, der seine Vornamen trug, wird von Doerr überhaupt nicht erwähnt. Johann Ludwig Bleichenbach wurde wie sein Großvater Pfarrer und zwar in Singhofen bei Nassau an der Lahn. Als dieses Dorf 1831 durch einen schweren Hagelschlag heimgesucht wurde, der die Ernte vernichtete, ließ er danach eine Predigt über Psalm 94, Vers 19, drucken: »Trost der Religion bei Schaden, den uns die Natur zufügte.« Das 16 Seiten starke Heft wurde »zum Besten der Armen« für 30 Kreuzer verkauft. Der Text zeigt, daß der Enkel viel von der literarischen Begabung des Großvaters geerbt hatte, er ist klar und eindringlich, ohne Pathos geschrieben. Nach Friedrich Wilhelm Schellenberg, einem sehr zuverlässigen Christ-Kenner, der 1858 im »Allgemeinen Nassauischen Schulblatt« kurz über ihn schrieb und eine ausführliche Bibliographie beigab, ist dieser Pfarrer Bleichenbach jedoch jung in Singhofen verstorben.

Wie man aus Doerrs Text ersieht, war Dr. Thurns Behauptung im »Reichs-Anzeiger«, daß Christ die Baum-Wissenschaft erst in Kronberg erlernt habe, damals noch im Schwange. Was den Bienenstock angeht, so handelte es sich in Christs Hof nicht um einen einzelnen Stock, sondern um ein Magazin-Haus.

Obwohl Sturm bis 1818 amtierte, können wir Johann Ludwig Christ den letzten, ganz vom Geist des alten Tübinger Luthertums geprägten Kronberger Pfarrer nennen. Vier Jahre nach seinem Tod entstand in Idstein die nassauische Union zwischen Lutheranern und Reformierten, die durch herzogliches Edikt vom 11. August 1817 Rechtskraft erlangte und das alte Kirchenwesen in Kronberg aufhob.

Die durch Christ zur Blüte gebrachte Obstbaumzucht hat noch weit durchs 19. Jahrhundert einen wichtigen Erwerbszweig der Kronberger gebildet. Noch ein, ja zwei Jahrzehnte hindurch liefen aus Rußland und Amerika Bestellungen auf Christsche Obstbäume ein. Die Geschäftskorrespondenz hat Christs Tochter leider körbeweise einem Bäcker gegeben, der seinen Backofen damit anheizte.

1872 veröffentlichte Dr. Carl Thomae in den »Illustrierten Monatsheften für Obst- und Weinbau« eine Reihe von Aufsätzen, die dann im Jahr darauf unter dem Titel

»Der Obstbau in Nassau. Eine historische Darstellung seiner Entwicklung namentlich durch die Pomologen Christ und Diel« als kleines Buch erschienen. Dr. Thomae, dem wir auch die Erhaltung der Obstbilder in Christs Studierstube verdanken, würdigt die Leistung des Kronberger Oberpfarrers sachkundig und lebendig. Auch die Arbeiten zur Landwirtschaft sind einbezogen, und einiges Kritische, das Christs »Freund« und Konkurrent Friedrich August Adrian Diel (über den später noch gesprochen werden soll) geäußert hat, wird nicht verschwiegen.

Wahrscheinlich hat dieses Buch den Anstoß dazu gegeben, daß die Kronberger sich wieder an Christ erinnerten und sogar ein Denkmal für ihn planten. 1884 bildete sich zu diesem Zweck ein besonderer Bürgerausschuß. Vor allem der neu gegründete Obst- und Gartenbauverein setzte sich für das Denkmal ein. Am 1. November 1885 wurde der Grundstein gelegt, am 22. November weihte man das kleine Denkmal mit der Porträt-Plakette ein, die einen stark idealisierten Christ zeigt.

Die Erinnerungsschrift zur Wiederkehr des einhundertsten Todestages von Johann Ludwig Christ, die der Kronberger Obst- und Gartenbauverein 1913 herausgab und die zugleich als Festgabe für die am 11. und 12. Oktober dieses Jahres in Kronberg tagende Hauptversammlung des Nassauischen Landes-Obst- und Gartenbau-Vereins bestimmt war, beruht zu einem erheblichen Teil auf Dr. Thomaes Arbeit. Der Verfasser, Richard Hecht, Frankfurter Journalist, ist weder biographisch noch bibliographisch über Thomae hinausgekommen, und das Pathos, in das er sich vor allem zum Schluß hineinsteigert, ist uns fremd geworden. Verwunderlich erscheint, daß Thomae wie Hecht die vorzügliche Bibliographie F. W. Schellenbergs unbekannt geblieben ist und daß sie weder den Weg in die Frankfurter Senckenbergische Bibliothek noch in die Wiesbadener Nassauische Landesbibliothek gefunden haben.

Wie der Ökonom und Pomologe ist auch der Bienenzüchter und Bienenkundige bis ins 20. Jahrhundert lebendig geblieben. In seinem 1931 erschienenen Werk »Die Großmeister und Schöpfer unserer deutschen Bienenzucht von Nikol Jakob 1568 bis zur Gegenwart« hat Karl Koch Christ ein ganzes Kapitel gewidmet, in dem er vor allem die Bedeutung der »Anweisung zur Bienenzucht« hervorhebt. Das Buch, so sagt er, »ist in seiner ganzen Anlage das Vorbild aller spätern Lehrbücher für Bienenzucht geworden«.

Daß Christ ein Mann mit Ecken und Kanten war, daß er Kämpfe mit seinen zweiten Pfarrern austrug, liegt in seiner Zeit — einer Übergangszeit —, in seiner Theologie wie in seiner ganzen Natur. Für sein Verhältnis zu den Kronberger Bürgern, die ja zu einem großen Teil auch seine Gemeindemitglieder waren, gilt das alte Wort, wonach der Prophet nichts in seinem Vaterlande gilt. Sie haben ihn bekämpft, oft auch geradezu schikaniert, aber er hat sich nicht irre machen lassen und ist unter ihnen geblieben, hat sie in Notzeiten auch finanziell durch Darlehen unterstützt, soweit ers vermochte.

Seine Bücher sind heute selten und zum Teil kostbar geworden. Wer sie heute aufschlägt, wird den Kopf schütteln über einzelne Widmungen in dem noch aus dem Barock herkommenden »Hofton«, wie ihn die damaligen Potentaten »von Gottes Gnaden« liebten und erwarteten. Dahinter entdeckt man dann ein klares, gewachsenes, natürliches Deutsch, das jeder Bürger und Bauer verstehen konnte und verstand. Zuweilen bedient sich Christ auch des Dialogs, der Zwiesprache, und gerade damit hat er erstaunliche Wirkungen erzielt, wie die verschiedenen Auflagen und Nachdrucke seiner Werke beweisen. Er wurde geschätzt und gelesen, wo man sonst außer Bibel, Gesangbuch und Kalender kaum ein Buch zur Hand nahm, und seine Bücher haben einen kaum abzuschätzenden Segen gestiftet. Mit ihnen wurde er einer der großen Volkserzieher, wie sie das 18./19. Jahrhundert hervorgebracht hat und die man sehr zu Unrecht zum Teil vergessen hat.

II
Das Werk Johann Ludwig Christs

Bibliographie

Ein großer Teil der Christ'schen Schriften und Bücher zählt zur »Gebrauchs«- und entsprechend zur »Verbrauchs«-Literatur. Das bedeutet, daß einzelne kleinere Schriften sehr rar geworden sind und sich auch in den Bibliotheken nicht finden. Die nachstehende Bibliographie beruht einmal auf dem »Hessischen Zentralkatalog«, der außer den hessischen Bibliotheken auch einzelne aus dem Nachbarland Rheinland-Pfalz umfaßt (Mainz, Koblenz, Worms), zum andern auf den bekannten Bücherlexika von Heinsius und Kayser. Hinzu kommen F. J. Dochnahls »Bibliotheca Hortensis. Vollständige Gartenbibliothek« sowie die sorgfältige Bibliographie, die Friedrich Wilhelm Schellenberg (der eine Literaturgeschichte Nassaus schreiben wollte) seinem kurzen Lebensabriß von Johann Ludwig Christ beigegeben hat (Allgemeines Nassauisches Schulblatt, 9. Jahrgang, 1858, Nr. 32, 2. Hälfte). Auch die Angaben bei Strieder und die Schriftenverzeichnisse, die Christ selbst einzelnen seiner Bücher beigegeben hat, wurden ausgewertet. So konnten in den meisten Fällen genaue bibliographische Angaben gemacht werden. Nicht autorisierte Ausgaben, die sich ermitteln ließen, in die Bibliotheken gelangt sind oder im Antiquariat zu erwerben waren, sind mit aufgenommen, ohne daß hier Vollständigkeit verbürgt werden kann.

1780
Anweisung zur nützlichsten und angenehmsten Bienenzucht für alle Gegenden, bei welcher in einem mittelmässig guten Bienenjahr von 25 guten Bienenstöcken 100 fl und in einem recht guten Bienenjahr 200 fl. gewonnen werden können, und dennoch jeder Stock in gutem Stande bleibet; geprüft und zum gemeinen Nutzen und Vergnügen herausgegeben. Frankfurt am Main und Leipzig, Fleischerische Buchhandlung, 1780, XXXVI, 286 S., 5 Ausschlagtafeln.

Patriotische Nachricht und für jeden Landmann deutliche Anweisung zu dem einträglichen Tabacksbau, und zwar des sogenannten Asiatischen Tabacks. Frankfurt und Leipzig, 1780, 96 S.

1781
Unterricht von der Landwirtschaft und Verbesserung des Feldbaues, insonderheit von der Benuzung der Brache mit verschiedenen Bepflanzungen, sowol mit den besten Futterkräutern, als auch etlichen sehr einträglichen Industrie- und Manufakturgewächsen, als Tabak, Grapp ec. und Oelgewächsen, nebst einem Anhang vom Seidenbau; aus sicheren Gründen der Natur, und theils aus eigenen, theils aus vieler Oekonomen bewährten Erfahrungen. Frankfurt a. M., bei Varrentrapp Sohn und Wenner, 1781, LII, 594 S., 1 S. Druckfehler, 3 Kupfertafeln

1783

Beyträge zur Landwirthschaft und Oekonomie. Bekanntmachung einer Traubenmühle, einer Malzdarre, und einer engländischen eisernen Handmühle zum Malzschroten; nebst verschiedenen Behandlungen der Weine, von dem Weinbau und den Grundsätzen des Bierbrauens. Frankfurt a. M. und Leipzig, Joh. Georg Fleischer, 1783, XVI, 267 S., 1 unpagin. S. Nota, 1 S. Druckfehler, 3 Ausschlagtafeln

Anweisung zur nützlichsten und angenehmsten Bienenzucht für alle Gegenden . . . 2. vermehrte und verbesserte Auflage. Frankfurt a. M. und Leipzig, Fleischerische Buchhandlung, 1783, XLVIII, 354 S., 12 S. Register, 6 Tafeln. Mit Vorrede der 1. Ausgabe und Vorbericht zur 2. Ausgabe.

Von der außerordentlichen Witterung des Jahres 1783 in Ansehung des anhaltenden und heftigen Höherauchs; vom Thermometer und Barometer, von dem natürlichen Barometer unserer Gegend, dem Feldberg oder der Höhe, und von der Beschaffenheit und Entstehung unserer gewöhnlichen Lufterscheinungen, wie auch etwas von den Erdbeben. Frankfurt und Leipzig, in der Hermannischen Buchhandlung, 1783, 72 S.
»Ist 1784 in das Holländische übersetzt und von D. v. Rees im Haag mit Anmerkungen begleitet, herausgegeben worden, Nimmwegen bey Isaac v. Campen«.

1784

Bienenkatechismus für das Landvolk. Frankfurt a. M. und Leipzig, J. G. Fleischer, 1784, X, 172 S., 1 Tafel

1785

Geschichte unseres Erdkörpers von den ersten Zeiten der Schöpfung des Chaos an: und von den Revolutionen desselben durch Vulkane, Erdbeben und Ueberschwemmungen. Frankfurt a. M. und Leipzig, Jaegersche Buchhandlung, 1785, VIII, 191 S., 1 S. Druckfehler, 1 Titelkupfer

Chemischphisikalische und praktische Regeln vom Fruchtbrandeweinbrennen; nebst einer neuerfundenen Kunst Honigbrandewein mit Vortheil zu brennen und zwar aus dem abgängigen sogenannten Wachswasser; sammt einem Anhang von der besten Weise Zwetschgenbrandewein, Kirschengeist und Vogelkirschenbrandewein zu brennen. Frankfurt am Main, Hermannsche Buchhandlung, 1785, 174 S., 1 Tafel

1787

Güldenes A, B, C, für die Bauern; oder das Wesentliche der Landwirthschaft. Nebst einem Anhang. Nachricht von jungen Obstbäumen so wohl gewöhnlicher guter Art als auch ausgesuchten französischen Obstes, und andern fruchtbaren Bäumen, welche zu Kronberg theils zwerch, theils hochstämmig, in kleinen und großen Lieferungen zu bekommen sind: Für Liebhaber der Gärtnerey, Landwirthschaft und Oekonomie. Frankfurt am Main, Hermannsche Buchhandlung, 1787, XVI, 182 S. und 2 S. »Nachricht« (Bezugspreise und Verlagsanzeigen). »Verzeichnis junger Obstbäume« S. 113-182.

1789

Von Pflanzung und Wartung der nützlichsten Obstbäume und ihrer besonders in Kronberg gezogenen Arten und Sorten nebst räthlichster Benuzzung ihrer Früchte und Aufbewarung derselben, Troknung der verschiedenen Arten Obstes, und unter andern einen vorzüglichen Obstwein und guten Essig zu bereiten ec. für Landleute, Oekonomen und Liebhaber der Obstgärtnerei. Frankfurt am Main, Hermannsche Buchhandlung, 1789, X, 500 S., 2 Ausschlagtafeln

1790

Genaue und deutliche Beschreibung des vorzüglichsten Dörrofens mit zirkulirenden Rauchgängen, nach Zoll und Werkschuen des rheinländischen Maasstabs. Frankfurt am Main, Hermannsche Buchhandlung, 1790, 16 S., 1 Tafel

Vom Mästen des Rind-, Schweine-, Schaaf- und Federviehes. Nebst beigefügten Erziehungsregeln des Viehes, Behandlung des Fleisches und Fettes vom geschlachteten Mastvieh, und andern dahin einschlagenden Lehren für Landwirthe, Hausväter und Hausmütter. Frankfurt am Main, Hermannsche Buchhandlung, 1790, ohne Daten, vgl. 2. Aufl. 1818

1791

Ein Geschenk an die Weinländer von Wichtigkeit, bestehend in der Anweisung, wie man in Weinbergen Korn oder Roggen bauen könne, ohne Nachteil des Weinstocks, sondern vielmehr zu seinem Nuzzen; und ein kleines Geschenk an alle Hausväter, oder Bekanntmachung eines Hauspflasters von außerordentlicher und bewundernswürdiger Heilkraft; Nebst einem Anhang, welcher unter andern einige Zusäzze und landwirthschaftliche Bemerkungen enthält zu dem Güldenen A, B, C, für die Bauren ec. an statt der Vermerung und Verbesserung einer zweiten Auflage. Frankfurt am Main, 1791, Hermannische Buchhandlung, 80 S.

Bekanntmachung eines Hauspflasters von außerordentlicher und bewundernswürdiger Heilkraft. Marburg, 1791
Bei Strieder aufgeführt.

Von Pflanzung und Wartung der nüzlichsten Obstbäume mit einem fortgesetzten Register ihrer in Kronenberg gezogenen und verkäuflichen Arten und Sorten nebst räthlichster Benuzzung ihrer Früchte in Aufbewahrung derselben, Trocknung der verschiedenen Arten Obstes, und unter andern einen vorzüglichen Obstwein und Essig zu bereiten ec. für Landleute, Oekonomen und Liebhaber der Obstgärtnerei. Zweiter Teil. Frankfurt am Main, Hermannische Buchhandlung, 1791, XVI, 311 S., 1 S. Druckfehler

Naturgeschichte, Klassification und Nomenclatur der Insekten vom Bienen, Wespen und Ameisengeschlecht; als der fünften Klasse 5. Ordnung des Linneischen Natursystems von den Insekten: Hymenoptera. Mit häutigen Flügeln. Frankfurt am Main, Hermannische Buchhandlung, 1791, 536 S. mit einem ausgemalten Titelkupfer und LX ausgemalten Kupfertafeln in einem besonderen Band

Wilh. Forsyth, Über die Krankheiten und Schäden der Obst- und Forstbäume nebst Beschreibung eines von ihm erfundenen Heilmittels. Aus dem Englischen von Georg Forster. Mit Anmerkungen von J. L. Christ. Leipzig und Mainz, 1791. Mainz: Fischer, Leipzig: Joachim. Ohne Daten.

1792

Von Pflanzung und Wartung der nüzlichsten Obstbäume und ihrer besonders in Kronberg gezogenen Arten und Sorten . . . Erster Theil. Zweite vermehrte und verbesserte Auflage. Frankfurt am Main, Hermannische Buchhandlung, 1792, XXIV, 486 S. mit 2 Ausschlagtafeln. Angehängt: Sorten- und Preiskatalog der Kronenberger Obstbäume, 8 S.

Vom Mästen des Rind-Schweine-Schaaf- und Federviehes . . . Grätz (Graz), 1792. Bei Anton Tedeschi. 12 nicht pag. S. (Titelbl. u. Vorbericht), S. 13-275, 18 S. Inhalt, 3 Leerseiten

Der Baumgärtner auf dem Dorfe oder Anleitung, wie der gemeine Landmann auf die wolfeilste und leichteste Art die nüzlichsten Obstbäume zu Besezzung seiner Gärten erziehen, behandeln, und deren Früchte zu Verbesserung seiner Haushaltung recht benuzzen solle. Frankfurt am Main, bei Johann Christian Hermann, 1792, 16 nicht pag. S., 372 S., 16 S. Register, 8 S. Anhang, 3 S. »Verzeichnis der Schriften des Herrn Oberpfarrers Christ mit beigesetzten Preisen, wie sie einzeln und einige in Parthien in der Hermannischen Buchhandlung zu Frankfurt am Main zu haben sind«.

1793

Bienenkatechismus für das Landvolk. Zweite vermehrte und verbesserte Auflage. Frankfurt und Leipzig, bei Johann Georg Fleischer, 1793, 182 S., 8 S. Register, 1 Ausschlagtafel

Auf eigene Erfahrung gegründete Vorschläge den edlen Feldbau zu verbessern. Herausgegeben von J. L. Christ. Frankfurt am Main, Andreäische Buchhandlung, 1793, X, 93 S.

1794

Handbuch über die Obstbaumzucht und Obstlehre. Frankfurt am Main, im Verlag der Hermannschen Buchhandlung, 1794, XXVIII, 652 S., 6 S. Register, 2 S. »Verzeichnis sämmtlicher Schriften des Herrn Oberpfarrers Christ, welche meist im Verlag der Hermannschen Buchhandlung und sämmtlich allda zu bekommen sind«. Angehängt: Sorten- und Preiskatalog der Kronberger Obstbäume, Fruchtsträucher und Tafeltrauben ec: 16 S., 4 dreiseitige Ausschlagtafeln

1795

Der Baumgärtner auf dem Dorfe . . . Neueste Auflage. Frankfurt am Mayn 1795, 16 nicht pag. S., 372 S. 12 S. Register.
Unberechtigter Nachdruck.

1796

Wilh. Forsyth, Über die Krankheiten und Schäden der Obst- und Forstbäume . . . Zweite Auflage. Frankfurt am Main, Guilhauman, 1796. Ohne Daten

1797

Plan zur Anlegung eines Obstgartens, welcher in einer Übersicht eine ausgesuchte Sammlung von Bäumen zu regelmäßiger Bepflanzung eines Landes von sechs und ein viertel Morgen darstellet; und zwar nicht nur mit den besten und geschätztesten Sorten allerlei Gattungen Obstes für die Tafel und für die Küche, und auch zu anderem wirthschaftlichen Gebrauch, sondern die auch also zusammengestellet sind, daß kein Baum den andern in seinem Wuchs hindert und dabei dennoch die symmetrische, sowohl dem Auge gefällige als den Bäumen und ihren Früchten nützliche Eintheilung und Ordnung beibehalten wird; nebst einer Liste von mehr als 700 der edelsten und nützlichsten Sorten aller Art Obstes und Fruchtsträucher, die in Teutschland bekannt sind und gepflanzt werden, mit erklärenden Zeichen und Bestimmung der Zeit ihrer Zeitigung, Lagerreife, Haltbarkeit und Beschaffenheit ihres Wuchses und ihrer Kronen ec. den Gartenfreunden gewidmet. Leipzig, 1797, Voß, Großfolio.
Nicht bei Dochnahl.

Handbuch über die Obstbaumzucht und Obstlehre. Zweite vermehrte und verbesserte Auflage. Frankfurt am Main, Hermannsche Buchhandlung, 1797, XXXVI, 876 S. mit 2 Registern, 2 S. Zusätze und Verbesserungen, 2 S. Schriftenverzeichnis Christ, 4 Ausschlagtafeln und eine dreiseit. Tabelle: »Schema einer allgemeinen Kirschen-Klassification«.

Güldenes A, B, C, für die Bauern: oder das Wesentliche der Landwirthschaft. Nebst einem Anhang von einigen dem Landmann zu wissen nöthigen und nützlichen Stükken. Zweite vermehrte und veränderte Auflage. Frankfurt am Main, Hermannsche Buchhandlung, 1797, XII, 4 S. Inhalt, 158 S., davon 35 S. »Anhang«. Als § 7 des Anhangs: Die Verfertigung eines fürtrefflichen Hauspflasters«.

J. F. Blotz, Die Gartenkunst oder ein auf vieljärige Erfahrung gegründeter Unterricht, so wohl große als kleine Lust-, Küchen-, Baum- und Blumengärten anzulegen; fremde Bäume, Stauden und Gewächse für englische Gärten zu ziehen und zu warten; Nebst einem Anhange, wie die in den Apotheken gewöhnlichen Pflanzen zu Arzneien, in Gärten im Freien anzubauen sind, für Gärtner und Gartenfreunde. Zweite, umgearbeitete, vermehrte und verbesserte Auflage von J. L. Christ. Leipzig, bei Voß und Compagnie, 1797:
1. Teil: 24 nicht pag. S., 262 S.
2. Teil: 22 nicht pag. S., 378 S.
3. Teil: 16 nicht pag. S., 280 S.
Im folgenden Jahr 1798 wurde das Werk abgeschlossen mit
4. Teil. VIII, 116 S. mit 28 Kupfern und Planen zu neuen Gartenanlagen, gezeichnet von Siegel, und gestochen von Darnstedt, Hillmann und Schumann. Nebst einer Beschreibung von Dr. Ch. L. Stieglitz und einem vollständigen Sachregister über das ganze Werk.
Die 1. Auflage von J. F. Blotz (F. C. Touchy) erschien 1795 in 2 Teilen. Eine 3. Auflage kam 1804, eine 4., von G. W. Becker und C. F. Kühne bearbeitete Auflage 1819/20 heraus.

1798

Vom Weinbau, Behandlung des Weins und dessen Verbesserung; desgleichen vom Bierbrauen nach englischen Grundsätzen. Zweite Auflage. Frankfurt am Main, Hermann, 1798. Mit 3 Kupfertafeln. (Bei Kayser)
Als 1. Auflage ist der Text in den »Beyträgen zur Landwirthschaft und Oekonomie« von 1783 anzusehen. Zur 3. Aufl. vgl. 1800.

Anweisung zur nützlichsten und angenehmsten Bienenzucht für alle Gegenden... Dritte Auflage. Frankfurt und Leipzig, Fleischer, 1798 (Kayser und Schellenberg)

1799

Anweisung zur nützlichsten und angenehmsten Bienenzucht für alle Gegenden... Neueste vermehrte und verbesserte Auflage. Frankfurt und Leipzig, 1799, XX, 372 S., 12 S. Register, 5 Tafeln, darunter 4 ausschlagbar.
Unberechtigter Nachdruck der 3. Auflage mit Vorrede zur 1. Ausgabe und Vorbericht zur 3. Auflage.

Patriotische Nachricht und für jeden Landmann deutliche Anweisung zu dem einträglichen Tabaksbau... Zweite Auflage. Frankfurt und Leipzig, Fleischer (Bei Kayser 1798, bei Schellenberg und Strieder 1799)

1800

Vom Weinbau, Behandlung des Weins und dessen Verbesserung, desgleichen vom Bierbrauen . . . Dritte vermehrte und verbesserte Auflage. Frankfurt, Hermann, 1800, XIV, 264 S., 2 S. Anzeigen, 3 Ausschlagtafeln

Der Baumgärtner auf dem Dorfe . . . Zweite vermehrte und verbesserte Auflage. Frankfurt am Main, Hermann, 1800, XVI, 348 S., 2 S. Verlagsanzeigen

Der Baumgärtner auf dem Dorfe . . . Neueste vermehrte und verbesserte Auflage. Frankfurt am Mayn, 1800, XVI, 426 S., 2 S. Anzeigen
Nachdruck, ohne den »Vorbericht zur zweyten Auflage«.

Der neueste und beste deutsche Stellvertreter des indischen Caffee oder der Caffee von Erdmandeln; zu Ersparung vieler Millionen Geldes für Deutschland und längerer Gesundheit Tausender von Menschen. Nebst einem Anhang von der Erdnuß, Erdkastanie und Erdartischocke von einem Liebhaber der Oekonomie. Frankfurt am Main, Hermann, 1800, 32 S. mit 2 ausgemalten Kupfertafeln.

1801

Beobachtungen über die heiße und trockene Witterung des Sommers 1800, ihre Ursachen und die Mittel, der weitern Zunahme dieses Uebels zuvorzukommen. Aus dem Französischen übersetzt und mit Anmerkungen begleitet von J. L. Christ. Frankfurt am Main, bei Philipp Heinrich Guilhauman, 1801, 63 S.
Die übersetzte Abhandlung von Ant. Alex. Cadet de Vaux erschien im Pariser Moniteur universel Nr. 331 und 332.

Wilhelm Forsyth, Königl. Gärtner zu Kensington, Über die Krankheiten und Schäden der Obst- und Forstbäume. Übersetzt von Georg Forster, mit Anmerkungen begleitet von J. L. Christ. Zweite Auflage. Frankfurt am Main, bei Philipp Heinrich Guilhauman, 1801, 59 S., 3 S. Verlagsanzeigen, 2 Leerseiten.

Der neueste und beste deutsche Stellvertreter des indischen Caffee oder der Caffee von Erdmandeln . . . Zweyte verbeßerte Auflage. Nebst einem Anhang von der Erdnuß, Erdkastanie und Erdartischocke von einem Liebhaber der Oekonomie. Frankfurt am Main, Hermannische Buchhandlung, 1801, 56 S., 2 ausgemalte Kupfertafeln
»Ist in das Dänische übersetzt worden, Friedericia in Jüttland, 1806«

Noch ein neuer und vortrefflicher Stellvertreter des indischen Caffee's oder der Caffee von der Erdnuß (Lathyrus tuberosus Lin) oder der Erdeichel. Frankfurt am Main, Ph. H. Guilhauman, 1801. Mit 1 ausgemalten Kupfer

1802

Beiträge zum Handbuch über die Obstbaumzucht und Obstlehre von 1797. Frankfurt am Main, bei Philipp Heinrich Guilhauman, 1802, 300 S., davon S. 275-299 »Sortenkatalog der Kronberger verkäuflichen Obstbäume von Kern- und Steinobst, Schalen- und Beerenobst«, S. 300: Druckfehler, 2 Tafeln

Pomologisches theoretisch-praktisches Handwörterbuch oder Alphabetisches Verzeichniß aller nöthigen Kenntnisse sowohl zur Obstkultur, Pflanzung, Veredlung, Erziehung, Pflege und Behandlung aller Arten Obstbäume, und der ökonomischen Benutzung ihrer Früchte, als auch zur Beurtheilung und Kenntniß der vorzüglichsten bisher bekannten Obstsorten aller Arten und ihrer Classification ec. Leipzig, Voß und Compagnie, 1802, IV, 431 S., 1 S. Druckfehler, 5 Ausschlagtafeln.

Handbuch über die Obstbaumzucht und Obstlehre. Dritte vermehrte und verbesserte Auflage. Frankfurt am Mayn, 1802, XXXVI, 902 S. mit 2 Registern und 2 S. Zusätzen, mitpaginiert: »Sorten- und Preiskatalog der Kronberger Obstbäume« S. 903-923, 924 leer.
Der »Vorbericht zur zweyten und dritten Auflage« enthält nur den Vorbericht zur 2. Auflage. Nachdruck der 2. Hermannschen Auflage. Nicht aufgenommen ist das Verzeichnis der Christschen Schriften.

Anweisung zur nützlichsten und angenehmsten Bienenzucht für alle Gegenden . . . Neueste vermehrte und verbesserte Auflage, Frankfurt und Leipzig, 1802, XLVIII, 372 S., 12 S. Register, 5 Tafeln.
Mit Vorrede der ersten Ausgabe und Vorbericht zur dritten Auflage. Nachdruck der unberechtigten Ausgabe von 1799 mit neuer Jahreszahl

1803

Patriotische Nachricht und deutliche Anweisung zu dem einträglichen Tabaksbau, und zwar insonderheit des sogenannten Asiatischen Tabaks und dessen Fabrikatur zu Rauch- und Schnupftabak. Nebst einem Anhang vom Virginischen Tabak, der in Deutschland zu pflanzen ist, und dessen Fabrikatur. Zweite vermehrte Auflage. Frankfurt am Main, bei Philipp Heinrich Guilhauman, 1803, 144 S.
Widmung der 1. Auflage ist entfallen. Die Schrift ist wohl identisch mit der im Christschen Schriftenverzeichnis von 1808 unter dem Titel »Vom Bau des Asiatischen Tabaks und dessen Fabrikatur zu Rauch- und Schnupftabak: wie auch vom virginischen Tabak«, 2. Aufl., 1803, angezeigten.

Nachtrag zu dem neuesten und besten Stellvertreter des indischen Caffee's oder dem Caffee von Erdmandeln; (Cyperus esculentus Lin.) Worinnen gelehret wird, wie der Ertrag derselben auf Zweyhundertfältig zu bringen: auch wie das beste Caffeegetränk ec. davon zu bereiten sey. Nebst genauen chemischen Untersuchungen dieses Surrogats: Zur Ersparung vieler Millionen Geldes für Deutschland, und längerer Gesundheit Tausender von Menschen. Frankfurt am Main, bei Philipp Heinrich Guilhauman, 1803, 62 S. und 2 S. Verlagsanzeigen

Anweisung zur nützlichsten und angenehmsten Bienenzucht für alle Gegenden . . . Vierte sehr vermehrte und verbesserte Auflage. Leipzig, in der Johann Benjamin Georg Fleischers Buchhandlung, 1803, XLVIII, 374 S. einschließlich Register, 5 Tafeln
Mit Vorrede der ersten Ausgabe und Vorbericht zur vierten Auflage.

Aufruf an die Landleute und Bekanntmachung eines vortrefflichen, gesunden und wohlfeilen Caffee's, der so gut wo nicht besser ist als der Caffee, der über's Meer kommt. Frankfurt am Main, Philipp Heinrich Guilhauman, 1803
Kleine Flugschrift, die nur 4 Kreuzer kostete.

1804

Handbuch über die Obstbaumzucht und Obstlehre. Dritte verbesserte Ausgabe. Mit Kurfürstl. Sächsischem gnädigsten Privilegio. Frankfurt am Main, J. Chr. Hermannsche Buchhandlung, 1804, XXXVI, 910 S. mit 2 Registern, 2 S. Druckfehler und Verbesserungen, 2 S. »Verzeichniß mehrerer Schriften des Herrn Oberpfarrers Christ«. Angehängt »Sortenkatalog der Kronberger verkäuflichen Obstbäume«, 6 S., 5 Ausschlagtafeln

»Ist ins Croatische übersetzt worden, Agram, 1804«

Der Baumgärtner auf dem Dorfe . . . Dritte vermehrte und verbesserte Auflage. Mit Kurfürstl. Sächs. gnädigstem Privilegio. Frankfurt am Main, bey Johann Christian Hermann, 1804, XVI, 342 S.

1805

Allgemeines theoretisch-praktisches Wörterbuch über die Bienen und die Bienenzucht. Frankfurt am Main, bei Fr. Eßlinger, 1805, X, 407 S.

Christs Mitarbeiter, der württembergische Pfarrer und Magister S.F. Wurster, im Vorwort, aber nicht auf dem Titelblatt erwähnt, hat eine »Vollständige Anleitung zu einer nützlichen und dauerhaften Magazin-Bienenzucht« veröffentlicht (1. Aufl. 17. . ? — nicht bei Kayser und Heinsius —, 2. Aufl. 1790, 3. Aufl. 1804). Er erwähnt Christ in der 2. Auflage mehrfach, geht aber nicht auf dessen »Anweisung zur Bienenzucht« ein.

1807

Bienenkatechismus für das Landvolk. 3. stark vermehrte und verbesserte Auflage. Leipzig, bei J. B. Fleischer, 1807, VI, 210 S. und 6 S. Register, mit einer verbesserten Kupfertafel

Allgemeines theoretisch-practisches Wörterbuch über die Bienen und die Bienenzucht. Neueste Auflage, Frankfurt am Main, 1807. X, 447 S. Unberechtigte Nachdruckausgabe

Handbuch der Obstbaumzucht und Obstlehre. Vierte vermehrte und verbesserte Ausgabe. Frankfurt am Mayn, 1807, XXXVI, 900 S. mit 2 Registern, 2 S. Zusätze, S. 903-923 »Sorten- und Preiskatalog der Kronberger Obstbäume«, 1 S. leer, mit 4 Kupfertafeln und einer Tabelle.
Zweiter unberechtigter Nachdruck der zweiten Hermannschen Auflage. Der »Vorbericht zur zweyten und dritten Auflage« enthält dementsprechend nur den zur zweiten Auflage. Das Verzeichnis der Christschen Schriften fehlt.

Dieselbe Ausgabe auch mit dem links stehenden Nebentitel: »Sammlung der besten ökonomischen Werke XXI. Band, 1807«

Anweisung zur nützlichsten und angenehmsten Bienenzucht für alle Gegenden . . . Neueste vermehrte und verbesserte Auflage. Frankfurt und Leipzig, 1807, XLIV, 352 S., 5 Tafeln
Mit Vorrede zur ersten Ausgabe und Vorbericht zur dritten Auflage.
Unberechtigter Nachdruck.

Allgemeines theoretisch-practisches Wörterbuch über die Bienen und die Bienenzucht. Neueste Auflage. Frankfurt am Main, 1807, X, 447 S.
Unberechtigter Nachdruck

1808

Die Krankheiten, Uebel und Feinde der Obstbäume und ihre Abhülfe. Nebst Vorschlägen, die Obstkultur zu befördern. Frankfurt am Mayn, bei Philipp Heinrich Guilhauman, 1808, 310 S., davon S. 301-310 Register. Mit Anhang: »Verzeichnis der meisten bisherigen Schriften des Herrn Oberpfarrers Christ, welche sämmtlich in der Guilhaumanschen Buchhandlung zu bekommen sind«, 4 S. mit Hinweis auf die »Vollständige Pomologie«, die »noch in der Arbeit ist«.

Dasselbe mit Nebentitel »Sammlung der besten ökonomischen Werke«, XX, Band«. 290 S. mit dem Gedicht, Vorwort und Register, Nachdruck der Originalausgabe

1809

Anweisung zur nützlichsten und angenehmsten Bienenzucht für alle Gegenden . . . Vermehrte und verbesserte Auflage. Frankfurt und Leipzig, 1809, XLVI, 342 S., 12 S. Register, 5 Tafeln
Unberechtigter Nachdruck, vergrößerter Satzspiegel, daher geringere Seitenzahl als bei dem Nachdruck von 1803.

Vollständige Pomologie und zugleich systematisches, richtig und ausführlich beschreibendes Verzeichnis der vornehmsten Sorten des Kern- und Steinobstes, Schalen- und Beerenobstes der Christ'schen Baumschulen zu Kronberg, mit ausgemahlten Kupfern der Obstsorten, theils in Miniatur- und theils in Naturgröße.
Erster Band: Das Kernobst. Mit 26 ausgemahlten Kupfern nach dem auf ⅓ verjüngten Maasstabe des Pariser Fußes (zum Vergrößerungsglas geeignet), einer ausgemahlten Titel-Vignette und einem schwarzen Kupfer. Frankfurt am Mayn, bey Philipp Heinrich Guilhauman, 1809 und bey dem Verfasser, XLVIII, 688 S. und Tafeln

1810

Der Baumgärtner auf dem Dorfe . . . Neueste vermehrte und verbesserte Auflage. Frankfurt am Mayn, 1810, XIV, 360 S.
Unberechtigter Nachdruck mit dem Vorbericht zur 2. Auflage, ohne die Widmung an Friedrich August und Louise von Nassau.
Dasselbe mit dem Nebentitel auf der linken Seite: »Sammlung der besten ökonomischen Werke XXIX. Band« Mit Vorbericht zur 1. u. 2. Aufl. XIV, 360 S. mit Register

1811

Handbuch über die Obstbaumzucht und Obstlehre. Fünfte vermehrte und verbesserte Ausgabe. Frankfurt am Mayn, 1811, XXXVI, 902 S. mit 2 Registern und 2 S. Zusätzen, S. 903-923 »Sorten- und Preiskatalog der Kronberger Obstbäume«.
Dritter Nachdruck der zweiten Hermannschen Ausgabe. Es fehlen der »Kurze Vorbericht zur dritten Auflage« der Originalausgabe und das Verzeichnis der Christschen Schriften.

1812

Vollständige Pomologie und zugleich systematisches, richtig und ausführlich beschreibendes Verzeichnis der vornehmsten Sorten des Kern- und Steinobstes, Schalen- und Beerenobstes der Christ'schen Baumschulen zu Kronberg, mit ausgemahlten Kupfern der Obstsorten, theils in Miniatur- und theils in Naturgröße.
Zweiter Band: Das Steinobst, Schalen- und Beerenobst. Mit 24 Kupfern. Frankfurt am Mayn, im Verlage des Verfassers und in Commission der J. C. Hermannschen Buchhandlung, 1812, VI, 458 S. und Tafeln

Sorten- und Preiscatalog über Kernobst, Steinobst, Schalen- und Beerenobst der Christischen Baumschulen zu Kronberg. Nebst ausgemahlten Kupfertafeln zum Catalog der Obstsorten, 28 S., 26 und 24 Tafeln. Frankfurt am Main, 1812, J. C. Hermann.

1814:
Allgemein-practisches Gartenbuch für den Bürger und Landmann über den Küchen- und Obstgarten. Von Dr. Joh. Ludw. Christ. Heilbronn, im Verlag der Classischen Buchhandlung, 1814, XIV, 389 S., 3 S. Verlagsanzeigen

1815
Allgemein-practisches Gartenbuch für den Bürger und Landmann . . . Wien und Prag, im Verlage der Haas'schen Buchhandlung, 1815, XVI, 388 S.

Allgemein-practisches Gartenbuch für den Bürger und Landmann . . . Neueste Auflage. Heilbronn, 1815, XIV, 389 S.
Unberechtigter Nachdruck.

Anweisung zur nützlichsten und angenehmsten Bienenzucht für alle Gegenden . . . Neueste vermehrte und verbesserte Auflage. Frankfurt und Leipzig, 1815. XLVI, 342 S., 12 S. Register, 5 Tafeln. Mit Vorrede zur 1. Ausgabe und Vorbericht zur 3. Auflage
Nachdruckausgabe, bis auf die Jahreszahl identisch mit der von 1809.

1817
Handbuch über die Obstbaumzucht und Obstlehre. Vierte nach des Verfassers Tode neu herausgegebene, sehr verbesserte und vermehrte Auflage. Frankfurt am Main, Hermannsche Buchhandlung, 1817, XXIV, 872 S. mit 5 Ausschlagtafeln

1818
Vom Mästen des Rind-, Schweine-, Schaf- und Federviehes . . . 2. nach des Verfassers Tode herausgegebene verbesserte und vermehrte Auflage. Frankfurt am Main, Hermannsche Buchhandlung, 1818, XVI, 192 S.

1820
Anweisung zur nützlichsten und angenehmsten Bienenzucht . . . Herausgegeben von Fr. Pohl. Leipzig, Fr. Fleischer, 1820. Mit 6 Kupfern

Bienenkatechismus für das Landvolk. Vierte unveränderte oder Dritte, stark vermehrte und verbesserte Auflage. Leipzig, bei Friedrich Fleischer, 1820, 210 S., 6 S. Register, 1 Ausschlagtafel
Eine 5. Auflage erschien 1828 unter dem Titel »Christs Korbbienenzucht«.

1840
Allgemein-practisches Gartenbuch für den Bürger und Landmann . . . Zweite durchaus verbesserte Original-Auflage von einem praktischen Gärtner. Heilbronn, J. D. Class, 1841, XV, 634 S.
Der neue, dritte Teil enthält »das Ganze des Blumengartens«.

1841
Anweisung zur nützlichsten und angenehmsten Bienenzucht für alle Gegenden. Sechste vermehrte und verbesserte Auflage. Herausgegeben von Heinrich Friedrich Oehme, Pastor zu Tiefensee bei Düben. Leipzig, bei Friedrich Fleischer, 1841, XVI, 278 S., 6 Tafeln

1842
Allgemeines praktisches Gartenbuch für den Bürger und Landmann über den Küchen-, Obst- und Blumengarten. Dritte verbesserte und vermehrte Auflage von E. Schmidlin. Heilbronn, J. D. Classische Buchhandlung, 1842, X, 634 S.
Weitere Auflagen, immer wieder überarbeitet, vermehrt und von 1876 ab auch illustriert, erschienen bei Eugen Ulmer, Stuttgart bis

1930
Christ-Lucas, Gartenbuch. Eine gemeinfaßliche Anleitung zur Anlage und Behandlung des Hausgartens sowie zur Zucht und Pflege der Blumen, Ziergehölze, Gemüse, Obstbäume und Reben, einschließlich der Blumenzucht im Zimmer. 24. vollständig neubearbeitete Auflage von L. Burr, E. Lucas, C. W. Siegloch

und H. Winkelmann. Verlag Eugen Ulmer, Stuttgart, 1930, VIII, 472 S. mit 200 Abb. und 2 farbigen Doppeltafeln.

Mit 24 Auflagen ist Christs »Gartenbuch«, sein letztes Werk, auch sein langlebigstes geworden. Für bibliographische Funde und Ergänzungen ist der Verfasser dankbar.

Aufsätze in Zeitschriften und Almanachen

Im *»Hanauischen Magazin«,* dessen 8 Jahrgänge von 1777 bis 1785 erschienen:

1780, 9. Stück: Auszug eines Briefes aus R(odheim) vom 6ten Februar 1780«: Über den »Asiatischen Tabak«.

1781, 4. Stück: »Oekonomische Bemerkungen, den schädlichen Erbsenkäfer betreffend«.

1782, 34. Stück: »Beschreibung von dem Feldberg bei Homburg vor der Höh«. »Wider Wissen und Willen des Verfassers hat der Buchhändler Weber in Frankfurt diesen Aufsatz wörtlich aus dem Magazin besonders drucken lassen.«

1782, 40. und 41. Stück: »Einige physikalisch-oekonomische Bemerkungen über das schädliche Insekt im Mark der Kappes- oder Weißkrautpflanzen«.

1782, 44. Stück: »Nachlese vom Feldberg«.

1783, 28. Stück: »Vom Höherauch« (vgl. Buchausgabe »Von der außerordentlichen Witterung...« (1783)

1784, 11. Stück: »Vom Gypsdünger bei den Schotenfrüchten«.

1784, 34. und 35. Stück: »Von Verbesserung der Schafwolle und der Schäferei überhaupt«

Außer diesen größeren Aufsätzen erschienen zahlreiche kleinere Beiträge, u. a. über den »Im Bau befindlichen Schleswig-Hollsteinischen schiffbaren Kanal«, über eine »Canaansmäßige Traube«. In einem späteren Beitrag macht Christ den Vorschlag, den Bauernstand nach dem Muster der Zünfte zu organisieren. Das Magazin brachte auch Besprechungen der von Christ veröffentlichten ersten Bücher.

Im *»Teutschen Obstgärtner«,* der 1794 von J. V. Sickler, Pfarrer zu Klein Fahnern in Thüringen, gegründet wurde und bis Ende 1804 im Verlag des Weimarer Industrie Comptoirs erschien, veröffentlichte Christ eine Reihe von Beiträgen. Sein Amtskollege Sickler brachte im 2. Stück des ersten Jahrgangs einen Auszug aus einem Brief Christs vom 20. März 1794, in dem dieser ihn zum neuen Unternehmen beglückwünscht und ihm ein Kompliment macht, weil er den »Violen-Apfel« richtig bezeichnet und treffend abgebildet hat. Sickler druckte gleich im 3. Stück den »Sortenkatalog« ab, der als Anhang zum »Handbuch« erschien, das zu Ostern herauskam. An größeren Beiträgen Christs sind zu nennen:

»Nachtrag über die Erfindung des Copulirens und etwas vom Copuliren zur Winterszeit« (1794)

»Ueber englische Gärten und Plan zu einer englisch-deutschen Anlage mit Obstgebüsch und Obstbäumen«, dazu Sortenbeschreibungen und kleinere Mitteilungen. (1795)

Im Jahrgang 1807 des *»Allgemeinen Anzeigers der Deutschen«* veröffentlichte Christ:

»Die Spanische Kohlrübe, ein vortreffliches Wintergemüse und ein vorzügliches Herbst-, Winter- und Frühjahrsfutter für das Rindvieh« (Nr. 42)

»Etwas Willkommenes für Liebhaber der Erdmandelkultur« (Nr. 98).

In der *»Jenaischen Allgemeinen Literatur-Zeitung«* sind unter dem Signum »XP« in den Jahrgängen 1810—1814 7 Besprechungen, vorwiegend neuer landwirtschaftlicher Literatur erschienen.

Das *»Taschenbuch für Natur- und Gartenfreunde«* im Cotta'schen Verlag in Tübingen enthält im Jahrgang 1797:

»Monatliche Obstfolge (Nach Christs Handbuch über die Obstbaumzucht und Obstlehre II te Auflage 1797).« (19 S.)

Im gleichen Jahrgang erschien ein soeben wiederentdecktes Gedicht Friedrich Hölerlins, im April 1794 in Jena entstanden. Die 81 Verszeilen wurden »gesungen bei der Einweihung eines Gartenhauses, das zur Aufschrift hat: ›Serenity‹.« Neudruck 1984, ed. Reinhard Breymeyer, unter dem Titel »Hymne an die Heiterkeit«.

Im Jahrgang 1798: »Ideal einer Obstgartenanlage von zwey Morgen Größe nach verschiedener Rücksicht der Lage und Absicht des Besitzers«. (110 S.)

Werkbeschreibung

Die vorstehende Bibliographie der Christ'schen Buch- und Zeitschriften-Veröffentlichungen offenbart eine erstaunliche Fülle und Vielseitigkeit, die noch durch die unberechtigten Nachdruckausgaben vermehrt wird. Versuchen wir, eine Ordnung nach Themen zu schaffen, dann können wir unschwer fünf Gruppen bilden, die nachstehend zu betrachten sind: Naturerforschung und Naturdeutung — Bienenkunde — Landwirtschaft und Weinbau — Pomologie — Garten. Die praktischen Erfindungen können innerhalb der Gruppen gewürdigt werden.

Naturerforschung und Naturdeutung

An die Spitze dieser ersten Gruppe stellen wir die beiden Briefe über den Feldberg von 1782, die zu Christs schönster Prosa gehören. Da sie im ersten Teil vollständig abgedruckt sind, ist zu ihnen nicht viel mehr zu sagen. Sie zeigen den Briefschreiber als einen Mann, der sich selbst mit den Worten charakterisiert: »Sie wissen, wenn ich an etwas komme, so mögte ich's gern bis auf das Würzelchen auskundschaften, und da ist mir keine Arbeit und keine Unbequemlichkeit unüberwindlich.« In diesem Sinne hat uns der Rodheimer Pfarrer eine Beschreibung des höchsten Taunusgipfels geliefert, die sowohl das Naturkundliche als auch das Historische (so weit es ihm zugänglich war) umfaßt und noch heute frisch und lebendig wirkt. Schade ist nur, daß uns das von ihm aufgenommene Panorama vom Feldberggipfel aus nicht erhalten ist! Erst August Ravenstein hat wieder ein solches gefertigt.

Als Mensch, der in und mit der Natur lebte, hat Christ Wetter und Witterung sehr genau beobachtet. Davon legen zwei kleine Bücher Zeugnis ab. Dem 1783 im »Hanauischen Magazin« erschienenen Aufsatz »Vom Höherauch«, für die Buchausgabe um drei Kapitel: »Vom Thermometer und Barometer«, »Von dem natürlichen Barometer unserer Gegend, dem Feldberg oder der Höhe« und »Von der Beschaffenheit und Entstehung unserer gewöhnlichen Lufterscheinungen, wie auch etwas von den Erdbeben« vermehrt, hat man im »Frankfurter Ristretto« sowohl eine Voranzeige als eine Besprechung gewidmet. Christ hat die beiden Zeitungsausschnitte in sein erhaltenes Handexemplar eingeklebt. Darin heißt es: »Nicht blos der Naturforscher wird die Beschreibung mit Vergnügen lesen, sondern vornehmlich der unerfahrene und über die sonderbaren Erscheinungen erschrockene Mann, wird dadurch beruhigt werden. Gegen die etwanigen üblen Folgen des Höherauchs sind einige gute Rathschläge und Mittel angegeben, die zur Verwahrung der Gesundheit von Menschen und Vieh sehr dienlich sind.«

Das »Frankfurter Staatsristretto, oder kurzgefaßte Erzählungen der neuesten und merkwürdigsten Nachrichten und Begebenheiten der europäischen Staaten wie auch der Wissenschaften, der Künste und nützlicher Erfindungen« war 1771 von dem Gymnasiallehrer Benedikt Schiller gegründet worden, wie Fried Lübbecke berichtet. »Es erschien wöchentlich viermal, brachte in gutem Deutsch sorgfältig geprüfte Berichte aus aller Welt und trotz protestantischer Tendenz unparteiische Besprechungen der Neuerscheinungen des Büchermarktes. So war es in ganz Europa bis nach Amerika verbreitet und galt in Bücherkreisen als ›Deutsche Buchhändlerzeitung‹.« — Die Besprechung war somit für Christ wichtig und wirkungsvoll.

Das Phänomen des Höherauchs kennen wir heute noch, fürchten aber seine Schädlichkeit kaum noch. Die »aufgeklärte Naturlehre«, mit deren Hilfe Christ es ebenso erklärt wie das Funktionieren von Thermometer und Barometer und die Lufterscheinungen wie Regen, Gewitter mit Blitz und Donner, Hagel, Wirbelwinde, Schnee, Nebel, Wolken und Wolkenbruch, Sommerruthen, Regenbogen, Wetterleuchten, Sternschnuppen und Irrlichter hat sich inzwischen in von Christ ungeahnter Weise entwickelt, desgleichen die Erdbebenforschung. Dennoch ist das Bändchen, in dessen Anhang sogar die »Deliciae Calendariographicae« des Königsberger Mathematikprofessors Albert Linemann von 1654 zitiert werden, heute noch lesenswert. Am reizvollsten für uns sind die »Vorbedeutungszeichen«, die der Feldberg gibt. Christ wird dieses »natürliche Barometer« in Kronberg vermißt haben, weil ja dort der Altkönig den Blick auf den höchsten Berg versperrt — oder diente dieser ihm nun als »Wetterprophet«? Er nennt vier Zeichen: »1.) Wenn die Höhe gleichsam raucht, und von deren Oberfläche ein dicker Nebel und Dampf aufsteigt, so sagt der Landmann: die Füchse kochen. Dieses bedeutet einen anhaltenden und gemeinen Regen, (oder einen Landregen, wie man auch desfalls sich ausdruckt,) zumal wenn der Abendwind dabei wehet, wie gewöhnlich geschiehet.« »2.) Sind hingegen um den Gipfel des Feldberges keine Dünste zu sehen, sondern ist der Horizont allda helle und heiter, so bedeutet es sicher auf etliche oder mehrere Tage schönes Wetter und Sonnenschein, und das Merkurialbarometer zieht sodann gewöhnlich eine größere Luftschwere an, als der mittlere Stand es mit sich bringt, und stehet hoch.« 3.) Wenn an dem Horizont des Feldbergs ein dünner Nebel entstehet, der sich darauf an dem Himmel wie ein Flor ausbreitet, und zwar beim Ostwind, so wird solches gewöhnlich ein Höherauch bei uns genennet, und bedeutet jedesmal heiteres Wetter.« — »4.) Wenn auf dem Gipfel des Feldbergs eine Wolke hingelagert erscheint, so entstehet bald ein Sturm.«

Daß Christ bei aller Überzeugung (und Anwendung) von der Nützlichkeit der neuen Naturerkenntnisse kein »Aufklärer« wurde, sondern der strenge Lutheraner blieb, mögen die Worte zeigen, mit denen das Höherauch-Kapitel schließt: »Indessen wolle der Herr, der große Beherrscher und Regierer der Welt, der die Wasser mit der Faust misset, und den Himmel mit der Spanne fasset, der den Erdkreiß mit einem Dreiling begreifet, und die Berge mit einer Wage wieget, unser Schirm und Schild seyn, und für Unglück und großem Schaden in Gnaden bewahren.«

Die »Beobachtungen über die heiße und trockene Witterung des Sommers 1800« des französischen Gelehrten Antoine Alexandre Cadet de Vaux, die Christ übersetzt, kommentiert und eingeleitet hat, waren so ganz in seinem Sinne geschrieben. Der Franzose sah die »unerhörte Trockene und Hitze, welche wir in diesem Sommer durch neun Wochen ohne einen Tropfen Regen und in den letzteren Wochen sogar ohne allen Thau gehabt haben« durch die »Abnahme der Waldungen und die Vernichtung so vieler Tausende von Bäumen« verursacht. Daher schlug er die »Wiedererzeugung der Wälder« vor. Die Nationalwaldungen sollten wiederhergestellt und gepflegt, die Anger, die leeren und öden Plätze, die Totenhöfe, die Ränder der gemeinen Weiden, die Heiden und die unbebaut liegen gelassenen Felder wieder mit Bäumen besetzt werden. Ja, er forderte sogar, »Bäume wieder auf die höchsten Gipfel der Gebürge zu bringen.« — »Möchte doch ein jeder Güterbesitzer Obstbäume und Waldbäume nach Verhältnis der Größe seiner Länderei pflanzen! Endlich errichte man in jeder Gemeinde der Republik eine Baumschule: denn man muß sein Haupt im Schatten eines Baumes oder in der Höhle eines Felsen niederlegen.« — Das waren Sätze, in denen sich schon das Werk des Baumgärtners und Pomologen ankündigte. Nach ihnen hat er wohl schon in der Wetterau gehandelt und Bäume gepflanzt.

Um den Hintergrund zu erhellen, vor dem die 1785 erschienene »Geschichte unseres Erdkörpers« zu sehen ist, zitieren wir wieder aus dem »Frankfurter Ristretto« vom 20. Junius 1785: »Seit einiger Zeit ward durch redliche Schwärmerey, auch falsche Täuschung ein großer Theil des Volks, besonders am Rhein, mit Vorherverkündigungen beunruhigt und geschreckt, die durch zufällig eingetrettene Erderschütterung noch mehr bekräftigt wurden, es gab viele und gibt deren noch, die des Herrn Superintendenten Ziehen seine Prophezeyhung entgegen sehen, und voll Erwartung kommender Dinge sind. Diesen zur Beruhigung sey dieses zur Verherrlichung des Schöpfers geschriebene philosophische Werk empfohlen . . .« Es gab also damals, wenige Jahre vor dem Ausbruch der Großen Revolution, einen Propheten des kommenden Unheils, dem gerade im einfachen Volk Glauben geschenkt wurde.

Der sentimentalen Schwärmerei, dem Unheilpropheten wollte Christ gesichertes Wissen entgegenstellen. In seinem »Vorbericht« heißt es: »Die Absicht, welche gegenwärtige Abhandlungen über unsere Welt, deren beständige Veränderungen und das Große und Besondere in den schröcklichen Naturbegebenheiten beziehen, ist, um verschiedenen Klassen von Lesern einen kleinen Schattenriß zu entwerfen von der ganz unbegreiflichen Größe und Macht des Herrn und Schöpfers der Welten; und solchen einen kurzen und deutlichen Begriff mitzutheilen von dem Pünktchen des unbegränzten Weltall, worauf sie wohnen, welche theils mit den gelehrten und theuren Werken über diese Materien nicht versehen sind; theils ihrer Geschäfte und Berufs wegen nicht so viel Zeit haben, sich damit tief einzulassen; theils auch in abstrakten Wissenschaften nicht geübt sind, aus diesen meist sehr gelehrt und weitläufig abgefaßten Werken von dergleichen Gegenständen sich einen kurzen und deutlichen Begriff zu ziehen.

Indessen dürfte es wohl für einen Weltbürger von aufgeklärtem Verstande eine Schande seyn, wenn er nicht einmal denjenigen Theil des Universums kennet, den ihm der Schöpfer zu seinem ersten Wohnhaus angewiesen hat, um darauf seine zeitliche Wallfart zu machen. Gott hat eben deswegen unserer Seele einen Körper mit sinnlichen Werkzeugen gegeben, daß wir uns vermittelst derselben von den Werken seiner Macht und Weisheit auch in dem Reiche der Natur und der Schöpfung solche erhabene Begriffe sammlen, die uns in die Ewigkeit begleiten. Denn der Körper mit seinen wundervollen sinnlichen Organen ist um der Seele willen da, um sie zu höhern Lektionen und Aufgaben in der Schule der Ewigkeit vorzubereiten, da sie sich erst vollkommen entwickeln wird. —

Hypothesen, über deren Aufschluß uns die Natur einen dichten Schleier vorgezogen hat, habe nach der Analogie der Natur und natürlichen Begebenheiten beurtheilt, um aufmerksamen Lesern zu zeigen, wie nach den Erfahrungen die Gedanken und angegebene Ursachen von den großen Naturbegebenheiten können geprüft und die gegründete und höchste Wahrscheinlichkeit derselben daraus erwiesen werden. Denn die Erfahrungen sind jederzeit das schätzbarste und sicherste in der philosophischen Erkenntniß. Ohne dieselben bleiben Hypothesen, das, was sie sind, Hypothesen und Meinungen. —«

Christ beginnt mit der Erklärung der beigegebenen Kupfertafel, die das »Planetensystem unseres Sonnenreichs« darstellt, von dem danach auch das erste Kapitel handelt, mitsamt den Kometen und Fixsternen. Die nachfolgende »Geschichte des Erdkörpers« zeigt, wie gründlich er sich in der wissenschaftlichen Literatur auskannte, in der damals modernen, aber auch in der älteren. So führt er den Leser durch sein Thema, von dem sagenhaften Taucher in der Charybdis, dem Schiller seine Ballade gewidmet hat, bis zu Buffon und anderen Gelehrten des 18. Jahrhunderts. Kapitel über Vulkane, Erdbeben und Überschwemmungen schließen sich an. Das Ganze ist nicht nur ein klar und leichtverständlich geschriebener Traktat, sondern auch ein theologischer. Christ braucht zwar das Vokabular der Zeit mit dem »Weltbürger von aufgeklärtem Verstande«, doch mit einem kräftigen Schuß Ironie, und er lenkt immer wieder zurück zur Religion. So heißt es am kürzesten und prägnantesten im Motto: »Gott! Schöpfer! Herr der Welt! es sind erschaffne Seelen / Für Deine Werke viel zu klein: / Sie sind unendlich groß; und wer sie will erzählen, / Muß gleich wie Du unendlich sein.«

Die Bienen-Bücher

Ob Christ schon in seinen Rüdigheimer Jahren mit der Bienenzucht begonnen hat, wissen wir nicht. Jedenfalls erschien die erste Auflage seiner »Anweisung zur nützlichsten und angenehmsten Bienenzucht für alle Gegenden« 1780 und erlebte zu seinen Lebzeiten vier Auflagen und ebenso viele Nachdrucke, von denen er zwar kein Honorar erhielt, die aber gewiß viel zur Bekanntheit seines Namens und zur Ausbreitung seiner Methode beigetragen haben. Das Buch ist einer der Klassiker der deutschen Imkerei geworden. Wir haben im ersten Teil schon Karl Koch erwähnt, der Christ unter die »Großmeister und Schöpfer der deutschen Bienenzucht« aufgenommen hat. Seine Würdigung der »Anweisung« beruht auf der dritten Auflage. Doch bleiben wir zunächst bei der ersten und zweiten Auflage. Im Vorbericht zur zweiten Auflage schreibt Christ: »Die Nothwendigkeit, eine zweite Auflage dieser Anweisung zur Bienenzucht zu veranstalten, da die erstere starke Auflage in ein Paar Jahren vergriffen ist, muß allerdings dem Verfasser für die Beförderung einer guten und nützlichen Sache zum Vergnügen gereichen.«

Johann Georg Fleischer aus der bekannten Leipziger Buchhändlerfamilie, der damals die Fleischerische Buchhandlung in Frankfurt betrieb, hatte also die Erfolgsaussichten dieses Buches richtig eingeschätzt und gleich eine »starke Auflage« drucken lassen; wie hoch sie war, wissen wir leider nicht. Daß die »Anweisung« überall hingelangte, erfahren wir aus den folgenden Sätzen Christs:

Der Bienengarten. Vergrößerte Vignette vom Titelblatt der ersten Auflage der »Anweisung zur nützlichsten und angenehmsten Bienenzucht« von 1780.

»Noch mehr aber kann das landwirthschaftliche Publikum und ein jeder Bienenliebhaber von den Vorzügen dieser Methode, die Bienen zu behandlen und ihre Wohnungen auf solche Art einzurichten, überzeugt seyn, da sie nicht nur in hiesigen Gegenden sehr häufig mit dem besten Erfolg nachgeahmt wird, und man schon Bienenstände von 30, 50, 100 und mehr Magazinstöcken sieht, sondern auch bereits in weit entlegenen Ländern, an den Grenzen der Schweitz, in Westphalen, im Westerland, in Sachsen, Brandenburg, Hannover, Westpreußen und vielen Gegenden mehr bis 130 Meilwegs weit die Güte und Nutzbarkeit dieser Methode in diesen wenigen Jahren schon erprobet worden.« Als Christ seine Magazinstöcke mit untereinander verbundenen, übereinander gesetzten hölzernen Kästchen mit einer Glasscheibe erfand, wußte er nicht, daß andere Imker in anderen Ländern ähnliches ersonnen hatten. Wenn ihn die Bienen-Gelehrten heute auch nicht mehr als den ersten Erfinder der »Magazinbienenzucht« gelten lassen wollen, so schreibt doch Pfarrer Dr. F. Gerstung in seinem Beitrag zu dem großen Sammelwerk, das unter Mitarbeit von 34 Experten 1906 entstand und 1920 in

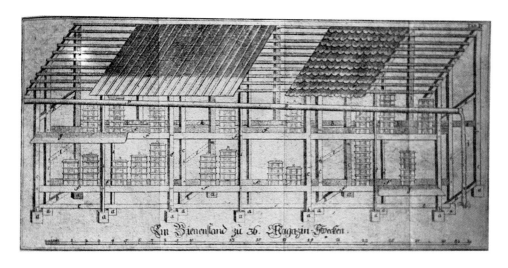

Großer Bienenstand mit 36 Magazin-Stöcken. Aus der »Anweisung zur nützlichsten und angenehmsten Bienenzucht«, 1783.

zweiter Auflage in zwei Bänden unter dem Titel »Unsere Bienen« erschien (Herausgeber: Pfarrer August Ludwig, Dozent für Bienenzucht an der Universität Jena): »J. L. Christ, evangelischer Pfarrer in Rodheim v. d. H., ist in Deutschland der eigentliche Begründer der Mobilbienenzucht gewesen, freilich nicht so sehr der Beweglichkeit jeder einzelnen Wabe, obgleich auch von dieser bei seiner sogenannten Magazinbienenzucht schon geredet werden kann, als vielmehr der Mobilität, d.h. der Beweglichkeit von Teilen des Bienenstockes, von Auf- und Untersätzen mit Waben, welche schon mit Stäbchen zum regelmäßigen Anbauen der Waben versehen waren . . .«

Mit Einführung der Magazin-Bienenstöcke verschwand endgültig die alte, grausame Methode der Honiggewinnung, entweder die Körbe ins Wasser zu tauchen und die Bienen dadurch zu ertränken oder sie auszuschwefeln und damit zu ersticken.

Das erste Kapitel der »Anweisung« handelt von den Bienen überhaupt, von der Königin und ihrer Leistung, von den Arbeitsbienen und Drohnen. Die folgenden Kapitel handeln sodann vom Bienenstand und seiner Lage, von der besten und schönsten Art der Bienenwohnungen, von der Vermehrung der Bienenstöcke, von der Sorgfalt für die Bienen, von der Honig- und Wachsernte und von den zur Bienenzucht notwendigen Gerätschaften. Das achte Kapitel liefert ein »Verzeichniß derjenigen vorzüglichen Gewächse, welche den Bienen zuträglich sind und wovon diese Honig und Wachs sammeln«. Das neunte Kapitel faßt das Wichtigste aus dem Bienenrecht zusammen. — Ein regelrechtes Kompendium also, so klar und lebendig geschrieben, daß man heute noch mit Vergnügen darin liest. Nebenbei erfährt man auch manches vom »Bienenvater« Christ, wenn er zum Beispiel im Kapitel vom Bienenstand schreibt: »Was den Ausflug der Bienen betrifft, so ist es freilich gut, wenn sie vor und neben sich so weit als möglich, oder doch auf 20 bis 30 Schritte frei ausfliegen und heimkehren können; wenn es aber die Lage des Standes nicht zulässet ganz frei auszufliegen, so schadet es nicht groß, wenn die Bienen über hohe Mauren und Gebäude fliegen müssen, ihrer Nahrung nachzugehen; das thun sie vielfältig freiwillig und ohne es benöthiget zu seyn. Bei mir sind sie mit Gebäuden umgeben und fliegen über die Kirche weg, ohne daß es ihnen nachtheilig wäre. Das einzige dabei ist, daß sie leichter in der Höhe von den Schwalben weggefangen oder von einem schnell entstehenden Gewitterwinde niedergeschlagen werden. Das Läuten aber bei Kirchen ist ihnen ganz unschädlich . . .« — Dies war in Rodheim so und wiederholte sich etliche Jahre später in der Kronberger Doppesgasse.

In der zweiten Auflage von 1783 hat sich Christ auf kleine Zusätze und Verbesserungen beschränkt, die »einige Wahrnehmungen mehr und verschiedene Bequemlichkeiten in der Behandlung der Bienen und ihrer Produkte« enthalten. Auch die dritte Auflage von 1798 ist im wesentlichen unverändert geblieben. Hingegen hat Christ die vierte Auflage von 1803, die zur »Ausgabe letzter Hand« wurde, als »sehr vermehrt und verbessert« bezeichnet. Im Vorbericht beklagt er, »daß kein Naturforscher in neuern Zeiten und seit Réaumur und Swammerdam das physikalische System des geheimnisvollen Insekts der Biene und seiner Oekonomie weiter auszubilden sich die Mühe gegeben, da wir darin noch so weit zurück sind. Wie vieles ließe sich in *einem* Jahr hindurch entdecken und berichtigen, wenn von den vielen Bienengesellschaften eine ein Mitglied erwählte, das diesem Geschäfte gewachsen wäre und ihm mit aller Anstrengung von Aufmerksamkeit und Widmung aller Zeit obläge!«

Die nach Christs Tod noch erschienenen beiden Ausgaben können wir hier beiseite lassen. Oehme stellt in der sechsten Auflage fest, daß Christ »von vielen neuern Bienenschriftstellern vielfach benützt und zum Theil ausgeschrieben, auch von spitzbübischen Nachdruckern mit Veränderung des Titels abgedruckt worden« ist.

Vermutlich hat der Rodheimer Pfarrer im Umgang mit den Wetterauer Bauern festgestellt, daß die »Anweisung« für diese noch zu »hoch« und zu umfangreich war. So hat er sich entschlossen, einen »Bienenkatechismus« zu schaffen, der erstmals 1784 erschien und das Thema sehr geschickt in 197 Fragen und Antworten abhandelt. Dieses Frage- und-Antwort-Spiel ist in sechs Kapitel gegliedert: »Vorläufige Fragen von der Bienenzucht und den Bienen überhaupt«, »Vom Bienenstand«, »Von den besten Bienenstöcken«, »Von der Vermehrung der Bienenstämme und Behandlung der Schwärme und Ableger«, »Von der Sorge für die Bienen« und »Von der Honig- und Wachsernte«. Die zweite Auflage folgte 1793, die dritte 1807. In der posthumen vierten Auflage von 1820 heißt es: »Obwohl es der Wunsch des Verlegers war, den Bienenkatechismus nach dem Tode des Herrn Pfarrer Christ aufs Neue von einem Sachverständigen umarbeiten zu lassen, so wurde ihm doch von vielen Seiten zugerathen, ein Buch, das so allgemein unter den Landleuten verbreitet und in seiner bisherigen Form so sehr beliebt war, unverändert zu lassen.« — Der namentlich nicht genannte Herausgeber hat sich daher auf die »Verbesserung einiger Fehler« beschränkt. — Das kleine Buch hat sich mithin unter den Bauern großer Beliebtheit erfreut und viel Segen gestiftet.

Gleichsam als wolle er zeigen, daß er nicht nur volkstümliche Schriften herausgeben könne, sondern auch wissenschaftlich etwas zum Thema zu sagen habe, brachte Christ 1791 den Band »Naturgeschichte, Klassification und Nomenclatur der Insekten vom Bienen, Wespen und Ameisengeschlecht als der fünften Klasse fünfte Ordnung des Linneischen Natursystems von den Insekten: Hymenoptera. Mit häutigen Flügeln« heraus. Unter Christs Büchern ist dieses heute das kostbarste, weil es neben einem von ihm selbst entworfenen doppelseitigen kolorierten Titelkupfer 60 ebenfalls kolorierte Kupfertafeln in einem besonderen Band umfaßt. Mit einem Umfang von 535 Textseiten ist der Band jedoch auch rein arbeitsmäßig eine erstaunliche Leistung, die man sich nur auf mehrere Jahre verteilt vorstellen kann, wobei noch anzumerken ist, daß im gleichen Jahr der zweite Teil »Von Pflanzung und Wartung der nützlichsten Obstbäume« herauskam.

Zu Beginn des Vorberichts zum Insektenbuch hat Christ noch einmal dargelegt, was ihm Naturerforschung und Naturdeutung waren. Während die Aufklärung in diesen ein Vehikel des Rationalismus und damit der Abkehr von der Religion sah, bedeuteten sie ihm einen Weg zum vertieften Erfassen des Göttlichen: »Eine Bewunderung nach der andern nimmt uns ein, und reißt uns hin zur tiefsten Verehrung und innigsten Anbetung der ewigen Weisheit, wenn wir die Harmonie der Schöpfung, die schöne Uebereinstimmung aller Teile zu einem Hauptzweck entdecken: wenn wir auf dem unabsehlichen Schauplatz der Schöpfung so viele tausend und tausend Geschlechter und Gattungen erblicken, die alle ihre besondere Struktur und Eigenschaften haben, die alle zur großen Kette der Natur gehören, und von der Milbe bis zum Elephanten und bis zum Menschen, ja bis zum Cherub in die Räder eingreifen, woraus die ganze Kunstmaschine der Welt bestehet.«

In späteren Abschnitten des Vorberichts schreibt Christ dann, daß er sich der Unterstützung durch den Herrn Gerning mit seiner unvergleichlichen und zahlreichen Insektensammlung erfreuen durfte, wie wir schon wissen. »Uebrigens habe ich viele unserer inländischen Insekten selbst erzogen und Jahre lang ihre Oekonomie beobachtet. Auch bei den Ameisen habe ich lange Zeit viele genaue Beobachtungen angestellt, und bin in der Erforschung der Naturgeschichte dieser merkwürdigen Insekten vor vielen sehr glücklich gewesen, und habe bei ihnen verschiedene Entdekkungen gemacht, die bisher noch nicht bekannt gewesen, und ein sicheres Licht geben.«

Nachdem Christ die Fachsprache der Entomologie seiner Zeit im Alphabet erklärt hat, gibt er zunächst eine »Nähere Einleitung in das Natursystem der Insekten« mit speziellen Abschnitten »Von den Sinnen der Insekten«, »Von dem Naturtrieb der Insekten« und »Von dem Leben und der Erhaltung der Insekten den Winter über«. In drei Hauptabteilungen würdigt er dann, mit genauen Aufzählungen und Beschreibungen, zuerst das Bienen-, dann das Wespen- und zuletzt das Ameisengeschlecht.

Den wissenschaftlichen Wert des Werkes aus heutiger Sicht kann nur der moderne Fachentomologe beurteilen. Für Christs Zeit war es ein bedeutender, auch in Rezensionen anerkannter Wurf. Dieses »wissenschaftlichste« unter seinen Büchern ist wohl nur in kleiner Auflage hergestellt worden und daher auch heute das seltenste, am höchsten bezahlte.

Im neuen, 19. Jahrhundert hat Christ noch einmal das Bienen-Thema aufgegriffen. »Allgemeines theoretisch-praktisches Wörterbuch über die Bienen und die Bienenzucht« heißt der über 400 Seiten starke, 1805 erschienene und schon 1807 unberechtigt nachgedruckte Band im Zweispaltensatz. Wir haben im biographischen Teil bereits aus der Vorrede zitiert. Was Christ in den Stichwortartikeln zusammengetragen hat, ist wahrhaft imponierend. Man kann das Ganze eine »Summa« seines Wissens von Bienen und Bienenzucht nennen. Gleich ob es sich um die Biologie der Honigbiene, um die Praxis der Imkerei oder die Weiterverwendung von Honig und Wachs handelt, alles ist erfaßt. Viele Stichwortartikel laufen über zwei Spalten oder sogar mehrere Seiten. Auch das Historische ist einbezogen. So gibt es zum Beispiel umfangreiche Artikel über »Zeidelgericht«, »Zeideln«, »Zeidler« und »Zeidlergesellschaften«. Der letztere Artikel läuft über 28 Spalten, zu denen noch über 5 Tabellenseiten kommen. Man staunt, wie Christ dieses ganze Material zusammenbekommen hat, und ahnt etwas von seinen weitläufigen Verbindungen, zu denen auch eine nach Nürnberg gehört haben muß, wo es ja schon 1240 einen »Zeidelherren« gab. Auch aus der Oberlausitz und der Mark Brandenburg, aus Sachsen und Württemberg hat Christ Statuten und andere Unterlagen erhalten. Der Anteil S. F. Wursters kann nicht allzu groß gewesen sein, sonst würde man seinen Namen mit auf dem Titelblatt finden (vgl. die Bibliographie).

Landwirtschaft und Weinbau

Die Reihe der Christ'schen Bücher beginnt 1780 gleich mit zwei Titeln. Zusammen mit der »Anweisung zur nützlichsten und angenehmsten Bienenzucht« erschien die 96 Seiten starke »Patriotische Nachricht und für jeden Landmann deutliche Anweisung zu dem einträglichen Tabaksbau und zwar des so genannten Asiatischen Tabaks; erprobet, und zum gemeinen Nutzen in Druck gegeben«. Gewidmet hat Christ das Bändchen »Seiner Exzellenz, dem Reichsfrey Hochwohlgebohrnen Herrn, Freyherrn von Gall, Hochfürstlich Hessen-Hanauischen Geheimenrathe, Kammerpräsidenten und Hofmarschalle, aus patriotischem Herzen«.

Wir erinnern uns, daß damals der nordamerikanische Freiheitskrieg im Gange war. So schreibt Christ: »Durch den amerikanischen Krieg ist bekanntlich der Rauch- und Schnupftabak zum Erstaunen im Preis gestiegen. Dem teutschen Landmann, der von je her fast der größte Liebhaber besonders des Rauchtabaks gewesen, ist es desto empfindlicher, je mehr er sich seit verschiedenen Jahren an den holländischen, oder vielmehr amerikanischen Tabak, den wir aus Holland erhalten, gewöhnt hatte, und bald dem ärmsten Bauer sein teutscher Knäller, den seine Vorfahren vergnügt geschmaucht, nicht mehr gut genug gewesen.«

Statt den teuren virginischen Tabak einzuführen, empfiehlt Christ nun den Anbau des sogenannten »asiatischen« Tabaks. Ob es sich bei diesem um Tabak aus den ostindischen Kolonien handelt, etwa aus Sumatra, den die Niederländer als Samen mitgebracht hatten, mag offen bleiben. Jedenfalls berichtet der Rodheimer Pfarrer: »Diese Art Tabak ist erst vor drei Jahren durch Herrn Chirurgus Berting zu Rickingen, der den Samen aus Holland mitgebracht, bey uns bekannt und zuerst in unserem hanauischen Land gebauet worden. Er machte mich sogleich aufmerksam, und ohngeachtet ich dem gerühmten Ertrag und fürtrefflichen Nutzen desselben nicht so leicht und nicht so bald Glauben beymessen konnte, so machte ich mich doch sogleich an die Probe, und pflanzte sorgfältig und mit unterschiedlicher Dunge diesen asiatischen Tabak, so wie auch etwas teutschen und dann auch virginischen Tabak. Ich fande mit Vergnügen die Wahrheit des gerühmten Nutzens des asiatischen Tabaks sowohl in Ansehung der Güte der Blätter, als auch dessen reichen Ertrags an gutem und gesundem Öl, welches sein Same liefert...« Und weiter: »Bey meiner ersten anzustellenden Probe haben blos auf mein Wort und Zureden nur sehr wenige in ganz kleinen Stücken Landes angefangen, asiatischen Tabak zu ziehen. Als ich große Äcker damit angebaut, lachten viele heimlich darüber, und hatten ihren Scherz damit. Da sie aber im Herbst die unverhoffte Probe und Beweis von dem vielen und guten Öl, und von den ihnen so gut bekommenden und angenehmen Blättern zum Rauchen, und überhaupt von dem guten Gedeihen dieses Tabaksbaues bekamen, so will nun alles diesen Tabak pflanzen, und wissen mir deshalb viel Danks.«

Christ muß also stattliche Pfarräcker in Rodheim gehabt haben, und noch dazu erfahren wir, daß man das aus den Tabaksamen gewonnene Öl nicht nur zum Brennen, sondern auch sogar als Speiseöl brauchte!

Auch der im folgenden Jahr erschienene Band enthält ein Kapitel über den asiatischen Tabak. Darüber hinaus aber ist dieses wenig bekannte umfangreiche Buch mit seinen fast 600 Seiten, zu denen noch 50 Seiten Vorrede und Inhalt kommen, eine Darstellung und Kritik der Wetterauer Landwirtschaft, wie es kaum eine zweite gibt. Der Titel ist etwas langatmig, sagt dafür aber auch viel aus: »Unterricht von der Landwirthschaft und Verbesserung des Feldbaues, insonderheit von der Benutzung der Brache mit verschiedenen Bepflanzungen, sowol mit den besten Futterkräutern, als auch etlichen sehr einträglichen Industrie- und Manufakturgewächsen, als Tabak, Grapp ec. und Ölgewächsen, nebst einem Anhang vom Seidenbau; aus sichern Gründen der Natur und theils aus eigenen, theils aus vieler Oekonomen bewährten Erfahrungen.« Vieles, das wir später bei dem ja 13 Jahre jüngeren Albrecht Daniel Thaer finden, erscheint bei Christ sozusagen schon vorgezeichnet. So ist es schön zu denken, daß sie beide der Churfürstlichen Landwirtschaftsgesellschaft zu Celle, dem Geburtsort Thaers, angehörten. Die berühmten »Grundsätze der rationellen Landwirtschaft« in 4 Bänden erschienen nur 28 Jahre später als Christs »Unterricht«!

Christs Buch war jedoch wohl den meisten Landwirten zu umfangreich. Jedenfalls kam es über die erste Auflage nicht hinaus. Die 1783 folgenden »Beyträge zur Landwirthschaft und Oekonomie« charakterisieren sich selbst durch ihren Untertitel: »Bekanntmachung einer Traubenmühle, einer Malzdarre, und einer engländischen eisernen Handmühle zum Malzschroten nebst verschiedenen Behandlungen der Weine, von dem Weinbau und den Grundsätzen des Bierbrauens«. Traubenmühle und Malzdarre »rühren von einem einsichtsvollen Oekonomen in Frankfurt am Mayn her, bey welchem ich sie kennenlernte«, während die eiserne Handmühle von den Engländern stammt, die sie »soviel möglich geheim zu halten suchen«. Woher Christ seine Informationen darüber hat, verrät er uns nicht. Den größten Teil des Buches nehmen Kapitel über den Weinbau und die Behandlung des Weins sowie über das Bierbrauen ein.

Bei der zweiten Auflage von 1798 und entsprechend auch bei der dritten von 1800 hat Christ Malzdarre und Handmühle draußen gelassen, und der Titel lautet nun: »Vom Weinbau, Behandlung des Weins und dessen Verbesserung, desgleichen vom Bierbrauen nach englischen Grundsätzen«. In der dritten Auflage hat Christ sich bemüht, »den interessanten Materien dieses Buches eine mehr angemessene Eintheilung und Ordnung zu geben, obschon im Wesentlichen nichts geändert worden«. Durch die neue Gliederung ist ein rechtes kleines Weinbaulehrbuch entstanden, das »Von Anlegung neuer Weinberge« bis zur »Behandlung des Mosts« und zur weiteren Behandlung des Weins führt. Ebenso ausführlich werden die »Grundsätze des Bierbrauens« abgehandelt, von der »Zubereitung der Gerste zum Malz« bis zur »Biergährung durch Beymischung der Hefen«. Auch die »Reinlichkeit beim Bierbrauen« ist nicht vergessen.

Hier sei gleich noch der 1785 erschienenen »Chemischphisikalischen Regeln vom Fruchtbrandeweinbrennen« gedacht, die, wie der Titel weiter lautet, auch »eine neuerfundene Kunst Honigbrandewein mit Vortheil zu brennen und zwar aus dem abgängigen sogenannten Wachswasser« beinhalten und überdies in einem Anhang »von der besten Weise Zwetschgenbrandewein, Kirschengeist und Vogelkirschenbrandewein zu brennen« Nachricht geben. Dazumal brannte ja jeder Bauer sich selbst seinen Haustrunk. Es gab keine Branntwein-Monopole, und Christ spielte den »Brandewein« sogar gegen den damals in Mode gekommenen Kaffee aus, nannte diesen den »alten deutschen Kaffee«.

Da der »Unterricht von der Landwirtschaft« offenbar nicht die breite Wirkung erreicht hatte, die Christ sich gewünscht hatte, entschloß er sich, dem dicken Buch ein kleineres zur Seite zu stellen. So entstand das »Güldene A, B, C für die Bauern oder das Wesentliche der Landwirtschaft«. Das Buch kam 1787 heraus, also schon in Christs Kronberger Zeit, gehört aber gewiß noch in die letzten Rodheimer Jahre. Wir haben die Widmung an den Freiherrn von Strauß schon vorne in der Biographie erwähnt und auch den Anfang der Vorrede zitiert. Im weiteren Verlauf dieser Vorrede setzt Christ sich vor allem für den Kleeanbau auf der Brache ein, der vielfach noch in den »eisernen Fesseln des Zwangs« liegt, nämlich in denen des Viehaustreibens und der »Gemeinde Verhutung«. — Im Kurfürstentum Mainz scheint sich in dieser Hinsicht etwas getan zu haben, denn Christ schreibt:

»Ihr besonders, ihr lieben Mainzer Landsleute! ihr verehret mit mir einen Fürsten von erhabenen Einsichten, der selbsten ein Kenner der Landwirthschaft, und von Vaterliebe gegen seine Unterthanen durchdrungen ist, der mit seinen Landeskollegien, die so viele erleuchtete und einsichtsvolle Männer zieren, und für die Wohlfahrt des Landes rastlos bemühet sind, bereits so unzählige Proben seiner Menschenliebe vor den Augen aller Welt abgelegt, und die vortrefflichsten Verordnungen zum Wohl seiner Unterthanen ergehen lassen. Können wir unter andern das im Jenner des 1785. Jahres gnädigst erlassene Patent zu Verbesserung der Landeskultur und der Fabriken, und der errichteten Prämienkasse lesen, ohne daß unser Herz dem erhabenen Menschenfreund und Vater seiner Unterthanen, diesem fast angebeteten Fürsten mit doppelter Wärme Dank schlüge?«

Gerade ein Jahr in Kronberg, singt der lutherische Pfarrer Christ dem katholischen Landesherrn ein Loblied, weil dieser sich der Landeskultur annimmt! — Die dem »Güldenen A, B, C« angehängte 70 Seiten umfassende »Nachricht von jungen Obstbäumen«, Christs erste Kronberger Werbeschrift, haben wir schon zitiert. Sie wird ohne Zweifel ihre Wirkung gehabt haben.

Der Titel des 1790 herausgekommenen Buches »Vom Mästen des Rind-, Schweine-, Schaaf- und Federviehes« spricht für sich selbst. Man staunt über die Kenntnisse, die Christ sich selbst auf diesem Gebiet erworben hatte. Sogar wie man ein Schwein »zur Delikatesse zu mästen hat« erklärt er seinen bäuerlichen Lesern: »Wer sich das niedlichste Schweinefleisch verschaffen will, mäste ein dreivierteljähriges oder ein jähriges Schwein mit lauter saurer Milch, zumal wenn solches damit meist aufgezogen worden; wie denn in vielen Ländern, wo keine magere Käse oder sogenannten Handkäse gemacht werden, die gestandene oder saure Milch, wenn davon der Rahm zur Butter abgenommen ist, sogleich für die Schweine in das Saufaß ausgeschüttet wird.«

Noch 1818 brachte die Hermannische Buchhandlung eine zweite Auflage des Buches heraus, das überdies 1792 auch in Graz erschienen war. Ein »praktischer Landwirt« hatte die neue Ausgabe durchgesehen. »Der Revisor war mehr bedacht, daß nichts irriges oder falsches unterlaufe, als neue Entdeckungen, die noch nicht ganz zuverlässig wären, einzuschalten.«

Eine gerade für Kronberg und die Obstbaulandschaft des vorderen Taunus wichtige, von ihm gemachte Erfindung beschrieb Christ 1790 in einer kleinen Broschüre: »Genaue und deutliche Beschreibung des vorzüglichsten Dörrofens mit zirkulirenden Rauchgängen, nach Zoll und Werkschuen des rheinländischen Maasstabs«. Der auf einer Ausschlagtafel abgebildete Dörrofen war noch in unserem Jahrhundert in Kronberg zu finden, heute ist er verschwunden. Er hat den Kronbergern gute Dienste geleistet, denn gerade gedörrtes Obst war ein guter »Exportartikel«. Getrocknete Mirabellen wurden bis nach Holland verschifft.

Eine im Jahr darauf, 1791, erschienene Schrift trägt den etwas langen und umständlichen Titel: »Ein Geschenk an die Weinländer von Wichtigkeit, bestehend in der Anweisung, wie man in Weinbergen Korn oder Roggen bauen könne, ohne Nachteil des Weinstocks, sondern vielmehr zu seinem Nuzzen; und ein kleines Geschenk an alle Hausväter oder Bekanntmachung eines Hauspflasters von außerordentlicher und bewundernswürdiger Heilkraft. Nebst einem Anhang, welcher unter andern einige Zusäzze und landwirtschaftliche Bemerkungen enthält zu dem güldenen A, B, C, für die

Bauren ec. an statt der Vermerung und Verbesserung einer zweiten Auflage.« Von der Feststellung ausgehend, daß »der Ertrag des Weinbaues sehr verschieden ist und daß man gewöhnlich 4 bis 5 Mißjahre oder doch Jahre von sehr geringem Ertrag gegen ein gutes Weinjahr rechnen könne«, schreibt Christ: »Es wird daher besonders solchen Weinländern sehr willkommen sein, zu vernemen, wie der Kornbau füglich mit dem Weinbau zu verbinden seie, auch in bergichten Gegenden, und zwar ohne den geringsten Nachteil für die Menge und Güte der Trauben, ja in manchem Betracht zu deren Vorteil. Die Proben sind seit etlichen Jahren von einem Freund des Ackerbaues in Frankfurt am Main gemacht worden. Er lies gegen das Frühjahr Kornpflanzen im Feld ausziehen, stümpfte ein wenig deren Wurzeln, wie bei den Gartengewächsen und verpflanzte sie einzeln einen Fuß weit von einander in einen Kammertsenwingert. Der Erfolg war der Erwartung gemäß. Aus der geringsten Pflanze entstunden 20, und aus den übrigen 30 und mehr große Halme und Aeren. Das Stroh war ungewöhnlich dick und lang. Die Zeitigung geschahe 14 Tage später als bei dem gesäeten Korn. Die erzeugten Samenkörner waren schwerer und größer, so daß ein Malter 225 Pfund wog, da es von dem ausgesäeten Korn erzielten gewöhnlich nur 170 Pfund wiegt.«

Was Christ sodann über sein »kleines Geschenk an alle Hausväter« sagt, wirft soviel Licht auf die damalige »Volksmedizin«, daß wir es hierher setzen müssen: »Was die Bekanntmachung des angezeigten vortrefflichen Pflasters betrifft, so hielt ich mich längst in meinem Gewissen dazu verbunden, da ich seit 30 Jahren die bewundernswürdigsten Wirkungen und die Heilkräfte desselben erprobt und so manche Kuren (ohne allen Eigennuz, wie leicht zu erachten) damit gemacht habe. Es ist Pflicht der Menschenliebe, dergleichen Allgemeinnüzliches öffentlich bekannt zu machen, und eine Schwachheit von manchen, welche dergleichen als ein Geheimnis für sich behalten. Selbst zur Erlangung dieses Pflasterrecepts mußte mich ehemals bei einem Freunde, der es in einem geschriebenen Buche versiegelt hatte (ohngeachtet derselbe gar keinen Gewinn damit machte, noch zu machen Ursach gehabt) der Freiheit bedienen, das Blatt hinten aufzuschneiden, und es so zu Mancher Vortheil zu entwenden, weil es ohne Schaden des Besizzers, dem ich es nach der Hand mit lachendem Munde selbst entdeckte, geschehen konnte.

Es ist sonst meine Sache nicht, weder dem Wundarzt, noch dem Medikus in sein Amt zu greifen, ob es schon für Geistliche auf dem Lande ganz anständig und ihren Gemeinden oft sehr zuträglich ist, wenn sie eine genauere Kenntnis des menschlichen Körpers, so wie von den Krankheiten und den hauptsächlichsten Heilmitteln dagegen sich erwerben; zumal der Landmann meist so geneigt ist, sich lieber an Quaksalber und Scharfrichter zu wenden, als zu einem gelernten Arzt in der Stadt zu gehen: oder der gemeine Mann sich gar leicht schädlicher und widriger Mittel bedienet, wie des Brandeweins und Pfeffers bei den Simptomen der Ruhr ec. Hier kann der Geistliche, der in der Medizin nicht ganz Laye ist, wenigstens viel Unheil verhindern, und es ist seinem Amte gar nicht zuwider, wenn er bei einreißenden epidemischen Krankheiten so gar in seinem öffentlichen Vortrag wider dergleichen schädliche selbsterwälte Mittel eifert, und seine Gemeine eines Bessern belehrt.

Um so weniger wird mir verdacht werden, wenn ich anbei den Hausvätern ein Pflaster bekannt mache, das zwar einen geringen Namen hat, aber bei gar vielen Gelegenheiten von großer Wichtigkeit und Nuzzen sein, vielen Schmerzen und dem Verlust mancher Glieder vorbeugen kann, nicht zu gedenken der öftern schweren Kosten, die desfalls gering bemittelte Hausväter manchesmal tragen müssen, da sie hiebei mit wenigen Kreuzern in weit kürzerer Zeit eine beträchtliche Heilung zu Stande bringen können. In keinem Hause sollte nie dieses vortreffliche Pflaster fehlen, da von Zeit zu Zeit bei Kindern, Gesinde, Säugerinnen ec. ein Unfall sich eräugnet. Und da bei dieser Bekanntmachung aller Eigennuz wegfällt, und blos die Liebe zur Menschheit die Triebfeder ist, so kann man um so mehr allen Glauben beimessen.«

Was die moderne Heilkunde zu dem Pflaster sagen würde, wollen wir offen lassen. Seine Bestandteile sind Baumöl, Rosenblätter, der Saft von weißen Rüben, rote Mennige, Kampfer und »peruvianischer Balsam«. Die Anwendungen bei den verschiedenen Krankheiten hat Christ mitbeschrieben.

Noch im selben Jahr 1791 erschien das Heilpflaster-Bändchen auch als Einzeldruck in Marburg. Dieser Druck scheint jedoch restlos »verbraucht« und nicht in die Bibliotheken gelangt zu sein. Strieder, den Christ laufend über seine neuen Arbeiten unterrichtet hat, führt ihn auf. Schellenberg hat das Pflaster und die Broschüre darüber noch als »berühmt« in seine Bibliographie aufgenommen.

»Auf eigene Erfahrungen gegründete Vorschläge den edlen Feldbau zu verbessern« gab Christ 1793 heraus. Die Vorschläge wurden ihm, wie er einleitend schreibt, »von einem Freunde der Landwirtschaft« zur Bekanntmachung übergeben, »und mit desto größerem Vergnügen unterziehe ich mich derselben, da mir die praktischen Kenntnisse dieses gründlichen und starken Oekonomen bekannt sind«. Im ersten Kapitel »Die Polizei betreffend« geht es unter anderm um die Abschaffung der Brache, Feldschützen und Felddiebe, die Frohnden, die Entrichtung des Zehnten (nicht mehr in natura, sondern in Geld!), aber auch um die Wichtigkeit des Schulunterrichts und die Einschränkung der Wildbahn. Zum letzteren Punkt druckt Christ eine Verordnung des Fürsten Wilhelm zu Solms ab, in der es um die Einschränkung allzu starker Schäfereien und die Freigabe der Brache zur Bebauung mit Futterkräutern usw. geht. Weitere praktische Ratschläge für den Landmann und »verschiedene Beobachtungen und bewährt gefundene Mittel« schließen sich an, »Wider den Brand im Weizen«, »Vom Kartoffelbrod« bis zu: »Wenn bei einer Kuh nach dem Kalben das Looß nicht abgegangen.«

Die zweite Auflage des »Güldenen A, B, C« von 1797, verändert und vermehrt, enthält vier Kapitel: »Von den Fütterungskräutern, insonderheit vom Klee«, »Von dem Mistdünger«, »Von einigen zu pflanzenden Früchten« und »Vom Vieh«. Der Anhang enthält u. a. den Bau des uns bekannten Dörrofens und die Verfertigung des Hauspflasters, dazu die Herstellung von Syrup aus Runkelrüben, das Brotbacken aus ausgewachsenem Korn, das Bierbrauen und Branntweinbrennen.

Nimmt man noch die im »Hanauischen Magazin« erschienenen Aufsätze zu landwirtschaftlichen Dingen und den Artikel über die »Spanische Kohlrübe« im »Allgemeinen Anzeiger« hinzu, so ergibt sich ein Gesamtbeitrag, der genügt, um Johann Ludwig

Christ einen angesehenen Platz in der Literatur über Landwirtschaft und Weinbau des 18. Jahrhunderts zu sichern. Was wir bisher aufgezählt und betrachtet haben, stellt jedoch nur einen Teilbereich seines Gesamtschaffens dar. Noch umfangreicher und stärker in der Auswirkung ist sein Werk auf dem Felde des Obstbaus, der uns nun beschäftigen soll.

Obstbau und Obstlehre

Wir haben im biographischen Teil schon einiges über Christs Tätigkeit auf den Gebieten Obstbau und Obstlehre berichtet, den Kronberger Obstsorten-Katalog erwähnt, den er dem »Güldenen A, B, C für die Bauern« von 1787 beigefügt hatte und aus dem Vorbericht zu »Von Pflanzung und Wartung der nützlichsten Obstbäume und ihrer besonders in Kronberg gezogenen Arten und Sorten« zitiert. Was den Inhalt dieses Bandes angeht, so wird man Christ zustimmen, wenn er am Schluß des Vorberichts sagt: »Ich habe alles redlich eröffnet, plan und deutlich beschrieben.« Er beginnt mit einem Kapitel »Von der Pflanzung und Erziehung der jungen Stämme oder sogenannten Wildlinge oder Kernstämme«. Das zweite Kapitel handelt »Von der Baumschule, deren Beschaffenheit, Verpflegung, Besezzung mit Kernstämmchen oder Wildlingen, und den verschiedenen Arten, gute Obstsorten fortzupflanzen durch Pfropfen, Kopuliren, Okuliren ec. wie auch die jungen Bäume zu behandlen und bei den Zwergbäumen die Grundlage zu ihren verschiedenen Gestalten zu machen, bis sie in den Obstgarten versezzet werden.« Im dritten Kapitel spricht Christ »Von dem Obstgarten, dessen Beschaffenheit und Lage: Anlegung: Besezzung mit jungen Bäumen: Umzäunung: Verpflegung und Schnitt der versezten hochstämmigen Bäume und der verschiedenen Gestalten Zwergbäume bis zu ihrer Tragzeit und nach derselben: Bau und Besserung des Obstgartens und der Baumstükke.« Das vierte Kapitel ist überschrieben mit: »Von einer jeden Art der nüzlichsten Obstbäume insbesondere und deren Sorten; ihr erforderliches Erdreich, Behandlung, Eigenschaften, Benennung und Naturgeschichte, Fortpflanzung ec. welches zugleich das vermehrte Register der in Kronberg an der Höhe erzogenen und alljährlich verkäuflichen jungen Bäume, sowol hochstämmiger als Zwergbäume ausmacht.« Dementsprechend gibt es Register für Äpfel, Birnen, Quitten, Mispeln, Speierlinge, Kirschen, Pflaumen, Aprikosen, Pfirsiche, Mandeln, Nüsse, Kastanien, Maulbeeren, Haselnußstauden, Johannis- und Stachelbeersträucher. Das sechste Kapitel handelt »Von der räthlichsten Benuzzung des schäzbaren Obstes«, das siebte »Von den Krankheiten der Bäume«.

Insgesamt verzeichnet Christ für 1788/89 an Sorten: Winteräpfel 51, Sommeräpfel 16, Winterbirnen 40, Herbstbirnen 30, Sommerbirnen 23, Quitten 3 (3 weitere zur Anpflanzung vorgesehen), Speierlinge 2, Kirschen 26, Pflaumen und Mirabellen 30, Aprikosen 12, Pfirsiche 47, Mandeln 5, Nüsse 8, Kastanien 5, Haselnüsse 7, Johannisbeeren 7, Stachelbeeren 21. Alle Sorten werden nach ihrem Aussehen beschrieben.

Beschreibungen der früheren Trauben-, nun Apfelmühle und des Dörrofens sind samt den anschaulichen Kupfern beigefügt.

Der Erfolg des Bandes war so groß, daß schon 1792 eine neue Auflage fällig war. Sie erhielt die Bezeichnung »Teil I«, denn ein zweiter Teil war schon 1791 herausgekommen. Dieser zweite Teil bringt neben einem »fortgesetzten Register« Ergänzungen zu den einzelnen Kapiteln des ersten Teils und statt des dort abschließenden achten Kapitels »Monatliche Erinnerungen an die Geschäfte und Besorgungen in der Pflanzschule, Baumschule und dem Obstgarten« hier eine »Monatliche Obstfolge« von Januar bis Dezember.

Neben dem zweiten Teil »Von Pflanzung und Wartung der nützlichsten Obstbäume« brachte Christ 1792 noch ein zweites Buch heraus: »Der Baumgärtner auf dem Dorfe oder Anleitung, wie der gemeine Landmann auf die wolfeilste und leichteste Art die nüzlichsten Obstbäume zu Besezzung seiner Gärten erziehen, behandlen, und deren Früchte zu Verbesserung seiner Haushaltung recht benuzzen solle«. Wir nannten dieses Buch schon zuvor im biographischen Teil ein kleines pädagogisches Meisterstück. Christ hat ihm neben dem Vorbericht, aus dem wir schon zitierten, eine »Zueignung an meine werthgeschäzten Weltmitbürger auf dem Lande« mitgegeben, in der er unter anderm schreibt:

Liebe Landleute!
Ich gebe euch hier ein Büchlein in die Hand, von welchem ich herzlich wünsche, daß es euch zu recht großem Nuzzen sein möchte. Wenigstens ist die Sache für euch von nicht geringem Betracht, und wenn ihr meiner redlichen Anweisung folgt, so könnt ihr in eurer Haushaltung manchen Thaler ersparen, manchen schönen Thaler erlösen, und manchen guten Trunk und Gericht Speise mehr genießen. Wenn ich nicht selbst wüßte, daß noch in vielen Gegenden und Ortschaften die Obstbaumzucht bei euch traurig vernachlässigt wäre, so würde ich kaum glauben können, daß so viele helle Köpfe unter euch den ganzen vortrefflichen und ausgebreiteten Nuzzen des edlen erquikkenden, zu Speise und Trank dienlichen Obstes von so verschiedenen Arten verkennen und nicht einsehen mögen, da ihr doch sonst auf die Verbesserung eures Feld- und Ackerbaues und eurer Haushaltung so aufmerksam und auf die Gewinnung eines baren Stück Geldes so wachsam seid, welches auch, besonders bei unserm gegenwärtigen Zeitlauf, ganz löblich und nöthig ist. Und gewißlich, wenige Produkte und Früchte könnet ihr mit so geringer Mühe und Arbeit mit so wenigen Kosten erzielen als das Obst: und keine könnet ihr zu so mancherlei Genuß und Nuzzen anwenden und bereiten, als eben dasselbe. — Wie gesund und erquicklich ist euch und euren Kindern das frische Obst: Wie manches Stück Brod könnet ihr dadurch zur Sommers- und Winterszeit bei euren Kindern und Gesinde ersparen: Wie manche Mahlzeit könnet ihr mit frischgekochtem oder getrocknetem Obst abthun, und welches ist bei den allermeisten Krankheiten die unschädlichste Speise, als getrocknetes Obst? — Der Obstwein, besonders der Aepfelwein, ist euch ein gesunder, stärkender und erquikkender Trunk, der sich oft auf den Tafeln der Reichen findet . . .«

Auch Dörfer, die entfernt von den Städten liegen, »können den Überfluß ihres Obstes durch Trocknen, durch Bereitung zu Wein, zu Essig ec. gar leicht durch Handel und Wandel versilbern«.

Das Frage- und Antwort-Spiel zwischen dem Autor und dem Bauern Velten vollzieht sich in fünf »Hauptstücken«: »Von Erziehung junger wilder Bäumchen, um daraus zahme Bäume, die gutes und süßes Obst tragen, zu machen«, »Von der Baumschule und den Geschäften in derselben zu Erziehung guter gesunder und fruchtbarer Bäume: Wie die Baumschule zubereitet, die jungen Stämmchen darin aufgezogen, am leichtesten veredelt und dieselben behandelt werden sollen, bis sie in die Gärten oder auf die Äcker und Baumstücke versezzet werden«, »Von dem Obstgarten, wie derselbige anzulegen, die Fehler seines Erdreichs zu verbessern, die Bäume gehörig auszuheben, zu beschneiden, zu sezzen, Zäune und Häge zu machen, die Bäume auszupuzzen, ihre Krankheiten zu heilen, ihren Feinden zu steuren und auch bei ungünstiger Witterung viel Obst zu erhalten seie«, »Von denjenigen Obstgattungen, Arten und Sorten, welche vorzüglich den Landleuten nüzlich, und theils zu ihrer Haushaltung passend, theils zum Verkauf und Erlöß bei der Nähe oder Entfernung der Städte zur Anpflanzung und Erziehung die dienlichsten sind« und »Von der räthlichsten Benuzzung des Obstes«.

321 Fragen und Antworten sind es, ganz auf die bäuerliche Welt des ausgehenden 18. Jahrhunderts zugeschnitten, und am Schluß steht der hübsche Spruch aus dem »Noth- und Hilfsbüchlein« des Rudolf Zacharias Becker, in dem Christ wohl einen »geistigen Bruder« gesehen hat:

Im schlechtsten Raum
Pflanz einen Baum
Und pflege sein!
Er bringt dirs ein.

Wir haben im ersten Teil unseres Buches Georg Forster aus Mainz berichten lassen, wo er Bibliothekar des Kurfürsten wurde und sich dann der Revolution anschloß. Wohl als interessante Brotarbeit hatte er, der auf der Weltreise mit Kapitän Cook gut Englisch gelernt hatte, eine Schrift von William Forsyth übersetzt, dem Direktor der Londoner Kensington Gardens, nach dem unser gelber Frühlingsblüher, die Goldwinde, Forsythia benannt wurde. Christ wurde gebeten, diese Schrift mit den notwendigen fachlichen Anmerkungen zu versehen. Sie erschien 1791 in Mainz und Leipzig und erlebte 1796 und 1801 Neuauflagen. Mit ihrem Titel und Thema: »Über die Krankheiten und Schäden der Obst- und Forstbäume nebst Beschreibung eines von ihm erfundenen Heilmittels« nahm sie sozusagen ein späteres Buch Christs von 1808 vorweg. Vielleicht haben sich Forster und Christ über dieser Schrift auch in Mainz persönlich kennengelernt, und der Danziger hat dem wißbegierigen Kronberger Pfarrer von der fernen Südseewelt erzählt!

Christs Schaffensdrang blieb ungebrochen und ließ ihn den Gedanken fassen, die beiden erfolgreichen Bücher »Von Pflanzung und Wartung der nützlichsten Obstbäume« nochmals zu überarbeiten, zu ergänzen und zu einem einzigen Band zusammenzufassen. So entstand das »Handbuch der Obstbaumzucht und Obstlehre«, das erstmals 1794 herauskam und alsbald zu einem »Klassiker« seines Faches wurde. Es erlebte zu Christs Lebzeiten noch zwei Auflagen, kam nach seinem Tode noch einmal heraus und wurde zu seinem Leidwesen auch mehrfach nachgedruckt.

Wir können den Aufbau des Handbuchs in den eigenen Worten des Autors beschreiben: »Der I. Theil handelt von der eigentlichen Pflanzung und Erziehung der Obstbäume, ihrer Veredlung und Fortpflanzung in ihrer ächten Art.« — »Der II. Theil handelt von den Zwergbäumen, ihrer Erziehung und dem Schnitt derselben nach phisischen Gründen.« — »Der III. Theil begreift das ökonomische Fach, von mancherlei Benuzzung der Obstfrüchte, den ich in Rücksicht der Lage manches Oekonomen und Gartenbesizzers nicht zurücklassen können und wollen.« — »Der IV. Theil enthält die Obstlehre, Eintheilung und Beschreibung der vornehmsten Obstsorten zur nähern Kenntnis derselben, Beurtheilung und Wahl.« Gleichzeitig kündigt Christ im Vorbericht schon ein weiteres Werk an: »Schenkt der Himmel mir Gesundheit und Leben, und dieses Jahr den gezeigten Obstsegen, so dörften im folgenden die ersten Hefte im gefälligen Format gr. 4 (Groß-Quart) erscheinen unter dem Titel: Pragmatisch sistematische Pomologie über das Kern, Stein, Schalen- und Beerenobst, mit ausgemalten Kupfertafeln. — Da aber dergleichen Unternehmungen eine enorme bare Geldauslage erfodern, und ich keine Unterstüzzung von Fürsten und Herrn habe, auch noch zur Zeit kein Pränumerationsquantum bestimmt werden kann, so muß ich meine Obstfreunde einstweilen zum Voraus um die Subscription ersuchen, um ermessen zu können, wie tief ich hier ins Wasser gehen darf.« — Durch die Kriegsereignisse verschob sich das große Unternehmen dann bis 1809 und 1812.

Mit 650 Seiten, zu denen noch ein Verzeichnis der Christschen Schriften und ein 16 Seiten umfassender Kronberger Sorten- und Preiskatalog kamen, war ein echtes Handbuch entstanden, das seinen Preis — er betrug 3 Gulden — wert war und entsprechend eifrig gekauft wurde — so eifrig, daß schon drei Jahre später eine zweite Auflage notwendig wurde. Im Vorbericht zu dieser neuen Auflage von 1797 sagt Christ:

»Da meine Bemühungen in der Unterweisung der Obstbaumzucht so vielen unverhofften Beyfall gefunden, und dieses so benannte Handbuch sich so bald vergriffen, so habe mir um so mehr angelegen seyn lassen solches bey dieser zweyten Auflage von seinen Schlakken zu reinigen, diejenigen Pflanzungsarten, welche nicht überall Stich halten wollen, oder langsam zum Ziel führen und entbehrlich sind, wegzulassen, sie mit neuern erprobten Erfahrungen zu ersezzen, und überhaupt das Buch für den Gartenfreund so annehmlich und nüzlich, als mir dermalen möglich war, zu machen.« Daß die »Monatliche Obstfolge« auch im Cotta'schen »Taschenbuch für Natur- und Gartenfreunde« für das Jahr 1797 separat erschien, haben wir schon berichtet. Das war ohne Zweifel eine gute Werbung für das Handbuch im süddeutschen Raum.

Am Schluß seines Vorberichts beklagt Christ die Verwüstungen, die Revolution und Krieg angerichtet haben: »Indessen wird nicht nur der höchstnüzliche Obstbau allgemein beliebter: so viele Tausende von Bäumen sind durch den leidigen grundverderblichen Krieg darnieder gehauen: die Baumschulen in Frankreich, zumal die ehemals weltberühmte in der Karthause zu Paris, die Millionen durch den Baumhandel gewonnen, sind zerstöret; — doch wachet die Vorsehung desto mehr über die Bedürfnisse ihrer Geschöpfe. Fast in allen Gegenden entstehen nicht nur kleinere Privatbaumschulen, sondern auch viele große, unter Aufsicht geschickter und einsichtsvoller Männer: und die französischen Baumschulen, — die ohnedem für unser Klima nur kurzdaurende Bäume lieferten, — werden entbehrlich. Der Himmel segne nur die guten Aussichten durch einen baldigen Frieden!!« — Da sich der Umfang um fast 200 Seiten erhöht hat, ist der Band auch im Preis gestiegen, auf nunmehr 4 Gulden.

Im gleichen Jahr 1797 erschien bei Voß und Compagnie in Leipzig Christs »Plan zur Anlage eines Obstgartens, welcher in einer Übersicht eine ausgesuchte Sammlung von Bäumen zu regelmäßiger Bepflanzung eines Landes von sechs und ein viertel Morgen darstellt«. Dabei hatte er sowohl Tafel- als auch Wirtschaftsobst berücksichtigt und eine Zusammenstellung ersonnen, »bei der kein Baum den andern in seinem Wuchse hindern konnte und doch die symmetrische, sowohl dem Auge gefällige als den Bäumen und ihren Früchten nützliche Eintheilung und Ordnung beibehalten« wurde. Ein Verzeichnis von 700 Bäumen und Sträuchern mit allen wissenswerten Daten war beigefügt. — Ist der in Großfolio gedruckte Plan (Größe eines halben Bogens mit einer Höhe von über 45 cm) völlig untergegangen oder findet er sich noch in einer mitteldeutschen Sammlung? Übrigens hatte Christ schon im »Teutschen Obstgärtner« auf 17 Seiten über englische Gärten geschrieben und den »Plan einer englisch-deutschen Anlage mit Obstgebüsch und Obstbäumen« entwickelt.

1798 entwarf er dann im »Taschenbuch für Obst- und Gartenfreunde« auf 110 Seiten das »Ideal einer Obstgartenanlage von zwey Morgen Größe nach verschiedener Rücksicht der Lage und der Absicht des Besizzers«, mit einem Verzeichnis der zu pflanzenden Obstarten und -sorten von den Äpfeln bis zu Erdbeeren, Stachel- und Johannisbeeren.

Als im Jahre 1800 die zweite Auflage des »Baumgärtners auf dem Dorfe« notwendig geworden war, stellte Christ im Vorbericht fest, »daß dieser Traktat nicht nur bey dem Landmann Nutzen gestiftet, sondern auch bey vielen andern Gartenfreunden Beyfall gefunden und sie zum Obstbau ermuntert hat«. Er hat den Band überarbeitet, mancherlei Nützliches und neue geprüfte edle Obstsorten einbezogen. »Die zwar in unsern neueren Zeiten ganz aus der Mode gekommene Lehrart in Frag und Antwort habe gleichwol beybehalten, weil ich gefunden, daß diese faßliche Methode bey dem gemeinen Manne nicht ohne Nutzen gewesen und zu mehrerer Faßlichkeit ihm gedienet hat. Trägt der Landmann sein Kleid gerne nach seinem gewohnten simplen Zuschnitt, so wollen wir ihm keinen Zwang anthun, eine Mode aufzudringen, die ihm nicht so bequem dünkt, als seine alte, wenn nur der gute Endzweck erreichet wird. Laßt uns Allen einerlei werden!«

Über die Auslegung dieses letzten Satzes möge sich jeder Leser selbst den Kopf zerbrechen. — Obwohl Christ nachfolgend wieder die »werthgeschätzten Weltmitbürger auf dem Lande« anspricht, ist nicht anzunehmen, daß er etwa der Gleichmacherei im Sinne der Revolution das Wort reden wollte. Vermutlich soll der Satz nur bedeuten, daß man so schreiben soll, daß jeder es versteht. Er, der Lutheraner, der in der Natur »einen Ausfluß der ewigen Weisheit« sah, blieb unberührt von den Ideen aus dem Westen, und im »Weltmitbürger« steckt, wie schon einmal gesagt, gewiß ein nicht gerade kleines Körnchen Ironie.

Mit den »Beiträgen zum Handbuch über die Obstbaumzucht und Obstlehre von 1797«, die aus uns unbekannten Gründen nicht von der Hermannischen Buchhandlung sondern von Guilhauman verlegt wurden, wollte Christ die Herausgabe einer weiteren Auflage des »Handbuchs« verzögern, um die Käufer der Ausgabe von 1797 »nicht ums Geld bringen helfen«, wie er schreibt. So bietet er ergänzende Texte zu den einzelnen Teilen, wobei, wie zu erwarten, der vierte Teil mit der Beschreibung neuer Tafelobstsorten am umfangreichsten geworden ist. Er umfaßt 222 von insgesamt 300 Seiten einschließlich Register. Der Kronberger Katalog ist wieder beigegeben. Für den Transport der Bäume bis Frankfurt wurden 30 Kreuzer berechnet, »Emballage mit Stroh und der Wurzeln mit feuchtem Moos« kam auf 24 Kreuzer. Versand in Matten und Kisten wurde »nach den Auslagen« berechnet. »Die Bäume werden mit blechernen Nummern bezeichnet, welche sich auf das mitfolgende Register beziehen.« »Frühe Bestellungen im Sommer ec. sind rathsam und haben den Vorzug.« »Sollten bisweilen ein oder andere Käufer die Auswahl wirthschaftlicher oder Tafelsorten einem redlichen Baumpflanzer, dem die Obstsorten im Grade ihrer Güte bekannt sind, selbst überlassen wollen, so werden sie sich nicht übel rathen.«

Zusammen mit den »Beiträgen« erschien 1802 Christs »Pomologisches theoretisch-praktisches Handwörterbuch oder Alphabetisches Verzeichnis aller nöthigen Kenntnisse sowohl zur Obstkultur, Pflanzung, Veredlung, Erziehung, Pflege und Behandlung aller Arten Obstbäume, und der ökonomischen Benutzung ihrer Früchte, als auch zur Beurtheilung und Kenntniß der vorzüglichsten bisher bekannten Obstsorten aller Arten und ihrer Classification ec.« Was da auf 432 zweispaltigen Seiten in kleinem Druck zusammengetragen wurde, ist eine Leistung, die sich rein arbeitsmäßig kaum abschätzen läßt. Neben den Obstarten und Obstsorten hat Christ auch die ganze Praxis des Obstbaus mit berücksichtigt. Die Apfelsorten nehmen z. B. über 100 Seiten ein, der Apfelwein und seine Bereitung ist auf immerhin 7 Spalten beschrieben, und das Okulieren erfordert rund 20 Spalten. Angeführt werden Heinrich Ludwig Mangers »Vollständige Anleitung zu einer systematischen Pomologie«, die 1780 und 1783 in zwei Teilen erschienen war, die »Pomona Franconia« und die »Pomona Austriaca«, der »Teutsche Obstgärtner« sowie Christs eigenes Handbuch. Darüber hinaus entdecken wir erstmals Christs »Freund« und Konkurrenten August Friedrich Adrian Diel, der 1799 seinen »Versuch einer systematischen Beschreibung in Teutschland vorhandener Kernobstsorten« in Heften begonnen hatte. Von ihm wird später noch zu sprechen sein. Vermutlich hatte Christ sich einen großen Zettelkasten mit den Sorten und Quellennachweisen angelegt, den er laufend ergänzte und der ihm später noch gute Dienste leistete, als er seine eigene Pomologie darstellte.

Zwei Jahre später waren Neuauflagen des Handbuchs und des Baumgärtners unumgänglich geworden, und Christ entschloß sich, für beide Werke ein kurfürstlich sächsisches Privileg zu erwerben, das ihn wenigstens vor den Leipziger Nachdruckern schützte. Schon 1802 war ja ein Raubdruck des »Handbuchs« auf dem Markt erschienen, der sich als »dritte Auflage« ausgab. Vom »Baumgärtner« waren 1795 und 1800 unberechtigte Nachdrucke herausgekommen. Viel genutzt haben die Privilegien offensichtlich nicht. Vom »Baumgärtner« erschien 1810 wieder ein Nachdruck. Über neue Nachdrucke des Handbuchs berichten wir später. Die schlauen Drucker verlegten vermutlich ihr Handwerk nur in eine andere Stadt außerhalb Sachsens.

Im »Kurzen Vorbericht zur dritten (echten) Auflage« sagt Christ: »Die Natur ist eine unerschöpfliche Quelle von täglich neuen Erfahrungen, Kenntnissen und Untersuchungen, und wir lernen in keiner der kleinsten Wissenschaften, die dahin einschlagen, aus, wenn wir auch mehrere Menschenalter durchleben könnten. Seit der letztern Ausgabe hatte ich Zeit und Gelegenheit, die weitern Erfindungen in der Obstbaumpflanzung, so wie auch die Früchten der Obstsorten genauer zu prüfen und zu untersuchen. Ich habe daher in dieser neuen Auflage, was mir nöthig schien, verbessert, ohne dadurch, wie ich in meinen vorjährigen Beyträgen zum Handbuch versprochen hatte, das Buch für die Gartenfreunde theurer zu machen; bey den neu angepflanzten Sorten aber habe mit den Beschreibungen derselben auf die bemeldte Beyträge verwiesen, damit das Buch nicht zu sehr vergrößert würde und der Verleger es bey dem alten Preis belassen konnte. Zugleich war es nöthig, um den ungerechten Nachdrukken einigermaßen zu begegnen.« —

Mit 912 Seiten, einschließlich der beiden Register, wurde der Band dennoch umfangreicher als sein Vorgänger, und der Preis erhöhte sich auf 4 Gulden. Ob Christ geahnt hat, daß es die letzte Ausgabe sein würde, die er besorgte? — Erst 1817 kam die vierte und letzte Ausgabe heraus. Davor liegen freilich die Nachdrucke von 1807 und 1811. Der Bearbeiter von 1817 nennt seinen Namen nicht. Er war aber offenbar Fachmann, und was er über Christ geschrieben hat, wollen wir am Schluß dieses Abschnitts zitieren.

1808 veröffentlichte Christ bei Guilhauman den Band »Die Krankheiten, Uebel und Feinde der Obstbäume und ihre Abhülfe. Nebst Vorschlägen, die Obstkultur zu befördern«. Das dem Band vorangestellte Gedicht stammt, wie wir schon wissen, nicht von Christ. Die acht Kapitel tragen die Überschriften: »Von den Krankheiten der Bäume und mancherlei denselben schädlichen Zufällen: den Verwahrungsmitteln und der Kur kranker Bäume«, »Von den Raupen, welche vorzüglich den Obstbäumen verderblich und schädlich sind«, »Von den verschiedenen Mitteln wider die Raupen«, »Verschiedene gerühmte meist künstliche Mittel wider die Raupen«, »Von den Insekten vertilgenden Vögeln«, »Von Raupen tödtenden Insekten«, »Von mancherlei andern, den Obstbäumen schädlichen Insekten, und den möglichsten Mitteln dagegen« und »Von den Feinden der Obstkultur aus dem Thierreich und wie ihnen zu begegnen sey«.

Diesen Kapiteln folgt eine fast 50 Seiten starke Denkschrift »Über Beförderung der Obstkultur«, die wir sozusagen als »Testament« des großen Pomologen lesen können. »Der Obstbau ist unstreitig von der größten Wichtigkeit, und zum Wohlstand und Bequemlichkeit des Lebens nach dem Getreidebau, der uns das unentbehrliche Brod giebt, das Erste des Feldbaues; und unbegreiflich und unverzeihlich ists, daß noch so viele Gegenden und Ortschaften den großen und mannichfaltigen Nutzen desselben nicht einsehen, und ihn daher vernachlässigen.« So stellt Christ eingangs fest und preist dann zunächst den Apfel und den Apfelwein: »Fast alle Ärzte stimmen darin überein, daß der Apfelwein besonders den hektischen Personen, und denen, die auf der Brust Mangel spüren, mit Gries und Steinen behaftet sind, ein scorbutisches Geblüt haben, an Gliederweh, Podagra, Engbrüstigkeit, Gelbsucht ec. leiden überaus heilsam sey.« Nachdem er noch den Obstessig gerühmt, lobt er die anderen Obstsorten und vergißt selbst das Brennholz nicht, das abgängige Bäume liefern.

Um zu demonstrieren, was Fürsten und Regierungen tun können, zitiert er dann wörtlich eine Verordnung »Wie es mit der Obstzucht auf Gemeinheiten gehalten werden soll«, die 1801 von der Herzoglich Sächsischen Landesregierung in Hildburghausen erlassen worden ist. Diese heute noch mustergültig erscheinende Verordnung ergänzt er durch einen Auszug aus einer schlesischen Landespolicei-Instruction von 1788. Schließlich führt er noch Fürsten- und Adelspersonen an, die den Obstbau gefördert haben, schlägt die Besetzung von Landstraßen mit fruchtbaren Obstbäumen vor und fordert, »daß an jedem Ort eine Gemeindebaumschule errichtet und dazu ein Morgen dienlichen Landes gewidmet würde.« Zum Schluß der Denkschrift heißt es dann:

»Die Geistlichen auf dem Lande, wie nicht weniger die Schullehrer, können sich besonders wahre Verdienste um die Beförderung der Obstkultur erwerben. Und es fehlt nicht an vielen edlen Predigern, welche mit ihren männlichen Confirmanden nach dem Unterricht in die Gärten und Waldungen gehen, und sie das Pfropfen und Okuliren lehren, und sie solche ihre wohlgerathenen Bäumchen im Herbst auf ihre Felder und in ihre Gärten verpflanzen lassen. — Noch mehr haben die Schullehrer Gelegenheit, bei der Jugend den Hang zum nützlichen und vergnügenden Obstbau anzufachen, ihnen durch sachdienliche Vorstellungen, Beispiel und praktischen Unterricht denselben zu einem Lieblingsgeschäft zu machen, und dadurch viel Segen für die Zukunft zu verbreiten.«

Das Buch wurde noch im Erscheinungsjahr nachgedruckt und zwar durch einen besonders gerissenen Raubdrucker. Der war auf die schlaue Idee gekommen, eine »Sammlung der besten ökonomischen Werke« herauszugeben, mit entsprechendem Nebentitel und in einheitlichen grünen Pappbänden. So brachte er 1807 seinen Nachdruck des »Handbuchs« von 1804 sowohl mit dem Einzeltitel als auch als Band XXI seiner »Sammlung« auf den Markt. 1808 folgte dann als Band XX das Buch von den Krankheiten, Übeln und Feinden der Obstbäume, und 1810 als Band XXIX der »Baumgärtner«.

Es mag Christ zwar geschmeichelt haben, daß man ihn zu den besten ökonomischen Schriftstellern rechnete, doch er wird wegen der ihm entgangenen Honorare zumindest mit den Zähnen geknirscht haben. Und dies um so mehr, da er ja 1809 schon jenes Werk begonnen hatte, von dem er im zweiten Band von 1812 ahnungsvoll schrieb, daß es vielleicht sein »Schwanengesang« sein würde, die »Vollständige Pomologie«.

Wir wissen schon, daß Christ diese »Summa« seines Lebenswerks zuerst heftweise herausgeben wollte und daß er dann die Absicht hatte, seinen Schwiegersohn Bleichenbach damit als Nachfolger in den Sattel zu setzen. Wir wissen, wie es damit ging: die kriegerischen Ereignisse und der Tod des Schwiegersohns machten beide Pläne zunichte. Obwohl nun der Dr. Diel in Diez und Bad Ems ihm, wie schon erwähnt, mit seiner Beschreibung der Kernobstsorten zuvorgekommen war, wollte er sein Projekt nicht aufgeben, zumal Diel ja auf Obstabbildungen völlig verzichtete, während er von vornherein kolorierte Abbildungen eingeplant hatte. Wir hörten weiter, wie es damit ging: die Kronberger Schulmädchen konnten es mit den berufsmäßigen Illuminatoren, wie sie beim Insektenbuch tätig gewesen waren, nicht aufnehmen. So blieben die kolorierten Kupfertafeln laienhaft, was zum geringen Erfolg des ersten Bandes gewiß beigetragen hat. Die Vorbestellungen waren von Anfang an klein: das Subskribentenverzeichnis zu Band I nennt nur 106 Namen. Das war ein sehr bescheidener Grundstock, verursacht durch die schlechten Zeitverhältnisse. Da der Absatz von Band I dann auch sehr schleppend war, verzögerte der Verleger Guilhauman zunächst das Erscheinen des zweiten Bandes und lehnte dessen Veröffentlichung schließlich ganz ab. Christ mußte die Kosten dafür selbst tragen und froh sein, daß die Hermannische Buchhandlung ihn in Kommission nahm.

Betrachten wir die beiden starken Bände nun von ihrer Textseite her! — Christ beginnt wie immer mit einem Vorbericht. Dieser umfaßt 14 Seiten, und wir wollen wenigstens den Anfang zitieren, denn er gehört zu Christs schönster und auch persönlichster Prosa. Auf diesen Anfangsseiten hat er ausgesagt, was die Pomologie ihm bedeutete: nicht nur »Baumhandel«, den seine lieben Kronberger ihm immer wieder vorwarfen, obwohl sie selbst weidlich davon profitierten, sondern ein Stück seines innersten Lebens. Hören wir ihn selbst:

»Schon gegen 25 Jahre ging ich damit um, eine Pomologie mit ausgemahlten Kupfertafeln zu seiner Zeit herauszugeben, und zwar hauptsächlich nach eigends erzogenen Früchten. Bis zur Reife meines Plans ließ ich indessen die Obstfrüchte, so von Zeit zu Zeit in meinen Gärten, Baumschulen ec. und von meinen Scherbenbäumchen erhielte, mahlen, und ordnete sie einstweilen hinter Glas in Rahmen, um meine Studierstube damit zu tapezieren, besonders aber auch mich mit der schönen Pomona immer bekannter zu machen, und vorzüglich zugleich meine Baumschulen zu berichtigen und zu läutern, die Aechtheit oder Abweichung der Sorten zu prüfen, und solche für die edle Wissenschaft und zum Nutzen und Vergnügen der Liebhaber der Obstbaumzucht aufs Beste einzurichten, da ich gefunden, daß der hiesige Boden und die Lage vor hundert Baumschulen geschickt seye, die besten junge Bäume zu erziehen, die in allerley Boden und Clima gut fortkommen. Ich gab mir daher alle ersinnliche Mühe, die ausgesuchtesten und edelsten Obstsorten aus halb Europa zu sammeln und zu erziehen; zumal ich mir damals schmeicheln konnte, die Liebe zu der so nützlichen und angenehmen Obstpflanzung bey vielen angefacht, und in manchen Gegenden gleichsam aus dem Schlafe erweckt zu haben.

Aber wie schwer es halte, eine starke Baumschule mit lauter *ächten* Sorten zu bestellen, und wie leicht und oft man getäuscht werde, kann niemand glauben, als der es selbst erfährt. — Nicht nur Freunde, die keine Pomologen sind, — (vom gemeinen Schlag der Handelsgärtner will ich gar nicht gedenken,) — machen uns öfters, obgleich aus guter Meinung, irre: oder lassen uns wohl die Pfropfreiser durch ihren Gärtner schneiden, der unwissend, unachtsam, oder wohl boshaft genug ist, uns unächte zu suchen und zu schicken; sondern es gibt auch zutheuerst bisweilen einen *sogenannten* guten Freund, — obschon von hellem Kopf, in dem aber eine schwarze Seele steckt, — der uns geflissentlich mit falschen Sorten aus mancherlei schändlichen Absichten hintergehet und nicht bedenkt, wie viel er der Ehre eines redlichen Mannes, wie viel der Wissenschaft, wie viel er andern Gartenfreunden schade. Eine Reihe von Jahren gehöret oft dazu seine Baumschule zu sichten, und hundert Schwierigkeiten zu bekämpfen, zumal, da die Pomologie ein Studium ist, in welchem man, — wie bey allen Wissenschaften, die es mit der Natur, einem Ausfluß der unerreichbaren Gottheit, zu thun haben, — nie auslernt. Es wird daher ein jeder, der diese Wissenschaft liebt und sie zu vervollkommnen sucht, und nicht von einem eitlen Autorstolz beseelet ist der sich untrüglich zu seyn glaubt, und deswegen mit einem egoistischen Ton spricht, — sich nicht schämen, täglich zu lernen, und auch seine gemachten Irrstriche zu bekennen, und zur Aufklärung der Pomologie die nachher entdeckte Richtigkeit darzulegen. — Daß nun aber manche in diesem Werk beschriebene Sorten nicht mit der Beschreibung in meinen ältern Gartenschriften übereinkommen, hat diese Ursachen: Theils glaubte ich anfänglich freylich nicht, so nöthig zu seyn, die Obstsorten so genau und critisch zu beobachten und zu untersuchen, als nachher bey den Disharmonien der Pomologen nöthig wurde, und konnte sie auch der nöthigen Kürze wegen nicht so genau beschreiben, als hier in diesem Werk erforderlich ist, theils habe diejenigen Sorten, welche nicht mit den Beschreibungen der alten und neuern Pomologen übereinstimmen, ausgemerzet und mir die ächtesten Sorten beygelegt, und desfalls mancherley Kosten, Mühe und unzählige Briefe mich nicht dauren lassen.

Freilich möchte mir mancher Critiker hierbey den Vorwurf machen: ich hätte die Sorten nicht eher beschreiben und erst nachher die Berichtigung bekannt machen sollen. — Allein wenn ich viele Jahre hätte zuwarten, und diese Zeit blos zur genauesten Prüfung aller und jeder Sorten anwenden wollen, so würde ich denjenigen Nutzen für die Pomologie nicht haben stiften, und den Eifer für diese edle und nützliche Wissenschaft nicht frühe genug wecken können, als ich, — ohne Eigenliebe und Selbstruhm zu sagen! — das Glück hatte, daß ich mich nun herzlich freuen kann, daß in diesen zweyen Decennien so viele hundert Baumschulen, kleine und große, in nahen und entfernten Ländern angelegt, so viele tausend Bäume ausgepflanzet, und bey Hohen und Niedern die Liebe für die unbeschreiblich nützliche Obstcultur angefacht worden, als welche ohne Widerspruch der reizendste Theil des Gartenvergnügens heißen kann, da dabey Herz, Auge und Geschmack zugleich ergötzet wird: überhaupt aber die Gartenliebhaberey und die Beschäftigung im Garten der angenehmste Zeitvertreib mit größtem Recht zu nennen ist. Sie stärket den Körper durch die Bewegung in der freyen, reinen, gesunden Luft, und hauchet Ruhe in die Seele. Hier findet der denkende Geist entzückende Erquickung durch den täglichen Anblick der Schönheit und der Wunder der Natur. Die ununterbrochene Wiederkehr des Lebens: die immerwährende Bewegung und Wiedererzeugung der Pflanzen und ihrer Theile: die neue Schöpfung, die wir durch unsern leichten und angenehmen Kunstfleiß des Pfropfens, Oculirens ec. der künstlichen Befruchtung ec. gleichsam bewirken: die immer neuen Entdeckungen, die wir bey Belauschung der Natur in ihrer geheimnißvollen und verborgenen Werkstätte machen, und tausend Vergnügungen, die unser Auge, unsern Geruch, unsern Geschmack, unser Herz ergötzen, entreißen solches dem Hang zu lärmendem oder sonst vorüberrauschenden eitlen und nichtsbedeutenden, blos sinnlichen Ergötzlichkeiten, stimmen es zu höhern, unserem Geiste würdigern Betrachtungen: gewöhnen es an den Geschmack einer uns oft so nöthigen Einsamkeit: veredlen das Herz, machen es leutseliger, wohlthätiger, ja erheben es zur Gottheit empor. Die Scenen der Natur, die keine mühsame Kenntnisse erfordern, ihre Schönheiten fühlbar zu machen, erfüllen das Herz mit weit rührendern, edlern und beruhigendern Vergnügungen, als tausend andere Zerstreuungen des Geistes, die ihn nie sättigen; und es ist kein Wunder, daß von jeher die Vorstellungen von Glück und Zufriedenheit einen *Garten* zum Bilde nahmen. Das Paradies selbst, der erste glückselige Aufenthalt unserer Stammältern war der *Garten Eden. Muhameds* paradiesische *Gärten*, alles, was der Heiden Götterlehre und die Dichtkunst ec. zur Wohnung der ewigen Wollust schildern können, begränzte sich in dem Begriff eines schönen Gartens.«

Dem Vorbericht, der sich weiterhin mit den Abbildungen beschäftigt und verspricht, »eine genaue und vollständige Beschreibung jeder Obstsorte und auch zugleich die kurze Schilderung des Baums, der sie trägt« zu liefern, folgt auf 24 Seiten ein »Alphabetisches Verzeichniß und Erklärungen verschiedener pomologischen Terminologien und Ausdrücke«. Ein »Schema oder Vorriß des pomologischen Systems« schließt sich an: »I. Hauptarten oder Geschlechter« (Kern-, Stein-, Schalen- und Beerenobst), »II. Classen oder Familien« (z.B. von den Äpfeln), »III. Ordnungen« (z.B. von den Calvillen), »IV. Gattungen« (z.B. Sommer-, Herbst- und Winter-Calvillen), »V. Sorten oder Verschiedenheiten in jeder Gattung, gleichsam die einzelnen Kinder in jeden besondern Familien der Gattungen und Ordnungen«.

Der erste Band wird ganz von den Äpfeln und Birnen eingenommen. Die erste Äpfel-Classe bilden die Calvillen, untergliedert in drei Ordnungen: »Vollkommene Calvillen« (6 Sommer-, 9 Herbst- und 5 Wintersorten), »Halb-Calvillen« (1 Sommersorte, 8 Herbst- und 14 Wintersorten) und »Rosen-Äpfel« (19 Sommer-, 6 Herbst- und 15 Wintersorten).

Die zweite Classe bilden die Rambur oder Rambours, ebenfalls mit drei Ordnungen: »Calvillartige Rambour mit großem Kernhaus« (3 Sommer-, 1 Herbst-, 5 Wintersorten), »Rippige Rambur ohne calvillartiges Kernhaus« (2 Wintersorten), »Glatte Rambur ohne calvillartiges Kernhaus« (3 Sommersorten).

Als dritte Classe stellt Christ uns die Renetten vor. Hier unterscheidet er fünf Ordnungen: »Reine und vollkommene Renetten«, »Abweichende Renetten«, »Peppings«, »Fencheläpfel« und »Parmänen«. Insgesamt gibt es da 119 Sommer-, Herbst- und Wintersorten.

In der vierten Classe sind »Rundgebaute Äpfel: Kugeläpfel« zusammengefaßt, untergliedert in kugelrunde, länglich kugelförmige und plattkugelförmige, was anhand einer Formentafel erläutert wird. Hier gibt es 1 Sommersorte, 4 Herbst- und 33 Wintersorten.

Zur fünften Classe gehören die »Länglichgebauten Äpfel: Spitzäpfel«. Hier unterscheidet Christ conische oder kegelförmige, walzenförmige und eiförmige. Hier hat er 1 Sommersorte, 4 Herbst- und 14 Wintersorten.

Die sechste Klasse nehmen die »Kanten- oder Rippenäpfel« ein. Hier gibt es länglich gebaute mit Rippen, rundliche mit Rippen und plattrunde mit Rippen, insgesamt 1 Sommersorte, 2 Herbst- und 12 Wintersorten.

Summa summarum hat Christ nicht weniger als 290 Apfelsorten, 44 Sommer-, 43 Herbst- und 203 Winteräpfel, eine Zahl, die angesichts der bescheidenen Auswahl, die heute angeboten wird, fast unglaubhaft wirkt.

Bei den Birnen hat er eine Gliederung nach neun Classen vorgenommen: »I. Birnen von schmelzendem oder butterhaftem Fleisch — Butterbirnen«, »II. Birnen von zartem, schmalzigem, saftigem Fleisch«, »III. Birnen von markigtem, körnigtem, bisweilen schmeerhaftem Fleisch«, »IV. Birnen von brüchigem Fleisch«, »V. Pomeranzenbirnen«, »VI. Bergamotten«, »VII. Russeletten«, »VIII. Muskatellerbirnen«, »IX. Weißbirnen«. Hier ergibt sich eine Gesamtzahl von 213 Birnensorten, 108 für den Sommer, 46 für den Herbst und 59 für den Winter.

Den Abschluß des Bandes bilden 4 Quitten, 2 Mispeln, die »hochrote Cornel« sowie »Einige Zierbäume und Naturseltenheiten für englische Anlagen und botanische Gärten aus dem Geschlecht des Kernobstes«.

Zum zweiten Band von 1812 schreibt Christ: »Mit Vergnügen wandlen wir nun wieder in den anmuthsvollen Gefilden der Pomona herum, und nachdem wir in dem I. Band die erste Hauptart und Gattung von Obstbäumen und ihre herrlichen Früchte, nemlich das *Kernobst*, Äpfel und Birnen ec. in Augenschein genommen, so nähern wir uns nun den übrigen Hauptarten und ihren zum Theil paradiesischen Früchten. Davon begreift die zweyte Hauptart das Steinobst: Pfirschen, Aprikosen, Pflaumen und Kirschen; die dritte Hauptart das Schalenobst: Mandeln, Kastanien, Wallnüsse, Haselnüsse, die vierte Hauptart das Beerenobst: Maulbeeren, Tafeltrauben, Johannisbeeren, Stachelbeeren, Feigen, Himbeeren, Saurach oder Berberitzen, Hainbutten, Hollunder, Erdbeeren.«

Auch hier ist die Sortenzahl imponierend. So gibt es 46 Pfirsichsorten, 16 Aprikosen, 57 Pflaumen und Mirabellen, 39 Süß- und 39 Sauerkirschen, dazu noch 5 »irreguläre«, 9 Mandelsorten, 6 Kastanien, 6 europäische und 3 amerikanische Walnüsse, 13 Haselnüsse, schwarze und weiße Maulbeeren, 10 Johannisbeeren, 40 Weintrauben, 44 rote Stachelbeeren, 16 weiße, 19 grüne und 22 gelbe, 23 Feigen, 7 Himbeeren, 1 Berberitze,

2 Hainbutten, 4 Holunder und 13 Erdbeersorten. Im Anhang handelt Christ von den Ahornbäumen als »den besten, bequemsten und wohlfeilsten Zuckerlieferanten, und weit vorzüglicher als die Runkelrüben.« — Womit er nun freilich nicht durchgedrungen ist.

Angesichts dieser großartigen Vielfalt fragt man sich, ob die moderne Spezialisierung im Obstbau, so notwendig sie sein mag, doch nicht auch eine große Verarmung bedeutet. Man rätselt freilich auch, wo Christ alles, das er so gewissenhaft und genau beschreibt, selbst angebaut hatte. Die Frage, wieviel Land der Schwiegersohn Bleichenbach mitbrachte und dann an Christs Tochter vererbte, muß noch offen bleiben.

Wir sagten schon, daß die »Vollständige Pomologie« kein großer buchhändlerischer Erfolg wurde, für ihren Verfasser vielmehr beim zweiten Band mit einem erheblichen finanziellen Opfer verbunden war. Christ brachte dieses Opfer jedoch sicher gern, denn die beiden Bände stellten für ihn die Krönung seines Lebenswerkes dar. Dennoch wußte er wohl, daß er am meisten mit seinem »Handbuch« und dem »Baumgärtner« bewirkt hatte. In der Broschüre über die Erdmandeln als Kaffeesurrogat, über die im nächsten Abschnitt berichtet wird, gibt es einen Anhang: »Anzeige des Verlegers von einigen vorzüglichen Schriften des Herrn Verfassers«. Die empfehlenden Sätze zum »Handbuch« und zum »Baumgärtner« sind in ihrem Stil jedoch so »christisch«, daß wir sie ohne Bedenken als eigenhändig ansehen können. Man höre:

»Unter allen Schriften, welche über die Obstbaumzucht geschrieben worden, behauptet dieses Werk einen der ersten Plätze und ohngeachtet viele nachher sich auf dessen Schultern gestellt, dasselbe ausgeschrieben, oder durch Versetzung der Materien dessen Verdienst schmälern wollten, so ists ihnen doch noch nicht gelungen, sondern es hat den Vorzug behalten. Ihm gebührt die Ehre, die Obstbaumzucht nicht nur ausgebreitet und befördert, sondern auch die Pomologie auf einfachere und zweckmäßigere Grundsätze gebracht zu haben. Außerdem hat der Verfasser der Haushaltung dadurch den vorzüglichsten Nutzen gebracht, daß er die Benutzung des Obstes so vielerley zeiget, welche zum Theil bisher unbekannt war, zum Theil für zu schwer oder zu unbedeutend gehalten wurde, da sie doch sehr einträglich gemacht werden kann. Dieses Buch enthält vorzüglich die Tafelsorten des Obstes, und ist daher den vermöglichern Gartenbesitzern gewidmet, da hingegen nachstehender Baumgärtner vorzüglich diejenigen Obstsorten enthält, welche dem Landmann von größerm Nutzen seyn können.« — Der Baumgärtner wird ähnlich nach seinen fünf Hauptstücken vorgestellt.

Fügen wir dem hinzu, was der nicht genannte Herausgeber der »vierten nach des Verfassers Tod neu herausgegebenen, sehr verbesserten und vermehrten Auflage« von 1817 in seinem Vorbericht über Christ schreibt:

»Der verstorbene Verfasser dieses Handbuchs hat sich nicht blos durch seine Schriften über die Obstbaumzucht, sondern auch durch seine häufigen Versendungen der selbst erzogenen edlen Obstsorten, auch des allerfeinsten Tafelobstes, nach den entferntesten Gegenden von Europa, ja sogar nach Asien hin (bis in die Kalmückische Tartarey) ungemein viel Verdienst um die Obstkultur und einen unvergänglichen Namen erworben. Er übte aber auch die Obstkultur mit einem Eifer und Glück, wie es gewiß kein anderer Pomologe that. Sein Wohnort, Kronberg, ohnweit Frankfurt am Mayn, eignete sich wegen der etwas hohen abgehärteten Lage und wegen des mergelartigen nicht leichten und sandigen Bodens trefflich zu der Obstbaumzucht. Auch sparte der Verfasser keine Mühe und Kosten, um für seine Baumschule die trefflichsten Sorten Obstes aus Frankreich, England, Holland, Italien und andern Ländern Europa's kommen zu lassen.

Unter allen seinen pomologischen Werken, die stets die beste Aufnahme und einen schnellen Absatz fanden, nimmt das gegenwärtige Handbuch ohnstreitig den ersten Rang ein. Kürze, Deutlichkeit und aus der Erfahrung abgeleitete Zuverlässigkeit war die Richtschnur, nach welcher der Verfasser arbeitete. Er berichtigte und verbesserte nach und nach, in den aufeinander folgenden neuen Auflagen dieses Werkes, immer mehr die verschiedenen Veredlungsarten des Obstes, wie Schnitt, Okuliren, Kopuliren ec., zeigte immer genauer die vorzüglichsten Erziehungs- und Behandlungsmethoden der Bäume für die unterschiedlichen Temperaturen und Lagen, lehrte immer vollständiger die vielfache Benutzung der Obstfrüchte, unter andern auch zu Wein, Branntwein und Essig u.s.w. In Liefland, Kurland und andern Nordischen Ländern sind nach seiner Anleitung, welche dies Handbuch enthält, unter andern von den dahin gesandten englischen Stachelbeeren sogar beträchtliche Weinbergs-Anlagen entstanden, von deren Ertrag jährlich eine große Quantität sehr geschätzten Obstweins verfertigt wird.«

Wenn der Herausgeber anschließend meint, die vierte Auflage sei »schon dadurch verbessert worden«, daß er »aus dem Werke die unbeholfene Schreibart des Verfassers entfernt und viele unrichtige Ausdrücke verbessert hat«, so kann man darauf nur sagen: Christ schrieb das Deutsch der Goethezeit. Daß sich inzwischen Sprache und Stil gewandelt hatten, liegt auf der Hand und tut dem Buche keinen Abbruch. Man liest gerade die von Christ selbst besorgten Auflagen heute noch mit Vergnügen und freut sich nicht zuletzt der zahlreichen originellen Obstbezeichnungen, die heute längst verschollen sind. Da gibt es den Abrahamsapfel und den St. Gallus, die geistliche Hierarchie mit Papst, Prälaten, Propst, Cartheuser und Karmeliter, Superintendent und Pastor. Auch den Edelkönig und die Prinzessin findet man, dazu Florentiner und Türken-Calvill, den Süßfranken und den Brasilien-Apfel, den Loskrieger und den Silberling. Wir finden den Vater- und den Mutterapfel, den Brust-, Hochzeits- Seiden- und Seidenhemdchen-Apfel, die Weiber-Renette und den Schminkapfel, die Schöne Marie und die Marmorierte Rosette, den Bunten Langhans und den Tiefbutz, den Marzipan, den Ragout und den Braunen Sommerkäßapfel. Aus dem Tierreich sind der Siebenschläfer, der Hecht, die Forelle, die Schafsnase und der Hammeldey vertreten. Wir lernen den Blumen- und den Winterblumen-Apfel kennen, den Violen- und den Roten Himbeerapfel, den Granat- und den Gugummer-Apfel.

Und ebenso bunt sind die vielen Birnen-Namen, angefangen bei Papst-, Ordens-, Martins- und Gute-Christenbirn über Sommerkönig und Sommerkönigin, den Winterkönig und die Graue Junker-Hansen-Birn. Es gibt eine Admirals- aber auch eine Schelmenbirn, das Geißhirtle und die Schweizerhose, den Findling und den Katzenkopf. Aus der Frauenwelt sind die Jungfernbirne, die Franz-Madame, der Frauenschenkel und die Venusbrust. Es finden sich eine Birne, die den poetischen Namen »Ach-du-mein-Gott — die Liebesbirne« trägt und eine Eifersuchtsbirne. Da ist eine »Einsame« verzeichnet, und dazu kommen Glocken-, Pomeranzen-, Eier-, Zwiebel-, Tulipan-, Ritter-, Damen- und Maulbirne.

Bei den Pfirsichen, die Christ »Pfirschen« nennt, haben wir zum Beispiel einen »Cardinal von Fürstenberg«, aber auch allerhand Weibliches wie die Wunderschöne und die Galante, die Venuspfirsche und die Venusbrust, die frühe Chevreuse, die weiße Madeleine, die rote Magdalene und die große Mignonne. Wie man sieht, fehlte es den Pomologen nicht an Einfallsreichtum, und dem schönen Geschlecht waren sie keineswegs abgeneigt.

Die barocke Namenfülle darf uns freilich nicht darüber hinwegtäuschen, daß sich auf dem Felde der Pomologie etwas tat: sie trat aus ihren Kinderschuhen heraus, wollte wie andere Zweige der Naturforschung Wissenschaft werden, vor allem eine gültige Systematik entwickeln. Christ bemerkte das wohl, aber er war alt geworden und entschlossen, auf dem zu beharren, was er in seiner langen Praxis erforscht und erfahren hatte. Ein Theoretiker und Systematiker »modernen« Schlags war er nicht und wollte es auch nicht mehr werden. Vermutlich besaß er manches von dem, was Diel als seine Quellenwerke aufzählt, etwa Johann Sigmund Elsholzens »Neu angelegten Gartenbau« von 1715, La Quintinye's »Instruction pour les jardins fruitiers et potagers«, zuerst 1690 erschienen, mehrfach neu aufgelegt und 1725 ins Deutsche übersetzt, Münchhausens »Hausvater« von 1768, Philipp Millers »Allgemeines Gärtnerlexikon« von 1769, Johann Hermann Knoops »Pomologia«, deutsch in Nürnberg 1760 und 1766 erschienen, Du Hamel de Monceau's »Abhandlung von den Obstbäumen«, deutsch 1775.

Etwa von 1780 an begann dann die neue Entwicklung, an der Christ ja selbst Anteil hatte, mit Mangers »Systematischer Pomologie«, John Abercrombie's »Vollständiger Anleitung zur Erziehung und Wartung der Obst- und Fruchtbäume«, 1781 deutsch herausgekommen, C. C. B. Hirschfelds »Handbuch der Fruchtbaumzucht« von 1788, J. C. E. Schmids »Geprüfter Anweisung zur Erziehung, Pflanzung und Behandlung sowohl der hochstämmigen als Zwergfruchtbäume« von 1792, F. Z. Salzmanns »Pomologie oder Fruchtlehre« von 1793, Lueders »Vollkommenem Pfropf- und Oculirmeister« von 1793, J. J. Meyens »Physicalisch-oekonomischer Baumschule« von 1795 und D. J. Chr. Gotthards »Unterricht in die Erziehung und Behandlung der Obstbäume« von 1798. Das »modernste« Unternehmen war dann gerade Diels »Versuch einer systematischen Beschreibung in Deutschland vorhandener Kernobstsorten«, wie es 1799 als Lieferungswerk begann. Da Christ mit seiner »Vollständigen Pomologie« nach Diels Meinung hinter diesem Unternehmen zurückblieb, ja in die Zeit vor 1780 zurückwies, mußte der Emser Badearzt notwendig sein schärfster Kritiker werden. Doch darüber mehr im Kapitel »Freunde und Kritiker«.

Die Gartenschriften

Wir haben auf einige Beiträge Christs zur Gartenliteratur schon hingewiesen, so auf den Aufsatz im »Teutschen Obstgärtner« »Über englische Gärten und Plan zu einer englisch-deutschen Anlage mit Obstgebüsch und Obstbäumen« von 1795, auf den großen »Plan zur Anlegung eines Obstgartens« von 1797 und das »Ideal einer Obstgartenanlage von zwey Morgen Größe« im Taschenbuch für Natur- und Gartenfreunde von 1798. Nun sind noch die selbständigen Bücher und Broschüren zu betrachten.

Unter diesen ist das mehrbändige Werk »Die Gartenkunst« das umfangreichste. Der Autor, der nach Dochnahl eigentlich F. C. Touchy hieß, hatte das Werk 1795 in zwei Teilen veröffentlicht. Als 1797 die 2. Auflage fällig war, befand er sich nicht mehr am Leben. Die Leipziger Verleger, Voß und Compagnie, schlugen dem Kronberger Oberpfarrer vor, die zweite Auflage zu besorgen. In Christs Vorbericht heißt es: »Der Bearbeitung der zweiten Auflage dieses reichhaltigen und nützlichen Werkes würde ich mich nicht unterzogen haben, wenn es nicht ein Nachlaß seines geschickten Verfassers gewesen wäre. Die Veranlassung dazu gab diejenige Recension, welche ich in der Jenaer Allg. Lit. Zeitung No. 178 S. 585-591 1796, unbekannt mit des Verfassers Leben oder Tode, darüber veröffentlicht hatte.« Der erste Teil handelt in seiner ersten Abteilung in 12 Kapiteln »von den bei Anlegung eines Gartens zu beobachtenden Hauptregeln und den zur Zierde dienenden Anlagen«, die zweite Abteilung »Handelt von Küchengärten, deren Anlage und Wartung durchs ganze Jahr«, was 17 Kapitel in Anspruch nimmt. Der zweite Teil beschreibt in der ersten Abteilung in 10 Kapiteln die »Erziehung und Wartung in- und ausländischer Bäume und Staudengewächse« und in der zweiten Abteilung in 5 Kapiteln die »Anziehung und Wartung der so mancherlei Blumen in den Lustgärten«.

Das Ganze beschreibt noch einmal die Gartenkunst des 18. Jahrhunderts mit »Wasserstücken«, Waldungen, Wegen, Grasböden, Lustwäldchen, Alleen, Irrgärten, Laubhütten, Galerien, »Fontainen oder Springbrunnen«, Gewächs- und Lohglashäusern. Ja, der Gartenmeister Blotz-Touchy und sein Nachfolger, der lutherische Pfarrer, bieten sogar ein Kapitel »Von Statüen im Garten«, worin erklärt wird, an welchen »schicklichen Orten« die »verschiedenen Gottheiten und berühmten Leute aus dem Altertum« im Garten aufzustellen sind. Acht Jahre nach dem Ausbruch der Französischen Revolution lebt noch einmal die Rokoko-Welt auf! — Christs Anteil an der zweiten Auflage betrifft, wie zu erwarten, vor allem den Obst- und Nutzgarten.

In einem von Christ unabhängigen Band werden auf 28 »Kupfern und Planen« neue Gartenanlagen nach Entwurf von Siegel vorgestellt. Der einleitende Text stammt von Dr. Ch. L. Stieglitz, und der Verfasser liefert sogar poetische Bilder in hübschen Reimen. Eine dritte Auflage, von G. W. Becker und dem Leipziger Ratsgärtner C. F. Kühns herausgegeben, erschien 1821 und wurde prompt noch in diesem Jahr als Band 24-26 der »Sammlung der besten ökonomischen Werke« nachgedruckt.

Christ war ein Gegner des Kaffees und des Kaffeetrinkens und zwar aus volkswirtschaftlichen und gesundheitlichen Gründen. In seinem frühen Buch von 1781 »Unterricht von der Landwirthschaft und Verbesserung des Feldbaues« zieht er im Kapitel über den »Asiatischen Tabak« gegen den Türkentrank vom Leder. Damals waren die Getreidepreise, im Gegensatz zu den folgenden Jahrzehnten, noch niedrig, und er meinte:

»Allein ein kluger Landmann muß bei jetzigen Zeiten auch weiter sehen und denken — welchem ist unbekannt, wie wenig in manchen Jahren bei dem vielfältig gar zu niedrigen Preis der Früchten zu gewinnen ist. Unter andern ist gewißlich eine Ursach davon mit, daß bei dem gemeinen Mann der leidige Kaffee so durchgängig Mode geworden, daß nun nach Verhältnis der Menge Menschen weit nicht so viel Früchten konsumiret werden, als ehedem. Der alte deutsche Kaffee des Landmanns, der Brandewein, womit er sich begnüget hatte, erschöpfet die Fruchtspeicher nicht mehr, und viele tausend Malter Getreid werden nun weniger zu Bier verbrauet, weil alles dem Kaffeetrinken ergeben ist. Der Hirt bläßet nicht in das Horn, er habe denn zuvor seinen Kaffee geschlucket. Knechte und Mägde bedingen sich nun ihren Kaffee mit aus, und ich habe vor etlichen Jahren mit meinen Augen gesehen, daß Straßenbettler an einer Hecke liegend, die gebrannte Bohnen zwischen zweien Steinen geklopft und zerrieben, und bei einem dabei befindlichen Feuer gekocht haben. Bei dem allen gehen nicht nur die Millionen und Summen Gelder für die Bohnen und den Zucker in andere Welttheile und zirkuliren nicht im Reiche, sondern auch der Bevölkerung, und zwar vorzüglich an starken und gesunden Mitgliedern der menschlichen Gesellschaft wird durch das Kaffeetrinken ein sichtbarer Stoß beigebracht. Wo sind nun die starken Deutschen, wie vor Alters, die einen Harnisch und die schwereste Kriegsrüstung so leicht trugen, als nun eine Patrontasche getragen wird? — Hat man ehedem so viel von auszehrenden Krankheiten gewußt, zumal bei dem weiblichen Geschlecht, als nun, seitdem der Kaffee Mode geworden? Wie können aber Kinder eine starke gesunde Natur von schwächlichen und kränklichen Eltern erhalten? — Ehe die Seuche des Kaffeetrinkens unter das gemeine Volk gekommen, trunken im Weinland diejenige, die sich etwas zu gute thun wollten, des Morgens ein Glas Wein, und im Bierlande ein warmes Bier mit einem Ei. Dadurch wurde die Gesundheit und die Kräfte gestärket, nun aber wird sie bei den allermeisten durch den Kaffee geschwächet, und der Zunder zu tausend Uebeln in das Blut geleget.«

In den Jahren 1800—1803, als die Kaffeepreise infolge der napoleonischen Kriege und der Kontinentalsperre beträchtlich stiegen, machte Christ sich stark für zwei Naturprodukte, die ihm als Kaffeesurrogat geeignet erschienen, die Erdmandel und die Erdnuß. Im Jahre 1800 veröffentlichte er die Broschüre »Der neueste und beste deutsche Stellvertreter des indischen Caffee oder der Caffee von Erdmandeln zur Ersparung vieler Millionen Geldes für Deutschland und längerer Gesundheit Tausender von Menschen. Nebst einem Anhang von der Erdnuß, Erdkastanie und Erdartischocke von einem Liebhaber der Oekonomie«. Schon im folgenden Jahr war eine zweite verbesserte Auflage notwendig, und diese wurde 1803 durch einen Nachtrag ergänzt, der immerhin 62 Seiten umfaßt. Außerdem erschien noch eine kleine Flugschrift mit dem Titel: »Aufruf an die Landleute und Bekanntmachung eines vortrefflichen, gesunden und wohlfeilen Caffee's, der so gut wo nicht besser ist als der Caffee, der über's Meer kommt.«

Am Schluß des »Stellvertretters« heißt es: »Ein großer Schriftsteller sagte schon vor langer Zeit: Man achtet oft eine Sache nur deßwegen nicht, weil sie Einem — vor der Nase liegt.« Aus der »Lustpartie der Wellner'schen Familie nach Epstein« wissen wir, daß Christ mit gutem Beispiel voranging und selbst Erdmandeln zog. Diese werden neuerdings wieder in Gartenkatalogen angeboten, mit der Empfehlung: »Diese Pflanzen bilden öl- und zuckerhaltige Wurzelknöllchen, die getrocknet einen sanften, zartsüßen Geschmack entwickeln — aber auch gern frisch gegessen oder geröstet werden..« Doch als Ersatz für den Kaffee haben sich die Erdmandeln nicht durchgesetzt, obwohl Christs Schriften zunächst Aufsehen erregten. »Ich habe mir nicht geschmeichelt, daß meine Bekanntmachung der gesegneten Frucht der Erdmandel und meine patriotische Anpreisung derselben, fürnehmlich zum Caffeegetränk, in ganz Deutschland, ja ausser demselben bis über die See in Liefland, Curland ec. so große Sensation zu ihrem Vortheil machen, und dieses gesunde Getränk, bey so vielen verwöhnten Indischen Gaumen, so häufigen Beyfall finden würde. Aus der Schweiz, aus Frankreich, besonders aus dem Dyle-Departement in dem vormaligen Brabant laufen die erwünschtesten Nachrichten ein. Im Oesterreichischen werden bereits viele hundert Zentner Erdmandeln gebauet und erzogen, so daß bald das Pfund auf wenige Kreuzer kommen wird; und sein Caffee findet in Wien selbst viele Liebhaber und — Liebhaberinnen, deren Gaumen sonst schwerer vom gewohnten Serailgetränke abzugewöhnen sind. Mein deutsches Herz begnügte sich einstweilen, wenn nur der Landmann selbsten seinen Caffee erziehen würde, wodurch schon viele Millionen gewonnen würden, die wir bey unsern hochbeinigten Zeiten, nach einem so verderblichen neunjährigen Kriege, der dem Wohlstand und dem Nationalreichthum einen so harten, noch langen fühlbaren Stoß gab, sonst so nöthig brauchten.«

Neben der »Besten Art und Weise den Erdmandelcaffee zu bereiten« liefert Christ auch noch zwei weitere Rezepte: »Eine fürtreffliche weiße Creme von Erdmandeln zu machen« und »Eine sehr gute braune Creme von Erdmandeln zu machen, so der Chocoladecreme gleichkommt«. Außerdem bietet er die Ergebnisse der »Chemischen Zerlegung, medizinische und andere Untersuchungen der Erdmandeln, wie auch vom Erdmandelöle«.

1807 hat er im »Allgemeinen Anzeiger der Deutschen« noch »Etwas Willkommenes für Liebhaber der Erdmandelkultur« veröffentlicht. Doch kaum waren die Häfen nach Napoleons Abtreten wieder offen, da kamen auch schon die Kaffeesäcke wieder herein, und die Erdmandel verlor ihre Beliebtheit als Surrogat.

In seinem letzten, erst 1814, also nach seinem Tode, erschienenen Werk, dem »Gartenbuch für den Bürger und Landmann über den Küchen- und Obstgarten«, wendet sich Christ zunächst an die »Hausmutter auf dem Lande, welcher gewöhnlich und allermeist hauptsächlich der Küchengarten und die Erziehung der Gemüse überlassen ist«, um ihr »nach richtigen Grundsätzen zu zeigen, wie der Garten aufs beste zu benutzen, und für die Haushaltung zu bepflanzen sey. Sie wird nicht leicht etwas darinnen von Gemüsen und andern nützlichen Kräutern zu ihrem Bedarf und Vergnügen vermissen, das ihr zu erziehen, aufzubewahren ec. nicht deutlich, kurz und zuverläßig gelehret wäre.« Auch im Obstgarten hat die Hausmutter ihre Domäne, vor allem bei der Verwertung der Früchte, doch: »Die Kenntniß von Erziehung der jungen Bäume ec. ist vorzüglich dem Hausvater gewidmet, wobey aber nur hauptsächlich darauf Rücksicht genommen ist, was dem Burger und Landmann besonders nützlich und ihm zu wissen unumgänglich nöthig.« Entsprechend handelt der erste Teil des Bandes vom Küchen-, der zweite Teil vom Obstgarten. Jeder Teil wird durch ein besonderes Register aufgeschlüsselt.

Schon 1815 erschien ein unberechtigter Nachdruck. Außerdem kam das Gartenbuch in diesem Jahr im Verlag der Haas'schen Buchhandlung in Wien und Prag heraus. Eine zweite und dritte Auflage erschienen 1840 und 1842 bei der J. D. Classischen Buchhandlung in Heilbronn. Da der Bearbeiter, Dr. Eduard Schmidlin, von Beruf Gartenbauschriftsteller, das Vorwort zu beiden Auflagen geschrieben hat, ist er wohl schon der »praktische Gärtner« der 2. Auflage. Er spricht von »sehr vielen Zusätzen und mancherlei Abänderungen«: »Insbesondere haben wir es für wesentlich erachtet, auch der Blumenzucht eine Stelle darin einzuräumen, welches der frühere, jetzt verstorbene Verfasser unterlassen hatte, aus Gründen, welche heutzutage nicht mehr so ganz gültig sind. Denn gegenwärtig möchte nicht leicht irgendwo ein Hausgarten zu finden sein, in welchem — und wäre derselbe auch noch so ganz nur zum Nutzen für die Haushaltung bestimmt und eingerichtet — nicht wenigstens doch einige Rabattenblumen anzutreffen sind.« Abschließend schreibt Schmidlin: »Wir sind jedoch bemüht gewesen, trotz so vieler und so bedeutender Zusätze der ersten Ausgabe im wesentlichsten Punkte treu zu bleiben. Die Anordnung des Inhaltes ist beinahe noch ganz dieselbe, und Niemand wird in der neuen Auflage die Einfachheit und Klarheit in der Darstellung vermissen, durch welche sich der verstorbene Herr Verfasser in allen seinen Schriften über ökonomische Gegenstände so sehr ausgezeichnet hat.«

Zwischen der 3. und der 4. Auflage des Gartenbuches liegen nicht weniger als 34 Jahre. Die vierte Auflage, von Eduard Lucas besorgt, der in Reutlingen das »Pomologische Institut« leitete, kam 1876 heraus. Die fünfte Auflage folgte 1880. Nun in den Verlag Eugen Ulmer übergegangen, erlebte das Buch bis 1930 insgesamt 24 Auflagen, hat also mehreren Generationen gute Dienste geleistet, ihnen »einen reichen Schatz gärtnerischer Wissenschaft« vermittelt. Im Vorwort zur 5. Auflage schreibt Dr. Lucas vom »Gefühl der Pietät für den alten würdigen Oberpfarrer«, das ihn geleitet hat, und sagt: »Christ gehörte zu denjenigen Geistlichen, welche neben der Sorge für die geistige Pflege ihrer Gemeinde auch ein offenes Herz für das materielle Wohl ihrer Nebenmenschen hatten, und sein ganzes Leben war, soweit sein Amt es gestattete, den eifrigsten Bestrebungen zur Hebung der Landwirthschaft, des Garten- und Obstbaues, der Pomologie, des Weinbaus, der Bienenzucht, der Obstbenutzung, sowie auch der Hauswirthschaft gewidmet. Der Wohlstand von Kronberg, die Einführung des Anbaues der Ech-

ten Kastanie, der Gelben Mirabelle im Großen in jener Gegend, ist Christs Verdienst und was er als tüchtiger Schriftsteller gewirkt hat, das ist auch in den weitesten Kreisen bekannt.«

Ein nobles Lob, das heute noch gilt, obwohl wir wissen, daß Edelkastanien und Mirabellen längst blühten und Frucht trugen, ehe Christ nach Kronberg kam. Mit ihm soll unsere Werkübersicht schließen.

III
Freunde und Kritiker

August Friedrich Adrian Diel

Hätte Christs Tochter, die verwitwete Madame Bleichenbach, die Korrespondenz ihres Vaters sorgfältig aufgehoben oder in ein Archiv gegeben, dann hätten wir heute ein geschlossenes Bild, könnten die Ausstrahlung der Persönlichkeit Christs und die Reichweite seiner Baumschulen genau verfolgen. Doch leider haben alle Briefe und Bestellungen dazu gedient, einen Backofen anzuheizen. So bliebe nur die Möglichkeit, die gesamte einschlägige Literatur seiner Zeit durchzugehen, um festzustellen, wo und wie er erwähnt wird. Doch wir wollen auf dieses mühselige Geschäft verzichten und uns auf drei untereinander sehr verschiedene Persönlichkeiten beschränken, den schon öfter erwähnten Arzt und Pomologen Dr. August Friedrich Adrian Diel, den Kirschen-Pomologen Christian Freiherr Truchseß von Wetzhausen und den Frankfurter Schöngeist, Diplomaten und Sammler Johann Isaak von Gerning.

Beginnen wir mit Diel, dessen Leben und Leistung Dr. Carl Thomae in seinem kleinen, aber bis heute nicht überholten Buch über den »Obstbau in Nassau« zusammen mit Johann Ludwig Christs Erdenweg und Schaffen gewürdigt hat. Am 3. Februar 1756 zu Gladenbach als Sohn des Apothekers und Landeshauptmanns Caspar Ludwig Diel geboren, besuchte der junge Diel von 1775 bis 1778 die Landesuniversität Gießen und danach von 1778 bis 1780 die Universität Straßburg. Am 20. Juli wurde er in Gießen Doktor der Medizin und 1782, mit 26 Jahren, hessen-darmstädtischer Amtsphysicus in Gladenbach. Damit hätte er eine Lebensstellung gehabt. Er zog es jedoch vor, nach vier Jahren auszuscheiden und eine Stelle als Hausarzt der gräflichen Familie von Spaur anzunehmen. Wetzlar war dazumal noch Sitz des Reichskammergerichts und damit Wohnsitz zahlreicher Familien aus dem Adel und der höheren Beamtenschaft.

1787 nahm er sich eine Frau: Dorothee Andriette Christiane Scriba, Tochter des Amtmanns zu Königsberg in der Wetterau. Für einen Mediziner war damals Latein selbstverständlich, und Französisch war ihm in Straßburg geläufig geworden. Nun trieb er eifrig das Englische, um die medizinische Literatur der Engländer im Original lesen zu können. Bald beherrschte er auch diese Sprache so gut, daß er daraus übersetzen konnte. Einer seiner Nachfolger in Bad Ems, der Hofrat Dr. L. Spengler, führt unter seinen medizinischen Schriften außer einigen aus dem Lateinischen übertragenen Werken 34 Titel aus dem Englischen und 11 aus dem Französischen auf.

Diels weiterer Berufsweg führte dann von Wetzlar ein Stück lahnabwärts. Im April 1790 wurde er Physicus der Grafschaft Diez und Brunnenarzt in Bad Ems. Sein Amtssitz war Diez, doch mußte er sich während der Badesaison in Ems aufhalten. Dies war wohl die Lebensstellung, nach der er gestrebt hatte. Diez und Hadamar wurden damals als oranische Herrschaften von Holland aus verwaltet, und so gewann er auch Verbindungen zu den Niederlanden, die ihm für seine pomologischen Arbeiten wichtig waren.

Thomae hat ein Kapitel seines Buches mit: »Wie sich die pomologische Ader bei Diel schon in seiner Jugend gezeigt hat« überschrieben. Daraus erfahren wir, daß Diel schon als Elfjähriger seinen ersten gelungenen Versuch im Pfropfen machte. Später entwickelte er eine Vorliebe für das langstielige Schwarzbirnchen, ein »Hotzelbirnchen«, und pfropfte es überall hin. In Diez legte er sich eine »Obstorangerie« (der Name stammt von ihm) mit 200-300 Bäumchen in Blumentöpfen an und dazu eine Baumschule mit etwa 300 Stämmen, die sich bald als zu klein erwies. Im Jahre 1800 schrieb er an seine Freunde: »Die fürstliche Rentkammer in Dillenburg hat mir hochgeneigtest ein schönes Stück Feld überlassen, worauf nach einem ganz systematischen Plan, um jeden Irrthum zu vermeiden, dieses Jahr eine große Baumschule unter meiner Direktion angelegt wird und worinnen alle Sorten vom *ersten* und *zweiten* Rang stets vorrätig sein werden, sowohl für Hochstämme, als auch auf Quitten- und Johannisstämmen für Zwergbäume. Zweijährige hochstämmige Bäume sind auch einzeln schon in der kleinen Baumschule vorrätig.«

So war Diel als Pomologe bald ebenso bekannt, beliebt und berühmt wie als Emser Brunnenarzt. Dr. Thomae berichtet: »Ich habe Diel noch persönlich gekannt und kann bezeugen, daß er bei seinen ärztlichen Touren durch Stadt und Land an keinem Obstbaume gleichgiltig vorüberging, wenn derselbe ihm etwas Bemerkenswertes darbot. Ich erinnere mich, und habe es oft von anderen bestätigen hören, wie man von allen Seiten seiner Liebhaberei entgegenkam; wie Beamten, Geistliche, Lehrer, Bauern, Gärtner, Gastwirte, Posthalter ec. ihm eine Freude zu machen suchten, indem sie ihn auf Äpfel, Birnen und andere Obstsorten, die ihnen bemerkenswert schienen, aufmerksam machten. Die Gartendirektoren und Inspektoren, die Baumgärtner, die Freunde und Gönner der Obstkultur im Lahn- und mittleren Rheingebiete, — sie waren auf dem pomologischen Felde besonders seine Leute. Sie fühlten sich geehrt, in dem berühmten Arzt zugleich einen so hervorragenden Repräsentanten ihres — von andern vielleicht über die Achsel angesehenen — Berufes zu erkennen und boten alles auf, ihrer Sympathie für den Vertreter ihres Faches oder ihrer Liebhaberei durch freundliches Entgegenkommen offenen Ausdruck zu geben . . . Auch die Kurgäste in Ems suchten ihn auf jede Weise zu gewinnen und — wenn er ihnen ärztlichen Beistand geleistet — durch Übersendung von Früchten, Edelreisern oder Bäumchen sich erkenntlich zu zeigen, eventuell sich in gutem Andenken zu erhalten. Die Stellung in Ems eröffnete ihm Bekanntschaften und Bezugsquellen nicht nur aus allen Gegenden Deutschlands, sondern weit über die Grenzen hinaus: aus Holland, Frankreich, England und selbst aus der Türkei.«

Da der Raum für Baumschulpflanzungen immer noch nicht ausreichte, gründete er einen Filialbetrieb in Schaumburg, wo die fürstliche Hof- und Gartenverwaltung ihn bereitwillig unterstützte. Dort wurden Versuche mit Kernsaaten unternommen, der alte Baumbestand wurde revidiert und verjüngt, Obstalleen wurden angelegt und ein englischer Garten geschaffen, der nur mit Obstbäumen bepflanzt war.

Ebenso wie Christ wurde Diel ein eifriger Mitarbeiter des »Teutschen Obstgärtners«. Sein erstes Buch veröffentlichte er 1796 bei der Andreäischen Buchhandlung in Frankfurt: »Ueber die Anlegung einer Obstorangerie in Scherben und die Vegetation der Gewächse«. Das Motto verrät alsbald den Mann der Aufklärung, es stammt von Voltaire. In der Vorrede heißt es: »Wir leben jetzt in der lang gewünschten Epoche, daß die Pomologie in den Händen von Männern ist, die sie mit derjenigen Würde zum Wohl für ihren Nebenbruder betreiben, die sie verdient. Jetzt hat in Deutschland Pomona Männer zu Lieblingen, die es als innigste Selbstbelohnung fühlen, den Reichtum dieser Göttin bis in die niedrigste Hütte verbreiten zu helfen, und dadurch im Stillen Vater des Landes zu seyn.«

Die zweite Auflage der »Obstorangerie« war schon 1798 fällig, und im Jahr darauf begann dann jenes Lieferungswerk zu erscheinen, mit dem Diel, inzwischen »Fürstlich oranischer Hofrath«, Christs lange gehegten Plänen zuvorkam, der »Versuch einer systematischen Beschreibung in Deutschland vorhandener Kernobstsorten«. Von 1799 bis 1819, also in 20 Jahren, kamen 21 Hefte bei Andreä heraus, im Durchschnitt jedes um etwa 250 Seiten stark. Das 22.-27. Bändchen veröffentlichte Cotta in Stuttgart von 1821 bis 1832.

1804 kam die »Obstorangerie in Scherben« in der 3. Auflage auf den Buchmarkt, nunmehr zweibändig mit zusammen rund 840 Seiten sowie — nach Christschem Muster — einem 44 Seiten starken »Verzeichnis derjenigen Obstsorten, welche hochstämmig sowohl, als in Zwergbäumen in einer systematisch angelegten Baumschule in Dietz an der Lahn zu haben sind«.

Bei seinen bescheidenen und kümmerlichen Wohnverhältnissen konnte der Kleinstadtpfarrer Christ niemals den Wettstreit mit Diel aufnehmen. Abgesehen von seinen wesentlich kleineren Baumschulen durfte er nicht einmal von einer so großzügigen Orangerie-Anlage träumen, wie der Arzt sie sich geschaffen hatte. Die Vorteile, die sie bot, hat Diel in einigen Kernsätzen festgehalten:

»Um eine ausgebreitete sichere und baldige Kenntniß der mancherley Obstsorten, ohne großen Aufwand von Zeit und Geld, zu erlangen, ist also die Obstorangeric in Scherben nothwendiges Bedürfnis. Neue Obstsorten aber zu entdecken, ist sie eben so wichtig, als erwünscht und vortheilhaft.«

»Für den Kenner, der die Pomologie zu seinem Studium macht, ist die Obstorangerie auch ein großes Mittel, künstliche, reine, mit Absicht gewählte Befruchtungen anzustellen und reinen specifischen Obstsaamen von einzelnen Sorten zu erhalten.«

»Durch die Obstorangerie in Scherben kann man aber auch Obstsorten in einer Gegend erzielen, prüfen und sich ihres Genusses freuen, die entweder den Winter im Freyen nicht aushalten, oder im Frühjahr leicht in der Blüthe verderben, oder auch im Herbst so spät zeitigen, daß alsdann selten eine Witterung eintritt, die ihren Genuß reizend macht.«

»Selbst zur Verbreitung guter, vortrefflicher Obstsorten könnte die Obstorangerie noch vieles beytragen.«

»Auch die babylonische Namensverwirrung der Obstsorten ließe sich durch die Obstorangerie ins Reinere bringen.«

Im Hinblick auf die »Namensverwirrung« merkt er dann an: »Ich habe seit fünfzehen Jahren z. B. an Äpfeln über hundert Sorten gesammlet, und weiß, welche Kosten ich dabey verschwendet . . . Aber mit welcher ungeheuren Menge von Sorten bin ich auch in dieser Zeit getäuscht worden!«

Auf all das mußte Christ, im Vergleich zu Diel sozusagen ein armer Schlucker, verzichten. Um so höher ist seine Leistung einzuschätzen. Er war auf das angewiesen, was draußen in seinen Baumschulen wuchs, dem Wind und Wetter ausgeliefert. Ganz abgesehen von der Systematik, mußte Christ sich bei den Obstbeschreibungen in seinem Zweibänder wesentlich kürzer fassen als Diel, der oft geradezu in seinen Charakteristiken schwelgt.

Wie Dr. Thomae sagt, sind alle pomologischen Schriften Diels als Anregung zum Obstbau wichtig und wertvoll gewesen, doch im Hinblick auf die Förderung der *Pomologie als Wissenschaft* verdient der »Versuch« als sein Hauptwerk bezeichnet zu werden, »nicht nur weil es nach Anzahl der Bände das umfangreichste, sondern zugleich auch dasjenige Werk ist, welches außer den Beschreibungen der ihm bekannt gewordenen Äpfel- und Birnsorten die Classification dieser Früchte oder — wie man auch zu sagen pflegt — das System von Diel enthält . . . Es sind in diesem Werke gegen 1000 Kernobstsorten classifiziert, wovon beiläufig 600 auf Äpfel und 400 auf Birnen kommen.«

Im Gegensatz zu Christ hat Diel stets seine »Quellen« genannt, also die Herkunft seiner Arten und Sorten mitgeteilt. So konnte Thomae seinem Buch eine Übersicht über die von Diel beschriebenen Kernobstsorten nach den von ihm angegebenen Fundorten und Bezugsquellen, geographisch geordnet, beifügen. Er beginnt mit dem Lahntal und dessen Seitentälchen und Ausbuchtungen und führt über die verschiedenen deutschen Länder und Landschaften bis nach Böhmen, Polen, Galizien, Rußland, Italien, Frankreich, Belgien und Holland, ja nach England; zwei Birnen kommen sogar aus der Türkei. Unter der Überschrift »Von der südlichen Abdachung des Taunus« lesen wir:

»Cronberg. Diel erhielt von da durch seinen Freund, den Pomologen Christ, folgende Sorten: Englischer Kant-Apfel, Grafensteiner (den er übrigens auch noch von vielen andern Orten empfing), Braunschweiger Milch-Apfel, Weißer italienischer Rosmarin-Apfel, Gestreifter Winter-Agat-Apfel, Graue Osnabrücker Reinette, Reinette von Auvergne, Reinette von Clarevall, Hecht-Apfel.« — Das sind immerhin 9 Äpfel, dagegen nur eine Birne, die Kronbirne.

Diel nennt Christ verschiedentlich seinen »schätzbaren«, »verehrten«, »theuersten« Freund — er respektierte also den alten Kronberger Pfarrer, zumindest bis zum Erscheinen der »Vollständigen Pomologie«, deren von Christ mühsam konstruiertes System dem seinigen in wesentlichen Dingen widersprach, was ihn, den »geborenen« wissenschaftlichen Systematiker, reizen mußte. Schon in seinem 17. Heft von 1812 wehrt er sich, im Hinblick auf eine wohl kritische Besprechung der »Pomologie«, in einer Anmerkung: »Ich begreife nicht, warum Herr Pfarrer Christ mich, gegen seinen Recensenten, gleichsam in einen Streit ziehen wollte, der mich gar nichts angeht, und wobei ich den Recensenten so wenig kenne, als die schlimme Obstgattung von Evas Apfel im Paradies. — Niemand kann die vorzüglichen und großen Verdienste um den Obstbau in Teutschland, die Herrn Pfarrer Christ angehören, so anerkennen als ich. Also wozu Animosität? — Ich verabscheue jeden Streit, und Friede sey mit Allen, die den Garten des ewigen Urpomologen bepflanzen.« Und im Text fügt er dann hinzu: »Dieses Ringen nach Aechtheit, dieses offene Benehmen, heilig verschieden von der Person, nur die Obstsorten in Anspruch nehmend, wird auch fernerhin ohnverrückt mein reiner Gesichtspunkt seyn, ohne deshalb auch nur auf die entfernteste Weise auf Infallibilität die leisesten Ansprüche zu machen.«

Die eigentlichen Angriffe Diels auf sein Hauptwerk hat Christ glücklicherweise nicht mehr erlebt. Sie finden sich im 19. Heft des »Versuchs« von 1816. Da schreibt der Arzt-Pomologe: »Wie wohl hätte Christ gethan; wie viel bestimmter hätte er die wahre Pomologie befördert, wie sehr sich die Mühe erspart, die begangenen Täuschungen an den Freunden Pomonens zu entschuldigen, wenn er erst geprüft, ehe er große Verzeichnisse verfertigt, und danach so oft ganz falschen und ungekannten Mischmach versendet hätte. Beförderung der Obstbaumzucht ist noch kein Studium, kein Beleben wahrer Pomologie. Sie unterscheiden sich, wie ich anderswo sagte, wie der Botaniker vom Materialisten. Ersterer arbeitet nur letzterem in die Hände. — Verbreitung der Obstbäume, Aufmunterung zu ihrer Anpflanzung, hat seine wahrhaft große Verdienste, und die gehören *Christ* ohnstreitig. Er hat diesen Zweig nach Kräften gefördert; aber dem Studium der Pomologie haben seine Versendungen, durch, den Namen nach oft ganz falscher, oft schlechter Obstsorten geschadet, nicht Wenige durch solche Täuschungen von der weiteren Forschung abgeschreckt.« — Und bald darauf kommt dann der Aufschrei des Systematikers: »Christ hat uns auch zu diesem Zweck eine sogenannte vollständige Pomologie mit 26 ausgemalten Tafeln, und auf $1/3$ verjüngten Abbildungen von Kernobstsorten geliefert. Über das darinnen aufgestellte System etwas zu sagen, ist hier der Ort nicht, aber die Rosenäpfel als eine gleichsam Nebenfamilie zu den Calvillen zu setzen, die Peppings und Fenchenäpfel als wahre absonderungsfähige Nebenfamilien der Reinetten aufzustellen, ist so unstatthaft, so ungegründet, daß darüber schon in diesem System manches ist gesagt worden. —« So geht es weiter bis zu der Feststellung: »Bei der noch viel zu kurz abgefertigten Beschreibung der Obstsorten, besonders der Vegetation, wird jeder bedauern, die Quelle nicht zu erfahren, woher sie der Verfasser erhielte, da dieses für manchen Forscher, zu weiterer Aufklärung über die wahre Abstammung, Veranlassung seyn könnte. — Sehr viele erhielte derselbe von mir, und so hoffe ich nicht zu dem *sogenannten* guten Freund zu gehören, den er so häßlich malt, und deren hoffentlich die reine, unschuldige Pomona keine zählt. — Durch die ausgemalten Kupfer wird aber wohl Niemand eine einzige Obstsorte bestimmt erkennen, und sie sind ohnvergrößert liebliche Nürnberger Bilder, vergrößert aber monströse pomologische Charaden.«

»Das klingt von einem Freunde — drei Jahre nach Christs Tod — hart und schneidig«, sagt Thomae. Doch es war eben so: der Jüngere mit dem wissenschaftlichen Ehrgeiz des Systematikers hatte den Älteren überflügelt. Er erkannte Christs Bemühungen um die Förderung des Obstbaus an, verwies aber dessen Bemühungen um eine sachgerechte Klassifikation zurück in die Kinderstube der Pomologie. In seinem Eifer übersah er dabei, daß die Lebensarbeit Christs titelmäßig nicht »Vollständige Pomologie« hieß, sondern den weiterführenden Zusatz »der Christ'schen Baumschulen zu Kronberg« trug, daß also der Kronberger Pfarrer keineswegs beanspruchte, den gesamten Bereich des Kernobstes registrieren, beschreiben und ordnen zu wollen, sondern eben nur das, was in seinen Baumgärten wuchs. Er hätte besser daran getan, seinen Kritikern weniger Angriffsflächen geboten, wenn er auf das Wort »vollständig« im Titel verzichtet hätte. Dann hätte Diel in seinem Versuch wohl auch auf die etwas maliziöse Anmerkung verzichtet, wie sie öfter hinter seinen Beschreibungen steht: »Christ in seiner vollständigen Pomologie hat diese Sorte nicht.«

Neben dem großen Lieferungswerk veröffentlichte Diel noch 1821 die kleinere Schrift »Die Obst-Orangerie oder kurze Anleitung, Äpfel, Birnen, Pflaumen, Aprikosen, Pfirsiche, Mandeln usw. in gewöhnlichen Blumenscherben zu erziehen«, sowie 1818, 1829 und 1833 ein »Systematisches Verzeichnis der vorzüglichsten, in Deutschland vorhandenen Obstsorten, mit kurzen Bemerkungen über Auswahl, Güte und Reifezeit«.

Der Brunnenarzt schrieb »für angehende Ärzte« die damals epochemachenden Bücher »Über den Gebrauch der Thermalbäder in Ems«, 1825, und »Über den innerlichen Gebrauch der Thermalquellen in Ems«, 1832. »Sie waren die ersten und längere Zeit einzigen Bade- und Brunnenschriften über Ems. Diel war — wie Zeitgenossen von ihm noch bezeugen — ›der Abgott der ganzen Umgegend‹, und ›sein Wort galt als Orakel‹.«

Im Jahre 1835 starb Diels Frau, die ihm sieben Kinder geboren hatte, darunter nur einen einzigen Sohn. Dieser hatte Jurisprudenz studiert, war nassauischer Assessor, starb aber früh. Der alte Diel selbst quittierte nach 39 Dienstjahren den Posten des Emser Brunnenarztes, praktizierte aber dennoch fünf Jahre weiter. Im 4. Bändchen der zweiten, Cotta'schen Serie seiner Kernobstbeschreibungen berichtete er, daß er seine Baumschule »seit einigen Jahren schon eingehen lasse«; das Bändchen kam 1825 heraus. Vier Jahre vor seinem Tode traf ihn, wie Thomae berichtet, ein Schlaganfall, der teilweise Lähmungen zur Folge hatte und ihn »auch geistig so schwächte, daß er sich von da an um nichts mehr ernstlich bekümmern konnte«. Er starb »an Altersschwäche« am 22. April 1839, im 84. Lebensjahr.

1860 wurde ihm, dem Brunnenarzt und Förderer von Bad Ems, ein kleines, heute noch stehendes Denkmal gesetzt. Im gleichen Jahr gründete der Deutsche Pomologen-

Tafel XVII: Dr. A. F. A. Diel, Hofrath, Stadtphysicus zu Diez und Brunnenarzt zu Ems. Stich von Halle, Berlin, aus dem »Teutschen Obstgärtner«.

Tafel XVIII: Dr. Diel, Geheime Rath und Bade Arzt zu Ems, Ritter des Königl. Preuß. roten Adler Ordens etc. Stich von Rosmäsler, 1829.

Verein eine »Diel's-Stiftung zur Heranbildung junger talentvoller Baumzüchter und Pomologen«. Dr. Thomae meint, »daß die neueste Epoche in der Pomologie in Betreff der deutschen Kernobstsorten auf Diels Schultern ruht.« Das wurde 1873 geschrieben und wird wohl auch heute noch als gültig anerkannt.

Christian Freiherr Truchseß von Wetzhausen zu Bettenburg

Die Truchseß von Wetzhausen gehören zu dem heute noch blühenden alten fränkischen Adel. Ihr Name kommt schon in der ersten Hälfte des 13. Jahrhunderts vor. Im 17. Jahrhundert wurden sie Reichsfreiherren und in einem inzwischen wieder ausgestorbenen schlesischen Zweig auch Grafen. Sie haben dem Heiligen Römischen Reich, dem Deutschen Ritterorden und dem Frankenland eine lange Reihe tüchtiger Männer gestellt, darunter auch einen Hochmeister des Deutschen Ordens.

Die originellste Gestalt der Familie im 18./19. Jahrhundert war der Freiherr Christian Truchseß von Wetzhausen. Seine Biographie, von Oskar Krenzer, Bamberg, verfaßt, findet sich in den »Lebensläufen aus Franken«, die Anton Chroust 1930 im Auftrag der Gesellschaft für Fränkische Geschichte herausgegeben hat. Am 21. Juni 1755 auf Schloß Bundorf geboren, verlor er früh den Vater und wurde mit seinem fünf Jahre älteren Bruder und einem Hofmeister mit noch nicht 16 Jahren auf die Universität Gießen geschickt. Von dort wechselten die Brüder 1773 zur Universität Leipzig über und unternahmen dann die sogenannte kleine Kavalierstour, die über Berlin, Dresden, Prag, Wien, Ungarn, Regensburg, Nürnberg, Erlangen und Bamberg zurück in die Heimat führte. In Berlin wurden sie Friedrich dem Großen, in Wien Joseph II. vorgestellt. 1775 besuchte Christian Truchseß seine um 13 Jahre ältere Schwester, die in Kassel verheiratet war und — wie er selbst sagte — seine beste Lehrerin wurde. Vermutlich hat sie ihn dazu bewogen, in hessen-kasselsche Dienste zu treten, wie zuvor schon sein Vater. Er wurde Garde du Corps-Offizier unter Landgraf Friedrich II., der viele bedeutende Männer an seinen Hof zog, und blieb es bis nach dem Tod dieses Fürsten, der 1785 verstarb. Nach zwölfjährigem Dienst erbat er sich die Entlassung als Major und zog als Landedelmann auf die Bettenburg, die ihm bei der Erbteilung mit dem Bruder 1780 zugefallen war und die inzwischen sein Justitiarius Cramer verwaltet hatte.

Die Bettenburg liegt »auf einem vorspringenden Hügel der gegen Nordwest ziemlich steil abfallenden Haßberge in der Nähe der uralten Fahrstraße des Rennsteigs, der sich von Hallstadt bei Bamberg durch den Grabfeldgau bis nach Thüringen zieht«, und beherrscht die zu ihren Füßen liegende Ebene um Hofheim. Truchseß ließ die 1525 im Bauernkrieg zerstörte, 1535 wieder aufgebaute Burg mit Fresken ausschmücken, die Szenen aus Wielands »Oberon«, aus den Märchen von Musäus und aus den Dichtungen Schillers und Goethes darstellten. Sein Lieblingsheld war Götz von Berlichingen, und so hatte man denn den Hünen in Kassel auch allgemein den »Götz« genannt.

Der Park wurde nach dem Muster von Weißenstein, später Wilhelmshöhe genannt, im Geschmack der Empfindsamkeit ausgestaltet, mit Denkmälern, Ehrensäulen, Freundschaftstempeln und vielen Rosenbeeten; die Rose war seine Lieblingsblume. Auch eine gotische Kapelle ließ er erbauen und mit einer 1455 datierten Inschrift versehen.

Er blieb unbeweibt, in lebenslanger Trauer um eine verlorene Jugendliebe namens Friederike. Den Haushalt führte Jungfer Klare, in der Küche regierte die »Haubenköchin«, so benannt, weil sie für »Werkel-, Sonn- und Feiertage« und je nach dem Stand der Gäste für jeden Fall eine passende Haube hatte. Auch sie gehörte seit unvordenklichen Zeiten zum Hausinventar, und ihre Kochkunst und der ausgezeichnete Weinkeller des Herrn waren weit und breit berühmt.«

Auch für die Bauern des Dorfes Manau hatte Truchseß ein Herz. Er verpachtete ihnen seine Ländereien zu billigem Zins, sorgte in Notjahren für sie und ließ im Dorf sogar einen neuen Kirchturm auf seine Kosten erbauen.

Auf seiner Burg übte er großherzige Gastfreundschaft. »Jedem standen die Tore der Burg offen, alle fanden hier freundliche Aufnahme, Fürsten und Edelleute, Gelehrte und Dichter, Bürger und Bauern, fahrende Schüler und Bettler.« Die Mahlzeiten beschloß der gastfreie Edelmann meist mit dem Spruch: »Jung waren wir, jung sind wir, jung bleiben wir, zur ewigen Jugend erwachen wir.« Unter seinen Gästen waren die Fürsten der benachbarten sächsischen Herzogtümer Sachsen-Meiningen und Sachsen-Hildburghausen, der Sohn des »Luise«-Dichters und Homer-Übersetzers Johann Heinrich Voß, Heinrich, Professor in Heidelberg, und Friedrich Rückert. Auch Gustav Schwab und Jean Paul kannte er. Goethe ist er zweimal bei Besuchen in Kassel, 1779 und 1801, begegnet. Enge Verbindung hielt er mit seinem Jugendfreund und Verwandten, dem Freiherrn F. von Koenitz. Ein hübsches Doppelporträt zeigt die beiden, umgeben von Ranken mit Birnen und Kirschen, und der Unterschrift: »Durch Sippschaft, Freundschaft und Liebhaberey verbunden.« — Auf diese Liebhaberei werden wir alsbald zu sprechen kommen.

Vorerst ist leider noch zu berichten, daß die Altersjahre des »letzten Ritters von der Bettenburg« durch zwei Krankheiten bestimmt wurden: zunehmende Taubheit und zunehmende Blindheit. Er litt am grauen Star, mußte im September 1822 von dem Göttinger Augenarzt Dr. Langenbeck operiert werden. »Der Ritter hatte in seinem menschenfreundlichen Sinne drei Blinde aus der Umgebung zur Vornahme der gleichen Operation auf die Bettenburg berufen. Bei allen gelang die Operation; aber bei dem Ritter trat vielleicht infolge eines verfrühten Ausgangs in den Garten eine Entzündung des operierten Auges ein, welche auch das andere Auge in Mitleidenschaft zog, so daß zuletzt nur ein schwacher Schimmer des Augenlichtes übrig blieb, wie denn auch die Ertaubung immer mehr zunahm, so daß er nur deutlich artikulierte, aber nicht zu laute Rede zu verstehen vermochte. Mancher wäre wohl jetzt der Verzweiflung verfallen, aber der Mut des Ritters blieb ungebrochen; er ertrug die harte Prüfung als eine Schickung Gottes, ohne zu murren, und setzte seine Korrespondenz mit Hilfe von Schreibern, denen er diktierte, fort.« Am 19. Februar 1826 verstarb er und ließ sich nicht in der Ahnengruft, sondern unter seinen Bauern auf dem Manauer Friedhof bestatten. Im Frühjahr 1826 wurde zunächst eine Gedächtnisfeier in der Kirche abgehalten, und dann versammelten sich die Verwandten und Freunde auf der Burg zu einem frugalen Mahle und tranken mit alten guten Weinen auf ihn und eine künftige Wiedervereinigung. So hatte er es gewünscht.

Nach diesem kurzen Lebensabriß ist nun von seiner »Liebhaberey« zu sprechen, die ihn mit Christ verband. Schon in seinen Kasseler Offiziersjahren hatte er sich mit dem dortigen Hofgärtner Schwarzkopf angefreundet. Als Herr der Bettenburg widmete er sich dann ganz einem besonderen Zweig der Pomologie. Um abermals Oskar Krenzer zu zitieren: »Seine Hauptbeschäftigung . . . bildete die Obstbaumzucht, insbesondere die des Kirschbaums, die er mit einer Art Leidenschaft betrieb. Obwohl weder der Boden, bestehend aus Letten und Ton mit Kies vermischt, noch das Klima wegen der rauhen Nordwestwinde von der Rhön und der Nordostwinde vom Thüringer Wald her der Kirschbaumzucht günstig war, so gelang es ihm doch durch die Ausdauer, geschickte Auswahl der Pfropfreiser und sorgfältige Behandlung recht günstige Resultate zu erzielen. Er stand mit allen bedeutenden Kirschbaumzüchtern in Korrespondenz und erhandelte die Reiser von ihnen oder tauschte sie um, so daß er zuletzt gegen 441 Kirschensorten in seinem sorgfältig angelegten Kataloge verzeichnen konnte.«

Die zunehmende Erblindung verbot Truchseß, seinen großen Kirschenkatalog selbst kommentiert herauszugeben. Er fand jedoch den richtigen Redakteur dafür, und so erschien 1819 in der Cottaischen Buchhandlung in Stuttgart das außer einem Vorbericht von 26 Seiten und einem Register von 30 Seiten 692 Seiten umfassende Werk: »Systematische Classification und Beschreibung der Kirschensorten von Christian Freiherrn Truchseß von Wetzhausen zu Bettenburg; herausgegeben von Friedrich Timotheus Heim, Pfarrer zu Effelder bei Coburg.« Die Grundlage des Werkes bildet der von Truchseß angelegte Katalog, zu dessen Entstehungsgeschichte Heim schreibt: »Um bei dieser großen Menge von Bäumen und ihrer scheinbar verwirrten Stellung nicht eine Sorte mit der anderen zu verwechseln, da die besten Pflanz- und Pfropfbeschreibungen selten in Ordnung erhalten werden können, wurde jeder Baum bei seiner Setzung oder Pfropfung mit einer an einem messingenen Draht befestigten Nummer versehen und mit dieser Nummer und dem Namen der Sorte in einen großen Catalog eingetragen, in welchem jeder Sorte mehrere Blätter zur Aufzeichnung der über sie angestellten Beobachtungen zugetheilt sind. Dieß ist der durch Christs Pomologisches Wörterbuch und durch den Deutschen Obstgärtner dem Publiko schon bekannte Bettenburger Kirschen-Catalog.« — Die 441 Sorten sind durch arabische und lateinische Ziffern, durchs römische Alphabet gekennzeichnet.

Nachdem Heim in seiner Einleitung zunächst über die »Möglichkeiten einer systematischen Classification der Kirschen« gesprochen hat, wendet er sich im zweiten Abschnitt den Classifications-Versuchen vor Truchseß zu, und hier tritt nun Christ wieder auf: »Der Oberpfarrer Christ zu Kronberg vor der Höhe, der sich durch seine pomologische Werke um die beßere Obstcultur in Deutschland sehr verdient gemacht hat, fühlte bei Fertigung seines ersten Werks von Pflanzung und Wartung der Obstbäume 1789 die Nothwendigkeit einer Kirschen-Claßification, und lieferte auch ein Muster wie sie ohngefähr gemacht werden könne...« Dieses Muster wird anschließend genau erklärt, mit dem Fazit: »So wurde doch durch diese Claßification der Hauptunterschied der Kirschen nach dem Verhältniß des Baumgeschlechts in süße und saure ... von neuem bestätigt, und der des Du Hamel von herzförmiger und runder Frucht, der so viel unsicheres hat, auf immer verworfen.«

In der »Nachricht, woher der Freiherr Truchseß seine Kirschensorten bezogen hat«, dem vierten Abschnitt, lesen wir dann unter anderm: »Im Jahre 1792 trat Truchseß mit Herrn Ober-Pfarrer Christ zu Kronberg in eine pomologische Verbindung um einander wechselseitig ihre Kirschensorten mitzutheilen. Demnach erhielt er gleich anfangs, theils in jungen Stämmen, theils in Pfropfreisern 22 Sorten, welche den größten Theil derjenigen ausmachten, die Christ in seinem Werk von Pflanzung und Wartung der Obstbäume beschrieben hatte. Diese wechselseitige Mittheilung dauerte auch nachher bis 1806 fort, so daß von dem Sortiment Christs, in der dritten Auflage seines Handbuchs, von 104 Sorten auf der Bettenburg weiter keine fehlt als S. 712 Nr. LXXXXIII, die Spanische Weichsel.«

Weiter lesen wir, daß Christ den Freiherrn auf die Pomologische Gesellschaft zu Guben in der Niederlausitz hinwies und ihm »1806 drei dieser Gubener aus Saamen gezogener Sorten mittheilte«. Am Schluß seiner Einleitung bietet Heim sodann ein »Verzeichniß der pomologischen Schriften, die in diesem Werke häufig angeführet werden«. Darin wird Christ mit insgesamt 9 Nummern aufgeführt, also mit seinen Obstbaubüchern und deren verschiedenen Auflagen. Diese Werke und Auflagen werden dann in der »Beschreibung der Kirschensorten« nicht nur laufend genannt, sondern auch zitiert und kritisiert. Insgesamt findet man an die hundert Hinweise: Gesamttexte, Auszüge, Zitate, zustimmende und korrigierende Bemerkungen usw. Man sieht, wie intensiv der Austausch zwischen Truchseß und Christ war. Er hat sich dann nach 1806 wohl langsamer fortgesetzt. Im Ganzen erhält man den Eindruck, daß die damaligen Pomologen eine große Familie bildeten, in der es auch die üblichen Diskussionen und Streitigkeiten gab, in der aber jeder im Hinblick auf das ständige Geben und Nehmen in Grenzen blieb. So gibt es in Heims Bemerkungen keinerlei Animositäten. Wir erfahren im Katalog genau, was von Kronberg kam und was von der Bettenburg in den Taunus wanderte.

Gleich zur Nummer 1 des Katalogs, der »Werderschen frühen schwarzen Herzkirsche«, heißt es: »Truchseß erhielt diese Sorte 1794 vom Oberpfarrer Christ zu Kronberg, welcher sie von dem Königlich-Preußischen Plantagengärtner Sello zu Sanssouci, unter dem Namen Werdersche allerfrüheste schwarze Herzkirsche bekommen hatte. Mit diesem Namen trug sie Christ in sein Handbuch S. 545 Nr. 2 und in dessen zweiter Auflage S. 683 Nr. 77 ein. Da aber unsere Nr. I, die Frühe Maiherzkirsche, früher als diese reift und Christ in der dritten Auflage seines Handbuchs, S. 673 Nr. 5, ihr vier Sorten und in der Vollständigen Pomologie so gar fünf Sorten vorsetzt: so verwandelte er mit Recht das Beiwort allerfrüheste in frühe. Man findet sie sonst noch in keiner andern pomologischen Schrift angezeigt.« — Der Gärtner Sello erscheint noch als Lieferant Christs bei anderen Sorten!

Zur Katalognummer 2, der »Süßen Maiherzkirsche«, bemerkt Truchseß selbst: »Die Kirsche ist wahrscheinlich deutschen Ursprungs und mag in der Wetterau, vielleicht um Kronberg, entsprossen sein, weil in der dortigen Gegend diese Kirschen häufig erzogen, und bei fruchtbaren Jahren viele Centner davon getrocknet werden. In der Gegend von Kronberg wird sie gewöhnlich die Frühkirsche genannt. Der Hr. Oberpfarrer Christ zu Kronberg (von welchem ich 1792 diese Sorte erhielt) brachte sie zuerst vor das pomologische Publikum ...« Anschließend geht er auf die Benennungen Christs ein und schreibt abschließend: »Die Beschreibungen von Christ, wie er sie in der Folge seiner Werke dem Publicum mittheilte, halte ich für überflüssig beizusetzen. Erstens, weil ich keine falsche Merkmahle zu rügen habe; zweitens, weil ich alles aufnahm, was er charakteristisches von ihr sagte, drittens, nur nach meiner Art ordnete, und viertens die wirklichen von ihm nicht bemerkten Kennzeichen noch hinzufügte.«

Nummer 7 des Bettenburger Katalogs ist die »Kronberger schwarze Herzkirsche«. Sie wird von Truchseß und Heim wie folgt beschrieben: »Der Stiel hat 1½-2 Zoll Länge, ist stark, grün, selten mit etwas Roth, in einer schwachen, kaum merklichen Höhlung aufsitzend. Die Frucht ist von mittlerer Größe; der Form nach auf beiden Seiten etwas, doch auf der einen mehr, als auf der andern breitgedrückt, übrigens rund, manchmal höckerig und verschoben; auf der mehr breitgedrückten Seite schwach gefurcht, am Stiel abgeschnitten und unten mit einem Stempelgrübchen versehen, das meistens seitwärts steht. Die Farbe ist bei vollkommener Reife glänzend schwarz, doch an der Furche etwas lichter, die Haut stark und zähe. Das Fleisch ist etwas fester, als bei andern dieser Klasse, saftig und am Durchschnitt schwarzroth. Der Geschmack ist bei völliger Zeitigung sehr gewürzhaft. Der Stein ist breitherzförmig, unten mit einer stumpfen Spitze, ziemlich festsitzend, so daß beim Genuß viel Fleisch daran hängen bleibt. Durch ihr festeres Fleisch, durch ihre runde Form, wenn sie von der breiten Seite angesehen wird und durch ihren gewürzhaften Geschmack unterscheidet sie sich von Nr. 2, der Süßen Maiherzkirsche und andern ihrer Classe.«

Truchseß erhielt sie 1797 »mit der Anzeige, daß sie in Kronberg aus Saamen erzeugt worden sey, weswegen sie gewöhnlich der Wildling von Kronberg genennt werde«. Christ hat sie aber außerdem in seinen verschiedenen Büchern als »Kronkirsche« und »Kronberger Kirsche« aufgeführt. »Da es aber unschicklich ist, der nämlichen Sorte zweierlei Namen zu geben, so ließ er in der Vollständigen Pomologie 2. Band S. 171 Nr. 5 diese Benennung wieder weg und begnügte sich mit der: Wildling von Kronberg. Wir aber haben aus den in der Einleitung § 12 angeführten Gründen den Namen Kronberger mit angehängter Classenbenennung beibehalten.«

Stellen wir zum Vergleich Christs Beschreibung aus der 3. Auflage seines »Handbuchs« daneben:

»Die Kronberger Kirsche. Der Wildling von Kronberg.

Hier erzeugte sich vor etlichen Jahren eine vortreffliche Süßkirsche aus dem Kern. — Sie ist groß, kugelrund, und die schwärzeste, die es geben kann. Der Stiel ist beynahe

2 Zoll lang: das Fleisch etwas härtlich, voll des süßesten Safts und von einem angenehmen Geschmack. Der Stein ist klein, und obschon die Frucht rund ist, so hat doch der Stein eine spizze und eine eyrunde Bildung. Sie zeitigt Ende Jun. und Anfang Jul.«

So könnten wir seitenweise weiter aus dem Bettenburger Katalog zitieren. Wir begnügen uns jedoch zum Abschluß nur noch mit zwei Beispielen. Zur »Langen Marmorkirsche«, die im Katalog die Kennzeichnung »q« trägt, schreibt Pfarrer Heim: »Im Jahr 1796 von Christ in einem Pfropfreis, womit Truchseß zwei Bäume bepfropfte, die gut gerathen sind, immer gesund dastehen, aber bis jetzt noch nie Früchte getragen haben. Er kann daher ihre Tragbarkeit nicht rühmen, auch nichts weiter von ihr melden, als was Christ, der sie aus Homburg an der Höhe bezogen hat, in seinen Schriften rühmliches von ihr gesagt hat.«

Unter dem Buchstaben »y« erscheint die »Schöne von Choisy«: »Im Jahre 1799 von Christ unter der Benennung Belle de Choisy und mit der Nachricht, daß er sie von dem königl. Preußischen Herr Vice-Oberjägermeister von Stein, und dieser von dem Handelsgärtner Baumann zu Ballweiler im Elsaß erhalten habe. Späterhin meldete Christ, die Karthäuser zu Paris hätten diese Sorte 1785 zuerst bekannt gemacht. Aus dieser Anzeige ergibt sich, daß diese Sorte Französischen Ursprungs ist. Daher ist es nicht zu verwundern, daß sie Truchseß 1804 zweimal aus der Nationalbaumschule oder dem Jardin des Plantes zu Paris erhalten hat . . .«

Man sieht, wie weit sich der Sammler-Ehrgeiz erstreckte. Als weitere »Lieferanten« oder Tauschpartner Christs werden u. a. genannt der Professor Crede in Marburg und »der für manche Entdeckung und Aufklärung in der Pomologie und Oekonomie viel zu früh verstorbene Stiftsamtmann und Justizcommißarius Büttner zu Halle«. Diel wird zwar nicht im Literaturverzeichnis erwähnt, tritt aber ebenfalls als Tauschpartner auf. Sein »Systematisches Verzeichniß der vorzüglichsten in Deutschland vorhandenen Obstsorten« schließt mit den Kirschen, zu denen es heißt:

»Bei der genauen Betrachtung der Vegetation der Kirschen ergeben sich drei sehr deutliche Unterschiede, die sich auch in ihrer Fortpflanzung mit Kerne wieder von neuem darstellen; und hierauf gründet sich das schöne Natursystem des mit Recht so allverehrten Herrn Major Freiherrn von Truchseß zu Bettenburg und Wetzhausen in Franken, dessen System wir nun bald hoffentlich gedruckt erhalten, woraus sich der Wirrwarr ergeben wird, in dem auch die Kirschensorten mit ihren mannichfaltigen Namen bisher sich befunden haben. Obstkenner, so wie bloße Obstliebhaber können sich nun bald darüber in dem Werk selbst belehren, so wie für Jeden zur Auswahl folgendes Skelett dieses Systems verständlich und hinreichend ist.« Auf 8 Seiten werden dann nach Diel die verschiedenen Kirschenarten und Sorten aufgezählt; sogar Christs »Wildling von Kronberg« ist dabei!

In seinem umfangreichen Vorbericht hat Truchseß selbst erzählt, wie er zum Kirschensammler und Kirschenkenner wurde, und seiner Helfer und Freunde dankbar gedacht, zuerst des Hofgärtners Schwarzkopf zu Kassel-Weißenstein: »In unserm ersten Zusammenleben war die schönere Gartenkunst und Anpflanzung fremder Holzarten fast ausschließlich der Zweck seiner mich sehr belehrenden Unterhaltungen, und das

Pomologische wurde nur nebenbey berührt. Aber als ich einst Schwarzkopf in der Kirschenzeit 1785 besuchte, traf ich ihn vor seinem Kirschgarten; mir die Thür öffnend, rief er aus: ›Heute, Freund Truchseß, sollen Sie köstlich mit mir schmausen!‹, und führte mich von einem Kirschenbaum zum andern. Ich staunte über die große Mannigfaltigkeit der Kirschenvarietäten, noch mehr aber über die Schönheit und den hohen Wohlgeschmack der meisten dieser Kirschensorten. Schwarzkopfs Hand drükkend, ihm auch wohl um den Hals fallend, rief ich aus: ›O hätte ich diese Sorten alle auch auf meiner Burg!‹ ›Weiter nichts?‹ war seine Antwort; mein Freund Baars, der Plantagenmeister zu Herrenhausen, läßt Ihnen alle diese Sorten in den schönsten Stämmen ab.‹ Baars sandte mir bald darauf den größten Teil seines Kirschensortiments.«

Weiter gedenkt er seines »Jugend- und innigsten Freundes von Könitz zu Untersiemau und des Rats und Postmeisters Uz zu Coburg. »Beide waren früher als ich Obstpflanzer und Beobachter, und ohne ihr Unterrichten, Mitwirken und Nachhelfen würde wahrscheinlich mein Eifer erkaltet seyn; ich wäre vielleicht nur Sammler geblieben, nie ausharrender Beobachter geworden. Dir, mein Könitz, durch Sippschaft, Freundschaft und Liebhaberey von frühester Jugend an mit mir so eng verbunden, kann ich bey Deinem pomologischen Fortwirken auf Jerusalem, wo auch so viele meiner Kirschenpfleglinge sich befinden, mein Kirschenwerk freudig in die Hände geben; Dir aber, mein lieber Uz, nur mit einiger Trauer, weil Du Dich von allem Gartenwesen zurückzogst.« — »Jerusalem«, das war, wie eine Anmerkung besagt, »eine ziemlich große, in großem Styl gedachte und ausgeführte Gartenanlage auf einer Höhe, die den Werragrund beherrscht, eine halbe Stunde von Meiningen«, wo Könitz als Geheimrat und Ratgeber der wohl verwitweten Herzogin tätig war.

Nun kommt Christ: »Ueber schöne Gartenkunst hatte ich viel gelesen, sie auch schon geübt. Christs Anweisung war aber das erste pomologische Werk, das meine Aufmerksamkeit fesselte, und ich kam durch eine Baumbestellung mit Christ in Correspondenz.« Er begann, sich alle pomologischen Schriften zu kaufen, die von Kirschen handelten, doch die Beschreibungen und Abbildungen genügten ihm nicht. So faßte er im Winter 1796 den Entschluß, »alle beschriebene Kirschensorten hier um mich herum anzupflanzen, den todten Buchstaben nur als Nothbehelf zu betrachten, und in der lebenden Natur zu untersuchen«. Das Herrenhäuser Sortiment, das Christ'sche und eines aus Wien lieferten den Grundstock. »Fast über die ganze pomologische Windrose schickte ich noch vor der Pfropfzeit Brandbriefe aus und ließ in jenem Frühling 77 neue Kirschensorten hier anpfropfen. Was ich zusammenbrachte und woher ich es zusammenbrachte, darüber giebt die Einleitung die genaueste Kunde. Meine Kirschenspender und Correspondenten werden alle in der Einleitung genannt; aber inniges Dankgefühl gebietet mir hier verschiedene derselben eigens wieder vorzuführen; denn manche wurden mir auch als Menschen werth; zugleich muß ich mir einige Urtheile erlauben.« — Und nun kommen die zwei noblen Seiten über den Kronberger Oberpfarrer, die man mit Diels Äußerung vergleichen sollte:

»Mit Christ führte ich von allen den lebhaftesten lange fortwährenden Briefwechsel. Seine persönliche Bekanntschaft machte ich zu meinem Leidwesen nicht; doch aus so vielen Briefen, die in so verschiedenen Stimmungen geschrieben seyn müssen, kann man wohl auch einen Menschen erkennen. Christ ist zum bessern Jenseits hinüber gegangen. In den letzten Jahren seines Lebens trieben sich gar verschiedene Urtheile über ihn und treiben sich wohl jetzo noch, nemlich daß er oft seine Abnehmer getäuscht habe, und der böse Leumund setzt hinzu, um keinen Vortheil fahren zu lassen. Ich glaubte dieß nie und werde es nie glauben; denn aus den Briefen von Christ gieng mir hervor, daß es ihm so rechte Angelegenheit war, das Gute, was er selbst aufgefunden oder von andern erhalten hatte, möglichst schnell, fast in Hast zu verbreiten. Auch traute er seinen Mittheilern viel zu viel, nahm alles, was man ihm gab, auf Treue und Glauben, und gab es so weiter. Ich habe hiervon die auffallendsten Beispiele und in den Kirschenbeschreibungen meines Werks finden sich hierzu die Belege, vorzüglich bei Nr. 42, der Rothen Maikirsche. Denn anfänglich theilte ich ihm alle neuen Kirschensorten, die ich erhielt, mit, und Christ, auf Namen und Angaben, die ich mit den neuen Kirschen erhalten hatte, trauend, nahm alles so gleich in eins seiner neuen Werke auf. Ich entdeckte diese Uebereilungen, aus Christs Herzensgüte entsprossen, bald, und nun theilte ich ihm nicht eher eine neue Kirschensorte mit, bis ich sie selbst geprüft hatte.

Hätten alle Mittheiler Christs Gelegenheit gehabt, so, wie ich, in sein gutes Herz zu blicken, so würden sie ihm nur Geprüftes mitgetheilt haben und das Publikum wäre weit weniger getäuscht worden. Daher traf mancher auf Christ geworfene Stein nicht einen Betrüger, sondern einen gutmüthigen Selbstgetäuschten, der im Drang, Gutes schnell zu verbreiten, wieder täuschen mußte. Im Segen ruhend bleibe seine Asche; denn er hat wahrlich auch sehr viel Gutes verbreitet. Rügen, selbst öffentlich gesagte, konnte auch Christ freundlich, ja dankend aufnehmen. So schrieb er mir, als ich einige von ihm in seinen Werken mit ganz falschen Benennungen belegte Kirschensorten im 22. Band des Teutschen Obstgärtners beschrieb und die falschen Benennungen und Vergleichungen critisch beleuchtete, ohngefähr dies: Lieber Freund, Sie haben mir manchen scharfen Rauch in die Augen geblasen; aber er schärfte mir die Augen, und er kam aus einem wahrhaften und gütigen Mund.‹ — Nochmals Friede sey mit seiner Asche.«

Da Büttner ebenfalls zum Christschen Kreis zählte, wollen wir des Freiherrn Zeilen über diesen Mann folgen lassen:

»Ich gehe hier zu Büttner, dem Königlich Preußischen Justizcommissär und Stiftsamtmann zu Halle, über. Ganz ein Gegenbild von Christ; denn scharfen und tiefen Blicks stand er fest auf seinen Füßen und schritt, stets und sicher prüfend vorwärts. Auch hier muß ich Christs Güte rühmen, der nichts vorzügliches für sich allein behalten konnte und mir Büttner als Correspondenten zuführte. Ohne diesen Mann würde ich nie bestimmte Festigkeit im Kirschenfach gewonnen haben. Seine zwei Aufsätze im 7ten Band des T.O.G. und noch mehr seine Briefe waren mir die sichersten Leiter. Im Jahr 1801 suchte ich ihn in Halle auf, und die wenigen Stunden, die ich mit ihm verlebte, führten mich noch weiter.«

Weiter spricht Truchseß den Herausgeber des Teutschen Obstgärtners, den Pfarrer Sickler, den Superintendenten Cludius in Hildesheim, den Burgermeister und Syndicus

Crazius zu Lassan im ehemaligen Schwedisch-Pommern und den Geheimen Finanzrath Rannsleben in Berlin an. Alsdann werden drei »Mahner« genannt, nämlich der Herr Hofrath und Emser Brunnenarzt D. Diel, zu Dietz an der Lahn, der Syndicus Burchardt »zu Landsberg an der Warta« und der Forstinspector Freiherr Aus dem Winkel zu Roßbach im ehemaligen Fuldischen. »Für ihr Dringen, mein Werk nicht liegen zu lassen, fordere ich sie nun auf, dasselbe genau zu prüfen und in critischen Blättern so zu rügen, wie es ihre Einsicht, Wahrhaftigkeit und Pflicht der Freundschaft erfordern, und wie es mich drang, dieses bei Christs und Sicklers Arbeiten zu thun. Auch von andern Sachkennern werden uns, mir, dem Kirschenforscher, und dem Herausgeber, critische Rügen sehr willkommen seyn.«

Man bedauert, daß die Korrespondenz zwischen Truchseß und Christ sich nicht erhalten hat. Sie wäre gewiß ein Musterbeispiel einer »pomologischen Freundschaft«. Überraschend begegnet man dem Freiherrn Truchseß noch einmal in einer Schrift Christs, die nicht dem Kirschen-, sondern dem Erdmandelthema gewidmet ist. Im »Nachtrag zu dem neuesten und besten Stellvertreter des indischen Caffee's« lesen wir: »Ein vornehmer und reicher Freund, aus dem Adelstand in Franken, schrieb mir ohnlängst unter andern: ›Ich war mit den ersten Versuchen (dem Erdmandelbau) sehr glücklich, fand das Getränke, das ich aus selbigem bereiten ließ, vortrefflich, und bin nun so völlig überzeugt, daß dieses Produkt der Consumtion des Caffee's, der noch ganz Deutschland in die tiefste Armuth stürzen würde, merklichen Abbruch thun kann, daß ich nun entschlossen bin, diesen Bau nächstes Jahr ins Große zu treiben. Meine Freunde und Freundinnen, welche ich mit diesem Getränke bewirthete, fanden so viel Geschmack daran, daß sie durchgehends größeren Vorrat davon wünschen, um sich für immer desselben statt des Caffee's bedienen zu können. — Schade, daß diese Gesinnung nicht ganz Deutschland belebt; daß nicht in öffentlichen Blättern mehr davon gesprochen, das Angenehme und die Vortheile dieser Frucht mehr anempfohlen, und dadurch die allgemeine Aufmerksamkeit erreget wird. Ich für meinen Theil halte solches für Pflicht jedes Patrioten, und habe daher in dem Verkündiger, der in Nürnberg erscheint und in den fränkischen Provinzialblättern, die in Bayreuth gedruckt werden, zwey verschiedene Aufsätze darüber einrücken lassen.«

Eine Freundschaft also, die von den Kirschen bis zu den Erdmandeln reicht, vor allem aber im Menschlichen überzeugt und als vorbildlich gelten kann, obwohl sich die beiden Freunde nie von Angesicht zu Angesicht gesehen haben.

Johann Isaak von Gerning

Von den drei Generationen Gerning, die es in Frankfurt gegeben hat, wurden bemerkenswerterweise zwei von Dr. Eduard Heyden in seine »Gallerie berühmter und merkwürdiger Frankfurter« aufgenommen. Der erste Frankfurter Gerning, der Handelsmann Peter Florens Gerning (1695—1764), war von Bielefeld an den Main gekommen. Er muß gut verdient haben, denn er hat voller Stolz sein Porträt in Kupfer stechen lassen. Sein Sohn, Johann Christian Gerning (1746—1802) betrieb ein Bankgeschäft und heiratete eine Tochter aus angesehener Frankfurter Familie, Maria Magdalena Moors. Aus dem Bankier wurde ein Sammler, der in 48 Jahren eine Kollektion von Schmetterlingen zusammenbrachte, die nach Heyden 50-60000 Stück zählte und ihn nach Anton Kirchner über 50000 Gulden gekostet haben soll. Außerdem besaß er eine reichhaltige Insektensammlung und trug Kupferstiche, Handzeichnungen, Frankfurter Münzen und andere Merkwürdigkeiten der Stadt zusammen. »Die Zugänglichkeit und Bereitwilligkeit, mit der Gerning Besuchenden, besonders aber Kennern und Sammlern, seine reichen Schätze zeigte, wird mit Recht sehr gerühmt«, schreibt Heyden.

Wie wir aus unserem biographischen Teil wissen, fand auch Johann Ludwig Christ den Weg zu Johann Christian Gerning, als er 1790/91 Vorlagen für kolorierte Kupferstiche seiner »Naturgeschichte, Klassification und Nomenclatur der Insekten vom Bienen, Wespen und Ameisengeschlecht« suchte. Er ist gewiß gut aufgenommen worden, und wir können annehmen, daß er auch später öfter im Hause Gerning gewesen ist. — Wieso wir das zu wissen glauben? Nun, der Hausherr war ein frommer Mann und einem lutherischen Pfarrherrn wie Christ sicher wohlgesonnen. Den Beweis für seine Frömmigkeit können wir alsbald schwarz auf weiß vorlegen, doch zunächst zum Sohn des Hauses.

Johann Isaak Gerning war am 14. November 1767 zur Welt gekommen. Seine Vornamen verdankte er dem Großvater mütterlicherseits, dem Schöffen und Stadtschultheißen Johann Isaak Moors, dem Nachfolger von Goethes Großvater Johann Wolfgang Textor. Der Bruder seiner Mutter war Johann Wolfgang Goethes Jugendfreund Friedrich Maximilian Moors. Nach des Vaters Wunsch und Willen sollte der junge Gerning ein Frankfurter Kaufmann werden. So wurde er nach dem Besuch des Gymnasiums schon früh in die Welt hinausgeschickt. Er erlernte das Kaufmannswesen in Amsterdamer Kontoren, bereiste England, Frankreich und die Schweiz.

Dem Achtjährigen schrieb Johann Christian Gerning Lebensregeln in ein in Leder gebundenes Buch, das der Sohn vermutlich später für eigene Aufzeichnungen verwenden sollte, was er jedoch nicht getan hat. Der Band kam auf irgendwelchen Wegen in den Besitz einer Kronberger Familie, welche die vielen leeren Seiten bis 1886 zu Notizen über die eigene Familiengeschichte benutzte. Er wurde dem Verfasser schon vor Jahren zur Abschrift und mit der Genehmigung zur Veröffentlichung leihweise überlassen, und so können sie hier zum ersten Mal im Druck erscheinen, diese heute noch gültigen »goldenen Worte« für einen jungen Frankfurter des Jahres 1775:

**Johann Christian Gernings Ermahnungen an seinen Sohn
Johann Isaak Gerning. Franckfurt am Mayn,   MDCCLXXV.**

1. Die Furcht des Herrn ist der Weisheit Anfang.
2. Dein Lebenlang habe Gott vor Augen und im Hertzen, und hüthe dich, daß du in keine Sünde willigest noch thuest wider Gottes Gebote.
3. Liebe Gott als den Ursprung alles Guthen über alles, und denke in allen Widerwärtigkeiten, daß er es niemals übel mit dir meyne, sondern glaube vielmehr vestiglich, daß denen die Gott lieben, alles zum Besten dienen müsse.
4. Lasse dir niemals die Verzweiflung in den Sinn kommen, sondern vertraue auf die Allmacht Gottes, dem kein Ding unmöglich ist, und dir helfen kann, so unbegreiflich es dir auch scheinet . .
5. Was du willst daß dir die Leute thun sollen, das sollst du ihnen auch thun.
6. Verachte keinen Menschen, so gering er auch ist, denn du kannst nicht wissen ob er dir nicht noch nützlich seyn, oder dich vor einem Unglücke und Gefahr erretten kann.
7. Stelle dir täglich den Todt vor Augen, lasse dich aber dadurch nicht zur Traurigkeit verleiten, sondern von der Sünde, nicht aber von der Arbeit abhalten, denn ohne selbige kann dein Gebeth nicht bestehen.
8. Einen erprobten Freund halte in Ehren und breche nicht mit ihm um geringer Ursache willen.
9. Vertraue dich nicht einem jeden, sondern erkenne keinen für deinen Freund, bis er alle Proben ausgehalten.
10. Ist ein Mensch undankbar gegen dich, denke nicht, daß du der erste seyest dem es so ergangen, dieweil ohnehin der Welt ihr bester Lohn in Undank, Spott und Hohn bestehet.
11. Hat dir ein gottloßer Mensch einen boshaftigen Streich gespielet, so erzürne dich nicht darüber, denn durch den Zorn thuest du dir selbst den größten Schaden, und das freut deinen Feind, besänftige dich vielmehr damit, daß es gantz natürlich zugehe, indem ein böser Mensch unmöglich Gutes thun kann, hüthe dich aber vor dergleichen Bößwichtern, und gebe ihnen nicht die mindeste Gelegenheit dir zu schaden.
12. Einem versöhnten Feinde, der einmal klar bewiesene Bosheiten gegen dich vorgehabt, sollst du nicht trauen, denn öfters suchet ein solcher nur deine Freundschaft und Bekanntschaft, um Gelegenheit zu haben dir zu schaden oder sich an dir desto empfindlicher zu rächen.
13. Verwandte achte nicht für Freunde, sondern nimm dich vor ihnen sorgfältig in acht, denn die öftere Erfahrung lehret, daß sie nichts weniger denn Freunde sind.
14. Freunde die der Eigennutz oder die Gastfreyheit dir zu Freunden macht, vermeide, denn dergleichen Leuthe sind dir höchst schädlich; ein wahrer Freund muß weder durch Eigennutz noch durch Fressen und Saufen erworben werden.
15. Vermeide den Müßiggang als des Teufels Ruhebank und aller Laster Anfang, beklage aber eine jede Stunde, die du ohne etwas gutes zu thun vorbeygehen lassen.
16. Was du thust, bedenke das Ende, so wirst du nimmermehr übels thun.
17. Das vergangene lasse dir zur Lehre des gegenwärtigen dienen, und das Zukünftige erwarte mit Gedult und Gelassenheit.
18. Die Hoffnung auf Gott lasse in allem Unglücke dein bester Trost seyn, denn es hat sich manches geändert, da man am wenigsten daran gedacht, und Gott verläßt keinen, der mit wahrer Zuversicht sein Vertrauen auf ihn setzet.
19. Alles nimmt ein Ende, dein Leben, dein Glück, dein Unglück und dein Leyden.
20. Bleibe deinem Vatterlande getreu, und ziehe niemals deinen eigenen Vortheil der gemeinen Wohlfahrt vor.
21. Nimm dich jederzeit der Unterdrückten und Nothleydenden an, so wird sich Gott auch über dich in deiner Noth erbarmen. Hüthe dich aber vor der großen Menge der Betrüger, welche nur eine Noth vorschützen, um dich zu ihrem Vortheil in Schaden zu bringen.

22. In allen deinen Handlungen habe stets die Tugend zum Grunde, so wirst du deine Feinde und Neider gewiß zu Schanden machen.
23. Werde nicht übermüthig, wenn es dir wohlgehet, und nicht kleinmüthig, wenn Tage der Trübsal dich überfallen. Mäßige deine Freude im Glücke und deine Traurigkeit im Unglücke. Gedenke dabey daß alle Dinge der Veränderung und dem Wechsel unterworfen sind, und nichts in dieser Welt beständig ist.
24. An Sonn- und Feyer-Tägen enthalte dich von aller Arbeit und Geschäften, denn die öftere Erfahrung lehret, daß darin kein Segen und mithin deine Arbeit vergeblich ist.
25. Wenn dir der gütige Gott Gesundheit verleyhet, so versäume die Kirche nicht an Sonn- und Feyer-Tägen, besonders am Morgen, plaudere aber nicht darin mit andern, sondern singe die Lieder mit einer wahren Hertzens-Andacht; merke wohl und mit anständigen Gebärden auf die Rede des Predigers, damit du nicht das Hauß Gottes entheiligest, so wird der Herr dein Gott deine Arbeit und alle deine Unternehmungen beglücken, daß du nicht deinen Feinden zum Spotte wirst.

Bei der Krönung Kaiser Leopolds II., 1790, wohnte König Ferdinand IV. von Neapel im Gerningschen Hause, und der Sohn des Hauses gefiel dem König und seiner Frau Caroline, einer Tochter Maria Theresias und Schwester Marie Antoinettes, so gut, daß sie ihn nach Neapel einluden. Ehe er jedoch 1793 in den Süden aufbrach, lernte er noch Johann Wolfgang Goethe kennen, der vom 17. bis 26. Mai in Frankfurt war und dann an der Belagerung von Mainz teilnahm. Vom 9. bis zum 19. August weilte er nochmals in der Vaterstadt, zur Freude seiner Mutter. Der kaiserliche Rat Johann Caspar Goethe war im Mai 1782 verstorben, und die Frau Rat plante nun, das Haus zu verkaufen, aber das gelang erst im Mai 1795, und im Juli zog sie dann in den »Goldenen Brunnen« auf dem Roßmarkt.

Der junge Gerning, der noch den Sommer 1794 in Neapel verbracht hatte, ging nach seiner Rückkehr bei der Frau Rat, die Gefallen an ihm gefunden hatte, ein und aus, was sich für Goethe in Weimar als recht erfreulich und vorteilhaft erwies. Er schätzte nämlich das Kronberger Dörrobst und vor allem die Kronberger Kastanien, und da gab es eben die Verbindung vom Gerningschen Hause zum Kronberger Pfarrhaus auf dem Doppes.

Doch verfolgen wir das anhand der Briefe der Frau Rat. Da lesen wir zuerst im Brief vom 9. November 1793 an den Sohn: »Die Castanien sind besorgt — aber unter 14 Tagen kann ich sie nicht schicken, die Croneburger Frau will mir die schönsten: die vorjetzt noch in den Hülssen sind: aussuchen — auch die Brunellen will besorgen.«

Am 5. Oktober 1794 heißt es: »Lieber Sohn! Da in diesem Jahr alles einen Monath früher kommt wie sonst; so sind auch die Castanien schon bey der Hand — und zwar so schön wie Italienische Maronen — erlustire dich dran mit deinem gantzen Hauße welches ich auch bitte freundlich zu grüßen.«

Für das Jahr 1795 haben wir keinen Brief, aber der aus dem folgenden Jahr zeigt, daß Goethe mit Kastanien versorgt wurde. Da schreibt Frau Aja nämlich: »Der gute Gerning hat seine Mutter verloren vor Ihn ist es ein großer Verlust. Er will wieder Castanien vor dich besorgen — welches mir um des willen lieb ist, weil er Bekandschaft mit dem Pfarrer in Cronenburg: wo die besten zu haben sind: hat, und die Bauern vor ihren Herrn Pastor die schönsten aussuchen — diese Gefälligkeit sie vor mich nicht haben.«

Da der Brief nach Weimar sich verspätete und die Frau Rat ihn als verloren ansah, schrieb sie am 1. Oktober wieder, »daß gute Croneburger Castanien durch Freund Gerning besorgt würden«. Die Kronberger Bauern haben freilich nicht die schönsten für Christ ausgesucht, aber der hatte ja selbst »Kästebäume« und wird es getan haben. Er wird wohl auch für die Kastanien der Frau Rat und ihres berühmten Sohnes gesorgt haben, als Johann Isaak Gerning auf seiner zweiten großen Italienreise war, von der er im Frühherbst 1798 zurückkehrte, denn im Brief der Frau Rat Goethe heißt es: »Vor Prachtvolle Castanien wird vor dieses mahl Freund Gerning sorgen.«

1799 war kein Kastanien-Jahr. Frau Aja schreibt am 16. Dezember: »Vergangenen Freytag den 13ten ist auch ein Kästgen mit Maronen an dich abgegangen — ich hatte eine große Freude welche zu bekommen — die Castanien sind erbärmlich und nicht zu genißen, da lase ich im Anzeigs Blatt, daß Maronen zu haben wären flugs schickte ich darnach — kaufte und spedirte sie sogleich nach Weimar — wünsche daß sie dir behagen mögen.«

Der Brief der Rätin vom 12. Oktober 1800 beginnt mit: »Lieber Sohn! Hir kommen in 2 Kistger 12 Pfund Croneburger Castanien — da sie immer mit dem Wein gleichen Schritt halten; gibts sehr wenige und ich war froh durch Gernings Freund den Pfarrer in Croneburg diese zu erhalten — verzehre sie mit den Lieben, die bey dir sind, gesund und frohen Muthes.«

Am 29. Oktober 1801 lautet die Kastanien-Post ähnlich: »Lieber Sohn! Hier extra schöne Croneburger Castanien — laße sie dir wohl behagen.« Am 2. November erkundigt die Frau Rat sich noch einmal fürsorglich: »Die Castanien werden Jetzt bey Euch angelandet seyn?«

Der Schluß des Briefes vom 24. September 1802 lautet: »Kastanien werde nach dem Herbst besorgen. Lebe wohl! Grüße deine Lieben von Eurer treuen Mutter Goethe.«

Im Brief vom 10. November 1803 lesen wir: »Liebe Kinder! Die Castanien machen mir dißmahl viel unlusten — da der Wein nicht gerathen, so sind es die Castanien auch nicht — aller Orden habe ich Bestellungen gemacht — und das Genie Gerning genant — der mir sie sonst von Croneburg verschaft hat, ist im Reingau bey den sauern Trauben — habt also noch ein wenig Gedult ich will schon sehen wo ich ihrer noch habhaft werden kan.«

Am 11. Oktober 1804 heißts dann wieder: »Die Castanien die ich überschicken werde — sollen hoffentlich dißmahl vortreflich seyn — denn der Wein ist Gottlob und Danck dieses mahl herrlich gerathen — viel und gut — und so wie der Wein so die Castanien.«

1805 ist von Kastanien nicht die Rede. Dafür heißt es: ». . . da ich von Augst vernommen habe, daß du die roth und weiße Quitten liebst; so habe sie vor dich aus gesucht — hoffe daß sie dir wohl schmecken und bekommen werden . . .« Ob die Quitten aus Christs Garten kamen oder aus Sachsenhausen, mag offen bleiben.

Eine besondere Kostbarkeit ist der Kastanien-Brief vom 18. Oktober 1806: »Lieben Kinder! Nachdem dißmahl die Castanien so auserorndtlich gerathen sind; so überschicke ich hirmit eine Noble Quantität — auch habe wohl bedachtsam die größern von den kleinern mit eigenen Händen auf beste separirt und von einander abgesondert um Euch die Mühe zu ersparen — welches wie ich hoffe Ihr mit dem gebührenden Danck erkennen werdet — mein Wunsch ist, daß sie Euch in Gänßebraten — und blaukohl wohl schmecken und noch beßer bekommen mögen.«

Am 27. Oktober fragt die besorgte Frau Aja dann nochmals: »Am 20ten October hab mit dem Postwagen 28 Pfund Castanien an Euch abgeschickt habt Ihr sie bekommen? im entgegengesetzten Fall schicke ich andre, doch muß ich solches mit umgehnder Post nur mit ein paar Worten wißen sonst wird es zu spät.«

Am 27. Oktober 1807 lesen wir im Brief an Johann Wolfgang: »Herr von Gerning läßt sich dir bestens empfehlen — und du wirst von Ihm gedörtes Obst erhalten — die Kastanien sind noch nicht gut es sind mir aber sehr schöne versprochen — da solt Ihr Euren theil wohl erhalten.«

Der Brief vom 7. November 1807 an Frau Christiane Goethe beginnt mit den Sätzen: »Liebe Tochter! Gestern sind die Kastanien mit dem Postwagen zu Euch abgegangen — Wein und Kastanien sind das nicht geworden was alle Welt geglaubt und gehoft hat, der Regen bliebe zu lange aus — der September war schlecht — der October zwar sehr schön, er konte die Sache aber nicht mehr gut machen. Wolen zu frieden seyn, und Gott vor das dancken.« — Am 21. November lautet die Rückfrage: »Die Castanien werden auch glücklich angekommen seyn?«

Im nächsten Jahr, am 13. September 1808, als die »Croneburger Castanien« in ihren stacheligen Hülsen der Ernte entgegenreiften, starb Frau Aja. Doch die Kastanien-Sendungen gingen weiter, nach Weimar und nicht nur an Goethe. Gerning hatte sich dort vor allem zwei ältere Freunde gewonnen: Johann Gottfried Herder und Karl Ludwig von Knebel. Beide nahmen sich des jungen Frankfurters freundlich an und suchten ihn literarisch zu fördern. Da Knebel, Goethes Duzfreund, weniger bekannt ist als Herder, rasch ein paar Worte über ihn: Franke, als Sohn eines Geheimrats 1744 auf Schloß Wallerstein geboren, hatte er zunächst in Halle studiert, war dann preußischer Offizier in Potsdam und schließlich Prinzenerzieher in Weimar geworden. Als Major pensioniert, lebte er danach abwechselnd in Jena, Ilmenau, Weimar, Nürnberg und Ansbach. Zwei Jahre nach Goethe ist er 1834 in Jena verstorben. Von ihm stammen Gedichte, Epigramme und Übersetzungen lateinischer Klassiker. Ebenso wie Herder und Goethe ließ er sich Gernings Obstsendungen aus Kronberg gern gefallen. Zumindest bis zu Christs Tod hatte dieser ja einen zuverlässigen »Lieferanten« bei der Hand.

Hier erhebt sich die Frage, wie eng die Freundschaft zwischen Christ und Gerning war. Gernings umfangreicher Nachlaß, darunter viele Tagebücher, liegt noch unveröffentlicht im Freien Deutschen Hochstift. Wir verlassen uns also auf Frau Aja, die sicher nicht ohne Absicht zunächst von Bekanntschaft und später von Freundschaft spricht. Es mag sein, daß sich da ein ähnliches Verhältnis herausgebildet hat wie zwischen Gerning und Knebel, der ja auch im Poetischen der Mentor des Frankfurters wurde. Ursprünglich, wie wir wissen, zum Kaufmann bestimmt, fühlte Gerning sich zum Dichter berufen. 1795 feierte er »Frankfurts Erhaltung und Rettung«, 1796 veröffentlichte er eine »Siegeshymne«, und 1797, während seiner zweiten Italienfahrt, zu der er Goethe eingeladen hatte, was dieser nach einigem Zögern jedoch ablehnte, verfaßte er eine »Kantate zur Vermählungsfeier Ihrer Königl. Hoheiten des Kronprinzen beider Sizilien und der Erzherzogin Clementine von Oesterreich«. 1802 erschien sein »Saecularischer Gesang«, ein Rückblick auf das 18. Jahrhundert, und im gleichen Jahr kam die dreibändige »Reise durch Oestreich und Italien« heraus, von Herder durchgesehen, Goethe und Herder in Versen zugeeignet.

Goethe hat von Gernings poetischen Talenten nicht viel gehalten und sich auch über den Menschen Gerning öfter abfällig geäußert, bis hin zu dem: »Hohler, leerer, absurder und pracheriger ist mir nie etwas vorgekommen, und doch zieht der Kerl immerfort seine ewige Knickersilhouette, die immer magerer wird, je vornehmer er tut.« — Dennoch hat er von Gernings Anhänglichkeit profitiert und nicht nur — wie wir noch hören werden — durch dessen Kastaniensendungen.

Am positivsten hat Caroline Herder über Gerning geurteilt, so zum Beispiel in einem Brief an Knebel vom 5. November 1802, als die Herders auf der Durchreise in Frankfurt waren und bei Gerning Quartier erhielten: »Von Gerning kann ich Ihnen nicht Gutes genug sagen. Er war sehr brav — ist verständig und geschmackvoll eingerichtet — beträgt sich würdig und hat sich aufs neue unsere Achtung erworben. Er hat uns zu Ehren ein Souper gegeben; das war das einzige, worüber wir unzufrieden mit ihm waren.«

Ob Gerning nach seinem Besuch in Neapel die Diplomaten-Laufbahn als »Brotberuf« anstrebte, diese Frage mag offen bleiben. Jedenfalls hatte er 1794/95 eifrig Vorlesungen in Jena gehört. Ob er 1796 schon ein festes Domizil in Kronberg hatte, wissen wir nicht. Am 28. April dieses Jahres schrieb er an Knebel: »Die herrliche Natur blüht und prangt hier an dem jetzigen schönsten Flecke Deutschlands. Sie sollten nur meinen Taunus und seine Obstwälder sehen, wohin Goethe niemals kam, obgleich nur drei Stunden von hier.« — War Goethe tatsächlich nie in Kronberg? In seinem Lebensbuch »Dichtung und Wahrheit« liest man es anders!

Ende 1798/Anfang 1799 vertrat Gerning das Königreich Neapel oder »beider Sizilien« auf dem Kongreß von Rastatt, der das linke Rheinufer zum ersten Mal an Frankreich auslieferte. Im Sommer 1799 war er wieder in Weimar und Ilmenau und kehrte erst im Mai 1800 nach Frankfurt zurück, um den Winter 1801 wiederum in Thüringen zu verbringen. Damals bestand das Projekt, ihn zum neapolitanischen Gesandten beim Reich zu machen. Noch von Frankfurt aus schrieb er am 2. Oktober 1801 an Knebel: »Diesen Winter werde ich auch noch am leichtesten abkommen können, weil ich erst nach dem allgemeinen Frieden für Neapel im Reich accreditirt werden soll, ein Wirkungskreis, der sich auch bis nach Holland ausdehnen soll.« — Daraus wurde nun freilich nichts, aber er behielt wenigstens den Titel eines »Königlich sicilianischen Legationsrates«.

Am 15. März 1802 verstarb der Vater, Johann Christian Gerning. Bald danach muß Gerning mit Unterstützung Christs und Brückners, der, wie wir wissen, dann in nassauische Dienste übertrat und Justizrat wurde, jenen Turm an der südlichen Stadtmauer Kronbergs erworben haben, den man um 1700 »Peter Beyers Turm« genannt hatte, wo auch Christ einen seiner Baumgärten hatte. Er baute den Turm wohnlich aus und nannte ihn fortan sein »Tauninum«. Am 13. Dezember 1802 berichtete er Knebel: »Mein Tauninum zu Kronberg ist ein lieblicher Sommeraufenthalt; es thront unter Obst- und Kastanienhainen und beherrscht die schönste Gegend von Deutschland.«

Seine Frankfurter Wohnung behielt er bei und verbrachte in jeder Woche zwei Tage in der Heimatstadt. Außerdem hatte er in Soden noch ein »Eckzimmerchen«, das er 1816 einmal Marianne von Willemer überließ. Und schließlich kam 1803 noch ein zweites »Tauninum« hinzu. Am 10. Juni schrieb er an Knebel: »Gestern war ich in Homburg, ein wahrer Musenort am nämlichen Taunus und nur 1½ Stunde von Kronberg. Da besah ich zwei Häuser und Güter, wovon das eine verloost wird im November, das andre hab' ich Lusten zu kaufen; es soll circa 9000 Gulden kosten und hat über 20 Zimmer nebst großem Garten und Nebengebäuden ec. Der Dichter von Creutz hat es gebaut und wohnte drin als landgräflicher Geheimerath. Gerade dem Schloßgartenbosquet über, das stets offen ist. Herders rathen mir, mich in Homburg anzusiedeln, und wirklich gefällt mirs da. Der Landgraf wünscht es sehr und bietet sich gefällig an. Es sind gute Menschen daselbst, von den fürstlichen Personen abwärts. Und die herrlichen Anlagen umher, die Tannenwäldchen mit Teichen, die Pappel- und Rüsteralleen am Fuße des Taunusgebirges!« — Der Kauf kam zustande, und er hatte für Gerning erfreuliche Folgen. Landgraf Friedrich V. verlieh ihm 1804 den hessen-homburgischen Geheimratstitel und die Hofuniform. Im gleichen Jahr erhielt er durch Kaiser Franz II. das Reichsadelspatent, und 1809 wurde er auch hessen-darmstädtischer Geheimrat.

Als er Ende Januar 1805 wieder einmal in Weimar war, wurde er von Goethe zum Mittagessen eingeladen, was ihm sehr gefiel. »Er lobte meine griechischen Münzen ec., die Erheiterung und den Genuß an solchen Dingen, selbst wenn sie ein anderer besitze, doch müsse man etwas davon haben, das denn manchmal differiere.« — Wollte Goethe, der ja ein leidenschaftlicher Sammler war, Gerning einen »zarten Wink« geben?

Christ wird Gerning zu seinen Standeserhöhungen beglückwünscht haben. Während der Sommer- und Herbstaufenthalte wird er ihm aber auch einmal die eigene Mühsal vorgeführt haben: das Einsammeln des Zehnten. Vermutlich hat er den adeligen »doppelten« Geheimrat zur Kastanienernte mitgenommen und ihm gezeigt, welche Mühe nötig war, bis die schönsten Früchte nach Thüringen geschickt werden konnten. In seinem »Handbuch« hat er das so anschaulich beschrieben, daß wir den Abschnitt hier wörtlich einrücken wollen:

»Die Kastanien werden wie die Nüsse abgeschwungen, und Leute die Geschik und Uebung haben, wie hier, klettern mit Steigeisen an den Füßen wie die Kazzen auf die größten Bäume, als wenn sie an einer Leiter aufstiegen. — Der größte Theil Kastanien, der abgeschwungen wird, liegt noch in seinen stachlichten Gehäusen*, werden in Säkke gestopft, und zu Hause im Keller in alte Fässer oder in eine Ekke geschüttet, bis sie noch sämmtlich reif, das ist, was noch zum Theil weiß ist, braun werde, und man sich

---

* Kinder und Leute, die eine zarte Haut an den Händen haben, bedienen sich zu Auflesung dieser stachlichten und stechenden Früchte entweder eines ledernen Handschuhes, oder machen sich von 2 Hölzchen oder grünen Reisern eine Art von Gabel oder vielmehr Zange, sie damit aufzunehmen.

Tafel XIX: Links oben: Christian Freiherr Truchseß von Wetzhausen zu Bettenburg. – Rechts oben: F. von Koenitz zu Unter-Siemau und Christian Freiherr Truchseß von Wetzhausen zu Bettenburg, »durch Sippschaft, Freundschaft und Liebhaberey verbunden«. Mit Kranz von Birnen und Kirschen. Stich von C. Westermayr, Weimar, 1800. – Unten: Ludwig Richter: Die Bettenburg in Franken.

Tafel XX: Johann Isaak von Gerning. Gemälde von Angelika Kauffmann. Museum, Wiesbaden.

Zeit nehmen kann, sie auszumachen. Solches geschiehet auf die Weise, daß man einen Haufen solcher Kastanien auf den Stubenboden hinschüttet, sodann mit Hölzern sie klopft und gleichsam sie drischet, damit die Früchte aus ihren Kapseln fallen, worauf denn die leeren Häuser abgelesen und die Kastanien gesammlet werden. Diese kommen denn wieder in den Keller, weil sie sonst in der Luft austroknen, hart und leicht werden. So halten sie sich bis Weihnachten und länger. Gegen Lichtmeß aber fangen sie an auszuwachsen. Will man sie nun gerne länger frisch aufbehalten, so lässet man einige in ihren stachlichten Gehäusen an einem trokkenen Ort im Keller liegen, da sie sich bis Ostern halten. Zum Gebrauch in der Küche sie aufzubewahren, werden die Kastanien geschälet, auf dem Ofen getroknet, und in Schachteln aufgehoben, sodann Abends zuvor, ehe sie gebraucht werden, in warmes Wasser eingeweichet. — Dem Frost sind die frischen Kastanien sehr ausgesetzt, deswegen man sie auch nur im Keller verwahret.«

Ob Gerning von Christ »Vorzugspreise« eingeräumt erhielt? — Gerning nannte die Sendungen nach Weimar und Ilmenau gern »Taunusopfer«, und solche werden mehrfach erwähnt in den Gerning-Briefen, die Heinrich Düntzer in den ungedruckten Briefen aus Knebels Nachlaß unter dem Titel »Zur deutschen Literatur und Geschichte« 1858 herausgegeben hat. So heißt es zum Beispiel 1804: »So wie das Wetter es zuläßt, folgt eine kleine Weinsendung, auch Dörrobst und große getrocknete Birnen, nach Griechischer Sitte« — Das war im August, und Ende November schreibt Gerning schon wieder: »Indessen war ich so frei, Ihnen eine kleine Sendung zu machen!« Sie bestand aus Obst, unter anderm gedörrten Mirabellen, und einem Viertel Ohm »artigen roten Rheinwein«.

Nach den Kriegsheimsuchungen von 1806 bedankte sich Goethe sogar einmal für eine Kronberger Sendung. Am 6. Januar 1807 schrieb er an Gerning: »Sie haben, mein Wertester zu rechter Zeit an unsere Speisekammern gedacht, welche freilich in diesen Tagen manches gelitten haben«, und 1810 haben wir einen weiteren Dank für eine »wohl ausgestattete Schachtel«.

In Homburg beschäftigte sich Gerning vor allem mit der Übersetzung der erotischen Dichtungen Ovids, und er trug sich mit dem Gedanken, »ein Lehrgedicht die Kunst zu lieben zu machen. Ich hoffe, es soll ein kleines Denkmal meines Daseins werden, und ich kann dazu gar manche Lebenserfahrungen verweben . . .« — 1806 wich er vor den Franzosen wieder von Frankfurt nach Homburg aus, und am 20. November 1807 berichtet er an Knebel: »Seit fünf Wochen bin ich wieder hier (in Frankfurt), in der mildern Luft zu überwintern; denn zu scharf ward mir die Homburger Gebirgsluft. Vorigen Winter behagte mir's dort ganz wohl, und ich fühlte mich sogar Horazisch beglückt, machte Episteln, Oden ec. — Da kam ein böser Trillgeist, Prof. Georg-Jenaischen (un)seligen Andenkens? — und fand, daß mir eine Frau nur fehle, und trieb mich zu einer Wittwepartie. Aber am 12. Mai, dem projectierten Hochzeitstage, ward ich (NB. seit 10 Jahren war ich's nicht) auf manches Abhetzen ec. krank. Warnung und Reue kam, und ich konnte nicht eher genesen, bis ich wieder von den Umgebungen befreit war.«

Maria Belli geb. Gontard hat das Aufgebot am 12. April 1807 in ihrem »Leben in Frankfurt« verzeichnet. In der Anmerkung dazu heißt es: »Dem Aufgebote folgte keine Copulation. Da die Verlobten sich eben in die Kirche zur Trauung begeben wollten, bereueten *beide* ihr Vorhaben, und trennten sich wieder in aller Freundschaft.« — So blieb Gerning Junggeselle oder Hagestolz, wie man damals gern sagte.

Er hatte aber nicht nur Ovid und Horaz übersetzt, sondern seinen Pegasus auch noch auf einem andern, dem heimatlichen Felde, getummelt: »Der denkwürdige Taunus, mit seinen heilsamen Quellen und der schönen Gegend umher, dem teutschen Hesperien, ist werth, besucht und besungen zu seyn«, heißt es in der Vorerinnerung zu dem Buche »Die Heilquellen am Taunus. In vier Gesängen«, das mit einer poetischen Widmung dem Landgrafen von Hessen-Homburg, Friedrich V., zugeeignet ist. Das Ganze ist, wie es weiter heißt, »in heiteren Stunden an Ort und Stelle niedergeschrieben oder entworfen, und allmählig nach den einzelnen Theilen verbunden; eine heimische Blumenlese, bald auf ernsten Höhen, bald in lachenden Thälern gesammelt und zum Kranze gereiht. Das malerische Taunusgebirg, aus welchem alle die gefeyerten Quellen entspringen, gestaltet eben sowohl sich zur örtlichen, wie zur Kunsteinheit des Ganzen.« Den vier Gesängen: »Soden«, »Wanderung zum Feldberg und Altkönig«, »Wiesbaden und Schlangenbad«, »Schwalbach und Embs« ist die Ode »Der Taunus« vorangestellt, drei Frankfurtern gewidmet: Johann Karl von Fichard, dem Historiker, der das »Frankfurtische Archiv für ältere deutsche Literatur und Geschichte« 1811 mit dem ersten Band eröffnet hatte, dem Advokaten Friedrich Siegismund Feyerlein, dem Sprecher der Bürgerkapitäne, als es 1813 um die Wiederherstellung der Frankfurter Freiheit ging, und dem Dr. Bernhard Meyer, einem der Stifter der Senckenbergischen Gesellschaft.

Im Hinblick auf die allmähliche Herausbildung des Buches aus einzelnen Teilen stellt sich die Frage, ob Gerning seinem Freunde Christ Proben aus der Ode und den Gesängen vorgelesen hat. Wir möchten diese Frage bejahen, denn hier trafen sich ja zwei »verwandte Seelen«: der Kronberger Pfarrer hat den Frankfurter zumindest mit der Beschreibung seiner von Rodheim aus unternommenen Feldberg-Wanderungen bekannt gemacht, wie später noch zu berichten sein wird. Wir können auch annehmen, daß die beiden Männer öfter gemeinsam hinauf zum Altkönig und Feldberg gewandert sind, nur: es gibt dafür keine schriftlichen Zeugnisse.

Bemerkenswert ist, daß über die Hälfte des Buches von »Erläuterungen« eingenommen wird, in denen außer dem Antik-Mythologischen die gesamte Geschichte der Taunuslandschaften lebendig gemacht wird, von den Römerzeiten bis zur damaligen Gegenwart. Die Erläuterung zu Kronbergs Geschichte umfaßt immerhin dreieinhalb Seiten, und beim Kleinen Feldberg, damals »Kronberger Kopf« genannt, erfahren wir nebenbei, daß ein Kronberger Amtmann des vorigen, also des 18. Jahrhunderts, sich auf dem »Lüttgen Feldberg« ein kleines Jagdhaus erbaut hatte, dessen Trümmer Gerning noch vorfand.

Das fertige »Heilquellen«-Buch hat Christ wohl nicht mehr zu Gesicht bekommen. Er starb ja im November 1813, und am 2. Februar 1814 schreibt Gerning an Knebel:

»Indessen empfangen Sie hier meinen *Taunus* in 8°, die Quartausgabe folgt später, wegen der eben erst im Abdrucke befindlichen Kupfer, und dann kommen die beiden in den Buchhandel. Sie sehen daraus, daß ich auch ein Antiquar und Historiker geworden bin. Ihre freundliche Kritik soll mir erwünscht sein, und möchten die Taunusgefilde Sie nächsten Sommer hierher locken?!«

Die Quartausgabe ist besonders schön geworden, mit Kupfern nach C. G. Schütz, dem »Vetter«, und einer großen Karte, die auch, verkleinert, in der Oktavausgabe enthalten ist. Sie zeigt, vom Architekten C. F. Ulrich entworfen, die ganze Landschaft zwischen Rhein und Wetterau, Lahn und Untermain mitsamt dem Limes, den römischen Kastellen und Brückenköpfen sowie den »Ringwällen der Teutschen«, wie man sie dazumal kannte.

Der »Vetter« Christian Georg Schütz der Jüngere war im Gerningschen Haus gut bekannt, hatte er doch 1803 für die Sammlung des Hausherrn ein großes Aquarell gemalt, ein Panorama von Frankfurt mit dem Taunus als Hintergrund. Auch andere Künstler müssen im »Taunium« zu Gast gewesen sein, so etwa Carl Morgenstern und Anton Radl. Die Ansichten der Taunusburgen von Georg Melchior Kraus sind zwar 1803 datiert, können aber sehr gut auf frühere Studien zurückgehen. — Kraus starb ja schon 1806, an den Folgen der Plünderung seines Hauses durch die Franzosen nach der Schlacht bei Jena und Auerstedt.

Knebel, dem August von Goethe die »Heilquellen« überbracht hatte, meint in einem Brief vom 8. März 1814 aus Jena an Goethe: »Es ist ein gutes topographisches Gedicht, dergleichen man auch schon im Lateinischen hat.« Goethe hatte ebenfalls ein Exemplar erhalten und schrieb an Gerning: »Eigentlich haben Sie mich, mein Wertester, durch die poetische Bergfahrt und durch die derselben beigefügten Karten sehr unruhig gemacht. Ich wünsche nur, unter solchem Geleit, das in früheren Zeiten nur flüchtig und ohne die nötigen Kenntnisse durchwandelte Gebirg aufgeklärter zu besuchen und die durch Ihre Sorgfalt zutage liegenden historischen und antiquarischen Merkwürdigkeiten in einer geregelten Folge kennenzulernen. Ihr Gedicht wird jedem, der jene Gegenden besucht, das angenehmste Geschenk sein, manchen Fremden wird es anlocken, da Sie den bedeutenden Gegenständen durch blühende und harmonische Verse einen doppelten Reiz gegeben haben.«

Gerning hat also durch sein Taunus-Buch den Anstoß zu Goethes Reisen an den Main und Rhein 1814/15 gegeben, mit allem, was sich daraus ergab, und das ist, wie wir wissen, nicht wenig! Bei diesen Besuchen in der Heimat kam es auch zu neuen Begegnungen mit Gerning. Am 19. August 1814 schrieb Goethe an seine Frau Christiane: »Gerning ist auch hier, spielt aber eine wunderliche Rolle, die mir noch nicht ganz klar ist. Er mischt sich in vieles, macht den Unterhändler, Mäkler, Versprecher. Als Dichter, Antiquar, Journalist sucht er auch Einfluß und scheint nirgends Vertrauen zu erregen.« Mehr über den »Unterhändler« und »Mäkler« erfahren wir 1820.

Im folgenden Jahr, am 27. November 1815, schreibt Gerning an Knebel: »Goethes Erscheinung war mir wieder sehr wohltätig, und warum sollt' ich ihm nicht mit einer Urne Freude gemacht haben, die freilich kein anderer so leicht von mir erhalten hätte!«

Am Schluß des Briefes finden wir wieder die bekannte Nachricht: »Und nun die Meldung einer kleinen Sendung an Sie mit Dörrobst und etwas, wenn nur durch die eingetretene gestrige Kälte nicht erfrorene Kastanien. Ein solches Kistchen ging auch an Goethe ab, dem ich darüber keinen leeren Brief schreiben mag, aber bald werde ich demselben mehr zu melden haben.«

Sein Homburger Anwesen hatte Gerning 1811 wieder verkauft. Das änderte jedoch nichts an seinen guten Beziehungen zum Fürstenhaus. Bei der Gründung des Deutschen Bundes 1815 hatte man Hessen-Homburg zunächst vergessen. Man nahm es dann nachträglich, 1817, auf, und Gerning wurde Bundestagsgesandter für den kleinen Staat. Am 24. Februar 1818 bat er bei Knebel um Entschuldigung für »das lange Schweigen des bald in Homburg bald in Darmstadt bald hier mit Geschäften überhäuften, oft aber doch im Geiste bei Ihnen verweilenden Freundes, der nun gar in acht Tagen nach Albion als Homburgischer Gesandter und Ehepactler fliegen muß.« — Der Erbprinz von Homburg vermählte sich mit Elisabeth, der Tochter Georgs III., und Gerning wurde, wie Maria Belli-Gontard schreibt, der Prinzessin als Stellvertreter in London angetraut. Vorher hatte Darmstadt ihn zum Freiherrn gemacht.

Im selben Brief erwähnt Gerning seine »doch auf den Sommer erscheinenden antiquarisch-historisch-topographisch-ästhetischen Rheingegenden und Bäder am Taunus«. — Das Buch »Die Rheingegenden von Mainz bis Cöln« ist jedoch erst 1819 bei Schellenberg in Wiesbaden erschienen. 1821 kam dann eine englische Ausgabe heraus, von John Blake übersetzt, mit kolorierten Kupfern nach dem Vetter Schütz, ein heute hoch bezahltes Prachtwerk. Herzog Wilhelm von Nassau, dem er das Opus gewidmet hatte, schenkte ihm bei der Überreichung eine »brillantirte Dose«. Friedrich Wilhelm III. von Preußen zeichnete ihn mit einer großen goldenen Medaille aus.

1819 erwartete man Goethe wieder an Main und Rhein, und Gerning erbot sich in seinem Brief vom 18. Mai, ihm in Wiesbaden Quartier zu bestellen. »Dort wird auch mein Rheinwerk gedruckt, das in drei Wochen fertig sein und in London übersetzt wird, wozu Schütz treffliche Zeichnungen lieferte.« Doch der Dichter kam nicht. Am Schluß des Briefes heißt es: »Hochachtungs- und drangvoll wegen eines Ausflugs an den Taunus, wo ich einen Musentempel erbaue.« — Damit war wohl das »Tauninum« gemeint, von dem wir im folgenden Jahr wieder hören.

Vom Herbst 1820 bis 1827 kam es dann zum Bruch zwischen Goethe und Gerning. Die Ursache war ein Brief, in dem Gerning, vermutlich durch seine Bundestagsarbeit strapaziert, seinem Herzen Luft gemacht hatte. Knebel war so unvorsichtig gewesen, besagten Brief dem darin ausgescholtenen Goethe vollständig mitzuteilen. Zitieren wir das Wichtigste daraus. Da heißt es zu Beginn: »Ich schreibe als ein seit vier Jahren vielgeplagter Geschäftler nicht gern leere Briefe. Doch an solche Freunde wie Sie, schreibt man wenigstens mit vollem, dankbarem Herzen. Andere Habehabehabe-Freunde, wie z. B. Seine (poetische) Exzellenz der große dank- und gemüthlose Goethe, beantworten nichts und danken nicht einmal für die Ultraattention von Gaben oder Geschenken, des Dörrobstes und der Kastanien nicht zu gedenken. So geschah mir's mit meinem deutschen Rheinwerk, und ich bin nun kein Narr, ihm noch die Englischen Prachtkupfer obendrein zu spenden. O wie ganz anders war unser auch gemüthvoll großer Herder! Wie dankbar, lieb und hold für das Kleinste waren und sind Sie! Basta mit Egoisten, wenn sie schon große Männer sind!

Auch hat mein großer Landsmann nicht den mindesten Antheil (auf mein Schreiben) an meiner Englischen Mission genommen, wohl gar solche mir beneidet, wie andere kleine Seelen thaten. Für das Weihbecken von Eibingen, was 20 bis 30 Louisdors werth ist und noch von dem Nassauischen Alterthumsverein reclamirt werden kann, hat er mir nicht einmal ein Buch geschenkt, während Brentano's und Graf Reinhard den goethlichen Divan ec. erhielten. Die leeren ›Kunst und Alterthum an Rhein und Main‹ erstes und zweites Heft mußt' ich theuer kaufen, die andern mag ich nicht geschenkt. Er gedachte darin nicht einmal der Habelischen Antiken- und Mineraliensammlung zu Schierstein, kleinere Sammlungen erwähnend, obgleich er mit unersättlicher Habgier die besten Mineralien dem Besitzer ablockte. Eheu iam satis est!* Das alles hat mich gekränkt, weil ich es wahrlich nicht um ihn verdient habe. Verzeihen Sie die gerechte gereizte, nicht bös gemeinte Expectoration! Einem Ganzfreunde darf man wohl über einen Halb- oder Unfreund Klage führen, und ich weiß wohl, daß Sie schon vor 20 Jahren eben solche Beschwerden gegen ihn hatten.«

Über das Weihbecken des Klosters Eibingen, das 1814 gerade aufgehoben worden war, erfahren wir Näheres aus einem von einer Zeichnung begleiteten Brief Goethes an seinen Sohn vom 29. August 1814: »Im Kloster Eibingen befindet sich ein Gefäß, von dem man sagte, es sei eins von denen, in welchen Christus zu Cana die höchst glückliche Operation gemacht habe. Ich vermutete, als ich's hörte, es müsse was sonderliches sein. Und das ist es auch (Zeichnung) von dem köstlichen antiken sogen. Alabaster — Seit ich dieses schrieb, ist die Sammlung, worin sich das Gefäß befindet, in Gernings Hände, für einen allzu hohen Preis, gekommen. Er zaudert und judelt nun und will sich nicht erklären.« Doch siehe da: im folgenden Jahr, am 27. September 1815, wies Herr von Goethe seine Frau an, dem Sohn zu sagen, »Herr von Gerning habe die berühmte Vase ... großmütig spendiert«. — Der weiter erwähnte Habel war Archivar, Bibliothekar und Sammler und gehörte zu den Gründern des Nassauischen Alterthumsvereins.

Ende Dezember erhielt Knebel das Rheinbuch, von dem Gerning, wie er schreibt, schon 60 Exemplare verschenkt hatte. Weiter berichtet er: »Meine Natur-, Kunst- und Alterthumsschätze, wenigstens 100000 Reichsthaler werth, wandern bald von Frankfurt nach Wiesbaden, wo ich wohl die Leitung der Alterthumsgesellschaft übernehmen muß, ermuntert vom Herzoge des deutschen Paradieses.« — In der Tat wurde er 1821, als der Verein für Nassauische Alterthumskunde und Geschichtsforschung ins Leben trat, dessen »ausländischer Direktor« und leitete als solcher die alljährlichen Generalversammlungen, während ein »inländischer Direktor« die Geschäftsführung innehatte.

Zitieren wir noch aus dem Briefe die beiden Sätze: »Edler Freund, verzeihen Sie auch diese Expectoration, durch äußeres Sturmwetter dazu gestimmt und sonst stets der-

---

* Wehe, nun ist's sattsam genug!«

selbe. Goethen sollten Sie doch wohl etwas von meiner Empfindlichkeit merken lassen...« und wenden uns dann dem Schluß des Ganzen zu: »Auch Dörrobst aus meinem schön erweiterten Tauninum, und mit einem neuen Salon, wo Bilder der schönsten Gegenden Europa's (auch ein kleines mit der Weimarischen Parkschnecke ist dabei, von Kraus, und die neue famose Wartburg) prangen — also Dörrobst, Mirabellen und Kirschen stehen zu Befehl. Wein und Kastanien, die stets verbündeten, geriethen nicht.« Dann erfahren wir noch eine Neuigkeit: »Ein halb Dutzend schöne Kastanienbäume stehen da, um nach Tiefurt versandt und verpflanzt zu werden.« — Da im Tiefurter Park der Herzogin Amalie heute noch Kastanien stehen, sind es entweder diese oder ihre Nachkommen, die ihren Ursprung in Kronberg haben.

Als der »Egoist« Goethe 1827 die Druckprivilegien für seine Werkausgabe letzter Hand brauchte, da war dann freilich Gerning wieder gut genug, für die Privilegierung durch Hessen-Homburg das Notwendige zu veranlassen, was ihm sogar einen Dankbrief aus Weimar mit der etwas kuriosen Schlußformel »Hochachtungsvoll unwandelbar« einbrachte.

Doch wir sind damit vorausgeeilt. Noch gilt es, der letzten Buchveröffentlichung Gernings zu gedenken. Mit der Jahreszahl 1821 erschien, wieder bei Schellenberg in Wiesbaden, der Band »Die Lahn- und Main-Gegenden von Embs bis Frankfurt; antiquarisch und historisch«. Gewidmet ist das Buch jener englischen Elisabeth, die hessenhomburgische Landgräfin geworden war. Sie zählte bei ihrer Verheiratung übrigens schon 48 Jahre, war ein knappes Jahr jünger als ihr Mann, der Erbprinz Friedrich, der 1820 zur Regierung gekommen war.

Was das Historische angeht, so hat Gerning die damals vorhandene Literatur ausgeschöpft, was aber das »Antiquarische« betrifft, so hat er sich die geschilderten Städte und Stätten im wahrsten Sinne des Wortes erlaufen. Unermüdlich war er unterwegs, um »Altertümer« aufzusuchen. Daß er darüber dann oft recht kühne Hypothesen aufstellte, lag in der Zeit begründet: die heimische Altertumswissenschaft steckte noch in den Kinderschuhen. Die Kapitelfolge beginnt mit Ems und seinen Umgebungen, der Burg Nassau, Geilnau, Fachingen und Selters. Weiter geht es mit Kronberg und dem »Taunusgebirg«, Altkönig, Feldberg, Reifenberg, Falkenstein, Königstein, Eppstein nach Soden, seinen Quellen und seiner Umgebung. Über Neuenhain und Hornau erreichen wir Höchst, Rödelheim und »Hädernheim«. Die nächste Gruppe wird durch Oberursel, die Saalburg, Kapersburg und Hohe Mark, Homburg, seine Fürsten, das Schloß und die Gegend gebildet. Danach greift Gerning nach Osten aus: Friedberg, die Glauburg, Gelnhausen, Schwalheim, Vilbel und Bergen, um über Wilhelmsbad zwei Frankfurt-Kapitel zu erreichen. Der Anhang enthält eine »Übersicht von Alterthümern«, ein Verzeichnis: »Gemälde-Sammlungen in Frankfurt«, vier »Feldbergs-Ansichten« und sieben Gedichte, davon zwei Gerningsche. — Unter den »Feldbergs-Ansichten« aber stammt die eine von Gernings Freund Johann Ludwig Christ: ein Stück aus seiner Feldberg-Wanderung im »Hanauischen Magazin«. Der Freiherr und Wahl-Kronberger hatte also den Pfarrer seiner zweiten Heimat nicht vergessen.

Gernings Altersjahre waren nicht glücklich. Am 14. Dezember 1832 schrieb er nach Wiesbaden: »Eine Reihe von Mißgeschicken verfolgen mich seit 14 Jahren und verhindern mich daran, durch neue Musenwerke auf meinem Pfade fortzuwandeln.« — Das wären die Jahre seit 1818/19, doch immerhin erschienen ja noch 1831 die »Lahn- und Maingegenden«. War er danach ganz unproduktiv? Seine Biographen Schwartz und Götting berichten von seiner Mitarbeit an zahlreichen Zeitschriften. Ob diese schon in den zwanziger Jahren ganz einschlief, bleibt noch festzustellen. Zu den seit 1827 erscheinenden »Annalen des Vereins für Nassauische Altertumskunde und Geschichtsforschung« hat Gerning nur einen Beitrag geliefert, der ursprünglich im ersten Heft erscheinen sollte, dann aber erst im 2./3. Heft von 1830 gedruckt wurde. Diese »Uebersicht der merkwürdigsten Gegenstände des Alterthums im Herzogtum Nassau« beginnt mit der Feststellung: »Das von der Natur und Vorzeit, auf und unter der Erde, so reich begabte Nassauer Land gehört zum schönsten und denkwürdigsten Theile Deutschlands. Nebst edlen Metallen birgt es auch Schätze und Belege zur alten Geschichte.« Dann entwirft Gerning eine Art Programm für die künftigen Forschungen des Vereins.

Durch seine großzügige Art, mit Geld umzugehen, war Gerning, der vom Vater ein stattliches Vermögen geerbt hatte, offensichtlich schon zu Beginn der zwanziger Jahre in finanzielle Schwierigkeiten geraten. So mußte er sich entschließen, die vom Vater überkommenen und von ihm laufend weiter vermehrten Sammlungen nach und nach in andere Hände zu geben. 1824 überließ er dem nassauischen Staat für eine jährliche Leibrente von 2000 Gulden die Gemälde, Zeichnungen, Stiche, Bücher, Münzen und Antiken, später folgten auch die Insekten und Schmetterlinge. Schon beim Einpacken kam es zu Differenzen, weil Gerning einzelne Stücke zurückzuhalten versuchte. Dazu erklärte er, »in seiner kränklichen Schwachheit« habe er den Vertrag nicht richtig durchgelesen. Auch später kam er immer wieder mit Nachforderungen, Anträgen auf Vorschüsse und dergleichen, so daß die nassauischen Beamten ihre Mühe hatten, sich seiner Ansprüche zu erwehren.

Am 23. Oktober 1832 bot er dem Herzog an, ihm für eine Hypothek von 2500 Gulden sein Kronberger Tauninum zu vermachen. Gleichzeitig bat er um Ermäßigung der gewiß nur geringen Pacht für sein Schloßgärtchen droben, vor den Burgmauern, mit der Begründung, die dort in diesem Jahr gewachsenen Essigtrauben hätten ihm eine »Cholerina« verursacht.

Schon 1829 hatte er wegen einer Pension in Homburg angeklopft, war aber abgewiesen worden. Erst vom August 1835 an erhielt er 600 Gulden jährlich. Am 21. Februar 1837 starb er dann, krank und vergrämt, in seiner Vaterstadt Frankfurt.

Im »Neuen Nekrolog der Deutschen« schrieb in seinem Sterbejahr ein namentlich nicht Genannter: »Seiner Vaterstadt, zu deren politischer Wiederherstellung er 1813 thätig mitwirkte, war er ein getreuer Bürger, seinen Freunden ein erprobter Freund, und in einem vielfach thätigen Leben, in mancherlei oft verschlungenen Verhältnissen hat sich stets sein richtiger Blick, seine Welterfahrung, sein rechtlicher Sinn und sein theilnehmendes Gemüth bewährt.«

Was Dr. Karl Schwartz 1871 im 11. Band der Nassauischen Annalen über ihn schrieb, erscheint heute noch treffend und gültig:

»Gerning war weder ein genialer Kopf, noch ein großer Gelehrter; auch besaß er nicht eine so lebhafte und schöpferische Phantasie, um ein wahrer Dichter werden zu können, und die Literatur würde nicht viel verloren haben, wenn er seiner Gelegenheitsdichtung, in welcher er unerschöpflich und unermüdlich war, entsagt hätte. Dagegen besaß er sehr glückliche Naturanlagen, vielseitige und nicht ungründliche Bildung, namentlich sehr umfassende Sprachkenntnisse; und war von dem lebhaftesten Wissensdrange erfüllt, für dessen Befriedigung er keine Mühe und keine Opfer scheute. Wäre er auch nur bloßer Sammler gewesen, so würde sein Verdienst schon ein großes gewesen sein, da er zu den Männern gehörte, welche in einer Zeit, wo die Verschleppung von Denkmälern der Kunst und des Altertums an der Tagesordnung war, diese Gegenstände dem deutschen Vaterlande zu erhalten oder für dasselbe zu erwerben eifrig bestrebt war; er war aber auf diesem Gebiete keineswegs bloßer Dilletant, besaß vielmehr als Kunstkenner einen geübten Blick und war ein gewandter Nachbildner klassischer Dichterwerke, wie er sich auch durch seine ›Heilquellen am Taunus‹ ein bleibendes poetisches Verdienst unbestreitbar erworben hat. Besonders schätzenswert wird er uns durch seine begeisterte und treue Liebe zum deutschen Vaterlande, welche auch das feste Band war, das ihn mit dem edlen Landgrafen von Hessen-Homburg vereinigte, der für Deutschlands Ehre und Größe von gleicher Begeisterung erfüllt war. Seinen tiefen Haß gegen die französische Gewaltherrschaft hat er nicht erst nach dem Sturze derselben, sondern auch zur Zeit der Machthöhe derselben ausgesprochen, und auch in seinem Widerwillen gegen alles undeutsche Wesen theilte er die Gesinnung seines fürstlichen Freundes.

Seinem persönlichen Charakter fehlte es nicht an schönen Seiten, zu welchen vor allem sein treuer Freundessinn, sein theilnehmendes Gemüth und seine liebenswürdige Humanität zu rechnen sind; zu seinen Schwächen dürfte eine gewisse Eitelkeit, die sich in manchen seiner Briefe kund gibt, gehört haben; doch vermögen wir nicht zu beurtheilen, bis zu welchem Grade durch diese schwache Seite sein persönlicher Werth beeinträchtigt worden ist.«

Für Kronberg war er als »Taunimum«-Bewohner eine ebenso markante Gestalt wie der lutherische Oberpfarrer Johann Ludwig Christ, und wir bedauern nur, daß er dem Freunde außer dem längeren Zitat aus der Feldbergbesteigung kein literarisches Denkmal und auch keinen Stein auf das Grab gesetzt hat, um dieses der Nachwelt zu erhalten.

Quellen und Literatur

Archivalien.

1. Hessisches Hauptstaatsarchiv, Wiesbaden:
   Abt. 100 Erzstift Mainz
   Abt. 101 Landesregierung Kurmainz
   Abt. 102 Hofkammer Kurmainz
   Abt. 230 Amt Königstein
   Abt. 250/4 Receptur Kronberg
   Abt. 332 Herrschaft Kronberg.
   Da alle Abteilungen durch Repertorien gut erschlossen sind, wurde auf Einzelnachweise, die nur für einen kleinen Kreis von Fachhistorikern nützlich sind, verzichtet.
2. Stadtarchiv Kronberg im Taunus:
   Einzelne Akten, vor allem Zehntstreitigkeiten zwischen Christ und verschiedenen Bürgern. Ferner von J. L. Christ angelegtes und gezeichnetes Mäppchen mit den »Pfarrzehnten«.
3. Evangelisches Kirchenarchiv, Kronberg im Taunus:
   Kirchenbücher und von Wilhelm Doerr 1842 begonnene Pfarr-Chronik
   Kirchenprotokoll-Buch 1725—1785
   Kirchenprotokoll-Buch 1786—1832
   Verzeichnis der sämtlichen evangelischen Gemeinsglieder von Kroneberg. 1786. Handschriftlich von Johann Ludwig Christ.

Literatur.

Allgemeiner Anzeiger der Deutschen. Gotha, 1807, Nr. 42 und 98

Sofie Charlotte Bauer, Die Johanniskirche in Kronberg im Taunus, Eine spätgotische Saalkirche und ihre Kunstdenkmäler. Kronberg, o. J.

Maria Belli, geb. Gontard, Leben in Frankfurt am Main. Frankfurt, 1850—1851

J. G. Beßler, Geschichte der Bienenzucht. Ein Beitrag zur Kulturgeschichte. Ludwigsburg, 1885, Neudruck: Vaduz, 1978

Unsere Bienen. Ein ausführliches Handbuch der Bienenkunde und Bienenzucht. Herausgegeben von Pfarrer August Ludwig. Berlin, 1. Aufl. 1906, 2. Aufl. 1920. I. Teil: Bienenkunde, II. Teil: Bienenzucht

Johann Ludwig Bleichenbach, Trost der Religion bei Schaden, den uns die Natur zufügte. Eine Predigt über Psalm 94, 19, gehalten zu Singhofen bei Nassau am 25. Mai 1831. Ohne Verlag, 1831

Heinrich Brodt, Ägidius Hennings nagelneue Bauernanatomie. Hanauisches Magazin, 8. Jahrgang 1929, Nr. 1/2

Caroline. Briefe aus der Frühromantik. Nach Georg Waitz vermehrt herausgegeben von Erich Schmidt. 2 Bände, Leipzig 1913

Johann Ludwig Christ: siehe Teil II: Werkbeschreibung: Bibliographie

Johann Ludwig Christ. Ein großer Sohn Öhringens. Hohenloher Zeitung vom 28. Oktober 1850. (Verfasser ist der Redaktion nicht bekannt, wahrscheinlich Egon Oertel).

Karl Cranz, Bemerkungen auf einer vorzüglich in landwirtschaftlicher Hinsicht im Sommer 1801 durch einen Theil von Schwaben, des Elsasses, der beiden Rheinischen Kreise, dann Ober- und Niedersachsens angestellten Reise mit beigefügten Notizen über verschiedene Natur-Gegenstände, Kunst-Produkte, polizeiliche Anstalten und Anlagen etc. 2 Teile, Leipzig, 1804

Fritz Dahmen, Die lutherische Gemeinde in Rodheim und ihre Kirchenbauten. Rodheim, 1982

Dehio Handbuch der deutschen Kunstdenkmäler. Band Hessen. Bearbeitet von Magnus Backes. München, Berlin, 2. Auflage 1982

Karl E. Demandt, Geschichte des Landes Hessen. 2. neubearbeitete u. erweiterte Aufl. Rev. Nachdruck 1980. Kassel, 1980

Karl E. Demandt, Schrifttum zur Geschichte und geschichtlichen Landeskunde von Hessen. 3 Bände. Wiesbaden, 1965—1968

August Friedrich Adrian Diel, Über Anlegung einer Obst-Orangerie in Scherben. Frankfurt a. M., 1. Aufl. 1796, 2. Aufl. 1798, 3. Aufl. 1804

August Friedrich Adrian Diel, Versuch einer systematischen Beschreibung in Deutschland vorhandener Kernobstsorten. 21 Bändchen, Frankfurt a. M., 1799—1819, 22.-27. Bändchen Stuttgart, 1821—1832

August Friedrich Adrian Diel, Systematisches Verzeichniß der vorzüglichsten, in Deutschland vorhandenen Obstsorten, mit kurzen Bemerkungen über Auswahl, Güte und Reifezeit. 3 Hefte, Frankfurt a. M., 1818, 1829, 1833

August Friedrich Adrian Diel, Die Obst-Orangerie oder kurze Anleitung, Aepfel, Birnen, Pflaumen, Aprikosen, Pfirsiche, Mandeln u.s.w. in gewöhnlichen Blumenscherben zu erziehen. Leipzig, 1821

F. J. Dochnahl, Bibliotheca Hortensis. Vollständige Garten-Bibliothek. Nürnberg, 1861, Neudruck: Hildesheim, New York, 1970

Heinrich Düntzer, Zur deutschen Literatur und Geschichte, Ungedruckte Briefe aus Knebels Nachlaß. 2 Bände, Nürnberg, 1858

Friedrich Eckert, Die Geschichte der Stadt Cronberg im Taunus / August Wiederspahn, Schicksal und Entwicklung Cronbergs in den letzten 150 Jahren. Aus Anlaß des 600jährigen Stadtjubiläums. Kronberg, 1930

Friedrich Elsässer, Festschrift des Gesangvereins »Volkschor«, Rüdigheim. Zum Sängerfest am 16.-18. Mai 1959. Rüdigheim, 1959

Wolfram Fischer, Das Fürstentum Hohenlohe im Zeitalter der Aufklärung. Tübingen, 1958

E. Flick, Christ und Diel. Zwei nassauische Pomologen, Nassovia, 3. Jahrgang, 1902, Nr. 13/14

Johann Isaak von Gerning, Reise durch Östreich und Italien. 3 Bände. Frankfurt a. M., 1802

Johann Isaak von Gerning, Die Heilquellen am Taunus. In vier Gesängen. Leipzig, 1813. Kleinoktav-Ausgabe

Johann Isaak von Gerning, Die Heilquellen am Taunus. Ein didactisches Gedicht in vier Gesängen. Mit Erläuterungen, 7 Kupfern nach Christian Georg Schütz und einer Karte. (Die Quartausgabe). Leipzig, 1814

Johann Isaak von Gerning, Die Rheingegenden von Mainz bis Cölln. Wiesbaden, 1819

Englische Ausgabe:
Picturesque Tour along the Rhine, from Mentz to Cologne. Mit 24 Aquatinta-Tafeln nach C. G. Schütz. London, 1820

Johann Isaak von Gerning, Die Lahn- und Main-Gegenden. Wiesbaden, 1821

Johann Isaak von Gerning, Übersicht der merkwürdigsten Gegenstände des Alterthums im Herzogthum Nassau. Nassauische Annalen, 1. Band, 2. u. 3. Heft, Wiesbaden 1830

Albert Geyer, Königstein in Sturm und Drang. Nassovia, 6. Jahrgang, 1905, S. 30-32, 42-44, 54-56

Anton Glückmann, Franzosen und Oesterreicher in Nassau während des Krieges der ersten Koalition gegen Frankreich. Nassovia, 18. Jahrgang, 1917, S. 70-71, 78-79, 110-111

Die Briefe der Frau Rath Goethe. Gesammelt und herausgegeben von Albert Köster. 6. vermehrte Auflage. Leipzig, 1923

Franz Götting, Johann Isaac von Gerning. In »Nassauische Lebensbilder«, Band 5. Wiesbaden, 1955

H. Groffy, Die Franzosen in Neuenhain. Nassovia, 17. Jahrg. 1916, S. 54/55

Ph. Friedrich Gwinner, Kunst und Künstler in Frankfurt a. Main vom 13. Jahrhundert bis zur Eröffnung des Städel'schen Kunstinstituts. Frankfurt a. M., 1862

Hanauisches Magazin. Herausgegeben von Stockhausen, Jahrg. 1-8, 1778—1785

Richard Hecht, Johann Ludwig Christ. Erinnerungsschrift zum 100. Todestag. Kronberg, 1913

J. H. Hennes, Die Erzbischöfe von Mainz. Nebst der politischen und militärischen Geschichte der Stadt. 3. vermehrte Aufl., Mainz, 1879

Werner Henschke, Lebendige Vergangenheit in Bergen-Enkheim. 1. Auflage Bergen-Enkheim 1971, 2. Auflage 1976

Werner Henschke, Ein Denkmal für einen Bergen-Enkheimer Pfarrer. »Aus der Heimat« Nr. 9, Bergen-Enkheim, Okt. 1981

Wilhelm Herse, Kurmainz am Vorabend der Revolution. Diss., Berlin, 1907

Helmut Hertenberger / Franz Witschek, Erzherzog Karl. Der Sieger von Aspern. Graz, Wien, Köln, 1983

Eduard Heyden, Gallerie berühmter und merkwürdiger Frankfurter. Eine biographische Sammlung. Frankfurt a. M., 1861

J. D. A. Hoek, Biographisch-litterarische Nachrichten von Oekonomen und Kameralisten. Gießen u. Marburg, 1784

Henrich Sebastian Hüsgen, Nachrichten von Franckfurter Künstlern und Kunst-Sachen, Frankfurt a. M., 1780

Henrich Sebastian Hüsgen, Artistisches Magazin. Frankfurt a. M., 1790
Beide Bände mit Übersicht der Sammlungen bei »Herrn Johann Christian Gerning in der Schnurgaß« bzw. bei »Herrn Gerning, Banquier, auf dem Roßmarkt«.

Johanna Jacobi, Die Schlacht bei Höchst im Jahre 1795. »Der weiße Turm«, Bad Homburg, 1938

Jenaische Allgemeine Literatur-Zeitung. Jahrgänge 1796—1814

Kirchen-Ordnung, Wie es mit der Christlichen Lehre und Ceremonien ec. In Weyland Des Hochgebohrenen Grafen und Herrn Ludewigs, Grafens zu Nassau, zu Saarbrücken, und zu Saarwerden, Herrn zu Lahr, Wißbaden und Idstein ec. Als allgemeinen Stamm-Vaters des noch Florirenden Fürstl. Nassau-Saarbrückischen Hauses, Graf- und Herrschafften zu halten ist, Welche auf dero Grädigsten Befehl im Jahr 1617 verfasset, und im Jahr 1618 zum erstenmal zum Druck beförderet, nunmehro aber zum fünftenmahl neu aufgeleget worden, Idstein, 1762

Werner Kirchner, Jourdans Zug durch Homburg vor der Höhe 1796 nach einem Bericht von Hölderlins Freund Sinclair. Mitteilungen des Vereins für Geschichte und Landeskunde, Bad Homburg, Band 19, 1936

Volker Klemm / Günther Meyer, Albrecht Daniel Thaer. Pionier der Landwirtschaftswissenschaften in Deutschland. Halle an der Saale, 1968

Karl Koch, Die Großmeister und Schöpfer unserer deutschen Bienenzucht. Berlin, 1931

Königstein in Vergangenheit und Gegenwart, aus Anlaß der 650-Jahr-Feier der Verleihung der Stadtrechte herausgegeben von der Stadtverwaltung Königstein/Taunus. Königstein, 1963

Lorenz Kohlenbusch, Pfarrerbuch der evangelisch unierten Kirchengemeinschaft (»Hanauer Union«) im Gebiet der Landeskirche in Hessen-Kassel. Darmstadt, 1938—1940

Kronberg im Taunus. Beiträge zur Geschichte, Kultur und Kunst. Herausgegeben vom Verein für Geschichte und Heimatkunde durch Helmut Bode, Frankfurt a. M., 1980

Oskar Krenzer (Bamberg), Freiherr Christian Truchseß von Wetzhausen, der Ritter von der Bettenburg 1755—1826. In: Lebensläufe aus Franken, herausgegeben i. A. der Gesellschaft für Fränkische Geschichte von Anton Chroust. Würzburg, 1930

Georg Listmann, Der Pomologe Johann Ludwig Christ. 1. Jahresbericht des Taunus-Clubs. Frankfurt a. M., 1872

J. Löhr, Königstein während der Kriegsjahre 1792—1815. Alt-Nassau, 1918, Nr. 4

Fried Lübbecke, Fünfhundert Jahre Buch und Druck in Frankfurt am Main. Frankfurt a. M., 1948

Neu-vermehrtes nunmehro allervollständigstes Marburger Gesang-Buch, Bestehend in 615 Geistreichen Liedern Hn. D. Martin Luthers und anderer Gottseliger Lehrer. Marburg und Frankfurt, 1771

Philipp Miller, Allgemeines Gärtner-Lexikon. Aus dem Englischen übersetzt. 4 Bände, Nürnberg, 1769—1776

N. Müller, Die sieben letzten Kurfürsten von Mainz und ihre Zeit. Mainz, 1846

Öhringer Heimatbuch. Herausgegeben von Wilhelm Mattes. Öhringen, 1929

Wilhelm Oncken, Das Zeitalter der Revolution, des Kaiserreiches und der Befreiungskriege. 2 Bände, Berlin 1884—1887

Adolf Paul, Vom Vorgestern zum Heute. Eschborn und seine Geschichte. Eschborn, 1969

C. Th. Perthes, Politische Zustände und Personen in Deutschland zur Zeit der Französischen Herrschaft. 2 Bände, Gotha 1861/62

A. Pollmann, Wörterbuch für Bienenzüchter und Bienenfreunde. Weinheim, 1885

Ernst Ranke, Das Marburger Gesangbuch mit verwandten Liederdrucken, herausgegeben und kritisch erläutert. Marburg, 1862

Kaiserlich priviligirter Reichs-Anzeiger. Gotha: 1803, Nr. 171; 1804, Nr. 349; 1805, Nr. 58

C. Renouard, Geschichte des französischen Revolutionskrieges im Jahre 1792. Kassel, 1865

Johann Kaspar Riesbeck, Briefe eines reisenden Franzosen über Deutschland an seinen Bruder zu Paris. Zürich, 1783, 2. Aufl. 1784 (Anonym).
Benutzte Nachdruckausgabe:
Briefe über Deutschland. Von K. R. 3 Bände, Wien 1790

F. W. E. Roth, Das Kriegselend und dessen Abwendung in Nassau 1806—1816. Alt Nassau, 1919, Nr. 9

Karl Rothenbücher, Der Kurmainzer Landsturm in den Jahren 1799 und 1800. Augsburg, 1878

Wilhelm Rüdiger, Johann Isaac von Gerning. Eine Jahrhundert-Erinnerung. Nassauische Annalen, 43. Band, 1914/15. Wiesbaden, 1915

Rudolf Schäfer, Johann Kaspar Riesbeck, der »reisende Franzose« aus Höchst. Höchster Geschichtshefte, Nr. 1. Frankfurt a. M.-Höchst, 1962

Rudolf Schäfer, Förderung von »Handel und Wandel« in Kurmainz im 18. Jahrhundert. Frankfurt-Höchst, 1968
(Mit umfangreichem Literaturverzeichnis!)

Friedrich Wilhelm Schellenberg, Johann Ludwig Christ. Ein kurzer Lebensabriß (mit umfangreicher, guter Bibliographie!) Allgemeines Nassauisches Schulblatt, 9. Jahrgang, 1858, Nr. 32

Jacob Ludwig Schellenberg. Eine Autobiographie. Wiesbaden, 1868

Rudolf Schlauch, Hohenlohe Franken. Landschaft, Geschichte, Kultur, Kunst, Volkstum. 3. ergänzte Aufl. Heroldsberg, 1980

Theodor Schüler, Kriegsbegebenheiten des Jahres 1813 am unteren Main. »Alt Nassau«, 1913, Nr. 1

Karl Schwartz, Geheimerath von Gerning. Nassauische Annalen, Band 11. Wiesbaden, 1871

L. Spengler, Geheimerath Dr. Diel. Eine biographische Skizze. Bad Ems, 1860 (mit Bibliographie der pomologischen und medizinischen Schriften)

C. Spielmann, General Marceaus letzter Feldzug. Düsseldorf, 1898

C. Spielmann, Geschichte von Nassau.
I. Politische Geschichte. Wiesbaden, 1909
II. Kultur- und Wirtschaftsgeschichte. Montabaur, 1926
III. Quellenstücke und Bearbeitungen. Wiesbaden, 1911

Stadtbibliothek Frankfurt am Main. Katalog der Abteilung Frankfurt, 2. Band: Literatur zur Familien- und Personengeschichte. Bearbeitet von Prof. Dr. Arthur Richel. Frankfurt a. M., 1929

Friedrich Wilhelm Strieder, Grundlage zu einer Hessischen Gelehrten und Schriftsteller Geschichte seit der Reformation bis auf gegenwärtige Zeiten. Band 1-8, Göttingen, 1781—88, Band 9-16, Kassel 1794—1812 (fortgesetzt bis 1868)

H. v. Sybel, Geschichte der Revolutionszeit von 1789 bis 1800. 5 Bände, 1800, neue Auflage Stuttgart 1882

Taschenbuch für Natur- und Gartenfreunde. Tübingen, 1795—1806 (leider konnten nur die ersten Jahrgänge eingesehen werden).

Der Teutsche Obstgärtner, oder gemeinnütziges Magazin des Obstbaues in Teutschlands sämmtlichen Kreisen. Herausgegeben von J. V. Sickler. 22 Bände, Weimar 1794—1804

Carl Thomae, Der Obstbau in Nassau. Eine historische Darstellung seiner Entwicklung, namentlich durch die Pomologen Christ und Diel. Wiesbaden, 1873

Christian Freiherr Truchseß von Wetzhausen, Systematische Classification und Beschreibung der Kirschensorten. Herausgegeben von Pfarrer Friedrich Timotheus Heim. Stuttgart, 1819

Liselotte Vezin, Die Politik des Mainzer Kurfürsten Friedrich Karl von Erthal vom Beginn der Französischen Revolution bis zum Fall von Mainz, 1789—1792. Diss. Bonn, 1932

W. Wenck, Deutschland vor hundert Jahren. 2 Bände, Leipzig 1887, 1890

Hellmuth Wollenberg, Berkersheim. Lebensbild eines Dorfes. Frankfurt a. M., 1972

Verzeichnis der Bildtafeln

I	: Oberpfarrer Johann Ludwig Christ	nach 32
II	: Georg Melchior Kraus, Cronberg, 1803	vor 33
III	: Anton Radl, Taunuslandschaft mit Kronberg	nach 48
IV	: Friedrich Carl von Erthal, Kurfürst von Mainz	vor 49
V	: Die Kronberger Stadtkirche vor Erbauung der »Streitkirche«	nach 160
VI	: Titelkupfer zum Tafelteil der »Naturgeschichte, Klassification und Nomenclatur der Insecten vom Bienen, Wespen und Ameisengeschlecht«, entworfen von J. L. Christ	vor 161
VII	: Bildtafel »Hummeln« aus der »Naturgeschichte, Klassification und Nomenclatur der Insecten vom Bienen, Wespen und Ameisengeschlecht«	nach 176
VIII	: Die Kirche von Berkersheim, erbaut 1766/67 durch J. L. Christ	vor 177
IX	: Titelblatt der »Ausgemahlten Kupfertafeln« zu Christs Pomologie	nach 304
X	: Johann Ludwig Christ mit 56 Jahren, 1795	vor 305
XI	: Das Kronberger Christ-Denkmal von 1885	nach 320
XII	: Die alte Kronberger Schirn um 1800	vor 321
XIII	: Christ Ehrenmitglied der Wetterauischen Naturforschenden Gesellschaft, 1808	nach 336
XIV	: Apfeltafel aus der »Vollständigen Pomologie«	vor 337
XV	: Birnentafel aus der »Vollständigen Pomologie«	nach 352
XVI	: Joh. Friedrich Morgenstern, Königstein und Falkenstein, 1803	vor 353
XVII	: Dr. A. F. A. Diel, Stadtphysicus und Brunnenarzt	nach 416
XVIII	: Dr. Diel, Geheime Rath und Bade Arzt, Altersbild	vor 417
XIX	: Christian Freiherr Truchseß von Wetzhausen zu Bettenburg, sein Freund F. v. Koenitz und die Bettenburg	nach 432
XX	: Johann Isaak von Gerning, gemalt von Angelika Kauffmann	vor 433

Bildnachweis

Evang. Kirchengemeinde Babenhausen-Harreshausen: Zeichnung W. Papke   41
Evang. Kirchengemeinde St. Johann, Kronberg: 47, 53
Goethe-Museum, Düsseldorf: Tafel II
Historisches Museum, Frankfurt a.M.:   221
Hessische Hauptstaatsarchiv, Wiesbaden: Ausschnitt aus dem »Grund- und Situations Riss von dem ganzen Kroneberger Mark-Districkt. Ausgemessen im Jahre 1784 und gezeichnet 1785 von Weygand, geometre.« *Die Karte ist im Original mehrfarbig. Unser einfarbiger Ausschnitt wurde stark vergrößert. J. A. Wey(i)gand tritt mehrfach im Buche auf:* Vorsatz
Orgelprospekt von 1803:   293
Museum Wiesbaden: Tafel XX
Privatbesitz Kronberg: Tafel V
Privatbesitz Kronberg: Tafel XII
Stadt Kronberg: Tafel XIII
Freiherr Truchseß von Wetzhausen, Bunau: Tafel XIX links oben u. unten.
*Alle anderen Abbildungen wurden den
Büchern J. L. Christs entnommen oder stammen aus dem Besitz des Verfassers.*

Nachzeichnungen

Joachim Romann, Kronberg: 47, 67 (3)

Photos

Hessisches Landesmuseum, Darmstadt: Tafel III
Dr. B. Langhammer, Kronberg: Tafel, I, IV, V, X, XI, XIII, XVI, XVII, XVIII
Klaus Meier-Ude, Frankfurt a.M.: Tafel V
Museum, Wiesbaden: Tafel XX
Günter Romann, Frankfurt a.M.: Tafel XIV, XI, 23, 24, 25, 26, 42, 165, 189, 236, 315, 345, 365, 380, 381, 409
Ursula Seitz-Gray, Frankfurt a.M.: Tafel VI, VII, IX, XIX oben rechts
Peter Volkmer, Kronberg: 47, 67 (3), 277-280
Landesbildstelle Rheinland, Düsseldorf: Tafel II